Bedeutungszuweisungen
in der Musikalischen Früherziehung

Waxmann Verlag GmbH
Steinfurter Straße 555, 48159 Münster
info@waxmann.com

Perspektiven musikpädagogischer Forschung

herausgegeben von
Prof. Dr. Jens Knigge
Prof. Dr. Ulrike Kranefeld
Prof. Dr. Anne Niessen
Prof. Dr. Christine Stöger

Band 1

Waxmann 2014
Münster • New York

Anne Weber-Krüger

Bedeutungszuweisungen in der Musikalischen Früherziehung

Integration der kindlichen Perspektive
in musikalische Bildungsprozesse

Waxmann 2014
Münster • New York

Bibliografische Informationen der Deutschen Nationalbibliothek
Die Deutsche Nationalbibliothek verzeichnet diese Publikation in
der Deutschen Nationalbibliografie; detaillierte bibliografische
Daten sind im Internet über http://dnb.d-nb.de abrufbar.

ISSN 2198-1973
Print-ISBN 978-3-8309-3028-0
E-Book-ISBN 978-3-8309-8028-5

© Waxmann Verlag GmbH, 2014

www.waxmann.com
info@waxmann.com

Umschlaggestaltung: Inna Ponomareva, Münster
Autorenfoto: © Fotostudio Balsereit – Köln, www.balsereit.de, Mail: Balsereit@aol.com
Titelbild: © iStock.com/Imgorthand
Satz: Sven Solterbeck, Münster

Gedruckt auf alterungsbeständigem Papier,
säurefrei gemäß ISO 9706

Jenen Kindern gewidmet,
die an der vorliegenden Studie beteiligt waren

Dank

Mein ganz besonderer Dank gilt der Betreuerin meiner Arbeit, Prof. Dr. Claudia Meyer. Sie hat mir nicht nur in zahlreichen fachlich und menschlich bereichernden Gesprächen wertvolle Anregungen gegeben, sondern mir auch stets den notwendigen Freiraum zum Weiter-, Um- und Andersdenken ermöglicht. Ebenso danke ich Prof. Dr. Anne Niessen für ihre wertvollen Impulse rund um die qualitative Interviewforschung und ihre wertschätzende und konstruktive Art der Diskussion über meine Ideen.

Dieses Forschungsprojekt wäre nie Realität geworden ohne die beteiligten Kinder, deren Erfindungen und Erzählungen mich beeindruckt haben. Ich danke den Kindern und ihren Eltern für ihre Offenheit und ihr Vertrauen gegenüber mir und meiner Forschung.

Dreieinhalb Jahre lang erhielt ich wertvolle Impulse zu meinem Projekt aus einem Methodenseminar zu qualitativer Forschung in der Musikpädagogik an der Hochschule für Musik und Tanz Köln (Leitung: Prof. Dr. Anne Niessen). Der dortige Austausch über die verschiedenen Dissertationsprojekte sowie über die Lebensphase der Promotion hat nicht nur fachlich, sondern auch in Form von Freundschaft seinen Niederschlag gefunden. Insbesondere danke ich daher Michael Göllner, Lina Hammel, Katharina Lehmann, Benny Seipel und Anna Schmidt. Auch den Mitgliedern des Doktorandenkolloquiums an der Hochschule für Musik und Tanz in Köln danke ich für die fortwährend existente Gelegenheit zur Vorstellung meines Arbeitsstandes und die wertvollen Rückmeldungen.

Prof. Vroni Priesner und Prof. Karl-Heinz Zarius danke ich für die intensiven, informativen Gespräche rund um die ersten Schritte zur Professionalisierung von Lehrkräften für die Musikalische Früherziehung. Ein ebensolcher Dank gilt Franziska Pfaff für ihre Erläuterungen zur Musikalischen Elementarerziehung. Annelore Heyn danke ich für ihren Erfahrungsbericht über die Anfänge des Faches MFE und ihre damit verbundene Sicht auf das „Curriculum Musikalische Früherziehung". Zur Musikerziehung im Kindergarten der DDR habe ich Gespräche mit Frau Horn und Frau Schiller geführt und viele Materialien kennen lernen dürfen. Auch wenn dieser Themenbereich letztlich doch nicht Eingang in meine Arbeit finden konnte, bedanke ich mich für die wertvollen Einblicke, die mir hier gewährt wurden. Rainer und Heidi Frenzel gebührt mein Dank, diese Kontakte ermöglicht zu haben.

Für die sorgfältige Korrektur meiner Texte danke ich – in alphabetischer Reihenfolge – Jan Kieselhofer, Sharon Stichnothe und Christiane Weber-Krüger. Darüber hinaus gilt Sharon Stichnothe mein aufrichtiger Dank für ihr sensibles Lektorat.

Bei der Deutschen Studienstiftung, für mich personalisiert durch meine Ansprechpartner in der Geschäftsstelle sowie meine Vertrauensdozentin in der Promotionsförderung, bedanke ich mich für ein dreijähriges Stipendium, welches mir den Rücken freigehalten und Arbeitszeit ermöglicht hat.

Beim Waxmann Verlag, namentlich bei Frau Alexandra Gebbe, bedanke ich mich für die hervorragende Betreuung auf dem Weg zur Veröffentlichung.

Meinen Eltern, meiner Schwester und meinem Schwager sowie meinen Schwiegereltern danke ich für ihre kontinuierliche Unterstützung, ihre Bereitschaft, als Gesprächspartner über meine Arbeit aber auch über das Promovieren an sich zur Verfügung zu stehen und auch für ihre Fähigkeit, den „Boden der Tatsachen" als ernstzunehmende Option immer wieder ins Gespräch zu bringen.

Schließlich danke ich meinem Mann. Ohne ihn wäre dieses Forschungsprojekt nicht möglich gewesen und das nicht nur, weil er mir nach anfänglichen Bastelversuchen meinerseits ein stabiles Raummodell für die Kinderinterviews gebaut hat. Vielmehr noch danke ich ihm für seine fortwährende Ermutigung und Bestätigung, seine kritischen Nachfragen und vor allem dafür, dass er den ganzen Weg während meines Forschungsprojekts gemeinsam mit mir gegangen ist, obwohl er dafür oft auf mich verzichten musste.

Inhalt

1	**Einleitung**	15
1.1	Zielsetzung	15
1.2	Fragestellung	16
1.3	Definitionen und Abgrenzungen	16
1.3.1	Bedeutungszuweisung	17
1.3.2	Musikalische Früherziehung	19
1.3.3	Die kindliche Perspektive	20
1.3.4	Musikalische Bildungsprozesse	20
1.4	Methodisches Vorgehen	21
1.5	Struktureller Aufbau	23
2	**Bedeutungszuweisungen aus der kindlichen Perspektive**	25
2.1	Musikbezogene Bedeutungszuweisungen	25
2.1.1	Bedeutung	28
2.1.1.1	Zur Kommunizierbarkeit von Bedeutung – ein sprachbezogenes Problem?	31
2.1.1.2	Zeigehandlungen zur Kommunikation von Bedeutungszuweisungen	32
2.1.2	Modi des Bedeutens	36
2.1.3	Bedeutsamkeit	41
2.2	Die „Perspektive des Kindes" als Rahmung von Bedeutungszuweisung	42
2.2.1	Wege zur Annäherung an die „Perspektive des Kindes"	48
2.3	Entwicklungs- und sozialpsychologische Aspekte der kindlichen Bedeutungszuweisung	52
2.3.1	Bedeutungszuweisung durch Schematisierung und Skripts	53
2.3.1.1	Schematisierung	53
2.3.1.2	Skripts	58
2.3.1.3	Schematisierung, Skripts und die Modi des Bedeutens	63
2.3.2	Bedeutungszuweisung durch Kompetenzempfinden und Verursachung	64
2.3.2.1	Kompetenz	65
2.3.2.2	Kompetenzempfindung und persönliche Verursachung	65
2.3.3	Bedeutungszuweisung durch soziale Interaktion	70
2.3.3.1	Soziale Interaktionen	70
2.3.3.2	Soziale Interaktionen im Vorschulalter	72
2.3.3.3	Aushandeln von Bedeutung als sozialer Konstruktionsprozess	73
2.3.3.4	Sprachliche Interaktion	76
2.3.4	Bedeutungszuweisung im Spiel	78
2.3.4.1	Merkmale des Spiels	79
2.3.4.2	Aspekte der Bedeutungszuweisung im Spiel	82

2.3.5 Bedeutungszuweisung durch Orientierung........................ 88
2.3.5.1 Orientierung.. 88
2.3.5.2 Orientierung als Exploration 89
2.4 Bedeutungszuweisung als sozialpsychologischer Prozess 92
2.5 Zusammenfassung... 95

3 Bildungsprozesse in der Musikalischen Früherziehung 98
3.1 Annäherung an einen bedeutungstheoretisch fundierten Begriff
   musikalischer Bildung im Vorschulalter........................... 98
3.1.1 Der Bildungsbegriff im Rahmen
   musikbezogener Bedeutungszuweisung 98
3.1.2 Der Begriff frühkindlicher Bildung 100
3.1.3 Zusammenfassende Gedanken zum Bildungsbegriff............... 106
3.2 Vielfältige Ausprägungen der Musikalischen Früherziehung 107
3.2.1 Institutionalisierung des Faches an der Musikschule 110
3.2.2 Zentrale Einfluss- und Entwicklungslinien im Fach............... 111
3.2.2.1 Schwerpunkte im Lehrplan MFE und im Bildungsplan EMP........ 120
3.2.3 Kinder und Lehrkräfte im MFE-Unterricht..................... 122
3.2.3.1 Befunde einer Lehrkräftebefragung 122
3.2.3.2 Interaktion von Lehrkräften und Kindern –
   Aspekte aus aktuellen Lehrwerken 123
3.2.3.2.1 Kurzvorstellung der Lehrwerke.............................. 124
3.2.3.2.2 Aspekte von Flexibilität und Offenheit........................ 125
3.2.3.2.3 Aspekte zum Umgang mit Impulsen von Lehrkräften und Kindern ... 127
3.3 Zusammenfassung... 129

4 Studien zu musikbezogenen Umgangsweisen und Einstellungen
   von Vorschulkindern.. 131
4.1 Kompetenz, Performanz und Wissen 132
4.1.1 Untersuchungsergebnisse zu Aspekten von Kompetenz
   und Performanz 133
4.1.1.1 Untersuchungsgegenstand, Zielgruppen und Stichprobendaten 135
4.1.1.2 Anzahl und Art der Tests 136
4.1.1.3 Testerinnen und Tester, Sozialform, Ablauf.................... 136
4.1.1.4 Testergebnisse.. 137
4.1.2 Untersuchungsergebnisse zum Wissen über Musik 147
4.2 Aktivitäten und Umgangsweisen............................... 153
4.2.1 Sozialstrukturelle Gesichtspunkte............................. 153
4.2.2 Ausprägungen von Aktivitäten und Umgangsweisen.............. 156
4.3 Persönliche Sichtweisen 160
4.3.1 Einstellungen 161
4.3.2 Vorlieben und Interessen 163
4.3.3 Familiäre Beziehungen 166

4.3.4 Beziehungen zu Freunden/Gleichaltrigen 167

4.3.5 Wünsche 169

4.3.6 Gefühle 171

4.4 Zusammenfassung 172

5 Grundlagen qualitativer Forschung mit Kindern **175**

5.1 Methoden der Kindheitsforschung 175

5.1.1 Methodenrelevante Problematiken 176

5.1.1.1 Wahrheitsgehalt und Verlässlichkeit 177

5.1.1.2 Erziehungssituation 178

5.1.1.3 Kindheitsbilder 179

5.2 Qualitative Interviews mit Kindern 180

5.2.1 Interviewformen im Überblick 181

5.2.1.1 Situationsnahe Interviewformen 181

5.2.1.2 Sequenz-Interviews 181

5.2.1.3 Lebensweltliche Interviews 182

5.2.1.4 Biographische Interviews 182

5.2.1.5 Symbolische Interviewformen 183

5.2.1.6 Interviews zu Erwartungen 183

5.2.2 Gesprächsführung 184

5.2.2.1 Ort 185

5.2.2.2 Zeitmanagement 185

5.2.2.3 Umgang mit Eltern 186

5.2.2.4 Kommunikationsbedingungen 186

5.2.2.4.1 Metakommunikation 187

5.2.2.4.2 Gesprächstechniken 188

5.2.3 Anmerkungen zu Gütekriterien qualitativer (Interview-)Forschung . . . 189

5.3 Fazit 191

6 Die qualitative Untersuchung: Grundlagen und Methodik **195**

6.1 Forschungsfrage 195

6.2 Forschungsdesign und -methodik 195

6.2.1 Interaktive Verfasstheit der Interviews 196

6.2.2 Entwicklung des Interviewdesigns 199

6.2.2.1 Interviewstruktur und Zielgruppe 199

6.2.2.2 Sample 200

6.2.2.3 Form und Erzählanreiz 203

6.2.2.4 Begründung des Raummodells und der Materialien 205

6.2.2.5 Vorbereitung der Interviews 206

6.2.2.6 Ablauf der Interviews 208

6.2.2.6.1 Einstiegsfragen 208

6.2.2.6.2 Leitfaden-Fragmente 209

6.2.2.6.3 Kommunikationsstrategien 209

6.2.3	Videographische Dokumentation	210
6.3	Grundlagen der Auswertung	213
6.3.1	Abgrenzung	213
6.3.2	Aufbereitung der Daten	214
6.3.2.1	Transkriptionsregeln	215
6.3.3	Qualitativ-inhaltsanalytisches Vorgehen	216
6.3.3.1	Strukturierung nach Mayring	217
6.3.3.2	Modifikationen nach Steigleder	219
6.3.3.3	Eigene Modifikationen	221
6.3.3.4	Auswertungsprogramm	222
6.3.3.5	Weiterführender methodischer Umgang mit den Auswertungsergebnissen	222
6.3.4	Qualitätssicherung	223
6.4	Das Forschungsprojekt auf einen Blick	224
7	**Auswertungsergebnisse der qualitativen Untersuchung**	**225**
7.1	Das Kategoriensystem	225
7.1.1	Das deduktiv entwickelte Kategoriensystem	225
7.1.2	Der Prozess der induktiven Erweiterung des Kategoriensystems	229
7.2	Überblick über die Interviews	230
7.3	Fallübergreifende Ergebnisdarstellung	231
7.3.1	Effekte des Interviewdesigns auf die Ergebnisse	232
7.3.2	Ästhetische Gestaltungsaspekte	233
7.3.2.1	Die Kategorie im Überblick	233
7.3.2.2	Versatzstücke	235
7.3.2.3	Präsentieren	238
7.3.2.4	Bewegen	239
7.3.2.5	Gruppe A – Musikalisches Handeln	240
7.3.2.6	Gruppe B – Sprache und Szene	246
7.3.2.7	Gruppe C – visuelle Gestaltung von Produkten	251
7.3.3	Nicht sprachliche Äußerungen	253
7.3.3.1	Die Kategorie im Überblick	253
7.3.3.2	Körpersprache/Mimik	253
7.3.3.3	Instrumentenimitation	255
7.3.3.4	Soundscapes	256
7.3.4	Sprachliche Äußerungen	257
7.3.4.1	Die Kategorie im Überblick	257
7.3.4.2	Gruppe A – Festlegungen für das gemeinsame Handeln	257
7.3.4.3	Gruppe B – Verständigungswege und sprachliche Handlungsebenen	261
7.3.4.4	Umdeuten	265
7.3.5	Kompetenzempfinden	266
7.3.5.1	Die Kategorie im Überblick	266

7.3.5.2 Gruppe A – Autonomie 267
7.3.5.3 Gruppe B – Kompetenz zeigen und wahrnehmen 270
7.3.5.4 Gruppe C – Investition in Kompetenzerwerb 276
7.3.5.5 Bestätigung 278
7.3.6 Orientierung 279
7.3.6.1 Die Kategorie im Überblick 279
7.3.6.2 Gruppe A – Orientierung: „an wem?" und „auf welche Weise?" 281
7.3.6.3 Gruppe B – Orientierung: „an was?" 285
7.3.6.4 Gruppe C – Orientierung in Bezug auf Zeiten und Räume. 287
7.3.7 Auswahl. 288
7.3.7.1 Die Kategorie im Überblick 288
7.3.7.2 Auswahlkriterien und Auswahlstrategien 289
7.4 Zwischenfazit 289
7.5 Thematische Verdichtungen in den Auswertungsergebnissen 290
7.5.1 Versatzstücke als Ausgangspunkt
        musikbezogener Bedeutungszuweisung. 292
7.5.1.1 Orientierung durch Versatzstücke. 292
7.5.1.2 Aneignung anhand von Versatzstücken 294
7.5.1.3 Versatzstücke als künstlerisches Ausdrucksmittel. 295
7.5.2 Das Dreieck aus „Versatzstücken", „Können" und „Präsentieren". 296
7.5.2.1 Herstellung eines Präsentationsrahmens 296
7.5.2.2 Kompetenzen präsentieren und Bestätigung erhalten 297
7.5.2.3 Orientierung am Produkt. 298
7.5.3 Überraschung, Neugier und Spontaneität 299
7.6 Modell der dynamischen Ebenen kindlicher musikbezogener
        Bedeutungszuweisung. 300
7.6.1 Erläuterung zur Darstellungsweise 300
7.6.2 Das Modell der dynamischen Ebenen 301
7.6.2.1 Inhaltliche Ausprägungen des Modells der dynamischen Ebenen 301
7.7 Fazit: Kreativität als alltagsverwobene und
        erfahrungsbasierte kindliche Bedeutungszuweisung 303

8   Didaktische Impulse zur Integration der
        kindlichen Perspektive in den MFE-Unterricht 305
8.1   Grundlegungen 305
8.1.1   Erweiterung von Prinzipien der Elementaren Musikpädagogik. 306
8.1.2   Gesteigerte Durchlässigkeit der MFE für den
        musikbezogenen Alltag der Kinder. 307
8.2   Lehrkraft 308
8.2.1   Selbstverständnis 308
8.2.2   Sensibilität für die individuelle Art und Entwicklung jedes Kindes . . . 310
8.2.2.1 Exkurs: Geschlechtssensibilität 311

8.3	Kind	312
8.3.1	Partizipation	312
8.3.1.1	Verlässlichkeit und Moderationskompetenz der Lehrkraft	314
8.3.1.2	Stufen der Beteiligung	316
8.3.1.3	Entscheidungsfindung	316
8.3.1.4	Mögliche Vorbehalte	317
8.3.1.5	Partizipation in der MFE	318
8.4	Unterricht	321
8.4.1	Beobachtung und Gespräch	321
8.4.1.1	Fallstricke bei der Beobachtung	322
8.4.1.2	Thematische Einzel- oder Gruppenbeobachtung	324
8.4.1.3	Vier- und Sechs-Augen-Gespräche	326
8.4.1.4	Offener Unterricht und Kleingruppenarbeit	328
8.4.2	Portfolioarbeit	331
8.4.2.1	Definition von Portfolios als Unterrichtswerkzeug	331
8.4.2.2	Ziele in der Portfolioarbeit	332
8.4.2.3	Formen und Ausprägungen von Portfolios	332
8.4.2.4	Strukturierung und Gestaltung von Portfolios	336
8.4.2.4.1	Strukturierung	336
8.4.2.4.2	Gestaltungsbeispiele	336
8.4.2.5	Portfolioarbeit in der MFE	340
8.4.2.5.1	Audio- und Videodokumentation im Portfolio	341
8.4.2.5.2	Gedanken und Impulse zur Umsetzung von Portfolioarbeit in der MFE	345
8.4.3	Integration von Impulsen der Kinder in die Gestaltung von Unterricht	348
8.4.3.1	Inszenierung mit Versatzstücken als Unterrichtsmethode	349
8.5	Institutionelle Rahmenbedingungen	353
8.5.1	Raum- und Sachausstattung	353
8.5.2	Gruppengröße	354
8.5.3	Änderung von Rahmenbedingungen	355
8.6	Ausblick	357
Literatur		**360**
Abbildungen, Tabellen und Abkürzungen		**377**
Anhang		**379**
1.	Elterninformationen	379
2.	Kurzvorstellung der beteiligten Kinder	382

1 Einleitung

„Das ist toll, wenn wir mit dir alleine sind. Da machen wir ganz besondere Sachen."

Diesen Satz rief mir Louisa zum Abschied nach einer Stunde in der Musikalischen Früherziehung (MFE) zu. Wegen eines Brückentags waren fast alle Kinder aus der MFE-Gruppe im Urlaub und so kamen nur die beiden Freundinnen Anna und Louisa zum Unterricht. In dieser Stunde improvisierten wir ausgiebig gemeinsam auf dem Klavier und waren sehr intensiv zu dritt im Gespräch. Louisas spontaner Kommentar zum Abschluss der Stunde ließ mich nicht los. Auch ich hatte die Stunde als „besonders" empfunden und ging mit dem Gefühl nach Hause, die beiden Mädchen noch besser kennen gelernt zu haben als bisher. Was meinte Louisa aber mit „besonderen Sachen"? Was machte die Besonderheit aus? Was genau war in der Situation bedeutsam für Louisa gewesen? Dass wir nur zu dritt waren, uns sehr intensiv gegenseitige Aufmerksamkeit schenken konnten? Dass das Klavier nicht mit anderen Kindern „geteilt" werden musste? Dass wir etwas gemeinsam hatten, durch unsere Dreier-Unterrichtsstunde bzw. unsere Klavier-Improvisation? Vielleicht auch, dass wir uns viel Zeit gelassen hatten und keinem festgelegten Plan gefolgt waren?

Welche emotionalen, sozialen, aber auch musikdidaktischen Konsequenzen lassen sich eigentlich aus diesem kurzen Kommentar ziehen? Wie viel Interpretation meinerseits ist aber auch erfolgt, während ich mich mit Louisas Kommentar beschäftigte?

Lehrkräfte und Kinder stehen in der Unterrichtssituation bezüglich der gegenseitigen Deutung von Aussagen in einem Interpretationszusammenhang. Darüber hinaus betrifft dieser Interpretationszusammenhang wesentlich die Unterrichtsplanung, z.B. wenn Lehrkräfte in der Planungsphase Vermutungen über die Passung von Unterrichtsinhalten und der Gruppensituation anstellen, um den individuellen Bedürfnissen der beteiligten Kinder Rechnung zu tragen. Referenzpunkte sind dann die eigenen Unterrichtserfahrungen, fachdidaktische Grundlagen sowie die Orientierung an den Vermutungen anderer Lehrkräfte, z.B. in Form von Unterrichtsvorschlägen aus Lehrwerken. Zudem kann der direkte Austausch über Wünsche, Bedürfnisse, Erwartungen und Ideen der Kinder im Unterrichtsgespräch erfolgen.

Die vorliegende Arbeit stellt die subjektiven Sichtweisen von Kindern auf Musik und den MFE-Unterricht in den Mittelpunkt und kann so dazu beitragen, die kindliche Perspektive in didaktisches Handeln zu integrieren.

1.1 Zielsetzung

Ziel der Arbeit ist es, kindliche Bedeutungszuweisungen an Musik und an den Unterricht der Musikalischen Früherziehung kennenzulernen und zu verstehen. Auf dieser Grundlage sollen didaktische Impulse zur Integration der kindlichen Perspektive in musikalische Bildungsprozesse entwickelt werden.

Damit wird die musikpädagogische Diskussion zur Thematik der Bedeutungszuweisung auf den Vorschulbereich ausgeweitet und mit entwicklungs- und sozialpsychologischen Befunden angereichert. Zugleich wird in die konstruktivistisch grundierte Sichtweise musikalischer bzw. musikbezogener Bedeutungszuweisung (vgl. Krause, 2008a; Orgass, 2011; Orgass, 2007) eine sozialpsychologische Lesart integriert.

Weiterhin wird im Rahmen der genannten Ziele ein Beitrag zur empirischen musikpädagogischen Bildungsforschung geleistet, indem das Themenfeld kindlicher Wünsche, Bedürfnisse, Ideen, Werthaltungen und Umgangsweisen mit Musik anhand qualitativer Interviews in den Blick genommen wird.

Schließlich sei auf die innovative Funktion der vorliegenden Arbeit für die Didaktik der Musikalischen Früherziehung (MFE) verwiesen. So bilden die Ergebnisse dieser Forschungsarbeit die Grundlage zur Entwicklung didaktischer Impulse für den Praxiskontext in Musikschule und Kita. Damit soll die kindliche Perspektive nicht nur als Forschungsfokus gesetzt, sondern auch als wesentliche didaktische Leitlinie benannt und ergänzend in die Fachdiskussion eingebracht werden.

1.2 Fragestellung

Die Arbeit ist der Frage nach kindlichen Bedürfnissen, Erwartungen, Werthaltungen, Ideen und Umgangsweisen mit Musik, insbesondere im Kontext der Musikalischen Früherziehung gewidmet.

Die Thematik der Bedeutungszuweisung kommt dabei in zweifacher Hinsicht zum Tragen. Einerseits schafft sie den theoretischen Rahmen zur Betrachtung entwicklungs- bzw. sozialpsychologisch relevanter Aspekte zum Kontext „Kind und Musik". Die theoretisch zu benennenden Elemente von Bedeutungszuweisung bilden also die Grundlage zur Auswahl thematischer Aspekte aus dem entwicklungs- und sozialpsychologischen Feld. Andererseits wird mit dem Thema Bedeutungszuweisung die logische Grundlage zur Nutzung eines qualitativ-empirischen Verfahrens geschaffen, um kindliche Perspektiven auf den Gegenstand Musik bzw. Musikunterricht zu erheben: Indem mit qualitativen Interviews subjektive Sichtweisen der Kinder im Mittelpunkt stehen, wird die Frage nach den inhaltlichen Ausprägungen und Mustern von Bedeutungszuweisungen gestellt.

1.3 Definitionen und Abgrenzungen

An dieser Stelle sollen einige Definitionen vorgenommen werden, welche für das Verständnis vorliegender Arbeit von Bedeutung sind. Die Klärung der Begriffe folgt dabei ihrer Abfolge im Titel der Arbeit. Es handelt sich hier lediglich um Ausgangs- bzw. Arbeitsdefinitionen, welche in den theoretischen Kapiteln der Arbeit ausführlicher bearbeitet, zugeschärft bzw. in den weiterführenden Bezug zur Fragestellung gebracht werden. Für das Verständnis der Arbeit notwendige Abgrenzungen werden jeweils im Anschluss an die Definition vorgenommen.

1.3.1   Bedeutungszuweisung

Die Zuweisung und Mitteilung von Bedeutungen kann aus semiotischer oder linguistischer, aber auch aus philosophischer und aus psychologischer Perspektive betrachtet werden. In der Musikpädagogik sind die theoretischen Grundlagen der Zuweisung von Bedeutung und Bedeutsamkeit besonders durch die Veröffentlichungen von Stefan Orgass und Martina Krause präsent (vgl. z.B. Orgass, 2011; Krause, 2008a). In anderen Disziplinen finden sich für die gleiche Thematik ähnliche Begriffe, die jeweils einen bestimmten Fokus des Begriffsverständnisses zeigen. Einige werden im Folgenden dargelegt.

Im Rahmen psychologischer Untersuchungen zur Funktionsweise des Kurzzeitgedächtnisses wird die *Bedeutungszuschreibung* als wesentliches Kontrollelement benannt. So wird davon ausgegangen, dass die Auswahl jener Inhalte, die im Kurzzeitgedächtnis abgespeichert werden, durch Bedeutungszuschreibungen kontrolliert wird. Indem auf Erfahrungen zurückgegriffen wird, welche im Langzeitgedächtnis gespeichert sind, kann eine Reizgegebenheit für die wahrnehmende Person mit Sinn gefüllt werden. Dies führt zur Übertragung der Information aus dem „sensorischen Register" ins Kurzzeitgedächtnis (vgl. Mietzel, 2000, S. 249–250). Man kann sich das sensorische Register als Eingangsspeicher jeweils jenes Sinnes vorstellen, über den die Wahrnehmungsleistung erfolgt. Die Bedeutungszuschreibung ist dann der „Gate-Keeper" des Kurzzeitgedächtnisses.

Der US-amerikanische Entwicklungspsychologe Robert Kegan verwendet für seine Theorie der Entwicklungsstufen des Selbst den Begriff des *„meaning-making"*, was in der deutschen Ausgabe mit *Bedeutungsbildung* übersetzt wird. Kegan bindet seine Entwicklungstheorie an die Forschungen Jean Piagets an, fokussiert aber nicht nur die kognitive Entwicklung, sondern vielmehr noch den Prozess der Identitätsbildung auf der Grundlage individueller Bedeutungsbildungsprozesse (Kegan, 2005). In der Annahme einer grundsätzlichen, konstruktivistischen Kontingenz jeglicher Wahrnehmung (die „so" aber auch „anders" sein könnte), sieht Kegan Entwicklung als Prozess von Bedeutungsbildungen an. In seinem Begriff des „meaning-making" kommt dabei vor allem das handelnde Element zum Tragen, Kegan erklärt:

> „Damit wird weniger gesagt, daß der Mensch Bedeutung bilde, sondern eher, daß Menschsein eine Aktivität ist, und daß diese Aktivität Bedeutungsbildung ist" (vgl. ebd., S. 31).

Mit einem dreistufigen Erklärungsmodell der *Bedeutungskonstitution* fokussieren die Kommunikationswissenschaftler Nils Lenke, Hans-Dieter Lutz und Michael Sprenger die aufbauende bzw. ineinandergreifende, letztlich konstitutive Verfasstheit von Bedeutungszuweisung. Sie beschreiben die primäre Bedeutungskonstitution als erfahrungsunabhängige Referenz auf sensomotorische Wahrnehmungsgehalte, die sekundäre Bedeutungskonstitution als erfahrungsabhängig, aber unkontrolliert bzw. unbewusst verlaufend und die tertiäre Bedeutungskonstitution als erfahrungsabhängig kontrolliert (vgl. Lenke, Lutz & Sprenger, 1995, S. 106–108). Auch der Musikwissenschaftler Peter Faltin verwendet den Begriff der Bedeutungskonstitution, welche er syntaktisch auffasst und davon ausgeht, dass nicht die Töne an sich, sondern deren unübersehbar vielfältige Strukturierungsmöglichkeiten die bedeutungsermöglichenden Zugänge zur Musik darstellen (vgl. Faltin, 1985, S. 45).

Die Musikpädagogin Martina Krause verdeutlicht die konstruktivistische Grundierung von Bedeutungszuweisung, indem sie von *Bedeutungskonstruktion* spricht. Gegenüber der Bedeutungskonstitution stellt sie damit als tragende Aspekte die Aktivität und Subjektabhängigkeit in den Mittelpunkt (vgl. Krause, 2008a, S. 72). Sie zieht auch den Begriff der *Bedeutungsgenerierung* hinzu, um zu verdeutlichen, dass „Bedeutung nichts selbstverständlich Vorhandenes ist, sondern erst hervorgebracht werden muss" (ebd). Prinzipiell befürwortet sie aber eine synonyme Verwendung der Begriffe Bedeutungsgenerierung und Bedeutungskonstruktion (vgl. ebd.). Musikbezogene Bedeutungskonstruktion fasst sie als Interpretation von Musik auf und führt damit auch den Ansatz des Musikpädagogen Stefan Orgass weiter. Dieser spricht von *Bedeutungszuweisung* und arbeitet – in Bezug auf den Philosophen Martin Seel – mit den Begriffen von Bedeutung und Bedeutsamkeit (vgl. Geuen & Orgass, 2007, S. 35), welche durch Krause ebenfalls konturiert werden (vgl. Krause, 2008a). Bedeutung bildet dabei das thematische Element, während Bedeutsamkeit als nicht thematischer Kontext habituierter Erfahrungsgehalte, subjektiver Relevanzen und angeeigneter Konventionalisierungen mitschwingt.

Eine tiefer gehende Betrachtung der Bedeutungsebene führt für den ästhetischen Kontext zu den drei Modi des Bedeutens nach Martin Seel. Seel sieht neben einem semantisch-propositionalen und einem pragmatisch-performativen Modus auch einen ästhetisch-präsentativen Modus der Bedeutungszuweisung. Während im semantisch-propositionalen Modus das Verstehen von Sachverhaltsmitteilungen zu verorten ist, wird im ästhetisch-präsentativen Modus von einer Unübersetzbarkeit und damit einer anders als in Entschlüsselungszusammenhängen gelagerten Verstehensqualität ausgegangen. Der pragmatisch-performative Modus betrifft zudem jene Bedeutungsgehalte, welche die thematische Ebene „mit-bedeuten" und sie so situativ definieren (vgl. Seel, 1997, S. 137–138). Wie der Inhalt einer Aussage gemeint ist, erschließt sich über körpersprachliche, mimische, sprachmelodische bzw. kontextbezogene Äußerungen. Im pragmatisch-performativen sowie semantisch-propositionalen Modus wird Harold Garfinkels Auffassung der Indexikalität von Sprache gewissermaßen wiedererkennbar. Der Soziologe Garfinkel hat die Kontingenz von Sprache herausgestellt, indem er die Form („wie wird etwas gesagt?") als wesentliches Definitionselement für den Inhalt („was wird gesagt?") benennt (Garfinkel, 1973). Erst in der Kombination von Form und Inhalt wird im kommunikativen Handeln die subjektive Bedeutung vermittelt bzw. zugewiesen.

In der Überschreitung dieses Ansatzes durch die drei Modi nach Seel wird der spezifische Wert für ästhetische Kontexte erkennbar. So stellt der Sprachbezug bei Seel keine Notwendigkeit dar und die ästhetische „unübersetzbare" Aussage erhält eine eigene Qualität, ohne über das Vehikel einer Entschlüsselungsleistung erklärt werden zu müssen.

Mit dem Begriff der Bedeutungszuweisung übernehme ich die Diktion von Stefan Orgass. Dieser bezieht sich jedoch in seinen Ausführungen im Wesentlichen auf die (unterrichtsbezogene) Interpretation von Musik und damit auf „musikalische" Bedeutungszuweisung, während ich den Bereich musik- und unterrichtsbezogener Aktivitäten und Umgangsweisen, Wünsche, Bedürfnisse, Erwartungen und Ideen betrachte. Folge ich also der Trennung von musikalischer Bedeutung und nicht musikalischer Bedeutsamkeit wie Orgass sie definiert (vgl. Orgass, 2011), so wäre im Falle vorliegender Forschungsarbeit von musikbezogener Bedeutung (Musikbezug als Thema) und nicht musikalischer, jedoch gleichwohl musikbezogener Bedeutsamkeit (Musikbezug als Kontext) zu sprechen. Da der Forschungsfokus auf dem alltäglichen sowie unterrichtlichen Interaktions- und Kommunikationszusammenhang für Bedeutungszuweisungen von Vorschulkindern liegt, nehme ich mithilfe entwicklungs- und sozialpsychologischer Befunde diesbezügliche Bedingungs- und Kontextbestimmungen vor.

1.3.2 Musikalische Früherziehung

Die Musikalische Früherziehung (MFE) gehört zu den traditionellen Praxisfeldern der Elementaren Musikpädagogik. Während die Prinzipien der Elementaren Musikpädagogik altersübergreifend gültig und in allen Altersgruppen anwendbar sind (vgl. Ribke, 1995, S. 30), bezieht sich der Begriff „Musikalische Früherziehung" auf die gesetzte Zielgruppe. Es handelt sich um einen „grundlegende[n] Musikunterricht mit Gruppen von Kindern vor dem Schuleintritt" (vgl. Dartsch, 2010b, S. 15).

Seit dem Jahr 1968 existiert die MFE als Unterrichtsangebot an Musikschulen in Deutschland (vgl. Wucher, 1974, S. 135). Zunächst richtete sie sich an Kinder zwischen vier und sechs Jahren. Aktuell ist eine Senkung des Eintrittsalters zu beobachten, indem das Altersspektrum mit „3 bzw. 4 und 6 Jahren" angegeben wird (Metzger et al., 2010, S. 37). Es ist anzunehmen, dass diese Entwicklung auf die Vorverlagerung des Einschulungsalters sowie auf die Zunahme der Kooperationen von Musikschulen mit Kindertagesstätten und die dort gegebenen altersstrukturellen Bedingungen zurückzuführen ist (vgl. Dartsch, 2010b, S. 14).

Die Musikalische Früherziehung ist auf zwei Jahre ausgelegt (vgl. VdM, 1994; Metzger et al., 2010) und findet an Musikschulen und in Kindertagesstätten statt. Die Verfasstheit des Faches MFE wird ausführlich in Kapitel 3.2 thematisiert.

Die vorliegende Arbeit fokussiert ausschließlich jene Unterrichtsprozesse, welche als reguläre, kontinuierliche Musikstunde mit einer musikpädagogisch aus- oder weitergebildeten Lehrkraft stattfinden. Das Musizieren im Kindergartenalltag wird dagegen nicht eigens betrachtet. Auch sind in die hier vorliegende qualitative Interviewstudie nur Kinder aus dem zweiten Jahr der Musikalischen Früherziehung einbezogen, da sie bereits auf längerfristige Erfahrungen mit dem Fach zurückblicken können.

1.3.3 Die kindliche Perspektive

Auf der Grundlage kindheitssoziologischer sowie erziehungswissenschaftlicher Ansätze wird die „kindliche Perspektive" empirisch und psychologisch als kindspezifische, individuelle Wahrnehmung bzw. Motivation aufgefasst (vgl. Honig, 1999a, S. 35).

Nicht die Forschung an Kindern oder über Kinder, sondern vielmehr *mit* Kindern steht hier im Mittelpunkt. Dies setzt Interaktionen im Forschungsprozess voraus, innerhalb derer Kinder als „Experten ihrer selbst" Gehör finden (vgl. Zinnecker & Silbereisen, 1996, S. 14).

Mithilfe qualitativer Kinderinterviews wird in der vorliegenden Arbeit diesem Ansatz gefolgt. Die kindliche Perspektive wird dabei zugleich als Forschungsgegenstand sowie als didaktischer Impuls verstanden. Damit wird deutlich, dass es in dieser Arbeit nicht um die Untersuchung von Lernen im Sinne bestimmter Lernzuwächse, Lernstrategien oder Lerninhalte geht. Ebenso wird keine Lehr-/Lernforschung oder Unterrichtsforschung betrieben, auch wenn die Perspektive der Kinder auf Musik und MFE-Unterricht Bezüge zur Unterrichtssituation oder zu Lehr-/Lerninteraktionen aufweisen können. Jedoch wird weder innerhalb von Unterrichtssituationen geforscht, noch die Interaktion von Lehrenden und Lernenden als Untersuchungsfokus gesetzt.

Eine vertiefte Betrachtung der theoretischen Grundierungen zur „kindlichen Perspektive" erfolgt in Kapitel 2.2, während forschungsmethodische Ansätze zu ihrer Erhebung Thema des fünften Kapitels sind.

1.3.4 Musikalische Bildungsprozesse

Musikalische Bildung wird hier als eigenaktiver, sozial eingebetteter Prozess verstanden. Bildung findet im reziproken Austausch mit der soziokulturellen Umwelt als Emergenz von Bedeutung statt. Subjektivität und biographische Verortung werden als Konstituenten von Bildung angenommen, während als Prinzip von Bildung das Unabgeschlossene, Prozesshafte zum Ausdruck kommt.

Das MFE-didaktische Konzept der Persönlichkeitsbildung von Juliane Ribke (vgl. Ribke, 1995) wird auch im vorliegenden Kontext als Moment musikalischer Bildung angenommen, indem hier wie dort die erfahrungsbasierte und handelnd-prozesshafte Auseinandersetzung mit Musik fokussiert wird. In der Weiterführung dieses Ansatzes durch Michael Dartsch (vgl. Dartsch, 2010b) kommt zudem die reflexive Einbettung in vielschichtige, letztlich interdisziplinäre Bildungsvollzüge zum Ausdruck, welche unter dem Konzept der Stimmigkeit erneut die eigenaktive Bildungsleistung fokussiert. Stimmigkeit betrifft dabei die Passung, Synchronisation bzw. Harmonisierung von Eindrücken und Erfahrungen (vgl. Dartsch, 2010b, S. 159). Sie kann damit einerseits als Selektionsprinzip für die habituelle Verankerung von Erfahrungsgehalten, andererseits als Strukturprinzip für Bedeutungszuweisungen verstanden werden. Wird das Streben nach Stimmigkeit als Form selbsttätiger Bildung aufgefasst, so kommt der Stimmigkeit darin das identitätsstiftende Element zu. Innerhalb musikalischer Bildungsprozesse kann Stimmigkeit also das subjektive Empfinden musikalischer Identität bedingen. Es ist allerdings anzumerken, dass der Begriff der Stimmigkeit zwar identitäts- und bedeutungsrelevante Bestrebungen nach Passung oder Abgleich aufzeigt, jedoch Ambivalenzen oder Brüche ausblendet. Gerade im künstlerischen Bereich kann davon ausgegangen werden, dass das Streben nach „Un-Stimmigkeit", also das Aufsuchen oder Herstellen von Irritationen bedeutsam wird und dass es identitätsrelevant sein kann, „Un-Stimmigkeit" empfinden und aushalten zu können. Stimmigkeit bliebe dann immer noch Referenzgröße für „Un-Stimmigkeit", der Bildungsprozess selbst kann aber auch im Streben nach „Un-Stimmigkeit" liegen. Um den Begriff der Stimmigkeit in Bezug auf künstlerische Bildungsprozesse anwenden zu können, ist m.E. das Gegenstück der „Un-Stimmigkeit" mit zu denken.

Eine Zuschärfung des Begriffs musikalischer Bildung im Vorschulalter wird unter bedeutungstheoretischen sowie frühpädagogischen Aspekten im dritten Kapitel vorgenommen.

1.4   Methodisches Vorgehen

Zur Beantwortung der Forschungsfrage nach kindlichen Bedürfnissen, Erwartungen, Werthaltungen, Ideen und Umgangsweisen mit Musik wird ein theorie- und empiriegeleitetes Vorgehen gewählt. Die literaturbasierte Erarbeitung ist dabei einer hermeneutischen Vorgehensweise geschuldet, indem das Verstehen und interpretierende Zusammenführen von Ansätzen unterschiedlicher Forschungsfelder im Mittelpunkt stehen. Ziel ist die Entwicklung einer sozialpsychologisch grundierten Sichtweise auf Bedeutungszuweisungen. Vor dieser Folie wird der empirische Teil der Arbeit entfaltet.

Der aktuellen Kindheitsforschung liegt die Auffassung zugrunde, Kinder als Experten ihrer selbst zu verstehen (vgl. Zinnecker & Silbereisen, 1996, S. 14). Folglich steht der direkte Austausch mit Kindern durch Befragung, Beobachtung und gemeinsames Handeln im Mittelpunkt der Forschung (Heinzel, 2000b, S. 17). Diesem Ansatz wird in der vorliegenden Arbeit gefolgt. So entsteht die Datengrundlage im Rahmen einer qualitativen Interviewstudie mit fünf- bis sechsjährigen Kindern, welche die Musikalische Früherziehung besuchen. Das Befragungsdesign bietet

Möglichkeiten für sprachlichen und nicht sprachlichen Austausch, indem in und mit einem Raummodell gearbeitet wird, welches wie ein MFE-Raum eingerichtet ist. Mit Spielfiguren und Bildkarten können die Kinder darin ihre Ideen vorstellen und durchspielen sowie darüber ins Gespräch kommen. Die Interviews werden videographiert und qualitativ-inhaltsanalytisch ausgewertet. Ausgangspunkt ist die strukturierende qualitative Inhaltsanalyse nach Philipp Mayring (vgl. Mayring, 2008, S. 82–99), ihre Verwendung findet nach dem modifizierten Modell der Sozialwissenschaftlerin Sandra Steigleder statt (vgl. Steigleder, 2008). Zudem werden weitere eigene Modifikationen vorgenommen, aufgrund derer das methodische Vorgehen als offen und gegenstandsbezogen bezeichnet werden kann. Als wichtigste Änderung im Vergleich mit Mayring bzw. Steigleder ist die mehrfache Kodierung gleicher Textstellen zu nennen. Sie wird im vorliegenden Kontext erlaubt, um keine Vorfestlegungen bezüglich aufzufindender Sinnstrukturen zu generieren. Eine detaillierte Beschreibung der Methodik des qualitativen Forschungsprojektes findet sich im sechsten Kapitel.

Die Methoden und Darstellungsweisen des Forschungsprozesses sind drei wesentlichen Gütekriterien qualitativer Forschung verpflichtet. Es sind dies die intersubjektive Nachvollziehbarkeit, die Indikation des Forschungsprozesses und die reflektierte Subjektivität (vgl. Steinke, 2010, S. 324–331).

Im Sinne intersubjektiver Nachvollziehbarkeit wird eine transparente Dokumentation und Begründung der einzelnen Schritte des Forschungsprozesses vorgenommen. Dabei wird die Anbindung an kodifizierte Verfahren (Strukturierende qualitative Inhaltsanalyse nach Mayring, modifiziert nach Steigleder) sowie die Integration nicht kodifizierter eigener Modifikationen offengelegt. Als diskursive Form der intersubjektiven Nachvollziehbarkeit wurde zudem ein Teil des Datenmaterials in einem Methodenseminar zu qualitativer Interviewforschung interpretiert (vgl. dazu Kap. 6.3.4).

Die Indikation des Forschungsprozesses betrifft die Gegenstandsangemessenheit der getroffenen Entscheidungen z.B. hinsichtlich der Methodenwahl, der Samplingkriterien, der Transkriptionsregeln sowie der zugrunde liegenden Bewertungskriterien selbst (vgl. Steinke 2010, S. 326–328). Hier wird ein offener Prozess angestrebt, so bedingt die kontinuierliche Überprüfung der Passung zwischen Methodik und Forschungsgegenstand beispielsweise die genannten Modifikationen an der Auswertungsmethode (vgl. dazu ausführlich Kap. 6.3.3 mit Unterkapiteln).

Mit der reflektierten Subjektivität steht schließlich die Frage nach der Rolle und Persönlichkeit der Forscherin im Mittelpunkt. Hier gilt es, die Vorannahmen auf den Gegenstand sowie die eigenen Handlungen im Prozess der Datenerhebung offenzulegen, aber auch Interpretationen zu begründen. Als wesentliche Vorannahmen kommen die Ausführungen der theoretischen Grundlagenkapitel zum Tragen, während die Handlungen der Forscherin im Prozess der Datenerhebung im sechsten Kapitel zur Methodik der vorliegenden Studie dargelegt werden. Die Erläuterung und Begründung der Interpretationen am Material erfolgt schließlich im siebten Kapitel zur Auswertung der Studie. Die Methodik der empirischen Studie wird zwar vor der Ergebnisdarstellung erläutert, wesentliche methodische Schritte entstanden aber erst parallel zum Auswertungsprozess. Insbesondere die Entscheidung zur Betrachtung der Kategorienvernetzungen auf der Grundlage von Mehrfachkodierungen erfolgte erst im Anschluss an die kategoriengeleitete Auswertung

1.5   Struktureller Aufbau

Das zweite Kapitel, *Bedeutungszuweisungen aus der kindlichen Perspektive*, entfaltet den theoretischen Rahmen der Arbeit. Dabei werden aktuell in der Musikpädagogik rezipierte und diskutierte Auffassungen zur Thematik aufgegriffen und auf die Zielgruppe von Vorschulkindern bezogen. Indem der Forschungsfokus der kindlichen Perspektive in der aktuellen Kindheitsforschung den Blick auf die individuelle Verfasstheit von Kindheit und Kindsein lenkt, wird hier auch die paradigmatische Grundierung der qualitativen Interviewstudie deutlich. Die Erörterung entwicklungs- und sozialpsychologischer Aspekte kindlicher Bedeutungszuweisung erfolgt zunächst psychologisch gefasst über die Thematik von Schematisierung und Skripts. Ergänzt wird dies durch die motivationsrelevanten Aspekte, sich selbst als kompetent bzw. als Verursacherin oder Verursacher für subjektiv bedeutsame Ereignisse zu empfinden. Dies leitet über zum Bereich sozialer Interaktionen, welcher als wesentliches Bedingungsfeld für die Zuweisung und Aushandlung von Bedeutungen mit Blick auf die Zielgruppe vier- bis sechsjähriger Kinder untersucht wird.

Als bedeutsames Erfahrungs- und Handlungsfeld der hier betrachteten Zielgruppe werden Strukturmerkmale und Ausprägungen des Kinderspiels hervorgehoben und schließlich wird mit der Auffassung von Orientierung als Bedeutungszuweisung der Bogen über die entwicklungs- und sozialpsychologischen Themenbereiche gespannt. Der subjektperspektivisch konturierte Blick auf Bedeutungszuweisungen wird zum Schluss des Kapitels noch einmal durch den bewussten Einbezug von sozialen und materiellen Einflüssen und Grenzen ausbalanciert. Dabei wird für den Prozess der Bedeutungszuweisung eine reziproke Einflussnahme zwischen Individuum und Umwelt angenommen.

Im dritten Kapitel, *Bildungsprozesse in der Musikalischen Früherziehung*, wird Bildung im Fokus musikbezogener Bedeutungszuweisung sowie aus der frühpädagogischen Fachdiskussion heraus betrachtet. Vor der Folie der hier verwendeten Auffassung von Bedeutungszuweisung schließen sich einige zusammenfassende Gedanken zum Bildungsbegriff an. Diese stellen die Eigenaktivität – innerhalb des reziproken Austauschs mit der soziokulturellen Umwelt – als zentrale *Bildungshandlung* und die Prozesshaftigkeit als zentrales *Bildungsprinzip* in den Mittelpunkt. Daneben zeigt das dritte Kapitel die aktuelle Verfasstheit des Faches Musikalische Früherziehung auf. Didaktische Positionen, historische Entwicklungslinien sowie Einflüsse angrenzender Disziplinen werden unter dem Aspekt des jeweils erkennbaren Bildungsverständnisses diskutiert. Zudem werden die Interaktionen zwischen der Lehrkraft und der Kindergruppe anhand einer Lehrkräftebefragung (vgl. Dartsch, 2008) sowie der Analyse aktueller Lehrwerke intensiver untersucht.

Im vierten Kapitel, *Studien zu musikbezogenen Umgangsweisen und Einstellungen von Vorschulkindern*, wird der empirische Forschungsstand aufgearbeitet. In den vorhandenen Studien lassen sich drei Schwerpunktbereiche identifizieren: Erstens die Frage nach Kompetenz, Performanz und Wissen in Bezug auf Musik. Zweitens die Betrachtung von musikbezogenen Aktivitäten und Umgangsweisen sowie drittens die Untersuchung der persönlichen Sichtweisen von Kindern über Musik.

Im fünften Kapitel, *Grundlagen qualitativer Forschung mit Kindern*, werden zentrale Methoden der Kindheitsforschung erläutert und das Forschungsfeld qualitativer Kinderinterviews wird auf seine Bedingungen, Möglichkeiten und Grenzen hin untersucht. Dem schließt sich im sechsten Kapitel, *Die qualitative Untersuchung: Grundlagen und Methodik*, die Offenlegung und Begründung der Methodik vorliegender Studie an. Die *Auswertungsergebnisse der qualitativen Untersuchung* sind Thema des siebten Kapitels. Hier erfolgt die fallübergreifende Auswertung nach dem deduktiv und induktiv entwickelten Kategoriensystem sowie die Verdichtung der Auswertungsergebnisse auf zentrale thematische Linien. Dies mündet in ein Modell der dynamischen Ebenen kindlicher musikbezogener Bedeutungszuweisung, welches die (künstlerische) Ausdrucksebene der Kinder als relevante Ressource für individuelle kreative Prozesse identifiziert.

Im achten Kapitel, *Didaktische Impulse zur Integration der kindlichen Perspektive in den MFE-Unterricht*, wird schließlich ein erster Übertrag der Forschungsergebnisse in die Praxis unternommen. Aus den theoretischen und empirischen Befunden der vorliegenden Arbeit werden Konsequenzen entwickelt und mit Vorschlägen und Beispielen zur Anwendung in der Praxis gefüllt.

2   Bedeutungszuweisungen aus der kindlichen Perspektive

Bedeutungszuweisung wird hier als Konstrukt aus den Elementen der Bedeutung und der Bedeutsamkeit verstanden. Bedeutungen ermöglichen individuelles Verstehen, Bedeutsamkeiten bilden den nicht thematischen Kontext von Bedeutungen. So beschreiben Bedeutungen den Gegenstand, während Bedeutsamkeiten mitschwingende Gefühle, Erinnerungen und Erwartungen betreffen.

Musikbezogene Bedeutungszuweisung ist dabei im ästhetischen Kontext verortet und somit durch dessen spezifische Bedingungen und Möglichkeiten gekennzeichnet. Zudem kann Bedeutungszuweisung nicht ohne jene Menschen gedacht werden, die sie zuweisen, mitteilen und aushandeln. Im gewählten Kontext sind dies Kinder im Vorschulalter und ihre jeweiligen Interaktionspartnerinnen und -partner.

Kindliche musikbezogene Bedeutungszuweisung soll im Folgenden anhand einiger musikpädagogischer Positionen eingeordnet und durch theoretische Erklärungen und Definitionen zur Bedeutungszuweisung veranschaulicht werden, bevor in Anbindung an kindheitssoziologische Annahmen das Konstrukt der „kindlichen Perspektive" eingehender betrachtet wird. Es folgt die Einordnung in den entwicklungs- und sozialpsychologischen Rahmen und darauf aufbauend ein sozialpsychologisches Modell der Bedeutungszuweisung.

2.1   Musikbezogene Bedeutungszuweisungen

> „Menschen, die sich über ihre musikalisch-ästhetischen Erfahrungen verständigen wollen, müssen sich über ihre musikbezogenen Bedeutungszuweisungen austauschen" (Geuen & Orgass, 2007, S. 34).

In diesem Sinne sind Bedeutungszuweisungen zunächst als intersubjektiv aushandelbare Prozesse der Erschließung persönlicher Sichtweisen, also individueller Perspektiven, verstehbar. Interaktionspartner können über kommunizierte Bedeutungszuweisungen gemeinsam geteilte Erfahrungsgrundlagen schaffen. Zugleich rückt damit der Begriff der musikalisch-ästhetischen Erfahrung in den Fokus, dessen Diskussion im konstruktivistischen Kontext in der Musikpädagogik seit den 1990er Jahren präsent ist (vgl. z.B. Rolle, 1999; Meyer, 2003; Meyer, 2004; Heß, 2005).

Für die Bedeutungsthematik ist hier vor allem das reflexive Element der ästhetischen Erfahrung relevant. Die ästhetische Erfahrung ist wesentlich durch ihre subjektive Bedeutsamkeit definiert, setzt also „persönliche Anteilnahme" voraus (Meyer, 2004, S. 45). Damit wird sie dem reinen Erlebnisstrom enthoben und in Beziehung zu Vorerfahrungen gesetzt. Gleichzeitig wird sie zur möglichen Basis für zukünftige ästhetische Erfahrungen. Das heißt:

„Erst wenn der Sinneseindruck zu einer bewussten Reflexion des Erfahrungsgegenstandes oder der Erfahrungssituation für die eigene Erfahrungswelt führt, kann von einer ästhetischen Erfahrung gesprochen werden." (ebd.).

Damit sind ästhetische Erfahrungen nicht ausschließlich im Kontext der Künste anzusiedeln, diese stellen allerdings einen besonders geeigneten Rahmen dar.

Aufgrund des subjektiven Charakters ästhetischer Erfahrungen stellt sich die Frage ihrer Vermittelbarkeit. Als Voraussetzung für die Schaffung ästhetischer Erfahrung ist die Offenheit der ästhetischen Situation notwendig, dies birgt jedoch die Gefahr der Beliebigkeit. Die Musikpädagogin Claudia Meyer geht davon aus, dass „ästhetische Erfahrungsprozesse selbst [...] sich nicht inszenieren [lassen], wohl aber geeignete Erfahrungssituationen, in denen solche Prozesse stattfinden können" (Meyer, 2003, S. 187). Solche Situationen können als „ästhetische Erfahrungsräume" bewusst z.B. durch Lehrpersonen geschaffen werden. Welche ästhetischen Erfahrungen dann ermöglicht bzw. gemacht werden, lässt sich nur über die interaktive Herstellung gemeinsam geteilter Erfahrungsgrundlagen nachvollziehen und ist somit im Prozess der Bedeutungszuweisung verankert.

Mit der Fokussierung dieses Prozesses wird dem didaktisch schwer zugänglichen Begriff der Erfahrungserschließung daher nun eine Dimension hinzugefügt, die konkrete Lehrhandlungsmöglichkeiten in der Interaktion zwischen Lehrenden und Kindern eröffnen kann. Diese ist insofern für didaktische Entscheidungen interessant, als die Konstruktion und Genese von Bedeutungen sprachliche und nicht sprachliche Interaktionen einschließt und situationsgebunden zu verstehen ist. Der Philosoph Martin Seel betont dabei die Selbstreferentialität in der Situationsbindung:

„Wir machen Erfahrungen in Antwort auf Erfahrungen, die wir haben. Eine Erfahrung *machen* heißt, unserem Verhalten und Handeln eine Situation erschließen; erfahrend finden wir uns in Situationen ein" (Seel, 1997, S. 73, Hervorhebung im Original).

Der Musikpädagoge Stefan Orgass versteht die „Situationstheorie als Bindeglied zwischen musikbezogener Bedeutungstheorie einerseits und Interaktionstheorie andererseits" (Orgass, 2007, S. 64) und verweist auf die Situationsdefinition des Soziologen Jürgen Markowitz, welcher „Situation" als „Möglichkeitsbereich" versteht, „der als solcher durch ein ‚personales System' wahrgenommen wird" (ebd., S. 66). Auch unabhängig von einer systemtheoretischen Rahmung von Bedeutungszuweisung wird hier also ihr autopoietisches Element im Spannungsfeld von Ort, Zeit, Gegenstand und personaler Interaktion deutlich. Dies soll im vorliegenden Kapitel eingehender untersucht werden (vgl. dazu auch Kap. 2.4).

Orgass fasst musikbezogenen Sinn als Zusammensetzung aus musikalischer Bedeutung und nicht musikalischer Bedeutsamkeit auf. Dieser Sinn wird zwar vom Interpretanten konstruiert, aber erst in der Interaktion, also im „Abgleich von Bedeutungs- und Bedeutsamkeitszuweisungen in symbolischer oder Face-to-face-Interaktion" (Orgass, 2011, o.S.) aktualisiert bzw. konsolidiert. Damit bezieht sich

Orgass allerdings auf die konkrete Interpretationsleistung in Bezug auf eine Musik, während in vorliegender Arbeit nicht nur die Bedeutungszuweisung an Musik, sondern vielmehr auch die Bedeutungszuweisung rund um den Umgang mit Musik und den Unterrichtskontext der MFE untersucht wird. Das heißt, dass hier Kontexte fokussiert werden, an welche zwar musikbezogene, jedoch nicht notwendig musikalische Bedeutungszuweisung erfolgt.

Während musikbezogene Bedeutungszuweisungen im Zusammenhang mit ästhetischen Erfahrungen bereits didaktisch in der Musikpädagogik für die allgemein bildende Schule diskutiert werden (vgl. Krause, 2008a; Orgass, 2007; Geuen & Orgass, 2007), steht dies für die Elementare Musikpädagogik noch aus. Es erscheint sinnvoll, auch und gerade für den Elementarbereich das Konstrukt der Bedeutungszuweisung didaktisch zu nutzen, um z.B. die für Lehrhandlungen tendenziell unzugängliche subjektive Erfahrung intersubjektiv kommunizierbar zu machen.

Im Rahmen der elementar-musikpädagogischen Fachdiskussion würde dies zunächst vor allem eine Zuschärfung bzw. Erweiterung bereits verwendeter Begrifflichkeiten bedeuten, da aufgrund der didaktischen Beschäftigung mit dem Themengebiet der ästhetischen Erfahrung bereits zahlreiche verwandte Berührungspunkte vorliegen (vgl. zur ästhetischen Erfahrung z.B. Meyer, 2004; zur Berührung mit dem Bedeutungsbegriff z.B. Dartsch, 2010, S. 15; S. 17). Dies zeigt sich aktuell auch in der theoretischen Fundierung des Bildungsplans Musik für die Elementarstufe/ Grundstufe des Verbands deutscher Musikschulen (im Folgenden als Bildungsplan EMP bezeichnet), in welchem der Bedeutungsbegriff aus seiner alltagssprachlichen Verwendungstradition heraus als didaktische Kategorie genutzt wird. Der Musikpädagoge Michael Dartsch beschreibt dort Bildung als erfahrungs- und bedeutungsbasierte „Stimmigkeit" (vgl. dazu ausführlicher den Abschnitt zur Stimmigkeit in Kap. 3.2.2):

> „Das Kind integriert im Laufe seiner Entwicklung immer neue Erfahrungen in sein Welt- und Selbstbild. Wie das Kind sich die Welt erklärt, welchen Sinn es in seinen Erfahrungen sieht, welche Bedeutung sie für das Kind erlangen: All das wird vor dem Hintergrund der bisherigen Biografie stetig so weiterentwickelt, dass es für das Individuum möglichst ‚stimmig' ist, das heißt, dass die Sinnstrukturen sich nicht widersprechen, miteinander harmonieren und einem befriedigenden Leben dienlich sind. Ein wesentlicher Aspekt dabei ist auch die Abstimmung der individuellen Erklärungsmuster, Sinnfindungen und Bedeutungen innerhalb der Familie und des sozialen Umfeldes sowie der jeweiligen Kultur." (Dartsch, 2010, S. 15–16).

Im Bildungsplan EMP werden auch die so genannten Grunderfahrungen besonders hervorgehoben, welche „nicht von außen ‚hergestellt' werden [können], sie müssen sich vielmehr im Kind selbst einstellen und werden auch mit der individuellen Disposition des Erlebens und Verhaltens zusammen hängen. Sofort erwachsen aus ihnen individuelle musikbezogene Vorstellungen." (Dartsch, 2010, S. 19).

Durch den Verweis auf die individuelle Disposition des erfahrenden Individuums wird auch hier die Dimension der erfahrungsbasierten Bedeutungszuweisung i.S. „musikbezogener Vorstellungen" deutlich. Es bleibt jedoch die für didaktische Zwecke nicht greifbare „Unschärfe" der rein intraindividuell entwickelten „musikbezogenen Vorstellung" bestehen. Während eine ästhetische Erfahrung nur subjektiv erlebbar ist, kann die damit verbundene Bedeutungszuweisung intersubjektiv kommuniziert und damit auch in Aushandlungen präzisiert werden. Dies bedeutet keineswegs Lenkung oder Vorgabe durch die Lehrkraft, vielmehr erwächst der Vorteil der Aushandlung von Bedeutungszuweisungen im Erfahrungsprozess aus der (möglicherweise auch nur minimalen) Nachträglichkeit der hergestellten Intersubjektivität. So wäre auch das folgende Zitat bedeutungstheoretisch lesbar:

> „Das Kind wird die verschiedenen Erfahrungen mit je eigenen Bedeutungen versehen; was letztlich welche Bedeutung für es gewinnen wird, entscheidet sich in ihm selbst. Es kann nicht darum gehen, das Kind in eine bestimmte Richtung festzulegen, sondern darum, ihm vielerlei Wege zu eröffnen, die es schließlich selbstbestimmt beschreiten und individuell ausgestalten kann." (Dartsch, 2010, S. 22)

Entscheidend für die intersubjektiv fundierte bedeutungstheoretische Lesart ist die Formulierung „was letztlich welche Bedeutung für [das Kind] gewinnen wird, entscheidet sich *in ihm selbst*" (Hervorhebung durch die Verfasserin). Das heißt, dass das Kind bewusste, aber auch unbewusste Entscheidungsprozesse auf der Grundlage der *in ihm selbst* vorhandenen erfahrungsbasierten Dispositionen vollzieht. Das heißt auch, dass Einflüsse von außen während der „Einflussnahme" durch den Filter der individuellen Dispositionen gehen müssen und es bedeutet, dass die Lehrkraft diesen Entscheidungsprozess zwar auslösen, beeinflussen und kommunikativ „mit- und *nach*-vollziehen", aber nicht bestimmen kann.

Es ist anzunehmen, dass intersubjektiv ausgehandelte Prozesse der Bedeutungszuweisung dazu beitragen, der Lehrperson die kindliche Perspektive auf den Unterrichtsgegenstand und die Unterrichtssituation zu erschließen. Dies geschieht jedoch wiederum gefiltert durch die erfahrungsbasierten Dispositionen der Lehrkraft.

Dieses Spannungsfeld reziproker Beziehungs- und Einflussnahme beim – wie auch immer gearteten – Austausch über persönliche Sichtweisen verweist auf die sozialpsychologische Relevanz der Thematik. Damit sind die Elemente des Bedeutungszuweisungsprozesses bereits grob umrissen. Im Folgenden sollen die Konstituenten „Bedeutung und Bedeutsamkeit" genauer analysiert und definiert werden.

2.1.1 Bedeutung

Der Prozess der Bedeutungszuweisung ist eng mit dem Orientieren und dem Verstehen verknüpft. So kann im konstruktivistischen Sinne davon ausgegangen werden, dass das Individuum dem Wahrgenommenen Bedeutung zuweist, um sich seine

Umwelt zu erschließen und/oder zu strukturieren. Dabei greift jedoch – insbesondere im ästhetischen Kontext – der semiotische Ansatz des reinen Denotierens von Zeichen zu kurz, zumal Zeichen in sozialen Interaktionen als „für etwas stehend" konstruiert, erlernt bzw. erkannt werden müssen und situativ bedingt unterschiedlich interpretiert werden können.

Wäre der Bedeutungszuweisungsprozess rein aus semiotischer Sicht fassbar, wäre er als lineare Struktur darstellbar:

> „Eine semiotisch aufgefaßte Welt ist eine Welt, in der Menschen mittels materieller Dinge, der Zeichen, miteinander umgehen, sich artikulieren und verständigen, die Welt erkennen oder erleben" (Faltin, 1985, S. 22).

Der Erkenntnis- bzw. Erlebnisprozess besteht somit in der Zuordnung einer Bedeutung zu einem Zeichen, „Bedeutung ist die Rückseite des Zeichens" (ebd.). Zu ergänzen wäre hier, dass die Bedeutung dann gleichzeitig auch die Rückseite – oder Vorderseite? – des Objekts wäre, für welches das Zeichen steht. Diese Linearität findet ihren Ausdruck in der triadischen Auffassung von Zeichen, Bedeutung und Objekt, wie sie zahlreichen semiotischen Bedeutungstheorien zugrunde liegt (vgl. zur Übersicht Faltin, 1985, S. 30):

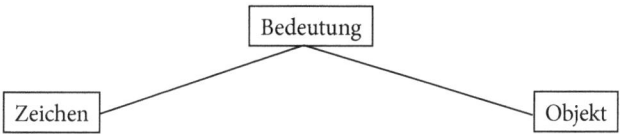

Abbildung 1:   Semiotisches Dreieck

Somit wäre – so die kommunikationswissenschaftliche Kritik – Bedeutungszuweisung als reiner En- und Dekodierungsprozess beschreibbar, der unter Auslassung der Situation und des Vollzugs der Zeichenerzeugung statisch anmutet (vgl. Lenke, Lutz & Sprenger, 1995, S. 66).

Im ästhetisch-musikalischen Kontext begegnet der Musikwissenschaftler Peter Faltin diesem Problem mit einer syntaktischen Auffassung musikalischer Bedeutungszuweisung. Er setzt dabei den „Musikalischen Gedanken" im semiotischen Dreieck an die Stelle des Objekts, dessen Besonderheit darin liegt, dass nun jenes Objekt „auf das sich das ästhetische Zeichen bezieht, […] eine geistige Qualität, kein Denotat [ist]" (Faltin, 1985, S. 45). Er erläutert:

> „Das musikalische Zeichen bezieht sich auf eine musikalische Idee, die in ihm artikuliert wird und seine eigentliche, d.h. musikalische Bedeutung bildet" (Faltin, 1985, S. 45.).

Mit „musikalischer Bedeutung" wird also die Ebene des „Denotats" überschritten und gleichzeitig eine nonverbale, bei Faltin „geistige" Qualität der Bedeutungszuweisung beschrieben. Bedeutungskonstitution – um Faltins Vokabular zu verwenden – erfolgt über die syntaktische Verfasstheit von Musik: Nicht die Töne an sich, sondern ihre fast unendlichen Möglichkeiten der Strukturierung sind die bedeutungsermöglichenden Zugänge, oder – wie Stefan Orgass es bezeichnet – die „„Fenster' zu anderer Musik und sogar zur nicht musikalischen Welt" (Orgass 2007, S. 19). Zu Recht verweist Stefan Orgass jedoch darauf, dass dieser syntaktische Ansatz erst sinnvoll zur Argumentation herangezogen werden kann, wenn dem Verständnis der syntaktischen Kategorien individuell vollzogene Schematisierungsprozesse zugrunde gelegt werden (vgl. Orgass, 2007, S. 20; vgl. dazu auch Kap. 2.3.1).

Dennoch scheint auch dieser auf ästhetische Phänomene wie Musik bezogene Ansatz nicht auszureichen, um den interpretativ-situativen Prozess der Bedeutungszuweisung hinreichend fassen zu können, bleibt doch der selbstreferentielle Aspekt der Emergenz von Bedeutung unberücksichtigt.

Stefan Orgass und ebenfalls Martina Krause verweisen ergänzend daher auf pragmatische Zeichentheorien (z.B. von Charles S. Peirce, Umberto Eco oder Ludwig Wittgenstein), um Bedeutung im konstruktivistischen Sinne fassen zu können. Wesentlich ist hier die Aufhebung einer Annahme von Bedeutung als festgelegter Entität, vielmehr kann das gleiche „Objekt" für eine Person in unterschiedlichen Situationen unterschiedliche Bedeutungen erlangen (vgl. Krause, 2008a, S. 98). Dies ist jedoch, wie Krause richtig betont, nicht völlig beliebig, sondern bestimmten Gebrauchspraxen – bei Wittgenstein „Gepflogenheiten", letztlich Regeln – unterworfen, die von Interaktanten gekannt und geteilt werden (vgl. ebd., S. 100). Unter sozialpsychologischen Gesichtspunkten ließe sich an dieser Stelle auf die Verwendung von „Codes" zur Verständigung in und Abgrenzung von gesellschaftlichen Gruppierungen als mögliche Lesart hinweisen.

Obwohl nun eine komplexere und flexiblere Beschreibung von Bedeutung und ihrer Zuweisung möglich erscheint, bleibt deren Übertragung in musikbezogene Zusammenhänge problematisch. Denn:

> „Aus der Tatsache, dass in musikbezogenen Interaktionen jeweils eigens ausgehandelt werden muss, was denn als musikalisches Zeichen – als Einheit bzw. Gestalt – in welchem Beziehungsgefüge bzw. vor welchem kategorialen bzw. durch Schemata gegebenen Hintergrund (Syntax) von wem mit Blick auf welchen situativen Bezug (Pragmatik) wahrgenommen wurde, lässt sich folgern, dass eine semiotische Fundierung einer musikbezogenen Bedeutungstheorie nicht taugt" (Orgass, 2007, S. 22).

Das Postulat der Nichttauglichkeit ist allerdings differenziert zu betrachten. Die Rezeption bedeutungstheoretisch fundierter musikpädagogischer Ansätze, wie sie von Orgass und Krause vertreten werden, legt durchaus eine semiotische Anbindung nahe, nicht zuletzt, da der Zeichenbegriff weiterhin dort Verwendung findet.[1] Das

---

1   Dieser begrifflichen „Problematik" ist Stefan Orgass sich bewusst, indem er dazu auffordert, seinen oben wiedergegebenen „verständigungspraktischen" Vorbehalt in Bezug auf den verwendeten Zeichenbegriff mitzudenken (Orgass, 2007, S. 23).

Zeichen erhält in dieser Lesart jedoch keine generalisierende Funktion sondern muss ständig neu ausgehandelt werden. Es scheint, als sei der semiotische Ansatz eine notwendige Grundlage zur Überschreitung desselben, wenn von Bedeutung und ihrer Zuweisung im musikbezogenen Kontext gesprochen wird. Dies mag auch daher rühren, dass Bedeutungszuweisung zunächst schwerpunktmäßig vom Medium der Sprache aus gedacht wird.

2.1.1.1 Zur Kommunizierbarkeit von Bedeutung – ein sprachbezogenes Problem?

Der Sprachbezug erscheint sinnvoll, wenn Bedeutungszuweisungen als intersubjektiv kommunizierbar und aushandelbar betrachtet werden. Dennoch stellt sich die Frage nach der tatsächlichen sprachlichen Mitteilbarkeit von Bedeutungszuweisungen, insbesondere für eine „nicht sprachliche" Kunst wie die Musik. Vehement lehnt Stefan Orgass in diesem Zusammenhang das „Paradigma musikalischer Kommunikation" ab und präzisiert stattdessen die Annahme der „einseitigen Beziehungsstiftung":

> „Im konstruktivistischen Sinne wird also nicht nur die Vorstellung einer kodierten Botschaft, die in einem Medium zu übermitteln und sodann vom Empfänger zu dekodieren ist [...] abgelehnt, sondern auch die hermeneutische Vorstellung einer „Horizontverschmelzung", bei der von einer wie auch immer objekthaften Gegebenheit des Horizonts des zu verstehenden – z.B. künstlerisch-musikalischen – Phänomens ausgegangen wird" (Orgass, 2007, S. 25).

Dies fokussiert erneut die Selbstreferentialität der Emergenz von Bedeutung, klärt aber noch nicht deren Mitteilbarkeit. Das Plädoyer für eine kommunikative Musikdidaktik (vgl. Orgass, 1996) impliziert durchaus den Sprachfokus, welcher auch bei Krause – hier lesbar in Bezug auf das vorangegangene Zitat – seinen Niederschlag findet:

> „Bedeutungen werden erst durch Sprache konstruiert. Bedeutung ist keine Eigenschaft der Musik selbst, die als solche in deren Erklingen immer schon gegenwärtig und damit nachträglich mit Worten zu bezeichnen möglich wäre, sondern sie kommt erst und überhaupt in der Sprache über Musik zum Vorschein" (Krause, 2008a, S. 267).

An anderer Stelle räumt Martina Krause ein, dass Bedeutungskonstruktion sich vor allem „im Medium Sprache [vollziehe], wobei der Wert nonverbaler Rezeption nicht diskreditiert werden soll" (Krause, 2007, S. 63).

Vor der Folie von Sprachlichkeit und Nicht-Sprachlichkeit referiert Krause knapp die Extreme, in welche unterschiedliche musikwissenschaftliche Perspektiven „Musikverstehen" aufspalten, um das Ziel der „Bestimmung einer Bedeutung von Musik" zu erreichen (vgl. Krause, 2008a, S. 221):

„Dabei wurde die musikbezogene Bedeutung entweder ins Außermusikalische verlagert, was zu einigen Schwierigkeiten geführt hat, oder musikbezogene Bedeutung wurde in die Musik selbst gelegt, was diffuse kunstreligiöse Überhöhungen zur Folge hatte und ebenfalls Schwierigkeiten mit sich bringt"[2] (ebd.).

In den Positionen Krauses und Orgass' wird bereits deutlich, dass Annahmen über die kommunikative Verfasstheit von Musik nicht den Kern der Sache treffen: Weder kann ein angenommenes Charakteristikum von Musik als Implikator dazu dienen, zu verstehen wie musikbezogene Bedeutungszuweisung erfolgt, noch wie sie ausgehandelt wird. Dies gilt gerade deshalb, weil nur das Individuum in seinem Bezug zur Musik als Ausgangspunkt von Bedeutungszuweisung betrachtet werden kann, nicht eine „objekthaft gegebene" Kunstform.

Damit wird die Reflexion über Musik und über musikalisches Handeln zur didaktischen Größe für den Umgang mit Bedeutungszuweisungen im Musikunterricht. So plädiert beispielsweise die Musikpädgogin Anne Niessen nicht nur für die Integration von Reflexion, sondern auch für die Schaffung ausreichenden Raums dafür im Musikunterricht (Niessen, 2002, S. 6–10). Die kommunikative Musikdidaktik von Stefan Orgass stellt den intersubjektiven Austausch über individuelle Bedeutungszuweisungen in den Mittelpunkt und basiert somit auf Reflexion.[3] Dies bedeutet gleichzeitig nicht den Verzicht auf die musikalische Handlung. Insofern erscheint die Verknüpfung der Bedeutungsthematik mit dem Medium Sprache auf der Meta-Ebene der Reflexion stimmig. Letztlich kann in Anbindung an die kommunikative Musikdidaktik dann auch bestätigt werden, dass zwar kein musiktheoretisches Kommunikationsmodell („Musik als Sprache"), wohl aber ein didaktisches Kommunikationsparadigma („Sprache über Musik") sinnvoll erscheint (vgl. Orgass, 1996, S. 58).

2.1.1.2 Zeigehandlungen zur Kommunikation von Bedeutungszuweisungen

Wie kann ein an individuellen Bedeutungszuweisungen orientierter Musikunterricht für Kinder im Vorschulalter aussehen, deren Verbalisierungsfähigkeit entwicklungsbedingt anders gelagert ist, als die der Erwachsenen?

Unter dieser Fragestellung gilt es, den Bedeutungsbegriff auch auf sein Potential für Zeigehandlungen hin zu untersuchen.

Der im konstruktivistischen Kontext argumentierende Pädagoge Kersten Reich weist auf das „Interaktionsdefizit" von in erster Linie auf Sprache beruhender intersubjektiver Bedeutungskonstruktion hin und kritisiert eine „große Scheu, ein inne-

---

2   Symptomatisch im letzteren Sinne das Zitat von Th. W. Adorno, „kein Kunstwerk ist in Kategorien der Kommunikation zu beschreiben und zu erklären" (Adorno, 1970, S. 167).

3   Stefan Orgass verweist auf die Notwendigkeit der Aushandlung von individuell zugewiesenen Bedeutungen, statt der Vorgabe eines „von außen an die Diskursteilnehmer herangetragenen Adäquanzkriteriums musikalischer Erfahrung" (Orgass, 1996, S. 58).

res Modell von den Spannungen im Subjekt zu konstruieren" (Reich, 2000, S. 103). So fragt er:

> „Warum ist bisher im Konstruktivismus, sofern wir die Theorieseite ansehen, eine Bevorrechtigung der in sprachlichen Äußerungen beobachtbaren Kognitionen und eine Vernachlässigung von eher im Inneren vermuteten Emotionen und Imaginationen entstanden?" (ebd.).

Diese Vernachlässigung, welche er für den wissenschaftlichen Diskurs sogar als „Denkverbot" empfindet, sieht Reich jedoch deutlich weniger in der praktischen Arbeit konstruktivistisch-systemischer Beratung, welche selbstverständlich auch

> „mit inneren Zuständen, […] Begehren, […] Imaginationen und Visionen, […] Wundern und […] Wünschen [umgeht], mit denen die konstruktivistische Theorie sich noch schwertut" (ebd.).

Auch im Umgang mit Musik könnten solche „inneren Zustände" eine Rolle spielen. Ergänzend und im Rückbezug auf den musikpädagogischen Kontext sei daher hier auf den Ansatz Christian Rolles verwiesen, der Bedeutungskonstitution im Zusammenhang mit Musik „im Rahmen einer Intersubjektivität ästhetischer Erfahrung von Musik" (Rolle, 1996, S. 46) auffasst. Er argumentiert:

> „Musik ist ein soziales Phänomen, und musikalische Bedeutung konstituiert sich in unterschiedlichen musikalischen Verhaltensweisen. Wenn dieser Begriff nur weit genug gefasst wird, zählt dazu gleichermaßen der Bereich der Musikproduktion (Komposition, Improvisation, ausführende Interpretation, Musikproduktion im Studio usw.) wie der Bereich der – keine musikalisch-klanglichen Ereignisse schaffenden – Rezeption (Musik-Hören, Besuch von Konzerten, Lesen und Schreiben von Kritiken, Gespräche über Musik, Tanzen usw.)" (ebd., S. 49).

Mit Bezug auf die oben angedeuteten Zeigehandlungen wären also sprachliche und nicht sprachliche (musikalische) Handlungen relevant für die intersubjektive Aushandlung von Bedeutungszuweisung. In Anlehnung an Kersten Reichs o.g. Plädoyer für die Berücksichtigung auch der „inneren Spannungszustände" käme so ein – für das *Zeigen* von Bedeutungszuweisung – interessanter Aspekt hinzu, sobald außerdem das musikbezogene Assoziieren berücksichtigt wird. Egal ob dies sprachlich oder durch visuelle Gestaltung (nicht sprachlich) geschieht (Malen, Szene, Tanz etc.), ist es als didaktisches Mittel für musikbezogene ästhetische Wahrnehmung und Bedeutungszuweisung denkbar und wäre im Ansatz Rolles als Verständigung oder *Selbst*verständigung über ästhetische Erfahrung identifizierbar.

> „So gesehen wird auch niemand länger behaupten können […], die Assoziationen, die von Musik evoziert werden, hätten mit dem musikalischen Phänomen selbst nichts zu tun. Sie gehören dazu, insofern sie Ausdruck ästhetischer Erfahrung von Musik sind" (ebd., S. 46).

Für die intersubjektive Herstellung gemeinsam geteilter Erfahrungsgrundlagen muss Sprache also möglicherweise keine notwendige bzw. ausschließliche Voraussetzung sein, wenn man davon ausgeht, dass paralinguistisch, körpersprachlich oder mithilfe von Gegenständen etwas gezeigt statt gesagt werden kann. Insbesondere aus konstruktivistischer Sicht kann auch bei sprachlicher Verständigung nicht davon ausgegangen werden, dass die Interaktionspartner einem Interaktionsgegenstand tatsächlich jeweils die gleiche „objektive" Bedeutung zuweisen – die intersubjektive Verständigung beruht vielmehr auf Interpretation („Partnerhypothesen", vgl. Krause, 2008a, S. 69).

Es erscheint insofern nicht falsch, aufgrund dieser prozessimmanenten Interpretationsleistung also auch nicht sprachliche Kommunikationsinhalte als Mitteilungen über Bedeutungszuweisungen aufzufassen. Paralinguistische Phänomene wie Mimik, Körperhaltung, Sprechtempo und Sprachintonation, Gestik und gegenstandsbezogene Zeigehandlungen können im Kontext von Interpretation aber nur dann für *didaktisch nutzbare* Aushandlungen von Bedeutungen heran gezogen werden, wenn eine Beliebigkeit der Interpretationen zwischen den Interaktanten zumindest eingrenzbar wird. Dies setzt nun doch Sprache voraus, nämlich auf der Ebene der Metakommunikation: Eine erwachsene Person kann einem Kind das spiegeln, was sie aus seinen nicht sprachlichen Äußerungen interpretiert hat und wiederum um eine Einschätzung des Kindes dazu bitten. Es setzt aber auch Empathiefähigkeit voraus, um zu einer Interpretation kommen zu können bzw. um möglicherweise innerhalb einer (musikalischen) Tätigkeit zu wie auch immer gearteten „gemeinsamen Empfindungen" der Interaktanten zu kommen. Dieser hier zunächst nur grob angerissene Bedeutungsgehalt könnte in der Empfindung des „Sinnvollen" oder auch der „Stimmigkeit" (vgl. Dartsch, 2010, S. 15) liegen und sich durch nachträgliche positive Bewertungen an die Interaktion äußern. Damit wird bereits auf die Thematik der Bedeutsamkeit verwiesen (vgl. Kap. 2.1.3).

Zu berücksichtigen ist jedoch eine definitorische „Mehrdeutigkeit" des Bedeutungsbegriffs der – in seiner o.g. Sprachbezogenheit – die Emergenz von Bedeutung zwar in *intersubjektiven Zusammenhängen* positioniert. Es wird jedoch ebenso mit einer *intrasubjektiven* Definition von Bedeutungszuweisung operiert, so zum Beispiel im Bildungsplan EMP. Dort werden „Wahrnehmen und Erleben von Musik" als eine mentale Umgangsweise mit Musik angeführt (Dartsch, 2010, S. 17). Intrasubjektiv gefasst ist bezüglich oben genannter Kriterien für ästhetische Erfahrungen davon auszugehen, dass das Erleben keine Erfahrung zeitigen *muss*, wohl aber *kann*, sofern das Erlebnis einen reflexiven Prozess beinhaltet oder auslöst. Hier kommt der Wahrnehmung, verstanden als in sich schlüssigem Prozess von Erfassen und Verarbeiten, also eine wichtige Funktion zu, die sich letztlich auch auf das ebenfalls im Bildungsplan EMP formulierte musikbezogene „Denken und Symbolisieren von Musik" beziehen lässt. (ebd.)

Definitorisch wäre Bedeutungszuweisung damit in eine intrasubjektiv-„vor-reflexive" und eine intersubjektiv-aushandelbare Phase zu unterteilen. Krause formuliert:

„Wahrnehmung ist […] immer mit Bedeutungszuweisung verbunden. Allerdings handelt es sich dabei um eine individuelle, gleichsam vor-reflexive Art der Bedeutungszuweisung, die von einer intersubjektiv konstruierten Bedeutung abgegrenzt werden muss." (Krause, 2008a, S. 68).

Diese Bedeutung kann in der Folge in den intersubjektiven Prozess eingebracht werden – mit dem o.g. Vorbehalt, dass der Interaktionspartner diese Bedeutung ebenfalls für sich neu konstruiert. Krause bezieht sich auf Siebert:

„Einem Referenten zuhören heißt: seine Mitteilungen ‚wahrnehmen': *Wahrnehmen* ist aber kein reaktives Verhalten, sondern eine *Interpretation*. […] Ein Zuhörer nimmt das wahr, was in sein System passt, was er interpretieren kann, was ihm wichtig ist. Nicht der Referent entscheidet, was der Hörer wahrnimmt" (Siebert, 1999, S. 143, Hervorhebung im Original)

Der interpretatorische Aspekt ist intrasubjektiv ebenso wie intersubjektiv wiederum besonders auf den Bereich der ästhetischen Erfahrung zu beziehen. Zur deutlicheren Fassbarkeit sei hier auf die von Martin Seel postulierte „ästhetische Wahrnehmung" verwiesen (Seel, 2003, S. 45–46). Dies aus dem Grund, dass Seel interessanterweise – wie der Musikpädagoge Christian Rolle bemerkt – die Begriffe der ästhetischen Erfahrung und der ästhetischen Wahrnehmung oft synonym verwendet, dem Erfahrungsbegriff im Gegensatz zum Wahrnehmungsbegriff aber die nachhaltige Veränderung von Sichtweisen als Definition zuschreibt:

„Nur an den Stellen, an denen es ausdrücklich um nachhaltige Veränderungen unserer Sichtweisen geht, d.h. um Veränderungen unserer selbst, steht der Erfahrungsbegriff im Mittelpunkt" (Rolle, 2002, S. 89, über die Begriffsverwendung bei Seel).

Auch hier ließe sich also eine zweigeteilte Verfasstheit des Bedeutungszuweisungsprozesses i.S. einer vor-reflexiv-intrasubjektiven und einer weiteren, intra- oder intersubjektiv-reflexiven Phase mit Bezug auf den Wahrnehmungsbegriff feststellen. Dies impliziert zugleich erneut das Verständnis von Wahrnehmung als interpretatorischem Akt.[4]

---

4   Kommunikationswissenschaftlich wird auch eine dreiphasige Untergliederung von Bedeutungszuweisung vertreten: primär = sensumotorische Wahrnehmungsgehalte, sekundär = erfahrungsabhängig unkontrolliert/unbewusst und tertiär = erfahrungsabhängig kontrolliert (vgl. Lenke, Lutz & Sprenger, 1995, S. 106–108). Die analytische Trennung zwischen sensumotorischem Wahrnehmungsgehalt und erfahrungsabhängig unkontrollierter Bedeutungszuweisung wird in der Auffassung Krauses nicht vollzogen. Beide Phasen könnten der von ihr formulierten vor-reflexiven Art der Bedeutungszuweisung zugerechnet werden. Da sich nicht deutlich sagen ließe, wo das sensumotorische Wahrnehmen aufhört und das erfahrungsbasiert unkontrollierte Wahrnehmen bzw. Bedeutungszuweisen beginnt, soll hier dem Modell von Krause gefolgt werden, welche keine analytische Trennung der vor-reflexiven Phasen vornimmt.

Eine Möglichkeit, Bedeutungszuweisung im interpretativen Kontext als interaktiven[5] und situationsgebundenen Prozess unter Einbeziehung persönlicher (emotionaler) Relevanzempfindungen zu beschreiben und dabei sprachliche und vor- bzw. nicht sprachliche Aspekte zu berücksichtigen, bieten die Modi des Bedeutens, die Martin Seel für ästhetische Zusammenhänge entwickelt hat.

2.1.2 Modi des Bedeutens

Seel benennt drei Ebenen des Bedeutens, die alle vom bedeutungszuweisenden Individuum aus zu verstehen sind:

1. semantisch-propositionale Bedeutung (Thematisierung)
2. pragmatisch-performative Bedeutung (Vergegenwärtigung)
3. ästhetisch-präsentative Bedeutung (vgl. Seel, 1997, S. 138).

Zur Erläuterung wird hier einmal mehr der Begriff des Verstehens relevant. Seel bezieht sich auf folgende Aussage Wittgensteins:

> „Wir reden vom Verstehen eines Satzes in dem Sinne, in welchem er durch einen anderen ersetzt werden kann, der das Gleiche sagt; aber auch in dem Sinne, in welchem er durch keinen andern ersetzt werden kann. (So wenig wie ein musikalisches Thema durch ein anderes.)
> Im einen Fall ist der Gedanke des Satzes, was verschiedenen Sätzen gemeinsam ist; im andern, etwas, was nur diese Worte, in diesen Stellungen, ausdrücken. (Verstehen eines Gedichts.)" (Wittgenstein, 2001, § 531, S. 949).

Die dargestellte Variationsbreite von Verstehen misst sich am Kriterium der Übersetzbarkeit und spannt den Gegensatz zwischen dem Verstehen von Sachverhaltsmitteilungen (übersetzbar) und dem ästhetischen Verstehen (unübersetzbar) auf. Zudem integriert Seel eine dritte Dimension des Verstehens, die als „Mit-Verstehen" bezeichnet werden kann. Diese betrifft das *performative* Verstehen, das situativ bedingt darin besteht, dass „ich zusätzlich mitverstehe, *wie* es um das geht, wovon die Rede ist" (Seel, 1997, S. 137, Hervorhebung durch die Verfasserin). Das *Wie* der Rede in der Situation ist also entscheidend für performatives Verstehen und bezieht sich damit auf intra- und interindividuelle Kontextbedingungen im Verstehensprozess.[6]

---

5 Im Falle nicht vorhandener sozialer Interaktionen ist der interaktive Gehalt trotzdem in der intraindividuellen Konfrontation und Aushandlung vorhandener und neu gebildeter Schemata impliziert, vgl. dazu ausführlicher Kapitel 2.3.1 mit Unterkapiteln.

6 Die Erläuterungen zum semantisch-propositionalen sowie pragmatisch-performativen Modus des Verstehens lassen die Nähe zu Harold Garfinkels Auffassung der Indexikalität von Sprache erkennen (vgl. Garfinkel, 1973; Bergmann, 2010a; Bergmann, 2010b, S. 527–530). Garfinkel geht davon aus, dass erst die Form *wie* etwas gesagt wird eine Definition dessen zulässt, *was* gesagt wird. Seels Ansatz der drei Modi überschreitet jedoch den sprachbezogenen Kontext und stellt eine Grundlage zur Betrachtung ästhetischer Zusammenhänge dar.

Somit lassen sich drei kategorial verschiedene Verstehensmodi unterscheiden, denen wiederum die Unterschiede der Bedeutung (welche im Verstehensprozess zugewiesen wird) entsprechen (ebd.). Nach Seel bewegt sich die verstehende Orientierung in der Welt in der Möglichkeit dieser drei Dimensionen (ebd., S. 138).

> „Die Modi des Bedeutens […] sind Weisen nicht nur, in denen die Menschen sich artikulieren, ebenso sind es Weisen, in denen sie die Welt artikuliert finden" (Seel, 1997, S. 138)

Obwohl diese Wechselseitigkeit im Verstehens- und Bedeutungszuweisungsprozess es nahe legen würde, den Begriff der Verständigung zu nutzen, spricht Seel explizit von Artikulation, um deutlich zu machen, dass diese Auffassung von Verstehen und Bedeutung „*quer* [liegt] zu der geläufigen Unterscheidung der *Verständigungsmodi*, sei diese ‚semantisch' als Unterscheidung von Satzmodi oder ‚pragmatisch' als Unterscheidung von Sprechakten getroffen." (ebd., Hervorhebung im Original). In Anbetracht der musikbezogenen Bedeutungsdebatte (vgl. Kap. 2.1) erscheint dieser Ansatz insbesondere fruchtbar, um auch dem ästhetischen Wahrnehmungs-, Erfahrungs- und Handlungsfeld gerecht werden zu können.

Zur Erläuterung zunächst zurück zum Thematisieren, welches im Modus der semantisch-propositionalen Bedeutung liegt.

Der semantisch-propositionale Modus des Bedeutens: Die für diesen Modus angenommene „Übersetzbarkeit" meint eine bedeutungsgleiche Übertragung in andere Bedeutungsträger, also z.B., indem etwas auch mit anderen Worten ausgedrückt werden kann. Es geht hier grundsätzlich um einen Verweisungszusammenhang, der in den Grenzen gesellschaftlicher Konventionalisierung unabhängig vom gewählten Bedeutungsträger bestehen bleibt. Dies ist in der Regel sprachlich basiert, Seel merkt aber an, dass auch nicht sprachliche Bedeutungsträger im thematisierenden Kontext zum Tragen kommen, sofern sie „für etwas stehen", also z.B. bildliche Darstellungen, die auf etwas hinweisen (ebd., S. 140). Seien es nun Sätze oder Darstellungen (symbolische Einheiten), semantisch-propositional ist ihre Bedeutung dann, „wenn sie zumindest insoweit propositional differenziert sind, als referenzialisierende und prädizierende Zeichenfunktionen unterscheidbar sind (ob deren Verhältnis nun grammatisch geregelt ist oder nicht)" (ebd., S. 139). Letztlich enthält eine solche thematisierende Zeichenverwendung immer die Möglichkeit der „Verifizierbarkeit", die Nähe zum weiter oben referierten semiotischen Ansatz ist erkennbar. Dennoch liegt keine Deckungsgleichheit vor, denn Seel stellt die Thematisierung in den gleichzeitig komplementären und interdependenten Zusammenhang der oben angedeuteten Vergegenwärtigung.

Der pragmatisch-performative Modus des Bedeutens: Die „Vergegenwärtigung" ist dem pragmatisch-performativen Modus zuzurechnen und ihre „Formen […] sind schlechterdings unübersehbar; sie müssen nicht in eine typologische Ordnung gebracht werden, um in ihrer kommunikativen Form verstanden zu werden" (ebd., S. 146). Gemeint sind die nicht thematischen, performativen Hinweise auf den in der Situation für die (gemeinsame) Orientierung bedeutsamen Kontext: Vergegenwärtigende Handlungen „artikulieren den Kontext der Bezugnahme" (ebd., S. 144).

Wichtig ist dabei nicht nur ihre Verdeutlichungsfunktion, sondern auch ihr Verweis auf die für das Individuum in dieser Situation auf der Grundlage seiner Erfahrungsdispositionen „innersituativ wirksamen Handlungsvoraussetzungen" (ebd.) Seien dies mimische, gestische, körpersprachliche, sprachintonatorische Mittel oder eine spezielle Wortwahl, seien es emotionale Verfasstheiten oder – im weitesten Sinne – Inszenierungen der eigenen Person: Wer vergegenwärtigend handelt, gibt Hinweise darauf, welche Handlungsvoraussetzungen für ihn in der gegebenen Lage relevant sind. Gleichzeitig bezieht ein Gegenüber diese Hinweise auf seine eigenen Erfahrungen, die es somit aktualisiert. „Durch vergegenwärtigende Äußerungen wird ein Verständnis auf der Basis eines wechselseitig vermuteten Vorverständnisses artikuliert" (ebd., S. 145). Dies kann als Mittel zur Herstellung gemeinsam geteilter Erfahrungsgrundlagen gelten, als „gemeinsame Orientierung", welche in der Situation aktuell bindend ist (ebd.). Aber auch im nicht kommunikativen Zusammenhang geht Seel von Vergegenwärtigungsleistungen aus, sobald ein Individuum mit der Erschließung seiner Umwelt beschäftigt ist. Diese sind dann nur in ihrer Ausprägung anders geartet, gestische Verdeutlichung wird eher von „spielendem Probieren" abgelöst, der Abgleich mit eigenen Erfahrungsgehalten und ihre Aktualisierung erfolgt dann z.B. über die Suche nach Beispielen (ebd., S. 153). Definierend kann festgehalten werden: „Thematisierung ist Bezeichnung durch zeicheninterne Charakterisierung" (ebd.; S. 140) und „Vergegenwärtigung ist zeichenexterne Charakterisierung durch situationsgebundene Aktualisierung" (ebd., S. 144).

Aber „weder das propositionale noch das performative Verstehen kann der sinnhaften Präsenz erfahrungsentsprungener Gegenwarten gewärtig werden; da hilft auch alle Zusammenarbeit der beiden Verstehensweisen alleine nichts." (ebd., S. 156). Dies verweist auf den ästhetisch-präsentativen Modus, dessen entscheidendes Charakteristikum die „Unübersetzbarkeit" ist.

Der ästhetisch-präsentative Modus des Bedeutens: Dieser Bedeutungsmodus ist, trotz seiner komplementären Verstrickung in beide vorher genannten Modi, jenen gleichsam enthoben. Die ästhetisch-präsentative Bedeutungszuweisung kann zwar formulierte Sachverhalte beinhalten oder aktuelle Situationsbezüge hervorheben, wichtiger und bezeichnend für den ästhetisch-präsentativen Modus ist aber die *situationsinvariante* Darbietung des Charakters einer Situation (ebd., S. 159). Es geht um die Einmaligkeit und damit notwendigerweise die *Unübersetzbarkeit* im ästhetischen Kontext. Es kann derselbe Begriff zur Beschreibung völlig unterschiedlicher ästhetischer Gegebenheiten verwendet werden und trotzdem jeweils passend erscheinen – damit ist der Begriff in seiner Bedeutung aber auch jeweils unterschiedlich (Seel führt als Beispiel unterschiedliche Arten von Wildheit in unterschiedlicher Musik an, vgl. ebd., S. 275–276).

Wesensmerkmal des ästhetisch-präsentativen Bedeutungsmodus ist weiterhin die Beurteilung und Bewertung im ästhetischen Erfahren:

> „Als gelungen (oder schön, authentisch, erhaben usf.) beurteilt werden ästhetische Ge
> bilde, die von den Wahrnehmenden verstanden werden als Präsentationen solcher Erfah-

rungsgehalte, die sie teilen oder – durch ästhetische *Erfahrung* – zu teilen gekommen sind; ohne viel Abstriche gelungen sind Objekte und Werke, die von den Urteilenden verstanden (und kommunikativ geltend gemacht) werden können als Explikate und Beispiele für eine von ihnen geteilte Einstellung. Emphatisch gelungen sind ästhetische Produktionen, die Ausdruck der Gehalte von Einstellungen sind, die wir an ihnen allein erfahren haben.“ (ebd., S. 161).

Zunächst kann verkürzt davon gesprochen werden, dass das „ästhetische Interesse der Präsentation von Erfahrungsgehalten gilt“ (ebd., S. 273). Hinzu kommt die subjektiv empfundene Bedeutung des „Beispielhaften“ für den eigenen Erfahrungsgehalt – das „ästhetische Zeichen“ steht nicht „für etwas Anderes“, aber für das Individuum steht es in seiner Bedeutsamkeit für eine bestimmte ästhetische Erfahrung. Es geht darum, „Sichtweisen der Welt zur Darstellung zu bringen, die in keine Darstellung der Welt überführt werden können“ (ebd., S. 272), wie Seel im Anschluss an den Kunstphilosophen Arthur C. Danto formuliert.[7] Dies rundet die Darstellung des ästhetisch-präsentativen Modus insofern ab als damit – im Gegensatz zur „reinen“ Vergegenwärtigung – ein situationsunabhängiges Element bestimmend ist, welches dennoch situationsbezogen, nämlich konstitutiv für die ästhetische Situation besteht:

Die „situationsunabhängige Präsentation von Sinnbeziehungen, die allein hiermit in ihrer situationskonstitutiven *Totalität* verstehend erfahrbar werden“ (ebd., S. 271, Hervorhebung im Original)

Anhand eines Beispiels sollen die drei Artikulationsmodi noch einmal verdeutlicht werden. Ausgangspunkt ist der folgende Text.

> emlan batseln mollbaude
> lenma selntab aubelldom
> namel tabseln ollmbedau
> leman elnstab daubemoll
>
> manle astbeln modlebaul
> manel belstan dlebaumol
> melan stanbel bomlauled
> anlem nestalb uebomalld
>
> naeml labsent beudlomal
> lemna tsenbla lumobelda
> elnam lesbant laumeldob
> manle albsten mollbaude
> (Tobias Amslinger; Amslinger & Lupette, 2009, S. 21)

---

7   Seel bezieht sich auf Kapitel *6. Kunstwerke und reine Darstellungen* und *7. Metapher, Ausdruck und Stil* aus Arthur C. Dantos Werk *Die Verklärung des Gewöhnlichen* (Danto 1984, S. 209–251 und 252–315). Er teilt jedoch nicht die Auffassung Dantos, das Künstlerische eines Kunstwerks liege in der künstlerischen Intention der Kunstschaffenden (vgl. Seel, 1997, S. 351 Endnote 126).

Beginnen soll es an dieser Stelle mit dem letztgenannten Modus, der ästhetisch-prä-sentativen Bedeutung. Gehen wir zunächst einmal davon aus, dass es sich bei diesem Text um Kunst handelt. Der unten angegebene Autorenname gibt den Hinweis, dass es sich um ein Gedicht handeln könnte. Das Erscheinungsbild der Zeilen stützt dies zusätzlich. Aber ist das nun ein Gedicht? Und wenn ja, welche Aussage trifft es? Kann ein Gedicht eine Aussage treffen?

Diese Fragen können die Leserinnen und Leser des Gedichts vermutlich mehr oder weniger für sich beantworten, ihre Ansichten können sie dann mitteilen und dabei in eine Kommunikationssituation zur Aushandlung von Bedeutungen ein-treten. Möglicherweise eröffnet sich ihnen durch bestimmte Argumente in der Diskussion eine ganz neue Sichtweise oder ein bestimmter Aspekt verhilft ihnen zu einer Orientierung im bzw. zu einem Verständnis des Textes. Allerdings wird auch am Ende der Diskussion nicht geklärt sein, was das Gedicht selbst „bedeutet", da es keine verallgemeinerbaren Codes zum Verstehen, wohl aber individuelle Interpre-tationen geben kann. Als Kunstwerk und „ästhetisches Zeichen" ist das Gedicht in seiner Artikuliertheit einmalig (nicht übersetzbar i.S. von transformierbar in andere Bedeutungsträger). Aussagen über „ästhetische Zeichen" werden also auf der Grund-lage intrasubjektiv gebildeter Interpretationen getroffen und können kommunikativ ausgehandelt werden.

Zurück zum Gedicht und damit zum zweiten Modus, der pragmatisch-perfor-mativen Bedeutung. Vielleicht haben die Leserinnen und Leser während des Lesens etwas ratlos ihr Gegenüber angeblickt und mit den Schultern gezuckt? Vielleicht ha-ben sie die Augen verdreht oder mit den Daumen nach oben oder unten gezeigt und währenddessen jeweils unterschiedlich gelächelt? Vielleicht haben sie in der Diskus-sion eine besondere Sprachintonation verwendet? Offensichtlich sind sie davon aus-gegangen, dass sie auf performativem Wege eine Aussage über diesen Text vermitteln können, die den pragmatischen Kontext betrifft und die ihr Gegenüber verstehen kann. So hätten sie eine der unübersehbar vielen Formen der Vergegenwärtigung verwendet, denen gemeinsam ist, dass sie unausgesprochen eine Frage stellen, die sich dem Adressaten und – in der performativen Mitteilung – nun auch dem Ad-ressanten stellt, auch wenn das, worauf diese sich bezieht, vielleicht unterschiedlich gedeutet wird. Dennoch bildet es eine gemeinsame Orientierungsgrundlage. Die Interaktanten verwenden Codes, die nicht sprachliche Verständigung ermöglichen und auf kulturell geteilten, wenn auch individuell ausgeprägten Schemata beruhen.

Da es sich hier um Text handelt, um Worte, auch wenn sie sinnlos erscheinen, rät-selt man während des Lesens möglicherweise, was hier thematisiert wird. Damit soll auch der erstgenannte Modus der semantisch-propositionalen Bedeutung betrachtet werden. Dass Silben, bzw. Buchstaben permutiert werden, lässt sich schnell erkennen. Es könnten Silben aus einem semantisch zu entschlüsselnden Zusammenhang sein. In diesem Falle sind sie das auch. Die Permutationen sind über die Worte „Malen, Basteln, Modellbau" gebildet, womit semantisch-propositional nun durchaus eine Bedeutung zugewiesen werden kann, die an vorhandene Schemata assimilierbar ist.

Damit wird jedoch die ästhetisch-präsentative Unübersetzbarkeit nur weiter gestützt, denn dass das Thema des Gedichts das Malen, Basteln und Modellbauen *an sich* sein könnte, wird, zumindest wenn dem Text die Bedeutung Gedicht/Kunst zugewiesen wird, kaum befriedigen können.

Festzuhalten ist, dass Bedeutungszuweisung auf der Grundlage bereits vorhandener Erfahrungsdispositionen und im Rahmen (intersubjektiv) hergestellter Orientierungsvorgänge stattfindet und vom Individuum aktiv vollzogen wird. Festzuhalten ist auch, dass Individuen sich bei der Kommunikation über Bedeutungen bzw. bei der Aushandlung von Bedeutungen kultureller bzw. gesellschaftlich geteilter Codes bedienen, die im Laufe des Enkulturationsprozesses erlernt werden.

Wie diese Codes im Rahmen der Bedeutungstheorie von Martin Seel zu fassen sind bzw. welche kontextuellen Gegebenheiten den Bedeutungszuweisungsprozess erst tatsächlich zu einem solchen machen, beschreibt der Begriff der Bedeutsamkeit. Bei der oben vorgenommenen Betrachtung von Bedeutung und deren Zuweisung ist dieser notwendigerweise schon angeklungen und soll im Folgenden vertiefend betrachtet werden.

2.1.3 Bedeutsamkeit

Als Bedeutsamkeit bezeichnet Martin Seel den bedeutungsrelevanten *Kontext* der Bedeutungszuweisung in einer Situation. Dieser besteht in erster Linie aus Erfahrungsgehalten, aber auch Situationsbedingungen, die wiederum auf der Grundlage von Erfahrungsgehalten eingeordnet werden:

> „Im Beiliegen und Beimessen von Erfahrungsgehalten wird etwas in seiner *Bedeutung* für ein gegenwärtiges Verhalten *bedeutsam*" (Seel, 1997, S. 117).

Es schwingt somit auch der Aspekt der Relevanz für das bedeutungszuweisende Individuum mit, denn im impliziten Abgleich mit Erfahrungsgehalten wird die situative Bedeutung entweder aus dem Strom der Erlebnisse herausgehoben (und damit erfahrungsrelevant), oder eben nicht. Folglich wird auch das Urteilen über eine Situation bedeutungsrelevant:

> „Erfahrung haben heißt Urteilskraft habitualisiert haben" (ebd., S. 116).

Im Sinne von Relevanzempfindung und Werturteil kann von persönlichen Einstellungen gesprochen werden, nach Martin Seel *organisieren* diese den Sinn in der Situation. Interessant ist dabei der Aspekt des Nicht-Thematischen. So ist Bedeutsamkeit als Komplex nicht thematischer, dynamisch-prozesshafter, darin jedoch nicht beliebiger Bezüge beschreibbar, also nicht themenimmanent im Sinne des semantisch-propositionalen Bedeutungsmodus verankert. Bedeutsamkeitsrelevant ist stattdessen die *Vergegenwärtigung* des pragmatisch-peformativen Modus. Vergegenwärtigung ist sozusagen die Bedeutungsebene der Bedeutsamkeit.

„Die Bedeutung eines Vergegenwärtigungsaktes gründet darin, Aspekte der Bedeutsamkeit dessen, was bedeutet wird, situativ (kontextuell) klarzustellen" (ebd., S. 141).

Bezogen auf Erfahrungsgehalte bzw. Einstellungen lässt sich damit (für alle drei Modi, da alle im Bedeutsamkeitskontext existieren) Bedeutungszuweisung als „Spiel der Differenz von Bedeutsamkeit und Bedeutung" (ebd., S. 116) beschreiben: Die Organisation von Sinn aufgrund von Einstellungen gründet auf der *Unzweifelhaftigkeit der Bedeutsamkeit* von Bedeutungsträgern, ihre grundsätzliche Bedeutsamkeit steht nicht in Frage, da diese erfahrungsbasiert vom Individuum als Passung zur Situation hergestellt wird. Die Zweifelhaftigkeit oder Mehrdeutigkeit von Bedeutungen ist dagegen selbstverständlich möglich.

Betrachtet man Bedeutsamkeit im ästhetischen Kontext, so stellt sie sozusagen das „Herausheben" der ästhetischen Erfahrung erst her, indem auf der Grundlage von (habituierten) Einstellungen bzw. Erfahrungen die Einmaligkeit in der spezifischen Situation überhaupt empfunden werden kann. Einmaligkeit bzw. Ausschließlichkeit für das eigene Empfinden kann nicht im „luftleeren Raum" stattfinden, sondern benötigt die Referenz des individuell, intersubjektiv oder gesellschaftlich „Tradierten", Nicht-Einmaligen zur Emergenz.

Jede Einmaligkeit einer ästhetischen Bedeutungszuweisung nimmt damit auch Einfluss auf die erfahrungsbasiert empfundene Textur des „ästhetischen Zeichens". Habituierte Erfahrungsgehalte z.B. zu „wilder Musik" werden durch eine weitere Erfahrung mit einer spezifischen „wilden Musik" modifiziert bzw. erweitert und damit ihrerseits Konstituenten der Bedeutsamkeit von „wilder Musik" für das Individuum (ebd., S. 275).

Geht es im Folgenden nun um die auf den Bedeutungszuweisungsprozess bezogene „Perspektive des Kindes" und Möglichkeiten, diese unter entwicklungs- und sozialpsychologischen Gesichtspunkten zu betrachten, so werden damit also insbesondere die Strukturen von Bedeutsamkeit fokussiert.

2.2 Die „Perspektive des Kindes" als Rahmung von Bedeutungszuweisung

Die „Perspektive des Kindes" ist ein aus der kindheitssoziologischen und erziehungswissenschaftlichen Forschung stammendes Diktum (vgl. Mey, 2006; Heinzel, 2000b; Honig, Lange & Leu, 1999; Behnken & Zinnecker, 2001, S. 100).

> „Von der ‚Perspektive des Kindes' [ist] meist empirisch und psychologisch im Sinne einer für Kinder charakteristischen spezifisch gerichteten individuellen Wahrnehmung, eines Blickwinkels, einer Sichtweise oder eines Standpunktes die Rede, soll also die Struktur eines kindspezifischen Motivations- und Wahrnehmungszusammenhangs ausdrücken" (Honig, 1999a, S. 35).

Das Konstrukt von der „Perspektive des Kindes" gehört in einen dreifachen Interpretationszusammenhang: Erstens können Erwachsene sich der kindlichen Perspektive auf die Welt nur als „Außenstehende" nähern, Aussagen über Kinderbeobachtungen oder Gespräche mit Kindern können nicht als Sicht der Kinder *dargestellt*, sondern nur *interpretiert* werden. Zweitens waren Erwachsene selbst einmal Kinder und bringen ihre Erfahrungsgehalte aus der eigenen Kindheit in den Interpretationsprozess mit ein. Drittens ist anzunehmen, dass in die Betrachtung der „Perspektive von Kindern" bewusst oder unbewusst auch die individuell entwickelten oder übernommenen modellhaften Bilder von Kindheit oder vom Kind einfließen. Letztere sind forschungspraktisch insbesondere in erziehungswissenschaftlichen und kindheitssoziologischen Zusammenhängen als paradigmatisch diskutiert worden (vgl. Honig, 1999b; Scholz, 1994; Baacke, 1999, S. 64–106; Hengst & Zeiher, 2005b, S. 9–12; weiter gefasst auch Larass, 2000, anlässlich einer Ausstellung zu den kindlichen Lebensbereichen im 20. Jahrhundert).

Der in den 80er-Jahren des 20. Jahrhunderts vollzogene Paradigmenwechsel von einer entwicklungspsychologisch und sozialisationstheoretisch ausgerichteten Forschung *über* Kinder bzw. *an* Kindern hin zu einer soziologischen bzw. sozialstrukturellen Forschung *mit* Kindern wird mit einem veränderten Bild vom Kind in Verbindung gebracht, nämlich dem des „produktiv realitätsverarbeitenden Subjekts" (Hurrelmann, 1983).[8] Damit werden Sozialisation und Entwicklung als Forschungsbereiche aber nicht obsolet, sondern unter dem Gesichtspunkt der aktiven Aneignungsleistungen des Kindes in der Interaktion mit seiner Umwelt neu definiert. Strukturfunktionale Interessen am Kind als zukünftigem Erwachsenen und damit *zukünftigem* Teilnehmer an der Gesellschaft werden im o.g. Paradigmenwechsel ersetzt durch das Interesse „an Alltag und Kultur der Kinder" sowie der „Kindheit als [einer] gesellschaftliche[n] Lebensform" (Honig, Lange & Leu, 1999, S. 9). Kindheit wird weniger als Schon- und Erziehungsraum, denn als eigenständige und eigenwertige Lebensphase mit spezifischen Regeln und Strukturen betrachtet.[9] Daher rückt der Partizipationsgedanke in den Mittelpunkt: *Wie gestalten Kinder ihre Kindheit (mit)? Wie wirken sie an der Gestaltung von Gesellschaft mit?* (vgl. ebd., S. 13).

---

8   Obwohl das „poduktiv realitätsverarbeitende Subjekt" in der Wirkung auf den forschungspraktischen, methodologischen und interdisziplinären Fachdiskurs zur paradigmatischen Wende geführt hat, gab es – wie Günter Mey zu Recht anmerkt – „prominente Vorläufer(innen)" (Mey, 2006, o.S.) dieser Sicht auf Kinder und Kindheit. So bereits die aus den 1930er Jahren stammende Studie von Martha Muchow zum „Lebensraum des Großstadtkindes", deren Interesse der kindlichen Aneignung und Umgestaltung der Erwachsenenwelt galt (Muchow & Muchow, 1935/1998). Ebenso die Forschungstagebücher von William und Clara Stern über die Entwicklung ihrer eigenen Kinder (Stern & Stern, 1907/1965).

9   Beeinflusst wurde diese Diskussion durch kindheitssoziologische Ansätze aus dem englischsprachigen und skandinavischen Raum. Insbesondere James und Prout (1997): *Constructing and reconstructing childhood* mit einem Plädoyer für ethnographische Ansätze, auch Corsaro (1997).

Es sind insofern zwei schwerpunktmäßige Ausrichtungen in der aktuellen Kindheitssoziologie und Kindheitsforschung zu verzeichnen: Einerseits die subjektzentrierte Auffassung des „Kindes als sozialem Akteur" und andererseits kontextanalytisch das Konzept der „generationalen Ordnung" (vgl. Deutsche Gesellschaft für Soziologie, Sektion Soziologie der Kindheit, 2004, o.S.). Letztere betrifft die ökonomischen, politischen, sozialen und symbolisch-kulturellen Rahmenbedingungen von Kindheit (vgl. Hengst & Zeiher, 2005b, S 12). Es kann damit die in der Soziologie prävalente Dualität von *Handeln* und *Struktur* nicht nur identifiziert, sondern gleichzeitig für diesen Kontext als zusammenhängend, nicht dichotomisch beschrieben werden (vgl. ebd., S. 12–13): Kinder agieren hier als „soziale Akteure" *inner*halb der „generationalen Ordnung" und weisen Bedeutung zu.

Diesen beiden sich durchdringenden Strömungen sind zahlreiche Auffassungen über Kinder und Kindheit subsumierbar, die sich jeweils auf einen bestimmten Komplex von Bedeutsamkeitsaspekten beziehen. Subjektperspektivisch wären hier die Schlagworte „Kinder als Experten ihrer selbst" und „das kompetente Kind" zu nennen. Ebenfalls subjektperspektivisch, aber mit deutlicher Sicht auf den strukturellen Kontext, sind die Auffassungen von „Kindern als Ko-Konstrukteuren ihrer Wirklichkeit" und von „Kindern als Personen mit eigenen Rechten" zu fassen. Kontextanalytisch fundiert sind schließlich die Konzepte von „Kindheit als sozialer Strukturkategorie" und „Kindheit als generationaler Differenz". Die genannten Ansätze sollen im Folgenden kurz erläutert werden.

Kinder als Experten ihrer selbst

> „Die erweiterte Autonomie der Jüngeren, die ihnen im privaten Alltag und auf der politisch-gesellschaftlichen Ebene zugesprochen wird, schlägt sich als neue Norm oder soziale Etikette in der Forschungspraxis und Ethik nieder. Über die Angelegenheiten der Kinder sollen an erster Stelle die Kinder selbst Auskunft geben. Wir halten sie mittlerweile für kompetent genug; ihre Perspektive zählt tendenziell mehr als die der älteren Personen in ihrem Umkreis" (Zinnecker & Silbereisen, 1996, S. 14).

Diese Auffassung impliziert noch einmal den Paradigmenwechsel der aktuellen Kindheitsforschung, indem Kinder „als Experten ihrer selbst" nicht nur gehört und ernst genommen werden (sollen), sondern indem auch der Anspruch Erwachsener, „Experten für Kinder" sein zu können, grundsätzlich auf die Berücksichtigung der kindlichen Perspektive zurück geschnitten wird. In diesem Zusammenhang ist auch das Plädoyer verankert, Kindheit als eigenständige Strukturkategorie zu betrachten, um ein Marginalisieren oder „Vergessen" zu überwinden (vgl. Qvortrup, 1994, S. 21; Wilk, 1994, S. 1), welches u.a. sozialpolitisch konnotiert ist. Maßgeblich für diese Sicht war die von Jens Qvortrup geleitete internationale Kinderstudie „Childhood as a social phenomenon", welche von 1987 bis 1992 durchgeführt wurde und Kindheit in den hoch entwickelten Industriegesellschaften beschreibt (Qvortrup et al. 1994).

Das kompetente Kind

Die Rede vom „kompetenten Kind" weist deutliche begriffliche Inkonsistenzen im Fachdiskurs auf. Unstrittig ist die Kopplung mit dem Begriff der Bildung. Ob diese aber als „Selbstbildung" und „Persönlichkeitsentwicklung" oder als „sozialer Prozess" ausgelegt wird, generiert jeweils unterschiedliche Auffassungen von Kompetenz und unterschiedliche Beschreibungen von zugeordneten Kompetenzen (vgl. Fthenakis, 2011, S. 199–200). Kompetenzen werden in Fähigkeiten und Fertigkeiten, in „Wissen" und in Partizipationschancen ausgedrückt, sie werden sozialpolitisch als Ausdruck gesellschaftlicher Ungleichheiten dargestellt, als Leistungsdispositionen oder als Bewältigungsfähigkeiten beschrieben (vgl. Bayer 2011). Eine Vereinheitlichung des Kompetenzbegriffs erscheint unmöglich, fraglich ist – mit Blick auf divergierende Forschungsinteressen und Bezugsdisziplinen – aber auch die Notwendigkeit einer solchen Vereinheitlichung. Unerlässlich ist dagegen die konkrete Definition des jeweils verwendeten Kompetenzbegriffs. Eine übergeordnete Systematisierung oder Typisierung von „Kompetenz" bleibt wünschenswert.

Kinder als Personen mit eigenen Rechten

Am 5. April 1992 trat die UN-Kinderrechtskonvention für Deutschland in Kraft (UN-Kinderrechtskonvention, 1992). Erklärtes Ziel war die Verbesserung der Position von Kindern in der Gesellschaft. Dies bedeutete, dass Kinderrechte als eigenständig notwendige Rechtsformulierungen neben z.B. dem Familienrecht anerkannt und rechtsstaatlich verankert wurden. Dass dies nicht nur Kindheit als Strukturkategorie, sondern Kinder mit ihren eigenen Bedürfnissen betrifft, wurde bereits auf der in diesem Zusammenhang maßgeblichen Konferenz „First international Congress on Ombudswork for Children" 1987 in Gent diskutiert (vgl. Verhellen & Spiesschaert, 1989) und z.B. entwicklungspsychologisch fundiert (vgl. Skolnick, 1989).

Kinder als Ko-Konstrukteure ihrer Wirklichkeit

Das Konzept der „Ko-Konstruktion" von Wirklichkeit durch mindestens zwei Interaktionspartner ist sozialkonstruktivistisch verwurzelt. Es ist der Sichtweise vom „kompetenten Kind" zuzurechnen und fokussiert dabei insbesondere die Kompetenzen sozialer Aneignungs- und Aushandlungsprozesse.

> „Der Schlüssel der Ko-Konstruktion ist die soziale Interaktion, sie fördert die geistige, sprachliche und soziale Entwicklung. Das Kind lernt, indem es seine eigenen Ideen und sein Verständnis von der Welt zum Ausdruck bringt, sich mit anderen austauscht und Bedeutungen aushandelt. Der reine Erwerb der Fakten tritt somit in den Hintergrund. Das Kind besitzt demnach eigene Ideen und Theorien, denen es sich lohnt, zuzuhören, die aber auch in Frage gestellt werden können." (Bayrisches Staatsministerium für Arbeit

und Sozialordnung, Familie und Frauen/Staatsinstitut für Frühpädagogik München, 2007, S. 427).

Die Interaktionspartner des Kindes (Gleichaltrige, Familienangehörige, Bezugspersonen in institutionalisierten Bildungseinrichtungen etc.) sind diesem Verständnis nach ebenso wichtig wie das Kind selbst für dessen individuellen Bildungsprozess und Lebensvollzug. Es wird von einer „aktiv-passiven Realitätsaneignung" (Schweizer, 2007, S. 65) ausgegangen, in welcher als dritte Bedingungsvariable der situative Kontext zu berücksichtigen ist.

Kompetenzen in der konstruktiven Aneignung der Welt sind noch keine Garantie für *gelingende* Aneignungsleistungen. Ebenso wenig kann ihre Auftretenswahrscheinlichkeit für Folgesituationen vorhergesagt werden, wohl aber ihre habituelle Disponiertheit (vgl. ebd., S. 68). Das Konzept der Ko-Konstruktion begreift „soziale Akteure" nicht als grundsätzlich aktiv, sondern situations- und interaktionsbezogen als aktiv und passiv.

Kindheit als soziale Strukturkategorie

Dieser Ansatz erklärt „Kindheit als integrierten Bestandteil der Sozialstruktur der Gesellschaft" (Hengst & Zeiher, 2005b, S. 17). Es soll jedoch nicht von der die Kinder umgebenden Sozialstruktur aus nach Erkenntnissen gesucht werden – Familie und Bildungsinstitutionen als Analyseobjekte reichen also nicht aus – sondern ausgehend von Kindern und Kindheit geforscht werden. Dabei soll „die ökonomische, soziale, politische, rechtliche, kulturelle und ideologische Position der Kinder […] im Bezug zu Verteilungen von Macht, Arbeit, ökonomischen, räumlichen und zeitlichen Ressourcen zwischen den Generationen in der der gesamten Gesellschaft" (ebd.) bestimmt werden. Dem Ansatz ist zu einem großen Teil ein sozialpolitisches Plädoyer inhärent: Forschungsergebnisse sollen Verbesserungen der Position von Kindern in der Gesellschaft ermöglichen. Die o.g. Auffassung von „Kindern als Personen mit eigenen Rechten" ist der Annahme von Kindheit als sozialer Strukturkategorie eingelagert.

Kinder stellen eine Gruppe, ein Kollektiv in der Gesellschaft dar, damit kann Kindheit als Gesellschaftskategorie soziologisch genauso betrachtet werden wie z.B. das soziale Milieu, die Geschlechtszugehörigkeit oder die Ethnizität (vgl. Qvortrup, 2005, S. 27). Kinder verlassen die Kategorie Kindheit mit dem Erwachsenwerden, die Kategorie an sich bleibt jedoch bestehen. Indem immer neue Kohorten von Kindern unter die Kategorie Kindheit fallen, ist diese unweigerlich in kontinuierlicher Veränderung begriffen:

„Freilich bleibt sie [die Kindheit, *Anm. d. Verf.*] als Form nicht unverändert; die Formen und Inhalte verändern sich ständig, weil die Parameter sich ändern, die Kindheit definieren, beeinflussen und formen. Es kommt also darauf an, ständig aufmerksam zu sein, um die sich wandelnden Werte der strukturellen Parameter zu entwirren und um zu beobachten, wie diese Prozesse die Lebenswelt der Kinder beeinflussen – also der jeweiligen Inhaber der Kindposition." (ebd., S. 29)

Folglich wird Kindheit nicht nur als gesellschaftliche Kategorie definiert, sondern deren Sichtbarkeit in der soziologischen Untersuchung und Darstellung von Gesellschaft gefordert – dem sozialen Status der Kinder müssen Untersuchungsvariablen entsprechen, „die zu Kindheit als solcher gehören" (ebd., S. 33). Eine Untersuchung kommt zu anderen Zahlen, je nachdem, ob sie als Zielgruppe Familien berücksichtigt, oder ob sie die Analyse auf die einzelnen Familienmitglieder differenziert – erst dann werden Kinder sichtbar in ihrer Eigenheit gegenüber anderen Generationen (vgl. ebd., S. 35).

Kindheit als generationale Differenz

Zentraler Bezugspunkt von Kindheit als sozialer Strukturkategorie ist das Generationenverhältnis. Um dieses seiner alltagssprachlichen Selbstverständlichkeit zu entheben, wird der Vergleich mit dem Geschlechterverhältnis heran gezogen. Was dort als „doing gender" beschrieben wird, ist im Blickpunkt der generationalen Differenz das „generationing" (vgl. Hengst & Zeiher, 2005b, S. 19; Alanen, 2005, S. 79) bzw. das „doing generation" (Kelle, 2005, S. 85). Gemeint ist die Herstellung, Reproduktion und Transformation von Ungleichheiten im Generationenverhältnis. Dies geschieht aus einer gegenseitigen Abhängigkeit von Kindern und Erwachsenen heraus: „Kindheit", ebenso wie „Erwachsenheit" wird durch „Generation" konstituiert (vgl. Alanen, 2005, S. 65).

Die generationale Perspektive auf Kindheit fokussiert „die Unterschiedlichkeit der Erfahrungshintergründe der gleichzeitig, aber nicht gleichaltrig Lebenden, die spezifisch kulturelle und soziale Vermittlungen oder Synchronisierungen erforderlich machen" (Kelle, 2005, S. 92). Gleichzeitig berücksichtigt sie aber das Element der überlebensnotwendigen Angewiesenheit von (kleinen) Kindern auf Erwachsene und somit der generationalen Sorgebeziehung (vgl. ebd.).

Im Kontext von Kindheit als generationaler Differenz werden z.B. „altershomogene Vergemeinschaftungsformen" betrachtet oder die „Konstruktion von Altersangemessenheit" kultureller Praktiken untersucht. Insbesondere mit der Entstandardisierung von Lebensläufen rücken dabei Altersrollen oder Altersnormen in den Blickpunkt (vgl. ebd., S. 96–97). Aus ethnographischer Perspektive interessiert z.B. unterschiedliches Verhalten in altershomogenen Kindergruppen, je nachdem, ob eine erwachsene Person anwesend ist oder nicht (ebd., S. 100).

Die genannten Bilder von Kindheit und Kindern konstituieren je auf ihre Weise das Konstrukt von der „Perspektive des Kindes", welches für die vorliegende Arbeit als erkenntnisleitend angenommen wird. Während das Bild vom Kind oder von Kindheit einen Ansatz darstellt, der die Perspektive des Erwachsenen *auf* das Modell

„Kind" oder „Kindheit" betont, ist die Annäherung an die „Perspektive des Kindes" *vom* Kind aus zu denken. Dass es also nicht das zugrunde liegende „Bild", sondern die darüber erklärbare „Perspektive" ist, die hier fokussiert wird, steht im Zusammenhang mit der Bedeutungszuweisungsthematik.

Laut Duden handelt es sich beim Begriff Perspektive um eine „Betrachtungsweise oder -möglichkeit von einem bestimmten Standpunkt aus; Sicht, Blickwinkel" (Bibliographisches Institut, 2011, o.S.). Indem also eine Person eine Perspektive *auf etwas* hat, nimmt sie eine Haltung *zu etwas* ein. Indem sie dies von einem „Standpunkt" aus, bzw. aus einem „Blickwinkel" heraus tut, hat ihre eingenommene Perspektive eine Basis. Im Sinne der Zuweisung von Bedeutungen wäre diese Basis als Komplex aus Vorerfahrungen und Einstellungen definierbar.

Kindliche Bedeutungszuweisungen an Musik und den Umgang mit ihr erfolgen aus der kindlichen Perspektive, in dieser Blickrichtung sind sie für die vorliegende Arbeit von Interesse.

2.2.1 Wege zur Annäherung an die „Perspektive des Kindes"

Die im vorangegangenen Abschnitt dargelegte Verquickung der subjektzentrierten und kontextanalytischen Strömungen in der Kindheitssoziologie, welche für die wissenschaftstheoretische Betrachtungsweise als stimmig erscheint, muss speziell forschungsmethodologisch wieder ein Stück weit zurück genommen werden. Denn wenn es um konkrete Erhebungsansätze zur kindlichen Perspektive geht, so steht das Konzept des Kindes als sozialem Akteur im Vordergrund (vgl. dazu auch Honig, Lange & Leu, 1999, S. 9). Auf diesem subjektbezogenen Wege (z.B. durch Beobachtung oder Interview) gewonnene Ergebnisse können sich aber durchaus wieder auf das Verständnis des strukturellen Kontextes „Kindheit" beziehen.

Analog zu den fachwissenschaftlich ko-existierenden „Bildern" von Kindheit und Kindern existieren auch verschiedene parallel oder synergetisch genutzte Auffassungen von „Perspektive" bzw. deren „Perspektivität" in der Kindheitsforschung. Je nach Fachbezug, historischer Diskursanbindung und Schwerpunktsetzung sind diese „Perspektiven" nicht immer trennscharf identifizierbar und werden im Rahmen neuer Forschungsansätze jeweils entsprechend ausgerichtet. Trotzdem hat der Erziehungswissenschaftler und Kindheitssoziologe Michael-Sebastian Honig eine Übersicht ohne Anspruch auf Vollständigkeit entwickelt, in welcher er vier Typisierungen von Perspektivität unterscheidet. Obwohl diese Übersicht bereits vor einem Jahrzehnt entstand, lassen sich auch neuere Konzepte und Forschungsdesigns nach wie vor den vier dort verzeichneten Perspektiven subsumieren. So die Forschungsbereiche „Wohlbefinden und Lebensbedingungen der Kinder" (vgl. World Vision, 2010; Bertram, 2011) oder die Ansätze zu „zweckfreier Kindheit", „privater Kindheit", „verarmter Kindheit", „gesunder Kindheit", „betreuter Kindheit" oder „multikultureller Kindheit" (zur Übersicht vgl. Wittmann, Rauschenbach & Leu, 2011) und die Betrachtung vom „Wandel der Kindheit" (vgl. Hengst & Zeiher, 2005a). Bedeutungstheoretisch ist in dieser Übersicht die Auffassung Honigs relevant, die Perspektive stelle Zusammenhänge her, indem sie sie überschreite: „In diesem Sinne bildet Perspektivität also keine Wirklichkeit ab, sondern stellt sie her" (Honig, 1999a, S. 35). Dies unterstreicht erneut ihren interpretativen, sinnkonstituierenden Charakter wie er bereits eingangs (Kap. 2.2) erläutert wurde. Die vier Ausprägungen von Perspektivität nach Honig sollen im Folgenden genauer dargestellt werden (vgl. Honig, 1999a, S. 34–43).

„Mit den Augen der Kinder"

Bei diesem Ansatz wird die kindliche Lebenswelt als eigenständige Wirklichkeit begriffen.

Historisch ist diese Perspektive in der Reformpädagogik verankert und zwar insbesondere in einer – wie Honig ausführt – psychologischen Wendung der rousseauschen „Entdeckung" der Natur des Kindes. Es geht um „das Wesen und die Bedürfnisse des Kindes", wie Ellen Key es in ihrem Buch „Das Jahrhundert des Kindes" formulierte (zit. nach Honig, 1999a, S. 36), nur aufgrund derer Erziehung stattfinden kann und darf:

> „Wenn von der Natur des Kindes die Rede ist, sind jetzt Eigenart und Eigenwelt eines individuellen Kindes gemeint. Die eigene Art der Kinder zu sehen, zu denken, zu fühlen, sich zu äußern, werden nun als eigenständige Wirklichkeit der Kinder entdeckt und erforscht" (Honig, 1999a, S. 36.)

Bedeutungsrelevant ist in dieser Perspektive vor allem der „Blick für den Eigensinn kindlichen Alltagslebens" (ebd.), der zugleich auch die Differenz von Kindern und Erwachsenen verdeutlicht. Nach Honig ist es der *ausschließliche* Blick auf diesen kindlichen „Eigensinn", der das Charakteristikum dieser Perspektive ausmacht. Es interessiert hier nicht die Verankerung in sozialen Umwelten, sondern das „Kind ohne Verwandtschaft und ohne Geschlecht, ganz auf Authentizität und Selbst-Verwirklichung als Realisierung seines Gattungswesens gerichtet" (ebd., S. 37). Zu beschreiben wäre dies auch – im Gegensatz zu strukturfunktionalen und finalistisch entwicklungsbezogenen Ansätzen vom Kind als „Werdenden" – mit der Anerkennung des Kindes als „Seiendem". Es wird davon ausgegangen, aus der Perspektive der am Forschungsprozess beteiligten Kinder zu Erkenntnissen über die Beschaffenheit dieses „Seins" gelangen zu können.

„Das Kind als Fremder"

In dieser Perspektive wird die Differenz von Eigenart und Fremdheit unter ethnographischen Vorzeichen weitergeführt. Honig rekurriert damit auf einen Ansatz des Erziehungswissenschaftlers Gerd E. Schäfer, der davon ausgeht, dass die kindliche

Wirklichkeit für Erwachsene nur „in Bildern" bestehen kann (ebd., S. 38). Diese Bilder sind historisch gewachsene, gesellschaftlich tradierte „anthropologische Modelle" der Kindheit. (ebd.) Honig verdeutlicht „Die Perspektive des Kindes ist mithin […] ein Entwurf Erwachsener, mittels dessen diese sich über die Eigenwelt der Kinder verständigen" (ebd.). Bedeutungsrelevant sind also die prä-existenten „Denkmodelle", dann aber weiterhin – und dies macht die Eigenart dieses Ansatzes aus – deren Abgleich mit der kindlichen Wirklichkeit. Über Forschung mit Kindern (Beobachtung in der Alltagsinteraktion) werden die Denkmodelle der Erwachsenen in Frage gestellt, Störungen dieser Denkmodelle öffnen Fenster auf die „selbstorganisierten Bildungsprozesse" von Kindern. Indem der Erwachsene abmisst, inwieweit seine Vorannahme mit der dargestellten Wirklichkeit der Kinder übereinstimmt, kann er sich der „unbekannten Wirklichkeit der Kinder" (ebd., S. 39.) annähern. Da der Erwachsene in diesem Prozess nicht außerhalb steht, sondern in direkter Interaktion mit dem Kind agiert, wird hier die bedeutungstheoretische Komponente der Intersubjektivität deutlich. Auch beinhaltet diese Perspektive den *sozialen* Kontext von kindlicher Realität. Sie fokussiert dabei aber – ebenso wie der erstgenannte Ansatz von „Perspektive" – das einzelne Kind in dessen individueller Lebenswirklichkeit, verfolgt somit keine strukturelle Idee von Kindheit.

„Kontextualität von Identität, Wissen und Handeln"

Hier wird die Idee der generellen Perspektivität menschlichen Handelns zugrunde gelegt wie sie von George Herbert Mead im Rahmen des symbolischen Interaktionismus postuliert wurde. Zentrales Element ist dabei die Interdependenz von Handlungen, die Wirklichkeit überhaupt erst konstituiert und reflektiert (vgl. ebd., S. 39–40). Lesbar wäre dies auch als Aushandlung von Bedeutungen im Bedeutungszuweisungsprozess. Unter „Perspektive" fungieren hier die Konzepte von Identität, Wissen und Handeln, deren Verfasstheit im sozialen Bezug gleichzeitig auf diesen rückwirken – eine reziproke Beziehung also, wie sie vorliegend auch für die sozialpsychologische Grundierung des Bedeutungszuweisungsprozesses angenommen wird (vgl. Kap 2.1 bis 2.1.3 zur Verfasstheit von Bedeutungszuweisung und 2.4 zum Aspekt der Reziprozität). Dabei stehen die subjektbezogene und die sozialitätsbezogene Seite der Perspektive in Beziehung und machen Individuen zu Personen in sozialen Bezügen, also zu „Menschen-im-Kontext" (ebd., S. 40). Hervorzuheben ist das Fehlen einer angenommenen Differenz zwischen der Gesellschaft der Erwachsenen und der Gesellschaft der Kinder. Vielmehr wird der gemeinsame gesellschaftliche Raum im Rahmen inter- und intragenerationaler Kommunikationshandlungen angeeignet und erschlossen.

Honig weist auf die Auffassung hin, dass die Strukturen von Generationenbeziehungen i.S. des symbolischen Interaktionismus auch als „soziale Objekte" betrachtet werden können (Strukturen als „objektive Realität […] in der Unterscheidung von Kindern und Erwachsenen", ebd., S. 41), woraus er folgert, dass die „soziale Identität des Kindseins […] dann als institutionalisierte Alterszugehörigkeit zu konkretisieren [wäre], die das Ergebnis von Zuschreibungen bzw. Aushandlungen […] bzw. der Interdependenz von Prozessen der Normierung und Strukturierung ist" (ebd.). Dabei kommt der strukturgenetischen Konstituente dieser Sicht auf Perspektivität eine herausragende Bedeutung zu (vgl. ebd.).

„Der Standpunkt der Kinder in der generationalen Ordnung"

Die kontextanalytische Ausrichtung in der Kindheitsforschung, welche unter dem Schlagwort der „generationalen Ordnung" zusammengefasst werden kann, wurde aus dem angelsächsisch-skandinavischen Fachdiskurs in die deutschsprachige Kindheitsforschung übernommen und weiter entwickelt. Insbesondere die Ansätze der finnischen Kindheitsforscherin Leena Alanen waren diesbezüglich Weg bereitend. Kinder werden hier ebenso sehr als Gesellschaftsmitglieder und soziale Akteure verstanden wie Erwachsene, so sind z.B. Spielen und Lernen nicht außergesellschaftlich situiert, sondern als „Modi sozialer Kindheit" (ebd., S. 42) gesamtgesellschaftlich vorhanden. Die Generationenverhältnisse sind jedoch – ebenso wie beispielsweise die Geschlechterverhältnisse – durch Machtstrukturen bestimmt, welche die materielle und kulturelle Ordnung von Teilhabechancen beeinflussen. Damit ist diese Perspektive insbesondere für sozialpolitische Forschungsansätze konstitutiv.

Alanen entwickelte eine Soziologie „vom Standpunkt der Kinder aus". Der Begriff des „Standpunkts" ist dabei der feministischen Soziologie entlehnt und verweist auf „die Situiertheit des Wissens sozialer Akteure, dessen Perspektivität von dem Ort in der generationalen Ordnung bestimmt ist, an dem es entsteht" (ebd., S. 42). Es geht dabei nicht nur um die Annahme, dass Kinder ein eigenes Verständnis oder Erfahrungswissen ihrer sozialen Situiertheit in ihrem Handeln innerhalb der Generationenordnung ausdrücken, sondern dass die soziale Situiertheit i.S. einer „Schematisierung Kind/Erwachsener" auch ein Machtgefälle bedeutet. Die Determinierung der Perspektivität des Wissens durch den Ort, an dem es entsteht, kontextualisiert Kindheit in der Reproduktion sozialer Ungleichheiten altersbezogen vertikal, nämlich generational. Das Interesse an der kindlichen Perspektive erhält hier eine gesellschaftspolitische Funktion, indem – über Forschung hinaus – die „Verringerung der Machtunterschiede zwischen den sozialen Kategorien der Erwachsenen und der Kinder" angestrebt wird. Es zeigt sich also ein bestimmter, forschungsleitender Bedeutsamkeitskontext, der wiederum für jeglichen Forschungszugang zur kindlichen Perspektive relevant wird, sobald Erwachsene und Kinder interagieren: Ein von Kindern und Erwachsenen (bewusst oder unbewusst) empfundenes Machtgefälle (z.B. Erziehungssituation) kann die Aussagen beider Forschungspartner beeinflussen und somit Äußerungen generieren, die der *vermuteten Erwartung* des Gegenübers entsprechen, aber möglicherweise nicht der eigenen Perspektive (vgl. dazu auch Kap. 5.2.2.4.1).

Es ist nahe liegend, für die in dieser Arbeit gewählte Thematik kindlicher musikbezogener Bedeutungszuweisungen stärker mit subjektbezogenen als mit strukturbezogenen Ansätzen zu arbeiten. Dennoch gehören auch die strukturbezogenen Ansätze implizit zu diesem Forschungshorizont, da die generationale Perspektive einerseits als Einflussfaktor auf die Interaktion von Kindern und Erwachsenen im Forschungsprozess berücksichtigt werden muss und die Untersuchung andererseits im institutionalisierten Kontext der Musikschule bzw. des Kindergartens stattfindet (vgl. dazu ausführlich Kap. 6).

2.3   Entwicklungs- und sozialpsychologische Aspekte der kindlichen Bedeutungszuweisung

Der Betrachtung entwicklungs- und sozialpsychologischer Aspekte der kindlichen Bedeutungszuweisung ist eine Erläuterung voraus zu schicken. So hat die oben skizzierte paradigmatische Wende in der Kindheitsforschung dazu geführt, dass im Fachdiskurs z.T. eine scharfe Abgrenzung zu – oder Abkehr von – der Entwicklungspsychologie und der (pädagogisch konnotierten) Sozialisationsforschung als relevanten Themenbereichen vorgenommen wurde. Dies lässt sich teilweise bis heute an den Forschungsschwerpunkten in der Kindheitssoziologie bestätigen:

> „Demographische, rechtliche, ökonomische und sozialpolitische Überlegungen haben offensichtlich pädagogische und entwicklungspsychologische etwas in den Hintergrund gedrängt (Schweizer, 2007, S. 12).

Dies ist jedoch eine historisch kontextualisierte Abkehr: Auch die Entwicklungspsychologie und die pädagogische Sozialisationsforschung sind seither weiter entwickelt bzw. unter neuen Vorzeichen gefasst worden und auch in der Kindheitsforschung haben solcherart sozialisatorische und entwicklungspsychologische Themen weiterhin ihre Berechtigung und Relevanz. Dies belegt z.B. auch die sozialisationstheoretische Auffassung von Kindheitsforschung wie sie von Klaus Hurrelmann und Heidrun Bründel vertreten wird (Hurrelmann & Bründel, 2003) oder die von Hans Oswald so bezeichnete „konstruktivistische Sozialisationsforschung", welche die Piaget'sche Nachfolgetradition mit dem Symbolischen Interaktionismus und der Phänomenologie verknüpft (Oswald, 2000, S. 12). Auch der Kindheitssoziologe Andreas Lange unterstreicht diese These, die vordergründige Abgrenzung nimmt er insbesondere als Impuls aus den Einflüssen der angelsächsischen Tradition der „Childhood Studies" wahr und identifiziert sie – wie von einem Rezensenten formuliert – als „Spiegelgefechte mit einem selbst konstruierten Feindbild" (Mey, 2001, S. 4).

Für den Gang der vorliegenden Arbeit erscheint es sinnvoll, entwicklungspsychologische und sozialpsychologische Bedingungsfaktoren für Bedeutungszuweisungsprozesse im Vorschulalter zu untersuchen. Diese werden als (interpretativer) Baustein im Mosaik der Annäherung an die kindliche Perspektive genutzt. Der

Sozialpsychologie als Bezugswissenschaft wird deshalb an dieser Stelle ein Vorzug gegenüber sozialisatorischen Fassungen der Problematik gegeben, weil Sozialisation, verstanden unter der Prämisse des „produktiv realitätsverarbeitenden Subjekts" und eingebettet in wechselseitige Beziehungszusammenhänge von Kind und Umwelt, notwendig mit sozialpsychologischen Begriffen arbeitet, indem Interaktionen von Individuen thematisiert werden.

So lässt sich Bedeutungszuweisung im Vorschulalter mit entwicklungs- und sozialpsychologischen Sichtweisen analysieren, die – im weitesten Sinne – dem Kontext der Orientierung in einer gleichzeitig selbst gestalteten und beeinflussenden Umwelt entstammen.[10]

Die jeweiligen Bezugspunkte dieser Sichtweisen zum Bedeutungszuweisungsprozess sowie deren spezifischen Verfasstheiten sind Thema der folgenden Abschnitte. Dabei überwiegen zunächst die entwicklungspsychologischen Bezüge zur Thematik, deren sozialpsychologischer Gehalt aber insbesondere im Zusammenhang mit Interaktionsprozessen untrennbar mit betrachtet wird. Eine sozialpsychologische Zuschärfung, welche auch die konstruktivistischen Grundannahmen der weiter oben dargestellten Rezeption von Bedeutungszuweisung im musikpädagogischen Diskurs noch einmal streift, erfolgt in einem gesonderten Abschnitt (vgl. Kap. 2.4).

Die folgenden Überlegungen bilden auch die Grundlage für die deduktive Entwicklung von Kategorien zur qualitativ-inhaltsanalytischen Auswertung der hier erhobenen Daten (vgl. Kap. 7.1.1).

2.3.1 Bedeutungszuweisung durch Schematisierung und Skripts

Im Folgenden sollen Annahmen über die innerpsychische Struktur für Bedeutungszuweisung genauer untersucht werden. Dabei wird zunächst die Konstruktion von Schemata als ein selbstreferentieller und erfahrungsbasierter Prozess betrachtet, was in Anbindung an die Definitionen Martin Seels zur Bedeutungszuweisung weiter oben lesbar ist (vgl. Kap. 2.1). Weiterführend stehen die so genannten Skripts als eine Organisationsform von Schemata im Mittelpunkt, welche insbesondere in sozialen Alltagshandlungen relevant werden. Schließlich soll zur Verdeutlichung noch einmal eine Rückbindung an die Modi des Bedeutens vorgenommen werden.

2.3.1.1 Schematisierung

Anknüpfend an die Überlegungen zu einem zweiphasigen Bedeutungszuweisungsprozess mit intra- und intersubjektiven Elementen der Bedeutungszuweisung (vgl. Kap. 2.1.1), sollen aus entwicklungspsychologischer Sicht hier nun die Wahrnehmung

---

10 Manche der im Folgenden referierten und diskutierten Forschungsergebnisse verwende ich auch in meiner Veröffentlichung zu Gestaltungskriterien in der Konzertpädagogik (Weber-Krüger, 2008), da diese sich in Teilen ebenfalls auf das Vorschulalter bezieht.

und die (kognitive) Verarbeitung als Konstituenten der Erfahrungsbildung und als individuelle Verortungsinstanzen in der (sozialen) Umwelt im Mittelpunkt stehen.

Erklärungsmodelle aus der Neurobiologie und aus der Psychologie lassen sich insofern hier engführen, als sie Vorgänge der Informationsgewinnung und Verarbeitung als Konsequenz endogener oder exogener Reizeinwirkungen beschreiben. Die Art der Verarbeitung ist traditionell insbesondere für den kognitiven Bereich untersucht worden (vgl. z.B. Piaget & Inhelder, 2004; Case, 1985; Siegler, 2001). Sie ist aber auch durch emotionale, z.B. motivationale Bedingungen konturiert. Klärungen der genauen und lückenlos beschreibbaren Ausprägung des Verarbeitungsprozesses stehen nach wie vor aus. Wichtige Elemente der Verarbeitung sind das unbewusste bzw. teils auch bewusste Selektieren und Erfassen sowie u.U. (Wieder-)Erkennen von Phänomenen, Strukturen oder Prozessen des Lebensumfelds oder der eigenen Person. Grundlegend sind dabei auch Strukturierungs- bzw. Hierarchisierungsvorgänge und deren Beeinflussung durch die emotionale Situation, durch Vorerfahrungen und Erwartungen. Nicht nur die Informationsverarbeitung an sich, sondern auch ihre jeweilige Verfasstheit i.S. der hier genannten Elemente kann Anlass für die Bildung von Erfahrungen sein. Gleichzeitig fußt ihre spezifische Ausprägung auf der Grundlage bereits vorhandener Erfahrungsdispositionen (vgl. z.B. Baacke, 1999, S. 173; Kleinen, 1998).

Während die Neurobiologie Erklärungsmuster unter dem Schlagwort der „neuronalen Netzwerke" bereitstellt (vgl. Stoffer, 1998), arbeitet die Psychologie mit der Vorstellung „mentaler Repräsentationen" (vgl. Kleinen, 1998, Sp. 1844) bzw. dem Schema-Begriff (vgl. Flammer & Gasser, 2007, S. 17).

Das „neuronale Netzwerk" ist als Zusammenschluss mehrerer selbstorganisierender Neuronen-Ensembles zu verstehen. Ihre Verknüpfungsstärke untereinander variiert, je nachdem wie stark bzw. wie oft vorangegangene gemeinsame Aktivierungen erfolgten und kann sich infolge neuer Wahrnehmungsreize ändern (vgl. Stoffer, 1998, Sp. 1861). Damit wird ein assoziatives Speicherungsprinzip dargelegt, dessen Charakteristikum die gleichzeitige, nicht sequentielle Verarbeitung ist (ebd.). Der Abgleich von Vertrautem und Neuem wird durch die spezifische Struktur der jeweiligen Aktivitätsmuster eines neuronalen Netzwerks bedingt. Unklar ist bisher, ob die Netzwerke einer übergeordneten Steuerungszentrale unterliegen, also einer zentralen Ordnungsinstanz und somit einer „Top-down"-Organisation folgen, oder ob sich die Einzelbereiche im „Bottom-up"-Verfahren organisieren und (neu) vernetzen (vgl. Kuhl, 2010, S. 375). Für die „Top-Down"-These spräche die Feststellung, dass der präfrontale Cortex (Stirnhirn) durch afferente und efferente Nervenbahnen mit allen für Informationen über Zustände und Prozesse disponierten Regionen des Gehirns verbunden ist – er käme somit als Ort für die zentrale Steuerung in Frage. Für die „Bottom-up"-These spricht die allgemeine hohe Vernetzung der Gehirnregionen, welche als Grundlage für bereichsbezogene Selbstorganisationsprozesse des Gehirns angenommen wird (vgl. ebd.). Auch die Möglichkeit bereichsspezifischer Selbstorganisation als Voraussetzung für die Funktionsfähigkeit einer dennoch vorhandenen Steuerungseinheit wird diskutiert (vgl. ebd.).

Diese neurobiologische Qualität des Wahrnehmungs- und Verarbeitungsprozesses kann als Erklärungsbaustein im Rahmen psychologischer Modelle gelten, um diese transdisziplinär anzubinden. Bereits weiter oben wurde der konstruktivistische Kontext der musikpädagogischen Diskussion von Bedeutungszuweisung verdeutlicht. Auch an dieser Stelle hat er seine Berechtigung, indem Strukturgenese bzw. Schemakonstruktion zur Erklärung heran gezogen werden. Dies erfolgt in Anlehnung an den „strukturgenetischen Konstruktivismus", welcher sich in der kritischen Auseinandersetzung mit den Erkenntnissen Piagets[11] auf die Struktur, Genese und Konstruktion sensomotorischer und kognitiver Schemata bezieht. Schemata lassen sich als generalisierte Verfasstheit für Wahrnehmung, Denken und Handeln in einer gegebenen Umwelt beschreiben:

> „Ein *Schema* ist die typische Weise, wie ein Organismus eine bestimmte Klasse von Umweltgegebenheit handhabt. Es gibt z.B. Schemata des Werfens, des Dreisatzrechnens oder des Ablesens der Uhrzeit" (Flammer & Gasser, 2007, S. 17, Hervorhebung im Original).

Die folgenden Darstellungen sind immer wieder an die Ausführungen der Entwicklungs- und Musikpsychologin Stefanie Stadler Elmer angebunden, da sie Strukturgenese und -konstruktion im ästhetischen Kontext – genauer: im Bezug zur kindlichen Singentwicklung – betrachtet (vgl. Stadler Elmer, 2002). Daher berücksichtigt sie insbesondere die speziellen Bedingungen und Möglichkeiten des Schematisierens im ästhetischen Bezugsfeld, welche auch für den hier vorliegenden Kontext kindlicher musikbezogener Bedeutungszuweisungen als relevant angenommen werden. Das heißt, dass diese Sichtweise

- „sich nicht auf die von Piaget als universell und inhaltneutral konzipierten Stufen bezieht, sondern darauf abzielt, bereichsspezifisch manifestierte *Prozesse* der *Anpassung* an eine spezifische Kultur und ihre Normen zu untersuchen;
- sich nicht an logisch-mathematischen Prinzipien und Strukturen orientiert […], sondern an den aktuell von einem Individuum realisierten Handlungsstrukturen, deren Veränderung (als Prozess) und den darin ermittelbaren kulturspezifischen normativen Bezügen;
- nicht das isolierte epistemische Subjekt als Gegenstand der Analyse hat, sondern das einzelne Individuum in seinem spezifischen sozialen und kulturellen Kontext;
- stets die Strukturen des Handelns eines Individuums als Ausgang zur Interpretation von kognitiv strukturellen Veränderungen nimmt" (ebd., S. 142, Hervorhebung im Original).

---

11 Zur Diskussion und Einordnung der Piaget-Kritik vgl. Stadler Elmer 2002, S. 139–142. Als wesentliche Argumentationslinien der Kritik identifiziert sie „1. die problematische Annahme von Piaget, die Stufentheorie sei universell und allgemein, 2. de[n] enge[n] logisch-mathematische[n] Wissensbegriff und 3. die Vernachlässigung des Soziokulturellen als aktivem Entwicklungsfaktor" (ebd., S. 140–141), weist aber auch darauf hin, dass Piaget selbst „Grenzen seines Ansatzes benannt und teilweise Schwächen revidiert" hat (ebd., S. 141).

Stadler Elmer analysiert Struktur, Genese und Konstruktion als Komponenten der konstruktivistischen Strukturgenese:

Struktur: Vergleichbar dem neuronalen Netzwerk ist die Struktur als „Ort" der individuellen Repräsentation von Wirklichkeit verstehbar. „Eine Struktur ist daran zu erkennen, dass sie eine Organisation aufweist und wiederholt beobachtet werden kann" (ebd., S. 144). Die „Beobachtung" ist dabei im Sinne einer Nachvollziehbarkeit oder Feststellung bestimmter Dispositionen gemeint. Bei der Struktur handelt es sich um eine Einheit, eine Organisationsform bzw. ein ganzheitliches System, bestehend aus aufeinander bezogenen Elementen (vgl. ebd., S. 143). Sie ist selbstregulierend, Transformationen unterliegen dabei den der Struktur eigenen Gesetzen (vgl. ebd.). Dies bedeutet, „dass eine Struktur aus der Aktivität eines Trägers hervorgeht, dass die Struktur in ihrer Strukturation, d.h. in ihrem Strukturiertwerden besteht" (ebd.). Die systemtheoretische Fassung verdeutlicht das Verständnis von Struktur: Diese basiert auf bzw. konstituiert sich durch „Autopoiesis", also der „Fähigkeit von lebenden Systemen, die eigenen Elemente und Strukturen, aus denen sie bestehen, selbst zu produzieren und zu reproduzieren" (ebd., S. 144).

Struktur beruht grundlegend auf Handlung, also auf Tätigkeiten oder Ausdrucksweisen ihres „Trägers", gleichzeitig bedingt sie aber auch Handlungen. Der Charakter der Wechselwirkung ist nicht nur eine Hervorbringung der Struktur, sondern vielmehr ihre grundlegende Organisation bzw. Disposition.

Strukturgenese: Die Frage nach dem Ursprung von Struktur gleicht jener nach dem Huhn und dem Ei, denn Struktur entwickelt sich aus Struktur und wirkt auf die Entwicklung von Strukturen fort. Stadler Elmer verweist auf die Anbindung der strukturgenetischen Sichtweise an biologische und erkenntnistheoretische Fragen, um Strukturgenese verständlich zu machen (ebd., S. 145) und gibt zu bedenken, dass die Trennung von Struktur und Genese keine hinreichende Erklärung bieten kann: Weder über die Annahme präformierter Struktur ohne Genese wie sie z.B. bezüglich der musikalischen Entwicklung von Kindern für die „Kuckucksterz" bzw. die „Urmelodie" angenommen wurde, noch im Rahmen einer empiristisch bzw. sensualistisch verstandenen Erfahrungsbildung durch Umweltreize, die Genese ohne vorhandene Struktur bedeuten würde (vgl. ebd.).

Konstruktion: Zur Beschreibung von Konstruktion dienen jene Adaptionsprozesse, die Piaget als Assimilation und Akkomodation gekennzeichnet hat. Dies meint also – zunächst hier bewusst verkürzt dargestellt – die Eingliederung neuer Erfahrungen in das vorhandene (kognitive und sensomotorische) strukturelle System oder die Modifikation des strukturellen Systems, um vorerst nicht integrierbare Erfahrungen einordnen zu können (vgl. z.B. Mietzel, 2002, S. 143–144; Montada, 2002, S. 421). Es ist aber genau diese künstlich zu Erklärungszwecken hergestellte Trennung zwischen Akkomodation und Assimilation, die häufig zu Verzerrungen in der Forschungstradition Piagets ebenso wie in der darauf bezogenen Kritik geführt hat (vgl. Stadler Elmer, 2002, S. 146).

Im Strukturgenetischen Konstruktivismus wird davon ausgegangen, dass diese beiden adaptiven Funktionsweisen stets beide in ein und demselben Strukturierungsprozess vorkommen: Nicht nur, dass sie komplementär sind und sich Strukturierungsprozesse auf einer Dimension zwischen stärker assimilativer oder akkomodativer Verfasstheit abbilden ließen, sondern vielmehr, dass jede Akkomodation auch Assimilation beinhaltet und *gleichzeitig* hervorruft und umgekehrt. Dies lässt sich folgendermaßen erklären:

> „In jedem Strukturierungsprozess beinhaltet der akkomodative Aspekt die Aktualisierung bestimmter Strukturen, die gerade als ‚passend‘ erscheinen. Die assimilative Tendenz besteht darin, dass die ‚neue‘ Erfahrung an diese aktualisierten Strukturen assimiliert oder auf sie reduziert wird. […] Gleichzeitig werden durch die Assimilation die Strukturen reorganisiert, um die ‚Passung‘ in ein besseres Gleichgewicht zu bringen. Letzteres ist dann wieder der akkomodative Aspekt." (ebd., S. 147).

Damit wird auch ein anderes Verständnis vom Ziel der adaptiven Prozesse möglich, als dies in der getrennten Auffassung der beiden Funktionen erkennbar ist. Die im adaptiven Prozess angestrebte (Wieder- oder Neu-)Herstellung eines Gleichgewichtszustands, die Äquilibration, ist daher nicht nur die erfolgreiche Beendigung (erfolgte Regulation) einer Aktivität, welche somit die Möglichkeit neuer Aktivität bietet, sondern sie ist noch mehr: In ihrer Prozesshaftigkeit ist sie zugewiesene Bedeutung und Bedeutsamkeit. Allerdings – und damit lässt sich ihr Bedeutungscharakter zusätzlich stützen – können Äquilibrationen nie als Entitäten verstanden werden. Grund dafür ist, dass sie nur partiell für den relevanten Bereich und Inhalt des Adaptionsprozesses Gültigkeit besitzen und temporär verfasst sind, also individuell und situativ auf der Grundlage erfolgter Äquilibrationsprozesse immer wieder neu angestrebt werden (ebd., S. 148).

In diesem Zusammenhang ist noch einmal besonderes Augenmerk auf die Auslöser adaptiver Prozesse zu richten, also Inkongruenzen, Störungen oder auch – in stärker erkenntnistheoretischer denn psychologischer Begrifflichkeit – Perturbationen (vgl. Krause, 2008b). Im rein akkomodativ verstandenen Zusammenhang sind „Störungen" vorhandener struktureller Schemata als Äquilibrationsimpulse eine näher liegende Erklärung, als im rein assimilativ verstandenen Prozess. Für die Auffassung eines gleichzeitig akkomodativ und assimilativ verfassten Prozesses sind sie aber gleichermaßen Ausgangspunkt wie Organisationsrichtung der Autopoiese. Das heißt, sowohl zwischen dem Individuum als Inhaber von Struktur und seiner Umwelt wie auch innerhalb der Strukturen des Individuums, also zwischen seinen vorhandenen Schemata, können Spannungen bestehen, welche sukzessiv und kontinuierlich zu neuen Strukturen und damit zu Bedeutungen führen. Auch Martina Krause verweist darauf, dass Bedeutung niemals statisch sei, stellt aber vor allem die Akkomodation in den Mittelpunkt:

„Denn es ist gerade die Wahrnehmung des mit den eigenen Schemata Nicht-Identischen, welche zu perturbieren vermag und Lernen im Sinne von Akkomodation ermöglicht. Bedeutung ist somit niemals statisch." (Krause, 2008a, S. 281).

Zusammenfassend lässt sich sagen, dass Äquilibration durch Konstruktion erreicht und wieder neu angestrebt wird, so dass sie – kognitions-, emotions- und persönlichkeitspsychologisch betrachtet – Ausgangspunkt und Ziel von Bedeutungszuweisungsprozessen ist.

Eine Anbindung an den Begriff der „Stimmigkeit" liegt nahe, wie er von Michael Dartsch im Rahmen der Definition und Analyse von Bildungsprozessen im elementar-musikpädagogischen Kontext (und letztlich auch über diesen hinaus) formuliert wird. Hier wie dort stehen Subjektivität, Kontextgebundenheit und Bedeutungsdimension im Fokus (vgl. Dartsch, 2010, S. 159–160). Unterschiede zeigen sich in der Auffassung der Zielgebundenheit und der modellierten Struktur: So ist Stimmigkeit deutlicher als Ergebnis, Äquilibration dagegen eher als Ausgangspunkt *und* Ergebnis beschreibbar. Für Stimmigkeit gilt, dass „verschiedene Elemente miteinander harmonisieren, zueinander passen, zusammenwirken, ineinander greifen, sich gegenseitig ergänzen und aufeinander abgestimmt sind, sodass Konflikte umgangen werden und jeweils bestimmte Sinnstrukturen erkennbar sind" (ebd., S. 159). Äquilibration kann dagegen als Aktivität im Spannungsfeld von Akkomodation und Assimilation und im Ergebnis als spannungsenthobener Zustand betrachtet werden (vgl. zur Stimmigkeit auch Kap. 3.2.2).

2.3.1.2 Skripts

Ein Skript ist ein „schematisiertes ‚Drehbuch' für häufiger erlebte Handlungsabläufe" (Schneider & Büttner, 2002, S. 499), untersucht wurde diese Art der Schema-Organisation z.B. im Kontext von Studien zu Gedächtniskompetenzen[12] von Vorschulkindern (vgl. z.B. Fivush, 1997; Nelson, 1996).

Kognitive und sensomotorische Schemata, aufgefasst als interagierende und selbstorganisierende Strukturen, bieten eine Erklärungsmöglichkeit für individuelle menschliche Aktivitäten und Ausdrucksformen. Skripts sind eine Organisationsform mehrerer Schemata. Aufgrund ihrer subjektbezogenen Erfahrungsbasiertheit sowie ihrer Funktion als Abbild kultureller Praxis und damit letztlich auch als Enkulturationsinstanz sind sie für den vorliegenden Kontext relevant.

Die Vorstellung von Skripts als schematisierter Repräsentation von Handlungsabfolgen wurde erstmals in den 70er Jahren des 20. Jahrhunderts formuliert und führte zur Widerlegung der Annahme, Klein- und Vorschulkinder verfügten über

---

12 Die Entwicklungspsychologin Katherine Nelson beschreibt das Gedächtnis als primäre Form mentaler Repräsentation. Erklärungsmodelle z.B. zum Schematisieren, zum Imaginieren, zum Kategorisieren oder zur Sprache seien alle fundamental mit dem Konstrukt „Gedächtnis" verknüpft (Nelson, 1996, S. 152).

ungeordnetes, fragmentarisches und idiosynkratisches Denken, bzw. Wissen. (vgl. Fivush, 1997, S. 140). Diese zunächst von Jean Piaget und seiner Mitarbeiterin Bärbel Inhelder propagierte Sichtweise wurde zwar schon vor der Verwendung des Skript-Konzepts durch Forschungen zur Informationsverarbeitung bei Vorschulkindern angezweifelt (vgl. zum historischen Überblick Fivush, 1997, S. 140). Allerdings kamen hier wie dort die deutlich schlechteren Performanzen von Klein- und Vorschulkindern gegenüber älteren Kindern in Gedächtnisaufgaben in schlichter Überforderung zum Ausdruck. Mit den oben genannten Konzepten wäre es nicht erklärbar, dass ein knapp 3-jähriges Mädchen seiner Mutter „pumpkin, pumpkin" zuruft, als es aus dem Auto ein leeres Feld erblickt, auf welchem es acht Monate zuvor gemeinsam mit der Familie Kürbisse geerntet hatte und an welchem es seither nicht mehr vorbeigekommen war – wie bei Fivush (1997, S. 139) referiert. Dies hängt eng mit der – bereits oft kritisierten – Dekontextualisiertheit des Forschungsdesigns zusammen. Das folgende Zitat zeigt dies für den Ansatz Piagets und Inhelders:

> „Alle Anordnungen, die wir bei unseren Experimenten verwendet haben, sind in ihrer Einfachheit ausgesprochen ‚kindlich'. Sie sollten eigentlich einem naiven Geist, der bereit ist zu sehen, auch ohne zu verstehen, und zu behalten, was man ihn zu diesem Zweck zu betrachten heißt, die Wahrnehmung und die figurative Erinnerung erleichtern. Die Kinder haben aber ständig und sozusagen einmütig nicht das in ihrem Gedächtnis fixiert, was sie sahen, sondern die Vorstellung, die sie sich davon machten." (Piaget & Inhelder, 1974, S. 477).

Die Kinder zeichneten aus der Erinnerung z.B. mehr Gläser auf, die in einer Reihe standen, als real vorhanden waren, was Piaget und Inhelder als „Schematisierung der Multiplizität" verstehen. Erinnerung wird damit als eine Fokussierung bestimmter, hervorgehobener Charakteristika, im Gegensatz zur „eins zu eins" abbildenden visuellen Erinnerung verstanden.

Dass das Experiment von Piaget und Inhelder unabhängig davon durchführbar sein sollte, ob die Kinder dessen Sinn verstanden oder nicht, zeigt seine Schwäche. Gleiches gilt auch für Experimente zur Informationsverarbeitung, die mit Wort- oder Bilderserien arbeiten, welche memoriert oder gruppiert werden sollen. Dass bei Kindern unter sechs bis sieben Jahren keine Strategien zum Behalten und Erinnern beobachtbar waren und ihre Performanz in den gestellten Aufgaben entsprechend schlecht war (vgl. Fivush, 1997, S. 140), mag in erster Linie daran liegen, dass solcherart gestellte Aufgaben keinen anschlussfähigen Sinn zu haben scheinen. Die Kinder hatten also entweder Schwierigkeiten in der grundsätzlichen Zuweisung von Bedeutung oder wiesen sie auf ganz andere – nicht im Experiment erfasste – Art und Weise zu. Letzteres lässt sich auch wiederum im o.g. Zitat zum Ansatz Piagets und Inhelders herauslesen, wenn dort darauf verwiesen wird, dass die Kinder ihre eigenen Vorstellungen des jeweils dargebotenen Anreizes memorierten.

Ohne in Abrede zu stellen, dass die Performanz älterer Kinder in Gedächtnisaufgaben in der Regel besser ist als jene der Klein- und Vorschulkinder, konnten

Forschungsdesigns, deren Anreize in inhaltliche Kontexte gestellt wurden und bei denen Kindern sinnbezogene Anhaltspunkte gegeben wurden, deutlich komplexere und zur Erklärung der Struktur von Gedächtnis detailliertere Ergebnisse liefern.

In diesem Sinne konzipierte Forschungsansätze arbeiten mit den Erzählungen von Kindern über ihre Alltagszusammenhänge, es wird kein *vorgegebenes* Material als Anreiz für Erinnerungen gegeben, sondern nach *typischen* alltäglichen Erlebnissen gefragt wie z.B. Einkaufen, Mahlzeiten einnehmen oder Ähnliches (vgl. Fivush 1997, S. 141). Die kindlichen Erzählungen zeichnen die logische zeitliche Sequenz der Ereignisse nach und sind nicht auf ein konkretes Ereignis bezogen, sondern generalisiert angelegt. Auf die Frage „What happens, when you bake cookies?" antwortete ein vierjähriges Kind in einer damals viel beachteten Untersuchung von Katherine Nelson und Janice Gruendel aus dem Jahr 1981:

> „My mommy puts chocolate chips inside the cookies. Then ya put 'em in the oven…then we take them out, put them on the table and eat them" (Nelson & Gruendel, 1981, S. 135).

Zwei Charakteristika sind hier erkennbar: Die Orientierung an den „markanten Aktivitäten" (Mietzel 2002, S. 212) des Erlebnisses in ihrer generellen zeitlichen Abfolge (sprachlich oft mit „und dann…" verknüpft) und die generalisierte Form der Darstellung dessen, was „man" in dieser Situation tut, ausgedrückt im Präsens (vgl. Fivush, 1997, S. 142).

Je mehr Erfahrungen Kinder mit einer bestimmten Art von Ereignissen haben, desto detaillierter wird die Erzählung innerhalb des „Gerüsts" der zeitlichen Abfolge. Gleiches gilt zusätzlich mit zunehmendem Alter. So werden einerseits mehr Komponenten des Ereignisses berücksichtigt und diese andererseits in Haupt- und Nebeninfomationen unterteilt. Skripts sind von Kindern und Erwachsenen genutzte Organisationsprinzipien, welche die Koordination von Verhalten in sozialen Zusammenhängen und in Bezug auf die Umwelt gewährleisten.

> „Ohne gemeinsame Skripts müsste jede soziale Aktivität neu ausgehandelt werden" (Nelson, 1981, in Übersetzung zit. n. Mietzel, 2002, S. 213).

Damit sind die eigenen Skripts Abbild und sozusagen sozialer „Code" der jeweiligen Kultur, in welche das Individuum integriert ist. Sie bieten damit letztlich auch *Sicherheit* in Interaktionen.

Neben der zeitlichen Abfolge genereller Aktivitäten eines Ereignisses beinhalten Skripts Informationen über die üblicherweise an diesem Ereignis beteiligten Personen innerhalb ihrer jeweiligen Rollen. Skripts können nicht nur sprachlich mitgeteilt werden, sondern auch – z.B. im Puppenspiel – nachgespielt werden. In dieser Form wurden sie bereits bei ein- bis zweijährigen Kindern beobachtet bzw. als solche interpretiert (vgl. Mietzel, 2002, S. 212).

Die Funktion von Skripts als Handlungsdisposition macht die Einordnung eines Ereignisses bezüglich des Auslösers und des erwartbaren Verlaufs möglich:

„Scripts represent what usually happens during any given occurrence of an event, allowing us to predict and anticipate our world." (Fivush, 1997, S. 148).

Störungen von Skripts aufgrund unerwarteter Ereignisse machen Äquilibrationsprozesse nötig und können im Bezug zum problemlösenden Handeln aufgefasst werden. Aufgrund ihrer generalisierten Verfasstheit weisen Skripts notwendig auch Leerstellen auf:

„By focusing on what usually happens, however, we may lose information about specific instances of an event." (ebd.).

Es wurde daher ebenfalls untersucht, inwiefern Kinder (bzw. auch Erwachsene) sich an Besonderheiten innerhalb einer Alltagsroutine erinnern. Altersunabhängig war der Effekt erkennbar, mit zunehmendem zeitlichen Abstand zum fraglichen Ereignis Besonderheiten mehr und mehr „auszublenden" bzw. dem allgemeinen Skript anzupassen. Auffällig war, dass Vorschulkinder beim Nacherzählen von Ereignissen mehr generalisierte Informationen als Besonderheiten des fraglichen Ereignisses wiedergaben. Auf spezielle Nachfragen waren sie aber durchaus bereit und in der Lage, auch die Besonderheiten nachzuerzählen. Zudem wurden Besonderheiten, die dazu führten, dass das Ereignis nicht entsprechend dem Skript weiter geführt werden konnte – also empfundene Unterbrechungen – deutlicher fokussiert, als Störungen eines Ereignisses, das trotzdem mehr oder weniger zum erwarteten Schluss kam: Als Beispiel für eine Unterbrechung nennt Fivush die Situation, dass im Restaurant kein Essen bestellt werden kann, weil der Kellner keine Karte gebracht hat, als Störung, dass der Kellner dem Gast Wasser über die Hose geschüttet hat (vgl. Fivush, 1997, S. 149). Beide Befunde verweisen erneut auf die „Gerüststruktur" von Skripts.

Skripts erlauben dem Individuum, sich eine Vorstellung davon zu machen, was seine Mitmenschen denken, welche Wünsche oder Überzeugungen sie haben. Diese Skripts können manchmal zutreffend sein, manchmal aber auch nicht. Unter der Bezeichnung „Theory of Mind" ist damit gleichsam eine „mentalistische Alltagspsychologie" gemeint, welche Interaktanten zur gegenseitigen Einschätzung in Interaktionen nutzen (vgl. Sodian, 2002, S. 457). Dies bedeutet, dass Menschen sich eine Vorstellung davon machen, was andere Menschen denken und fühlen, während sie miteinander interagieren.

Diese „Theory of Mind" stellt das Postulat einer „magischen" Welt des Klein- und Vorschulkindes (ohne bewusste Trennung von Fantasie und Realität) in Frage, wie es z.B. in den Charakteristika der „präoperationalen Phase" bei Piaget zum Ausdruck kommt (vgl. Montada, 2002, S. 421) oder im psychoanalytisch grundierten Ansatz in der Theorie der Selbstentwicklung von Robert Kegan (vgl. Kegan, 2005). Kegan geht von einer zunächst vorliegenden Subjekt-Objekt-Verschmelzung aus, die im Laufe der kindlichen Entwicklung überwunden wird, um sich die „objekthafte Welt" dann wieder im Rahmen von Bedeutungszuweisungen aneignen zu können (vgl. ebd., S. 113–152, als Überblick bes. S. 152).

Allerdings war in einer Untersuchung zur Trennung der mentalen von der physikalischen Welt bereits für dreijährige Kinder ein Unterschied zwischen einem realen Hund (den man streicheln und füttern kann) und einem vorgestellten Hund vorhanden (dargestellt bei Sodian, 2002, S. 457). In einer ähnlich angelegten Untersuchung war dreijährigen Kindern klar, dass ihre eigenen Gedanken für andere Personen normalerweise unzugänglich sind (dargestellt bei Sodian, 2002, S. 457). Die Entwicklungspsychologin Beate Sodian weist zudem darauf hin, dass kindliche Spielhandlungen im Symbolspiel bereits im zweiten Lebensjahr als getrennt von der „realen" Welt interpretiert werden konnten. Die Schaffung einer fiktiven Situation im Spiel sei „,nur gedacht', ,nur vorgestellt' von der Realität abgegrenzt" (Sodian, 2002, S. 457).

So wird denn auch von einem „Koexistenz-Modell" einer „realistisch-naturalistischen" und einer „magisch-animistischen Weltsicht" im Vorschulalter ausgegangen (vgl. Subbotsky, 1997): Indem Kinder zwischen realer und mentaler Welt unterscheiden können, erhöht sich die Attraktivität der Fantasiewelt. Der „narrative Modus des Denkens" (Mähler, 2007, S. 168), Begeisterung für das Erfundene und das Eintauchen in fiktive Welten (vgl. ebd.) stellen einen eigenen, bedeutsamen Bereich der kindlichen Bedeutungszuweisung dar. Das Koexistenz-Modell erscheint insofern sinnvoll, als damit postuliert wird, dass beide Weltsichten eine „Realität" darstellen und die unterschiedlichen Qualitäten dieser Realitäten in den Charakterisierungen von „in echt" gegenüber „im Kopf" oder auch „im Spiel" bestehen. Dahingehend kann das Konzept eines „magischen" Denkens von Kindern auch als erwachsenenzentrierte Interpretation kritisiert werden, da nämlich unter dem Aspekt der empfundenen Bedeutsamkeit Erwachsene der „realen" Welt mehr Relevanz zuschreiben, als der fantasierten Welt.

Auch bezüglich eines egozentrischen Weltbildes im Kleinkind- und Vorschulalter konnten im Rahmen von Untersuchungen zur „Theory of Mind" widersprechende Befunde geltend gemacht werden: Untersucht wurde die Frage, ob Dreijährige Andere täuschen können. Zur Bestätigung eines egozentrischen Weltbildes wäre dabei anzunehmen, dass Kinder ihre eigenen Gedanken auch dritten Personen attribuieren.

Zwar schien die Fähigkeit zum Täuschen in einem komplexen Setting ab dem Vorschulalter möglich, konnte aber relativ stabil erst im Grundschulalter beobachtet werden. In einem anderen Versuchsaufbau waren jedoch auch Dreijährige dazu in der Lage, andere zu täuschen (durch Manipulation der Spuren, die zu einem versteckten Schatz führen) und dabei auch zu verstehen, dass sie mit ihrem Täuschungsmanöver bei anderen einen „falschen Glauben" erwecken. Ihr eigenes Wissen über den wahren Ort des Schatzes gaben sie dabei nicht preis, was in abstrakteren Untersuchungen durchaus der Fall war: Dort attribuierten die Dreijährigen ihr eigenes Wissen auch den uninformierten Dritten und hielten somit ein „Geheimnis" nicht zurück (dargestellt bei Silbereisen & Ahnert, 2002, S. 604–605).

Die Vorstellung vom egozentrischen Weltbild ist also differenzierter und im Rahmen der zur Identifizierung verwendeten Untersuchungsmethoden zu betrachten, ebenso wie Annahmen zur Verschmelzung von Realität und Fantasie im Kindesalter. Dies bedeutet nicht, dass die ursprünglichen Annahmen falsch sein müssen, denn in den gegebenen Settings reagieren die Kinder entsprechend, kommen also aufgrund einer entsprechenden Disposition mit der Situation zurecht oder gerade nicht. Vielmehr sind diese Annahmen aber nicht absolut zu setzen oder normativ als pädagogisch handlungsleitend zu implementieren, da andere „cues" für Handlungen eben auch andere Skripts aktualisieren können.

2.3.1.3 Schematisierung, Skripts und die Modi des Bedeutens

Skripts erklären aus psychologischer Sicht einen wesentlichen Bereich der individuellen Handlung, insbesondere in Interaktionen. Schematisierung bietet die übergreifendere Perspektive für den strukturellen Umgang mit Neuem und Vertrautem. Das Rückbinden dieser Funktionsweisen an die erkenntnistheoretisch entwickelten Modi des Bedeutens nach Seel könnte jedoch die Gefahr bergen, Kategorien übereinander zu legen, die nicht vergleichbar sind. So ist es nicht das Ziel, die Modi des Bedeutens noch einmal neu „auf psychologisch" zu erklären, sondern vielmehr, die Anwendung der erkenntnistheoretischen und psychologischen Ansätze in einem Beispiel zu versuchen:

Angeregt durch Betrachtungen Stefanie Stadler Elmers zu eben diesem Beispiel[13] wird eine Tagebuchaufzeichnung Clara Sterns über das Lieder Singen ihres Sohnes Günther (Alter: 1;10) gewählt. Stadler Elmer fokussiert dabei die gleichzeitig assimilativen und akkomodativen Konstruktionsleistungen (vgl. Stadler Elmer, 2002, S. 147).

> „G. hat viel Freude am Singen; er zwitschert häufig vor sich hin, meist nach der ihm bekannten Melodie: ‚Hopp – hopp – hopp – – Pferdchen lauf Galopp.' Nach dieser Melodie singt er sozusagen alles, was ihn interessiert; er nimmt sich z.B. eine Lottokarte vor, auf der ein Pferd abgebildet ist, und singt: grr – grr – grr – grrgrrgrrgrrgrr! Rhythmisch ist der Gesang stets richtig, auch die Relation zwischen ‚höher und tiefer' wird immer erfasst, wenn auch noch nicht in einer Tonart geblieben. ‚Häschen in der Grube' wird bis zur Mitte, natürlich ohne Worte, ebenfalls rhythmisch total korrekt und sonst leidlich richtig gesungen. […] Von uns hat er die Melodie [*Anm.:* „Hopp – hopp – hopp"] sehr selten gehört und jetzt schon seit langem wohl überhaupt kaum mehr; er singt sie unentwegt, namentlich gern abends im Bett, wenn wir noch mit ihm spielen. Der Text ist sehr verschieden: auf *gr, puff, wauwau, Mama, Papa, lilde* wird es gesungen." (Stern 1914/1952, S. 302, Hervorhebung im Original).

Günther hat das Lied durch Vorsingen kennen gelernt und sich zu eigen gemacht. Er singt nach dieser Melodie „alles, was ihn interessiert", passt also (assimilativ) unterschiedlichen stimmlichen Ausdruck in sein Schema des Liedes ein. Gleichzeitig aktualisiert er das Schema akkomodativ, indem er einen Impuls zur Aktivierung eben dieses Schemas aufgreift: In diesem Falle die Lottokarte mit dem Bild des

---

13 Stadler Elmer verwendet einen etwas kürzeren Abschnitt des gleichen Beispiels.

Pferdes, welches seine Entsprechung im ursprünglichen Liedtext (den Günther allerdings nicht singt/noch nicht singen kann) findet (vgl. Stadler Elmer, 2002, S. 147). Günther koppelt seine visuelle Vorstellung vom Pferd mit dem Liedtext über das „Pferdchen" und drückt dies im Rahmen des Singens aus. Stadler Elmer verweist in diesem Zusammenhang auf den symbolischen Gehalt dieser adaptiven Leistung (vgl. ebd.), indem die verallgemeinernde Verwendung des Liedes („Nach dieser Melodie singt er sozusagen alles, was ihn interessiert") ersetzt wird durch ihre spezifisch symbolische Verknüpfung mit dem Bild (das „Häschen in der Grube" wäre als Lied hier nicht in Frage gekommen!). Dabei werden beide Symbole nicht sprachlich repräsentiert, sondern die Melodie steht für das Bild (oder auch umgekehrt). Günther weist auf nonverbalem Wege semantisch-propositionale Bedeutung zu, es besteht eine „Übersetzbarkeit", die auch Außenstehende verstehen können, selbst wenn diese für Günther nicht an den expliziten sprachlichen Begriff „Pferd" gekoppelt sein muss. Gleichzeitig weist Günther auch „unübersetzbare" ästhetisch-präsentative Bedeutung zu, indem er seinen eigenen „Text" oder besser, seinen eigenen stimmlichen Ausdruck erfindet: „grr – grr – grr" („Erfindung" hier im Sinne des Eigenen oder Neuen im Vertrauten, die erstmalige Erprobung genau dieses Ausdrucks kann durchaus auch schon zu einem früheren Zeitpunkt stattgefunden haben). Der pragmatisch-performative Gehalt der Szene bleibt verborgen, da Clara Stern nicht notiert hat, mit welchem emotionalen Ausdruck Günther singt oder ob er körpersprachliche Aktivitäten zum Lied nutzt. Möglicherweise singt er das Lied auf einem wilden „Grr", unterstützt z.B. durch entsprechend wilde Bewegungen. Vielleicht ist das anfangs genannte „Zwitschern" aber auch ein Hinweis auf eine sozusagen „nonchalante" pragmatische Komponente des Liedes. Zu überlegen wäre dann auch – ohne dies klären zu können oder zu wollen –, ob die Bedeutsamkeit dieser musikalischen Aktivität für Günther in seiner anstrengungsfreien Beherrschung des Liedes und des Singens in diesem Kontext liegt oder, anders ausgedrückt, in einer Art sensomotorischem Wohlbefinden im ästhetischen Kontext. Das Lied könnte Teil eines Handlungsskripts für musikalischen Ausdruck sein, welches Günther aktiviert, wenn er in unterschiedlichen Situationen auf eben dieses Lied rekurriert. Möglicherweise ist es damit als „markante Aktivität" innerhalb eines Skripts das „Vertraute", auf dessen Grundlage „Neues" (z.B. anderer stimmlicher Ausdruck) erschlossen wird. Auffassungen zum Handeln im Spannungsfeld von Neuem und Vertrautem sollen in Kapitel 2.3.5 mit Bezug auf Orientierungsvorgänge vertiefend betrachtet werden.

2.3.2 Bedeutungszuweisung durch Kompetenzempfinden und Verursachung

Kompetenzempfindung ist in Bewertungszusammenhängen verortet, dies können Selbst- oder Fremdbewertungen sein. In diesem Zusammenhang ist sie insbesondere für den Kontext der Entwicklung, Aktualisierung und somit Empfindung von Bedeutsamkeit im Rahmen von Bedeutungszuweisung relevant. Im Folgenden werden die zentralen Charakteristika der Kompetenzempfindung und – eng damit verbunden – des Verursachungserlebens dargestellt.

2.3.2.1 Kompetenz

Kompetenz kann als „subjektives Vermögen" aufgefasst werden, also als eine individuelle *Disposition*. Ihr *Ausdruck* wird, in Anlehnung an die Begrifflichkeiten Noam Chomskys zum sprachlichen Handeln, mit Performanz beschrieben (vgl. z.B. Bayer, 2011, S. 222; Kaiser 2001, S. 5). Häufig greift jedoch die subjektiv-psychologische Konzeption des Kompetenzbegriffs zu kurz, eine Erweiterung um den situativen und den sozialen Aspekt von Kompetenz fand und findet daher vermehrt statt, ebenso wird der Aspekt der subjektiven und sozialen *Zuschreibung* von Kompetenz zunehmend diskutiert (vgl. zur Übersicht Bayer, 2011, S. 222).

Im bildungstheoretischen Kontext existiert der Kompetenzbegriff vor allem im Zusammenhang mit Zielformulierungen und Kompetenzmodellen zur Entwicklung von Bildungsstandards (vgl. Klieme et al., 2003) sowie in der Gliederung von Kompetenzbereichen – dies zunehmend curricular in der Elementarpädagogik, z.B. über Bildungs- und Erziehungspläne der Länder (vgl. Fthenakis, 2011, S. 201).

In der Entwicklungspsychologie wird z.B. die Messbarkeit von Kompetenz durch die Beobachtung von Performanz fokussiert (Kompetenz als Disposition für Performanz) und ein kindliches Bedürfnis nach Kompetenz im Kontext von Selbstkonzeptentwicklung, Selbstbestimmung oder Selbstwirksamkeit diskutiert (vgl. Oerter, 2002, S. 214–215; S. 217; Mietzel 2002, S. 227–228). Im Bereich der Entwicklung sozialer Kompetenz werden zudem z.B. Kompetenzzuschreibungen in Peergroups und deren Auswirkungen auf Freundschaftsbeziehungen untersucht (vgl. Oerter, 2002, S. 243–252).

In der schulischen Musikpädagogik wurde die Diskussion um Bildungsstandards und Kompetenzmodelle insbesondere durch das Projekt KoMus (Kompetenzmodell für das Fach Musik) voran getrieben, innerhalb dessen u.a. ein theoretisches Kompetenzmodell für einen Teilbereich des Musikunterrichts („Musik wahrnehmen und kontextualisieren") entwickelt wurde (vgl. Niessen, Lehmann-Wermser, Knigge & Lehmann, 2008; Knigge & Lehmann-Wermser, 2008; Knigge, 2011). Dieses beinhaltet gestufte Niveaus der Wahrnehmungskompetenz („Hörwahrnehmung") sowie des zunehmend reflektierten Gebrauchs musikbezogenen Sach- und Weltwissens („Verbalisierung/Terminologie", „Notation", „Kontextwissen"; vgl. Knigge, 2011, S. 61–65).

2.3.2.2 Kompetenzempfindung und persönliche Verursachung

Sich selbst als „kompetent" einzuschätzen wird entwicklungspsychologisch u.a. mit dem Streben nach Autonomie verknüpft (etwas alleine können, etwas alleine tun).

Insbesondere für das Vorschulalter werden z.B. die zunehmende Unabhängigkeit und das Eingehen sozialer Bindungen außerhalb des Familienumfelds als zentrale Entwicklungsaufgaben angenommen (vgl. Mietzel, 2002, S. 219). Es ist in diesem Kontext darauf hinzuweisen, dass bestimmte gesellschaftliche Mentalitäten auch zu besonders fokussierten Forschungsfeldern führen können. So werden die Betrachtungen zu Autonomie und Bindung in westlichen Gesellschaften stärker vom Konstrukt des Individuums aus gedacht, als dies in eher kollektivistisch ausgerichteten Gesellschaften der Fall ist (vgl. dazu ausführlich Harter, 1999, S. 283–286). Studien zu Selbst- und Fremdbewertungen ergaben beispielsweise:

> „Kinder, die in westlich orientierten Ländern aufwachsen, geben bereits sehr früh in ihrem Leben Hinweise auf ihren Wunsch nach Bewertungen" (Mietzel, 2002, S. 227).

Da sich die vorliegende Arbeit auf ein kulturelles Praxisfeld westlicher Gesellschaften bezieht, werden hier auch entsprechen konnotierte Forschungsbefunde zu Erklärungszwecken verwendet.

In Studien mit Vorschulkindern kristallisierte sich Kompetenz als einer von zwei Bereichen heraus, auf welchen die befragten Kinder sich bezogen, wenn sie Bewertungen ihrer selbst vornahmen. Der andere Bereich war die soziale Akzeptanz (vgl. Harter, 1983).

Die im sozial- bzw. motivationspsychologischen Diskurs bedeutsame Selbstbestimmungstheorie intentionalen Verhaltens von Edward Deci und Richard Ryan fasst genau jene Aspekte als menschliche Grundbedürfnisse auf und nennt diesbezüglich insgesamt: Das Bedürfnis nach Kompetenzerfahrung, das Bedürfnis nach Autonomie und das Bedürfnis nach sozialer Zugehörigkeit (Deci & Ryan, 1985; im Überblick auch Bles, 2002, S. 235). Die Selbstbestimmungstheorie soll im Folgenden vertiefender betrachtet werden, da die Elemente von Kompetenz und – wie noch zu zeigen sein wird – Verursachung, Autonomie und sozialer Beziehung sowie Anerkennung in dieser Arbeit als wesentlich für die Zuweisung kindlicher musikbezogener Bedeutsamkeit angenommen werden.

Deci und Ryan arbeiten innerhalb dieser Theorie mit den Konzepten intrinsischer und extrinsischer Motivation. Intrinsisch motiviertes Verhalten basiert dort auf dem eigenen Interesse, bzw. den eigenen Bedürfnissen und lässt sich als selbstbestimmt kennzeichnen. Extrinsisch motiviertes Verhalten geht auf Anregungen von außen zurück und wird als fremdbestimmt verstanden. Deci und Ryan verstehen extrinsische und intrinsische Motivation als Pole eines Kontinuums, das unterschiedlich stark ausgeprägtes Selbstbestimmungsverhalten darstellen kann (vgl. Bles, 2002, S. 234).

Es ist allerdings darauf hinzuweisen, dass die Begriffe intrinsischen und extrinsischen Verhaltens innerhalb der Motivationspsychologie nicht konsistent und – je nach Kontextualisierung – teilweise sogar widersprüchlich verwendet werden. So lässt sich beispielsweise kein theoretischer Konsens darüber feststellen, ob der Begriff intrinsisch nur für tätigkeitszentrierte oder auch für ergebnisorientierte Motivation zu verwenden ist (zur Diskussion der begrifflichen Inkonsistenzen vgl. Rheinberg,

2006, S. 332–339). Eine eindeutige Abgrenzung der beiden Begriffe ist in der Theorie vermutlich nur in den beiden Extrembereichen des Kontinuums vorstellbar, bleibt aber aufgrund der komplexen Struktur von Motivationsvorgängen auch dort fraglich. So wäre es z.B. auch denkbar, dass je nach Situation, Anstrengungsbereitschaft und erwartetem Ertrag für das eigene Wohlbefinden innerhalb eines Motivationsvorgangs für ein und dasselbe Ziel mehrfach zwischen unterschiedlich starken Ausprägungen intrinsischen und extrinsischen Verhaltens hin und her gependelt würde.

Im Kontext der Selbstbestimmungstheorie werden die beiden Begriffe vor allem in ihrer Zuordnung zu den genannten Grundbedürfnissen wichtig: Das Bedürfnis nach Kompetenz und das Bedürfnis nach Autonomie sehen Deci und Ryan als vornehmlich intrinsisch motiviert an, während das Bedürfnis nach sozialen Beziehungen – ausgehend von der Auffassung, eine soziale Beziehung stelle eine Belohnung dar – als extrinsisch motiviert verstanden wird (vgl. Bles, 2002, S. 236). Auch dies ist allerdings differenzierter zu sehen, da die soziale Beziehung als dynamischer Zustand sowie in dieser sozialen Beziehung stattfindende Tätigkeiten zur Aufrechterhaltung derselben wiederum als intrinsisch motiviert gelten können.

Die beiden hier vorgestellten Begriffe „intrinsisch – extrinsisch" scheinen relativ wenig Erklärungskraft zu besitzen, sobald sie auf reale Situationen angewendet werden – weder für die Vorhersage von Verhalten noch für dessen nachträgliche Einordnung und Bewertung. Dies gilt selbst *innerhalb* eines Definitionszusammenhangs, also noch ohne Berücksichtigung anderer Definitionen aus anderen Theorien. Es wird daher hier dem Vorschlag des Motivationspsychologen Falko Rheinberg gefolgt, diese Begriffe möglichst zu vermeiden und stattdessen jeweils die genauen inhaltlichen Bedingungen eines Motivationsvorgangs zu beschreiben (vgl. Rheinberg, 2006, S. 339).[14]

Im Zusammenhang mit der Selbstbestimmungstheorie wird auch das von Richard De Charms entwickelte Konstrukt der „persönlichen Verursachung" relevant (De Charms, 1968, bes. S. 269–274 und S. 335–353). Es wird dort in hohem Maße als bedeutsam angesehen, sich selbst als Initiator des eigenen Verhaltens bzw. als wirksam gegenüber der Umwelt zu erleben. Verursachungserleben gehört damit gewissermaßen zwischen die Begriffe der Kompetenz und der Autonomie, kann aber insbesondere in sozialen Bezügen seine Bedeutsamkeit entfalten.

Deci und Ryan fügen den Gedanken der (bedeutungsrelevanten) gelingenden Bewältigung von Herausforderungen hinzu. Die Bedeutsamkeit liegt insbesondere darin, Herausforderungen aufzusuchen und zu bewältigen, die optimal für die eigenen Fähigkeiten sind (vgl. Schiefele & Köller, 2001, S. 306). Die Autoren gehen hier von dem evolutionärpsychologischen Sachverhalt aus, dass das Erlebnis eigener Wirk-

---

14 Auch Deci und Ryan haben – obwohl sie die Begriffe der instrinsischen und extrinsischen Motivation weiterhin verwenden – deren geringen Erklärungsgehalt eingeräumt und in einer Weiterentwicklung der Selbstbestimmungstheorie stattdessen die Selbstregulation zentral gestellt, bei der eine Internalisierung und damit – kurz gesagt – die Umwandlung extrinsischer in intrinsische Motivation als möglich angenommen wird (vgl. Deci & Ryan, 1991).

samkeit und Kompetenz in Interaktion mit der Umwelt ein mit positiven Emotionen verbundenes Erfolgs- bzw. Belohnungserlebnis darstellt. Es mag dahin gestellt sein, ob sich dieser evolutionärpsychologische Zusammenhang grundsätzlich für Kompetenz- und Verursachungserleben bzw. Autonomieerleben herstellen lässt. Wichtig ist allerdings, dass große interindividuelle Unterschiede bestehen, nicht nur, was das Kompetenzempfinden in unterschiedlichen Kompetenzbereichen angeht, sondern auch in einer grundlegenderen Persönlichkeitsdisposition, die Deci und Ryan mit „Autonomieorientierung" bzw. „Kontrollorientierung" beschreiben.

> „Die Autonomieorientierung beschreibt die Tendenz einer Person, ihre Handlungen an ihren Interessen und Bedürfnissen auszurichten, was mit einem hohen Grad an Selbstbestimmtheit verbunden ist. Im Gegensatz dazu beschreibt Kontrollorientierung die Tendenz einer Person, sich an Kontrollinstanzen zu orientieren, wenn es um die Initiierung und Regulation von Verhalten geht, was mit einem geringen Grad an Selbstbestimmtheit einhergeht." (Bles, 2002, S. 243).

Es versteht sich, dass dies nicht zur Bewertung, sondern zur Beschreibung von Persönlichkeitsdispositionen gemeint ist.

Autonomieorientierung und Kontrollorientierung sind aber auch – ohne deutliche Tendenz zu nur einer der beiden Orientierungen in der Persönlichkeitsdisposition – situativ zu verstehen. So könnte es eine „Kompetenz" und infolgedessen eine Strategie des Individuums sein, situativ zwischen Kontrollorientierung und Autonomieorientierung zu wechseln.

Aus soziologischer Sicht plädiert Michael Bayer dafür, die drei zentralen Begriffe der Selbstbestimmungstheorie in zwei Verknüpfungsrichtungen zu lesen (vgl. Bayer, 2011, S. 227): Einerseits könne für ein im Autonomiestreben befindliches Individuum „Kompetenzerfahrung zugleich immer auch die Erfahrung individueller und in Kontexten sozialer Zugehörigkeit verwirklichbarer Autonomie" sein (Bayer, 2011, S. 227). Andererseits wäre eine Lesart vom Bezugspunkt der Zugehörigkeit aus möglich: Wird Zugehörigkeit i.S. der Einbindung in soziale Beziehungen als Wesensmerkmal menschlicher Existenz angenommen, so lässt sich Autonomie als Aktualisierung der eigenen sozialen Zugehörigkeit, also als individuelle Aktivität im sozialen Bezugsfeld auffassen. Das Bedürfnis nach Kompetenz sei dann ein Bedürfnis nach sozialer Anerkennung:

> „Kompetenzerfahrungen sind mithin als Anerkennungserfahrungen verstehbar" (ebd., S. 228).

Beide Lesarten haben ihre Berechtigung und lassen sich auch entwicklungspsychologisch anbinden. Als Beispiel für die *autonomie- bzw. kompetenzorientierte Lesart* kann angeführt werden, dass bereits für Säuglinge die Entdeckung der eigenen Selbstwirksamkeit angenommen wird, wenn sie z.B. wiederholt Spielglöckchen zum Klingen bringen, die eigene Hand als etwas Kontrollierbares erfahren oder in der Interaktion mit den Eltern deren Lächeln durch Vokalisationen hervorrufen können (vgl. Mietzel, 2002, S. 136). Auch die Tatsache, dass Kinder im Vorschulalter auf die am Selbstkonzept orientierte Frage „Erzähl mir doch einmal, wer Du bist?" häufig mit Kompetenzbeschreibungen antworten, lässt sich hier verorten. So stellen die Kinder meist Handlungen in den Mittelpunkt, die sie (schon) können, z.B. „ich kann mich schon allein anziehen" oder „ich kann Dreirad fahren" (dargestellt bei Mietzel, 2002, S. 227). Auch Selbstbewertungen der eigenen Kompetenz, also Einordnen als Erfolg oder Misserfolg, sind im Vorschulalter typisch (vgl. ebd.), allerdings wird generell eine Neigung zur Selbstüberschätzung bezüglich Können und Beliebtheit in diesem Alter beobachtet (vgl. ebd., S. 227–228).

Zu der zweiten, also der *sozial fundierten Lesart* soll hier eine Untersuchung zur Entwicklung der sozialen Identität von Kindern heran gezogen werden. Diese wurde von Mia D. Yee und Rupert Brown mit 128 Kindern im Alter zwischen drei und neun Jahren durchgeführt und basierte auf der Theorie der sozialen Identität von Henri Tajfel und John C. Turner (vgl. zur Theoriegrundlage z.B. Mummendey & Otten, 2002). Untersucht werden sollte, inwiefern Kinder im Rahmen eines Wettkampfes den Wunsch nach Gruppenzugehörigkeit (Gruppenkohäsion) äußerten, je nachdem, ob die Gruppe erfolgreich abschnitt oder nicht (vgl. Yee & Brown, 1992). Die beteiligten Kinder wurden in zwei Teams eingeteilt und spielten „Eierlaufen". Das Design des Experiments wurde sorgfältig vorbereitet, indem zunächst alle Kinder in einem Vortest die Rückmeldung erhielten, ihre Leistung sei durchschnittlich, um dann den Wettkampf so zu beeinflussen, dass eine Gruppe „schnell" war und eine „langsam". Dabei wurde darauf geachtet, dass die Altersbereiche gleichmäßig auf beide Gruppen verteilt waren. Im Anschluss bewerteten die Kinder die Situation in Bezug darauf, wie wohl sie sich in ihrem Team fühlten und welchem der beiden Teams sie lieber angehören wollten. Außerdem sollten die Kinder eine Leistungsbewertung der eigenen Gruppe abgeben.

Während sich die Kinder der langsameren Gruppe durchweg weniger wohl fühlten, wurde für die eigene Gruppe immer die größere Zufriedenheit angenommen, egal ob sie gewonnen oder verloren hatte. Zudem wurde die eigene Gruppe der anderen Gruppe vorgezogen, hier war es ebenfalls egal, ob sie gewonnen oder verloren hatte. Die Kinder nahmen realistische Leistungseinschätzungen der eigenen Gruppe vor, allerdings gab es hier eine erstaunliche Ausnahme: Die Fünfjährigen bewerteten auch in der Verlierergruppe die Gruppen*leistung* besser als in der gegnerischen Gruppe. Die Autorin und der Autor betrachten dies als Hinweis darauf, dass ca. im Alter von fünf Jahren ein Entwicklungsprozess sozialer Identität stattfindet, der z.B. emotionale Aspekte der Gruppenkohäsion so stark fokussiert, dass andere Aspekte, wie die vergleichende Einschätzung der eigenen Gruppe, unbeachtet bleiben (vgl. Mietzel, 2002, S. 246). Dies würde die Lesart bestätigen, dass Kompetenzerfahrungen aus Anerkennungserfahrungen, also aus sozialer Zugehörigkeit gezogen werden (welche im dargestellten Zusammenhang offensichtlich wichtiger war als Leistungskompetenz).

Das Charakteristikum nicht thematischer Bezüge und die Verknüpfung mit Bewertungsmechanismen legen auch an dieser Stelle den Bezug zur Bedeutsamkeit im Kontext des Kompetenzempfindens nahe.

Abschließend sei noch auf eine Verknüpfung von Kompetenz und Autonomie im musikbezogenen Kontext verwiesen: So stellte Herbert Bruhn in Untersuchungen zur Entwicklung des Metrum-Konzepts bei Kindern fest, dass es Vorschulkindern wesentlich leichter fällt, einen selbst erfundenen Rhythmus metrisch stabil auszuführen, als einen vorgegebenen (vgl. Bruhn, 2005, S. 100) und dass die spontanen, also auch auf eigenen Impuls zurück gehenden Gesänge von Kleinkindern ebenfalls metrisch relativ sicher wirkten (vgl. Bruhn, 1993, S. 293).

In seiner Untersuchung zum Musikerleben fünf- bis zehnjähriger Kinder dokumentierte Hubert Minkenberg zudem, dass fünf- bis fünfeinhalbjährige Kinder insbesondere dann metrisch sicher waren, wenn sie ein vorgegebenes Lied im selbst gewählten (also im Vergleich zur Vorgabe abgeänderten) Tempo sangen (Minkenberg, 1991, S. 255). Dies entspricht auch den bereits 1968 veröffentlichten Befunden Helmut Moogs, die besagen, dass fünf- bis sechsjährigen Vorschulkindern die Koordination von Bewegung und Musik bei „selbst ausgeführten Gesängen wesentlich besser als bei nur gehörter Musik" gelingt (Moog, 1968, S. 112).

Diese Befunde legen nahe, dass Performanz dann besonders gut ausfällt, wenn sie auf einer selbstbestimmten Grundlage geschehen kann, also mit selbst erfundener oder zumindest selbst modifizierter Musik.

2.3.3 Bedeutungszuweisung durch soziale Interaktion

In diesem Abschnitt wird der zentrale Aspekt des Aushandelns von Bedeutung untersucht. Aushandlungen als innerpsychische Vorgänge lassen sich mit Modellen der Schematisierung, insbesondere mit der weiter oben erläuterten Auffassung von Äquilibration beschreiben. Werden Aushandlungen im Rahmen sozialer Interaktionen (welche selbstverständlich auch innerpsychische Aushandlungen bedingen) betrachtet, so können sozialpsychologische Erklärungsmodelle heran gezogen werden. Im Folgenden geschieht dies in Bezug auf soziale Interaktionen im Vorschulalter.

2.3.3.1 Soziale Interaktionen

Interaktionen sind im psychologischen Kontext zweifach definierbar:[15] Einerseits als Interaktion einer Person mit einer Situation (in den so genannten „P x S-Konzepten" werden Persönlichkeitsmerkmale im Zusammenhang mit der je spezifische Situation zur Erklärung von Verhalten verwendet) und andererseits als „wechselseitige Abhän-

---

15 Zählt man die statistische Definition von „Interaktion" i.S. der „Wechselwirkung" von Variablen hinzu, ist im psychologischen Kontext eine dreifache Definition des Begriffs vorhanden (vgl. Fischer & Wiswede, 2009, S. 431).

gigkeit des Verhaltens zweier oder mehrerer Personen" (Fischer & Wiswede, 2009, S. 431). Im letzteren Sinne wird der Begriff „Interaktion" oft deckungsgleich mit dem „sozialen Handeln" verwendet, allerdings steht beim Begriff der Interaktion noch deutlicher der Aspekt der Wechselseitigkeit im Vordergrund (vgl. ebd., S. 10), welcher auch die Elemente der Situation und der Erfahrungsdisposition mit einschließt.

Der Begriff des „sozialen Handelns" beschreibt, wie Verhaltensweisen von Personen oder Gruppen aufeinander bezogen sind, sich beeinflussen bzw. bedingen und wie diese Bezogenheiten und Verhaltensweisen durch soziale Prozesse geprägt wurden und werden (vgl. ebd., S. 12–13). Ähnlich beschreibt es Jürgen Habermas, indem er annimmt, die „Frage: ,Wie ist soziales Handeln möglich' [sei] nur die Kehrseite der anderen Frage: ,Wie ist soziale Ordnung möglich?'" (Habermas, 1984/1995, S. 571). Auch beim „sozialen Handeln" wird also das interaktive bzw. reziproke Element sozialen Verhaltens impliziert. Da im Folgenden insbesondere auf das Charakteristikum der Wechselseitigkeit rekurriert wird, soll hier jedoch der in diesem Zusammenhang „explizitere" Begriff der Interaktion verwendet werden.

Soziale Interaktionen umfassen das Denken, das Fühlen und das Handeln der interagierenden Personen. Sie sind auf einem Kontinuum von symmetrisch bis asymmetrisch vorstellbar und finden in der Regel in sozialen Beziehungen statt.[16] Je nach Verortung auf dem Symmetrie-Kontinuum wird der Grad der gegenseitigen Beeinflussung der Interaktionspartner beschrieben (vgl. Herkner, 1991, S. 17). Das heißt, dass ausgewogene Wechselseitigkeit im Zusammenhang mit Interaktionen einen „Idealtypus" darstellt, in der Realität aber alle Formen der Abweichung von diesem vorstellbar sind.

Die Art der Symmetrie von Interaktionssequenzen kann in vier Typen unterschieden werden (das Folgende nach Fischer & Wiswede, 2009, S. 432). Die *„wechselseitige Kontingenz"* liegt dann vor, wenn Interaktionspartner ihr Verhalten gegenseitig aufeinander abstimmen, eigene Ziele verfolgen und Ideen einbringen, aber jeweils auch auf die Argumente des Gegenübers eingehen („Geben und Nehmen"). Die *„Pseudokontingenz"* ist dann gegeben, wenn Interaktionspartner zwar oberflächlich eine Interaktionsstruktur aufrechterhalten (z.B. Dialogstruktur), sich aber nicht aufeinander beziehen, sondern ihr Handeln jeweils nur auf den eigenen Plänen basiert. Die *„asymmetrische Kontingenz"* ist in Hierarchiestrukturen angelegt: Die für die Interaktion notwendigen oder zentralen Ressourcen liegen bei einer der interagierenden Personen, die andere Person ist mehr oder weniger stark abhängig. *„Reaktive Kontingenz"* schließlich lässt sich als plan- oder absichtslos beschreiben: Die Interaktanten reagieren spontan aufeinander, ein „Geben und Nehmen" liegt allerdings nicht vor, da die Interaktion aufgrund der Absichtslosigkeit nicht von „Leistung und Gegenleistung" getragen wird.

---

16 Als rein asymmetrische Interaktion wäre z.B. die nur vorgestellte Interaktion eines Individuums mit einer medial, aber nicht real verfügbaren Person zu kennzeichnen, dies ist dann aber keine *soziale* Interaktion.

Kommunikation stellt einen wesentlichen Bereich der Interaktion dar. Eine Abgrenzungsdefinition besagt:

> „Kommunikationsprozesse sind auf die Übertragung von Informationen beschränkt, während in Interaktionsprozessen auch andere Elemente ausgetauscht werden können: Gefühle, Güter, Dienste oder Geld." (Fischer & Wiswede, 2009, S. 431).

Dabei ist ein weiter Informationsbegriff zu verwenden, der mehr als Sachinformationen umschließt und sprachlichen sowie nicht sprachlichen Austausch einbezieht.

2.3.3.2 Soziale Interaktionen im Vorschulalter

> „Im Bereich sozial-emotionaler Verhaltensmöglichkeiten finden im Vorschulalter bedeutsame Veränderungen statt, die mit der Erweiterung des Aktionsradius des Kindes einhergehen und zu einem veränderten Umgang mit den primären Bezugspersonen in der Familie und nun auch mit Gleichaltrigen führen." (Mähler, 2007, S. 170).

Besonders deutlich ist dies im Zusammenhang mit dem Kindergarteneintritt zu sehen. Als so genannte Entwicklungsaufgaben ergeben sich für den sozial-emotionalen Bereich:

> „Trennung von den Eltern auszuhalten, interaktiv zu spielen, mit andern zu kooperieren, sich in der Gruppe zu behaupten und Konflikte auszuhandeln, mit anderen teilen zu lernen, Konkurrenz und Feindseligkeit auszuhalten, Gefühle zu kommunizieren und auch mit anderen mitfühlend zu sein." (ebd.).

Betrachtet man die soziale Einbindung von Vorschulkindern bezüglich ihrer – interindividuell selbstverständlich unterschiedlich ausgeprägten – altersspezifischen Besonderheiten, so fallen Änderungen in zwei Bezugsrichtungen auf: Erstens wird das unmittelbare Bindungsverhalten zu den Eltern auf eine andere Ebene gehoben, indem es nun auch als Bindungs*qualität* symbolisch repräsentiert werden kann (ebd.) – dies gibt die Möglichkeit, sichere Eingebundenheit zu empfinden, auch wenn die Eltern nicht anwesend sind. Zweitens erhält der Umgang mit Gleichaltrigen neue Dimensionen. Als wesentliche Veränderungen im Vergleich zum Kleinkindalter lassen sich drei Aspekte unterscheiden: Die Kooperation im Spiel, prosoziales Verhalten bzw. Empathiefähigkeit sowie die Aufnahme und Erhaltung von Freundschaften (vgl. ebd., S. 171).

Kooperation im Spiel: Kooperation dient der gemeinsamen Zielerreichung (ebd.). Voraussetzung dafür ist die so genannte Perspektivenübernahme und infolgedessen die Koordination der Perspektiven. Dazu gehört die Erkenntnis, dass die eigenen Gedanken sich von denen Anderer unterscheiden und dass Andere den eigenen Standpunkt nachvollziehen können (vgl. Schmidt-Denter, 2005, S. 104). Kooperationen im Fantasiespiel sind ein zentraler sozialer Aushandlungsbereich bei Bedeutungszuweisungen von Vorschulkindern.

Prosoziales Verhalten/Empathiefähigkeit: Empathiefähigkeit – also letztlich wiederum Perspektivenübernahme – ist die Voraussetzung für prosoziales Verhalten. Indem Vorschulkinder z.B. die Gründe für Leid bei einem anderen Kind erschließen können, sind sie in der Lage, sinnbezogen prosozial zu agieren, z.B. durch Trösten.

Aufnahme und Erhaltung von Freundschaften: Freundschaftsbeziehungen im Vorschulalter erweisen sich als relativ stabil und können mehrere Jahre überdauern (vgl. Mähler, 2007, S. 171). Freundschaften unter Mädchen werden tendenziell als stabiler als Freundschaften unter Jungen beobachtet (vgl. Schmidt-Denter, 2005, S. 100).

Im Vorschulalter werden prosoziale Erwartungen an Freundschaften formuliert („nicht zanken", „Geheimnisse für sich behalten können", Schmidt-Denter, 2005, S. 104) und gemeinsame Aktivitäten unternommen, die auch als Kennzeichen von Freundschaft in Befragungen genannt werden (z.B. bei einem Freund übernachten; vgl. Mähler, 2007, S. 171). Die Orientierung an gleichgeschlechtlichen Kindern als Freunden nimmt deutlich zu, auch sind intensivere Interaktionen (z.B. gekennzeichnet durch mehr Berührungen, Anschauen, Miteinander Reden, Lächeln/Lachen) in gleichgeschlechtlichen Freundschaften zu beobachten (vgl. Schmidt-Denter, 2005, S. 107–108). Vorschulkinder sind sich bewusst, dass Freundschaften bestimmten Regeln des gegenseitigen Umgangs miteinander unterliegen, Verletzungen der Regeln beeinträchtigen Freundschaften bis zum Abbruch (ebd., S. 102).

In den Beschreibungen von Freundschaften durch Vorschulkinder sind reziproke Muster erkennbar. Schmidt-Denter unterscheidet hier drei Ebenen: Ein basales Verständnis von Reziprozität kommt z.B. in Erläuterungen über den Austausch von Handlungen oder Objekten zum Ausdruck (z.B. miteinander spielen; Süßigkeiten oder Spielzeug austauschen). Die nächste Ebene ist durch den Austausch von Vertrauen gekennzeichnet, dies bezieht sich auf das Erfüllen gegenseitiger Bedürfnisse und die Rücksicht auf gegenseitige Interessen. Die dritte Ebene bezieht sich auf den Freundeskreis und damit verbunden auf das Ausschließen anderer Kinder aus diesem Kreis durch den Austausch von Gedanken und Gefühlen (z.B. gemeinsame Geheimnisse; vgl. Schmidt-Denter, 2005, S. 101–102).

2.3.3.3 Aushandeln von Bedeutung als sozialer Konstruktionsprozess

Im psychologischen Kontext wird nun auf den weiter oben bereits kindheitssoziologisch und erziehungswissenschaftlich genutzten Begriff der Ko-Konstruktion rekurriert. Der Begriff der Konstruktion ist dabei dem Vokabular von Erklärungsmodellen zu Schematisierungsprozessen entnommen wie sie in Kapitel 2.3.1 vorgestellt werden. Hier wird nun die spezifisch soziale Bedingung von Konstruktion betrachtet, nämlich die Notwendigkeit, strukturgenetische Äquilibrationsprozesse in wechselseitiger Beziehung eigener und anderer persönlicher Sichtweisen zu vollziehen.

Ko-Konstruktion kann als „komplementäre Reziprozität" aufgefasst werden, wenn eine asymmetrische Interaktionssituation vorliegt, also ein Interaktionspartner stärker für Inhalt und Ausprägung des Konstruktionsprozesses verantwortlich ist („unilaterale Kontrolle der interpersonalen Konstruktion"). Dies wird z.B. traditionellerweise für Erwachsenen-Kind-Beziehungen und hier wiederum für kindliche Lernprozesse angenommen, besonders deutlich z.B. beim Imitationslernen (vgl. Petillon, 2010, S. 794).

Ko-Konstruktion kann aber auch als „symmetrische Reziprozität" verstanden werden, wenn eine symmetrische Interaktionssituation vorliegt und die Interaktanten gleichermaßen den Konstruktionsprozess steuern, beeinflussen und aufnehmen („bilaterale Kontrolle der interpersonalen Konstruktion"). Diese Form der Ko-Konstruktion wird stärker für Gleichaltrigenbeziehungen angenommen (vgl. ebd.). Die Symmetrie wird auch damit erklärt, dass Interaktionen zwischen formal als „gleich" geltenden Interaktionspartnern, durch die Erfahrung von Ähnlichkeit und Unähnlichkeit konstituiert werden und somit die Vergewisserung über die Wechselseitigkeit der Perspektiven immer wieder abgeglichen wird (vgl. ebd.). Der Pädagoge Hanns Petillon folgert, dass soziale Beziehungen zwischen Gleichaltrigen wenig vorstrukturiert sind und daher zur Selbstgestaltung „herausfordern". Als Bereiche der Selbstgestaltung nennt er:

> „Partner für eigene Pläne gewinnen; Interessen aufeinander abstimmen; Einfühlungsvermögen und Verhandlungsgeschick entfalten, Argumente entwickeln, Regeln absprechen, Verlässlichkeit zeigen und einfordern, Emotionen zeigen und kontrollieren, Verständnis für Beziehungen erwerben [...]; das Risiko eines Partnerverlusts kalkulieren und moralische Konflikte bearbeiten lernen" (ebd., S. 794).

Diese Beschreibungen lassen sich somit auch als Kriterien für Aushandlungsprozesse in der Bedeutungszuweisung lesen. Dabei sind Aushandlungsprozesse zwischen Gleichaltrigen auch von der Tiefe der Beziehung gekennzeichnet: Untersuchungen über das Aushandeln von Lösungen und das gegenseitige Helfen bei Gleichaltrigen legen den Schluss nahe, dass in Freundschaften intensiver „ko-konstruiert" wird:

> „Mehr als unter Nichtfreunden werden in den gemeinsamen Anstrengungen Gesichtspunkte der anderen Seite berücksichtigt, fehlgegangene Lösungen rekonstruiert und zusätzliche Argumente aufgenommen" (ebd., S. 797).

Die bilaterale Verfasstheit der „symmetrischen Reziprozität", welche Petillon durch geringe Vorstrukturierung der Interaktionssituation kennzeichnet, weist zudem einen interessanten Aspekt auf: Die „Herausforderung" zur Selbstgestaltung könnte auch als Abwesenheit prästrukturierter Skripts von Verantwortlichkeit verstanden werden. So wäre anzunehmen, dass das *Abgeben* von Verantwortung an Erwachsene zum erfahrungsbasierten Repertoire der Handlungsskripts von Kindern und das *Übernehmen* von Verantwortung zum erfahrungsbasierten Repertoire der Handlungsskripts von Erwachsenen gehört, dass demgegenüber in symmetrischen Interaktionen solche Verantwortungsbereiche aber fehlen oder erst ausgehandelt werden müssten.

Die Beschreibung der Symmetrieformen von Reziprozität im Ko-Konstruktionsprozess kann mit den je einseitig zugeordneten Beispielen der Erwachsenen-Kind-Interaktion bzw. der Gleichaltrigen-Interaktion jedoch noch nicht hinreichend erfolgen. Auch in Gleichaltrigenbeziehungen sind asymmetrische Situationen der Reziprozität vorhanden, z.B. determiniert durch den sozialen Status der einzelnen Kinder innerhalb einer Gruppe. Statushohe Kinder befinden sich in der Regel in der Bestimmerfunktion. Dies sind besonders im späteren Vorschulalter jene Kinder, denen von den Gruppenmitgliedern hohe soziale Kompetenz zugeschrieben wird, während aggressivere Kinder zwar im Gruppenrang als dominant, in der Regel aber nicht als führend beobachtet werden können (vgl. Schmidt-Denter 2005, S. 80). Ein wichtiger Prädiktor für soziale Beliebtheit, Akzeptanz oder Wertschätzung durch Gleichaltrige ist allerdings auch die emotionale Kompetenz, ausgedrückt in der eigenen Emotionalität, der Fähigkeit zur Emotionsregulation und der Fähigkeit zur Empathie (vgl. zur Metaanalyse von Studien über den Zusammenhang emotionaler und sozialer Kompetenz Petermann & Wiedebusch, 2008, S. 23–27). Anzunehmen wäre in diesem Zusammenhang, dass in Interaktionen unter emotional kompetenten Gleichaltrigen oder zwischen Gleichaltrigen, deren statushöherer Interaktionspartner höhere emotionale Kompetenz aufweist, auch Regulationstendenzen hinsichtlich symmetrischer Formungen der Situation wahrscheinlicher sind – wie z.B. die Berücksichtigung der Perspektive des Gegenübers.

Diese differenziertere Sicht auf Symmetrieformen in Gleichaltrigen-Interaktionen ist ebenso auf Erwachsenen-Kind-Interaktionen anzuwenden. So wäre anzunehmen, dass Erwachsenen-Kind-Interaktionen zwar in vielen Lern-, Erziehungs-, Versorgungs-, Bedürfnis- und Schutzsituationen asymmetrisch präformiert sind, dass aber ebenso auch symmetrische Reziprozität in Ko-Konstruktionsprozessen des Zusammenlebens, des Spiels und der gegenseitigen Zuwendung denkbar sind. Als pädagogische Grundhaltung im Sinne eines „Gebens und Nehmens" der jeweils nur bei einem Interaktionspartner vorhandenen Ressourcen versucht der elementarpädagogische Ansatz der Ko-Konstruktion z.B. die Asymmetrie der Reziprozität zwischen Erwachsenen und Kindern zu verringern:

> „Pädagogische Fachkräfte können mit Kindern Wissen ko-konstruieren, indem sie das Erforschen von Bedeutung stärker betonen als den Erwerb von Fakten." (Bayrisches Staatsministerium für Arbeit und Sozialordnung, Familie und Frauen/Staatsinstitut für Frühpädagogik, 2007, S. 427)

Die Asymmetrie bleibt zwar insofern erhalten, als hier der Bildungsweg des Kindes in der Erwachsenen-Kind-Interaktion fokussiert wird. Bedenkt man aber zudem, welche Konstruktions- und Aneignungsleistungen Erwachsene im selben Prozess vollziehen, wäre die Symmetrieachse eher der Mitte anzunähern.

2.3.3.4 Sprachliche Interaktion

Die individuelle Sprachentwicklung im Vorschulalter ist eine Bedingungsvariable in Aushandlungsprozessen zur Bedeutungszuweisung. Für den Spracherwerb besteht ein durchaus hoher „Entwicklungsdruck", was z.B. auch in den entsprechenden Sprachtests und Sprachfördermaßnahmen im Vorschulalter zum Ausdruck kommt.[17] Im Gegensatz z.B. zur musikalischen Entwicklung, die keine entwicklungsmäßige Notwendigkeit aufweist und daher durch große interindividuelle Unterschiede geprägt ist, können die Bereiche interindividueller Varianz für die Sprachentwicklung durchaus enger gefasst werden. So ist in der Regel davon auszugehen, dass Kinder im Alter von drei bis vier Jahren relativ komplexe Sätze bilden können und der Sprachgebrauch Fünfjähriger bei der Formulierung von Wünschen, Vorschlägen, Fragen und Begründungen zunehmend vergleichbar mit dem Sprachgebrauch Erwachsener wird (vgl. Mietzel, 2002, S. 215). Auch erweitert sich das Wissen über das System Sprache. Nach dem „Drei-Phasen-Modell expliziten Sprachwissens" von Anette Karmiloff-Smith wird davon ausgegangen, dass Kinder ca. im Alter von fünf Jahren über ein implizites Sprachwissen verfügen, das ihnen die erfolgreiche Kommunikation ermöglicht, sie aber nicht befähigt, über Sprache zu reflektieren. Auf dieser Grundlage wird mit ungefähr sechs Jahren ein Reorganisationsprozess der verfügbaren Sprachschemata abzielend auf eine zunehmende Flexibilisierung derselben vermutet, welcher sich z.T. in sprachlichen Fehlern auf grammatikalischer Ebene äußert. Im Grundschulalter (ungefähr bei achtjährigen Kindern) wird von explizitem Sprachwissen ausgegangen, welches auch die bewusste Reflexion über Sprache beinhaltet (dargestellt bei Grimm & Weinert, 2002, S. 534–535).

Bedeutungsrelevant ist neben dem grammatischen Aspekt auch der semantische, welcher hier im Kontext des semantisch-propositionalen Modus von Bedeutungszuweisung interessant ist: Die Verknüpfung von Worten mit Bedeutungen bzw. von Objekten mit Worten oder von situativen Komponenten mit Worten erfolgt im frühen Kindesalter sehr schnell. Oft reicht der einmalige Kontakt mit einer neuen „Bedeutung" aus, um die Zuordnung zu speichern. Dabei wird nicht davon ausgegangen, dass jeweils sofort die vollständige Bedeutung zugewiesen wird. Vielmehr scheinen Klein- und Vorschulkinder auf der Grundlage von unter Umständen nur wenigen Erfahrungen neuen Worten sozusagen unvollständige Bedeutungen zuzuweisen, diese Worte werden dann ab sofort in den Sprachgebrauch aufgenommen. Es kann allerdings passieren, dass die Bedeutungszuweisungen zwischen Kindern und Erwachsenen für diese Worte divergieren, so dass es zu Missverständnissen kommt. Zudem scheint es schwieriger, vergleichende Begriffe zu erfassen (schwer/leicht, groß/klein, hoch/tief), als die Zuordnung von Nomen zu konkreten Objekten (vgl. Mietzel, 2002, S. 216). Mit weiteren Erfahrungen kann die Bedeutungszuwei-

---

17 Vgl. z.B. den Delfin 4-Test in Nordrhein-Westfalen zur Sprachstandsfeststellung bei Vorschulkindern mit entsprechend anschließenden Fördermaßnahmen (vgl. Schulministerium.NRW. de, 2006–2012).

sung sukzessiv modifiziert werden. Dabei besteht zwischen der Sprache als System und der individuellen Kognition des Kindes eine Wechselwirkung (vgl. Grimm & Weinert, 2002, S. 527–528).

Als weitere wesentliche Komponente ist der pragmatische Kontext sprachlicher Situationen zu nennen wie ihn auch der pragmatisch-performative Modus der Bedeutungszuweisung beschreibt. Insbesondere im Vorschulalter können Kinder zunehmend den impliziten sozialen Regeln unterschiedlicher Sprachsituationen entsprechen und ihr Sprachverhalten an ihre Gesprächspartner anpassen (dies steht einmal mehr konträr zur Egozentrismus-Annahme Jean Piagets, zumal dieses Sprachverhalten bereits ab ca. drei Jahren zu beobachten ist; vgl. ebd., S. 563; Mietzel, 2002, S. 215).

Pragmatische Sprachverwendung bedeutet auch, Sprache für eigene Pläne zu funktionalisieren. Paralinguistische Phänomene werden als Bedeutungsträger genutzt und z.B. Satzbetonungen auf bestimmte Wirkungen hin ausgerichtet. Ein Beispiel für die Funktionalisierung von pragmatischen Interaktionselementen gibt Jeffrey Trawick-Smith:

> „Kind A: (in einem aufschreckenden Tonfall) Katrin, gib mir das Telefon. Ich muss die Polizei anrufen!
> Kind B: (ergreift abwehrend das Telefon und erwidert im verärgerten Ton) Nein, Anke, ich brauch' das!
> Kind A: (mit wütender Stimme, während gleichzeitig am Telefon gezerrt wird) Los, Katrin!
> Kind B: (reißt das Telefon weg) Nein!
> Kind A: (Hält einen Moment inne, ändert sein gesamtes Auftreten und spricht von nun an in sanfter Stimme) Katrin, laß uns einfach sagen: Dieses ist unser Telefon, ja?
> Kind B: (Blickt verwirrt drein. Sagt nichts)
> Kind A: Einverstanden? Dies ist unser Telefon, ja?
> Kind B: (mit zögernder Stimme) Einverstanden.
> Kind A: (legt nochmals eine Pause ein) Ach Katrin, was meinst Du. Sollen wir mit unserem Telefon jetzt die Polizei anrufen? Ja?
> Kind B: Gut! (Gibt das Telefon Kind A)" (zit. nach Mietzel, 2002, S. 217)

Des Weiteren verweist der Frühpädagoge Johannes Merkel auf das Erzählen, welches „sprachliches Nachstellen von Handlungen und deren Vorstellungsbilder miteinander verbindet" (Merkel, 2005, S. 43). Ungefähr ab dem dritten Lebensjahr steht es zunehmend als sprachlicher Erklärungsmodus zur Verfügung, welcher im Laufe des Vorschulalters weiter ausdifferenziert wird:

> „Die Sprache wird nun als ein eigenes System der Benennung verstanden, neben dem es ein System der Konzepte gibt, die sich auf Tätigkeiten und Sachen beziehen" (ebd., S. 44).

Hier liegt die Schlüsselstelle zwischen der Nutzung von *Zeige*handlungen und der *sprachlichen* Vermittlung eigener Bedeutungszuweisungen. Der Musikpädagoge

Johannes Beck-Neckermann beschreibt diesen Aspekt in Bezug auf Musik als Ausdrucksmittel:

> „Drei Kinder tragen Musikinstrumente zusammen und bauen damit ihren Lastwagen. Das Xylophon wird zur Ladefläche, eine kleine Djembé zur Fahrerkabine. Vier umgedrehte Klangschalen an jeder Ecke sind die Räder. Anschließend lassen die Kinder die Instrumente erklingen und kommentieren dies: ‚das wär' jetzt der Schotter, der aufgeladen wird', ‚der Fahrer drückt aufs Gas'" (Beck-Neckermann, 2008, S. 50).

In diesem Beispiel wird die Musik zum Transportmittel für außermusikalische Bedeutung verwendet, sie wird zu einem Teil der Zeigehandlungen und zugleich gekoppelt mit einer sprachlichen Erklärung.

Im Rückbezug auf den vorangegangenen Abschnitt über das Aushandeln von Bedeutungen im Vorschulalter sei schließlich noch auf die sprachbezogene Voraussetzung verwiesen, „dass Kinder sich Bedeutungen erst dann vollständig aneignen können, wenn sie dieses Prinzip, dass sprachliche Bedeutungen nicht ‚natürlich' gegeben, sondern sozial erzeugt und grundsätzlich veränderbar sind, verstanden haben" (Andresen, 2002, S. 199). Die Sprachwissenschaftlerin Helga Andresen vermutet zur Entwicklung dieses Verstehens Fiktions-, Rollen- und Sprachspiele als treibendes Element. Insbesondere ist hier das Umdeuten von Objekten durch die Belegung mit unterschiedlichen Begriffen und somit unterschiedlichen Konzepten zu nennen (vgl. ebd.). Dies wird im folgenden Abschnitt eingehender dargelegt.

2.3.4 Bedeutungszuweisung im Spiel

Als häufige und wichtige Handlungsform im Vorschulalter weist das Spiel verschiedene für die Thematik der Bedeutungszuweisung relevante Aspekte auf. Dies sind einerseits Verhaltensweisen und Einstellungen, die außerhalb und innerhalb des Spiels *gleichermaßen* eine Rolle spielen (z.B. Aushandlungsprozesse zwischen Interaktionspartnern; individuelle motivationale Verfasstheiten), andererseits aber auch spiel*spezifische* Verhaltensweisen und Einstellungen (z.B. Fantasiehandlungen; nur innerhalb des Spiels sinnvolle Regelgebundenheiten), welche im Folgenden unter dem Bedeutungsaspekt betrachtet werden sollen.

In der Elementaren Musikpädagogik nimmt das Spiel eine zentrale didaktische Rolle ein, dies gilt in besonderem Maße für die musikpädagogische Arbeit mit Vorschulkindern (vgl. Dartsch, 1999; Ribke, 1997; Ribke, 2005, S. 74). Grund ist die entwicklungspsychologische Relevanz des Spiels für diese Altersgruppe. Stefanie Stadler Elmer sieht zudem eine strukturelle Analogie von Spiel und musikalischer Aktivität und bezieht dies auf die Entwicklung des Singens, indem sie annimmt, dass „auf das Singen all jene Eigenschaften zu[treffen], die das *Spiel* charakterisieren" (Stadler Elmer, 2005, S. 126, Hervorhebung im Original). Diese „Eigenschaften" sind Gegenstand der folgenden Betrachtungen.

2.3.4.1 Merkmale des Spiels

Zur Kennzeichnung von Spiel werden in unterschiedlichen Ansätzen immer wieder bestimmte Hauptmerkmale vermerkt (vgl. zur Übersicht z.B. Flitner, 2002, S. 27–48; Oerter, 2002, S. 221–223; Oerter 2011, S. 1–18; zu historisch gewandelten Definitionen Èl'konin, 1980, S. 11–17; zur phänomenologischen Grundlegung des Spiels z.B. Huizinga, 1938/2004; zur pädagogischen Funktionalisierung Scheuerl, 1994; zu Theorien des Spiels im historischen Wandel der Fachbezüge Scheuerl, 1997).

Rolf Oerter stellt drei übergreifende Spielcharakteristika heraus: „Selbstzweck des Spiels (Handlung um der Handlung willen)", „Wechsel des Realitätsbezuges" und „Wiederholung und Ritual" (Oerter, 2011, S. 3–18; Oerter 2002, S. 222). Zwar in diese Merkmale integrierbar, aber dennoch explizit zu nennen, wären außerdem das Element der Spannung, welches Johan Huizinga identifiziert (Huizinga, 1938/2004, S. 19) und das Moment der Ambivalenz nach Hans Scheuerl (Scheuerl, 1994, S. 85).

Der „Selbstzweck des Spiels" und die Ausdrucksformen „Wiederholung und Ritual" betreffen die Handlungs*dynamik*, inhärent ist hier auch das Element der Spannung i.S. dramaturgischer Spannungs- und Entspannungsverläufe. Der „Wechsel des Realitätsbezuges" beschreibt dagegen den Handlungs*rahmen*, welcher zugleich Grundlage für die postulierte Mehrdeutigkeit ist.

Basierend auf den drei Hauptmerkmalen mit ihren spezifischen Besonderheiten folgt nun eine Betrachtung von Bedeutungszuweisung im Spiel.

Selbstzweck des Spiels (Handlung um der Handlung willen): Der handlungsinhärente Selbstzweck unterstreicht den tätigkeitszentrierten Anreizcharakter des Spiels. Zentral steht nach Johan Huizinga hier die Freiwilligkeit und somit die vollkommene Freiheit von außeninduziertem Zwang (vgl. Huizinga, 1938/2004, S. 16). Der Selbstzweck (und zugleich das Kriterium dafür, dass es sich bei der Handlung um Spiel handelt) ist das Vergnügen am Spiel, also an der Handlung.

Mit Bezug auf den motivationspsychologischen Befund des Flow-Erlebens (ein stimmiges Handlungserleben, frei von Angst oder Langeweile, vgl. Csikszentmihalyi, 2005) ist auch das Aufgehen in der Spieltätigkeit beschreibbar (vgl. Oerter, 2002, S. 222). Huizinga formuliert dies – lange bevor das Flow-Erleben wissenschaftlich benannt und untersucht wurde – so:

> „Jedes Spiel kann jederzeit den Spielenden ganz in Beschlag nehmen" (Huizinga, 1938/2004, S. 17).

In den – seiner Ansicht nach – einflussreichsten Erklärungsansätzen zum Zweck kindlichen Spiels (Freud, Wygotski und Piaget)[18] stellt Oerter zudem als zentrale

---

18 Sigmund Freud schrieb dem Spiel eine wunscherfüllende Funktion außerhalb von Realitätszwängen zu und postulierte dessen Orientierung am Lustprinzip. Lew Wygotski fokussierte die Erfüllung „unrealisierbarer" Wünsche, also nur in der Fantasie möglicher Tätigkeiten oder Persönlichkeitseigenschaften. Piaget verstand das Spiel als „Abwehr" gegen die Erwachsenen-

Funktion die „Aufgabe der Lebensbewältigung" fest, welche sich in der Nachempfindung oder Vorausnahme wichtiger Lebenserfahrungen ausdrückt (Oerter, 2002, S. 223). In diesem Zusammenhang beruft er sich auf den handlungsimmanenten Zweck des Spiels, der auch als Exploration oder Variation der gleichen Handlung verstanden werden kann:

> Auf diese Weise [...] werden Fertigkeiten geübt und kombiniert, die unter funktionalem Druck (nämlich wirklich ein Ergebnis zu erzielen) wohl nie ausprobiert würden." (Oerter, 2011, S. 6).

Das von Huizinga herausgestellte Vergnügen unterstreicht den emotionalen Wert des Spiels, nämlich „das lustvolle Versenken in Tätigkeiten und das lustbetonte Ausprobieren von Handlungskombinationen" (Oerter 2011, S. 6). Das zentrale Moment der Handlung ist hier der Bedeutungsträger. Bedeutungszuweisung erfolgt *an die* Handlung und *im Rahmen der* Handlung an bestimmte Situationen, Objekte oder Personen (z.B. Rollen). Im Selbstzweck ist zugleich die Bedeutsamkeit enthalten, welche sich sozusagen als „Meta-Skript" für die Situation „Spiel an sich" einstellen muss, um überhaupt Spielhandlungen zu ermöglichen. Handlung ist hier nicht nur als Tätigkeit verstehbar, sondern auch im Sinne einer dramaturgischen „Handlung", die ausagiert wird. Das heißt, die Tätigkeit ist einem „Plot" verhaftet, dessen Spannungsverlauf einerseits im Spiel von den Spielern bestimmt wird (bzw. dem man sich im Glücksspiel oder in offenen genauso wie in regelgeleiteten „Überraschungssituationen" auch ausliefert), der andererseits aber auch aktuell – nicht aus Distanz – erfahren wird. Dies macht die erfahrungsbasierte Doppeldeutigkeit der Spannungsempfindung im Spiel aus.

Wechsel des Realitätsbezuges: Dieser Aspekt betrifft die „eigene Realität" im Spiel.

> „Spiel bildet also eine Handlungsrahmen, innerhalb dessen Gegenstände, Handlungen und Personen etwas anderes bedeuten können als in der Realität außerhalb des Spiels" (Oerter, 2002, S. 222).

Es handelt sich um einen in sich geschlossenen Rahmen, der in den Dimensionen Zeit und Raum besteht und sich außerhalb des „normalen" Alltags befindet. Huizinga bezeichnet damit den „Spielraum" (vgl. Huizinga, 1938/2004, S. 16; S. 18), welcher – sofern mehrere Personen gemeinsam spielen – ausgehandelt und festgelegt werden muss (vgl. Oerter, 2002, S. 222). Dies erfordert Regelverabredungen: Wer diese unterläuft, also den Spielrahmen verlässt, ist ein Spielverderber. Der gemeinsam und konsistent vollzogene „Wechsel des Realitätsbezugs" kann gruppenkonstituierend wirken und auch außerhalb des Spielrahmens die Gruppenkohärenz steigern:

---

welt, indem in der Realität erforderliche Akkomodationen im Spiel durch individuelle, dort realisierbare Assimilationen beantwortet werden können (Oerter, 2002, S. 222–223).

„Das Gefühl [...], sich gemeinsam in einer Ausnahmestellung zu befinden, zusammen sich von den anderen abzusondern und sich den allgemeinen Normen zu entziehen, behält seinen Zauber über die Dauer des einzelnen Spiels hinaus" (Huizinga, 1938/2004, S. 21).

Der Bedeutungsgehalt, der Personen, Gegenständen und Handlungen innerhalb des Spielrahmens zukommen kann, wird mit dem Eintreten in den Spielrahmen in Umdeutungen vorgenommen (Oerter nennt dies auch die „Handhabung des Gegenstands nach eigenem Gutdünken", Oerter, 2011, S. 22). Umdeutungen können sich auf Objekte beziehen, denen eine neue Bedeutung zugewiesen wird, aber auch auf Rollen, die eingenommen werden. Die Umdeutungen erfolgen im Rahmen der Umdeutungshandlungen, die gleichzeitig die Spieldramaturgie vorantreiben. In diesem Sinne ist auch an das Element der Vieldeutigkeit nach Scheuerl anzuknüpfen, welches die Offenheit des Spielverlaufs innerhalb des Rahmens betrifft. Offenheit wäre demnach die Freiheit des „eigenen Gutdünkens", während der Rahmen zwischen Vertrautem und Unvertrautem liegt. Die Souveränität des Subjekts über den Spielgegenstand unterliegt gerade deshalb Einschränkungen, weil der spielerische „Schwebezustand" z.B. von Umdeutungen nur erzielt werden kann, wenn weder das völlig Vertraute noch das völlig Unvertraute aufgesucht wird (Scheuerl, 1994, S. 89). Ähnlich lässt sich dies in Bezug auf Regeln verstehen, die zur Ordnung des Verlaufs in vielen Spielen zwar vorhanden sind, dabei aber den Mitspielerinnen und Mitspielern häufig die Entscheidung über bestimmte Dreh- und Angelpunkte obliegt. Zudem weisen die Spielenden innerhalb des Rahmens jeweils eigene Bedeutungen zu, die den gemeinsamen Fortgang des Spiels beeinflussen und auch in der Ungewissheit des Ausgangs verhaftet sein können.

Bedeutsamkeit erhält der Spielrahmen an sich, indem er mit bestimmten – dem Spiel zugehörigen, aber mit ihm nicht inhaltlich verknüpften Empfindungen – besetzt ist. Das heißt z.B., dass für bestimmte Arten des Spiels (Theaterspiel, ein bestimmtes Gesellschaftsspiel) eine besondere motivationale Bedeutsamkeit empfunden wird, das Spiel also einen hohen Anreizwert hat, oder dass bestimmte interpersonale Beziehungen während des Spiels eindrücklich erfahren werden (Zuneigung, Bewunderung o. Ä.).

Wiederholung und Ritual: Dieser Bereich schließlich betrifft den Ablauf der Handlungen innerhalb des Spielrahmens und somit auch die impliziten oder expliziten Spielregeln, die bereits für den Handlungsrahmen als konstituierend gekennzeichnet wurden. Oerter spricht den häufigen Handlungswiederholungen im Spiel Ritualcharakter zu, da sie einen festen (und oft über mehrere Spielsituationen hinweg wiederkehrenden) Ablauf und aufgrund ihrer Deutlichkeit zudem einen hohen Wiedererkennungswert aufweisen (vgl. Oerter, 2002, S. 222).

Nach Huizinga ist damit auch das Element der Ordnung, also wiederum der Regelhaftigkeit, verbunden:

„Hier sieht man also noch einen neuen […] Zug des Spiels. Es schafft Ordnung, ja es ist Ordnung. In die unvollkommene Welt und in das verworrene Leben bringt es [das Spiel, *Anm. d. Verf.*] eine zeitweilige, begrenzte Vollkommenheit" (Huizinga, 1938/2004, S. 19).

Die Beschränkung der Freiheit des Spiels durch Regeln mutet allerdings widersprüchlich an, Oerter formuliert dahingehend:

„Das Kind benutzt die im Spiel gewonnene Freiheit oft dazu, seinem Handeln Zwang aufzuerlegen." (Oerter, 2011, S. 18).

Dabei ist jedoch nicht davon auszugehen, dass der o. g. Zwang oder der implizierte Widerspruch als solche empfunden werden. Vielmehr kommt den Regeln sozusagen eine Sicherheitsfunktion zu, aufgrund derer „sorgenfrei" agiert werden kann (vgl. ebd.).

Bedeutungsrelevant ist im Rahmen von Wiederholung und Ritual in erster Linie, dass Bedeutung in regelbasierten Spielen erst über die Regelbenennung konstituiert wird. Die Regel verdeutlicht den Sinn des Spiels, auch binnendifferenziert für einzelne Verlaufsaspekte des Spiels. Sie konstituiert damit die spezifische Abfolge der Wiederholung, ob z.B. reihum agiert wird, oder ob im Rollenspiel Alltagserfahrungen auf die Spielebene transportiert und dort – ästhetisch überformt – wiederholt werden. Regelhaft ist dabei auch die Rolle selbst, die durch bestimmte Charakteristika als solche erkennbar und letztlich wiederholbar, also auch nachspielbar, wird.

In diesem Kontext gehört ebenfalls die mögliche Kennzeichnung von Spielsituationen durch wiederkehrende Anfangs- und Endpunkte, die zur erfahrungsbasierten Bedeutungszuweisung nötig wären. Diese Verflechtung von Regelhaftigkeit und Wiederholung – die je nach Spiel stärker oder schwächer ausgeprägt sein kann – kommt zudem im Rahmen der Spannung zum Tragen. In diesem Sinne kann der Verlauf von Spannung und Entspannung auch als Bedeutsamkeitsebene, als Meta-Ebene des für das Spiel empfundenen Sinns verstanden werden.

Spiel muss nicht notwendig in Gemeinschaft stattfinden, auch allein kann gespielt werden. Interaktion liegt dann in einem „Person x Situation-Modell" vor, indem das spielende Individuum in einem (selbstgewählten oder auf Vorschlag akzeptierten) situativen Rahmen spielt. Ein klassischer Gegenstand innerhalb dieses Rahmens wäre ein Spielzeug. Ebenso kommen Gegenstände in Frage, die für die Spielsituation umgedeutet werden, oder auch das sensomotorische Erleben eines Geschicklichkeitsspiels, welches nur auf den eigenen Körper bezogen ist.

2.3.4.2 Aspekte der Bedeutungszuweisung im Spiel

Die Erforschung des kindlichen Spiels hat zur Typisierung unterschiedlicher Spielformen geführt, welche je nach Lebensalter eine bestimmte Auftretenswahrscheinlichkeit aufweisen. Die meisten Spielformen können entweder als Alleinspiel, oder auch als Sozialspiel auftreten. Nicht realisierbar ist das Alleinspiel nur beim so genannten Regelspiel, sofern dies als Wettbewerbsspiel auftritt.

Die Charakteristika der einzelnen Spielformen sollen hier nur kurz im tabellarischen Überblick gezeigt werden (nach Oerter, 2002, S. 223–224), um darauf aufbauend einige zentrale Aspekte der Bedeutungszuweisungsthematik auf ihre spezielle Beschaffenheit innerhalb der unterschiedlichen Spielformen zu analysieren.

Tabelle 1: Spielformen

Spielform	Handlungen	Bedeutung	Beispiele für Spielarten
Sensomotorisches Spiel	Körperbewegungen und deren Wiederholung	Vergnügen an der eigenen Körperempfindung, implizite Übung von Bewegungsabläufen	Geschicklichkeitsspiele, Reaktionsspiele
Informationsspiel/ Explorationsspiel	Erkundungen, Erprobungen, Experimente	Beschaffenheit oder Einsatzmöglichkeiten von Objekten erkennen und verstehen	Zerlegen von Gegenständen, Klangexplorationen von Gegenständen
Konstruktionsspiel	Bauen, Herstellen, Zeichnen, evtl. Nutzung von Werkzeug (Stift, Hammer)	Zielprodukt	Lego-/Bauklotz-Spiele, Kneten, Basteln
Als-ob-Spiel/Symbolspiel/Fiktionsspiel	Umdeuten	Verursachung, Transformation von Alltagserfahrungen	Fantasiespiele
Rollenspiel/soziodramatisches Spiel	Schauspielen, erfinden, Dialoge sprechen, Rollen charakterisieren	Identitäten wechseln, Koordination von Handlungen zwischen Spielpartnern, Transformation von Alltagserfahrungen	Im weitesten Sinne Theater spielen, Verkleiden
Regelspiel	Regeln einhalten, spezifische Kompetenzen im Vergleich mit Spielpartnern nutzen	Reiz der Regeln, Gewinner – Verlierer	Wettbewerbe, Ballspiele, Gesellschaftsspiele Musizieren (= Regelspiel ohne Wettbewerb, vgl. Oerter, 2011, S. 295)

Die Reihenfolge der genannten Spielformen entspricht einer ungefähren Abfolge des Auftretens in der kindlichen Entwicklung. Für das Vorschulalter werden das Als-ob-Spiel und das Rollenspiel als besonders häufige und gleichsam entwicklungsrelevante Spielformen angenommen (vgl. Mähler, 2007, S. 169; Oerter, 2002, S. 224), während das Regelspiel im Übergang zum Grundschulalter zunehmend zu beobachten ist (vgl. Oerter, 2002, S. 224). Dabei werden aber alle Spielformen im weiteren Entwick-

lungsverlauf bis ins Erwachsenenalter weiterhin genutzt: z.B. erfahrungsbasiert überformt und oft kulturell-ästhetisch professionalisiert vom sensomotorischen Spiel hin
zu sportlichen und musikalischen Aktivitäten, vom Als-ob- und Rollenspiel hin
zur darstellenden Kunst oder vom Konstruktionsspiel zur bildenden Kunst und zur
Komposition.

Die Musikpädagogin Juliane Ribke fokussiert die didaktische Bedeutung verschiedener Formen des Spielverhaltens für die Musikpädagogik. So seien Exploration, sensomotorische Spielformen, Regelspiele, Symbolspiele sowie Rollenspiele
wesentliche Möglichkeiten zum Umgang mit Musik und Instrumenten, während das
Konstruktionsspiel insbesondere zur Organisation musikalischen Materials nutzbar
wird (vgl. Ribke, 1997, S. 295–303).

Als spielbezogene Analysekategorien sollen hier nun drei Aspekte heran gezogen
werden, die wichtige Funktionen im Bedeutungszuweisungsprozess einnehmen: Das
Umdeuten, die Spielregeln und die Metakommunikation im Spiel. Diese Aspekte
sind schöpferischer Art, da ihnen ein mehr oder weniger deutliches Element der Erfindung inhärent ist. Als weitere bedeutungsrelevante (Spiel-)Tätigkeit wird zudem
das Explorieren im folgenden Abschnitt 2.3.5 berücksichtigt.

Umdeuten: Umdeutungen finden statt, wenn Gegenstände oder Situationen mit
neuen Bedeutungen belegt werden. Auch bei der Übernahme von Rollen werden
Umdeutungen, vollzogen, die nicht nur die Person, sondern z.B. auch ihre Verklei-
dungsgegenstände betreffen. Umdeutungen können sprachlich oder nicht sprachlich
verdeutlicht werden, wenn durch Handlungen gezeigt wird, was der Deutungsgehalt
ist.

Symbolische Handlungen scheinen zunächst stärker auf die eigene Person gerichtet zu sein (z.B. „fiktiv aus einer leeren Tasse trinken und schlucken"; dargestellt
bei Oerter, 2002, S. 225), bevor andere Personen (oder Puppen) einbezogen werden.
Eine Erhöhung des Komplexitätsgrades stellen kombinatorische Symbolspiele dar.
Sie treten entweder als „single-scheme combination" auf, bei der eine Handlung auf
verschiedene Objekte oder Personen angewandt wird (z.B. „mehrere Objekte/Perso-
nen kämmen"; vgl. ebd.), oder als „multi-scheme combination", indem Handlungs-
verknüpfungen für eine Person oder ein Objekt erfolgen (z.B. „für die Puppe kochen,
sie füttern und sie zu Bett bringen"; vgl. ebd.).

Zunächst scheinen Kinder für Umdeutungen auf relativ realitätsnahe Gegenstände angewiesen zu sein, mit zunehmendem Vorschulalter wird dies weniger notwendig, bis zu dem Grad, dass gar kein Gegenstand benötigt wird, sondern dessen
pantomimische Substitution ausreicht (vgl. Mähler, 2007, S. 169).

Mehrfachumdeutungen innerhalb eines Spielrahmens sind durchaus möglich
und auch beim erneuten Spiel im gleichen Kontext wieder verwendbar (vgl. Oerter,
2002, S. 227). Dies bedeutet jedoch nicht, dass Mehrfachumdeutungen auch dann
nachvollzogen oder akzeptiert werden müssen, wenn andere Personen sie vornehmen. Diese wären erst Thema von Aushandlungsprozessen.

Spielregeln: Die Erfindung, Aushandlung, konsistente Verwendung und über Spielsituationen hinaus bestehende Verbindlichkeit von Regeln vereint viele Bedeutungsaspekte, die insbesondere das Sozialspiel betreffen. Impliziert ein Spielgegenstand schon den sozialen Gebrauch (z.B. eine Wippe) oder bietet er Raum für individuelle und interpersonelle Spielsituationen (z.B. ein Klettergerüst)? Kann seine Benutzung von Kooperation abhängen (z.B. Schwung geben auf der Schaukel; Streit um den Platz auf der Schaukel) oder ist eine bestimmte Art der gegenseitigen Koordination nötig (z.B. Gummitwist, Faden- oder Klatsch-Spiele)?

Implizit aus Spielgegenständen abgeleitete Gebrauchsregeln sind eine Möglichkeit der Regel(er)findung. Im gemeinsamen Als-ob-Spiel dienen Regeln der Verständigung über zugewiesene Bedeutung, auf deren Grundlage das Spiel fortbestehen kann. So erhält ein Gegenstand in der gemeinsam akzeptierten Bedeutungszuweisung „objektive Valenz". Unabhängig von jeweils subjektiven Deutungsmöglichkeiten lässt er konsensfähige Verwendungsmöglichkeiten zu (vgl. Oerter, 2011, S. 31). Im Gegensatz dazu erhält ein Gegenstand subjektive Valenz, wenn eine Person genau diesen Gegenstand als bedeutsam für sich empfindet und eine Beziehung dazu eingeht (besonders deutlich z.B. beim Lieblingskuscheltier; vgl. ebd., S. 26). Das Zuweisen objektiver Valenz ist bei eindeutigen Gegenständen oder Situationen zwar leichter, mit Blick auf Befunde zum Informationsspiel ist aber anzumerken, dass Spielgegenstände, die (fast) nur eine Umgangsweise ermöglichen, schnell an Anreiz verlieren können (vgl. Flitner, 2002, S. 50).

Selbsterfundene Regeln müssen Gegenstand von Meta-Kommunikation werden, um Gültigkeit zu erlangen und konsistent verwendet werden zu können. Im Rollenspiel kann dies beispielsweise durch implizite Regeln geschehen, indem auf das reagiert wird, was der Interaktionspartner erfunden hat und umgekehrt. Es kann aber auch eine vorweggenommene Ablaufskizze in Form eines individuell schematisierten oder eines neu entwickelten Skripts sein („wenn ich…, dann musst Du…").

Jean Piaget war in seinen Untersuchungen zum kindlichen Regelverständnis einerseits am Praktizieren der Regeln und andererseits am Bewusstsein für dieselben interessiert. Dafür beobachtete und befragte er z.B. Jungen beim Murmelspiel. Er postulierte eine Entwicklungsabfolge ausgehend von individueller Regelbildung über die Unantastbarkeit von Regeln hin zu Regeln als Ergebnis von Vereinbarungen (vgl. Garz, 2008, S. 64–65). Hinsichtlich der Praktizierung ist dabei eine zunehmende kulturelle Überformung der Regeln zu verzeichnen. In Anlehnung an diesen Prozess formuliert Stefanie Stadler Elmer eine Entwicklungssequenz des kindlichen Singens, welche diese Abfolge der Verbindlichkeit von Regeln und eines zunehmend enkulturierten Regelverständnisses aufgreift. Stadler Elmer begründet dies mit der Annahme, dass „auf das Singen all jene Eigenschaften zu[treffen], die das *Spiel* charakterisieren" (Stadler Elmer, 2005, S. 126, Hervorhebung im Original).

Metakommunikation: Dies betrifft zentral die Aushandlung von Bedeutungszuweisung im Spiel. Meist erfolgt Metakommunikation verbal, allerdings sind auch nonverbale pragmatisch-performative Handlungen als Metakommunikation einzuordnen. Einerseits sind dies paralinguistische Phänomene während sprachlicher Aushandlungen, so kann durch Mimik und Betonung z.B. deutlich gemacht wird, wo keine Kompromissbereitschaft besteht. Andererseits sind auch das handelnde Eingehen auf einen Vorschlag oder dessen Ignorieren als metakommunikative Signale verstehbar.

Auf der Grundlage von Untersuchungen zur Metakommunikation im Spiel hat Holly Giffin ein Kontinuum entwickelt, auf welchem sich die Nähe zum Spielrahmen abbilden lässt. Das heißt, dass Metakommunikation *innerhalb* des Spielrahmens oder – über Abstufungen – auch außerhalb stattfinden kann (Giffin, 1984, S. 80).

Giffin benennt sieben Stufen. Diese Stufen werden im Folgenden mit Bezug zum Rollenspiel erläutert, sie sind jedoch auch anderen Spielformen zuzuordnen, sobald diese als Sozialspiel stattfinden. Der Begriff der „Rolle" ist dann für die im Spiel eingenommene Funktion der Person zu verstehen (das Folgende nach Giffin, 1984, S. 81–88, die Übersetzung der Stufenbezeichnungen folgt Oerter, 2002, S. 227–228).

1. Ausagieren (Enactment): Während des Spielens wird erzählt oder gezeigt, was gerade gespielt wird. Verbale und nonverbale Kommunikation ist innerhalb des Spielrahmens verankert, da die Metakommunikationsform gleichzeitig die Spielform darstellt, indem sie selbst der Spieldialog ist. Das metakommunikative Element ist den Spielenden als solches nicht bewusst. *Beispiel*: Ein Mädchen sagt zum anderen:

„Mommy, I did something nice for you. I made you a wedding ring cake". (Giffin, 1984, S. 81).

So wird gleichzeitig deutlich gemacht, was im Spiel gerade passiert ist und die spielimmanente direkte Reaktion ermöglicht.

2. Versteckte Kommunikation (Ulterior Conversation): Im Rahmen des Spieldialogs teilt ein Kind dem anderen mit, was es von ihm erwartet, bzw. auf welche konforme Reaktion es hofft, indem es dies im Rahmen seiner Spielrolle formuliert. Die Spielenden definieren im Spielprozess so gemeinsam den Spielrahmen weiter aus. Verbale Kommunikation ist dabei innerhalb des Spielrahmens angesiedelt, während nonverbale Kommunikation auch außerhalb liegen kann. Im Gegensatz zum Ausagieren erfolgt die versteckte Kommunikation intentional mit dem Ziel des Vorantreibens und Definierens des gemeinsamen Spiel- und Handlungsplans. *Beispiel*: Zwei Mädchen und ein Junge spielen gemeinsam und der Junge äußert, er möchte jemanden anrufen. Das Mädchen fragt und schlägt gleichzeitig vor: „Die Polizei?". Der Junge bestätigt und somit gehört die Polizei nun zum weiteren Handlungsplan des Spiels (vgl. ebd., S. 82).

3. Unterstreichen (Underscoring): Obwohl sie dialogisch angelegt ist, erinnert diese Stufe auch an das Ausagieren, indem eine Handlung verbal mitvollzogen wird. Dabei erfolgt die verbale Kommunikation jedoch außerhalb des Spielrahmens, während die nonverbale Kommunikation innerhalb liegt. So lässt sich hier auch ein deutlicherer Monolog-Charakter feststellen. *Beispiel*: Ein Mädchen sagt, während sie schluchzt und so tut, als ob sie weint: „Ich weine". Oft werden auch „Sound-Effekte" in diesem Sinne gebraucht, z.B. ahmt ein Kind vokal den Klang eines Gewehrschusses nach, während es pantomimisch schießt (ebd., S. 83). Im Alleinspiel werden die unterstreichenden Texte auch als Singsang vokalisiert, während dazu spielend gehandelt wird. Auch das „magicking" gehört in diese Kategorie: Hier wird aufgrund eines symbolischen Wortes eine Handlung als vollzogen dargestellt. *Beispiel*: Ein Junge erklärt, er müsse sein Dreirad reparieren, er berührt es und sagt „fix" (ebd., S. 84). Damit kann er eine Handlung vollziehen, die außerhalb seiner Macht liegt oder zu aufwändig wäre, um innerhalb des Spiels bestehen zu können.

4. Geschichten erzählen (Storytelling): Eine Handlung wird narrativ vollzogen, jedoch nicht komplett ausagiert. Die Aktionen erfolgen eher symbolisch an markanten Punkten, das Sprechen findet dabei häufig als Sprechgesang statt und das Wort „und" leitet meist die Sätze ein. Das Ende von Sätzen oder Phrasen wird fragend kadenziert (aufsteigende Melodiekontur), um Aufmerksamkeit zu erlangen und zu erhalten. Wie beim „Unterstreichen" erfolgt die verbale Kommunikation außerhalb des Rahmens, während die nonverbale Kommunikation darin verbleibt, allerdings enthält die nonverbale Kommunikation aufgrund der speziellen Intonation auch Elemente, die außerhalb des Rahmens stehen. *Beispiel*: „Ein Mädchen sagt zu seiner Mutter: „Ich reise jetzt nach Griechenland zu meinem Freund' und läuft dabei in die andere Ecke des Zimmers" (Oerter, 2002, S. 228).

5. Vorsagen (Prompting): Diese Art der Meta-Kommunikation ließe sich auch als „soufflieren" benennen. Ein Kind verlässt sehr kurz die Rolle, um eine Handlungsanweisung an ein anderes Kind zu geben, bevor es wieder innerhalb der Rolle agiert. Die verbale Kommunikation ist dabei außerhalb des Rahmens angesiedelt, während die nonverbale im Rahmen eingebunden bleibt. Dies beinhaltet z.B., dass mit anderer Stimme gesprochen wird (tiefer als im Spiel, oder mit „Alltagsstimme") *Beispiel*: Ein Mädchen erinnert das andere daran, das Geräusch des Weinens zu machen („make the crying sound"), um dann sofort innerhalb der eigenen Rolle zu fragen „What's the matter?" (Giffin, 1984, S. 86).

6. Implizite Spielgestaltung (Implicit Pretend Structures): Diesbezügliche Äußerungen betreffen die Definition des Spielrahmens und darin übernommener Funktionen, bevor das Spiel tatsächlich beginnt oder während des Spiels, wenn neue Ideen eingeordnet werden müssen. Die verbale Kommunikation betrifft Aushandlungen über den grundsätzlichen Plan des Spiels, entweder vor dem Spiel oder währenddessen. Diese Aushandlungen nehmen in der Regel relativ viel Zeit in Anspruch. Dabei wird allerdings nicht explizit darauf hingewiesen, dass jetzt so getan wird „als ob". Mit Ausnahme dieses einen Aspekts ist die implizite Spielgestaltung außerhalb des Spielrahmens verortet. *Beispiel*: Zwei Mädchen spielen, dass eine Medizin verabreicht wird. Das Kind mit der Medizin sagt „You're alive now", das andere Kind antwortet aber „I'm still dead". Daraufhin schafft das erste Kind eine neue Verhandlungsgrundlage, indem es Bedingungen für den Fortgang des Spiels stellt: „If you're going to be dead, would you please get out of my room" (ebd.).

7. Explizite Spielgestaltung (Overt Proposals to Pretend): Die Formulierungen betreffen die Situation „Spiel" durch vorgeschaltete Bemerkungen, dass jetzt so getan
wird „als ob". Meist gehört eine Bestätigung der Übereinkunft hinzu, z.B. die Frage
„Ok?". Diese explizite Spielgestaltung ist außerhalb des eigentlichen Spielrahmens
verortet. Sie erlaubt sehr radikale Neugestaltungen des Spielrahmens auch während
des Spielverlaufs. *Beispiel*: „Let's say, you guys were already married, ok?". Oder „Pretend you thought I was alive but I was dead." (ebd., S. 87).

Die Formen der Metakommunikation sind einerseits geeignet, Skripts zu erschließen, die im Spielverlauf aktiviert werden. Andererseits erlauben sie einen relativ deutlichen Blick auf Bedeutungszuweisungsprozesse, da die markanten Punkte
der Aushandlung jeweils explizit gemacht werden müssen.

2.3.5 Bedeutungszuweisung durch Orientierung

Mit der Orientierung weist Bedeutungszuweisung einen Aspekt auf, der in Schematisierungsprozessen, im Kontext von Kompetenz und Verursachung und ebenso in
Interaktionssituationen zum Tragen kommt. Aus psychologischer Sicht ist die Orientierung als *Verhaltensweise* der Bedeutungszuweisung zu kennzeichnen.

2.3.5.1 Orientierung

Orientierung kann räumlich oder zeitlich stattfinden, sie ist aber auch als persönliche
Einstellung beschreibbar und als Orientierung in der eigenen Identität (also biogra-
phisch erfahrungsbasiert; vgl. Städtler, 1998, S. 757). Auf der letztgenannten Ebene
lassen sich zwei Arten von Bezugsnormorientierungen unterscheiden. Einerseits gelten diese im Sinne habitueller Dispositionen für Vergleichsrahmen (z.B. Bezugsnorm
für „schön" oder „groß" bei Menschen oder bei Bauwerken; also als individueller,
enkulturierter „Normbereich" zwischen „klein" und „groß", „hässlich" oder „schön";
vgl. ebd., S. 147). Andererseits sind Orientierungen persönlicher (anlage- und/oder
umweltbedingter) Einstellungen gemeint wie beispielsweise die motivationale Orientierung, die prosoziale Orientierung oder die sexuelle Orientierung.

Bezugsnormorientierungen werden mit den sogenannten Bezugssystemtheorien
gefasst. Entscheidend ist der Abgleich der Wahrnehmung und Beurteilung eines Gegenstands oder eines Sachverhalts mit vorangegangenen Erfahrungen (vgl. Michel
& Novak, 2004, S. 70). Erfahrungsbasiert und sozialisationsbedingt entwickelt ein
Individuum im Laufe des Lebens seine Bezugsnormen.

Neben der Annahme bereits entwickelter Bezugsnormen als Ankerpunkte für
Orientierung interessiert hier nun besonders ein motivationspsychologischer Aspekt, nämlich die im Kontext musikbezogener Bedeutungszuweisung relevante Frage, auf welche Weise und mit welchen Mitteln Kinder sich auf explorativem Wege
Orientierung *verschaffen*.

2.3.5.2 Orientierung als Exploration

Heiner Gembris hat das „Konzept der Orientierung als Element einer psychologischen Theorie der Musikrezeption" vorgeschlagen, um „kognitive, emotionale, sensomotorische, soziale und situative Aspekte des Musikhörens auf eine gemeinsame funktionale Grundidee zu beziehen" (Gembris, 1995, S. 102). Der hier gewählte Bezugsrahmen ist selbstverständlich weiter gefasst als das Musikhören, doch erweist sich ein Argumentationsgang von Gembris auch für die kindliche musikbezogene Bedeutungszuweisung als ertragreich: Es ist die Annahme, gelungene Orientierung im ästhetischen Kontext Musik befriedige ein Sicherheitsbedürfnis, dies unter Berücksichtigung von Aspekten der Neugiermotivation bzw. dem ihr eingelagerten Explorationsverhalten (ebd., S. 103–105).

Gembris bezieht sich auf das von Abraham Maslow in den 1950er Jahren postulierte Grundbedürfnis nach Sicherheit, welches innerhalb der Maslow'schen Bedürfnispyramide direkt nach den biologischen Grundbedürfnissen angesiedelt ist, gefolgt von den Bedürfnissen nach Liebe und sozialer Eingebundenheit, nach Wertschätzung und Selbstachtung und nach Selbstverwirklichung (vgl. Seel, 2000, S. 79). Maslow geht davon aus, dass die Befriedigung des nächst höheren Bedürfnisses jeweils nur auf der Grundlage des vorangehenden Grundbedürfnisses möglich ist. Diese linear-hierarchische Bezogenheit ist allerdings anzuzweifeln, da z.B. künstlerische Selbstverwirklichung in entbehrungsreichen Situationen oder in Einsamkeit so nicht erklärbar wäre.

Außerhalb der hierarchischen Verortung ist das Sicherheitsbedürfnis dennoch als Faktor menschlichen Verhaltens zu berücksichtigen. Gembris nimmt an, dass Sicherheit sich als Ergebnis von Orientierungsvorgängen einstellen kann (vgl. Gembris, 1995, S. 104; S. 115).

Dies ist im Rahmen der Neugiermotivation erklärbar. Motivation lässt sich allgemein als „aktivierende Ausrichtung des momentanen Lebensvollzugs auf einen positiv bewerteten Zielzustand" (Rheinberg, 2006, S. 331) beschreiben. Im Falle der Neugiermotivation muss allerdings davon ausgegangen werden, dass der Zielzustand noch nicht bekannt ist und seine Valenz erst im Rahmen des Motivationsvorgangs erhält.

Auslöser von Neugierverhalten kann die Orientierungsreaktion sein, indem ein neuer bzw. unerwarteter Reiz die Aufmerksamkeit des Individuums weckt und das vegetative Nervensystem in erhöhte Bereitschaft versetzt wird. Hier kann sich Explorationsverhalten anschließen. Führt der auslösende Reiz allerdings zu einer Schreckreaktion, folgt ein Defensivverhalten in Form von Vermeidungsstrategien. Die wiederholte Darbietung eines neuen Reizes führt zur Habituation, also der Verminderung der Orientierungsreaktion bis hin zum Ausbleiben derselben (Städtler, 1998, S. 758), was somit das Erreichen von Sicherheit bedeuten würde. Dieses Reiz-Reaktionsschema lenkt den Blick auf das Spannungsfeld von Aufsuchen und Meiden, in welchem sich Neugier- und somit Explorationsverhalten abspielen kann. Es bietet jedoch noch keine hinreichende Erklärung für Neugiermotivation und Explorationsverhalten.

Die Neugier stellt eine psychische Disposition des Menschen dar (vgl. Seel, 2000, S. 81). Ihr Ausgangspunkt ist letztlich die Tatsache, dass ein Individuum für eine bestimmte Gegebenheit aufgrund seiner kognitiven und affektiven Schemata keine vollständige Erklärungsgrundlage hat, so dass etwas als neu empfunden wird. Wird dies zugleich als interessant empfunden, schließt sich Explorationsverhalten an:

> „Anlaß für [aus Neugier ausgeführte *Anm. d. Verf.*] [...] Handlungen ist, daß irgend etwas in der Umgebung aufgrund seiner Besonderheit, Neuartigkeit oder Unverhofftheit die Aufmerksamkeit des Subjekts auf sich zieht und ein Schema aktualisiert, um eine Interpretation des Dings oder Ereignisses zu bewerkstelligen." (Seel, 2000, S. 81).

Explorationsverhalten ließe sich also als ausagierter Interpretationsprozess erklären.

Der Anreiz zur Erkundung der eigenen Umwelt mit dem Zweck, diese zu verstehen, kann aber nicht nur Interesse, sondern auch Angst auslösen. (vgl. Edelmann, 2000, S. 245). Das Angst auslösende Potential eines solchen Explorationsgegenstandes variiert interindividuell je nach Persönlichkeitsdispositionen und Erfahrungswerten. Mit Bezug auf die Definition von Motivation als „Ausrichtung auf einen positiv bewerteten Zielzustand" kann dieser Zielzustand also auch durch Vermeidung oder Abwehr erreicht werden.

Zur Beschreibung von Neugierverhalten als Reaktion auf ästhetische Anreize sind die von Daniel E. Berlyne begründeten New Experimental Aesthetics hilfreich (vgl. Berlyne, 1974). Berlyne unterscheidet zwei Formen des Neugierverhaltens: Einerseits das diversive Neugierverhalten und andererseits das gerichtete (spezifische) Neugierverhalten. Diversives Neugierverhalten tritt in reizarmen Situationen auf, entsteht also sozusagen aus Langeweile und entspringt einem Bedürfnis nach Abwechslung oder Stimulation (vgl. Edelmann, 2000, S. 246–247). Das gerichtete Neugierverhalten ist von den so genannten kollativen Variablen bestimmt, diese bilden „ein Anregungspotential, das das innere Erregungsniveau in Abhängigkeit von der jeweiligen Informationsverarbeitung beeinflußt" (Behne, 1997, Sp. 1010). Die kollativen Variablen dienen dem Abgleich der Reizbeschaffenheit mit den mentalen Schemata:

> „zwischen einem vorhandenen Stimulus und Stimuli, die früher erfahren worden sind (Neuartigkeit und Veränderung), zwischen einem Element eines Musters und anderen, begleitenden Elementen (Komplexität), zwischen gleichzeitig aktivierten Reaktionen (Konflikt), zwischen Stimuli und Erwartungen (Überraschungswert) oder zwischen gleichzeitig aktivierten Erwartungen (Ungewissheit)" (Berlyne, 1974, S. 68).

An dieser Stelle setzt nun das zentral von Berlyne postulierte Konstrukt des Aktivationspotentials an, welches den Grad von Interesse oder Abwehr beeinflusst. So dient der Abgleich der kollativen Variablen mit den mentalen Schemata einer Verortung auf einem Kontinuum bezüglich z.B. der Komplexität oder Neuheit eines Reizes.

Eine in den Extrembereichen des Kontinuums angesiedelte Reizbeschaffenheit führt zu hohen Erregungsniveaus (hohe Aktivation) beim Individuum, dies ist auf Unter- oder Überforderung in der Wahrnehmung und Informationsverarbeitung zurückzuführen. Das optimale Aktivationsniveau ist bei einer mittleren Informationsdichte angesiedelt, eine optimale Reizbeschaffenheit also von mittlerer Komplexität (Berlyne, 1974, S. 244). Zu beschreiben wäre dies als „das Neue im Bekannten" oder als „optimaler Widerspruch" (Edelmann, 2000, S. S. 246). Ästhetische Anreize, die also einerseits durch das Anknüpfen an Bekanntes Sicherheit vermitteln, andererseits aber auch durch Neues überraschen, den Widerspruch zwischen „bekannt" und „neu" also weder zu groß noch zu klein werden lassen, bieten dem Individuum den größten hedonistischen Wert, dieser variiert je nach Erfahrungsdisposition interindividuell.

Das Explorationsverhalten stellt die aktive Leistung dar, ein mittleres Aktivationsniveau zu erreichen, indem Unsicherheit abgebaut wird und Unbekanntem Bedeutung zugewiesen wird. Ebenfalls kann es bei zu großer Bekanntheit dazu dienen, neue Sichtweisen auf oder Verwendungsmöglichkeiten für einen Anreizgegenstand zu finden, um auch hier das optimale Erregungsniveau erreichen zu können.[19] Diese Annäherung von beiden Seiten des Kontinuums hin zur Mitte ist wiederum mit Äquilibrationsvorgängen bzw. mit angestrebter Stimmigkeit erklärbar (vgl. Kap. 2.3.1). Insofern wäre Stimmigkeit auch als erreichte Sicherheit zu kennzeichnen.

Dieser eigenaktive Vorgang kann durch Handlungsskripts geleitet sein, die wiederum prästrukturierte Sicherheit bieten. Indem ein Skript als Grundgerüst für Exploration abgerufen wird, können verschiedene neue Situationen bzw. darin befindliche Anreizgegenstände in Anlehnung an die handlungsleitende Struktur des Skripts untersucht werden (z.B. auf klangliche Möglichkeiten, haptische Beschaffenheiten o. Ä.). Zudem ist das Streben nach dem optimalen Aktivationsniveau über die Passung von Anforderungen und Fähigkeiten auch einem Kompetenzbedürfnis integrierbar.

In sozialen Situationen kommt – neben dem Verschaffen von Orientierung – das Orientieren *an anderen Personen* hinzu. Möglicherweise kann eine andere Person stellvertretend explorieren oder die Verteilung von Verantwortlichkeit in der Situation generiert die Aufteilung bestimmter Explorationsbereiche. Denkbar ist zudem, dass die Orientierung an einer anderen Person anstelle von Explorationsverhalten gewählt wird und stattdessen z.B. Imitationsverhalten zum Tragen kommt. Ein solches Imitationsverhalten kann jedoch, aufgrund von Modifikationen imitierter Handlungen (insbesondere im ästhetischen Kontext), auch wieder Explorationsverhalten begünstigen.

Ebenfalls in der sozialen Interaktion sind interpersonale Handlungsorientierungen als Grundlage für Explorationsvorgänge anzunehmen. Diese sind durch die ge-

---

19 Berlyne nennt in diesem Zusammenhang auf der einen Seite das „Wiedererkennen", also die Möglichkeit Unbekanntes an ein vorhandenes Schema oder eine bekannte Kategorie anzubinden und auf der anderen Seite das „Lernen einer neuen Reaktion" als Verstehen durch aktive Handlungen wie z.B. vokale oder muskuläre Imitation, intensive Untersuchung, erklärende Benennung oder motorische Reaktionen (Berlyne, 1974, S. 246–247).

genseitige Wahrnehmung, die Handlungserwartungen, die Handlungsplanung, die interpersonale Handlung selbst und die Handlungsbewertung bestimmt. Sie äußern sich z.B. in Vorstellungen über den Interaktionspartner, Prioritäten, Präferenzen und Ansprüchen, dem Grad gegenseitiger Anhängigkeit sowie der Toleranz und Bereitschaft für neue Erfahrungen (vgl. Petillon, 2010, S. 795–796).

2.4   Bedeutungszuweisung als sozialpsychologischer Prozess

Die bisher vorgenommenen Betrachtungen der Bedingungen, Möglichkeiten und Ausprägungen von kindlicher Bedeutungszuweisung haben den Fokus auf eigenaktive Aneignungsleistungen, Kompetenz, Verursachung und Autonomieaspekte gelegt. Dies blendet – je näher Bedeutungszuweisung subjektperspektivisch unter die Lupe genommen wird – aber auch Grenzen und Einflussfaktoren aus, seien diese nun interpersonal, gesellschaftlich oder aber genetisch dispositional gefasst. Einerseits ist die subjektperspektivische Lupe also der gewählten Betrachtungsweise geschuldet, andererseits aber auch einer dahinter stehenden forschungspraktischen Einstellung, die sich sozusagen als Kehrseite der an sich begrüßenswerten Begegnung mit Kindern als Experten ihrer selbst einstellt. Der Kindheitssoziologe Herbert Schweizer spricht in diesem Zusammenhang von einer Mythenbildung im sozialwissenschaftlichen Diskurs:

> „Einer Mythenbildung bei der Rezeption entgeht nicht einmal die neue sozialwissenschaftliche Kindheitsforschung, die durch eine oft zu einseitige Betonung der Aktivität und Kompetenz die Defizite und Verletzlichkeit und Gefährdungen von Kindern im allgemeinen Bewusstsein zu verdunkeln vermag" (Schweizer, 2007, S. 12).

In der forschungsleitend sinnvollen Abkehr vom „Kind als Sozialisationsobjekt" besteht die Gefahr, dass das „Pendel" nun zur anderen Seite ausschlägt. Sofern Grenzen nicht mehr thematisiert werden, verschwinden sie aus der wissenschaftstheoretischen und daher zum Teil auch aus der öffentlichen Wahrnehmung, was ebenso einer Verzerrung gleich kommt wie die vormalige Fokussierung einer strukturfunktionalen Sozialisation.

Auch in der konstruktivistisch grundierten Rezeption von Bedeutungszuweisung, wie sie in der Musikpädagogik eingeführt ist, kann der Fokus auf die Subjektperspektive das Einflusspotential des sozialen Kontextes u.U. verdrängen. Die als paradox angenommene Übertragbarkeit der Vorstellungen von „Autopoiesis" und „kognitiver Autonomie" in die Unterrichtspraxis (Krause, 2008b, S. 47) relativiert dieses Verdrängungspotential ein Stück weit und das Konzept der „Partizipation" stellt den sozialen Kontext sogar unterrichtspraktisch zentral (vgl. Geuen & Orgass, 2007, hier bes. S. 74–80).

Auch im Zuge der Annäherung an Bedeutungszuweisungen aus kindlicher Perspektive sollen die sozialen und materiellen Einflüsse und Zwänge sowie die Grenzen kognitiver Autonomie nicht ausgeblendet werden. Daher wird zum Abschluss dieses Kapitels noch einmal der Blick bewusst auf jene Faktoren gelenkt werden, mit denen das bedeutungszuweisende Individuum interagiert und denen es gegebenenfalls mehr oder weniger stark ausgeliefert ist.

Durch die Betrachtung von Bedeutungszuweisung aus ästhetisch-philosophischer und aus psychologischer Sicht ziehen sich einige „rote Fäden", die sich in einer sozialpsychologischen Betrachtungsweise verflechten lassen. Dies sind die Annahmen der strukturgenetischen Selbstreferentialität und Erfahrungsbasierung sowie der Reziprozität bezogen auf intra- und interpsychische Interaktionen. Hinzu kommen das aktiv-passive Erklärungsmuster für die Tätigkeit der Bedeutungszuweisung („Ko-Konstruktion") und der Bezugspunkt der Orientierung als Verhaltensweise von Bedeutungszuweisung.

Die Sozialpsychologie steht zwischen allgemeiner Psychologie und Soziologie und betrachtet das Individuum in sozialen Interaktionen (vgl. Fischer & Wiswede, 2009, S. 9–10; dort auch zu den gängigen Definitionen der Disziplin). Wichtig für ihre angenommene Erklärungskraft im vorliegenden Zusammenhang ist dabei folgende Definition:

> „Sozialpsychologie befasst sich mit dem Erleben und Handeln von Individuen im sozialen Kontext" (ebd., S. 10).

Das *Erleben* betrifft Kognitionen und Emotionen (ebd., S. 10–11), wenn es durch Reflexion gekennzeichnet ist, kann es auch als Erfahrung gefasst werden. Das *Handeln* soll hier im weiteren Sinne verstanden werden, also als „aktive Einflussnahme" ebenso wie als „Reaktion auf soziale Stimuli" (ebd., S. 11). Der *soziale Kontext* schließlich lässt sich in mehreren Ebenen der Interaktion fassen (die Nähe zum sozialökologischen Ansatz beeinflusst diese Definition): So ist Interaktion mit Personen möglich, aber auch mit Gruppen, welche konkret (z.B. ein Verein, ein Freundeskreis) oder abstrakt, bzw. nur vorgestellt (die Gesellschaft) das personale Handeln beeinflussen können („man tut dies nicht", ebd., S. 11). Zudem bestimmen soziale Strukturen den sozialen Kontext, wie z.B. „Hierarchien, soziale Netzwerke, soziale Ungleichheiten, institutionalisierte Rollenerwartungen" (ebd.). Diese können auch als soziale Wertsysteme vorliegen, also in Form von kulturellen „Mentalitäten" und Urteilsschemata (ebd.). Wird so der Bogen vom „subjektperspektivischen" Erleben bis zum sozialen Kontext gespannt, kann der dynamischen Verfasstheit aktiv-passiver, also eigenaktivbeeinflusster Bedeutungszuweisung Rechnung getragen werden.

Die kommunikationstheoretische Auffassung eines selbstreferentiellen Kreisprozesses von Bedeutungszuweisung lautet:

> „Bedeutungen erzeugen […] Bedeutungen in prinzipiell unendlicher Weise" (Lenke, Lutz & Sprenger, 1995, S. 109).

Somit gehen Erfahrungen aus anderen Lebenszusammenhängen und Situationen auch wieder in neue Bedeutungszuweisungsprozesse ein. Das Erfahrene führt zu innerpsychischen, ebenso wie zu interpersonalen oder intersituativen Aushandlungen, welche wiederum auf neue Erfahrungen fortwirken. Dies erinnert an das Habituskonzept von Pierre Bourdieu – obgleich dieses weder für das Vorschulalter konzipiert noch erforscht wurde. Da jedoch angenommen werden kann, dass sich der individuelle Habitus über die gesamte Lebensspanne entwickelt, soll ein kurzer Blick auf dessen Strukturprinzipien nach Bourdieu hier unterstützend heran gezogen werden.

> „Der Habitus ist nicht nur strukturierende, die Praxis wie deren Wahrnehmung organisierende Struktur, sondern auch strukturierte Struktur" (Bourdieu, 1987, S. 279).

Subjektives Erleben und Handeln im sozialen Kontext ist gleichermaßen von Aneignungen wie Zugehörigkeiten bestimmt und historisch-biographisch verortet. Das Habituskonzept liefert diesbezüglich eine Erklärung für die Struktur und Strukturierung individueller Handlungs- und Persönlichkeitsdispositionen (vgl. Bourdieu, 1987, S. 277–286). Diese Dispositionen bilden als dauerhaft generierte Verdichtung von erfahrungsbasiert entwickelten Wahrnehmungs-, Denk- und Handlungsschemata eines Individuums dessen individuellen Habitus. Zugleich bedingt der Habitus die spezifische Struktur der Wahrnehmung, Verarbeitung und Handlungskonsequenz eines Individuums.

Während das Individuum sich also auf der Grundlage seines Habitus verhält, wird dieser gleichzeitig mit jeder neuen Erfahrung weiter modifiziert. Diese doppelte Verfasstheit der Habitusstruktur gibt zugleich Anlass, die Auffassung von Selbstreferentialität mit jener der Reziprozität übereinander zu legen. Diese Reziprozität aktiv-passiver, individuell-sozialer Beeinflussungen kann auch als Erklärungsmuster für die Struktur von Bedeutungszuweisungen zum Tragen kommen: indem Bedeutungen wiederum Bedeutungen erzeugen, generieren und beeinflussen sie fortwährend den Habitus.

Bourdieu unterscheidet zwischen habituellem Zustand und Prozess, beide existieren gleichzeitig. So beschreibt er den Habitus als System strukturierter Produkte (opus operatum), die aus der eigenen strukturierenden Struktur hervorgehen (modus operandi) und die Kohärenz von Wahrnehmen, Denken und Handeln eines Individuums in verschiedenen Lebenssituationen bedingen (vgl. Bourdieu, 1987, S. 281). Kohärenz ist damit nicht bewusst herzustellen, sondern ist letztlich die Notwendigkeit für die Empfindung eigener Identität, indem das Individuum sich selbst im Lebenslauf – trotz unterschiedlicher Rollenübernahmen – konsistent „reproduziert". In Anlehnung an den Kohärenz-Gedanken müsste die im Rahmen von Äquilibrationsprozessen weiter oben dargelegte bildungstheoretische Auffassung von „Stimmigkeit" (vgl. Kap. 2.3.1) dann auch über den Bildungsgedanken hinaus als grundlegend identitätsstiftend verstanden werden (vgl. dazu Kap. 3.2.2).

Eigenaktivität und Kompetenzempfinden basieren auf habituellen Strukturen und beeinflussen diese wiederum, Orientierung erfolgt auf der Grundlage des Habitus und verschafft neue Orientierungsanker. Der Habitus stellt sozusagen die Bezugsnorm für Kompetenzempfinden oder für Orientierungsvorgänge erst zur Verfügung und dies über den gesamten Lebenslauf hinweg. Das Habituskonzept wurde bisher nicht auf den Bereich kindlicher Bedeutungszuweisungsprozesse bezogen und ist aufgrund seiner Erforschung und Beschreibung im Kontext des Erwachsenenalters auch nicht ohne weiteres zu übertragen. Allerdings wird hier der Versuch unternommen, zur Betrachtung kindlicher Bedeutungszuweisungen bestimmte Habitus-Elemente aufzugreifen und sie als Gedankenanregung einzubringen: Dies betrifft insbesondere die Elemente der Reziprozität und der selbstbezogenen Kohärenzbestrebungen über unterschiedliche Erfahrungssituationen hinweg. In Anbindung an die Ausführungen zur kindlichen Perspektive sowie zu entwicklungs- und sozialpsychologischen Aspekten der Bedeutungszuweisung in den vorhergehenden Kapiteln ließe sich also festhalten: Bedeutungszuweisungen erfolgen auf der Grundlage individueller Dispositionen, welche in reziproker Beziehung mit der Umwelt das spezifische Sein des Individuums strukturieren. Kindliche Bedeutungszuweisungen sind dabei von den strukturellen Kategorien intra- und inter*generationaler* Interaktionen beeinflusst, also von den Einflüssen durch Familie, Gleichaltrige und Lehrpersonen auf das Aufwachsen. Zugleich wirken kindliche Bedeutungszuweisungen auf die Beziehungen zu jenen Personengruppen ein und modellieren letztlich nicht nur die direkte Interaktion, sondern im weiteren Sinne auch erzieherische Entscheidungen oder den Entwurf didaktischer Modelle für die Arbeit im elementarpädagogischen Bereich.

2.5   Zusammenfassung

Bedeutungszuweisungen betreffen die erfahrungsbasierten subjektiven Sinnkonstruktionen von Individuen, welche intersubjektiv kommuniziert und ausgehandelt werden können. Es kann von einem mehrdimensionalen Prozess der Bedeutungszuweisung ausgegangen werden, welcher auf der thematischen Bedeutungs- und der nicht thematischen Bedeutsamkeitsebene erfolgt. Die thematische Ebene betrifft jene Sinngehalte, welche gesellschaftlich konventionalisiert und subjektiv erlernt bzw. erfahren wurden. Nicht-thematisch schwingen die situationskonstituierenden Faktoren der Bedeutsamkeit mit, welche die Bedeutung kontextualisieren. Hinsichtlich der Interpretation von Musik wäre also von „musikalischer" Bedeutungszuweisung und „nicht musikalischer" Bedeutsamkeit auszugehen (vgl. Orgass, 2011). Im vorliegenden Kontext werden Einstellungen und Umgangsweisen in Bezug auf Musik und Musikunterricht (MFE) betrachtet. Dies umschließt den produktiven und rezeptiven Umgang mit Musik innerhalb und außerhalb von Unterricht, die Kommunikation über Musik und Musikunterricht sowie diesbezügliche Präferenzen, Gefühle, Erwartungen und Erfahrungen. Innerhalb dieses weiten Betrachtungsrahmens kann der jeweils vorliegende Musikbezug zum Thema von Bedeutungszuweisungen werden. Ebenso ist er aber auch der Kontext, welcher im Sinne von Bedeutsamkeit innerhalb von Bedeutungszuweisungprozessen zum Tragen kommen kann.

Um Bedeutungszuweisung im künstlerischen Zusammenhang adäquat beschreiben zu können, sind die von Martin Seel entwickelten Modi des Bedeutens hilfreich. Seel geht von einem semantisch-propositionalen, einem pragmatisch-performativen und einem ästhetisch-präsentativen Modus des Bedeutens aus (vgl. Seel, 1997, S. 138). Die Modi zeigen erneut die Mehrdimensionalität von Bedeutung. So betrifft der semantisch-propositionale Modus das Verstehen von Sachverhalten. Dabei wird von einem Verweisungszusammenhang zwischen Gegenstand, Zeichen und Bedeutung ausgegangen, welcher auf sprachlicher (und nicht sprachlicher) Konventionalisierung von Sinn beruht. Daneben betrifft der pragmatisch-performative Modus die „Mit-Bedeutung" (vgl. Seel, 1997, S. 137–138). Hier wird verdeutlicht, *wie* etwas gemeint ist. Körpersprache, Mimik, Sprachintonation und situative Bezüge dienen dabei dem Verständnis dessen, was mitgeteilt wird. Im ästhetisch-präsentativen Modus wird von einer Unübersetzbarkeit ausgegangen, das heißt, dass die Bedeutung für das Individuum innerhalb der Situation einmalig ist.

Bedeutungszuweisungen werden in der Kommunikation über subjektive Sichtweisen zum Ausdruck gebracht. Sie stellen somit ein zentrales Erkenntnisinteresse qualitativ-empirischer Kindheitsforschung dar, welches als Orientierung an der „Perspektive des Kindes" zum Ausdruck kommt. Die Perspektive des Kindes, verstanden als spezifischer, kindlicher „Motivations- und Wahrnehmungszusammenhang" (Honig, 1999a, S. 35), bildet im vorliegenden Kontext den Rahmen zur Vernetzung der theoretischen Grundlagen mit der qualitativ-empirischen Studie.

Anhand von entwicklungs- und sozialpsychologischen Befunden können Strukturierungsprozesse, Ebenen und Bedingungen kindlicher Bedeutungszuweisungen betrachtet werden. Als Strukturierungsprozesse werden hier Modelle der kognitiven Schematisierung vorgestellt. Schemata lassen sich als generalisierte Verfasstheit für Wahrnehmung, Denken und Handeln in einer gegebenen Umwelt beschreiben. Skripts sind Organisationsformen von Schemata, welche insbesondere in sozialen Alltagshandlungen relevant werden. Sie bieten im Sinne eines Handlungsgerüsts Sicherheit in Interaktionssituationen, indem Individuen sich anhand ihrer erfahrungsbasiert gebildeten Skripts auf generalisierte, verinnerlichte Muster für Interaktions- bzw. Handlungsabläufe beziehen können (vgl. Schneider & Büttner, 2002, S. 499; Fivush, 1997; Nelson, 1996). Im Rahmen ihrer Enkulturation entwickeln und übernehmen Kinder beispielsweise Skripts für den Umgang mit Musik.

Als relevante Ebenen von Bedeutsamkeit sowie als Erfahrungsressourcen für konventionalisierte Bedeutungen sind Kompetenzempfinden und Verursachung, soziale Interaktionen und Charakteristika des Spiels zu nennen: Kinder im Vorschulalter nutzen insbesondere Aussagen über ihre Kompetenz und ihre soziale Akzeptanz zur Selbstbeschreibung und Selbstbewertung (vgl. Harter, 1983). Zudem erweitern sie zunehmend ihren sozialen Aktionsradius außerhalb der Familie (vgl. Mähler, 2007, S. 170) Dabei kommen drei wesentliche Veränderungen im Vergleich zum Kleinkindalter zum Tragen: Das Verfolgen kooperativer Strategien beim Spiel, die Entwicklung und Ausdifferenzierung des prosozialen Verhaltens und der Empathiefähigkeit sowie die Aufnahme und Erhaltung von Freundschaften (vgl. ebd., S. 171). Alle drei Aspekte gehen mit der gesteigerten Notwendigkeit zur sozialen Aushandlung von Bedeutungszuweisungen einher. Aushandlungssituationen sind vor allem Teil der Gleichaltrigeninteraktion, während Erwachsenen implizit stärker die Deutungshoheit zugestanden wird, da die Interaktion mit Gleichaltrigen und Erwachsenen traditionell unterschiedlich hierarchisiert vorliegt

Das Aushandeln innerhalb von Bedeutungszuweisungsprozessen wird insbesondere im Spiel ersichtlich. So wird mit Bedeutungen selbst gespielt, sobald Umdeutungen von Gegenständen (Requisiten im Spiel) oder Personen (Rollen im Spiel) vorgenommen werden. Spielregeln basieren entweder auf verinnerlichten Erfahrungen oder müssen kommunikativ ausgehandelt werden. Die Enkulturation des Regelverständnisses verläuft dabei von Unverbindlichkeit über Unumstößlichkeit hin zu einem Verständnis von Regeln als Ergebnis von Vereinbarungen (vgl. Garz, 2008, S. 64–65). In der kindlichen Metakommunikation während des Spiels lassen sich Elemente entdecken, welche außerhalb des Spielrahmens liegen, ohne das Spiel selbst zu verlassen. Hier werden Bedeutungszuweisungen verdeutlicht, indem während des Spiels Handlungsanweisungen gegeben werden, Vereinbarungen getroffen werden oder Aspekte des Spiels erzählt, aber nicht ausagiert werden (vgl. Giffin, 1984).

Unter dem Aspekt der „Orientierung" wird eine Charakterisierung von Bedeutungszuweisung vorgenommen, die in Schematisierungsprozessen, im Zusammenhang von Kompetenz und Verursachung und in Interaktionen relevant wird. Aus psychologischer Sicht lässt sich die Orientierung als Verhaltensweise der Bedeutungszuweisung auffassen. Orientierungsanker können eigene Erfahrungen sein, ebenso auch die (vermuteten) Handlungen oder Einstellungen anderer Personen. Orientierung erfolgt im Spannungsfeld von Neuem und Bekanntem, entscheidend ist der Abgleich der Wahrnehmung und Beurteilung eines Gegenstands oder eines Sachverhalts mit vorangegangenen Erfahrungen (vgl. Michel & Novak, 2004, S. 70). Für das Vorschulalter wird die Exploration als wesentliche Vorgehensweise zur Herstellung von Orientierung in Bezug auf Neues betrachtet. Als Extrempositionen sind hier Neugier und Angst, also Aufsuchen und Meiden zu nennen (vgl. z.B. Seel, 2000, S. 81; Edelmann, 2000, S. 245). Das Explorationsverhalten stellt die aktive Leistung dar, Unsicherheit abzubauen und Unbekanntem Bedeutung zuzuweisen. Ebenfalls kann es dazu dienen, neue Sichtweisen auf Bekanntes zu entwickeln.

Es gilt zu bedenken, dass gerade der erziehungswissenschaftliche und kindheitssoziologische Fokus auf die Perspektive des Kindes die Betrachtung der Bereiche von Eigenaktivität, Kompetenz und Autonomie unterstützt, während Abhängigkeiten und Grenzen u.U. ausgeblendet werden. Eine sozialpsychologisch verortete Auffassung von Bedeutungszuweisung nimmt dagegen eigenaktive Konstruktions- bzw. Aneignungsleistungen ebenso in den Blick wie interpersonale, gesellschaftliche oder auch genetisch-dispositionale Einflüsse und Begrenzungen und stellt diese in reziproke Beziehung zueinander.

3 Bildungsprozesse in der Musikalischen Früherziehung

3.1 Annäherung an einen bedeutungstheoretisch fundierten Begriff musikalischer Bildung im Vorschulalter

An dieser Stelle soll der Prozess der Bedeutungszuweisung unter dem Bildungsaspekt betrachtet werden. Die in der vorliegenden Arbeit eingenommene Perspektive der eigenaktiv-beeinflussten Bedeutungszuweisung lässt sich an Bildungsdefinitionen anbinden, welche auf die Positionierung des Individuums zwischen Selbsttätigkeit, Aneignung und Informationsaufnahme abzielen: „Bildung […] bezieht sich auf die Frage nach dem Ziel und Zweck menschlicher Selbst- und Fremdformung" (Benner & Brüggen, 2004, S. 174). Auch die Auffassung von Bildung als Mittel und Ausdruck der Beziehung des Menschen zu sich selbst, zu seinen Mitmenschen und zur Welt (vgl. Dörpinghaus et al., 2009, S. 10) wäre unter dem Gesichtspunkt des vorangegangenen Kapitels so zu lesen, dass diese Beziehungsform in allen drei Bereichen (also intra-, inter- und überindividuell) durch Reziprozität gekennzeichnet sein müsste.

Die vielfältigen Bildungsdefinitionen aus Pädagogik bzw. Erziehungswissenschaft sollen hier nicht erschöpfend betrachtet werden (vgl. zur Übersicht z.B. Dörpinghaus et al., 2009; Benner & Brüggen, 2004; Horlacher, 2011; Klafki, 2007). Vielmehr wird zur Definition die Perspektive auf Bildung im Kontext von Bedeutung und Bedeutsamkeit eingenommen. Dabei wird der Blick zugeschärft auf zwei Ausschnitte von Bildung: Einerseits auf musikalische Bildungsprozesse und andererseits auf frühkindliche Bildungsprozesse.

In dieser Arbeit wird bewusst der Begriff des Bildungs*prozesses* angewandt, da im hier verfolgten Ansatz von Bedeutungszuweisungen von einer Unabgeschlossenheit und somit Prozesshaftigkeit jeglichen persönlichen Bildungsgeschehens ausgegangen wird.

3.1.1 Der Bildungsbegriff im Rahmen musikbezogener Bedeutungszuweisung

Die musikpädagogische Diskussion zu Bedeutungszuweisungen ist im Nachdenken über Bildung verortet. Der musikpädagogische Bildungsdiskurs ist dagegen selbstverständlich noch deutlich weiter gefasst und stellt sich durchaus divergent dar (vgl. zur Übersicht Vogt, 2012). Aufgrund der Thematik vorliegender Arbeit werden im Folgenden vor allem die von Stefan Orgass in Bezug auf Bedeutungszuweisungen entwickelten Gedanken zum Bildungsbegriff herangezogen.

Stefan Orgass beschreibt Bildung als „soziale Kategorie" (vgl. Orgass, 2007, S. 108). Begrifflich bezieht er sich damit auf die Pädagogik der Kommunikation von Klaus Schaller und dessen Aussage, „daß der Begriff der Bildung als soziale und nicht individuale Kategorie eben das historische Vernunftprojekt der bürgerlichen Moderne beschreibt und daß Erziehung ihre Aufgabe in der Herstellung humaner Handlungsorientierung findet" (Schaller, 1987, S. 65). Die Definition von Orgass lautet:

> „Musikalische Bildung vollzieht sich in der Emergenz neuer und neuartiger (Möglichkeiten) musikbezogener Bedeutungszuweisung, die auf musikalische und musikbezogene Schemata rekurriert, sowie in der Emergenz neuer und neuartiger (Möglichkeiten) musikbezogener Zuweisung von Bedeutsamkeit(en) in (zwischenleiblichen) musikalischen und musikbezogenen Interaktionen." (vgl. Orgass, 2007, S. 118).

Orgass verortet musikalische Bildung in der Emergenz von Bedeutungs- und Bedeutsamkeitszuweisung und fasst sie somit prozesshaft auf. Der Begriff der Emergenz macht dabei auch deutlich, dass Bildung – in dieser Lesart – weder kanonisch noch instruktiv definiert werden kann, da sie zu dem jeweiligen Individuum „gehört". Anders ausgedrückt: Wenn Bedeutungszuweisungen emergieren heißt das, dass sie nicht spontan entstehen, sondern dass sie implizit dem Individuum schon zu Eigen sind und in ihrer spezifischen Form in der Zuweisungssituation zum Ausdruck kommen. Der Rückbezug auf vorhandene Schemata stellt daher für Orgass einen essentiellen Aspekt dar. Neue Schemata entstehen seiner Meinung nach durch die Offenheit des Individuums für Perturbationen:

> „Auch hier steht und fällt die Bezeichnung eines Individuums als ‚musikalisch gebildet' mit dessen Bereitschaft, sich durch das musikalisch Neue und Unerhörte perturbieren zu lassen, d.h. mit der durch das Individuum selbst offen gehaltenen Perspektive der Emergenz (‚Bildung'!) einer neuen musikbezogenen kognitiven Struktur, die neue und neuartige Zuweisungen von Bedeutung und Bedeutsamkeit zu unterschiedlichen Arten von Musik ermöglicht." (Orgass, 2007, S. 119).

Es kann davon ausgegangen werden, dass ein solches Offenhalten kein bewusster oder reflektierter Prozess sein muss, sondern vielmehr ein internalisiertes Verhaltensmuster für die Begegnung mit unterschiedlicher Musik darstellen kann. Auch die Pädagogik der Kommunikation, auf welche Orgass sich definitorisch stützt, unterstreicht diese Annahme. Dort heißt es, dass Sinnkonstitution im kommunikativen Prozess durch den reflexiven und präreflexiven Vollzug von Intersubjektivität erfolgt (vgl. Schaller, 1987, S. 44).

Die Reflexivität spielt als Charakteristikum von Bildung bei Orgass eine wesentliche Rolle. Ihren Stellenwert sieht er auch in der „zwischenleiblichen Interaktion" als Auslöser für Bedeutsamkeitszuweisungen:

> „In Prozessen musikalischer Bildung sind sich die Interaktanten dessen bewusst, dass sich musikalische Bildung in anderen Vollzügen auf andere Weise ereignet, dass also ‚interaktive Verschiedenheit' einen grundsätzlich begrenzten, aber veränderbaren Horizont hat" (Orgass, 2007, S. 118).

Reflexivität nimmt Orgass bei den Interaktanten jeweils für deren Wertbezüge an, welche in den Prozess der Aushandlung und Zuweisung von Bedeutung eingebracht werden (vgl. ebd.). Allerdings weist die Verwendung des Begriffs der „zwischenleiblichen“ Interaktion darauf hin, dass Orgass den Prozess der Bedeutsamkeitsemergenz und somit der Bildung nicht als rein kognitiven Vorgang sieht, sondern dass hier vielmehr eine Überwindung der begrifflichen Trennung von Körper und Geist in der Tradition Käte Meyer-Drawes mitschwingen könnte. Mit der Formulierung des Begriffs der Leiblichkeit stellt diese die kognitive Autonomie als Illusion heraus:

> „Muster dieses Ichs ist nicht mehr das klare wache Bewußtsein, sondern der Leib, in dem Bewußtsein und Körper ein Geflecht bilden, in dem sich Fremdes und Eigenes, Vergangenes und Zukünftiges, Materielles und Ideelles, Soziales und Individuelles durchdringen.“ (Meyer-Drawe, 1990, S. 153).

Reflexion muss somit auch nicht als kognitive Autonomie verstanden werden, ist aber ein Prozess des Rückbezugs auf der Grundlage individueller Dispositionen und wirkt wiederum nach außen.

Während Orgass den Subjektbezug der Bedeutungs- und Bedeutsamkeitsemergenz als konstitutiv für Bildung unterstreicht, nutzt Martina Krause das Konzept der Bedeutungszuweisung, um speziell den Aspekt der Kulturerschließung zu betrachten. Ihre Auffassung lässt sich mit dem Ansatz von Orgass vereinbaren, indem sie davon ausgeht, dass „Kultur […] durch Interpretationen bzw. Bedeutungszuweisungen generiert [wird]“ (Krause, 2008a, S. 306). Dies hängt nach Krause jedoch wesentlich davon ab, dass in diesem Prozess nicht nur individuelle Bedeutsamkeiten zum Tragen kommen, sondern dass es vielmehr „um innerhalb einer sozialen Gruppe *geteilte* Einschätzungen geht.“ (ebd., Hervorhebung im Original). Dies verweist auf gemeinsam geteilte Erfahrungsgrundlagen, welche das Bewusstsein für die bei Orgass genannte „interaktive Verschiedenheit“ erst ermöglichen würden.

Die dargelegten Sichtweisen sind geeignet, musikalische Bildungsprozesse unter dem Aspekt der Bedeutungszuweisung zu erfassen. Sie sind jedoch vornehmlich über einen sprachlich-diskursiven Begriff der Reflexivität definiert und beziehen sich nicht auf das Vorschulalter. Um den Blick auf vorschulische musikalische Bildung zu lenken und zu ergründen, inwiefern Bedeutungszuweisung hier eine Rolle spielt, sollen daher ergänzend Auffassungen von frühkindlicher Bildung genutzt werden.

3.1.2 Der Begriff frühkindlicher Bildung

Zu Beginn des 21. Jahrhunderts ist – insbesondere als Reaktion auf die mangelhaften Ergebnisse der PISA-Studien in Deutschland – im erziehungswissenschaftlichen Fachdiskurs ein gesteigertes Interesse am Thema der frühkindlichen Bildung zu verzeichnen (vgl. Grochla, 2008, S. 7). In diesem Zusammenhang weist der Soziologe Hans-Joachim Laewen auf das Dilemma hin, dass in § 22 des Kinder- und Jugendhilfegesetzes zwar neben Betreuung und Erziehung auch die Bildung als Aufgabe für Kindertageseinrichtungen gesetzlich festgeschrieben ist, gleichwohl dort aber weder eine Bildungsdefinition noch eine Forderung nach „Lehrplänen" für Bildung und Erziehung in Kindertageseinrichtungen zu finden seien (vgl. Laewen, 2002, S. 24; vgl. KJHG, 1990, § 22).

Zwar scheint der Bildungsbegriff in der Frühpädagogik konzeptionsübergreifend durch einheitliche Definitionsmerkmale getragen zu werden, seine Nutzung zur kritischen Abgrenzung jener Konzeptionen untereinander wird teilweise jedoch umso deutlicher betrieben (vgl. Grochla, 2008, S. 169–170). Als konzeptionsübergreifende Definitionsmerkmale sind die Eigenaktivität im Bildungsprozess und die soziale Einbettung desselben vorzufinden, weiterhin werden zum Teil Bildungsziele in Form von Kompetenzbeschreibungen formuliert.

Aufgrund einer intensiven Abgrenzungsdiskussion treten die Konzepte von Bildung als Selbstbildung bzw. Bildung als Ko-Konstruktion besonders deutlich hervor. Ihre spezifischen Ausprägungen werden im Folgenden dargelegt.

Bildung als Selbstbildung: Dieser Ansatz geht auf den Erziehungswissenschaftler Gerd E. Schäfer zurück (vgl. z.B. Schäfer, 2005; Schäfer, 2011). Die Definitionen des Soziologen Hans-Joachim Laewen zu frühkindlicher Bildung sind ebenfalls diesem Kontext zuzurechnen (vgl. Laewen, 2002).

Schäfer entwirft fünf Thesen zum Bildungsprozess, welche die subjektive Verortung von Bildung, deren biographisch-historische Verfasstheit sowie ihre soziokulturelle Einbindung betreffen:

> „(1) Bildung hat etwas mit *Selbsttätigkeit* zu tun. Man kann nicht gebildet werden, bilden muss man sich selbst.
> (2) Bildung erfolgt aufgrund von individuellen *Sinnfindungen* oder *-verlusten*. Sinn kann man nur selbst finden und niemand anderem vermitteln.
> (3) Sinn ergibt sich nicht nur aus dem, was man erfährt oder tut, sondern – mehr noch – daraus, wie man das, was man erfährt oder tut, in das einordnet, was man bisher erfahren und getan hat. Insofern verbinden sich im Bildungsprozess die individuellen Vorerfahrungen mit den neuen Erfahrungsaspekten der gegenwärtigen Situation. Er impliziert also ein – positives oder negatives – *Verhältnis zur eigenen Geschichte*.
> (4) Bildung beschränkt sich nicht auf einen rational-logischen Prozess, sondern schließt die *ganze menschliche Palette der sinnlich-emotionalen Erfahrungs- und Verarbeitungsmöglichkeiten* ein sowie deren subjektive Gewichtung.
> (5) Gebildet wird man ferner durch etwas. Die *Gegenstände der Bildung* tragen den Stempel der Geschichte und damit ein soziales und kulturelles Muster. Außerhalb dieser soziokulturellen Gewordenheit ist keine Bildung möglich. Man wird nur in dem Maße man selbst, in dem man sich in einem Gegenüber findet." (Schäfer, 2005, S. 27–28, Hervorhebung im Original).

Entscheidend ist, dass Schäfer grundsätzlich keine Vermittelbarkeit für Bildung annimmt (Thesen 1 und 2), dass er aber sehr wohl den interaktiven Prozess als bildungsrelevant beschreibt (These 5). Das bedeutet, dass die individuelle Sinnfindung den Bildungsprozess ausmacht und dass somit das Lernen vorgegebener Bildungsinhalte (z.B. im Sinne eines Bildungskanons) für Schäfer keine pädagogische Legitimation besitzt.

Die zweite wesentliche Aussage in Schäfers Bildungsverständnis betrifft die biographische sowie die emotional-situative Verortung des Bildungsprozesses (Thesen 3 und 4). Diese Thesen lassen sich auf jenen Verarbeitungsprozess beziehen, welcher die Integration des Neuen in bereits Bekanntes betrifft. Dabei spielen kognitive, affektive und situative Aspekte eine Rolle. Egänzend wäre hier noch auf die Rück- bzw. Wechselwirkung von Einflüssen zwischen Individuum und Umwelt hinzuweisen. Implizit wird diese jedoch in These 5 deutlich, wenn es heißt: „Die *Gegenstände der Bildung* tragen den Stempel der Geschichte und damit ein soziales und kulturelles Muster" (ebd.). Dass ein solcher „Stempel der Geschichte" von Individuen „aufgedrückt" wird und für jedes Individuum ein persönliches Muster trägt, ist unter der Prämisse der Selbstbildung als wahrscheinlich anzunehmen.

Weiterhin ist in These 5 durch die Erwähnung eines benötigten Gegenübers auch ein Hinweis auf die Intersubjektivität enthalten, welche Orgass für seine Definition von Bildung als „soziale Kategorie" verwendet (vgl. auch Kap. 3.1.1).

Zu Schäfers Bildungsverständnis gehört zudem die Unterscheidung von „Bildung aus erster und aus zweiter Hand". *Bildung aus erster Hand* beschreibt dabei die genuine Selbstbildung.

> „[Es] meint ein Lernen aus eigenen Erfahrungen heraus, aus dem was man wahrgenommen, geordnet, in Bilder gefasst und schließlich in die Sprache übersetzt hat. Diese Bildung entsteht also aus der Klärung der eigenen Erfahrungen." (Beek, Schäfer & Steudel, 2006, S. 63).

Dabei wird keine Isolation vom sozialen Kontext angenommen, sondern die individuelle Wahrnehmung und Ausdeutung zwischenmenschlicher Erfahrungssituationen und Aushandlungsprozesse fokussiert (vgl. ebd., S. 63–64). In Bezug auf Bedeutungszuweisungen liest sich dies folgendermaßen:

> „Alles, was ein Kind tut, bedeutet zunächst etwas für dieses Kind. Wenn es nichts von Bedeutung findet, langweilt es sich. Dabei ist dieser Bedeutungshorizont erst einmal subjektiv, d.h. es ist egal, ob das, womit es sich beschäftigt, für andere Menschen wichtig oder unwichtig ist. Hauptsache, das Kind selbst findet Interesse und Gefallen daran. Indem es etwas tut, erfährt es aber auch, wie seine Umwelt das einschätzt, was es tut. Es wird also genötigt, die Bedeutung, die es selbst empfindet mit dem zu vergleichen, was andere davon halten. Auf diesem Weg wird es lernen subjektive, soziale und kulturelle Bedeutungen allmählich so auszubalancieren, dass ihm seine subjektiven Bedeutungen nicht verloren gehen." (Schäfer, 2002, S. 3–4).

Bildung aus zweiter Hand betrifft „Lernen als Übernahme dessen, was einem erzählt wird." (vgl. Beek, Schäfer & Steudel, 2006, S. 64). Sie wird von Schäfer erst ab dem Spracherwerb als relevant angesehen. Bildung aus zweiter Hand lässt sich als „stellvertretende Erfahrungsbildung" verstehen, indem Erfahrungen anderer Menschen

an das Kind herangetragen und dessen Erfahrungssystem – durch kindliche Eigentätigkeit – wiederum zugeordnet werden können. Da die Integration von Erfahrung
aus zweiter Hand in das eigene habituelle System nur auf der Grundlage eigener Erfahrungen bzw. Dispositionen erfolgen kann, wird davon ausgegangen, dass es

> „daher nicht um die Alternative ‚Bildung aus erster oder aus zweiter Hand' [geht], sondern
> um die Frage: Wie viel Bildung aus erster Hand benötigen Kinder, um das Bildungswissen
> aus zweiter Hand sinnvoll nutzen zu können?" (ebd., S. 65).

Im Rahmen des Modellprojektes „*Zum Bildungsauftrag von Kindertageseinrichtungen*" aus den Jahren 1997 bis 2000 beschäftigt Hans-Joachim Laewen sich ebenfalls
mit dem Bildungsbegriff. Ähnlich wie Schäfer lehnt er eine Festlegung von Bildungsstandards und die Vermittlung von Basiskompetenzen ab, da dies einer gesellschaftlichen „Bedarfsorientierung" gleich käme, die den Standard, aber nicht das
Individuum berücksichtigen würde (vgl. Laewen, 2002, S. 30–35). Die „Subjekt-Welt-
Relation" würde in diesem Falle von der „Welt" aus gedacht:

> „Der Zugang des Subjekts zur Welt bleibt darin ungeklärt und das Subjekt selbst wird ten-
> denziell auf einen Träger von Schnittstellen zum Beschäftigungssystem reduziert." (ebd.,
> S. 32).

Wie für Schäfer ist auch für Laewen die These der Selbsttätigkeit für den Bildungsprozess zentral. Hervorzuheben ist jedoch Laewens explizite Trennung zwischen
Bildung und Erziehung, welche nicht nur begriffsdefinitorisch, sondern vielmehr als
Aufteilung von „Zuständigkeiten" zwischen Kindern und Erwachsenen vorgenommen wird. So beschreibt er den Begriff der Selbstbildung letztlich als Tautologie, da
grundsätzlich von einer autopoietischen Verfasstheit von Bildung auszugehen sei (vgl.
Laewen, 2002, S. 47). Er sieht folglich in der Beziehung von Kindern und Pädagoginnen bzw. Pädagogen die Bildung als Sache der Kinder an, während den Erwachsenen
begrifflich der Bereich der Erziehung zukommt (vgl. ebd., S. 38). Zugleich plädiert er
aber dafür, dass Erziehung in diesem Zusammenhang „neu gedacht" werden müsse
(vgl. ebd.). Da er von einer Verflechtung von Bildung und Erziehung im sozialen
Prozess ausgeht, stellt sich für Laewen die Frage, was Erziehung unter der Prämisse
der kindlichen Eigentätigkeit zur Aneignung von Welt überhaupt sein könne. Denn
aufgrund der Eigentätigkeit bliebe „Bildung […] einem direkten Zugriff von außen
entzogen" (ebd., S. 72). Laewen formuliert zwei Formen, in welchen Erziehung mit
Bildung in Verbindung treten kann und nutzt diese zur Definition eines neu gedach-
ten Erziehungsbegriffs:

> „1. *Die Gestaltung der Umwelt des Kindes.* Dazu gehört:
> - Die Architektur der Kindertagesstätte und die Anlage des Freigeländes, im engeren
>   Sinne die Raumgestaltung und die materielle Ausstattung der Einrichtung:
> - Die Gestaltung von Zeitstrukturen und Situationen.

2. *Die Gestaltung der Interaktionen zwischen Erwachsenen und Kind.* Dazu gehört:
- Die Zumutung von Themen durch die Erwachsenen
- Die Beantwortung der Themen der Kinder durch die Erwachsenen;
- Die Wahl des Dialogs als Form der Interaktion." (ebd., S. 73, Hervorhebung im Original).

Erziehung ist dann „Ermöglichung, Unterstützung und Herausforderung von konstruierender Aneignung" (ebd.). Daraus folgert Laewen, dass „Bildungsziele" immer nur Ziele der Kinder sein können, während von Erwachsenen ausschließlich „Erziehungsziele" formuliert werden können (vgl. ebd.). Gerade diese Ausführungen ermöglichen auch Lesarten aus der Perspektive des Konzepts von Bildung als Ko-Konstruktion.

Bildung als Ko-Konstruktion: Dieser Ansatz geht auf den Elementarpädagogen Wassilios E. Fthenakis zurück und wird insbesondere vom Staatsinstitut für Frühpädagogik (IFP/München) vertreten. In Kapitel 2.2 wurde bereits die Perspektive dargestellt, Kinder als Ko-Konstrukteure ihrer Wirklichkeit zu verstehen. Zudem wurde der Begriff der Ko-Konstruktion unter entwicklungspsychologischen Aspekten in Kapitel 2.3.3.3 bezüglich der Aushandlung von Bedeutungen betrachtet. An dieser Stelle steht er nun im pädagogischen Anwendungsbezug und liest sich dahingehend nicht komplett deckungsgleich mit der psychologischen Begriffsauffassung. Fthenakis fordert:

> „Wir benötigen ein Bildungskonzept, in dem, auf der Grundlage sozialkonstruktivistischer Annahmen, Bildung als sozialer Prozess definiert wird, dem das Bild eines kompetenten Kindes zugrunde liegt, eines Kindes, das seine Lernumwelt aktiv mitkonstruiert. Wir benötigen ein Bildungskonzept, das den kulturellen, sozialen und ethnischen Hintergrund des Kindes reflektiert, kontextuelle Faktoren einbezieht und in hohem Maße sozialintegrativ ist." (Fthenakis, 2002, o.S.).

Sein Verständnis von Bildung lautet:

> „*Bildung im Kindesalter gestaltet sich als sozialer Prozess, an dem sich Kinder und Erwachsene aktiv beteiligen.* Nur in gemeinsamer Interaktion, im kommunikativen Austausch und im ko-konstruktiven Prozess findet Bildung, nicht zuletzt als Sinnkonstruktion, statt. So verstanden sind Bildungsprozesse eingebettet in den sozialen und kulturellen Kontext, in dem sie jeweils geschehen" (Bayrisches Staatsministerium für Arbeit und Sozialordnung, Familie und Frauen/Staatsinstitut für Frühpädagogik München, 2007, S. 24, Hervorhebung im Original).

In oben genannter Forderung ebenso wie in dieser Bildungsdefinition erscheinen die Differenzen zwischen den Ansätzen der Selbstbildung und der Ko-Konstruktion im elementarpädagogischen Bereich zunächst geringer, als von Schäfer und Fthenakis im Rahmen ihrer Abgrenzungsdebatte dargestellt (vgl. z.B. Schäfer, o.J.a; Schäfer, o.J.b; Fthenakis, 2002). Fthenakis spricht sich jedoch für eine (begriffliche) Verquickung von Bildung und Erziehung aus:

„Im Kindesalter gehen Bildung und Erziehung Hand in Hand. Eine klare Abgrenzung ist kaum mehr möglich" (Bayrisches Staatsministerium für Arbeit und Sozialordnung, Familie und Frauen/Staatsinstitut für Frühpädagogik München, 2007, S. 28).

Damit bleiben Bildungsprozesse, die außerhalb von pädagogischen Situationen stattfinden, unberücksichtigt. Zum Verständnis wäre letztlich eine genaue Definition von Erziehung notwendig, welche dort jedoch unterbleibt.

Zu den zentralen Aspekten des elementarpädagogischen Kontextes zählen für Fthenakis zudem das Lernen und die Stärkung von Basiskompetenzen (vgl. Fthenakis, 2002, o.S.). Damit ist durchaus eine Abgrenzung zu den Ansätzen Schäfers und Laewens (s. Laewens Kritik der „Bedarfsorientierung") festzustellen.

Dabei lässt sich auch Schäfers Kritik nicht von der Hand weisen, beim Verständnis von Bildung als Ko-Konstruktion sei der kindliche Eigenanteil an der ko-konstruktiven Leistung nicht inhaltlich gefüllt und somit in der praktischen Umsetzung nicht nachvollziehbar. Raum für kindliche Eigenwelten und Bedeutungszuweisungen sei im Ko-Konstruktionsansatz nur dann vorhanden, wenn diese in die vorgegebenen Lerninhalte hinein passten (vgl. Schäfer, o.J.a, S. 6–7).

Schnittstellen: Dem Ansatz der Ko-Konstruktion ist insgesamt stärker als dem Selbstbildungsansatz eine pädagogische Einflussnahme zuzuordnen. Dagegen können im Selbstbildungsansatz aufgrund des Schwerpunkts auf der Eigen-Tätigkeit und dem Eigen-Sinn der Kinder die sozialen Fremdeinflüsse zu wenig Berücksichtigung finden. Definitorisch sind jedoch in beiden Ansätzen wesentliche Überschneidungen zu finden: Hier sind die soziokulturelle Verortung der Erfahrungsbildung, der intersubjektive Austausch und die individuelle Verarbeitungskompetenz bzgl. der Sinnkonstruktion zu nennen. So ist es nicht verwunderlich, dass die Abgrenzungsdiskussion zwischen den Positionen zur Selbstbildung und zur Ko-Konstruktion im elementarpädagogischen Diskurs zum Teil als „überflüssig" angesehen wird (vgl. Grochla, 2008, S. 116–119; S. 126). Es wird argumentiert, dass Selbstbildung und Ko-Konstruktion zwei Seiten derselben Medaille seien und dass das Hervorheben der Begriffe trivial anmute, da beide Aspekte schon vor Ihrer Nutzung durch Schäfer und Fthenakis in Bildungszusammenhängen vorhanden und konsensfähig waren (vgl. Grochla, 2008, S. 117). Der Erziehungswissenschaftler Ludwig Liegle vertritt beispielsweise eine Position, welche von der autopoietischen Bildungsleistung des Kindes ausgeht und gleichzeitig Erziehung als Reaktion auf dessen Entwicklung und als Entwicklungshilfe beschreibt:

„Dieses Bildungsverständnis nimmt die selbsttätige Erkundung und Aneignung der Welt (‚Selbstbildung') zum Ausgangspunkt. Es betont aber zugleich die Abhängigkeit der selbsttätigen Bildungsprozesse der Kinder vom entwicklungsangemessenen Anregungsgehalt ihrer Bildungswelten sowie vom Erleben und von der Gestaltung emotionaler und sozialer Beziehungen mit Ihresgleichen sowie mit Erwachsenen." (Liegle, 2006, S. 10).

Zur Beschreibung von Bildung verwendet Liegle die Begriffe Erziehung und Lernen. Erziehung meint dabei Informationsvermittlung und Lernen bedeutet für ihn Informationsverarbeitung (vgl. ebd., S. 37). Als „Werk-Zeuge" des Menschen stehen jedoch beide Handlungen (Erziehung sowie Lernen) Kindern und Erwachsenen zur Verfügung, eine Aufgabenteilung wie bei Laewen verwendet Liegle nicht (vgl. ebd.). Seine Definition von Erziehung lautet:

> „Erziehung, recht verstanden, ist zugleich Werk-Zeug der Gesellschaft und Werk-Zeug der werdenden Person" (ebd.).[20]

Erziehung durch Erwachsene betrifft hier die „Vorbereitung einer Umwelt und direkte Entwicklungs- bzw. Lernhilfe" (ebd.), welche auch Steuerungsprozesse beinhalten kann. Erziehung des Kindes an sich selbst bedeutet nach Liegle „Anpassung und Auseinandersetzung mit der Welt der Menschen und der Dinge" (ebd., S. 37–38).

Lernen ist dagegen für Liegle das autopoietische Element von Bildung (vgl. ebd., S. 38) und wäre synonym zur Selbstbildung zu lesen. Gleichzeitig beschreibt er Lernen aber auch als „Selbsterziehung" (ebd.). Diese begriffliche Überlagerung kann auch als definitorische Unschärfe gelten, sie macht die Nachvollziehbarkeit der konkreten Definition zumindest schwerer. Zu berücksichtigen ist allerdings, dass bereits bei der Betrachtung der gegeneinander abgegrenzten und stark konturierten Ansätze, wie sie weiter oben dargestellt wurden, die Unmöglichkeit einer trennscharfen Definition angemerkt wurde. Ein offener Bildungsbegriff mit unterschiedlich gewichteten Schnittmengen von eigenaktiver Tätigkeit, Entwicklung, Erziehung und Lernen scheint sich anzubieten.

3.1.3 Zusammenfassende Gedanken zum Bildungsbegriff

Mit Blick auf den Bildungsdiskurs in der Frühpädagogik erscheint eine *übergreifende* Definition des Bildungsbegriffs weder als eine realistisch zu bewältigende noch als eine notwendige Aufgabe. Vielmehr kann durch die Benennung bestimmter Konstituenten von „Bildung" bzw. durch die Beschreibung der Elemente von Bildungsprozessen eine konkrete, aber je spezifische Verständnisgrundlage geschaffen werden.

Aus den bisherigen Ausführungen heraus soll eine solche Verständnisgrundlage für die vorliegende Arbeit hergestellt werden: Bildung ist hier als Emergenz von Bedeutung zu verstehen und als reziproker Austausch mit der soziokulturellen Umwelt. Sie ist somit ein in jeglicher Situation interaktiver und in Bezug auf die anderen Men-

---

20 Liegle nutzt in Bezug auf Erziehung und Bildung häufig den Begriff des „Werdens". Damit verfolgt er keine finalistische Entwicklungsimplikation wie sie in einer Auffassung von Kindheit als Vorbereitungsphase gegeben wäre. Eine diesbezügliche Reflexion der Begriffsverwendung stellt er jedoch nicht zur Verfügung. Im vorliegenden Kontext wird das „Werden" als Charakteristikum von Bildung aufgefasst, um den komplexen, erfahrungsbasierten Prozesscharakter von Bildung zu verdeutlichen (vgl. Kap. 3.1.3).

schen intersubjektiver, individueller Prozess. Pädagogisch motivierte Erziehung und die Eigenaktivität des Individuums sind nicht komplementär, wohl aber als gegenseitige Beeinflussung zu verstehen. Der Bezug zur soziokulturellen Umwelt wird dabei als fortwährender Einbindungs- und möglicherweise auch Überschreitungsprozess bildungsrelevant.

Der Anpassungsbegriff, wie ihn Liegle im Rahmen der „Selbsterziehung" nutzt, wird hier als ein Element von Aneignung und Eigenaktivität verstanden, da Anpassung eine Aktivität des Individuums voraussetzt. Lernen wird als prä-reflexiver und reflexiver Umgang mit der eigenen Erfahrungsbildung definiert, somit wäre Bildung immer Entwicklung.

Um den Prozesscharakter zu verdeutlichen, wird hier vorgeschlagen, Bildung als mehrdimensionales „Werden" zu verstehen. Dies beinhaltet jedoch keinerlei finalistische Entwicklungsimplikation, vielmehr verdeutlicht der Begriff des Werdens, dass Bildung niemals „Zustand" sein kann. Diese Definition des Werdens fußt auf den Ideen der Philosophen Gilles Deleuze und Félix Guattari, welche die Dualität von Sein und Werden ablehnen und ein unendlich in alle Richtungen mögliches, unaufhörliches „Werden" proklamieren (vgl. das zehnte Kap. in Deleuze & Guattari, 1992, S. 317–422). Ein „Werden" hin zu einem „Sein" wäre in dieser Auffassung illusorisch. Der Begriff des „Werdens" lässt sich dem Emergenzbegriff bei Orgass ebenso einschreiben wie der mehrdimensionalen, dynamischen Verfasstheit des individuellen Habitus.

Damit wird erneut deutlich, dass Bildung nicht objektiv definierbar ist. Allerdings bestehen durchaus gesellschaftlich tradierte Maßstäbe von Bildung, die Auswirkungen wie z.B. die Reproduktion sozialer Ungleichheit zeitigen können. In der Rede von „bildungsfernen Milieus" oder in der Auffassung, ein Mensch sei „gebildet", kommt eher eine Zustandsbeschreibung als ein Prozess zum Ausdruck. Dies lässt sich mit der Kopplung an institutionalisierte Bildungsabschlüsse als Bildungsmaßstab erklären. Hier definiert der Maßstab jeweils „objektiv" überprüfbare Einheiten, die als Zustände wahrgenommen werden können. Dagegen ist anzunehmen, dass Bildung als individuelle menschliche Disposition – egal ob im institutionalisierten Kontext oder nicht – jene Erfahrungs- und Wissensgehalte sowie Lernstrategien oder Prinzipien des Umgangs mit der Welt umfasst, welche sich Menschen in ihrem Handeln und Denken zunutze machen und gleichzeitig modifizieren.

3.2 Vielfältige Ausprägungen der Musikalischen Früherziehung

Die „Musikalische Früherziehung" (MFE) wird als zweijähriges Unterrichtsangebot für Kinder im Vorschulalter seit 1968 an Musikschulen in der Bundesrepublik Deutschland unterrichtet. Während zunächst die Zielgruppe vier- bis sechsjähriger Kinder angesprochen war (vgl. z.B. Stumme, 1977, S. 281; Wucher, 1977, S. 290; VdM,

1994, S. 10), hat sich zu Beginn des 21. Jahrhunderts der Altersbereich erweitert. So weist der Bildungsplan Musik für die Elementarstufe/Grundstufe mit der Formulierung „Musikalische Früherziehung/EMP mit Kindern zwischen 3 bzw. 4 und 6 Jahren" neuerdings ein flexibleres Zielgruppenspektrum auf (Metzger et al., 2010, S. 37).

Michael Dartsch führt diese Entwicklung auf die Vorverlagerung des Einschulungsalters sowie auf die Zunahme der Kooperationen von Musikschulen mit Kindertagesstätten und die dort gegebenen altersstrukturellen Bedingungen zurück (vgl. Dartsch, 2010b, S. 14). Er definiert das Fach im Jahr 2010 daher als „grundlegende[n] Musikunterricht mit Gruppen von Kindern vor dem Schuleintritt" (vgl. Dartsch, 2010b, S. 15). Dieser „grundlegende Musikunterricht" erfolgt mit den Ausdrucksmitteln von Stimme, Körper, Bewegung und Instrumenten, dies jedoch in vielgestaltigen Ausprägungen, je nach den zugrunde liegenden Unterrichtskonzepten und Zielen.

Schließlich ist die Umsetzung des Faches an den Musikschulen von unterschiedlichen Lehrpersönlichkeiten aus verschiedenen Ausbildungshintergründen und -generationen geprägt. Es wäre daher zu fragen, welche Ausbildungshintergründe MFE-Lehrkräfte haben, die zu Beginn des 21. Jahrhunderts berufstätig sind. Welche Generationskohorten von Lehrkräften unterrichten aktuell parallel im Fach und beeinflussen sich möglicherweise in unterschiedlichen Zusammenhängen der Zusammenarbeit? Schließlich: Welche Bildungsziele oder pädagogischen Schwerpunkte bringen diese unterschiedlichen Lehrkräfte in ihren Unterricht ein?

Aufschluss gibt eine Lehrkräftebefragung, welche von Michael Dartsch im Rahmen seiner Studie zu Wirkungen und Voraussetzungen der Musikalischen Früherziehung durchgeführt wurde (Dartsch, 2008). Die bundesweit gezogene Stichprobe erfasste dabei rund zwei Prozent aller Mitgliedschulen im Verband deutscher Musikschulen (vgl. ebd., S. 14). Es ergibt sich folgendes Lehrkräfteprofil (das Folgende nach Dartsch, 2008, S. 14–15 und S. 33):

- Ungefähr 90 Prozent der Lehrkräfte des Faches sind weiblich.
- Das in der Studie erfasste Altersspektrum liegt zwischen 25 und 58 Jahren.
- Der häufigste Ausbildungshintergrund ist die Weiterbildung, gefolgt vom fachbezogenen Studium. Zudem sind musikpädagogische Studienfächer ohne spezielle Fachqualifikation sowie pädagogische Studienfächer ohne musikalische Fachqualifikation vertreten. Im Einzelnen stellt sich das Bild folgendermaßen dar:
  - 54,1% der in der Studie erfassten Kinder erhalten Unterricht bei einer Lehrkraft, die eine fachbezogene Weiterbildung (genannt werden MFE, MGA, Rhythmik oder EMP) besucht hat.[21]
  - 31,2% der Kinder erhalten Unterricht bei einer Lehrkraft, die Elementare Musikpädagogik, Allgemeine Musikerziehung, Rhythmik oder eines der fachbezogenen Vorläuferfächer (MFE, MGA) studiert hat.

---

21 Eine genauere Benennung der Weiterbildungen (z.B. Anbieter, Fachdozentinnen und -dozenten, Themenspektrum, Laufzeit) wird in der Lehrkräftebefragung nicht vorgenommen.

- 7,8% der Kinder werden von einer Lehrkraft mit einem musikpädagogischen Studienabschluss ohne spezielle Ausbildung für die Musikalische Früherziehung unterrichtet (z.B. Diplommusiklehrer).
- 1,0% der Kinder haben eine Lehrkraft mit pädagogischer, jedoch nicht musikalischer Ausbildung.
- Für 5,9% der in der Studie erfassten Kinder schließlich fehlen Angaben zum Ausbildungshintergrund der Lehrkraft
- Bei den verwendeten Unterrichtskonzepten und Lehrwerken fällt auf, dass häufig mehrere Werke parallel verwendet werden und dass ein Großteil der Lehrkräfte darüber hinaus eigene Konzepte einsetzt:
  - Fast 75% der in der Studie erfassten Gruppen werden nach dem Lehrwerk „Musik und Tanz für Kinder" unterrichtet (Nykrin, Grüner & Widmer, 2007; Nykrin, Grüner & Widmer, 2008).
  - In ungefähr jeder fünften Gruppe wird das Lehrwerk „Spiel und Klang" verwendet (Berger et al., 1998).
  - In jeder siebten Gruppe kommt die „Musikalische Früherziehung" von Karl-Heinz Zarius zum Einsatz (Zarius, 1989).
  - „Tina und Tobi", als Nachfolgeband des ersten MFE-Unterrichtswerks „Curriculum Musikalische Früherziehung", kommt in jeder 18. Gruppe zur Anwendung (Wucher & Twittenhoff, 2003).[22]
  - Vereinzelt werden daneben noch die Lehrwerke „Musik-Fantasie" (Schuh, 2009; Schuh, 1997), „Klangstraße" (Ritter & Schäfer, 1999; Ritter & Schäfer, 2001) und „Spitz die Ohren" (Foltz-Zaun, 1999; Foltz-Zaun, 2000) genannt.
- Impulse der Kinder führen ca. alle zwei bis drei Wochen zu Änderungen im Stundenablauf.

Die von Dartsch formulierten Prinzipien der Elementaren Musikpädagogik, nämlich „Orientierung am Spiel, am Experiment, an der Kreativität, am Prozess, am Einbeziehen von vielerlei Ausdrucksmedien, am Körper, am Aufbau von Beziehungen und an der grundsätzlichen Offenheit des Unterrichts", sind hoch konsensfähig bei den befragten Lehrkräften (vgl. Dartsch, 2008, S. 16).

Es versteht sich, dass diese Prinzipien je nach Ausbildungshintergrund oder Auswahl der verwendeten Lehrwerke unterschiedliche Schwerpunktsetzungen und Auslegungen beinhalten können. Es ist an dieser Stelle nicht möglich, die individuellen Lehrmentalitäten und angestrebten Bildungsziele der MFE-Lehrkräfte in

---

22 Der Autor stellt hier eine Diskrepanz zur VdM-Statistik fest, in welcher für 46,5% der Kinder in der MFE angegeben wurde, dass sie nach dem „VdM-Curriculum" unterrichtet würden (vgl. Dartsch, 2008, S. 15). Es ist jedoch anzunehmen, dass diese Diskrepanz auf einem Missverständnis beruht, denn unter dem „VdM-Curriculum" kann einerseits das Lehrwerk „Curriculum Musikalische Früherziehung" bzw. dessen Neuauflage „Tina und Tobi" verstanden werden (vgl. dazu Kap. 3.2.3.2.1), andererseits könnte jedoch auch der VdM-Lehrplan für die Musikalische Früherziehung (VdM, 1994) gemeint sein, dessen Sachbereiche und Ziele auch in anderen Lehrwerken deutlich vertreten sind.

Deutschland zu untersuchen. Der Blick auf bestimmte Schwerpunktsetzungen in der Ausbildungslandschaft, die Analyse didaktischer Positionierungen im Fach sowie die Gegenüberstellung der in den o.g. Lehrwerken verzeichneten Ziele soll jedoch eine Annäherung bieten.

Vor dem Hintergrund, dass sich didaktische Positionen und fachbezogene Bildungsziele im Kontext allgemeinpädagogischer sowie allgemein-musikpädagogischer, aber auch gesellschaftspolitischer und künstlerischer Strömungen entwickeln, ist zudem ihre historische Perspektive zu berücksichtigen. Der Fokus der Thematik liegt im Folgenden jedoch nicht auf einer historischen Aufarbeitung, sondern auf einer Beschreibung und Übersicht der aktuellen fachimmanenten Bildungsziele und Schwerpunkte. Zu diesem Zweck werden hier einige historische Entwicklungslinien herangezogen. Ausführlichere Darstellungen der historischen Verortung und Entwicklung des Faches Musikalische Früherziehung finden sich z.B. bei Ribke (1995, S. 15–23), Mazurowicz (2002), Dartsch (2010b, S. 9–26), Widmer (o.J.) und Stippler (2011).[23]

3.2.1 Institutionalisierung des Faches an der Musikschule

Im Jahr 1952 entstand durch den Zusammenschluss von damals zwölf Musikschulen der „Verband der Jugend- und Volksmusikschulen e.V.", welcher 1966 in „Verband deutscher Musikschulen e.V." umbenannt wurde. Bereits 1951 verfasste Wilhelm Twittenhoff im Rahmen der Arbeitsgemeinschaft Nr. 6 „Jugendmusik und Musikschulen" eine Denkschrift über Richtlinien zur Einrichtung von Jugendmusikschulen, welche vom Arbeitskreis für Hausmusik, der Musikantengilde und dem Verband gemischter Chöre Deutschlands unterzeichnet wurde. Die dort formulierten Richtlinien beinhalteten die Gliederung des Musikschul-Rahmenplans in Unterstufe (8.–11. Lebensjahr), Mittelstufe (11.–14. Lebensjahr) und Oberstufe (14.–18. Lebensjahr; vgl. Twittenhoff, 1977, S. 179). Dort ist der Zusatz vermerkt:

„Die Einrichtung eines musikalischen Kindergartens als Vorstufe wird empfohlen" (ebd.).

Ein in Leistungsstufen unterteilter Strukturplan für die Musikschulen wurde 1962 vorgelegt und enthielt nun die Bereiche Grundstufe, Unter-, Mittel- und Oberstufe. In der Grundstufe wurde zunächst die zweijährige Musikalische Grundausbildung für Kinder im Grundschulalter verortet, welche auf den Instrumental- bzw. Vokalunterricht vorbereiten sollte (vgl. Träder, Vetter & Wucher, 1977, S. 6).

Die Einrichtung der Musikalischen Früherziehung als Musikschulfach erfolgte schließlich 1968 und stand im Kontext einer gesteigerten erziehungswissenschaft-

---

23 Es sei angemerkt, dass lediglich die Veröffentlichung von Dartsch (2010b) einen Hinweis auf die in der DDR entwickelte Musikalische Elementarerziehung enthält (vgl. ebd., S. 25). Die anderen genannten Texte zur Historie und didaktischen Fachentwicklung berücksichtigen keine Einflusslinien aus der DDR auf die weitere gesamtdeutsche Entwicklung nach 1990.

lichen und letztlich gesellschaftspolitischen Aufmerksamkeit für das Vorschulalter. Diese schlug sich forschungspragmatisch und pädagogisch-didaktisch in der „Entdeckung" der kognitiven Frühförderung nieder, befeuert durch behavioristische Positionen insbesondere aus dem US-amerikanischen Forschungsraum (vgl. Ribke, 2005, S. 72; Klaßen, 1996). So vollzog sich ein Wandel, weg von Begabungs- und Reifungstheorien, hin zur Lerntheorie, welcher auf der Idee einer bereits im Vorschulalter möglichen und notwendigen Trainierbarkeit kognitiver Leistungen basierte (vgl. Klaßen, 1996, S. 27–30).

Zudem entwickelte die Firma Yamaha ein Musikschulkonzept für das Vorschulalter, welches in den späten 60er Jahren des 20. Jahrhunderts über die USA auch Deutschland erreichte. Im Jahr 1967 eröffnete die erste Yamaha-Musikschule in Deutschland: vier- bis fünfjährige Kinder erhielten dort Gruppenunterricht nach dem „Liederkreisel", sechs- bis siebenjährige wurden mit dem „Kleinen Musikus" unterrichtet (Mayer, 1974, S. 220). Das Yamaha-Konzept entsprach den lerntheoretischen Annahmen der Zeit und verband kognitionspsychologische und behavioristische Ansätze in einer auf Kleinschrittigkeit und Imitation basierenden Methodik (vgl. Mönig, 2006, S. 29–30).

Infolge des Musikschulangebots von Yamaha entstand beim Verband deutscher Musikschulen ein akuter Konkurrenzdruck. Der Verband reagierte mit der Entwicklung eines „Curriculum Musikalische Früherziehung", welches 1968 veröffentlicht wurde und Stundenbilder für zwei Jahre enthielt (vgl. Dartsch, 2010b, S. 10). Die Erprobung des Programms erfolgte zunächst an 27 Musikschulen (vgl. Wucher, 1974, S. 139). Als Lehrkräfte wurden „musikalische Fachkräfte, weitgehend mit zusätzlicher Vorbildung als Kindergärtnerin oder Rhythmikerin" (Stumme, 1977, S. 282) gewonnen und speziell für den Unterricht mit dem „Curriculum" fortgebildet.

Nach der Erprobungsphase wurde das Fach bundesweit in Kopplung mit dem Lehrwerk „Curriculum Musikalische Früherziehung" an VdM-Musikschulen eingeführt. Auch weiterhin wurden Lehrkräfte in speziellen Tagungen anhand des „Curriculums" fortgebildet. Ferner fanden regelmäßige Auswertungstagungen statt, in welchen die Lehrkräfte ihre Erfahrungen aus der Praxis reflektierten und in die Weiterentwicklung des Unterrichtsprogramms einbrachten (vgl. Wucher, 1974, S. 139). Indem das Fach auf der Grundlage des Unterrichtsprogramms „Curriculum Musikalische Früherziehung" eingeführt wurde, etablierte sich in der der Folge der Name „Musikalische Früherziehung" als Fachbezeichnung für den musikalischen Gruppenunterricht vier- bis sechsjähriger Kinder.

3.2.2 Zentrale Einfluss- und Entwicklungslinien im Fach

Die ausgesprochen schnell vollzogene Einführung des Faches MFE an den Musikschulen war mit der Notwendigkeit verbunden, unausgebildete Lehrkräfte ohne übermäßigen zeitlichen Aufwand für den Musikunterricht mit Vorschulkindern zu befähigen. Die diesbezügliche Kopplung des „Curriculums" mit den Fortbildungstagungen führte damit zunächst zu einer recht einheitlichen inhaltlichen Ausprägung des Faches MFE.

Die zentralen Lerninhalte des „Curriculums Musikalische Früherziehung" sind die Notenschrift und musiktheoretische Grundbegriffe sowie Instrumentenkunde, die Ausarbeitung der Stundenbilder ist kleinschrittig methodisch vorgezeichnet (vgl. Wucher & Twittenhoff, 1970).

Erste Erfahrungen mit dem neuen Fach wurden auf einer Studientagung in Würzburg vom 11. bis 14. Mai 1973 präsentiert und diskutiert (vgl. Noll & Suder, 1974). Zu diesem Zeitpunkt befand sich das Lehrwerk bereits in der zweiten Überarbeitung, welche auf der Grundlage von Erfahrungsberichten der das Programm verwendenden Lehrpersonen stattfand (vgl. Wucher, 1974, S. 139). Im Jahr 1973/74 erschien die Neufassung, die jeweils mit einem eigenen Programm für die Musikschule und für den Kindergarten aufgelegt wurde (vgl. ebd., S. 139–140).

Ebenfalls 1974 wurde vom Verband deutscher Musikschulen e.V. der Lehrplan für die Musikalische Grundausbildung (MGA) veröffentlicht. Er weist eine zweijährige Struktur auf, beginnend im ersten Grundschuljahr. Die Gliederung erfolgte in Sachgebiete, welche auch als Anbindung an den damals aktuellen allgemein-pädagogischen und musikpädagogischen Diskurs verstanden werden können (vgl. Zarius, 1996, S. 16). Es sind dies die „Musikübung" mit den Teilbereichen „Singen und Sprechen", „Elementares Instrumentalspiel" und „Musik und Bewegung (Rhythmik)" sowie „Musikhören", „Instrumenteninformation" und „Musiklehre" (vgl. VdM, 1977, S. 320).

Dass die Musikalische Früherziehung konzeptionell von der Musikalischen Grundausbildung aus entwickelt wurde, zeigt u. a. die Verwendung der gleichen Sachbereiche im 1980 erschienenen Lehrplan. Diese wurden später, im Rahmen der gründlichen Revision des Lehrplans, teilweise verändert: Die „Musikübung" heißt nun „Musikpraxis" und der Teilbereich rund um Bewegung und Tanz wird inhaltlich erweitert und erhält die Bezeichnung „Bewegung, Tanz und szenisches Spiel" (vgl. Lehrplan VdM, 1994). Da die MFE in wesentlichen Leitlinien aus der MGA heraus entwickelt wurde, stand hier – im Gegensatz zum Yamaha-Konzept – eine permanente Elternanwesenheit nie zur Diskussion.[24]

Die lehrwerksübergreifenden Sachgebiete im Lehrplan boten den Vorteil, diese individuell mit Inhalten füllen zu können. Dies beflügelte insbesondere die Öffnung für Alternativen zum „Curriculum" innerhalb der MFE und weckte das Interesse von Verlagen an der Veröffentlichung neuer Lehrwerke.[25] Der Lehrplan „Musikalische Früherziehung" geht z.B. über die eher kognitionslastige Anlage des Curriculums hinaus, indem kreative und improvisatorische Elemente mehr Gewicht erhalten.

Nach und nach trat die Diversifizierung der Konzepte für den Vorschulbereich deutlicher zutage. So hat Gertrud Meyer-Denkmann bereits lange vor der Lehrplanveröffentlichung seit den 50er Jahren mit Kindern Klangexperimente durchgeführt und ihre Arbeit im Bereich der Musikalischen Früherziehung (zunächst mit privaten

---

24 Interview mit Prof. K.-H. Zarius am 14.07.2009.
25 Interview mit Prof. K.-H. Zarius am 14.07.2009.

Gruppen im eigenen Wohnzimmer) auf kreative Eigentätigkeit und kompositorisches Schaffen der Kinder ausgerichtet (vgl. Meyer-Denkmann, 2007, S. 181). Schon 1970, also nur zwei Jahre nach der Veröffentlichung des Curriculums, erschien ihre Unterrichtshilfe „klangexperimente und gestaltungsversuche im kindesalter" (Meyer-Denkmann, 1970), welche zwar im Rahmen der Musikalischen Grundausbildung verortet war, jedoch auf Unterrichtserfahrungen der Autorin mit Kindern ab fünf Jahren zurück ging. Der Ansatz Meyer-Denkmanns zeigte zum damaligen Zeitpunkt neue Möglichkeiten musikpädagogischen Schaffens und wurde beim Fachpublikum kontrovers rezipiert. Während einerseits eine starke Nachfrage für die „klangexperimente" zu verzeichnen war (vgl. Meyer-Denkmann, 2007, S. 191), erfuhr Meyer-Denkmann andererseits auch Ablehnung und Unverständnis aus den Reihen der im Elementarbereich tätigen Musikpädagoginnen und -pädagogen.[26]

Eine grundsätzliche Umorientierung war dennoch nicht aufzuhalten und so erschien 1984/85 die erste Ausgabe des Unterrichtswerks „Musik und Tanz für Kinder", welches auf der Grundlage der Lehrpraxis am Orff-Institut in Salzburg entwickelt wurde (vgl. Nykrin, Grüner & Widmer, 2007, S. 11). Das Konzept ist deutlich offener gestaltet als das „Curriculum", es bietet Variations- und Modifikationsmöglichkeiten für die Lehrkraft und fokussiert einen prozessorientierten, handelnden Umgang mit Musik in ihren unterschiedlichen Spielarten. Vom süddeutschen Raum aus fand es schnell Verbreitung in der Bundesrepublik.[27] Nach und nach erreichte das Fach MFE konzeptionelle Ausdifferenzierungen, indem weitere Unterrichtswerke auf den Markt kamen (vgl. Dartsch, 2010b, S. 15–22).

Wesentliche Leitlinien des Faches lassen sich vor allem auch aus dessen Professionalisierung ableiten. Dies insbesondere durch die Multiplikatorenwirkung der Absolventen, die nun die Ideen und Konzepte ihrer Dozentinnen und Dozenten aus dem Studium zurück in die Praxis transportieren. Zu Beginn der Fach-Professionalisierung ist dies regional besonders an zwei Personen gebunden: Für den nordwestlichen Raum Deutschlands an Karl-Heinz Zarius und für den süddeutschen Raum an Vroni Priesner.

Zwar war es bereits seit 1964/65[28] am Salzburger Orff-Institut möglich, „Elementare Musik- und Bewegungserziehung" zu studieren und damit eine Lehrbefähigung zu erlangen (vgl. Widmer, 2011, S. 248), in der Bundesrepublik Deutschland existierte jedoch auch noch mehr als fünf Jahre nach der Einführung des Faches MFE kein diesbezügliches Studienangebot. Vielmehr bot der VdM Fortbildungen in Zusammenhang mit dem „Curriculum Musikalische Früherziehung" an (vgl. Wucher, 1974, S. 139).

Im Jahr 1976 wurde in Nordrhein-Westfalen – am Standort Wuppertal der Kölner Musikhochschule – der von Karl-Heinz Zarius entwickelte Studiengang „Allgemeine

---

26 Interview mit Prof. K.-H. Zarius am 14.07.2009.

27 Interview mit Prof. V. Priesner am 13.07.2009.

28 Seit 1961/62 bereits als Fortbildung, drei Jahre später dann als Hauptfachstudium (vgl. Widmer, 2011, S. 246–248).

Musikerziehung" eingerichtet. Zarius fokussiert einerseits die Orientierung am kindlichen Spiel und propagiert einen „ganzheitlichen Musik- und Gestaltungsbegriff […], in dem akustische, optische und bewegungsmäßig-szenische Anteile miteinander verbunden sind" (Zarius, 1989, S. 6). Andererseits ist der Einfluss allgemeinmusikpädagogischer Ansätze wie der auditiven Wahrnehmungserziehung, aber auch der Kunstwerkdidaktik auf den Umgang mit gehörter Musik im Unterricht spürbar. Zarius entwickelt eine ästhetische Position, die „einem pluralen Musikbegriff verpflichtet" ist (ebd., S. 8). Bezugspunkte sind das Alltagsgeräusch und die Kunstmusik. Bei einem Schwerpunkt auf der „europäischen oder europäisch orientierten Kunstmusik" (ebd.) bezieht er explizit die Neue Musik mit ein und wendet sich gegen die Vermittlung einer „kindertümlichen, simpel-elementaren oder auch populärmusikalischen Ästhetik" (ebd.): „Im Vordergrund steht […] der Kunstaspekt, dem Aktivitäten wie Gesang und Tanz untergeordnet sind" (ebd.).

Nur drei Jahre nach der Einrichtung des AME-Studiums in Nordrhein-Westfalen startete 1979 in Nürnberg der Studiengang „Musikalische Früherziehung", welchen Vroni Priesner für das dortige Konservatorium entwickelte. Sie übernahm Einflüsse aus ihrem Studium am Orff-Institut und verband diese mit eigenen Ideen zur künstlerischen Arbeit im Vorschulalter. Handlungsleitend war die Idee, der einseitigen Ausrichtung einer Musikerziehung im frühen Kindesalter, welche eher die handwerklichen Aspekte des Musizierens in den Mittelpunkt rückte, etwas entgegenzusetzen. Ihrem Gegenentwurf legte Vroni Priesner die Auffassung Adornos zugrunde, dass es wesentlich sei, zur Substanz eines musikalischen Kunstwerks vorzudringen und dessen Gehalt, das „Geistige", wahrzunehmen.[29] Als zentrales Moment in der Studiengangsentwicklung kam somit das Studienfach der künstlerischen Gestaltung bzw. „Künstlerische Praxis der EMP" zum Tragen (Priesner & Hamann, 2002, S. 245). Es sollte und soll weiterhin den Studierenden vielfältige Erfahrungen in Gestaltungsprozessen ermöglichen, welche auf dem Dreischritt von Exploration, Improvisation und Gestaltung (vgl. ebd., S. 246) als Abfolge des künstlerischen Prozesses beruhen. Als übergeordnetes Ziel wurde eine suchende Haltung im Umgang mit Musik angestrebt, die im pädagogischen Handeln mit jeder Altersstufe ihren Ausdruck findet.[30]

Derzeit kann das Fach Elementare Musikpädagogik in unterschiedlicher Ausprägung (als grundständiges Studium, als Profil, als Aufbaustudium) an 29 Ausbildungsinstitutionen in Deutschland studiert werden (vgl. AEMP, 2012). Daneben existiert nach wie vor ein vielfältiges berufsbegleitendes Weiterbildungsangebot für Musikpädagoginnen und -pädagogen sowie Erzieherinnen und Erzieher. So z.B. von der Orff-Schulwerk Gesellschaft in Deutschland e.V. (vgl. Orff-Schulwerk Gesellschaft, 2012) oder als Angebot an Landes- und Bundesakademien kultureller Bildung wie der Bundesakademie in Trossingen (vgl. Bundesakademie für musikalische Jugend-

---

29 Interview mit Prof. V. Priesner am 13.07.2009.
30 Interview mit Prof. V. Priesner am 13.07.2009.

bildung, o.J.) oder der Landesakademie Nordrhein-Westfalen in Heek (vgl. Landes-akademie-NRW, 2012).

Neben diesen direkt auf das Unterrichtsfach MFE bezogenen Entwicklungslinien existieren weitere Einflussfaktoren auf das Fach. Insbesondere sind hier die Rhythmik und die Musikalische Elementarerziehung zu nennen. Beide Einflüsse sollen im Folgenden kurz dargestellt werden.

Rhythmik: Émile Jaques-Dalcroze entwickelte zu Beginn des 20. Jahrhunderts seine „gymnastique rhythmique" oder auch „rhythmisch-musikalische Erziehung" (vgl. Ring & Steinmann, 1997, S. 229) mit dem „Zweck, die Konzentrationsfähigkeit zu stärken, den Körper an einen ‚Appell von oben' zu gewöhnen, das Bewusstsein in das Unbewusste überzuleiten und die unbewussten Fähigkeiten durch eine ganz spezielle Pflege zu mehren und dem Interesse zu erschließen" (Jaques-Dalcroze, 1916, S. 2).

Ausgangspunkt war zunächst die Suche nach einer praxisorientierten Gehörbildungsmethode sowie die Einrichtung von Gehörbildungskursen für Kinder (Jaques-Dalcroze, 1916, S. 1). Daraus zog Jaques-Dalcroze die Erkenntnis, „daß das sinnlich gewaltigste, das Leben am tiefsten berührende Element der Musik der Rhythmus, die Bewegung sei!" (ebd.). Nicht nur für die Musik, sondern auch für die bildende Kunst und die Malerei empfand Jaques-Dalcroze den Rhythmus als grundlegendes Element, welches sinnlich erfahren werden sollte, bevor es theoretisch vermittelt werden kann (vgl. ebd., S. 4; S. 2; vgl. dazu auch Schaefer 1992, S. 13). Mit seiner „Bildungsanstalt für Musik und Rhythmus" in Dresden-Hellerau erlangte Jaques-Dalcroze in den Jahren 1911 bis 1914 erste überregionale Anerkennung und Bekanntheit. Im Jahr 1925 wurde in Deutschland an der Hochschule für Musik Berlin erstmals die staatliche Anerkennung der Rhythmikausbildung ermöglicht (vgl. Ring & Steinmann, 1997, S. 56; S. 58).

Eine Grundlinie der Rhythmik ist das individuelle Erleben bzw. Tun im künstlerischen Prozess (vgl. Zwiener, 2008, S. 14; Glathe 1974, S. 5). Als zentrale Elemente musikalischen Handelns kommen die Interpretation und die Improvisation zum Tragen (vgl. Zwiener, 2008, S. 295). Die „persönlichkeitsgebundene Konturierung von Fach und Ausbildung" (Leiser-Maruhn 1998, Sp. 255) macht es – wie Ulrich Mahlert bemerkt – schwer, eine eindeutige Fachdefinition zu finden (vgl. Mahlert, 2000, S. 8). Er folgert, dass die Rhythmik aus diesem Grund mehr in anderen Fachdisziplinen aufgeht, als selbst fachlich konturiert zu sein (vgl. ebd., S. 9). Dies spiegelt sich gewissermaßen auch in der Tatsache, dass die Rhythmik kein „eigenes" Berufsfeld bildet. So nennt der „Arbeitskreis Musik und Bewegung/Rhythmik an Hochschulen e.V." die folgende Berufsperspektive:

> „Wer das vierjährige Hauptfachstudium durchlaufen hat, findet ein breites Feld beruflicher Möglichkeiten vor, das vom Unterrichten sämtlicher Altersstufen, über die Tätigkeit in der Aus- und Weiterbildung oder die Kombination mit einem anderen Fach bis hin zur künstlerischen Laufbahn reichen kann." (AMBR, 2011, o.S.).

Hinweise auf konkrete Berufsfelder sind allerdings dort nicht verzeichnet. Unstrittig ist jedoch, dass mit dem Hauptfachstudium der Rhythmik eine Lehrbefähigung für die „Musikalische Früherziehung" erworben wird (vgl. Dartsch, 2010b, S. 13) und dass die Rhythmik dieses Fach nachhaltig beeinflusst hat. Dies lässt sich insbesondere im Sachgebiet „Bewegung, Tanz und szenisches Spiel" aus dem Lehrplan des VdM ablesen (vgl. VdM, 1994). Ebenso kommt eine Grundhaltung der Rhythmik – nämlich die Ganzheitlichkeit im Zusammenspiel von Musik und Bewegung – im Kapitel zur MFE des Bildungsplans Musik zum Ausdruck:

> „Musizieren und Bewegen stellen keine isolierten Fähigkeiten und Fertigkeiten dar, sondern stehen immer im Zusammenhang mit dem ganzen Menschen" (Metzger, Greiner, Stiller & Schäfer, 2010, S. 37).

Musikalische Elementarerziehung: Die Musikalische Elementarerziehung (MEE) zielt auf die Entwicklung sozialen Verhaltens ab und ist handlungsorientiert verfasst (vgl. Schwabe, 1997, S. 13). Sie wurde als Gegenentwurf zur „Dominanz leistungsorientierter und werkzentrierter Methodik" (Pfaff & Schwabe, 1997a, S. 16) der Musikerziehung der DDR entwickelt und entstand in den letzten fünf Jahren vor der Wiedervereinigung.

Ihr methodisch-didaktischer Ausgangspunkt ist die Musiktherapie (vgl. ebd.). Als wesentliches Definitionsmerkmal kommt die kontinuierliche Reflexion über das musikbezogene Handeln zum Tragen, die darauf abzielt, die Selbst- und Fremdwahrnehmung zu erweitern und zu differenzieren (vgl. Pfaff & Schwabe, 1997b, S. 136). Den Dreh- und Angelpunkt stellen gruppendynamische Prozesse dar. Für die jeweilige Gruppenleitung steht daher die Grundhaltung im Mittelpunkt, flexibel auf die Bedürfnisse und Impulse der Gruppe eingehen zu können. Unterrichtshandeln in der MEE ist ein offener Prozess, der nicht vorgefassten Zielstellungen folgt, sondern Raum für kreatives Tun im sozialen Bezug aufeinander schaffen soll.[31] Die MEE verfolgt damit einen „persönlichkeitszentrierten" Ansatz (vgl. Pfaff & Schwabe, 1997a, S. 17).

> „So soll […] eine Vermittlungsweise angeregt werden, welche nicht primär von der Sicht- und Wahrnehmungsweise des Lehrers ausgeht, sondern von den Bedürfnissen und Befindlichkeiten des Schülers" (ebd.).

Angesichts ihrer Entstehung in der DDR ist die MEE ein besonderes Konzept, da sie innerhalb der Leistungsauslese der DDR-Musikerziehung eigentlich nicht denkbar gewesen wäre. Insofern ist die Musiktherapie nicht nur ein wesentliches Element ihrer konzeptionellen Ausrichtung, sondern darüber hinaus auch der Weg, auf dem die MEE möglich wurde. Der Musikpädagoge und -therapeut Wulfhard von Grüner beschreibt es so:

---

31 Interview mit F. Pfaff am 24.07.2009.

„Seit den 60er Jahren begann sich in der DDR eine sozialpsychologische Betrachtungsweise des Menschen durchzusetzen. Das Übergewicht des Rationalen wurde in Frage gestellt,
Formen der Gruppentherapie entwickelt, Selbsterfahrungskommunitäten realisiert. Auch
die Musiktherapie fand ihre Nische. Weniger beaufsichtigt konnten sich da Herangehensweisen erproben, die in der offiziellen Musikpädagogik nicht möglich waren." (Grüner,
2007, S. 101).

Genau aus dieser Nische heraus etablierte sich die MEE seit 1985 in der DDR und
fand Eingang in die Musikschule. Dies durchaus „von oben", denn die ersten Ansätze
von Christoph Schwabe zur Übertragung musiktherapeutischer Elemente in die Arbeit mit Kindergruppen wurden vom Ministerium für Kultur an die Musikschulen
herangetragen.[32] An den leistungsorientiert arbeitenden Musikschulen wurden sie
nur skeptisch aufgegriffen, während die MEE an vielen der Musikunterrichtskabinet-
te relativ zügig zur Umsetzung kam. Dies lag in der offeneren Struktur der Musikun-
terrichtskabinette begründet, welche als Alternative zur Musikschule in den späten
70er Jahren des 20. Jahrhunderts eingerichtet wurden und nicht der Leistungsauslese
dienten. Hier war keine Aufnahmeprüfung nötig und es wurde nicht benotet.[33]

Musikschullehrkräfte konnten sich im Grundkurs zur Selbsterfahrung, im Auf-
baukurs zum Leitertraining und im Seminar zur theoretischen Fundierung weiter-
bilden. Kurz darauf startete ein Schulversuch in Musikschulen (überwiegend Musik-
unterrichtskabinette), um die MEE praktisch mit Kindergruppen zu erproben (vgl.
ebd., S. 105; S. 86). Die MEE hat die Gruppenarbeit mit Vorschulkindern an den
Musikschulen (bzw. Musikunterrichtskabinetten) der DDR etabliert. Gruppenarbeit
wurde vorher mehrheitlich nur im Kindergarten und in der Schule praktiziert.[34]

Didaktische Mittel sind die musikalische Improvisation, das Malen und bildneri-
sche Gestalten sowie Tanz und Bewegung (vgl. Pfaff & Schwabe, 1997b). Zudem spielt
das regulative Musiktraining von Christoph Schwabe eine wichtige Rolle. Hier wird
hörendes Wahrnehmen im Rahmen von kontinuierlichen Analyse- und Feedback-
Prozessen zu immer differenzierteren Mustern geführt. Dies stellt auch eine Grundlage der Feedbackkultur in der MEE dar. Die wesentlichen Feedbackfragen für die
Praxis der MEE lauten:

„Was wurde wahrgenommen?"
„Wer hat Was gemacht?"
„Wie haben Sie sich gefühlt?" (ebd., S. 159).

Zugleich spielt das nonverbale Feedback eine Rolle, welches Hinweise auf Befindlichkeiten, Zu- oder Abwendung geben kann. Die Aufgabe der Gruppenleitung liegt
diesbezüglich auch im genauen Beobachten und Erspüren dieser Hinweise.[35]

---

32 Interview mit F. Pfaff am 24.07.2009.
33 Interview mit F. Pfaff am 24.07.2009.
34 Interview mit F. Pfaff am 24.07.2009.
35 Interview mit F. Pfaff am 24.07.2009.

Die MEE ist nicht bundesweit etabliert. Grundlinien der MEE finden aber durch die Autorenschaft von Franziska Pfaff im Unterrichtswerk „Spiel und Klang. Die Musikalische Früherziehung mit dem Murmel" (Berger & Greiner et al., 1998) relativ weite Verbreitung (vgl. Kap. 3.2 zur prozentualen Verteilung der Nutzung bestimmter Lehrwerke in der MFE). Dort werden z.B. deutlich die Lehrerpersönlichkeit und das Lehrerverhalten sowie soziale und gruppendynamische Prozesse fokussiert.

Neben diesen Einflüssen aus verwandten Fächern ist die MFE wesentlich durch das Konzept der Persönlichkeitsbildung bestimmt worden, welches innerhalb des Faches auf Juliane Ribke zurückgeht (Ribke, 1995). Darüber hinaus bzw. in der Weiterführung dieses Ansatzes sind aktuell insbesondere die Gedanken zur musikalischen Bildung von Michael Dartsch bestimmend und didaktisch handlungsleitend (Dartsch, 2010b). Hier ist das Konzept von Bildung als Stimmigkeit ein wesentliches Erklärungsmoment.

Persönlichkeitsbildung: Nicht nur für die MFE, sondern für den umfassenden Rahmen der Elementaren Musikpädagogik erhält das Konzept der Persönlichkeitsbildung eine besondere Relevanz. Es wurde seit den 80er Jahren des 20. Jahrhunderts von Juliane Ribke für den elementar-musikpädagogischen Kontext zugeschärft und insbesondere durch die Veröffentlichung „Elementare Musikpädagogik – Persönlichkeitsbildung als musikerzieherisches Konzept" fundiert (Ribke, 1995). Ribke sieht Musikerziehung als Raum an, in welchem Identitätsbildung stattfindet, eingegliedert in das psychosoziale Lebensfeld des Kindes (vgl. Ribke, 1995, S. 64). Im Zentrum stehen sinnenhafte Erfahrungen und die musikpädagogische Anknüpfungsmöglichkeit an (pränatale) Urerfahrungen im auditiven, kinästhetischen und cutanen Bereich (vgl. ebd., S. 96). Besonderes Gewicht kommt auch bei Ribke der Exploration zu: „Objektexploration kann zur Selbstexploration werden. Selbstbestimmte, freie Erkundung ist Voraussetzung kreativ-gestalterischer Prozesse" (ebd., S. 186). Ribke plädiert für den handelnden Zugang zur Musik (vgl. ebd., S. 187) und wendet sich gegen „pädagogisierenden Reduktionismus" (ebd., S. 186). Als zentrales Element kommt wiederholt das Zuschreiben von Sinn zum Ausdruck, welches nur in emotionaler Anbindung an eigene Erfahrungsgehalte als möglich angesehen wird (vgl. ebd. S. 198).

Das Konzept der Persönlichkeitsbildung hat übergreifend nutzbaren Charakter für die diversen didaktischen Ansätze der MFE. Michael Dartsch geht zu Beginn des 21. Jahrhunderts schließlich noch einen Schritt weiter und verknüpft die „losen Enden" MFE-didaktischer Ideen zu einem grundlegenden Konzept musikalischer Bildung (vgl. Dartsch, 2010b). Die Nähe zum anthropologisch gefassten Ansatz der Persönlichkeitsbildung von Juliane Ribke ist hier nach wie vor spürbar. Dartsch bringt jedoch einen weiter aufgespannten theoretischen Hintergrund ein und beleuchtet die Beziehung von Mensch und Musik aus pädagogischer, anthropologischer, musikdidaktischer und empirischer Perspektive. Die anthropologische Perspektive beinhaltet dabei naturwissenschaftliche, kognitionswissenschaftliche, erziehungswissenschaftliche und soziologische Positionen.

Stimmigkeit: In den Ausführungen zu musikbezogener Bedeutungszuweisung (vgl. Kap. 2.1) sowie zum strukturgenetischen Element der Äquilibration (vgl. Kap 2.3.1.1) wurden bereits mögliche Querverbindungen zum Begriff der „Stimmigkeit" aufgezeigt. Da Michael Dartsch im Rahmen seiner Didaktik der Musikalischen Früherziehung eine Grundorientierung von „Bildung als Stimmigkeit" (Dartsch, 2010a, S. 15) entwickelt, soll dieser Ansatz hier nun eingehender betrachtet werden.

Stimmigkeit steht für das subjektive Empfinden einer „gewissen Geschlossenheit oder Vollkommenheit" (Dartsch, 2010b, S. 159). Dartsch definiert:

> „Bezogen auf Bildungsprozesse soll der Begriff der ‚Stimmigkeit' [...] beinhalten, dass verschiedene Elemente miteinander harmonisieren, zueinander passen, zusammenwirken, ineinander greifen, sich gegenseitig ergänzen und aufeinander abgestimmt sind, sodass Konflikte umgangen werden und jeweils bestimmte Sinnstrukturen erkennbar sind" (ebd.).

Das „Streben nach Stimmigkeit" formuliert Dartsch als lebenslanges, altersunabhängig vorhandenes Grundmuster menschlichen Daseins (vgl. ebd., S. 160). Er rückt es in die Nähe der Äquilibration kognitiver Schematisierungsprozesse (vgl. Kap. 2.3.1), indem er den Abgleich von Neuem und Bekannten unter die Herstellung von Stimmigkeit fasst (vgl. Dartsch, 2010a, S. 15). In diesem Zusammenhang stellt er auch die Zusammengehörigkeit von Bildung und formalem Bildungsabschluss in Frage. Wird Bildung als Stimmigkeit verstanden, so kann der Bildungsabschluss kein Gradmesser für Bildungsgüte sein, sondern nur das subjektive Empfinden eines befriedigenden Lebens in den Bereichen psychischer, mikrosozialer, ethischer oder auch psychosomatischer Stimmigkeit (ebd., S. 160–161).

Zugleich lässt sich mit dem Begriff der Stimmigkeit das habituelle Element von Bildung fokussieren, indem enkulturierte/sozialisierte Erfahrungsgehalte als Muster oder zum Abgleich zur Verfügung stehen, wenn sich Menschen in Bildungsprozessen befinden. Mit dem Begriff der Stimmigkeit lassen sich kognitive, emotionale und motivationale ebenso wie physische bzw. kinästhetische Prozesse umschließen. Er lenkt den Blick auf die Subjektivität von Bildung.

Allerdings darf Stimmigkeit nicht mit Harmoniebestreben gleichgesetzt werden. Perturbationen, also Störungen, oder auch Ambivalenzen gehen aus dem Begriff selbst nicht hervor, auch wenn er ohne sie nicht gedacht werden kann. Das Umgehen von Konflikten wird bei Dartsch sogar explizit genannt (vgl. obiges Zitat), gleichwohl sie – ob intrapsychisch oder interaktional – auch aufgesucht werden könnten. Hier wäre z.B. künstlerisches Schaffen zu nennen, welches durch das bewusste Zugehen auf einen „Konflikt" von der Künstlerin bzw. dem Künstler selbst in Gang gesetzt werden kann. Gerade das Aushalten von „Un-Stimmigkeit" kann einen Bildungsprozess ausmachen und so ist anzunehmen, dass zwar das Streben nach Stimmigkeit ein Bildungsmoment darstellt, die Stimmigkeit selbst aber auch im Aufsuchen von „Un-Stimmigkeit" liegen kann.

Für den vorliegenden Kontext ist daher festzuhalten, dass Stimmigkeit als Bildungselement sich nur dann mit Bedeutungszuweisung oder Sinnfindung vereinbaren lässt, wenn Mehrdeutigkeiten bzw. situativ unterschiedlich verfasste Deutungen mit einbezogen werden.

Mit dem Begriff der Stimmigkeit stellt Dartsch der MFE-Didaktik einen Fokus zur Verfügung, der musikbezogenes Tun und Denken im Spannungsfeld intra- und intersubjektiver Aushandlungsprozesse verortet. Damit bestätigt er auf einer Meta-Ebene auch das Konzept der Persönlichkeitsbildung (s.o.). Wenn Streben nach Stimmigkeit als Form selbsttätiger Bildung betrachtet wird, so ist die Stimmigkeit darin als identitätsstiftendes Element zu verstehen.

In der hier vorgenommenen Übersicht zu Einfluss- und Entwicklungslinien wird kein vollständiges Bild aller Konstituenten des Faches aufgezeigt. Zudem bleibt es aufgrund der je individuellen Verortung von Unterricht im Spannungsfeld dieser Konstituenten fraglich, ob eine solche Vollständigkeit überhaupt abbildbar wäre. Darum soll es an dieser Stelle auch nicht gehen, im Mittelpunkt steht vielmehr der Blick auf den grundsätzlich vorhandenen Facettenreichtum im Fach. Aufgrund von Schwerpunktverschiebungen bei den Einflussfaktoren haben sich aber auch unterschiedliche Ausprägungen in den Lehrplänen ergeben, wie im folgenden Abschnitt zu zeigen sein wird.

3.2.2.1 Schwerpunkte im Lehrplan MFE und im Bildungsplan EMP

Veränderungen und Schwerpunktverschiebungen in den Zielen und Inhalten des Faches MFE lassen sich anhand eines punktuellen Vergleichs zwischen dem Lehrplan des VdM von 1994 und dem Bildungsplan Musik für die EMP von 2010 nachvollziehen. Hier zeigen sich zugleich Tendenzen zur Ausdifferenzierung und zunehmenden Vielfalt pädagogischer Begründungszusammenhänge in Bezug auf das Fach.

Dies soll zunächst anhand der Ziele für die Persönlichkeitsbildung des Kindes bzw. für die Einbindung des Fachs in den Musikschulzusammenhang verdeutlicht werden. Im Lehrplan „Musikalische Früherziehung" des VdM (1994) wird auf die intendierten Wirkungen des frühen musikalischen Beginns, nicht nur für musikalische Fähigkeiten und Fertigkeiten, sondern auch als Beitrag zur kindlichen Gesamtentwicklung verwiesen:

> „Neben der Entwicklung des musikalischen Ausdrucksvermögens sollen sich durch die MFE positive Auswirkungen auf das ästhetische Verhalten, die auditive Wahrnehmung, die Lernbereitschaft, das Sozialverhalten und allgemein auf den emotionalen, den kognitiven und den motorischen Bereich einstellen" (VdM, 1994, S 10).

Neben diesen Aspekten der musikalische Persönlichkeitsentwicklung ist dort zudem der Vorbereitungscharakter des Faches in Bezug auf Instrumental- und Gesangsunterricht explizit vermerkt:

> „Die Musikalische Früherziehung dient insbesondere der Vorbereitung der instrumentalen und vokalen Ausbildung in der Musikschule" (VdM, 1994, S. 10).

Eine teilweise Neuausrichtung bzw. Verschiebung der Zielsetzungen ist im Bildungsplan EMP feststellbar. Statt des im Lehrplan von 1994 implizierten institutionsbezogenen Vorbereitungscharakters des Faches rückt hier die Orientierung im individuellen Entwicklungsverlauf in den Mittelpunkt. So heißt es, dass die teilnehmenden Kinder „Interessen und Neigungen erkennen und Anregung finden [sollen, um] sich möglichst auch weiterhin mit Musik zu beschäftigen" (vgl. Metzger et al., 2010, S. 38).

Zugleich wird diese Zielebene damit schon persönlichkeitsbezogen – nicht institutionsbezogen – formuliert, obwohl sie auch in Bezug zu den weiterführenden (Orientierungs-)Angeboten einer Musikschule – also institutionell verankert – dargestellt wird (vgl. ebd.). Weiterhin ist der musikpädagogisch relevante Erfahrungsbegriff zum selbstverständlichen Vokabular geworden (vgl. ebd.) und die persönlichkeitsbezogene Zielebene wird wesentlich facettenreicher aufgeschlüsselt als im Lehrplan VdM: Während vormals noch Fähigkeiten und Fertigkeiten „geweckt" werden sollten (VdM, 1994, S. 10), fokussiert die neuere Veröffentlichung das „Ausdifferenzieren" derselben (Metzger et al., 2010, S. 38) und bezieht sich somit auf die Vorstellung eines vorhandenen Potentials der Kinder, welches individuell genutzt und erweitert wird. Der Terminus des Ausdifferenzierens ist insbesondere mit den didaktischen Ausführungen Juliane Ribkes und Michael Dartschs verknüpft (vgl. Ribke, 1995, S. 48–52; Dartsch, 2010b, S. 129–131; S. 178) und legt in dem hier vorgenommenen ausschnitthaften Vergleich die Vermutung nahe, dass sich zwischen 1994 und 2010 eine Wandlung des Kinder- und Schülerbildes im Fachdiskurs vollzogen hat.

Auch weitere der im Bildungsplan verzeichneten Zielsetzungen für die MFE stützen diese Vermutung. Dies z.B. durch das mehrfache Hervorheben von aktiv gestalterischem Tun, während im Lehrplan noch von ästhetischem *Verhalten* gesprochen wird (vgl. VdM, 1994, S. 10, Hervorhebung durch die Verfasserin). Des Weiteren, indem anstelle von „Begabungen und Begabungsrichtungen", welche *sich zeigen können* (VdM, 1994, S. 10, Hervorhebung durch die Verfasserin), nun von Interessen und Neigungen, welche das Kind *bei sich erkennen* kann, die Rede ist (Metzger et al., 2010, S. 38, Hervorhebung durch die Verfasserin). Neu[36] sind auch der explizite Alltagsbezug sowie das Ziel, Kinder am kulturellen Angebot ihrer Umgebung teilnehmen und teilhaben zu lassen (vgl. ebd.).

---

36 Im Lehrplan VdM von 1994 werden diese Zielsetzungen nicht erwähnt. Es ist allerdings auch nicht nachzuweisen, dass sie nicht vorhanden gewesen wären. Die explizite Erwähnung im Bildungsplan EMP legt zumindest einen erhöhten Stellenwert dieser Zielebenen gegenüber dem älteren Lehrplan MFE nahe.

3.2.3 Kinder und Lehrkräfte im MFE-Unterricht

Ausgehend von den Entwicklungs- und Einflusslinien im Fach MFE soll nun der Blick auf die konkrete Unterrichtssituation gelenkt werden. Zu fragen wäre beispielsweise: Wie vermitteln die MFE-Lehrkräfte Musik? Welche Räume zur Selbsttätigkeit werden Kindern eröffnet? Wie gestaltet sich die musikbezogene Interaktion zwischen Kindern und Lehrkräften im Unterricht?

Der Hinweis auf die Vielfältigkeit des Faches und seiner didaktischen Grundierungen lässt keinesfalls einheitliche Antworten auf die oben gestellten Fragen vermuten. Für den vorliegenden Kontext werden zwei Wege zur Annäherung an die Thematik genutzt: Einerseits wird die Lehrkräftebefragung aus der Studie zu Wirkungen und Voraussetzungen der Musikalischen Früherziehung (Dartsch, 2008) herangezogen, andererseits sollen die gängigen Lehrwerke zur Ausprägung der Interaktion von Lehrkräften und Kindern untersucht werden.

3.2.3.1 Befunde einer Lehrkräftebefragung

In der Studie zu Wirkungen und Voraussetzungen der Musikalischen Früherziehung von Michael Dartsch (Dartsch, 2008) lässt sich nicht nur eine Häufigkeitsverteilung für die Verwendung publizierter Lehrwerke ablesen (vgl. Kap. 3.2), sondern es wird auch ersichtlich, dass die Lehrkräfte in knapp zwei Drittel der beteiligten Gruppen eigene Unterrichtskonzepte verwenden. Zudem existieren an einigen Musikschulen individuelle Programme (vgl. ebd., S. 15). Da die Gesamtsumme aller verwendeten Konzepte in Bezug auf die beteiligten Gruppen deutlich die 100 Prozent übersteigt, geht der Autor von Mehrfachnennungen aus und folgert, dass Lehrkräfte sich vermutlich „gerne auch an verschiedenen Programmen und gegebenenfalls auch an eigenen Konzepten gleichzeitig orientieren" (ebd., S. 15).

Um die Unterrichtsrealität genauer erfassen zu können, sind Aussagen aus der Lehrkräftebefragung von Michael Dartsch aufschlussreich. So wurden die Lehrkräfte nach verschiedenen Unterrichtsaktivitäten gefragt, deren Häufigkeit sie mit den Angaben „so gut wie jede Woche", „etwa alle zwei bis drei Wochen", „mehrmals im Halbjahr" und „so gut wie nie" einschätzen sollten (ebd.). Die am häufigsten ausgeführte Tätigkeit ist das Singen von Liedern in der Gruppe. Solistisches Singen und Stimmimprovisationen kommen seltener vor und „liegen durchschnittlich zwischen den Alternativen ‚etwa alle zwei bis drei Wochen' und ‚mehrmals im Halbjahr'" (ebd.). Instrumentalimprovisationen überwiegen gegenüber vorgegebenem Melodiespiel oder Instrumentalsätzen, dies lässt sich aufgrund der spieltechnischen Kompetenzen der Kinder verstehen. Ebenso findet freies Bewegen etwas häufiger statt als vorgegebene Tanz- und Bewegungsformen (ebd., S. 16). Im Durchschnitt ca. alle drei Wochen gehört das freie Sprechen über Musik zum Unterricht, damit kommt es häufiger zur Anwendung als die Einführung von Fachbegriffen, theoretischen Kenntnissen oder Notationsfertigkeiten (vgl. ebd.). Während ca. alle zwei bis drei Wochen zum Stundenthema gemalt wird, erfolgt dies seltener („mehrmals im Halbjahr") auch zu Musik (vgl. ebd.).

Dies sind nur einige Schlaglichter auf die durchschnittliche Ausprägung von Unterricht in der MFE, sie können jedoch noch keine Informationen darüber liefern, auf welche Weise und mit welchen Beteiligungsmöglichkeiten agiert wird, wie beispielsweise ein freies Gespräch über Musik umgesetzt wird. Ähnliches gilt für die Frage wie Lehrkräfte die Improvisation für sich definieren, wo also z.B. eine Abgrenzung zur Exploration im Umgang mit Instrumenten gezogen würde, die sich auf das künstlerische Ergebnis auswirken könnte.

Wird speziell die Interaktion zwischen Lehrkraft und Kindern betrachtet, so fällt das „Korrigieren einzelner Kinder" (ebd., S. 16) als methodisch häufige Vorgehensweise auf, welche durchschnittlich alle zwei Wochen erfolgt. Etwas seltener – alle zwei bis drei Wochen – findet das abschnittsweise Üben von Liedern und Tänzen statt. Mit fast gleicher Häufigkeit werden Unterrichtsverläufe auf der Grundlage von Impulsen der Kinder geändert. Eine bedarfsgerechte Flexibilität der Lehrkräfte findet allem Anschein nach in der Praxis weitestgehend kontinuierlich statt (vgl. ebd.).

Hoch konsensfähig sind in der Lehrkräftebefragung die „Prinzipien der Elementaren Musikpädagogik", welche Dartsch beschreibt:

> „Die Orientierung am Spiel, am Experiment, an der Kreativität, am Prozess, am Einbeziehen von vielerlei Ausdrucksmedien, am Körper, am Aufbau von Beziehungen und an der grundsätzlichen Offenheit des Unterrichts" (ebd.).

Diese Prinzipien werden durchschnittlich als „sehr wichtig" bis „eher wichtig" eingeschätzt. Das „gezielte Üben, nachprüfbare Lernergebnisse, das bewusste Verstehen und das Einführen in die Musiktradition" (ebd.) wurden etwas weniger hoch, aber immer noch mit „eher wichtig" bewertet (ebd.).

Wie die tatsächliche Umsetzung der genannten Prinzipien in die Praxis aussieht, was z.B. Kreativität für die Lehrkräfte und für die Kinder bedeutet oder wie eine grundsätzliche Offenheit des Unterrichts gewährleistet werden kann, gehört nicht zu den Fragestellungen der Studie. Hier wären z.B. qualitative Interviews oder teilnehmende Beobachtungen geeignete Mittel, um an tiefer gelegene Informationsschichten zu gelangen.

3.2.3.2 Interaktion von Lehrkräften und Kindern – Aspekte aus aktuellen Lehrwerken

In der oben genannten Lehrkräftebefragung kommt neben der inhaltlich-thematischen Verfasstheit des Unterrichts auch zum Ausdruck, wie sich Interaktion zwischen Kindern und Lehrkräften bei der Vermittlung der Unterrichtsinhalte gestaltet. Zur Thematik der Lehr- und Lern-Interaktion sollen hier – nach einer kurzen Vorstellung der verwendeten Lehrwerke – zwei Interaktionsaspekte genauer betrachtet werden:

- Inwieweit werden Lehrwerke den Anforderungen nach Flexibilität oder Offenheit des Unterrichts gerecht?
- Welche Rolle nehmen Lehrkräfte und Kinder in Bezug auf das Einbringen, Umsetzen, Aufgreifen oder Weiterentwickeln von Impulsen im Unterricht ein?

Diese beiden Fragen sind dem Kontext der Integration der kindlichen Perspektive geschuldet und somit insbesondere auch auf die Suche nach Eigenanteilen der Kinder im Unterricht ausgerichtet. Es sollen jene Lehrwerke betrachtet werden, die in der Studie zu Wirkungen und Voraussetzungen der Musikalischen Früherziehung von den befragten Lehrkräften genannt wurden (vgl. Dartsch, 2008, S. 15). Diese können aufgrund der Studie als die derzeit gängigen Unterrichtswerke identifiziert werden.[37] Daher wird hier davon ausgegangen, dass sie aktuell im Fach vorhandene Grundhaltungen bzw. Lehrmentalitäten enthalten können. Der aus der gleichen Studie stammende Befund, dass in fast zwei Drittel der analysierten Gruppen eigene Konzepte der Lehrkräfte zum Einsatz kommen und dass die Lehrkräfte Inhalte aus verschiedenen Lehrwerken verwenden, zeigt jedoch, dass solche Lehrwerksbetrachtungen nur einen Ausschnitt der Realität darstellen können.

3.2.3.2.1 Kurzvorstellung der Lehrwerke

Das auf zwei Unterrichtsjahre angelegte Lehrwerk *„Musik und Tanz für Kinder – Unterrichtswerk zur Früherziehung"* steht in engem Bezug zur Lehrpraxis des Orff-Instituts und ist aus der Unterrichtspraxis heraus entwickelt worden (vgl. Nykrin, Grüner & Widmer, 2007, S. 11). Das Autorenteam erläutert die Grundidee:

> „Ein besonderes Anliegen des Unterrichtswerks ist es, mit dem fachlichen Lernen zugleich den allgemeinen Bedürfnissen und Verhaltensweisen der Kinder gerecht zu werden: ihrer Freude am Spiel und ihren thematischen Neigungen, aber auch ihren Ängsten und Hemmungen" (ebd., S. 14).

Das Unterrichtswerk *„Spiel und Klang – Die Musikalische Früherziehung mit dem Murmel"* (Berger & Greiner et al., 1998) „will Kindern im Alter zwischen vier und sechs Jahren Situationen und Materialien zur Verfügung stellen, die ihnen gezielt reichhaltige Erfahrungsmöglichkeiten vermitteln, insbesondere für das Ohr, aber auch für die anderen Sinne." (ebd., S. 5). Es fokussiert das soziale Geschehen in der Gruppe als „zentrales und notwendiges Entwicklungsfeld der Kinder" (ebd.) und ist auf drei Phasen der Gruppenkonstitution ausgerichtet: Das „Kennenlernen", die „Kontakte" und schließlich das „Projekt" (vgl. ebd., S. 19).

---

37 Allgemeine Übersichten zu Lehrwerken der MFE finden sich darüber hinaus z.B. bei Dartsch (2010b, S. 15–22) oder Stippler (2011, S. 64–84; S. 150–166; S. 200–214; S. 219–223; S. 277–290).

Das Lehrwerk „*Musikalische Früherziehung*" von Karl-Heinz Zarius enthält Stundenbilder für zwei Jahre (Zarius, 1989). Die Orientierung am Spiel und der handelnde Umgang mit Musik sollen den Rahmen für die Einführung in verschiedene Facetten der Kunstmusik bilden. Es wird von einem „ganzheitlichen Musik- und Gestaltungsbegriff aus[gegangen], in dem akustische, optische und bewegungsmäßig-szenische Anteile miteinander verbunden sind" (ebd., S. 6). Die Orientierung am Kunstwerk und dessen Erschließung ziehen sich als zentrale Leitlinie durch das Werk.

Das „*Curriculum Musikalische Früherziehung Tina & Tobi*" (Wucher & Twittenhoff, 2003) stellt die letzte Überarbeitung und Neuausgabe des „Curriculum Musikalische Früherziehung" dar. Als Leitgedanken formuliert das Autorenteam:

> „Das Hauptanliegen des Musikschulprogramms ‚Tina & Tobi' besteht darin, Kinder für eine Beschäftigung mit Musik zu motivieren und sie darin – ihren altersgemäßen Bedürfnissen entsprechend – zu fördern" (ebd., S. VI).

Das Unterrichtswerk „*Musik-Fantasie – Unterrichtsprogramm für Musikschulkinder von 4 bis 6 Jahren*" (Schuh, 2009; Schuh 1997) bietet kleinschrittig vorgeplante Stundenbilder, welche die Autorin Karin Schuh aus der eigenen Unterrichtspraxis heraus entwickelt hat. Die Empathiefähigkeit der Lehrkraft wird als Voraussetzung für die bedarfsgerechte Unterrichtsdurchführung angesehen:

> „An erster Stelle steht für Musik-Fantasie der kleine Musikschüler und seine Erlebniswelt – und um in diese Welt zu gelangen, braucht es ein bisschen ‚Selber-Kind-Sein' und viel Liebe bei den Vorbereitungen" (ebd.).

Das Unterrichtswerk „*Klangstraße – Sing mit, tanz mit, spiel mit mir*" (Ritter & Schäfer, 1999; Ritter & Schäfer, 2001) ist auf die Verwendung von relativer Solmisation und Rhythmussprache ausgelegt. Von allen hier dargestellten Unterrichtswerken ist die Klangstraße das einzige Konzept, welches eine regelmäßige Elternanwesenheit befürwortet.[38]

Das Werk „*Spitz' die Ohren – Musikalische Früherziehung*" von Angelika Foltz-Zaun (Foltz-Zaun, 1999; Foltz-Zaun 2000) bietet ausgearbeitete, aufeinander aufbauende Stunden. Es orientiert sich an den Sachbereichen des VdM-Lehrplans, welche hier vor allem durch angeleitetes Tun gefüllt werden.

3.2.3.2.2 Aspekte von Flexibilität und Offenheit

Flexibilität und Offenheit sind als didaktische Grundsätze in fast allen genannten Lehrwerken enthalten. In der Einführung zu „Musik und Tanz" wird darauf verwie-

---

38 Die Elternanwesenheit ist auch Bestandteil der Yamaha-Konzepte. Möglicherweise besteht hier eine Verbindungslinie, da sowohl der „Liederkreisel" – das erste Yamaha-Konzept für den deutschen Markt (Usihara, Puhlmann & Schäfer, 1969) – als auch die „Klangstraße" beide u.a. aus der Feder von Christa Schäfer stammen.

sen, dass die fachliche Förderung mit der Orientierung an Aspekten der kindlichen Persönlichkeit verquickt werden soll. Genannt werden „die Spiellust, die Fantasie, die Gefühlswelt des Kindes, die Wahrnehmungsfähigkeit und Lernbereitschaft, das Vergnügen am eigenen Körper, an den eigenen Sinnen, der Wunsch der Kinder nach Kontakt zu anderen Kindern und zu ihrer Umwelt" (Nykrin, Grüner & Widmer, 2007, S. 15).

Innerhalb des Lehrwerks „Spiel und Klang" ist dagegen sogar ein ganzer Abschnitt dem Thema „Flexibilität des Unterrichts" gewidmet (vgl. Berger et al., 1998, S. 132–133). Hier werden Bedingungsfaktoren für unerwartete Wendungen genannt, welche vom Wetter bis zur situativen Lust oder Unlust einzelner Kinder reichen können. Daher gelten Lern- oder Unterrichtsziele dort als flexibel zu betrachtende „Eckpunkte, an denen sich der Lehrer bei der Unterrichtsgestaltung und -planung orientiert" (ebd., S. 132). Als wesentliches Handwerkszeug zur spontanen Anpassung der Unterrichtsgestaltung an die Situation empfiehlt die Autorin ein „möglichst großes Repertoire an kleinen Spielen [...], die keiner langen Erklärung bedürfen". Diese Sichtweise wird im Lehrwerk „Spiel und Klang" auch konsequent umgesetzt, da dort nur wenige ausgearbeitete Unterrichtsstunden, dafür aber eine Vielzahl von modular verknüpfbaren Unterrichtsanregungen zu finden sind. Damit werden Flexibilität und planerische Eigenständigkeit der Lehrkraft besonders betont.

Auch in „Musik und Tanz" wird Material zur Unterstützung der Planungsflexibilität zur Verfügung gestellt. Das Lehrwerk ist zwar in ausgearbeiteten Stundenbildern[39] aufgebaut, allerdings bieten optionale Materialteile Planungsalternativen und Erweiterungen an, welche ein variables Eingehen auf unterschiedliche Gruppen bzw. Kinder ermöglichen können (vgl. z.B. Nykrin, Grüner & Widmer, 2007, S. 55–74). Schließlich sind auch in der Klangstraße Ergänzungsmaterialien zur Erweiterung und Vertiefung zu finden (vgl. Ritter & Schäfer, 1999, S. 51). Auch dort ist ein offener Verlauf des Unterrichts erwünscht, in welchem Raum für das eigene Gestalten der Lehrkraft sowie das Eingehen auf die unterschiedlichen Gruppenstrukturen gegeben sein soll (vgl. ebd., S. 44). Zugleich verweist das Autorenteam jedoch auch auf die aufbauende Kontinuität der Unterrichtsvorschläge in Bezug auf Solmisation und Rhythmussprache, welche gewährleistet bleiben sollte (vgl. ebd.).

Die „Musikalische Früherziehung" von Zarius bietet keine modularen Möglichkeiten individualisierter Stundenplanungen, allerdings geht der Autor davon aus, dass die Stundenbilder „dem individuellen Verhalten oder der spezifischen Lernsituation der jeweiligen Gruppe angepasst werden" (Zarius, 1989, S. 3).

Im Lehrwerk „Tina und Tobi" wird die Modifikationsmöglichkeit eingeräumt (vgl. Wucher & Twittenhoff, 2003, S. IV) und durch ergänzende „Ad-libitum"-Materialien ermöglicht (vgl. ebd., S. V). Allerdings wird empfohlen, das Programm zunächst wie

---

39   Die Erstausgabe von „Musik und Tanz" (Haselbach, Nykrin & Regner, 1984; 1985) weist modular verbundene Themen auf. Die Ausarbeitung zur fertigen Unterrichtsstunde ist hier noch etwas stärker der Lehrkraft überlassen, als in der Neuausgabe (vgl. zur Übersicht auch Nykrin, Grüner & Widmer, 2007, S. 11).

angegeben durchzuführen und erst nach längerer Erfahrung Variationen einzubeziehen (vgl. ebd.). Hinweise auf die Berücksichtigung individueller Bedürfnisse oder
Wünsche der Kinder sind dagegen nicht vorhanden.

Dies stellt sich ähnlich für das Lehrwerk „Spitz' die Ohren" dar. Auch hier spielt
das Erfragen oder Erfassen individueller Wünsche und Neigungen keine Rolle, eine
Anpassung der Themen an die „Bedürfnisse und Interessen der Altersstufe" (vgl.
Foltz-Zaun, 2000, S. 5) soll jedoch gewährleistet sein. Für die detailliert vorgeplanten
Stundenentwürfe der „Musik-Fantasie" schließlich sind keine expliziten Hinweise
oder didaktischen Aufbereitungen zur Unterstützung von Flexibilität enthalten. Die
Autorin bezieht jedoch die Reaktionen der Kinder in ihre eigene Lehrwerksentwick-
lung mit ein:

> „Die ungefilterten und spontanen Reaktionen vieler Kinder in unzähligen Musikstunden,
> ihr Annehmen, Mitmachen oder ihr Desinteresse haben Musik-Fantasie rückwirkend die
> Methodik der Lehrplangestaltung diktiert" (Schuh, 2009, S. V1).

3.2.3.2.3 Aspekte zum Umgang mit Impulsen von Lehrkräften und Kindern

Typischerweise sind in allen untersuchten Lehrwerken die Unterrichtsanregungen so
gestaltet, dass die Lehrkraft Impulse gibt, auf welche sich die Kinder einlassen. Dies
ist nicht verwunderlich, schließlich obliegt der Lehrkraft die Unterrichtsplanung und
-gestaltung. In den Ausführungen zu Flexibilität und Offenheit als Unterrichtsprin-
zipien kommt bereits zum Ausdruck, dass Impulse der Kinder als unerwartete oder
nicht planbare Aspekte einkalkuliert werden. Die Lehrkraft reagiert also auf diese
Impulse und „navigiert" dementsprechend durch ihre Stundenplanung, indem sie
möglicherweise einen etwas anderen Weg einschlägt als geplant oder indem sie den
geplanten Weg komplett verlässt.

Zudem ist allen genannten Lehrwerken die Orientierung am Entdecken und am
Experiment eingeschrieben. Hier geben die Lehrkräfte also Anregungsimpulse, mit
denen die Kinder individuell umgehen können.

In „Musik und Tanz" wird das „Entdecken" als Grundhaltung zur aktiven und
selbstständigen Erschließung der Umwelt verstanden (vgl. Nykrin, Grüner & Widmer, 2007, S. 39): Das Lehrwerk ist explizit darauf ausgerichtet, dass einzelne Kinder
mit ihren Kompetenzen bzw. Leistungen hervortreten können (vgl. ebd., S. 41), z.B.
im „Singenden Erzählen". Hier können Dialoge gesungen statt gesprochen werden,
kurze Informationen oder Meinungsäußerungen werden auf selbsterfundenen Melodien zum Ausdruck gebracht (vgl. ebd., S. 23).

Lehrkräfte, die mit „Spiel und Klang" arbeiten, sollen den Kindern „Platz für eigenes Erkunden, Probieren und Verarbeiten der Erfahrungen gewähren" (Berger et
al., 1998, S. 12). Unter dem Begriff der „expressiven Sprache" (ebd., S. 20) wird das
Gespräch im Unterricht als Raum und Fördermöglichkeit für die Ausdrucks- und
Formulierungskompetenz der Kinder hervorgehoben. Hier wird auf Gespräche über

Beobachtungen bei Improvisationsaufgaben hingewiesen. Die Improvisation mit Musik und Bewegung nimmt als eigener Inhaltsbereich einen hohen Stellenwert im Lehrwerk ein (vgl. ebd., S. 99–104; S. 262–268).

In der „Musikalischen Früherziehung" von Karl-Heinz Zarius sollen sich die Kinder durch den praktischen Umgang mit Musik deren Gesetzmäßigkeiten selbst erschließen können (z.B. Notationsregeln), während Erklärungen der Lehrkraft dem nachgeordnet erfolgen (vgl. ebd., S. 7). Dies geschieht z.B., indem Tierstimmen nachgeahmt werden und in einem nachfolgenden Gespräch u.a. die verschiedenen Tonhöhen reflektiert werden oder indem eine gemeinsame graphische Partitur angefertigt wird, über deren Merkmale im Anschluss gesprochen wird (vgl. ebd., S. 55).

Im Lehrwerk „Tina und Tobi" wird als entwicklungspsychologischer Bezug genannt:

> „Vorschulkinder lernen durch Entdecken und eigenes Tun" (Wucher & Twittenhoff, 2003, S. V).

Diese eher allgemein gehaltene Grundlegung findet sich in den Praxisvorschlägen insofern wieder, als die Lehrkraft die Impulse zum Entdecken gibt und Musik handelnd erfahren wird. Experiment oder Improvisation sind dagegen weniger ausgeprägt. So gibt das Thema Regen beispielsweise Anlass für Wassergeräusche mit Stimme und Bodypercussion, ergänzt um die Übertragung auf das Glockenspiel. Hier sind die Spielweisen und außermusikalischen Zuordnungen jedoch vorgegeben (z.B. „Laufender Wasserhahn = Glissando", ebd., S. 15).

In der „Klangstraße" wird weniger explizit auf das eigenaktive Entdecken und Erschließen hingewiesen. Es finden sich allerdings Anregungen zum experimentellen Umgang mit der Stimme, dies jedoch nicht in einem improvisatorisch-erfinderischen Sinne, sondern als Imitation (außermusikalischer) vorgegebener Anreize (vgl. Ritter & Schäfer, 1999, S. 24–25). In Gesprächen über Liedinhalte sollen die Kinder zudem ihr Wissen sowie ihre eigenen Erfahrungen einbringen können (vgl. ebd., S. 46).

Die Auflistung der Zielbereiche in „Musik-Fantasie" enthält u.a. die Improvisation und das Experimentieren (vgl. Schuh, 2009, S. V3), auch im Lehrwerk „Spitz' die Ohren" werden diese beiden Bereiche genannt (vgl. Foltz-Zaun, 1999, S. 7–8). In der „Musik-Fantasie" bezieht sich die Improvisation z.B. auf eigene Bewegungsideen der Kinder zu einer erklingenden Musik oder freie Liedbegleitungen mit dem Orff-Instrumentarium (vgl. Schuh, 2009, S. 15/2; S. 12/2). Zum Experimentieren findet sich in „Spitz' die Ohren" z.B. die Erkundung der Handtrommel. Hier probieren die Kinder verschiedene Spielweisen aus, welche von der Lehrkraft aufgegriffen und von der gesamten Gruppe imitiert werden (vgl. Foltz-Zaun, 1999, S. 18).

Der typische Ablauf von improvisierten und experimentellen Stundenphasen stellt sich in den untersuchten Lehrwerken so dar, dass zunächst die Lehrkraft Impulse an die Kinder gibt und diese sodann eigene Erfindungen und Ideen beisteuern.

Teilweise wird Unterricht auch über einen Anregungsimpuls der Kinder gestaltet, so z.B. wenn die Kinder aufgefordert werden, Gegenstände von zu Hause mitzubringen. Dies kann Spielzeug sein, welches in Säckchen versteckt erraten werden muss (vgl. Berger et al., 1998, S. 269) oder ein Kuschelkissen, welches als Anreiz für vorgegebene und selbst erfundene Bewegungsmöglichkeiten dient (vgl. Nykrin, Grüner & Widmer, 2007, S. 122–125; Schuh, 2009, S. 10/3).

Die Lehrwerksdurchsicht erlaubt den Schluss, dass mehrheitlich die Lehrkraft im Mittelpunkt steht, wenn es um inhaltliche Anregungen und Ideen geht. Sie bringt die Themen in die Gruppe ein und koordiniert Strukturen, gruppendynamische Prozesse und musikbezogenes Tun.

3.3　Zusammenfassung

Es wird hier eine Auffassung von Bildung als Emergenz von Bedeutung vertreten, welche im reziproken Austausch des Individuums mit seiner soziokulturellen Umwelt erfolgt. Demzufolge liegt ein in jeglicher Situation interaktiver und in Bezug auf die anderen Menschen intersubjektiver, individueller Prozess vor. Kinder und Lehrkräfte beeinflussen sich somit gegenseitig in Selbstbildungs- und Erziehungsprozessen. Eine solchermaßen subjektbezogen definierte Bildung erfolgt prozesshaft, kontinuierlich und mehrdimensional. Die Mehrdimensionalität wird insbesondere deutlich, wenn berücksichtigt wird, dass jegliche Bildungsaktivität gleichzeitig die *Aneignung* von Erfahrungsgehalten, die *Bezugnahme* auf vorhandene Erfahrungen, die *Re- oder Neu-Organisation* existenter Denkstrukturen sowie implizite oder explizite *Entscheidungen* zum Umgang mit den Bildungsgehalten einschließt. Die Idee objektiv definierbarer Bildung (i.S. eines Bildungskanons) wird daher hier abgelehnt.

Dieses Bildungsverständnis lässt sich mit aktuellen didaktischen Grundlegungen zur Musikalischen Früherziehung synchronisieren. Die Auffassung von Musikalischer Früherziehung als Persönlichkeitsbildung fokussiert über den Musikbezug hinaus Aspekte der Identitätsbildung, eingegliedert in das psychosoziale Lebensfeld des Kindes (vgl. Ribke, 1995, S. 64). Im Mittelpunkt stehen kindliche Explorationen und Sinneserfahrungen sowie die didaktische Möglichkeit, mit musikalischen und musikbezogenen Anregungen an (pränatale) Urerfahrungen im auditiven, kinästhetischen und cutanen Bereich anzuknüpfen (vgl. ebd., S. 96). In der Auffassung von Bildung als „Stimmigkeit" wird der Ansatz der Persönlichkeitsbildung weitergetragen und umfassend kontextualisiert. Michael Dartsch formuliert das „Streben nach Stimmigkeit" als lebenslanges, altersunabhängig vorhandenes Grundmuster menschlichen Daseins (vgl. Dartsch, 2010b, S. 160). Damit erhält die MFE-Didaktik eine Perspektive, in welcher musikbezogenes Tun und Denken im Spannungsfeld intra- und intersubjektiver Aushandlungsprozesse betrachtet werden kann. Anzumerken ist jedoch, dass Stimmigkeit nur dann als Element von Bedeutungszuweisungsprozessen angesehen werden kann, wenn es nicht als individuelle Harmonisierungstendenz verstanden wird. Vielmehr muss auch das – z.B. künstlerisch intendierte – Herstellen von „Un-Stimmigkeiten" berücksichtigt werden. Damit gehört das Aufsuchen oder

Aushalten von Irritationen und Ambivalenzen ebenfalls zur menschlichen und insbesondere künstlerischen (Selbst-)Bildungsaktivität dazu.

Vor dem Hintergrund historischer Betrachtungen des Faches MFE wird deutlich, dass sich das Bildungsverständnis im Laufe der Fachentwicklung gewandelt hat. So stand 1968 die Einführung der MFE an Musikschulen in Deutschland unter dem Zeichen programmierten Lernens. Deutlich zeigt sich dies in der kleinschrittigen und stark auf kognitive Lerninhalte ausgerichteten Abfassung des ersten Lehrwerks, dem „Curriculum Musikalische Früherziehung" (vgl. Wucher & Twittenhoff, 1970). Die Sachbereiche des 1980 erschienenen Lehrplans zur Musikalischen Früherziehung boten neue Möglichkeiten zur individuellen Ausgestaltung der Unterrichtsinhalte. Dies öffnete den Markt für die Publikation von Alternativen zum „Curriculum". Auch die Einrichtung von Studiengängen an den Musikhochschulen trug zu einer inhaltlichen Flexibilisierung bei. So konnten und können ausgebildete Lehrkräfte zunehmend eigene Impulse in das Fach einbringen. Anhand eines Vergleichs des neu aufgelegten Lehrplans von 1994 mit dem Bildungsplan EMP von 2010 lässt sich das gewandelte Bildungsverständnis weiterhin nachvollziehen. Während 1994 noch Wirkungen der MFE auf die emotionale, kognitive, motorische und soziale Entwicklung des Kindes als Zielbereiche formuliert werden (vgl. VdM, 1994, S. 10), steht 2010 stärker die Eigenaktivität der Kinder im Mittelpunkt. So sollen sie im Unterricht eigene Interessen und Neigungen erkennen können und Anregungen finden (vgl. Metzger et al., 2010, S. 38).

Ein Blick auf die derzeit gängigen Lehrwerke für die Musikalische Früherziehung, kombiniert mit Befunden aus einer Lehrkräftebefragung (Dartsch, 2008) lässt allerdings den Schluss zu, dass dennoch im Wesentlichen die Lehrkraft im Mittelpunkt steht, wenn es um inhaltliche Anregungen und Ideen geht. Die Anpassung an kindliche Wünsche und Bedürfnisse i.S. einer grundsätzlichen Flexibilität und Offenheit des Unterrichts wird durchaus mehrheitlich angestrebt und in den Lehrwerken größtenteils vertreten. Die Kinder nehmen dabei in erster Linie Anregungen auf, explorieren zu Themen der Lehrkraft oder lernen Neues kennen.

Dies sind wesentliche und wichtige didaktische Felder der MFE. Sie stärker um Aspekte zu erweitern, welche von den Kindern selbst stammen, ist das Ziel vorliegender Arbeit.

4 Studien zu musikbezogenen Umgangsweisen und Einstellungen von Vorschulkindern

Untersuchungen, die sich explizit mit der musikbezogenen Bedeutungszuweisung im Vorschulalter oder sogar im Fach Musikalische Früherziehung befassen, existieren im deutschsprachigen Raum derzeit nicht.

Der Thematik und dem Altersbezug vorliegender Arbeit kommen jene Studien am nächsten, welche die Musikpädagogin Patricia Shehan Campbell in den 90er Jahren des 20. Jahrhunderts und erneut nach der Jahrtausendwende in den USA durchführte. Anhand qualitativer Forschungsmethoden (zumeist nicht teilnehmende Beobachtungen und Interviews) wurde hier die Bedeutung von Musik im Leben von vier- bis zwölfjährigen Kindern untersucht (Campbell, 2010).

Campbell wählt wissenschaftstheoretisch einen musikanthropologischen Hintergrund. Sie sieht die kindliche Musikkultur bzw. deren variationsreiche Erscheinungsformen einerseits eingebettet in regionale kulturelle Muster, andererseits aber auch als eigenständigen kindlichen Ausdrucksbereich mit zum Teil kulturübergreifend auffindbaren Strukturen. Dies nicht zuletzt durch universell anzutreffende Muster des Aufwachsens zwischen Zonen stärkerer Erwachsenenbindung und stärkerer Peerbindung (vgl. Campbell, 2010, S. 9). Welche Rolle Musik im Leben von Kindern spielt und welche Relevanz sie in ihren unterschiedlichen Ausprägungen dabei für jedes einzelne Kind bekommt, wird daher zweiseitig unter den Aspekten individueller Bedeutsamkeit und übergreifender Muster bzw. Gemeinsamkeiten „kindlicher Musikkultur" betrachtet (vgl. ebd., S. 215). Damit verbunden ist das Nachdenken über den Ausdruck oder die Entwicklung musikalischer Identität im Kindesalter. Campbell geht allerdings nicht kulturvergleichend vor, obwohl sie durchaus in der theoretischen Grundlegung die Anbindung an musikanthropologische kindbezogene Studien aus anderen Kulturen nutzt (vgl. ebd., insb. S. 6–12). Sie arbeitet nicht mit einer repräsentativen Stichprobe, sondern fokussiert die persönlichen Sichtweisen von Kindern aus unterschiedlichen nordamerikanischen Milieus bzw. deren beobachtbare musikalische Aktivitäten in acht Gruppensituationen und zwanzig Einzelinterviews.

Ihre Suche nach individuellen sowie übergreifenden Mustern der Bedeutung von Musik für Kinder umfasst unter dem Stichwort des „musicking"[40] mehr als das konkrete Musizieren. Sie bezieht alle beobachteten oder erzählten kindlichen Ausdrucksweisen mit ein, welche mit musikalischen Parametern oder musikbezogenen Befindlichkeiten in Verbindung stehen, auch wenn der Ausdruckskontext selbst nicht immer ein musikalischer ist (vgl. ebd., S. 5).

„Musicking" beschreibt einen Prozess (die Verwendung als Verb macht es deutlich), ist also dynamisch verfasst und unterschiedlichen Situationen und habituellen Aktualisierungen unterworfen:

---

40 Der Ausdruck des „musicking" wurde von Christopher Small in der Veröffentlichung *Musicking: The Meanings of Performing and Listening* geprägt (Small, 1998).

„[M]usicking encompasses all human musical activity, from expert performer to un-trained participant, from playing violin or trombone or steel drums, to singing alone or together in formal performance or informal participation. It is a blending of songs they [*Anm.: die Kinder*] sing, rhythms they make, and roles music plays for them. It is a search for how music is personally and socially meaningful to them and what values they place on particular musical styles, songs, and functions." (Campbell, 2010, S. 5).

Zugleich erfolgt Patricia Shehan Campbells Forschung im Kontext des Begriffs „meaning" – so lautet der Titel ihrer Veröffentlichung „Music and its Meaning in Children's Lives" – einem Begriff, der im Englischen (folgt man Peter Faltin, 1985, S. 14) das gleiche Mosaik an Definitionsinhalten aufweist wie das deutsche Wort „Bedeutung".[41] So liegt es nahe, die Untersuchungen Campbells im weiteren Verlauf zentral als Referenz für kindliche musikbezogene Bedeutungszuweisungen im Vor-schulalter heranzuziehen.

Dennoch können auch in anderen musikpädagogischen Studien oder in Unter-suchungen zur musikalischen Entwicklung im Kindesalter Bezüge zu Teilaspekten kindlicher musikbezogener Bedeutungszuweisung hergestellt werden. Untersuchun-gen, welche für diese Thematik herangezogen werden können, liegen in den folgen-den Bereichen vor:

- Studien zu musikalischer Kompetenz bzw. Performanz und musikbezogenem Wissen von Vorschulkindern.
- Studien zu (selbstinitiierten) Aktivitäten und Umgangsweisen mit Musik.
- Studien zu persönlichen Sichtweisen in Bezug auf Musik.

4.1 Kompetenz, Performanz und Wissen

Die weiter unten dargestellten Teilbereiche der „Aktivitäten und Umgangsweisen" und der „persönlichen Sichtweisen" (vgl. Kap. 4.2 und 4.3) weisen einen starken Subjektbezug auf, die Verknüpfung mit individueller Bedeutungszuweisung liegt insofern nahe. Dagegen kann der Bereich von Kompetenz und Performanz auch als Deskription erhobener Durchschnittsstandards und insofern losgekoppelt vom Individuum betrachtet werden. Ihn dennoch hier zu berücksichtigen ist zunächst der Tatsache geschuldet, dass die Empfindung von Kompetenz[42] – wie weiter oben bereits dargelegt (vgl. Kap. 2.3.2.2) – in dieser Arbeit als themenrelevant angesehen wird. Grund ist ihr inhärenter Bedeutsamkeitsaspekt, ergänzt durch die Annahme,

---

41 Peter Faltin nennt „Ethos, Nachahmung, Abbild, Affekt, Gehalt, Ausdruck, Sinn, Inhalt, Bot-schaft, Information, Sinngehalt, Struktur, Form oder […] Intention" (Faltin, 1985, S. 10) und stellt das englische „meaning" äquivalent zum deutschen „Bedeutung" (ebd., S. 14).

42 Es sei an dieser Stelle auf Kap. 2.3.2 zur begrifflichen Eingrenzung von Kompetenz sowie zur musikpädagogischen Diskussion um Kompetenzen und Bildungsstandards verwiesen. Im wei-teren Verlauf dieser Arbeit wird insbesondere das Empfinden oder Erleben von Kompetenz fo-kussiert, auf dessen besondere Relevanz für das Vorschulalter aus entwicklungspsychologischer Sicht hinzuweisen ist (vgl. Kap. 2.3.2.1 und 2.3.2.2).

dass erst durch bestimmte Kompetenzen bestimmte Bedeutungszuweisungen möglich werden (z.B. im Instrumentalspiel).

Während die Empfindung von Kompetenz oder möglicherweise auch der Wunsch ihrer Präsentation allerdings letztlich in den Teilbereich der persönlichen Einstellungen und dort zu den Selbstbewertungen oder auch Wünschen gehört, soll hier zunächst der Bezug zu Kompetenzen (und deren Erwerb) hergestellt werden, welche für das Fach MFE relevant erscheinen. Entwicklungsrelevante Befunde (in der oben genannten Loskopplung vom konkreten Individuum) werden dort ergänzend herangezogen, wo dies im Fachbezug sinnvoll erscheint.

Es ist jedoch zu berücksichtigen, dass dabei immer nur Durchschnittswerte referiert werden können, die ein „Modellkind" abbilden. Jedes Individuum wird aber in seinen persönlichen Kompetenzen von einem solchermaßen vorgestellten „Modellkind" auf unterschiedliche Weise stärker oder schwächer abweichen. Insofern beschäftigt die Musikalische Früherziehung sich auch nicht mit „normierten" musikalischen Fähigkeiten und Fertigkeiten, sondern mit jeweils konkreten Kindern, die sich im gleichen Alterssegment befinden. Daher ist im Folgenden zu berücksichtigen, dass auch Studien über kindliche musikbezogene Kompetenzen im Kontext der Musikalischen Früherziehung immer Abbild von Durchschnittswerten, diese Werte aber keine pädagogischen Praxis-Implikationen sind.

Kompetenz soll hier zudem durch den Teilaspekt des Wissens über Musik ergänzt werden, welches ebenfalls ein dispositionelles Potential zum performativen Umgang mit Musik darstellen kann. Dies erfolgt im Anschluss an die Erläuterung der stärker auf Fähigkeiten und Fertigkeiten bezogenen Ergebnisse.

4.1.1 Untersuchungsergebnisse zu Aspekten von Kompetenz und Performanz

Zwei Studien zu Performanzleistungen liegen für die Musikalische Früherziehung vor: Die „Studie zu Wirkungen und Voraussetzungen der Musikalischen Früherziehung" von Michael Dartsch, durchgeführt im Auftrag des Verbands deutscher Musikschulen (Dartsch 2008) und die „Erprobung des Modellversuchs Curriculum ‚Musikalische Früherziehung'", welche in den 70er Jahren des 20. Jahrhunderts erfolgte und als Teilstudie Tests zu Lerninhalten des Fachs enthält (Kormann, 1992; Füller, 1978).

Programmatisch für die Untersuchung zu Wirkungen und Voraussetzungen aus dem Jahre 2008 liest sich das folgende Zitat:

> „Was erreicht die Musikalische Früherziehung an deutschen Musikschulen derzeit? […] Doch sollte ergänzend hierzu auch danach gefragt werden, wen die Musikalische Früherziehung erreicht." (Dartsch, 2008, S. 9).

Es geht also um die Auswirkungen eines Fachs auf die Personen, die dieses Fach belegen, nämlich die Kinder. Zugleich geht es dabei auch um die Rahmenbedingungen, die Lehrkräfte vorfinden bzw. selbst schaffen und es geht um die familiäre Einbindung. Letzteres betrifft den familiären sozialen Status und den Bezug zur Musik in der Familie, elterliche Beobachtungen zu Aktivitäten und Umgangsweisen des Kindes mit Musik im Alltag sowie Einschätzungen der Eltern zur Motivation des Kindes für die MFE und dessen Profit vom Besuch des Unterrichts (Dartsch, 2008, S. 10). Die Forschungsfragen lauten im Einzelnen:

- „Wie präzise erfüllen die Kinder musikalische Standards?[43]
- Wie gerne oder häufig beschäftigen sich die Kinder von sich aus mit Musik?
- In welchem Maße gehen die Kinder mit Musik kreativ um?" (Dartsch, 2008, S. 9).

Im Rahmen von „Kompetenz und Performanz" interessiert besonders die erste Frage nach der Präzision, während die zweite und die dritte Frage in den Bereich der „Aktivitäten und Umgangsweisen" fallen.

Die ältere Studie aus den 70er Jahren des 20. Jahrhunderts zur Erprobung des Modellversuchs Curriculum „Musikalische Früherziehung" war der Evaluation eines ausformulierten Unterrichtsprogramms gewidmet. Das Ziel war eine Modifikation des Programms im Sinne der Praxistauglichkeit (vgl. zur Entwicklung und Institutionalisierung des Curriculums Kap. 3.2.1 und 3.2.2). Auch hier lag der Fokus auf dem Dreieck von Lehrkräften, Eltern und Kindern, allerdings mit einem anderen Schwerpunkt als in der neueren Studie. Es ging um die

„Kontrolle des Modellprogramms selbst, z.B. im Hinblick auf die Angemessenheit der Lernschritte, auf das Problem der Berücksichtigung des individuellen Lerntempos, auf die Angemessenheit der einzelnen Lernfelder, auf die Abstimmung der Proportionen, hinsichtlich des Überforderungs- bzw. Unterforderungsproblems, auf die Altersangemessenheit der gewählten Inhalte und anderes, Planungen, die sich mehr auf grundsätzliche

---

43 „Zum Weitertragen der Musikkultur lassen sich bestimmte Standards aufstellen. Diese Standards stellen keinen Maßstab für musikalische Bildung, sondern lediglich ein Korrektiv dar: Sind die Kinder in der Musikalischen Früherziehung in einem bestimmten Inhaltsbereich weiter vom Standard entfernt als in den anderen, so erscheint es sinnvoll, die Balance der Bemühungen in Richtung jenes Inhaltsbereiches zu verschieben. Die Standards beziehen sich auf Fühl-, Denk- und Verhaltensmuster und umgreifen somit auch motivationale Faktoren" (Dartsch, 2010b, S. 323). Was jeweils konkret als Standard angesehen wird, ergibt sich aus den Inhaltsbereichen sowie den dort verzeichneten Bewertungsgrundlagen der Tests (vgl. Dartsch, 2008, S. 49–64). Für den Bereich „Instrumente" gilt es beispielsweise, diese am Klang zu erkennen. Die Standards ergeben sich aus den verzeichneten Gelingensbeschreibungen. Für das Instrument „Gitarre" heißt dies:
- „gelingt gut: Das Kind nennt das richtige Instrument: Gitarre.
- gelingt mittelmäßig: Das Kind nennt ein Zupfinstrument oder sagt „Zupfinstrument", nennt aber nicht die Gitarre.
- gelingt nicht gut: Das Kind nennt ein Instrument aus einer anderen Gattung; oder: das Kind nennt kein Instrument" (ebd., S. 54).

musikpädagogische Fragen, auf das soziale Umfeld und dessen Bedingungsgefüge, auf So-
zialisationsmuster, Verhaltensweisen des Vorschulkindes etc. bezogen" (Noll, 1992, S. 13).

In der jüngeren Untersuchung (Dartsch, 2008) wurden demnach Leistungen von
Kindern als Reaktion auf das Fach getestet, während die ältere Untersuchung (Kormann, 1992; Füller, 1978) Leistungen der Kinder als Indikator für die Angemessenheit
von Aufgabenstellungen im Unterrichtswerk erhob.

Die Untersuchung von kindlichen musikbezogenen Kompetenzen bzw. deren
Performanzen generierte demnach die unterschiedlichen Designs der Studien, welche im Folgenden dargestellt werden.

4.1.1.1 Untersuchungsgegenstand, Zielgruppen und Stichprobendaten

Im Kontext von Kompetenz bzw. Performanz interessiert in der Studie zu Wirkungen
und Voraussetzungen der MFE die Frage, ob sechsjährige Kinder, welche die MFE
durchgängig besucht haben und sich im vierten Halbjahr befinden (Versuchsgruppen), bessere Leistungen in musikbezogenen Tests erbringen, als altersgleiche Kinder
ohne Erfahrungen in diesem Fach (Kontrollgruppen). Zugleich wurde untersucht,
ob Unterschiede zu vierjährigen Kindern bestehen, die das Fach in Zukunft besuchen werden bzw. ob zwischen diesen Vierjährigen und solchen, die das Fach nicht
besuchen werden, Differenzen feststellbar sind (Kontrollgruppenvergleich).

Untersucht wurde eine Stichprobe von 191 Kindern in den Versuchsgruppen. (vgl.
Dartsch, 2008, S. 13). Demgegenüber wurden 146 vier- und sechsjährige Kinder in
den Kontrollgruppen erfasst (vgl. ebd., S. 30). Das Geschlechterverhältnis in den
Versuchsgruppen lag bei „gut vierzig Prozent" männlicher Kinder zu „knapp sech-
zig Prozent" weiblicher Kinder (vgl. ebd., S. 19). Dies wird dort auch als ungefährer
Schlüssel der Geschlechterverteilung für den Besuch der Musikalischen Früherziehung allgemein angenommen, ohne jedoch Aussagen darüber treffen zu können,
ob dies aus einer geringeren Abmeldehäufigkeit der Mädchen resultiert oder ob der
Trend schon bei den Erstanmeldungen besteht (vgl. ebd.).[44]

Die Tests im Rahmen der Erprobung des Curriculums Musikalische Früherziehung aus den 70er Jahren des 20. Jahrhunderts sind als Lernkontrollen angelegt (vgl.
Füller, 1978, S. 9) und lehnen sich an die Übungsaufgaben aus dem Unterrichtswerk
an (vgl. Kormann, 1992, S. 65–66). Die grundsätzliche Zielgruppe waren zwar Kinder
im fünften bis siebten Lebensjahr, welche an Musikschulen nach dem Curriculum
Musikalische Früherziehung unterrichtet wurden (vgl. Kormann, 1992, S. 72),[45] an
der testbasierten Untersuchung wurden jedoch nur Kinder beteiligt, welche sich am

---

44 Aufschluss und genauere Informationen zur Prozentverteilung könnte die Erhebung der MFE-
Anmeldezahlen mehrerer Schuljahre an allen VdM-Musikschulen erbringen, dies war jedoch
nicht Bestandteil der Studie.

45 Obwohl sich der Modellversuch zur Erprobung des Curriculum Musikalische Früherziehung
in anderen Untersuchungsbereichen auch auf die Kindergartenfassung bezog (vgl. z.B. die Be-

Ende des zweiten Halbjahres MFE befanden, da die Tests in der 65. bis 67. Unterrichtsstunde stattfinden sollten (vgl. Füller, 1978, S. 10). Die Stichprobe bestand aus 96 Kindern, davon 46 Jungen und 50 Mädchen (vgl. Kormann, 1992, S. 72).

4.1.1.2 Anzahl und Art der Tests

In der Studie zu Wirkungen und Voraussetzungen erhielten die Kinder der Versuchs- und Kontrollgruppen Hör-, Bewegungs-, Sing-, Perkussions- und Notationsaufgaben. Zudem wurde unter dem Aspekt des kreativen Hörens das musikbezogene Assoziieren getestet. Dadurch ergaben sich sieben Testbereiche, welche jeweils aus fünf Aufgaben bestanden. Die Testaufgaben lagen zum größten Teil in der musikalischen Handlung selbst oder waren als Zuordnungs- bzw. verbale Antwortmöglichkeit angelegt (vgl. Dartsch, 2008, S. 50–64).

Während die Erprobung des Curriculums ebenfalls Hör- und Notationsaufgaben enthielt – diese entweder als Zuordnungsaufgaben oder als Aufgaben melodisch-rhythmischer Notation – waren keine Sing-, Bewegungs- oder Perkussionstests vorgesehen (vgl. Füller, 1978, S. 10). Insgesamt lagen neun Testbereiche vor, pro Aufgabenbereich gab es eine Probeaufgabe, anhand derer die Testerinnen und Tester das Aufgabenprinzip verdeutlichten, sowie jeweils zwei bis drei Testaufgaben mit ansteigendem Schwierigkeitsgrad (vgl. Füller, 1978, S. 9).

4.1.1.3 Testerinnen und Tester, Sozialform, Ablauf

Im Vorfeld geschulte, musikpädagogisch ausgebildete Testerinnen und Tester (vgl. Dartsch, 2008, S. 12) werteten die Testleistungen der Kinder auf einer Gelingensskala von „gut" über „mittelmäßig" bis „nicht gut" (vgl. ebd., S. 19). Die Bewegungsaufgaben erfolgten in Kleingruppen von drei bis fünf Kindern und eröffneten jeweils das Testverfahren (vgl. ebd., S. 50). Für alle weiteren Aufgaben wurden die Kinder jeweils alleine getestet (vgl. ebd., S. 51–56). Das Klangmaterial lag vollständig auf CD vor, die wesentlichen Kommunikationsinhalte waren aus Gründen der Vergleichbarkeit vorgegeben (vgl. ebd., S. 49–64).

Die Tests zur Erprobung des Curriculums MFE wurden von den Musikschullehrkräften im eigenen Unterricht durchgeführt, daher waren alle Tests als Gruppenaufgaben angelegt. Auch hier waren die Kommunikationsinhalte vorgegeben: Es war ausdrücklich gewünscht, dass die Lehrkräfte sich wörtlich an die Anleitungstexte zu den Tests hielten und keine zusätzlichen Informationen gaben bzw. Fragen beantworteten (vgl. Füller, 1978, S. 10). Die Klangbeispiele wurden mehrheitlich von den Lehrkräften auf der Blockflöte gespielt, zudem lagen einige auf Kassette vor. Hier hät-

---

obachtungsstudien von Weber-Lindenthal, 1977), blieb dies bei der Auswahl der Teststichprobe unberücksichtigt.

te eine größere Vergleichbarkeit – wie in der jüngeren Studie – durch die einheitliche Nutzung von aufgenommenen Klangbeispielen erreicht werden können.

Zur Auswertung wurde ein Punktesystem genutzt. Die jeweils höchste Zahl wurde für ein korrektes Ergebnis verwendet. In Ansätzen vorhandene richtige Lösungen wurden entsprechend abgestuft (z.B. „von den 6 zu ergänzenden Noten sind 5 richtig notiert = 5 Punkte. Von den 6 zu ergänzenden Noten sind 4 richtig notiert = 4 Punkte [etc.]", Füller 1978, S. 14 im Dokumentationsanhang), falsche Lösungen wurden mit 0 Punkten gewertet. Für jeden Aufgabenbereich wurde die Höchstzahl der zu erreichenden Punkte angegeben.

Die Testaufgaben sollten nicht alle an einem Termin durchgeführt werden, um Konzentrationsabfälle zu vermeiden. Von den neun Testaufgaben wurden daher in drei aufeinander folgenden Unterrichtsstunden jeweils drei bearbeitet (vgl. Füller, 1978, S. 9).

4.1.1.4 Testergebnisse

Die folgende Darstellung der Ergebnisse orientiert sich bezüglich der Reihenfolge der einzelnen Testkategorien an der Studie zu Wirkungen und Voraussetzungen der MFE, beginnend bei den Bereichen mit den besten Gelingensleistungen. Die Ergebnisse der Studie zum Curriculum sind jeweils den vergleichbaren Kategorien zugeordnet.

Instrumente zuordnen: Bei der Studie zu Wirkungen und Voraussetzungen erzielten die Versuchsgruppen in dieser Kategorie die besten Testwertungen. Der höchste Erkennungsgrad konnte für die Blockflöte ermittelt werden, gefolgt von Gitarre und Klavier, sodann von der Trompete und zuletzt der Geige, die immer noch durchschnittlich etwas besser als „mittelmäßig" erkannt wurde (vgl. Dartsch, 2008, S. 19). Die Aussagen erfolgten mündlich, es waren keine Auswahlantworten vorgegeben (vgl. ebd., S. 54).

In der Studie zum Curriculum Musikalische Früherziehung erfolgte die Instrumentenzuordnung im Multiple-Choice-Verfahren. Zu einer gehörten Musik wählten die Kinder aus fünf verschiedenen Bildern die passenden aus. Die Probeaufgabe bestand aus einem Hörbeispiel zu Kontrabass und Orgel (vgl. Füller, 1978, S. 23 im Dokumentationsanhang). Das Instrument der ersten Testaufgabe war die Trompete. Hier entstanden Irritationen, da die Kinder vermutlich auch für die Testaufgabe das Erklingen zweier Instrumente erwarteten und daher Mehrfachankreuzungen vornahmen (vgl. Füller, 1978, S. 13). Bei den weniger irritierenden Aufgaben mit jeweils zwei Instrumenten lagen die Werte der richtigen Lösungen relativ hoch, mit 86,5% für Handtrommel und Blockflöte und 74,0% für Tuba und Klavier (vgl. ebd., S. 14). Der Autor geht davon aus, dass die Auswahl der Distraktorenbilder aus dem Bereich der Streichinstrumente das Ausschlussverfahren im Multiple-Choice hier sehr begünstigte (vgl. ebd.).

Beide Studien zeigen, dass Instrumentenzuordnungen eine gut zu bewältigende Leistung für Kinder darstellen, welche die musikalische Früherziehung besuchen. Dabei ist allerdings zu beachten, dass der Kontext der Darbietung erheblichen Einfluss auf das Ergebnis nehmen kann, wie eine Studie von Hans W. Köneke zur Klangfarbenwahrnehmung mit Grundschulkindern zeigt (Köneke, 1976). Köneke kam zu dem Ergebnis, dass die wesentlich besseren Leistungen bei der Zuordnung eines Instruments zum gehörten Klang bei jenen Kindern vorlagen, welche die Instrumente in einer Vorbereitungsstunde nur vom Tonband gehört hatten. Hingegen hatten jene Kinder Schwierigkeiten bei der Zuordnung, welche die Instrumente zur Vorbereitung von Tonband *und* live gehört hatten. Es fanden mehr Verwechslungen in der Testsituation statt, insbesondere mit der Flöte.

Es steht zu vermuten, dass die live gehörten Instrumente ganz unterschiedlich starken Eindruck hinterlassen hatten, während die Instrumente vom Tonband aufgrund der ausgeblendeten visuellen Instrumenteninformationen und der gleichbleibenden Darbietungssituation „gleichberechtigter" erinnert wurden. So fand die Live-Vorstellung der – in den Tests häufig auch anderen Klängen zugeordneten – Flöte bezeichnenderweise unter besonders eindrücklichen Bedingungen statt, da der Flötist zu spät kam, eine Goldflöte spielte, mit Akzent sprach und sein Instrument anhand eines japanischen Volksliedes und eines virtuosen Variationsstückes sehr intensiv vorstellte (vgl. Köneke, 1976, S. 612).

Da in der Musikalischen Früherziehung ebenso mit der Live-Präsentation von Instrumenten gearbeitet wird wie mit Hörbeispielen von CD, sind Zuordnungsleistungen beim Erkennen von Instrumenten auf beiden Ebenen für das Fach relevant. Der Darbietungskontext ist insofern nicht nur für die methodische Gestaltung beim Kennenlernen des Instruments, sondern auch für spätere Rückbezüge in anderen Unterrichtseinheiten eine wichtige zu berücksichtigende Variable.

Ergänzend sei auf eine weitere Studie zur Klangfarbenwahrnehmung von Vorschulkindern hingewiesen, welche sich nicht auf Instrumente, sondern auf Geräusche bezieht (vgl. Schellberg, 1998). Dabei führte Gabriele Schellberg mit 206 Kindern zwischen vier und sechs Jahren ein „Klangfarben-Memory" durch: Schwarze Filmdosen wurden mit verschiedenen Gegenständen befüllt, deren Klänge verglichen werden sollten, die Spielregeln entsprachen dem traditionellen Memory. 99 Kinder der Versuchsgruppe nahmen an der Musikalischen Früherziehung teil. Es zeigte sich, dass die bei den vierjährigen „Musikschulkindern" beobachteten besseren Leistungen in der Klangfarbenwahrnehmung bei den fünfjährigen schon weniger ausgeprägt waren und sich der Befund bei den Sechsjährigen zugunsten der Kinder ohne MFE-Unterricht umkehrte, dies allerdings nicht signifikant (vgl. Schellberg, 1998, S. 84–85). Schellberg geht davon aus, dass die besseren Leistungen der vierjährigen MFE-Kinder ein Effekt des Unterrichts seien. Befunde bei den fünf- und sechsjährigen Kindern deuteten dagegen auf einen „Reifungsegalisierungseffekt" hin, der besagt, dass „Kinder durch Übung früher ein bestimmtes Niveau erreichen, welches andere ohne Förderung auch, aber erst in späterem Alter erlangen" (vgl. ebd., S. 85).

Signifikant war dennoch über alle Altersgruppen hinweg die kürzere Spieldauer bei den MFE-Kindern, welche schneller anhand einer Hörwahrnehmung eine Entscheidung treffen konnten als die Kinder ohne musikalische Vorbildung (vgl. ebd., S. 86).

Bewegungskoordination: In der Studie zu Wirkungen und Voraussetzungen standen an zweiter Stelle bei den Gelingensleistungen die Bewegungstests, welche eine Koordination der eigenen Laufgeschwindigkeit und Fortbewegungsart zu einer von CD erklingenden Musik erhoben. Gerade Rhythmen von durchgehenden Vierteln, Achteln, Halben und Sechzehnteln fielen leichter als punktierte Rhythmen, denen eine hüpfende Fortbewegung entsprochen hätte. Insgesamt lagen die Ergebnisse auch hier noch etwas besser als „mittelmäßig" (vgl. Dartsch, 2008, S. 19). Der Modellversuch zum Curriculum enthielt keine Bewegungstests.

Werden die Ergebnisse im Kontext von Untersuchungen zur Entwicklung des Metrumkonzepts im Kindesalter betrachtet, so ist hier zunächst der Befund relevant, dass im Vorschulalter durchschnittlich großmotorische Bewegungen in Koordination zu Musik schwerer fallen als feinmotorische (vgl. Bruhn, 2005, S. 99). Laufen, Stampfen, Marschieren oder Tanzen über einen längeren Zeitraum koordiniert zu Musik auszuführen stellt also ein relevantes Entwicklungsfeld im Rahmen der Musikalischen Früherziehung dar. Eine Untersuchung von Carolyn Drake (1998) gibt zudem Aufschluss über den Grad der Enkulturation bezüglich metrischer Sicherheit. Zentral steht hier die Beobachtung der Zusammenfassung musikalischer Ereignisse unter je eine Bewegung. Zunächst ließ sich in – allerdings feinmotorischen – Tapping-Aufgaben[46] feststellen, dass jüngere Kinder (bei Drake ab vier Jahren untersucht) dazu tendieren, jedes musikalische Ereignis in der Bewegung mitzuvollziehen, während mit fortschreitendem Alter größere Einheiten zusammengefasst und somit metrisch verortet werden. Des Weiteren wird dies durch die Beobachtung ergänzt, dass sich der Prozess im Entwicklungsverlauf musikalisch vorgebildeter Kinder schneller vollzieht, als bei nicht vorgebildeten Kindern. Dieser Trend setzt sich zwischen Musikern und Nicht-Musikern bis ins Erwachsenenalter fort (vgl. Drake, 1998, S. 22).

Die weniger gute Koordination der Bewegung zu punktierten Rhythmen in der Studie zu Wirkungen und Voraussetzungen der MFE ist also vermutlich der Tatsache geschuldet, dass ihre großmotorische Ausführung (im Gegensatz z.B. zum Tapping) im betrachteten Altersbereich durchschnittlich schwerer fällt. Doch lässt sich mit den Beobachtungen Drakes zu Unterschieden zwischen musikalisch vorgebildeten und nicht vorgebildeten Personen der Befund über eine Wirkung der musikalischen Früherziehung zusätzlich stützen. Denn auch die Bewegungstests in der Studie zur MFE fielen bei allen Kontrollgruppen schlechter aus, als bei den Früherziehungskindern (vgl. Dartsch, 2008, S. 30).

Singen, Perkussion: Die Sing- und Perkussionstests der Studie zu Wirkungen und Voraussetzungen konnten durchschnittlich nicht mehr dem „guten" Bereich zuge-

---

46 Mitklopfen zur Musik.

ordnet werden und bildeten sich im mittleren Gelingensgrad ab (vgl. Dartsch, 2008, S. 19). Beim Singen wurde das Nachsingen von Tonfolgen untersucht, bei der Perkussion sollten vorgespielte Rhythmen nachgespielt werden. Die Untersuchung zum Curriculum Musikalische Früherziehung enthielt keine Sing- und Perkussionstests. Eine Beschäftigung mit Melodien und Rhythmen war zwar enthalten, allerdings nur in Form von Notationsaufgaben (vgl. dazu weiter unten die Ausführungen zu den *Notationstests*).

Die *Singtests* in der Studie zu Wirkungen und Voraussetzungen erfolgten über das Vor- und Nachsingen. Von Interesse war in der Ausführung, ob es den Kindern gelang, die gleiche Tonhöhe zu treffen, oder inwiefern Tonfolgen in anderen Tonlagen korrekt bzw. der Melodiekontur noch ähnlich ausgeführt wurden, wenn auch mit z. T. nicht korrekten Intervallen. Es fiel auf, dass den Kindern das Erreichen des Spitzentons f″ in einem Oktavglissando am schwersten fiel, so weist auch der Autor darauf hin, dass in der Literatur zur Kinderstimme das f″ als obere Grenze des Stimmambitus angesehen wird (vgl. Dartsch, 2008, S. 19). Die durchschnittlich mittelmäßigen Leistungen deuten – mit Bezug auf die an der Intonation orientierten Bewertungskriterien[47] – darauf hin, dass die meisten Kinder bei den einzelnen Singmotiven Tonhöhenveränderungen vornahmen, entweder über das ganze Motiv hinweg oder bei einzelnen Tönen. In der Untersuchung Hubert Minkenbergs zum kindlichen Musikerleben waren dagegen 70% der fünf- und sechsjährigen Kinder in der Lage, Lieder durchgängig richtig zu intonieren (vgl. Minkenberg, 1991, S. 147).

Zum Verständnis der unterschiedlichen Befunde ist zunächst zu berücksichtigen, dass die Toleranz gegenüber geringfügigen intonatorischen Abweichungen zwischen den Testerinnen und Testern der jeweiligen Studien unterschiedlich ausgeprägt sein kann. Hinzu kommt allerdings, dass in der Studie Minkenbergs nicht das Nachsingen getestet wurde, sondern dass die Kinder Lieder vortrugen, die sie selbst auswählten. Somit legten sie auch selbst ihren Anfangston fest. Unter Verwendung der Befunde Minkenbergs ist anzunehmen, dass es Kindern leichter fällt, Lieder in einer selbst gewählten Tonart intonationssauber zu singen, als diese auf vorgegebenen Tönen nachzusingen. Dennoch ist das Nachsingen bzw. das gemeinsame Singen (welches ja ebenfalls vorgegebene Tonhöhen erfordert) ein wesentlicher Bestandteil der MFE und insofern auch übungsrelevant.

In den *Perkussionstests* waren Rhythmen mit eingelagerten schnellen Tonfolgen (Viertel, drei Triolenachtel, Viertel, Viertelpause bzw. Viertel, vier Sechzehntel, Viertel, Viertelpause) schwieriger umzusetzen, als Rhythmen mit langsameren Bestandteilen (Viertel, zwei Achtel Viertel, Viertelpause oder Viertel, punktierte Achtel plus Sechzehntel Viertel, Viertelpause, vgl. Dartsch 2008, S. 20). Dies deutet darauf hin,

---

47 Auswertungskriterien: „gelingt gut: das Kind singt sauber nach." – „gelingt mittelmäßig: das Kind singt die Tonfolge korrekt, aber in einer anderen Tonlage; oder: einige Tonhöhen stimmen, die Melodiekontur ist erkennbar, aber die Intervalle stimmen nicht genau." – „gelingt nicht gut: Tonhöhen und Intervalle stimmen nicht; oder: das Kind singt gar nicht." (Dartsch, 2008, S. 51).

dass eher motorische Umsetzungsschwierigkeiten bestanden, denn der Rhythmus mit punktierter Achtel und Sechzehntel enthält drei verschiedene Tonlängen und könnte somit zunächst für die Erfassung als komplexer angesehen werden, als die „schlechter" bewältigten Rhythmen mit nur zwei verschiedenen Tonlängen.

Der Autor der Studie sieht in den durchschnittlich mittelmäßigen Performanzen ein Defizit der Musikalischen Früherziehung, welche in diesem Bereich ihre Ziele nicht erreiche und verbessert werden müsste (vgl. ebd., S. 20). Es wäre jedoch auch denkbar, dass sich die speziellen feinmotorischen Fähigkeiten der Kinder *durchschnittlich* tatsächlich erst zu einem späteren Zeitpunkt der Entwicklung stabilisieren und die Musikalische Früherziehung hier zwar durch Anregung und Übung „Vorarbeit" leisten, der Erfolg aber stabil erst in einem späteren Alterssegment beobachtet werden kann. Ob dieser auf die Übung der Musikalischen Früherziehung zurückführbar wäre oder sich unabhängig davon einstellen würde, wäre nur mit einem Studiendesign zu erheben, das Absolventen der MFE zu späteren Alterszeitpunkten im Vergleich mit Kindern ohne MFE-Erfahrung testet bzw. sicherer noch im Längsschnittverfahren.

Dass die rhythmischen Leistungen derjenigen Kinder, welche die MFE besuchten, besser ausfielen, als die der vierjährigen Kontrollgruppen (vgl. Dartsch, 2008, S. 30), deckt sich mit einem Befund Minkenbergs zum sprunghaften Anstieg rhythmischer Reproduktionsleistungen im Alter zwischen fünf und sechs Jahren (vgl. Minkenberg, 1991, S. 262–263). Dieser erklärt aber noch nicht das bessere Abschneiden der MFE-Kinder gegenüber den alters*gleichen* Kindern aus den Kontrollgruppen (vgl. Dartsch, 2008, S. 30). In Minkenbergs Ergebnissen ist von einer durchschnittlich in dieser Zeit stattfindenden Stabilisierungsleistung bezüglich des Metrum-Konzepts auszugehen, so dass nun auch komplexere, bis hin zu synkopischen Rhythmen zunehmend besser reproduziert werden können. Diese Rhythmen wurden von Minkenberg jedoch auch dann als gelungen gewertet, wenn sie nicht im Tempo der Vorlage reproduziert wurden (vgl. Minkenberg, 1991, S. 255; S. 261). Mögliche feinmotorische Schwierigkeiten bei der Umsetzung schneller Noten (s.o.) konnten so eventuell von den Kindern durch langsamere Tempi kompensiert werden.

Der Aspekt zusätzlicher Übung, welcher sich in den besseren Leistungen der MFE-Kinder gegenüber den altersgleichen Kindern ohne diese Erfahrung abzeichnet, erinnert wiederum an die Befunde Carolyn Drakes zur frühzeitigeren Stabilisierung des Metrumkonzepts bei musikalisch vorgebildeten Personen (vgl. die o.g. Ausführungen zu *Bewegungskoordination;* vgl. Drake, 1998).

Notationstests: In der Studie zu Wirkungen und Voraussetzungen liegen die Ergebnisse des Notationstests noch im mittelmäßigen Bereich, allerdings etwas weiter in Richtung „nicht gut" verschoben. Dabei sollten die Kinder verschiedenen von CD vorgespielten Motiven die jeweils passende Notation zuordnen, sechs verschiedene Notationen lagen zur Auswahl vor. Neben der Zuordnung der korrekten Notation für „gut" war die Abstufung „mittelmäßig" dann gegeben, wenn das Kind ein passendes Element der Notation erkannte. Da es um Tonleiterausschnitte bzw. Dreiklänge in jeweils auf- oder absteigender Richtung ging, konnte also das richtige Zuordnen eines aufsteigenden oder absteigenden Melodieverlaufs oder das Zuordnen von Tonschritten bzw. Tonsprüngen zur Wertung „mittelmäßig" führen. Der Autor gibt zu bedenken, dass die durchschnittlich erzielten Ergebnisse im mittelmäßigen Bereich jedoch (nur minimal schlechter) durch reines Raten erwartbar gewesen wären (vgl. Dartsch, 2008, S. 20).

In der Curriculums-Erprobung lag der absolute Schwerpunkt auf Tests zur Notation. Von neun Testaufgaben sind sieben dieser Thematik zu subsumieren. Zwei dieser Tests beziehen sich dabei auf die graphische Notation, fünf auf die traditionelle Notation.

Die erste Testaufgabe im Rahmen der Curriculumserprobung betraf das *graphische Notieren* und war in eine Höraufgabe eingebunden. Die Kinder sollten zu verschiedene Klangerzeugern (von Kassette) eine passende graphische Notation entwerfen (vgl. Füller, 1978, S. 11). Dem Geräusch eines Staubsaugers wurde in der Probeaufgabe ein dicker waagerechter Strich zugeordnet. Die graphische Darstellung eines Schreibmaschinengeräuschs wurde von 71,8% der Kinder dem Auswertungskriterium „logisch richtige Darstellung" gemäß gelöst. Beim Geräusch des Teekessels erzielten nur noch 14,5% der Kinder dieses Kriterium, bei einer elektrischen Kaffeemühle waren es nur noch 4,2% (ebd., S. 11). Leider fehlen Angaben darüber, was als „logisch richtig" galt.

Eine weitere Aufgabe zur graphischen Notation war im zweiten Testblock enthalten. Hier sollten die Kinder die passende von drei graphischen Partituren einem Hörbeispiel elektronischer Musik zuordnen. Beide Teilaufgaben wurden von über 80% der Kinder richtig gelöst. Der Autor verzeichnet hier Überarbeitungsbedarf bei den Distraktorenbildern. Da diese zu leicht ausgeschlossen werden konnten, sei die Ratewahrscheinlichkeit zu hoch (ebd., S. 15). Dies ist allerdings differenzierter zu betrachten, denn die Kinder mussten das Ausschlussverfahren ja tatsächlich anhand musikalischer Kriterien vornehmen. Ob die Musik zur visuellen Darstellung passte oder nicht, war also durchaus eine musikbezogene Verknüpfungsleistung und möglicherweise auch Erfahrungswerten aus dem Unterricht geschuldet. Würden nun die Distraktorenbilder stärker an die Originalpartitur angeglichen, müssten vorab im Unterricht Kriterien vermittelt werden, anhand derer die eindeutige Zuordnung der graphischen Partitur zur Notation vorgenommen werden könnte. Dies ist insofern nicht ganz einfach, als die graphische Notation nicht in dem Maße verallgemeinerbar ist wie die traditionelle Notation. Festgelegte Ausschlusskriterien würden vermutlich der Vielfalt der graphischen Notationsformen unterschiedlicher Komponisten nicht vollständig gerecht.

Die fünf Testaufgaben zur *traditionellen Notation* lassen sich in zwei Typen untergliedern: Zwei Teilaufgaben sind dem Identifizieren von Fehlern in einer vorgelegten Notation zuzurechnen, drei Teilaufgaben beinhalten das Notieren selbst.

Die Fehleridentifikation war im ersten und im zweiten Testblock vertreten. Hier erhielten die Kinder kurze Notenausschnitte (1. Drei- bzw. Viertonmelodien, 2. bekannte Liedanfänge), welche die Lehrkraft zunächst korrekt auf der Blockflöte vorspielte. Beim zweiten Vorspielen wurden Fehler eingebaut. Während dies in der ersten Aufgabe jeweils nur ein falscher Ton war, enthielt die Aufgabe zu den Liedanfängen z. T. mehrere falsche Töne pro Lied. Die falschen Noten sollten von den Kindern im Notenbild durchgestrichen werden (vgl. ebd., S. 19–20 und S. 25–26 im Dokumentationsanhang). Etwas mehr als die Hälfte der Kinder lösten alle drei Teilaufgaben der ersten Fehleridentifikation richtig (vgl. ebd., S. 11). Anders sah es hingegen mit den Liedanfängen aus. Hier waren einerseits klare Abstufungen erkennbar, welche die Erhöhung des Schwierigkeitsgrades bei den einzelnen Teilaufgaben abbildeten (die Hälfte der Kinder löste die erste Teilaufgabe richtig, bei der zweiten waren es noch ca. ein Drittel, bei der dritten nur noch ein Fünftel der beteiligten Kinder), andererseits fehlten hier deutlich mehr Antworten komplett, als in allen vorher getesteten Aufgaben. Der Autor weist darauf hin, dass zu klären wäre, ob dies der Schwierigkeit der Aufgabe oder aber der Aufgabenformulierung geschuldet sein könnte (vgl. ebd., S. 14).

Die Aufgaben schließlich, welche das Notieren selbst vorsahen, waren im ersten und dritten Testblock enthalten. Die erste Testeinheit enthielt ein Rhythmusdiktat, die dritte eine Ergänzung von Pausenzeichen innerhalb eines Notentextes sowie ein Melodiediktat. Alle drei Aufgaben zeigen die breiteste Streuung der Punkteverteilung in der Bewertung. Bei der Rhythmusnotation besteht die Vermutung, dass meistenteils nur Viertelnoten korrekt notiert wurden, während bei den punktierten Vierteln bzw. Achtelfiguren Leerstellen blieben (vgl. Füller, 1978, S. 12 im Dokumentationsanhang). Genauere Angaben dazu fehlen jedoch. Das Eintragen der Pausenzeichen wurde mehrheitlich nicht oder nur in Teilen gelöst. Es handelte sich um Viertel- und Achtelpausen, welche die Kinder an den markierten Stellen passend in den Takt einordnen mussten (vgl. ebd., S. 15). Dies erfordert einerseits mathematische Problemlösefähigkeiten, welche in dieser Altersstufe durchaus nicht vorausgesetzt werden können. Zum anderen kann die Aufgabe auch schon daran gescheitert sein, dass das Zeichnen einer Viertel- und einer Achtelpause feinmotorische Performanz in Kombination mit einer aus dem Gedächtnis abgerufenen visuellen Vorstellung erfordert.

Dass das Melodiediktat vom Autor als zu schwierige Aufgabe identifiziert wurde (vgl. ebd., S. 16), kann bei der Betrachtung der vorhergehenden Notationstests der Studie wenig verwundern. Ob allerdings die von ihm vorgeschlagene Revision mit der ausschließlichen Nutzung von Viertelnoten sowie der Verwendung anderer Intervalle (im Test wurden nur Sekundschritte verwendet) bessere Werte erzielen würde, mag dahin gestellt sein. Da Kinder im Vorschulalter in der Regel noch nicht schreiben können, sind kognitive Übertragungen von Prinzipien der Buchstabenschrift auf die Notenschrift nicht wahrscheinlich (z.B. für die Links-Rechts-Richtung des Aufschreibens). Daher stellt das Lernen des Notierens eine umso komplexere Leistung dar, welche den Aufbau ganz neuer Schemata erfordert.

Der Vergleich der älteren mit der jüngeren Studie zeigt somit auch den deutlich veränderten Stellenwert, den das Thema Notation mittlerweile im Kontext der Musikalischen Früherziehung einnimmt. Während es im Rahmen des Curriculums der zentrale (abprüfbare) Unterrichtsinhalt war, erfolgt die Definition des Faches heute höchstens nachrangig über diesen Bereich. Dies zeigt sich auch darin, dass die Studie zu Wirkungen und Voraussetzungen keine Testaufgabe enthält, in welcher Noten aufgeschrieben werden müssen. Noch deutlicher wird dies anhand der Aussagen der Lehrkräfte in den Befragungen derselben Studie: So findet die Vermittlung von Musiktheorie und Notationsfertigkeiten im Durchschnitt seltener als alle drei Wochen statt (vgl. Dartsch, 2008, S. 16). Zudem lässt sich mithilfe der Elternfragebögen feststellen, dass jene Kinder, welche die MFE besuchen, zu Hause nur sehr selten von sich aus Noten aufschreiben. Dartsch gibt zu bedenken:

> „Gemessen daran, wie spannend für viele Sechsjährige bereits der Umgang mit Buchstaben ist, erscheint der Umgang mit Zeichen zum Visualisieren von Musik nur wenig reizvoll" (ebd., S. 19).

Möglicherweise kommt hier aber auch ein „Mere-exposure"-Mechanismus zum Tragen. Dadurch, dass im Alltag deutlich häufiger Berührungen mit der Buchstabenschrift stattfinden als mit der Notenschrift und dadurch, dass die Buchstabenschrift im Gegensatz zur Notenschrift gesellschaftlich als notwendige Lernleistung angesehen wird, kann hier auch ein erhöhtes Interesse generiert werden. Dahingehend ist das Verschaffen von adäquaten Zugängen zur Notenschrift – unter Berücksichtigung des kindlichen Entwicklungsstandes – bzw. das Vermitteln des Prinzips „Notation" weiterhin eine relevante Aufgabe der MFE.

Höraufgaben: Unter dem Stichwort „Präzises Hören" erhielten die Kinder in der Studie zu Wirkungen und Voraussetzungen die Aufgabe, Variationen in einer Musik zu erkennen. Es handelte sich um das Lied „Hopp, hopp, hopp". Hier sollte einerseits der Beginn der Variation (als neuer Formteil), andererseits auch das Charakteristikum der Variation (z. B. schneller, leiser) erkannt werden (vgl. Dartsch, 2008, S. 11). Diese Tests erbrachten von allen Aufgaben im Bereich „Präzision" die schlechtesten Werte. Das Erkennen der Veränderung in der Dynamik und im Tempo gelang dabei besser als das Erkennen der Transposition um einen Halbton nach oben. Mittelmäßig bis schlecht waren die Werte beim Erkennen des „non legato". Im Bereich „nicht gut" lag das Erkennen der reduzierten Begleitung.

> „[Hören] ist ein innerer Vorgang, dessen Funktionieren wir nur durch *äussere* [sic!] *Indizien oder Kennzeichen ermitteln können*" (Stadler Elmer, 2000, S. 23, Hervorhebung im Original).

In diesem Sinne können kindliche Beschreibungen von Hörwahrnehmungen als Mitteilung von Bedeutungszuweisungen verstanden werden. Allerdings ist zu berücksichtigen, dass gerade bei feststehenden Begriffen zur Beschreibung musikalischer

Parameter dann Missverständnisse aufkommen können, wenn Kinder diese Begriffe noch nicht verwenden oder wenn ihnen die passenden Beschreibungsmöglichkeiten aufgrund individueller Verbalisierungsfähigkeiten nicht zur Verfügung stehen. Dieser Problematik begegnete die Studie zu Wirkungen und Voraussetzungen in der MFE, indem verschiedene Verbalisierungen als mögliche Antworten in Frage kamen, so z. B. auch die Beschreibung „lustiger" für „schneller" oder für „non legato" (vgl. Dartsch, 2008, S. 55). Interessant wären zudem Befunde darüber, inwieweit sich Kinder mit Zeigehandlungen (z.B. Handbewegungen) oder vokalisierten Geräuschen zur Beschreibung der Musik behalfen, sofern ihnen die passenden verbalen Ausdrücke fehlten. Dazu liegen allerdings keine Hinweise im Auswertungsbericht vor.

Testaufgaben zur Hörwahrnehmung von Variationen in einer Melodie waren – ohne den Test zum eigenständigen Erkennen eines neuen Formteils – auch die Basis früherer Untersuchungen zur Entwicklungsleistung der „Invarianz" (Erhaltung, Conservation) bei Kindern. Diese von Piaget postulierte kognitive Fähigkeit betrifft die Erkenntnis, dass trotz bestimmter Veränderungen ein Gegenstand erhalten bleibt. Piaget untersuchte dies anhand von Mengenversuchen, so z. B. durch das Umschütten von Wasser in unterschiedlich geformte Gefäße oder die Formung von Knetmasse als Kugel oder Rolle (vgl. Montada, 2002, S. 423–424). Marilyn Pflederer Zimmermann übertrug diesen Ansatz in den späten 60er Jahren des 20. Jahrhunderts auf die musikalische Entwicklungsforschung. Sie präsentierte Kindern zwischen fünf und dreizehn Jahren jeweils ein Musikstück, welches sodann in verschiedenen Parametern verändert wurde, so z. B. durch eine Tonhöhenveränderung, eine rhythmische Veränderung, eine andere Instrumentation, ein geändertes Tempo oder das Hinzufügen von Begleitakkorden (vgl. Hargreaves 1986, S. 44).

Pflederer Zimmermanns Studien schienen das Postulat der Entwicklung der Erhaltungsfähigkeit im Alter von ca. sechs bis sieben Jahren zu bestätigen. Als Indiz für das Erkennen von Invarianz galt die Aussage, dass die Melodie gleichzeitig „gleich und verschieden" war, während die Antworten „gleich" bzw. „verschieden" nicht auf Erhaltung hindeuteten (vgl. ebd., S. 43). Dabei wurden Erhaltungsfähigkeiten in Bezug auf tonale Muster im Altersvergleich früher festgestellt als für rhythmische Muster. Im Einzelnen konnten Erhaltungsleistungen zu Instrumentation, Tempo und Harmonie im Entwicklungsverlauf vor der Erhaltungsfähigkeit für Tonarten, Melodiekonturen und rhythmische Veränderungen beobachtet werden (vgl. ebd., S. 44).

Ob allerdings tatsächlich die Fähigkeit der „Erhaltung" in den Tests erhoben wurde, ist äußerst fraglich. Denn während bei Piagets Tests die Veränderung des Ausgangsgegenstands und dessen Rückverwandlung für die Kinder sichtbar stattfand, bietet die Veränderung einer Melodie keinen sichtbaren Anhaltspunkt der Konstanz. Vielmehr kann dahingehend argumentiert werden, dass eine Melodie, welche in einem Parameter verändert wurde, tatsächlich in gewisser Weise eine neue Melodie ist (vgl. ebd., S. 46). Denkbar wäre, dass die Tests eigentlich Gedächtnisleistungen der Wiedererkennung von Melodien abbilden, wobei dies mehr als das „pure" Erinnern umfassen müsste, da das Erkennen der exakt gleichen Melodie auch den fünfjährigen Kindern nicht schwer fiel (vgl. ebd., S. 47). Als Einflussfaktoren können gleichzeitig relevante Entwicklungen in den Bereichen von Gedächtnis, Aufmerksamkeit, Wahrnehmung, Verbalisierungsfähigkeit o. Ä. angenommen werden (vgl. ebd.).

Insofern soll hier nicht das Phänomen der Erhaltung zum Vergleich mit der MFE-Studie herangezogen werden, sondern die Fähigkeit, Variationen zu erkennen und zu beschreiben. Der Befund der relativ schlechten Werte bei den Tests zum Erkennen des neuen Formteils und zur Beschreibung der Variation stimmen in diesem Sinne durchaus mit den Befunden Pflederer Zimmermanns überein, die besagen, dass das Variationserkennen und -beschreiben im Vorschulalter durchschnittlich noch nicht zuverlässig möglich ist.

Beide Studien zur Musikalischen Früherziehung enthielten außerdem jeweils eine Höraufgabe zur musikbezogenen Assoziation. Da bei beiden Aufgabendesigns die Assoziationskompetenz im Kontext des kindlichen Enkulturationsgrades verständlich wird, sollen diese Aufgaben unter dem Abschnitt zum Wissen über Musik referiert werden (vgl. Kap. 4.1.2).

Festzuhalten ist, dass die Performanz in den Präzisionstests bei Kindern, welche die MFE besucht hatten, durchschnittlich in allen Bereichen besser ausfiel als bei den Kontrollgruppen, egal ob es sich um Gleichaltrige oder um Kinder handelte, welche die MFE erst noch besuchen sollten (vgl. Dartsch, 2008, S. 30–31). Dagegen waren zwischen vierjährigen Kindern, welche die MFE nicht besuchen sollten und jenen, für die dies bevorstand, „kaum signifikante Unterschiede" (ebd., S. 31) bezüglich ihrer musikbezogenen Leistungen feststellbar. Selbstverständlich können auch rein entwicklungsbedingte Unterschiede zwischen den Sechsjährigen und den Vierjährigen zum Tragen kommen, welche nicht direkt auf die Anregungen der Musikalischen Früherziehung zurückzuführen sein müssen. Diesbezüglich wäre ein Vergleich der Kontrollgruppe der Sechsjährigen (ohne MFE-Erfahrung) mit den Vierjährigen zu genaueren Ausprägungen interessant. Da jedoch zwischen den Versuchsgruppen und den Kontrollgruppen der Sechsjährigen ein Unterschied festzustellen war, ist in jedem Falle von einer Wirkung der MFE auszugehen.

Die Tests zum Curriculum – eigentlich als Evaluation der Aufgaben, nicht der Kinder angelegt – bilden dagegen ab, welche Kompetenzen bei den nach diesem Programm unterrichteten Kindern in welchen Abstufungen vorhanden sind. Angezeigt wird also der Ausschnitt überprüfbarer Lernleistungen. Etwas weiter gefasst gilt dies natürlich auch für die Studie zu Wirkungen und Voraussetzungen, welche zwar nicht die direkten Lernleistungen eines Unterrichtsprogramms abprüft, wohl aber die vermutet vorhandenen Kompetenzen nach zwei Jahren Unterricht im gleichen Fach. Entsprechend merkt der Autor an, dass individuelle Grunderfahrungen mit Musik in der Studie nicht erhoben werden konnten (vgl. Dartsch, 2008, S. 11).

Es bleibt festzuhalten: Kinder, welche die MFE besuchen, sind nicht nur mit den impliziten Standards des Faches konfrontiert, sondern sie gehen auch mit diesen um, entwickeln Vorlieben und Abneigungen. Somit sind implizite Leistungsstandards im Unterrichtsfach auch motivationsrelevant. Sie spielen in den Bereich der Bedeutungszuweisung hinein, je nachdem, welche Herausforderungen individuell als erstrebenswert zur Bewältigung angesehen werden und welche dagegen nicht in Angriff genommen werden.

4.1.2 Untersuchungsergebnisse zum Wissen über Musik

Als kompetenzrelevanter Bereich soll hier zudem das Wissen über Musik thematisiert werden. Wissen kann Enkulturation bedeuten, es kann zu Kompetenzempfindung führen oder eine Voraussetzung für Performanz sein. Im Sinne enkulturierten, auch impliziten Wissens, werden zunächst zwei Testaufgaben aus den beiden o. g. Studien zur Musikalischen Früherziehung referiert. Ergänzt wird dies durch Befunde zu intuitivem Wissen über Musik aus einer Studie zum Komponieren mit Kindern (Reitinger, 2008) sowie durch Interviewaussagen von Kindern in der weiter oben vorgestellten Studie zur Bedeutung von Musik im Leben von Kindern (Campbell, 2010).

In der Studie zu Wirkungen und Voraussetzungen der Musikalischen Früherziehung erhielten die Kinder zusätzlich zu den auf Präzision in der Performanz ausgerichteten Tests eine Höraufgabe zur musikbezogenen Assoziation. Diese wurde mit „Hören kreativ" überschrieben (vgl. Dartsch, 2008, S. 61), was vermutlich daher rührt, dass die Untersuchung in ihrer Gesamtheit (also inkl. der Eltern- und Lehrkraftbefragungen) auf die Kategorien „präzise", „gerne" und „kreativ" abzielte (vgl. ebd., S. 10, dies spiegelt sich auch in den weiter oben genannten Forschungsfragen der Studie; vgl. ebd., S. 9).

In Anbetracht der Anlage des Hörtests ist allerdings eher von einer Untersuchung des Enkulturationsgrades, nicht der Kreativität auszugehen. So wurden die Kinder mit der Frage „Wenn Du diese Musik hörst, stellst du dir dazu etwas vor?" (ebd., S. 61) angeregt, ihre Vorstellungen zur Musik zu erzählen. War in den kindlichen Darstellungen „eine nahe liegende Emotion" zur Musik erkennbar, galt die Wertung „gut", war nicht die Emotion, wohl aber der Erregungsgrad der Musik erkennbar, wurde „mittelmäßiges" Gelingen zugeordnet, hatte das Kind völlig andere oder aber gar keine Assoziationen, wurde „gelingt nicht gut" angenommen (ebd., S. 21). Im Durchschnitt lagen die Ergebnisse „etwas schlechter als mittelmäßig" (ebd.), was der Autor auch darauf zurückführt, dass offen gefragt wurde und somit keine Entscheidungsmöglichkeit „zwischen gegensätzlichen Polen" vorlag (ebd., S. 21). Die Zuordnung von Grundgefühlen („Zorn, Erregung, Freude, Angst, Kummer", vgl. ebd., S. 10) zu einer bestimmten Musik kann als Ausdrucksverständnis von Musik aufgefasst werden. In anderen Studien konnten mit geschlossenen Fragedesigns[48]

---

48 Z.B. Zuordnung von gegensätzlichen Adjektivpaaren wie „happy-sad", „angry-frightened" oder „calm-excited", oder die Zuordnung von Gesichterzeichnungen mit verschiedenen Emotionen (vgl. Gembris, 2002, S. 289–291).

Ergebnisse erzielt werden, nach denen Vorschulkinder emotionalen Ausdruck in der Musik ebenso zuordneten wie Erwachsene (vgl. Gembris, 2002, S. 291).

Auch erlauben die Untersuchungen zu kulturübergreifend vorhandenen Ausdrucksmustern in der Musik durchaus den Schluss, dass das Verständnis musikimmanenter Emotionen in gewissen Grundstrukturen angeboren sein könnte (vgl. Cordes, 2005). Allerdings lassen sich hier Grade der Abstufung im Entwicklungsverlauf nachzeichnen, die den starken Einfluss gesellschaftsspezifischer Enkulturation verdeutlichen. So konnten Vierjährige den musikalischen Ausdruck einer Melodie eindeutiger zuordnen, wenn diese nicht von einem Instrument (Geige) gespielt, sondern gesungen wurde (dargestellt bei Gembris, 2002, S. 290).

Zu vermuten wäre, dass Ähnliches für den Vergleich zwischen der unausgebildeten und der Belcanto-Stimme gelten könnte. So besteht beispielsweise das Untersuchungsmaterial der Musikethnologin Inge Cordes zum großen Teil aus gesungenen Volksliedern, anhand derer sich gewisse Universalien im Emotionsverständnis aufzeigen lassen (vgl. Cordes, 2005). Möglicherweise fällt Kindern das Erkennen bestimmter Emotionen in einer „alltäglichen", nicht ausgebildeten Singstimme aufgrund der größeren Nähe zur Sprache leichter, während mit zunehmender musikalischer Erfahrung und somit Sozialisation auch sublimere Emotionsausdrücke in (Instrumental-)Musik erkannt werden können (dies jedoch kulturspezifisch gefärbt). Diese Vermutung beruht auf dem Befund, dass sich Universalien im emotionalen musikalischen Ausdruck insbesondere auf prosodische Ausdrucksmerkmale der gesprochenen Sprache zurückführen lassen (dargestellt bei Gembris, 2002, S. 291).

In der Studie zu Wirkungen und Voraussetzungen der Musikalischen Früherziehung wurde allerdings als Höranregung für den Test „Hören kreativ" durchgängig Kunstmusik verwendet, welche zudem fast ausschließlich aus Instrumentalstücken bestand.[49] Dies erfordert also schon einen höheren Grad der Sublimierung des emotionalen Ausdrucks. Die Auswahl der Musikstücke wurde von Erwachsenen vorgenommen. Deren Entscheidungen für die Zuordnung von Musik zu den Grundgefühlen beruhten notwendigerweise bereits auf einem Ausdrucksverständnis, welches (durchaus auf der Grundlage universeller Ausdrucksmuster) erfahrungsbasiert ausdifferenziert und kulturspezifisch überformt ist.

Getestet werden konnte daher mit dem Design der Studie nur, inwieweit die Musikalische Früherziehung bis zu ihrem vierten Halbjahr zur Enkulturation musikbezogenen emotionalen Ausdrucksverständnisses beigetragen hat. Die Schilderungen der Kinder zu ihren Vorstellungen, während sie die Musik hörten, sind jedoch – unabhängig von den zugeordneten Emotionskategorien – geeignet, individuelle Bedeutungszuweisungen von Kindern an Musik zu zeigen. Da dies nicht zu den For-

---

49 J. Haydn: Presto aus der Violinsonate Hob. XV: 26; P.I. Tschaikowsky: Trepak aus der Nussknackersuite; A. Schönberg: Klavierstück op. 19, 2; J. J. Johnson: Lament; sowie als einziges Vokal- und Instrumentalwerk J.S. Bachs Chor „Weg, weg" aus der Johannespassion, also mit ausgebildeten Stimmen.

schungsfragen der Studie gehörte, sind jedoch keine Angaben über die wörtlichen Erklärungen der Kinder verzeichnet.

Die Befunde der Studie zum Musikerleben von Vor- und Grundschulkindern von Hubert Minkenberg zeigen hier noch eine weitere Problematik auf: In der Befragung zu Stimmungen und Gedanken beim Musikhören und Musizieren gaben 74% der Versuchspersonen an, „beim Musikhören an gar nichts zu denken" (vgl. Minkenberg, 1991, S. 114). Einige Kinder gaben Auskunft über Assoziationen an die letzten Ferien oder ein schönes Fest.

Das Forschungsdesign sah allerdings hier nicht vor, in der Befragungssituation Musik zu hören, sondern die Kinder wurden nur gefragt „Woran denkst du beim Musikmachen und Musikhören?" (ebd., S. 69). Dies ist selbstverständlich, gerade im Vorschulalter, eine sehr allgemeine Frage, die schlicht an spezifischen Erinnerungsstrukturen scheitern kann. Dass allerdings fast zwei Drittel der Kinder aller untersuchten Altersgruppen sich an keine inner- oder außermusikalischen Assoziationen erinnerten, kann auch ein Indiz dafür sein, dass emotionaler Ausdruck in der Musik von den Kindern nicht assoziativ umgesetzt und/oder verbalisiert wurde, sondern eher auf andere Weisen zum Ausdruck kam.

Dies wäre zumindest auf der Grundlage einer weiteren Frage in der Studie Minkenbergs zu vermuten: So wurden die Kinder gefragt „Hörst Du nur Musik, oder machst du noch etwas anderes dabei? Was machst Du dann?" (ebd., S. 69). 40% der Befragten gaben auch hier an, nichts außer Zuhören zu tun. Die restlichen 60% nannten Tätigkeiten wie Bewegen, Malen, Basteln oder Spielen, aber auch das Blättern in Bilderbüchern oder das Kuscheln mit Puppen im Bett (vgl. ebd., S. 114).

Dies verweist auf den bedeutungsrelevanten Bereich der Aktivitäten und Umgangsweisen mit Musik, welcher hier möglicherweise stärker im Vordergrund steht, als die assoziative Kompetenz von Kindern im Rahmen der Zuordnung von Grundgefühlen zu bestimmter Musik.

Eine andere Assoziationsthematik ist einem Test aus der Curriculums-Erprobung immanent. Hier geht es um Zuordnungen von Bildern zu einer Musik. Aus drei Bildern sollte jeweils das passende ausgewählt werden (vgl. Füller, 1978, S. 16–17). Indizien waren einerseits die hörbaren Instrumente, welche auf dem Bild zu sehen waren, andererseits auch der Kontext, in welchem das Werk stand. Dieser wurde z. B. durch die Darstellung einer Kammermusikformation oder einer Bühnenszene verdeutlicht, welche dann jeweils eher der Oper, dem Orchesterkonzert oder dem Musical zuzurechnen war. Dies deutet auch in dieser Studie auf das Testen des Enkulturationsgrades hin, da einerseits eine Stilistik erkannt werden sollte und andererseits bestimmte visuelle Indizien von Bühnensituationen als Anhaltspunkt vorausgesetzt wurden. Der „funktionale Hintergrund von Musik" (Füller, 1978, S. 16) wurde aufgrund von Unterrichtsinhalten des Curriculums als bekannt vorausgesetzt.

Eine solche Aufgabe wäre bei Untersuchungen, in welchen die genauen Vorbedingungen von Unterricht oder familiärer Anregung nicht bekannt sind, kaum hinsichtlich belastbarer Ergebnisse durchführbar. Dennoch zeigte sich auch in der

Lernkontrolle des Curriculums die Problematik dieser Aufgabe. Während die Darbietung eines Klarinettenquintetts im Vergleich mit den Distraktorenbildern eines Holzbläserquartetts und einer Volksmusikgruppe deutlich zugeordnet wurde (68,8% der Kinder wählten das richtige Bild), gaben beim Erkennen einer Musicalszene (West Side Story) nur 43,2% der Kinder die richtige Antwort, während 48,7% das Bild einer Opernszene ankreuzten. Nur 8,1% entschieden sich dagegen für ein reines Orchesterbild.

Füller gibt als Erklärung an, dass das unterschiedliche Auftreten und die unterschiedliche Kleidung der auf der Bühne abgebildeten Personen „von den Kindern offensichtlich nicht wahrgenommen" wurden (Füller, 1978, S. 17). Dazu ist anzumerken, dass die Wahrnehmung der Unterschiede durchaus stattgefunden haben kann, sie dann jedoch nicht als relevant angenommen wurde. Möglicherweise unterschieden die Kinder nämlich gar nicht nach den „funktionalen Hintergründen", sondern nach der Klangfarbenwahrnehmung, welche bereits weiter oben als relativ gut bewältigter Leistungsbereich von Kindern der Musikalischen Früherziehung dargestellt werden konnte. Da auf jedem Bild nicht nur der situative Kontext, sondern auch die beteiligten Klangerzeuger zu sehen waren, ist anzunehmen, dass diese als zentrales Ausschlusskriterium in Frage kamen. So lässt sich das Klarinettenquintett auch auf der Grundlage zuordnen, dass auf keinem der Distraktorenbilder Streichinstrumente zu sehen sind (bei der Volksmusikgruppe ist zwar ein Kontrabass dabei, dieser steht aber im Hintergrund und wird gezupft). Bei der Zuordnung des Klangbeispiels aus der West Side Story wurde so auch relativ zuverlässig das reine Orchesterbild aussortiert, da Gesang zu hören war. Die bildliche Opernszene und die Musicalszene stellten jedoch beide Gesang auf der Bühne über einem Orchestergraben dar (Musical: mehrere Personen, Oper: zwei Personen; jeweils mit Dirigent). Insofern konnte hier das Zuordnungskriterium „Gesang + Instrumente" auf zwei Bilder angewendet werden, was sich in den Zahlenwerten niederschlägt. Dass die Opernszene etwas häufiger gewählt wurde als die Musicalszene, kann sogar unabhängig vom Kriterium „Instrumente" erfolgt sein, zumal die Instrumente im Orchestergraben auf diesem Bild nicht sichtbar sind, sondern nur der Dirigent. Dass die meisten Nennungen für die Opernszene erfolgten, kann also möglicherweise daran liegen, dass die Sängerin auf diesem Bild einen weit geöffneten Mund hat, während die Musicaldarsteller alle nicht so aussehen, als würden sie gerade singen. Die Zuordnungsentscheidung wäre dann auf der Grundlage erfolgt, Gesang zu hören und einen singenden Menschen zu sehen.

Sollte also tatsächlich der „funktionale Hintergrund" von Musik erfasst werden, müssten alle Distraktorenbilder zu einer Aufgabe die gleichen Klangerzeuger aufweisen, während nur der situative Kontext variiert würde.

Konkretere Ergebnisse bezüglich kindlicher Bedeutungszuweisung und somit auch zu Wissen über Musik und ihre Kontexte wären allerdings nur in mündlichen Befragungen zu erreichen, da eine diesbezügliche Auswertung der Bilderzuordnungen zu stark auf Interpretation angewiesen wäre.

Das Verständnis musikalischen Ausdrucks oder das Wissen über Kontexte von Musik können im Rahmen der jeweils kulturgebundenen musikalischen Sozialisation die Verinnerlichung von Umgangsweisen mit Musik bedingen. Solches Wissen ließe sich auch als implizit oder intuitiv bezeichnen, wenn es im Umgang mit Musik abgerufen wird, ohne bewusst reflektiert zu werden.

In den Kontext intuitiven Wissens über Musik stellt Renate Reitinger ihre Forschungsergebnisse zu Kompositionen von Kindern (Reitinger, 2008). Reitinger führte mit fünfeinhalb- bis sechseinhalbjährigen Kindern Kompositionsworkshops durch und analysierte 20 der dort entstandenen Kinderkompositionen in Hinblick auf deren übergreifende Strukturmerkmale. Die Kinder hatten alle ein Jahr lang die Musikalische Früherziehung besucht und erhielten vor und während des Projekts keinen regulären Instrumentalunterricht. Die Kompositionsworkshops bestanden aus acht bis zehn Unterrichtseinheiten, fanden wöchentlich statt und umfassten pro Termin 50 Minuten (vgl. ebd., S. 133–134).

Die Kompositionen der Kinder sollten möglichst unbeeinflusst entstehen. Alle Kinder erhielten die gleichen drei Ausgangsimpulse zum Komponieren, wenn auch in unterschiedlicher Reihenfolge. Zur Anwendung kamen: Erstens die Präsentation eines elementaren sowie traditionellen Instrumentariums verbunden mit der Aufforderung, ein Instrument zu wählen und dafür ein Stück zu erfinden. Zweitens die Präsentation eines „seltsamen Fundstücks", welches als Haarlocke eines Fabelwesens identifiziert wurde. Die Kinder erhielten die Aufgabe, dieses Fabelwesen genauer zu entwickeln (Aussehen, Bewegungen, Eigenschaften) und ein passendes Musikstück für das Fabelwesen zu erfinden. Drittens eine gemeinsame Fantasiereise in den Weltraum, welche mit einem Sprechvers und Klanggesten eingeleitet wurde. Gemeinsam wurden die Erlebnisse und Begegnungen im Weltraum besprochen, welche wiederum Ausgangspunkt für eine dazu passende Komposition sein sollten (vgl. ebd., S. 135). Die Kinder wurden gebeten, ihren Kompositionen einen Titel zu geben. Vertiefende Impulse während der Erarbeitungsphase betrafen z. B. das Experimentieren und Improvisieren, die Reflexion über Elemente, die in Improvisationen erfunden worden waren, Auswahl und Festlegung der Gestaltungselemente und Notation (die Art der Notation war den Kindern freigestellt, sollte aber die Komposition für das Kind selbst reproduzierbar machen) sowie Üben und Präsentieren des Stückes (vgl. ebd.).

Alle Projektstunden wurden auf Video aufgezeichnet. Diese Videos und die Notationen der Kinder ergaben das Datenmaterial der Untersuchung. Die Kinder hatten während des Kompositionsprojekts mehrere Stücke komponiert. Sie wurden gebeten, für die Abschlusspräsentation jeweils eine ihrer Kompositionen auszuwählen. Da angenommen wurde, dass die Kinder jeweils das für sie bedeutsamste Stück ausgewählt hatten, wurden diese Kompositionen für die Untersuchung verwendet (vgl. ebd., S. 136).

Reitinger konnte wiederkehrende Strukturmerkmale in den Kinderkompositionen erkennen. Dabei waren Wiederholung, Kontrastierung und Variation am häufigsten vertreten. Auch Abspaltungen bzw. Fortspinnungen von Motiven sowie deren „Verflüssigung" im Sinne einer prozesshaften Auflösung eines vorher etablierten Motivs, aber als Gegenstück auch Verdichtungen von Motiven traten auf. Alle Stücke wiesen eine klare Schlussgestaltung auf und waren vom Spannungsbogen her nachvollziehbar als Einheiten konzipiert, auch wenn sich aufgrund der improvisatorischen Anteile Unterschiede bei mehrmaliger Präsentation einstellen konnten. An manchen Stellen kamen besondere Klangeffekte zum Tragen (besonders bei Schlüssen), wurden Pausen zum Spannungsaufbau verwendet oder Fermaten bzw. Haltetöne genutzt. Seltener waren crescendo/decrescendo und ritardando erkennbar (vgl. ebd. S. 205).

Aufgrund dieser Beobachtungen nimmt Reitinger an, dass Kinder über ein intuitives Strukturwissen für Musik verfügen, welches auch in einer vorreflexiven Form schon zur künstlerischen Beschäftigung mit Musik genutzt werden kann (vgl. ebd., S. 210). Als Auslöser für solchermaßen strukturelles musikalisches Handeln benennt sie „körperlich erfahrbare[…], in erster Linie motorische[…] Erfahrungen" (ebd., S. 211), dies bedeutet letztlich, dass bestimmte motorische Abläufe die musikalische Struktur bedingen. Auf der Basis dieses Ergebnisses bindet Reitinger die eigene Studie an Beobachtungen von Veronika Wolf Cohen aus den 1980er Jahren und Susan Young aus den 2000er Jahren an, welche einen Zusammenhang zwischen der Erfindung musikalischer Gesten und dem motorischen Repertoire von Kindern postulieren (vgl. ebd., S. 211). Reitinger nimmt an (mit Bezug auf ähnliche Ergebnisse aus Studien mit Dreijährigen; vgl. ebd., S. 212), dass das musikalische Vorstellungsvermögen bereits aus vorgeburtlicher und präverbaler Zeit als Ordnungsinstanz zu Verfügung stehe (ebd., S. 214).

Diese Befunde können als Habituierung von Erfahrungsgehalten mit Musik aufgefasst werden.

In der Untersuchung von Patricia Shehan Campbell wird eine andere Dimension kindlichen Wissens über Musik deutlich, indem hier Kinder über Musik sprechen. Manche Kinder präsentieren dabei ihr eigenes Wissen über Musik, so z.B. der vierjährige Michael in der Aussage zu einem Stück von Mozart, welches er zu Hause auf Kassette hat:

„You know, music and trains are like each other: They're both fast, and they have clonductors" (gemeint ist: „conductor", also Lokführer oder Dirigent, Campbell, 2010, S. 112).

In anderen Interviews sind Erklärungen der Kinder zu Spieltechniken bestimmter Instrumente enthalten, welche meist mit Zeigehandlungen einhergehen (z.B. indem zwei Bleistifte als imaginäre Xylophonschlägel verwendet werden, um deren korrekte Haltung zu demonstrieren, oder indem das Geräusch einer Mundharmonika vokalisiert wird, während die Luft eingezogen und ausgepresst wird, vgl. ebd., S. 115 und S. 122). Der sechsjährige George erläutert, wann Klänge seiner Meinung nach als Musik gelten können:

„So, with whistling, you've got to change tones once in a while, and with drumming, you've got to change from just all shorts to longs and shorts. That's when it's music, and not just sound" (ebd., S. 123).

Auf die Frage „Do you think, whistling is music?" antwortet er:

„Yes. But whistling comes from yourself, like singing. Instrument music is different, because it's not really sound coming from yourself: it's sound through metal pieces, or wooden parts. So whistling and singing are close music, and instrument music is kind of far from yourself." (ebd., S. 122).

Diese Interviewzitate gehen über den Bereich impliziten Wissens hinaus, da erlernte bzw. im „eigenen Erfahrungsfundus" relevante Erkenntnisse expliziert werden und sie somit reflexive Elemente beinhalten. Auf die genannten Zitate hin wird George von der Interviewerin gefragt: „How do you know all this?" und er antwortet: „I figure it out. I listen and figure it out" (ebd., S. 123). Er fokussiert also die eigene Konstruktionsleistung und reflektiert, dass diese über den Weg des Hörens erfolgt.

Aus den dargelegten Beispielen wird ersichtlich, dass Kompetenzen und Performanzleistungen ebenso wie implizites und explizites musikbezogenes Wissen, kindlichen Aktivitäten und Umgangsweisen mit Musik immanent sind. Diese sind Thema des folgenden Abschnitts.

4.2 Aktivitäten und Umgangsweisen

Unter Aktivitäten und Umgangsweisen werden hier alle musikbezogenen Handlungen von Kindern gefasst. Diese können das Musizieren selbst betreffen, aber auch den Umgang mit Musikmedien allgemein, den Umgang mit Situationen, in welchen Musik eine Rolle spielt oder die musikbezogene Kommunikation.

Im Folgenden sollen die musikbezogenen Aktivitäten und Umgangsweisen von Kindern zunächst unter sozialstrukturellen Gesichtspunkten eingeordnet werden, bevor ihre Ausprägungen näher betrachtet werden.

4.2.1 Sozialstrukturelle Gesichtspunkte

Musikbezogene Aktivitäten und Umgangsweisen nehmen in der Freizeitgestaltung von Kindern einen hohen Stellenwert ein. Dies geht aus den Zahlen der repräsentativen World Vision Kinderstudie von 2010 hervor. So beschäftigen sich 50% der Kinder zwischen sechs und elf Jahren in ihrer Freizeit mit dem „Musik hören" und 19% mit dem „Musik machen". „Tanzen, Ballett und Theater" sind noch mit 12% vertreten (vgl. Leven & Schneekloth, 2010, S. 96–97).

Die Ergebnisse beziehen sich zwar auf Kinder im Grundschulalter, mit Blick auf sozialstrukturelle Bedingungen bezüglich der Musikalischen Früherziehung sind sie dennoch nicht zu vernachlässigen. Denn es deutet sich an, dass sich die hier genannten Tendenzen bereits in den Freizeitaktivitäten von Vorschulkindern abzeichnen und dass sie sich auch im Bedingungsfeld der Musikalischen Früherziehung abbilden. Dies lässt sich aus dem Befund ableiten, dass bereits bei der Einschulung große Unterschiede bezüglich des (institutionalisierten) Freizeitverhaltens von Kindern in unterschiedlichen sozialen Milieus bestehen (vgl. Leven & Schneekloth, 2010, S. 96).

In der Studie zu Wirkungen und Voraussetzungen der Musikalischen Früherziehung stellt Michael Dartsch fest, dass tendenziell mehr Mädchen als Jungen den Unterricht besuchen und dass die Mehrzahl der Kinder aus bildungsnahen Familien stammt. Bei über 50% der gültigen Angaben zum höchsten Bildungsabschluss in der Familie wird ein Hochschul- oder Fachhochschulabschluss angegeben. Unter Berücksichtigung der Tatsache, dass hier ca. ein Viertel der befragten Eltern keine Angaben machte, ergibt dies immer noch einen Anteil von ca. 40% (vgl. Dartsch, 2008, S. 18). Obwohl nicht explizit nach dem Migrationshintergrund gefragt wurde, schließt Dartsch aus Angaben zur Muttersprache der Eltern, dass kaum Kinder mit Migrationshintergrund über die Musikalische Früherziehung erreicht werden (vgl. ebd., S. 17; S. 33). Dartsch folgert:

> „Insgesamt gelingt es der Musikalischen Früherziehung unter den derzeitigen Rahmenbedingungen noch nicht in wünschenswertem Maße, Musik auch an Kinder aus weniger begünstigenden Umfeldern weiterzugeben" (ebd., S. 33).

Diese sozialstrukturellen Befunde werden durch den Bildungsbericht 2012 des Deutschen Instituts für Internationale Pädagogische Forschung (DIPF) bestätigt (DIPF, 2012, S. 162–163). Zu berücksichtigen ist allerdings, dass Kinder mit Migrationshintergrund, deren Eltern beide bereits in Deutschland geboren wurden, sogar häufiger an einem institutionalisierten musikalischen Bildungsangebot teilnehmen als Kinder ohne Migrationshintergrund. Zudem spielt das Musizieren in der Familie bei Kindern mit Migrationshintergrund eine erhebliche Rolle (vgl. ebd., S. 163; S. 161).

Auch in der World Vision Kinderstudie lässt sich ablesen: Musisch-kulturelle Angebote werden häufiger von Mädchen wahrgenommen, sind eine wesentliche Aktivität von Kindern aus den oberen gesellschaftlichen Schichten und erreichen Kinder mit Migrationshintergrund selten[50] (vgl. Leven & Schneekloth, 2010, S. 113–116 und S. 104–107). Mehr als drei Viertel aller befragten Kinder (78%) nehmen institutionalisierte Freizeitangebote wahr. Während allerdings für „Kinder der Oberschicht diese Mitgliedschaft eine soziale Selbstverständlichkeit – quasi eine Norm [ist]" (ebd., S. 104), da 95% von ihnen institutionell eingebunden sind, trifft dies auf Kinder aus der Unterschicht, bei lediglich 42% institutioneller Teilnahme, nicht zu (vgl. ebd., S. 104). „Sport treiben" in Vereinen o. Ä. Institutionen hat über alle Freizeittypen hinweg die größte Akzeptanz (vgl. ebd., S. 109). Eine feste Mitgliedschaft in Instituti-

---

50 Es werden jedoch keine Angaben dazu gemacht, ob und inwiefern z. B. bei Kindern mit Migrationshintergrund institutionalisierte „musisch-kulturelle Angebote" durch das musikalische Umfeld der Familie ersetzt werden.

onen des musisch-kulturellen Bereichs haben 32% aller Kinder, die größte Bedeutung nimmt dabei die Musikgruppe bzw. Musikschule ein (23%). Es kommt hinzu, dass jene Kinder, welche Armutserleben (9%) oder die Erfahrung von Beschränkungen (16%) kennen, deutlich seltener institutionell in Freizeitangeboten eingebunden sind (ebd., S. 102) – kostenpflichtige Freizeitaktivitäten sind hier als „Luxus" zu kennzeichnen.

Zusammengenommen deuten diese Befunde auf gesellschaftlich reproduzierte, individuell verinnerlichte Strukturen und somit auf einen mehrgenerationalen Sozialisationsmechanismus hin. Für welches Geschlecht und für welches Milieu der Besuch eines Musikschulangebots „dazu gehört" und für welches eher nicht, lässt sich möglicherweise zwar in Ansätzen durch gezielte Werbemaßnahmen beeinflussen,[51] fraglich ist der Erfolg dennoch. Denn eine solche Musikschularbeit ist auch dann nur eine einzelne „Stellschraube" in einem hochkomplexen Gefüge habitueller Reproduktionen von Ungleichheitsstrukturen.

Über die Einflussnahme auf politischer Ebene könnten Rahmenbedingungen geschaffen werden, welche die laufenden Kosten einer musikalischen Freizeitaktivität (Mitgliedsbeiträge, Material-/Instrumentenkosten, Fahrtkosten zum Unterrichtsort) für sozial schwächere Familien tragbar machen. Allerdings heißt dies nicht, dass ein solches Angebot alleine schon eine Steigerung der Anmeldezahlen nach sich ziehen kann. So wird das Angebot der Sozialermäßigung an den VdM-Musikschulen bisher wenig genutzt, nach den Berechungen von Dartsch gilt dies aktuell nur für jedes hundertste MFE-Kind (vgl. Dartsch, 2008, S. 18).

Über die Kommunikation und Kooperation mit Kindertagesstätten können Kinder aller Gesellschaftsschichten erreicht werden. Dass dies bereits auf einigen Ebenen geschieht, zeigt zwar der Befund, dass in der Stichprobe der Studie zu Wirkungen und Voraussetzungen der MFE der Anteil an MFE-Gruppen in Kindertageseinrichtungen höher lag als jener an Musikschulen selbst (vgl. Dartsch, 2008, S. 37). Dies sagt jedoch noch nichts darüber aus, welche Kinder aus den Kindertageseinrichtungen das Angebot auch wahrnehmen und in welchen Einzugsgebieten diese Kooperationen bestehen.

Es ist demnach insgesamt zu berücksichtigen, dass aufgrund der notwendigen Änderung gesellschaftlich reproduzierter Mentalitäten hier von einem langen Weg ausgegangen werden muss und dass diesbezügliche Anstrengungen daher insbesondere auf Langfristigkeit bis hin zu einer Perspektive über mehrere Generationen angelegt sein müssen.

Doch wie sehen die musikbezogenen Aktivitäten und Umgangsweisen von Kindern aus, die diesen Zugang bereits gefunden haben? Dies ist Thema des folgenden Abschnitts.

---

51 Dartsch schlägt die häufigere Abbildung von Jungen in Musikschulbroschüren und Anstrengungen zur Erhöhung des Anteils männlicher Lehrkräfte sowie die gezieltere Ansprache von Eltern mit niedrigen Berufsabschlüssen oder Migrationshintergrund vor (vgl. Dartsch, 2008, S. 36).

4.2.2 Ausprägungen von Aktivitäten und Umgangsweisen

In der Studie zu Wirkungen und Voraussetzungen der Musikalischen Früherziehung aus dem Jahr 2008 wurden anhand eines Elternfragebogens u. a. die häuslichen musikalischen Aktivitäten und Wünsche der beteiligten Kinder erhoben. Dies schloss die Früherziehungskinder ebenso wie die Kontrollgruppen ein (vgl. Dartsch, 2008, S. 10). Die Eltern wurden gebeten, die Häufigkeit musikbezogener Aktivitäten auf einer fünfstufigen Skala einzuschätzen: „‚fast täglich‘, ‚mehrmals pro Woche‘, ‚mehrmals im Monat‘, ‚gelegentlich‘ und ‚so gut wie nie‘" (ebd., S. 19). Abgefragt wurden die Bereiche Singen, Bewegen und Instrumentalspiel sowie das Musikhören, der erkennbare Wunsch, ein Instrument zu erlernen, Malen und Basteln von Instrumenten und Notation (vgl. ebd., S. 47).

Folgende Ergebnisse ließen sich bei den Kindern aus der Musikalischen Früherziehung durchschnittlich feststellen:

> „Es zeigt sich, dass die Kinder im Durchschnitt mehrmals pro Woche zu Hause Lieder singen und Musik hören möchten. Nur wenig seltener bewegt ein Früherziehungskind sich zu Hause frei zu Musik oder singt zu Hause vor sich hin und erfindet dabei Teile der Musik und des Textes. Mehrmals im Monat möchte es zu Hause von sich aus Tänze, Tanzlieder oder musikalische Bewegungsspiele ausführen, die es kennt. Ein wenig seltener äußert es im Durchschnitt den Wunsch, ein Instrument zu lernen, oder spielt es frei erfindend auf einem Instrument. Gelegentlich versucht es zu Hause von sich aus, Lieder, die es kennt, auf einem Instrument zu spielen. Ähnlich häufig malt oder bastelt es Instrumente, wohingegen es im Durchschnitt nur sehr selten von sich aus Zeichen oder Noten aufmalt, die es als selbst erfundene Musik bezeichnet. So gut wie nie schreibt es von sich aus Noten und Stücke auf, die es schon gelernt hat." (ebd., S. 19).

Ergänzend sei hier auf die Studie von Imke-Marie Badur zu selbstinitiierten musikbezogenen Aktivitäten von Kindern verwiesen, welche sich allerdings auf das Grundschulalter bezieht (vgl. Badur, 2007). In dieser Studie wurden die Kinder (3./4. Schuljahr) persönlich befragt. Die Befragten berichten überwiegend von Aktivitäten, die auf Eigeninitiative zurückgehen, gefolgt von Aktivitäten im Familienumfeld und mit Gleichaltrigen. Institutionalisierte musikpädagogische Initiativen nehmen dagegen eher wenig Raum ein (vgl. ebd., S. 62). Dem Aktivitätsbereich der Wahrnehmung von Musik (Musik Hören) kommt dabei der größte Anteil zu. Als weitere Bereiche werden (in absteigender Häufigkeit) das Musizieren und der Umgang mit Stücken und Instrumenten, das Singen und Summen bzw. der Umgang mit Liedern sowie das Tanzen und Bewegen bzw. der Umgang mit Tänzen heraus gearbeitet (vgl. ebd.).

In der Elternbefragung der Studie zu Wirkungen und Voraussetzungen der Musikalischen Früherziehung von Michael Dartsch wurde die Mediennutzung implizit über die Frage zum Musikhören einbezogen, ohne zwischen medialem Musikhören und dem Live-Erlebnis zu unterscheiden (vgl. Dartsch 2008, S. 47). In der World Vision Kinderstudie wurde das Musikhören ebenfalls unabhängig von der Darbietungsform abgefragt (vgl. Leven & Schneekloth, 2010, S. 97).

Da die mediale Nutzung von Musik sich durch eine hohe Verfügbarkeit kennzeichnet, kommt sie im Alltag häufiger zum Tragen als das Live-Erlebnis. Imke-Marie Badur stellt in ihrer Studie fest, dass die befragten Kinder zwar deutlich mehr medial basierte Situationen der Musikrezeption schildern als Live-Erlebnisse, dass Letztere aber dennoch einen erheblichen Anteil ausmachen (ca. ein Viertel der genannten Rezeptionssituationen). Sie vermutet, dass diese Zahlen in der Erinnerung der Kinder zugunsten des Live-Erlebnisses verzerrt sind und prozentual gesehen eigentlich seltener vorkommen. Daraus folgert sie, dass die Live-Situationen deutlicher oder vielmehr in der Anzahl vollständiger erinnert werden als viele (auch beiläufige) mediale Rezeptionssituationen (vgl. Badur, 2007, S. 66).

Rahmenbedingungen für die mediale Musikrezeption werden in der World Vision Kinderstudie 2010 nachvollziehbar. So wird deutlich, „dass Technik schon quasi zur Grundausstattung der Kinderzimmer gehört" (Leven & Schneekloth, 2010, S. 118). Kinder zwischen sechs und elf Jahren besitzen durchschnittlich mehr als drei Geräte, Unterschiede bestehen allerdings bezüglich des Lebensalters. Mit zunehmendem Alter steigt einerseits die durchschnittliche Zahl der Geräte, die ein Kind für die Mediennutzung besitzt, andererseits auch die Zahl der Kinderzimmer insgesamt, welche mit Technik ausgestattet sind (vgl. ebd., S. 119). 80% der Kinder verfügen über einen CD-Player oder Kassettenrekorder, 75% über ein Radio. Damit nimmt der auditive Umgang die Spitzenposition in der kindlichen Mediennutzung ein (vgl. ebd.). Im Besitz sechs- bis siebenjähriger Kinder überwiegen insgesamt noch deutlich die akustischen Medien, ältere Kinder besitzen zunehmend auch Medien wie Gameboy, Spielkonsole, Fernseher, Computer oder Video- bzw. DVD-Player (vgl. ebd.). Dieser Trend wurde ebenfalls bereits im Jahre 2003 im Rahmen der Studie „Kinder und Medien" der ARD/ZDF-Medienkommission festgestellt (vgl. Frey-Vor & Schumacher, 2004, S. 427).

Aufschluss über Aspekte der musikbezogenen Mediennutzung im Vorschulalter geben die Studien von Erich und Renate Beckers (Beckers & Beckers, 1993; Beckers, 2003). Diese gründen auf der Annahme einer „engen Vernetzung der medienbezogenen mit den musikbezogenen Wahrnehmungs- und Erfahrungswelten – denn Mediennutzung ohne Musik ist kaum denkbar" (Beckers, 2003, S. 13).

Renate und Erich Beckers untersuchten insbesondere das aktive Medienverhalten von drei- bis sechsjährigen Kindern, welches sich in der bewussten Auseinandersetzung mit Medien des audiovisuellen Bereichs ausdrückt. Dies beinhaltet die Kenntnis der korrekten Bezeichnungen sowie die Vertrautheit im Umgang mit den technischen Geräten, aber auch die Fähigkeit, eine Auswahl bezüglich der Medieninhalte zu treffen (vgl. Beckers & Beckers, 1993, S. 13). Kenntnis zeigte sich dabei nicht nur im Sinne begrifflichen Wissens, sondern auch bezüglich der adäquaten Bedienung technischer Geräte zur medialen Musiknutzung. Beschreibungen der richtigen Funktionsweise ersetzten bei drei- bis vierjährigen Kindern teilweise die korrekte Benennung (z. B.: „eine Kassette zum Gucken" für eine Videokassette, vgl. ebd.).

In den Studien von Beckers und Beckers kommen spezifische kindliche Funktionalisierungsformen von Medien bzw. der darüber rezipierten Musik zum Ausdruck: So erfüllt der Walk- bzw. Discman die Funktion der Rückzugsmöglichkeit, auch des akustischen Abschottens, um die eigene Musik hören zu können (vgl. Beckers & Beckers, 1993, S. 14). Dies beinhaltet einerseits die Möglichkeit, die eigene Musik unabhängig von den anderen Familienmitgliedern hören zu können, andererseits auch, sich für andere Familienmitglieder unerreichbar zu machen. Zudem ist der Aspekt der Lautstärke relevant. Diese kann selbstbestimmt eingestellt werden, was insbesondere für lautes Hören erwünscht zu sein scheint (vgl. ebd., S. 15). Auch das „heimliche Hören" in Situationen, wenn es eigentlich nicht erlaubt ist, wird von manchen Kindern als Vorteil des Walk- oder Discmans genannt (vgl. ebd.).

Eine weitere Funktionalisierung der Mediennutzung besteht in der Ritualisierung des Musik- oder Geschichtenhörens zum Einschlafen, häufig gemeinsam mit den Eltern – hier zeichnet sich eine Ersatz- oder Ergänzungsfunktion zur vorgelesenen Gute-Nacht-Geschichte oder zum Schlaflied ab (vgl. ebd.).

Die Funktion des Zeitvertreibs zeigt sich z.B. in der Nutzung des Walk- oder Discmans auf langen Autofahrten (vgl. ebd., S. 15). Zudem kommt Mood Management zum Tragen, genannt werden in absteigender Häufigkeit: Das Musikhören bei Wut, zur Entspannung, zur Versenkung, zur Erlangung von Geborgenheit und bei Traurigkeit (vgl. Beckers, 2003, S. 14).

Als weitere Funktionen von gehörter Musik können Bewegungsanregungen gelten, wie sie Hubert Minkenberg in seiner Studie zum Musikerleben von Kindern für das Vorschulalter darstellt, ebenso auch allgemein tätigkeitsbegleitende Funktionen z. B. beim Malen, Basteln, Spielen, Blättern in Bilderbüchern oder beim Kuscheln (vgl. Minkenberg, 1991, S. 94; S. 114). Speziell die *aktivierende* Funktion medial rezipierter Musik identifiziert Imke-Marie Badur in ihrer Untersuchung zu selbstinitiierten musikbezogenen Aktivitäten von Kindern im Grundschulalter. So gehen dort fast ein Drittel der *produktiven* musikbezogenen Tätigkeiten mit medialer Musik*rezeption* einher. Zu fast 70% wird zu Musik getanzt, danach folgen das Singen mit 24% und das – nicht näher bezeichnete – Musizieren mit 6% (vgl. Badur, 2007, S. 66).

Bezüglich der Ausprägungen kindlicher Umgangsweisen mit Musik – ob medial oder live – sei abschließend noch einmal auf die Studie von Patricia Shehan Campbell und das „musicking" rekurriert.

Bei der Beobachtung von Kindern in einem Kindergarten, auf einem Schulhof und in einem Spielwarenladen konnte Campbell häufig musikalisch basierte Aktivitäten entdecken, die – ähnlich wie die verschiedenen Formen der Metakommunikation im kindlichen Spiel (vgl. dazu Kap. 2.3.4.2) – eine handlungsuntermalende Funktion einnahmen. Campbell bezeichnet Musik dementsprechend als einen „Kanal", durch welchen Gedanken nach außen gelangen (Campbell, 2010, S. 67). Das heißt, während die beobachteten Kinder explorieren oder spielend aktiv sind, äußern sie häufig Sprechgesänge oder Gesänge, die wie „lautes Denken" anmuten (vgl. ebd., S. 95).

So singt beispielsweise ein sechsjähriges Mädchen auf der Schaukel:

(ebd., S. 23)

Ein dreijähriger Junge probiert in einem Spielwarenladen einen Spielzeugplanwagen mit vorgespanntem Pferd aus und ruft dem Pferd verschiedene Kommandos zu. Als die Mutter ihn vom Wagen herunter nimmt, verfällt er in einen 6/8-Sprechgesang:

„This is the way the gentlemen ride: Trim trim, trim, trim." (ebd., S. 66).

Campbell nennt diese Art musikalischer Äußerungen „musical utterances". Sie zeichnen sich durch eine handlungsimmanente Form der Bewusstheit aus. Während sie einerseits die Handlung unterstützen oder ergänzen, wirken sie oft so, als würden sie unbewusst oder halb-bewusst geäußert, indem sie an keine spezielle Person gerichtet sind (vgl. ebd., S. 244).

Aber auch gesungene Kommunikation zwischen Personen ist Bestandteil der Beobachtungen von Campbell. Dies zeigt beispielsweise eine Spielsequenz drei- bis vierjähriger Kinder, in welcher ein Junge an einem Bauklotzturm einige Elemente zum Einsturz bringt. Daraufhin singt ein mitspielendes Mädchen:

(ebd., S. 34)

Ein weiterer Junge greift dies auf und singt mit. Eine Stunde später, beim Mittagessen, beobachtet jener Junge, welcher vorher die Bauklötze zum Einsturz gebracht hatte, wie bei einem Mädchen der Brotbelag vom Brot rutscht. Er singt daraufhin das gleiche Motiv, welches vorher für ihn erfunden wurde, hängt aber noch einen Zusatz an: „if you drop it, pick it up, with your mouth". Nun greifen die anderen Kinder das Motiv auf und erfinden lachend immer neue Zusätze: „with your spoon", „with your nose", „with a stone", „with a banana" (ebd., S. 34). Meist bestimmt in solchen Situationen der Text die Melodie, das heißt, Rhythmus und Melodiekontur orientieren sich an der sprachlichen Gestalt des Textes (vgl. ebd., S. 35).

Während mehrerer Beobachtungssituationen in einem Schulbus (in den 90er Jahren des 20. Jahrhunderts) hörte Campbell vielfach Textparodien auf bekannte Lieder (vgl. ebd., S. 48). Außerdem beobachtete sie bei den Mädchen im Grundschulalter oft Klatsch-Spiele mit zugehörigen Gesängen, während bei den gleichaltrigen Jungen eher Wortspiele und Reime im Trend lagen (vgl. ebd., S. 43). Eine deutliche Altersgrenze für die Nutzung musikalischer Ausdrucksmittel in der Kommunikation ließ sich während der Busfahrten zwischen den angehenden Teenagern und den jüngeren Kindern feststellen. Ungefähr ab der fünften Klasse verlor das musikalisch-produktive „musicking" im Schulbus an Bedeutung und wurde durch reine Gespräche – durchaus auch zum Thema Musik – ersetzt (vgl. ebd., S. 48–49).

Die Beobachtungen Campbells erlauben einen weit gefassten Blick auf musikbezogene Aktivitäten, da auch jene Handlungen einbezogen werden, welche nicht im engeren Sinne eine musikalische Intention beinhalten. Besonders deutlich wird dies, wenn Kinder passende Geräusche zu Situationen hinzufügen. Eine solche Konstellation beschreibt Campbell im Spielwarenladen bei den Spielzeugautos: Die Kinder untermalen dort das Spiel mit den Autos durch verschiedene Motorengeräusche. Den weiten Blick auf musikbezogene Aktivitäten scheint dabei auf gewisse Weise auch ein Junge zu teilen, der beobachtend dabei steht, denn er sagt, ohne sich an eine spezielle Person zu richten:

> „It sure sounds like race-car music here." (ebd., S. 67).

Campbell erfasst ihre Beobachtungen des „musicking" mit den Kategorien „doing", „integrating", „singing", „moving", „playing", „listening" und „playing with" (Campbell, 2010, S. 240–242). Allen gemeinsam ist das partizipative Element beim Umgang mit Musik. Bei allen in den Studien beteiligten Kindern stellte Campbell einen physisch aktiven Zugang zur Musik fest („doing"), welcher nicht selten in der Kombination verschiedener musikbezogener Aktivitäten („integrating") bestand:

> „Quite commonly, they move as they sing, or they sing as they play" (ebd., S. 239).

Weitere vier Kategorien betreffen die „traditionell" mit musikbezogener Aktivität verknüpften Handlungen des Singens („singing"), Bewegens („moving"), Instrumentalspiels („playing") und Hörens („listening"), während das Spielen mit Musik („playing with") wieder im weiteren Kontext des „musicking" verortet ist und z.B. bei Klatschspielen oder im Umgang mit Spielzeug zum Ausdruck kommt.

Campbell nennt keine Kategorie für das Sprechen über Musik, obwohl dies in den nicht teilnehmenden Beobachtungen ebenso wie in den Interviews eine große Rolle spielt. In ihrer Definition des „musicking", welche zu Beginn des vorliegenden Kapitels dargelegt wurde, bezieht sie jedoch explizit auch die Bedeutung von Musik für Kinder und die Rolle, welche sie in ihrem Leben spielt, mit ein (vgl. ebd., S. 5). Einige der Ergebnisse sind im Kapitel 4.1 zu Kompetenz, Performanz und Wissen und im folgenden Kapitel 4.3 zu persönlichen Sichtweisen nachzulesen.

4.3   Persönliche Sichtweisen

Kompetenz und Wissen sowie Aktivitäten und Umgangsweisen im Kontext Musik sind durch Dispositionen bestimmt, die sich in den persönlichen Sichtweisen auf Musik niederschlagen.

„As children sing or play, they are revealing not just mere skills but also thoughts and feelings that they can convey in no other way" (Campbell, 2010, S. 226).

In obigem Zitat kommt einerseits die Verbindung von musikalischer Aktivität bzw. Kompetenz mit Gedanken und Gefühlen zum Ausdruck, andererseits aber auch die Tatsache, dass letztere individuell auf ganz bestimmte Weise geäußert werden.

Um die individuell verknüpften Bereiche von Kompetenz, Performanz und Wissen sowie von Aktivitäten und Umgangsweisen unter den Aspekt der Bedeutungszuweisung zu fassen, stellen sich die folgenden Fragen: Wie positionieren sich Kinder in Bezug auf musikbezogene Anregungen und Aktivitäten, welche Interessen oder Präferenzen sind erkennbar, welche Wünsche oder Erwartungen werden geäußert und welche Emotionen gehören dazu?

Einblicke in die persönlichen Sichtweisen der Kinder können in Gesprächen erfolgen, ergänzend sind zum Teil auch die Auskünfte von Eltern oder Lehrpersonen relevant.

Ein recht umfangreiches Mosaik persönlicher musikbezogener Sichtweisen von Kindern entsteht bei der Analyse der Kinderinterviews von Patricia Shehan Campbell. Wiederkehrende Themen in den Interviews, welche mit knapp vier- bis sechsjährigen Kindern geführt wurden,[52] sind der Bezug zur Familie, die eigene Musikpraxis und der Umgang mit Instrumenten (von Spielzeuginstrumenten bis zu traditionellen Instrumenten), der Rekurs auf Lieder, welche der Interviewerin vorgesungen werden, oder über welche gesprochen wird, das Gespräch über Lieblingsmusik und die Benennung von musikbezogenen Gefühlen (vgl. Campbell, 2010, S. 105–134). Diese Themen gehen im Wesentlichen auf den Interviewleitfaden zurück, sind also von der Interviewerin angeregt (vgl. ebd., S. 282). In den fallbezogenen Auswertungen finden sich jedoch nicht alle Aspekte des Leitfadens wieder, somit lässt es sich nicht nachvollziehen, ob diese nur in der Darstellung unberücksichtigt blieben oder ob sie bereits im Interview keine Rolle spielten.

Im Folgenden werden jene Themenbereiche der Interviews vorgestellt, welche den fallbezogenen Auswertungen entnommen werden konnten.

4.3.1 Einstellungen

In den Interviews wird deutlich, *was* den Kindern an Musik wichtig ist und/oder *welche* Musik ihnen wichtig ist. Die persönlichen Sichtweisen sind dabei von den Erfahrungen geprägt, welche die Kinder insbesondere im familiären Umfeld, aber auch in Schule und Kindergarten mit Musik machen konnten. Es ist wenig verwunderlich, dass sich dabei oft Einstellungen der erwachsenen Bezugspersonen in den kindlichen Ansichten niederschlagen. Ramnad schließt sich z. B. den Aussagen seiner Lehrerin und seiner Mutter an, Mozart mache schlau und erfolgreich (vgl. ebd. S. 131). Ein

---

52 Insgesamt reichte die Altersspanne der interviewten Kinder von knapp vier bis zwölf Jahren (vgl. Campbell, 2010, S. 103).

wesentlicher Bereich sind hier die Ansichten darüber, was Musik ausmacht (vgl. Kap. 4.1.2), aber auch über Wirkungen von Musik.

Nicht immer ist dieser Bezug jedoch so deutlich erkennbar, die habituelle Mischung aus individuellen Erfahrungen, möglicherweise Übertragungen aus anderen Erfahrungsbereichen und Einflüssen durch Erwachsene und Peers bestimmen dabei die persönlichen Sichtweisen. George beispielsweise versteht die Musik von Michael Jackson als Gesamtkonzept aus Songs und Tanz. Ihm ist bewusst, dass es nicht leicht ist, gleichzeitig zu singen und zu tanzen, er schätzt auf der Grundlage eigener Kompetenzen aber auch die Machbarkeit ein:

> „It takes coordination to sing and dance, but since I can play the harmonica and dance, I should be able to sing and dance, too" (ebd., S. 122).

Indem er zudem darauf verweist, dass sein Vater im Stile Michael Jacksons tanzen kann, ist ihm implizit dennoch ein Unterschied zur „professionellen" Ausführung bewusst, deren Erreichbarkeit für ihn jedoch realistisch bleibt (vgl. ebd.).

In diesem Kontext stehen auch die Überzeugungen von George und Carrie, dass Musizieren bzw. musikbezogene Aktivitäten (wie z. B. Tanzen) mit Üben verbunden sein müssen (vgl. ebd., S. 122; 128).

Auch den Aspekt des „Eigenen" sprechen George und Carrie an: Carrie hört sich heimlich die Lieder ihres großen Bruders ab (vgl. ebd., S. 127) und George erfindet eigene Melodien auf dem Klavier, die nur er kennt und die er nicht preisgeben möchte: „Nobody knows my music but me.[...] And I can't let you hear these songs. What I mean is, they're *private*." (ebd., S. 121, Hervorhebung im Original). Ob er diese Haltung einnimmt, weil es im Rahmen des Interviews keine Möglichkeit gibt, diese Melodien zu präsentieren bzw. weil sie spontane, nicht erinnerte Erfindungen ohne Worte sind und/oder weil er sie tatsächlich, als eine Art Geheimnis, für sich behalten möchte, ist nicht nachweisbar. Auf gewisse Weise repliziert George hier den Aspekt der Unübersetzbarkeit ästhetischer Bedeutung in einer sehr wörtlichen Auffassung der „Einmaligkeit" künstlerischer Produkte. Seine Erfindungen sind möglicherweise zeitlich an den Entstehungskontext gebunden und nicht in andere zeitliche Situationen übertragbar.

Ebenfalls im Interview mit George kommt der Aspekt der Verursachung zum Tragen. George sieht sich als musikalisches „Sprachrohr" seiner Kuscheltiere: „My puppets make music, when I tell them to. They need me to supply them with songs" (ebd., S. 121).

Eine grundsätzliche Einschätzung der Bedeutung von Musik in ihrem Leben gibt Carrie, indem sie verschiedene Berufsperspektiven aufzählt und dann – unabhängig von den verschiedenen Möglichkeiten, die sie dort entwirft – als grundsätzliche Zukunftsidee ohne berufliche Konsequenz äußert: „Music would be just for fun when I grow up" (ebd., S. 127).

4.3.2 Vorlieben und Interessen

In den Interviews von Patricia Shehan Campbell werden wiederholt Aussagen darüber getroffen, ob eine bestimmte Musik gemocht wird oder nicht. Dies reicht von der generellen Aussage, Musik zu mögen, bis zu dezidierten Präferenzbekundungen, welche im Folgenden erörtert werden (vgl. Campbell, 2010, S. 105–134).

Präferenzen/Präferenzkriterien: Arlette Zenatti (Zenatti, 1993) untersuchte musikalische Präferenzen bei Vorschulkindern und stellte bei Kindern ab ca. fünf Jahren die beginnende Bevorzugung für Konsonanz, tonale Strukturen und metrisch organisierte Rhythmen fest. Im weiteren Altersverlauf ließ sich eine zunehmende Verfestigung der beginnenden Präferenzstrukturen nachweisen (vgl. Zenatti, 1993, S. 182).

Die Kinder erhielten in der Untersuchung jeweils zwei Hörbeispiele zur Beurteilung, welche sich nur in einem musikalischen Kriterium unterschieden, z.B. konsonant oder dissonant (vgl. ebd., S. 180–181). Auch John A. Sloboda ließ Hörbeispiel-Paare von Kindern beurteilen, dies jedoch unter dem Aspekt „richtig oder falsch" und erzielte ähnliche Ergebnisse wie Zenatti (dargestellt bei Zenatti, 1993, S. 185–186). Die Ergebnisse beider Studien deuten auf den Aspekt der Enkulturation hin, da Konsonanz, tonale Strukturen und metrische Organisation insbesondere auf medial präsente Musik ebenso wie auf gängige Kinderlieder zutreffen, während der Kontakt mit den gegenteiligen Kriterien in der Sozialisation von Kindern in westlichen Gesellschaften seltener zu vermuten ist.

Die Aspekte der tonalen Struktur und der metrischen Organisation spricht auch George im Interview von Patricia Shehan Campbell an. Er erläutert (wie bereits in Kap. 4.1.2 dargestellt), dass man Töne erst dann als Musik bezeichnen kann, wenn melodische Strukturen vorliegen („Whistling music has to go to different highs and lows", Campbell, 2010, S. 123) und dass Rhythmen erst dann Musik ergeben, wenn sie über das reine metrische „Taktschlagen" hinausgehen (vgl. ebd.).

Charakteristika von Musik spielen durchaus auch als Präferenzkriterium eine Rolle in den Interviews, so z. B. bei Michael: Er mag Musik, die „sweet" klingt. Für Musik, die er nicht mag, erläutert er:

> „Like when it's loud and low, and the bats and skeletons come out. Then it's not sweet, it's scary" (ebd., S. 111).

Dies bezieht sich auf die visuelle Umsetzung des Werks „Eine Nacht auf dem kahlen Berge" im Film „Fantasia" von Walt Disney. Somit wird das Zusammenspiel der visuellen und der auditiven Wahrnehmung bei der Entwicklung der Präferenz deutlich.

Als weitere Präferenzkriterien werden Aktivitäten im Zusammenhang mit Musik genannt. Bei Zak, dem jüngsten Interviewteilnehmer, steht zunächst das Malen als Lieblingsbeschäftigung im Mittelpunkt des Gesprächs, bis er erklärt, währenddessen auch gerne Musik zu machen – konkret bedeutet dies summen und pfeifen (ebd., S. 106).

Auch Carrie und George nennen die Verknüpfung von Aktivitäten im Kontext von Vorlieben. George spielt gerne auf seiner Mundharmonika zu Michael Jackson-Songs. Auf die Frage, ob Michael Jackson sein Lieblingsmusiker sei, antwortet er mit der Eingrenzung: „Well, I like the way he dances" (ebd., S. 122) und erklärt, auch selbst zu den Songs zu tanzen. Carrie tanzt immer dann, wenn entsprechende Lieder zu hören sind („just when certain songs come on", ebd., S. 127). Eine spezielle Lieblingsmusik zum Tanzen hat sie jedoch nicht, sondern macht die Wahl vielmehr von ihrem jeweiligen Gemütszustand abhängig:

> „Q: What kind of dance music do you like?
> A: […] That would be hard to answer. I like all kinds, depending on how I feel. You couldn't give me dance music I wouldn't like." (ebd., S. 127).

Auch Ramnad macht Vorlieben vom Rezeptionskontext abhängig, indem er über das Instrument Sitar sagt:

> „I like them in India, but I'd rather hear guitars here" (ebd., S. 132).

Das Präferenzkriterium der Wiedererkennung kommt bei Michael zum Ausdruck, indem er über die Willie-Nelson-Songs seines Vaters sagt: „I recognize all of Willie's songs, anywhere I hear them" (ebd., S. 112).

Schließlich sind Vorlieben in vielen Fällen an Musik aus Filmen oder Fernsehsendungen gebunden, so der „Thomas-The-Train-Song" bei Michael (ebd., S. 111), die Musik aus dem Film „König der Löwen" bei Michael und Darryl (vgl. ebd., S. 112; 116) oder Songs aus der TV-Serie über den Dinosaurier Barney, über welchen Darryl sagt: „He's my favourite TV show. He's my favourite animal" (ebd., S. 117). Carrie möchte sich – ähnlich wie bei der Musik zum Tanzen – auch bezüglich eines Lieblingsliedes nicht festlegen, nennt dafür aber mehrfach eine Fernsehsendung namens „Wee Sing", in welcher Lieder zum Mitsingen im Mittelpunkt stehen (vgl. ebd., S. 127–128).

Teilweise werden auch Ablehnungen geäußert. Michael erklärt lediglich, nichts von „Barney" singen zu können, da er diese Sendung nicht anschaut (vgl. ebd., S. 111). Carrie begründet dagegen sehr dezidiert, warum sie den Film „Pocahontas" nicht anschaut. Sie empfindet alles, was mit dieser Figur zu tun hat, als künstlich und die Geschichte des Films weicht ihrer Meinung nach zu sehr von der wahren Vorlage ab. In diesem Zusammenhang sagt sie über die Filmmusik: „I've even wondered whether the tunes were for real. I don't think so." (ebd., S. 128).

Interessen: Alle hier berücksichtigten Interviews durchzieht ein merkliches Interesse an Instrumenten. Bei Zak sind es vor allem, aber nicht ausschließlich, elektronische Spielzeuginstrumente (vgl. ebd., S. 108), während die anderen Kinder sich schwerpunktmäßig auf traditionelle Instrumente beziehen.

Die Frage „What's music all about for you, Darryl?" beantwortet dieser mit einer Beschreibung des Xylophonspiels und auch auf weitere Nachfragen, was Musik ausmache, bleibt er zunächst beim Thema „Instrumente" (vgl. ebd., S. 115). Seine beiden großen Schwestern erhalten Instrumentalunterricht (Blockflöte und Klarinette) und er erwartet, ebenfalls ein Instrument zu erlernen, sobald er alt genug dafür ist. Seine Wunschinstrumente sind Trommeln, auf diesen würde er sogar den „Barney Song" spielen. Er demonstriert dies, indem er den Song singt und durch Trommelklänge auf dem Tisch begleitet. Auf die Frage, warum er den Song lieber auf der Trommel als auf dem Tisch spielt, lacht er erst und antwortet dann in einem melodischen Sprechgesang: „The table's not an instrument. Don't you know?" (vgl. ebd., S. 117). Seine Aussage verdeutlicht die Bedeutsamkeit des *Instruments* für die Tätigkeit des Musizierens, in diesem Falle des Trommelns.

Michael erhält bereits Instrumentalunterricht (Suzuki-Methode) und bedauert, dass er in den bisherigen vier Unterrichtsstunden noch nicht spielen durfte, sondern nur die richtige Haltung der Geige gelernt hat (vgl. ebd. S. 111, dazu hier ausführlicher unter dem Abschnitt *Wünsche,* s. u.). Während Carrie, Darryl, Ramnad und Michael auf die Frage, was sie im Bereich Musik gerne besitzen oder kaufen wollen, Instrumente nennen, steht bei George das Abspielgerät für Musik im Mittelpunkt. Gleichzeitig bewundert er auch die Gitarren seines Vaters. Auf die Frage, ob er selbst ein Instrument erlernen möchte, antwortet er aber: „Well, I really want to make instruments" (ebd., S. 123) und erklärt, dass er sich in der Werkstatt seines Vaters eine Pfeife aus einem Plastikrohr und eine Flöte aus einer Holzröhre baut (vgl. ebd.).

Das Interesse am Musikunterricht im Kindergarten bzw. in der Schule variiert und ist an unterschiedliche Rahmenbedingungen gebunden. Darryl äußert sich sehr positiv über seinen „Musikunterricht" im Kindergarten, verwechselt diesen aber mit dem Sportunterricht, da dort Bewegung häufig zu Musik stattfindet (vgl. ebd., S. 115). Carrie mag ihre Musiklehrerin, die sie wie eine Mutter oder einen Bruder *[sic!]* empfindet und deren Singstimme sie bewundert (vgl. ebd., S. 126).

George erinnert sich an Lieder aus der Vorschule, die er immer noch gerne singt, dies allerdings vorzugsweise zu Hause, zur Musik von Kassette ganz alleine in seinem Zimmer (vgl. ebd., S. 122). Auf die Frage, ob er in seinem Musikunterricht etwas lerne, antwortet er:

> „Hmmm. Well, yeah. Some. I like music class OK. But I've got lots of music right at my two houses" (ebd., S. 123).

Ramnad hält seinen Musikunterricht für zu lang, auch würden zu viele Lieder gesungen. Er schlägt vor:

> „Maybe some day I'll bring my recorder to music class. If we played more instruments, I would like music class more" (ebd., S. 132).

Die wesentlichen musikbezogenen Anregungen und Interessen legen alle interviewten Kinder in Bezug zu ihrem familiären Umfeld dar, der Musikunterricht im Kindergarten oder der Schule nimmt dagegen eine untergeordnete Rolle ein.

Ähnlich stellt sich das Ergebnis zu musikbezogenen Interessen von Kindern in der Studie zu Wirkungen und Voraussetzungen der Musikalischen Früherziehung von Michael Dartsch dar: Während „das durchschnittliche Kind [..] ‚meistens‘ bis ‚fast immer‘ gern" zur MFE geht (vgl. Dartsch, 2008, S. 19), ließ sich keine Wirkung der MFE bezüglich des Interesses der Kinder an Musik nachweisen (vgl. ebd., S. 35). Nur für etwa ein Drittel der befragten MFE-Kinder geben die Eltern an, eine Steigerung des Interesses an Musik festzustellen. Auch ließ sich nicht nachweisen, dass jene Kinder, welche die MFE besuchen, von Anfang an stärker an Musik interessiert seien, als andere (vgl. ebd., S. 32).

Bei der Musikalischen Früherziehung handelt es sich um ein Freizeitangebot. Demnach ist anzunehmen, dass jene Kinder, welche den Unterricht nicht gerne besuchen, in der Regel von den Eltern abgemeldet werden. Da die Befragung sich auf Kinder im zweiten Jahr der MFE bezog, konnten bereits abgemeldete Kinder nicht erfasst werden, so dass die Aussage, der Unterricht werde meistens bis fast immer gern besucht, auch vor diesem Hintergrund zu betrachten ist. Als Möglichkeit zur Steigerung des Interesses an Musik und der Verbindung zu ihr schlägt Dartsch vor, dass „gute Musik und ernsthaftes musikalisches Gestalten möglichst häufig im Unterricht präsent sein und gewissermaßen die Hauptrolle spielen [müssen]" (ebd., S. 32). Dabei ist jedoch – mit Blick auf die persönlichen Sichtweisen und Interessen der Kinder in den Interviews von Campbell – zudem zu berücksichtigen, was für die Kinder selbst die „Hauptrolle spielt". Stehen „gute Musik und ernsthaftes Gestalten" in keiner Verbindung zu den individuellen Bedeutungszuweisungen der Kinder, bleibt ihr Erfolg bezüglich der Steigerung des musikbezogenen Interesses fraglich.

4.3.3 Familiäre Beziehungen

Diesen Bereich referiert Campbell in allen fallbezogenen Auswertungen recht ausführlich, was als Hinweis darauf interpretiert werden kann, dass er innerhalb der Interviews (welche allerdings nicht im Volltext vorliegen) eine zentrale Stellung einnimmt.

Der knapp vierjährige Zak erzählt, wie die Familie gemeinsam Weihnachtslieder singt, „not just at Christmas. Whenever we want to" (Campbell, 2010, S. 107). Darryl (fünf Jahre) erklärt, dass er zu besonderen Anlässen singt, nämlich dann, wenn er glücklich ist, weil seine ganze Familie beisammen ist. Es wird deutlich, dass Darryl sich auf gemeinsames Singen bezieht, dieses wird dabei in einem Atemzug mit weiteren gemeinsamen Tätigkeiten genannt: „we eat, and we sing, and we watch TV" (ebd., S. 116). Auch das Instrumentalspiel seiner beiden älteren Schwestern scheint für Michael wichtig zu sein. Wenn er ganz viel Geld hätte, würde er drei Klarinetten kaufen, damit er mit seiner Mutter und seinen beiden Schwestern (eine besitzt bereits eine Klarinette) zusammen spielen könnte (vgl. ebd., S. 117).

Carrie dagegen erzählt von den Liedern, die sie in der Schule lernt und zu Hause der Familie vorsingt. Sie erläutert, dass ihre Mutter eher unmusikalisch sei, diese kenne nicht so viele Lieder wie die Lehrerin (vgl. ebd., S. 126). Dafür singt ihr großer Bruder aber ebenfalls Lieder, die er aus der Schule kennt. Diese hört Carrie sich heimlich von ihm ab: „He thinks, I don't know them, but I do" (ebd., S. 127).

Michael erzählt vom Gesang seiner Mutter und nennt bzw. singt einige Lieder, die er von ihr kennt. Von sich selbst sagt er: „I'm a singer, like my mommy". Kurz darauf nimmt er jedoch zusätzlich eine Abgrenzung vor, indem er von seinem Suzuki-Geigenunterricht erzählt: „And now I'm a violinist, but my mother isn't" (ebd., S. 111). Er schildert, wie er gemeinsam mit seinem Vater Kassetten anhört („He can't play any instruments. But we like to play our tapes together"; ebd., S. 112), wobei sie abwechselnd auswählen, was angehört wird. Sein Vater wählt Willie Nelson. Auf die Frage „So do you like Willie Nelson?" antwortet Michael: „When I'm with my Dad, I like him" (ebd.). Michaels Interesse an Musik, seine Beziehung zu Liedern und zur eigenen Musikpraxis kommt so immer wieder auch als Orientierung an seinen Eltern – die sich sehr unterschiedlich mit Musik beschäftigen – zum Ausdruck.

Eine herkunftsbasierte Variation des Orientierungsaspekts liefert der knapp siebenjährige Ramnad, dessen Vater zu Hause beim Kochen indische Lieder singt. Ramnad bringt mehrfach – in treffender Beschreibung seiner eigenen musikalischen Sozialisationssituation – zum Ausdruck, dass er zu selten indische Musik hört, um sie wirklich adäquat selbst wiedergeben zu können, auch wenn er sich dies wünscht:

> „I know that I want to learn my dad's songs, but I was born here, and so my songs are mostly different than his" (ebd., S. 132).

George drückt Bewunderung für seinen Vater aus, der Gitarre in einer Band spielt und so wie Michael Jackson tanzen kann (vgl. ebd., S. 121–122). Im Gegensatz zu Ramnad erwähnt er jedoch nicht den Wunsch, auf ähnliche Weise wie sein Vater aktiv zu werden, sondern scheint vor allem daran interessiert zu sein, diesen als Musiker hören und sehen zu können bzw. mit ihm über dessen Musik zu sprechen (vgl. ebd.).

4.3.4 Beziehungen zu Freunden/Gleichaltrigen

Im Leitfaden von Patricia Shehan Campbell bezieht sich lediglich eine Frage explizit auf Freunde: „Do you make music with your friends?" (ebd., S. 282). Möglicherweise ist es hierauf zurückzuführen, dass sich in den fallbezogenen Auswertungen nur wenige Hinweise auf die Freundes- und Gleichaltrigenbeziehungen im musikalischen Kontext finden. Ob die Autorin sie in der Gesprächssituation für weniger wichtig erachtet und demzufolge weder in der Gesprächsführung noch in der Auswertung ausführlicher herausgearbeitet hat oder ob sich die Kinder zu diesem Bereich wenig geäußert haben, lässt sich nicht nachvollziehen.

Mit Blick auf die nicht teilnehmenden Beobachtungen, welche von Campbell im Rahmen des gleichen Forschungsprojekts durchgeführt wurden, ist die Relevanz der

Gleichaltrigenbeziehungen für musikbezogene Einstellungen und Aktivitäten dennoch deutlich erkennbar. So stellt Campbell fest, dass in den Interaktionen Gleichaltriger häufig ein impulsgebendes Kind („Catalyst-Child") das gemeinsame „musicking" einer ganzen Gruppe in Gang setzt. Während der Beobachtungen entstanden manchmal Situationen, in denen ein solches Catalyst-Child nicht anwesend war und demzufolge speziell musikalische Interaktionen oder Produktionen ausblieben. Diese waren jedoch erneut beobachtbar, sobald das Kind wieder in der Gruppe dabei war (vgl. ebd., S. 284).

Dies spricht dafür, dass „musicking" und das Interesse an musikbezogener Aktivität situationsimmanent und beziehungsabhängig auftreten, also bei manchen Kindern nicht unbedingt als überdauernde motivationale Disposition vorhanden sind, aber dennoch relevant werden, wenn ein entsprechender Auslöser vorliegt. Hier spielt also der Kontext der Bedeutsamkeit eine Rolle, für dessen Aktualisierung eine bestimmte Bedingungskonstellation (Personen, Situationen) gegeben sein muss. Im Interview mit Carrie lässt sich diese Konstellation nachvollziehen, wenn sie erklärt, dass sie gern singt, weil sie Musik mag und weil alle ihre Freunde mit ihr zusammen singen:

> „Q: Do you like to sing?
> A: Yes. Because I like music in general, and because all of my friends sing with me" (ebd., S. 126).

Carrie nimmt in verschiedenen künstlerischen Bereichen Bezug auf ihre Freunde. So betont sie deutlich, dass sie mit Freunden tanzen kann, mit der eigenen Mutter aufgrund körperlicher Einschränkungen jedoch nicht. Auch bezeichnet sie sich selbst als gute Schauspielerin und erklärt, dass sie alleine spielt, mit imaginären Personen. Auf die Frage, wer diese Personen seien, nennt sie Freunde und erläutert, dass sie sich selbst spielt, während sie sich vorstellt, andere Kinder dabei zu haben. Insbesondere nennt sie dann Kinder, die sie aufgrund räumlicher Entfernung nicht „in echt" treffen kann wie z. B. eine Freundin, die in einem anderen Bundesstaat wohnt (vgl. ebd., S. 127). Hier kommt eine gewisse Pragmatik zum Ausdruck, indem die fantasierten Elemente ihres schauspielerischen Tuns aus den vorhandenen Rahmenbedingungen von Carries Realität entstehen.

Während Carrie sich in der Einzelsituation auf die Gruppe ausrichtet, wird bei George die umgekehrte Orientierung, ebenfalls abhängig von situativen Bedingungen, erkennbar. Er möchte nämlich gerne in der Werkstatt seines Vaters seine eigenen Wind Chimes basteln, um die Konkurrenzsituation in der Gruppe umgehen zu können:

> „I've been watching them getting played in the music class, and they're beautiful. But there's too many kids in my class, and too few times to play, so it's better that I have my own." (ebd., S. 123).

4.3.5 Wünsche

Die Auswertung von Schülerbildern zum Thema Musik in einer Studie von Günter Kleinen und Rainer Schmitt führte zu einer Kategorie „Träume und Wünsche", welche sich häufiger in den Bildern von Jugendlichen wiederfand, als in jenen von Grundschulkindern (vgl. Kleinen & Schmitt, 1991, S. 174). Die Autoren halten fest, dass Wünsche im Grundschulalter eher als „vorweggenommene Wirklichkeit" abgebildet werden, mit zunehmendem Alter der Kinder und Jugendlichen aber auch die explizite Kennzeichnung des Wunschs (z. B. durch erläuternden Text) hinzutritt (vgl. ebd.). In der Gruppe der Grundschulkinder kommt im Wesentlichen die Imagination der eigenen Person als Star bzw. allgemeiner in einer Bühnensituation zum Tragen (vgl. ebd., S. 94). Die „vorweggenommene Wirklichkeit" muss damit nicht unbedingt eine realistisch erreichbare sein, ist aber in der kindlichen realen Erfahrungsrealität verankert (im Gegensatz z.B. zu Wünschen nach Zauberkraft o. Ä.).

Vergleichbar realitätsverankert stellen sich auch die Wunsch-Aussagen der vier- bis sechsjährigen Kinder in der Interviewstudie von Campbell dar. Sie betreffen Berufswünsche oder den Wunsch, ein bestimmtes Instrument zu erlernen. Die meisten Nennungen beziehen sich auf Besitzwünsche, dies ist der Leitfaden-Frage geschuldet „If you had \$-- to spend on music, what would you buy?" (vgl. Campbell, 2010, S. 282).

Musikbezogene Berufswünsche werden von Michael und Carrie geäußert. Michael, der mit dem Geigenunterricht begonnen hat, würde gerne später Orchestermusiker werden oder auch Dirigent. Im Zusammenhang mit dem Wort „conductor", welches Dirigent oder auch Lokführer heißen kann, erinnert er sich, dass er früher einmal Lokführer werden wollte (vgl. ebd., S. 112). Während Michael also eine zeitliche Abfolge im Auftreten seiner Wünsche benennen kann, existieren für Carrie mehrere Wünsche gleichzeitig:

> „Well, I like music, but I've been thinking about being a ballerina, but then again, maybe a baseball player. But I was also thinking about being a teacher. Music would be just for fun when I grow up […] You know, I was also thinking about becoming an artist, or maybe being an actor." (ebd., S. 127).

Carrie, welche sich auch bezüglich einer Lieblingsmusik nicht festlegen möchte (vgl. Kap. 4.3.2), spielt mit der imaginären Fülle an Möglichkeiten. Diese ambivalente Art der persönlichen Verbindung mit einem Themengebiet scheint für sie bedeutsam und keineswegs verwirrend zu sein. Indem sie sich nicht festlegt, ermöglicht sie sich selbst eine Vielzahl von Zugangswegen. Manche nutzt sie im Interview, so z. B. indem sie auf Nachfrage ihre Sicht der Anforderungen an eine Ballerina konkretisiert: Eine Ballerina müsse vor allem – und auch über Widerstände hinweg – üben und dies betreffe nicht nur das Tanzen, sondern auch andere „Dinge" (vgl. ebd., S. 127). Aufgrund der zunächst von Carrie hergestellten Unverbindlichkeit in der Vielzahl von Möglichkeiten fällt es ihr möglicherweise auch leichter, manche davon wieder zu verwerfen bzw. nicht über einen längeren Zeitraum beizubehalten.

Wünsche, die sich auf Aktivitäten in der näheren Zukunft beziehen, kommen bei George bezüglich der Selbstbauinstrumente zum Ausdruck, welche er in der väterlichen Werkstatt herstellen möchte („Well I really want to make instruments", ebd., S. 123). Für Darryl steht schon fest, dass er Schlagzeug (oder Trommeln) lernen möchte. Bedeutung haben für ihn dabei die Menge der Instrumente, zwischen denen er sich musizierend bewegen würde und der Bezug zu seinem Lieblingslied:

> „When I get old enough, I'll play drums [...] I would like lots of drums and I would move from one to the other. I would even play the Barney song on the drums" (ebd., S. 117).

Ramnad gibt dagegen einen Wunsch seiner Mutter wieder, indem er erklärt, sie würde gerne Mozart auf der Geige spielen können und sei kurz davor, Unterricht zu nehmen (vgl. ebd., S. 132). Einen Plan für das eigene Instrumentalspiel hatte er ebenfalls, konnte diesen jedoch nicht in die Tat umsetzen. Somit ist das Stadium des Wunschs schon überschritten und die Nicht-Realisierbarkeit das zentrale Bedeutungselement:

> „I thought about learning some Indian songs just to surprise my dad, but I don't have enough notes on my recorder"[53] (ebd., S. 132).

Die musikbezogenen Besitzwünsche der Kinder betreffen vielfach Instrumente sowie Medien oder elektronisches Spielzeug. Sie sind bei allen Kindern sehr konsistent mit den vorher angelegten Schwerpunkten, z. B. bei Lieblingsinstrumenten. So wünscht sich Darryl, der Schlagzeug lernen möchte, zwei Trommeln und ein Shirt mit kleinen Bildern von Trommeln drauf (vgl. ebd., S. 117). George erklärt dagegen, sein Geld auf einen eigenen, großen und lauten „Tape Recorder" sowie Kassetten und CDs sparen zu wollen, auch im restlichen Interview kommt sein starker Bezug zum Musikhören zum Ausdruck (vgl. ebd., S. 122).

Carrie schließlich bekräftigt ihr Interesse an Filmmusik, indem sie erklärt, die Melodien ihrer Lieblingsvideos kaufen zu wollen. Hier wird erneut ihre Tendenz zur Gleichzeitigkeit mehrerer Möglichkeiten deutlich, indem sie auch gerne eine Posaune und eine Flöte oder ein Saxophon hätte (vgl. ebd., S. 128).

Während diese Wünsche eine imaginäre oder demnächst erreichbare Zukunft darstellen, sind im Interview mit Michael speziell auf seine derzeitige Situation bezogene Wünsche zu finden. Michael erzählt von seinem Suzuki-Geigenunterricht, den er bisher viermal besucht hat. Als die Interviewerin fragt, was er auf der Violine spielen könne, antwortet er:

> „Nothing yet. But I could, if my teacher would let me" (ebd., S. 111).

---

53 Ramnad führt dieses Problem etwas länger aus, indem er seine Erfahrung mitteilt, dass jene Töne, die er aus der indischen Musik seines Vaters kennt, auf der Blockflöte nicht reproduzierbar sind (vgl. ebd., S. 132).

Anschließend wird deutlich, dass seine Lehrerin bisher nur an der Spielhaltung und Technik mit ihm gearbeitet hat. Den damit verbundenen rhythmischen Spielen (z. B. dem Sprachrhythmus „Mississippi hot dog" in Verbindung mit Auf- und Abstrich) scheint Michael nicht die Bedeutung „Musik" zuzuweisen. Allerdings ist er – wie oben erwähnt – der Meinung, dass er durchaus in der Lage wäre, Musik auf der Geige zu machen, sofern seine Lehrerin es erlauben würde. Dies scheint auch seine Motivation für das Instrument zu unterstützen. Die Ansicht unterstreicht er in Hinblick auf seinen einzigen im Interview geäußerten Besitzwunsch:

> „A violin. One that's big as me, and shiny, and that Ms. Lee would let me play" (ebd., S. 112).

4.3.6 Gefühle

Bereits in der Beschreibung von Präferenzen oder Ablehnungen schwingen implizite Gefühlsäußerungen mit. Explizit werden Gefühle in den Interviews häufiger situationsbezogen genannt. So erklärt George seinen emotionalen Bezug zur Musik seines Vaters, welcher Gitarre und E-Bass in einer Band spielt:

> „I like the bass guitar because it sounds strong when he plugs it in. And I want to always listen to it in my chair, with ear muffs. It feels cool." (Campbell, 2010, S. 121).

George benennt die in der Situation für ihn bedeutsamen Elemente, welche zur Bedeutungszuweisung „cool" an die Rezeptionssituation führen. Das Gefühl ist also an bestimmte Konditionen gekoppelt (ein bestimmter Platz, an dem gehört wird, das Hören mit Kopfhörern, die Soundqualität des E-Basses), welche als Einheit auftreten. Sie sind auf seine familiäre musikalische Sozialisation zurückzuführen, in der musikbezogene Umgangsweisen des Vaters mit Georges Bewunderung für diesen und seine eigenen Einstellungen zu Musik eine Verbindung eingehen.

Ramnad erklärt, nach welchen Aktivitäten ihm zumute ist, wenn er indische Musik hört:

> „I feel like playing, or singing, or sometimes – you might think this is weird – praying." (ebd., S. 131).

Ramnad stellt selber die Verbindung zu der Tatsache her, dass er indische Musik bei den wöchentlichen Besuchen der Familie im Tempel hört.

Manche Kinder äußern auch situationsübergreifende Gefühle zu Musik. Bei George betrifft dies körperlich empfundene Wirkungen:

> „I love the *feeling* of music, especially when it goes from low to high. It makes my tummy tickle, kind of like going up on a rolley [sic] coaster" (ebd., S. 122, Hervorhebung im Original).

Auch Carrie spricht die emotionsrelevanten Wirkungen von Musik an, sie bezieht sich dabei auf den speziellen Aspekt der Verbindung von Bild und Ton in der Filmmusik:

> „It's still like the movie if it didn't have music, but some music helps the stories along. Like I might be more frightened of the dinosaurs in *Jurassic Park* when I hear the powerful music that plays on it." (ebd., S. 128).

4.4   Zusammenfassung

Dem vorliegenden Kontext der Bedeutungszuweisungen kommen jene Untersuchungen am nächsten, welche Patricia Shehan Campbell in den USA mithilfe nicht teilnehmender Beobachtungen und qualitativer Interviews durchgeführt hat. Darüber hinaus sind auch Befunde aus musikpädagogischen Studien sowie aus der Sozialforschung hilfreich zum Verständnis musikbezogener Einstellungen und Umgangsweisen von Vorschulkindern. Zur Darstellung wird eine Untergliederung in drei relevante Themengebiete gewählt:

- Kompetenz, Performanz und Wissen
- Aktivitäten und Umgangsweisen
- Persönliche Sichtweisen

Zu *Kompetenz und Performanz* werden hier insbesondere zwei Studien herangezogen, welche im Kontext der MFE erstellt wurden. Die jüngere Untersuchung (Dartsch, 2008) weist Leistungstests bei MFE-Kindern und Kontrollgruppen in den folgenden Bereichen auf:

- Bewegung (Bewegungskoordination zu erklingender Musik)
- Singen (Nachsingen vorgegebener Melodien)
- Perkussion (Nachspielen vorgegebener Rhythmen)
- Kreatives Hören (Assoziation emotionalen Gehalts zu einer erklingenden Musik)
- Instrumente (Instrumente am Klang erkennen)
- Präzises Hören (Erkennen eines neuen Formteils in der Musik)
- Notation (Zuordnen graphischer Notationen zu einer erklingenden Musik)

Die ältere Untersuchung diente der Überprüfung von Lernleistungen zum Unterrichtswerk „Curriculum Musikalische Früherziehung" (vgl. Kormann, 1992; Füller, 1978). Der Großteil der Testaufgaben prüft Wissen zur Notation ab, dies mehrheitlich in Bezug auf die traditionelle Notation, in geringerem Umfang wird auch graphische Notation berücksichtigt. Daneben sollten Instrumente am Klang sowie Gattungsformen der Musik in bildlichen Darstellungen erkannt werden.

Im Vergleich lösen Kinder aus der MFE musikbezogene Präzisionsaufgaben wie Melodie- oder Rhythmusimitationen besser als Gleichaltrige ohne musikalische Vorbildung. Dagegen sind keine Unterschiede beim Interesse am Umgang mit Musik zu verzeichnen (vgl. Dartsch, 2008, S. 35).

Beim *Wissen* über Musik kommen sozialisierte, kulturell geprägte Erfahrungsgehalte zum Ausdruck. Erklärungen zu musikalischen Sachverhalten erfolgen häufig mithilfe von Zeigehandlungen. Außerdem wird ein intuitives Wissen über musikalische Strukturprinzipien vermutet. So folgert die Musikpädagogin Renate Reitinger aus einem Kompositionsprojekt mit Kindern, dass das musikalische Vorstellungsvermögen bereits aus vorgeburtlicher und präverbaler Zeit als Ordnungsinstanz zu Verfügung stehe (vgl. Reitinger, 2008, S. 214). Diese Befunde können als Habituierung von Erfahrungsgehalten mit Musik aufgefasst werden.

Die musikbezogenen *Aktivitäten und Umgangsweisen* von Kindern im Vorschulalter sind durch Musikhören, Singen und Bewegen geprägt. Dies geht aus der Studie zu Wirkungen und Voraussetzungen der Musikalischen Früherziehung hervor (vgl. Dartsch, 2008). Bezüglich der Nutzung institutionalisierter musikalischer Freizeitangebote lässt sich festhalten, dass diese vornehmlich von Kindern aus bildungsnahen Familien wahrgenommen werden (vgl. Dartsch, 2008, S. 33; DIPF, 2012, S. 162–163).

Als alltägliche Umgangsweise mit Musik kommt der Mediennutzung ein zentraler Stellenwert zu. Renate und Erich Beckers identifizieren unterschiedliche Funktionalisierungen der medienbasierten Musikrezeption bei Vorschulkindern. So bietet der Walk- bzw. Discman Rückzugsmöglichkeiten und Unabhängigkeit in der Auswahl der Musikstücke (vgl. Beckers & Beckers, 1993, S. 14). Musik und Hör-Geschichten werden ritualisiert zum Einschlafen verwendet, ebenso auch als Zeitvertreib (vgl. ebd., S. 15). Musik ermöglicht das Mood Management (vgl. Beckers, 2003, S. 14) und wird als Bewegungsanregung sowie als Begleitung zu anderen Tätigkeiten genutzt (vgl. Minkenberg, 1991, S. 94; S. 114). Patricia Shehan Campbell stellt zudem eine handlungsuntermalende Funktion von Musik fest, wenn Tätigkeiten durch Singen, Sprechgesänge oder Bodypercussion begleitet, moderiert oder kommentiert werden. Sie fasst dies unter den Begriff des „musicking", dessen zentrales Merkmal die Vernetzung mehrerer musikbezogener Aktivitäten ist. Campbell nennt die Kategorien „doing", „integrating", „singing", „moving", „playing", „listening" und „playing with" (Campbell, 2010, S. 240–242).

In den *persönlichen Sichtweisen* von Kindern lässt sich die Bedeutung der eigenen Kompetenz, des sozialen Kontextes und der handelnd hergestellten Beziehung zu Musik nachvollziehen. Dies geht aus der Interviewstudie von Patricia Shehan Campbell hervor (vgl. Campbell, 2010). Persönliche Sichtweisen der Kinder auf Musik offenbaren Einflüsse der Enkulturation und besonders der familiären, aber auch der medialen Sozialisation. In Präferenzaussagen spielen Aktivitäten eine wichtige Rolle, außerdem ist der situative Rezeptionskontext von Musik bedeutsam. Beide Aspekte finden sich auch als wesentliche Faktoren der musikbezogenen Orientierung an der eigenen Familie wieder. Gleichaltrige scheinen für die interviewten Kinder stärker im Bereich der Aktivitäten relevant zu sein als in Bezug auf Präferenzen. Interesse ist im Wesentlichen auf konkrete Gegenstände bezogen, in erster Linie auf Instrumente aber auch auf Spielzeuge. Eine direkte Verbindung zwischen dem musikbezogenen Interesse und dem Musikunterricht ist nicht deutlich erkennbar.

Wünsche werden potenziell realitätsverankert geäußert, Fantasiewünsche spielen in den untersuchten Interviews keine Rolle. Gefühle schließlich zeigen sich in der Kopplung an einen Bedingungskomplex von wiederkehrenden Situationsfaktoren oder werden situationsübergreifend bezüglich der empfundenen Wirkungen von Musik geäußert.

Die hier vorgestellten Aspekte persönlicher Sichtweisen von Kindern auf Musik sind zwar zu Darstellungszwecken einzeln erörtert worden, mit Blick auf die individuell erfahrungsbasierte Verfasstheit von Bedeutungszuweisung ist jedoch eine Interdependenz bzw. unterschiedlich ausgeprägte Vernetzung der Bereiche wahrscheinlich.

5 Grundlagen qualitativer Forschung mit Kindern

5.1 Methoden der Kindheitsforschung

„Viele Fragen, die in der Kinder- und Kindheitsforschung gestellt werden, können nur beantwortet werden, wenn man Kindern zusieht und zuhört, mit ihnen spricht und mit ihnen handelt." (Heinzel, 2000b, S. 17).

Der Ansatz, Kinder als Experten ihrer selbst zu beobachten und zu befragen, konstituiert die neuere Kindheitsforschung. Seit dem Paradigmenwechsel in der Entwicklungs- und Sozialisationsforschung besonders der 80er Jahre des 20. Jahrhunderts werden Kinder nicht mehr als „Erwachsene in Vorbereitung" begriffen: Ein finalistischer Entwicklungsbegriff sowie eine rein strukturfunktionale Sozialisationsperspektive sind dem Bild vom „produktiv realitätsverarbeitenden Subjekt" (Hurrelmann, 1983) gewichen. In diesem Sinne wird Kindheit als eigenständige Lebensphase begriffen, in welcher Kinder als (mit-)bestimmende soziale Akteure und (Mit-)Produzenten ihrer Entwicklung agieren (vgl. Honig, Lange & Leu, 1999, S. 9. Zur „Perspektive des Kindes" als Hintergrund der neueren Kindheitsforschung vgl. ausführlich die Kapitel 2.2 und 2.2.1).

Der Begriff der „*Kindheits*forschung" greift eigentlich zu kurz, da er sich einerseits auf Kindheit als soziale Strukturkategorie, andererseits aber auch auf das Kindsein als eigenaktiven Prozess bezieht. Folglich wäre es zutreffender, von *Kinder-* und Kindheitsforschung zu sprechen (vgl. zur Entstehung der Begrifflichkeiten ausführlicher Andresen & Hurrelmann, 2007, S. 35–36). Da sich der Begriff der Kindheitsforschung jedoch in der Diskussion für beide Bedeutungsimplikationen durchgesetzt hat, wird er hier ebenfalls entsprechend verwendet.

Die Kindheitsforschung bedient sich meist klassischer Methoden der Sozialforschung wie Beobachtungsverfahren, inhaltsanalytischer Verfahren, psychologischer Tests und Befragungen, welche jedoch zielgruppenspezifisch angepasst werden (vgl. Heinzel, 2003, S. 398). Die Mehrzahl der Forschungsprojekte aus dem Kontext der Kindheitsforschung ist zur Jahrtausendwende empirisch angelegt. Dies geht aus einer Recherche der Erziehungswissenschaftlerin Friederike Heinzel in der damaligen Datenbank FORIS des Informationszentrums Sozialwissenschaften hervor (vgl. Heinzel, 2000a, S. 22). Bei der Methodenwahl stehen Befragungen und Interviews an erster Stelle (vgl. ebd.). Insgesamt sind bei den untersuchten Fällen quantitative Methoden (38,7%) häufiger anzutreffen als qualitative (21,0%), seltener noch kommt es zur Verknüpfung quantitativer und qualitativer Verfahren (12,9%). Für einen nicht unerheblichen Anteil von 27,3% der untersuchten Studien konnten diesbezüglich jedoch gar keine Angaben entnommen werden (vgl. ebd., S. 24).

Verfahren, welche die handelnde Anwesenheit des Beforschten voraussetzen, können als „reaktiv" bezeichnet werden. Verfahren, die sich inhaltsanalytisch mit vorgefundenen Produkten einer zu beforschenden Zielgruppe befassen, sind dagegen als „nicht reaktiv" einzuordnen (vgl. Kraus, 2007, S. 47–48).

Während die aus traditionellen Forschungszusammenhängen übertragenen Erhebungsverfahren in der Kindheitsforschung methodisch zum Teil Anpassungen an die jeweilige Zielgruppe aufweisen (vgl. Heinzel, 2000a, S. 21), ist dagegen die Entwicklung vollkommen eigener Kindheitsforschungsmethoden bisher eher die Ausnahme. Dennoch entstehen auch hier interessante neue Anknüpfungspunkte: So entwarf die Erziehungswissenschaftlerin Anja Kraus beispielsweise die „Öhrcheninstallation", um zu erheben, was Schüler während des Unterrichts bewegt (vgl. Kraus, 2007). Hier handelt es sich um ein Verfahren, das weder ausschließlich „reaktiv" noch ausschließlich „nicht reaktiv" angelegt ist, sondern im Rückgriff auf Aspekte beider Kategorien einen neuen Ansatz generiert. Das Forschungsdesign sieht für jede Schülerin und jeden Schüler ein Plastillin-Ohr mit einem eingebauten Aufnahme-Gerät vor. Diesem Ohr kann all das „ins Ohr geflüstert" werden, was die Kinder und Jugendlichen während der Schulstunde beschäftigt und bewegt. Dabei entscheiden die Schüler und Schülerinnen selbst, wann das Aufnahmegerät eingeschaltet wird.

Es ist nicht von der Hand zu weisen, dass Methoden der Datenerhebung, welche die kindliche Perspektive fokussieren, immer durch den „Interpretationsfilter" der erwachsenen Forscherinnen und Forscher betrachtet werden. Im Gegensatz zu Methoden, bei welchen Kinder jedoch gar nicht aktiv in den Forschungsprozess einbezogen werden (z.B. Eltern- oder Expertenbefragungen), ist hier zumindest eine tendenziell direktere Annäherung an die kindliche Perspektive zu vermuten. Zudem muss berücksichtigt werden, dass die letztendliche Unsicherheit bezüglich der erfassten Perspektive auch in Forschungen an und mit Erwachsenen besteht. Durch die generationale Verfasstheit tritt sie im Kontext der Kindheitsforschung jedoch deutlicher zutage.

Die folgenden Ausführungen dienen in erster Linie dazu, die Grundlagen qualitativer Forschung mit Kindern darzustellen und zu diskutieren. Zugleich wird damit die Frage aufgeworfen, wie im vorliegenden Forschungsprojekt mit den genannten Aspekten umgegangen wird. Daher wird mit Bezug auf die erörterten Aspekte ein Fazit zur Anlage bzw. Methodik der vorliegenden Studie angefügt. Die ausführliche Darstellung und Begründung des Studiendesigns erfolgt dagegen im sechsten Kapitel über Grundlagen und Methoden der qualitativen Interviews zu kindlichen musikbezogenen Bedeutungszuweisungen.

5.1.1 Methodenrelevante Problematiken

Die Auseinandersetzung mit den Möglichkeiten und Grenzen eines zielgruppenspezifischen Methodendesigns wirft einige kritische Aspekte auf. So wird wiederholt die Fraglichkeit angeführt, verlässliche und wissenschaftlich verwertbare Daten von Kindern zu erhalten (vgl. z.B. Hülst, 2000, S. 37–38). Es ist ebenfalls zu berücksichtigen, dass sich auch die Rollen- und Kindheitsbilder der beteiligten Personen nachteilig auf das Ergebnis auswirken können (vgl. Heinzel, 2000a, S. 25–26; Fuhs, 2000, S. 92). Drei Problematiken kristallisieren sich methodenübergreifend besonders heraus:

Erstens die Verlässlichkeit und der Wahrheitsgehalt der mit Kindern gewonnenen Daten, zweitens die implizite Erziehungssituation zwischen Kindern und Erwachsenen und drittens die Beeinflussung von Methodendesign und Datenauswertung durch die „Kindheitsbilder" der erwachsenen Forscherinnen und Forscher.

5.1.1.1 Wahrheitsgehalt und Verlässlichkeit

Für Forschende stellt sich die Frage nach dem Wahrheitsgehalt und der Verlässlichkeit kindlicher Aussagen. Interaktionen zwischen Kindern und Erwachsenen unterliegen der grundsätzlichen Unsicherheit, ob ein Verstehen überhaupt möglich ist. Der Soziologe Dirk Hülst listet beispielhaft Hinweise für „behauptete oder bewiesene[54] Differenzen" (Hülst, 2000, S. 38) auf, welche gegen das Verstehen kindlicher Äußerungen durch erwachsene Forscherinnen und Forscher sprechen:

- „Kinder können Wahrheit und Fiktion nicht unterscheiden.
- Kinder geben Gefälligkeitsantworten.
- Kinder haben zu wenig Erfahrung und Wissen, um ihre aktuellen Erlebnisse angemessen kommentieren zu können (mangelndes Kontextwissen).
- Kindliche Deutungen und Welterklärungen sind nicht authentisch, sondern von den Erwachsenen auf sie zugeschnitten (sozial konstruiert) und kritiklos bzw. alternativlos übernommen.
- Kinder geben nur das wieder, was ihnen die erwachsenen Bezugspersonen vorgeredet haben.
- Kinder besetzen Dinge und Beziehungen mit unangemessenen Wertbezügen.
- Kindern fehlt moralisches Bewusstsein.
- Kindliche Logik folgt eigenen, schwer bis überhaupt nicht nachvollziehbaren Wegen." (ebd., S. 38–39).

Einige der dargelegten Argumente könnten schlicht dadurch entkräftet werden, dass die zugrunde liegende erwachsenenzentrierte Mentalität in Frage gestellt wird. „Unangemessene Wertbezüge" und „mangelndes Kontextwissen bei Kindern" wären als solche nur zu identifizieren, wenn diese Begrifflichkeiten auf das Weltbild von Erwachsenen angewendet würden. Dies kann jedoch im Sinne der zu erforschenden Perspektive des Kindes nicht Ziel und Zweck sein. Ähnliches gilt für die Annahme, „kindliche Logik" sei nicht nachvollziehbar. Auch diese Aussage liegt jenseits der Forschungssituation im Bereich von Vermutungen oder Behauptungen. Dass Deutungen aufgrund ihrer „sozialen Konstruktion" nicht als authentisch gelten sollten, kann ebenfalls nicht überzeugen. Vielmehr wäre in Bezug auf die hier vorgenommenen Ausführungen zur Bedeutungszuweisung (vgl. Kap. 2) davon auszugehen, dass kindliche „Deutungen und Welterklärungen" *ohne* jegliche Beeinflussung durch Erwachsene in der Realität nie existieren, da Erfahrungen mit der Sicht der Erwachsenen auf Kinder auch deren Denk- und Handlungsschemata beeinflusst werden.

---

54 Inwiefern ein „Beweis" tatsächlich vorliegt, wird in der Liste von Hülst jedoch nicht erfasst.

Mit Blick auf entwicklungspsychologische Forschungsergebnisse, welche nahe legen, dass Kinder durchaus zwischen Realität (i.S. einer Realität der Erwachsenen) und Fantasie unterscheiden können (vgl. Sodian, 2002; Subbotsky, 1997; Mähler, 2007; vgl. Kap. 2.3.1.2) – dies aber möglicherweise nicht entsprechend verbalisieren – scheint Verstehen in erster Linie von einer angemessenen Befragungstechnik mit Raum für Nachfragen und Metakommunikation abhängig zu sein. Gleiches gilt für die Problematik der Suggestibilität:

> „Eine Suggestivfrage, die ein Erwachsener einem Kind stellt, wird von dem Kind norma-lerweise als ernsthafte Frage mit hohem Wahrheitsgehalt aufgenommen" (Delfos, 2004, S. 23).

Die zentrale Verantwortung liegt daher für die Fragenden darin, Suggestivfragen vollständig zu vermeiden.

Die Psychologin Martine F. Delfos weist – mit Bezug auf Studien zur Suggestibi-lität und zur Zuverlässigkeit von kindlichen Zeugenaussagen – darauf hin, dass Kin-der im Durchschnitt nicht unehrlicher sind als Erwachsene und dass insbesondere Kinder zwischen fünf und sechs Jahren tendenziell sogar bessere Zeugenaussagen liefern, da sie im Vergleich mit Erwachsenen weniger schematisch und somit vorur-teilsfreier an die Wiedergabe von Ereignissen heran gehen (vgl. Delfos, 2004, S. 22).

Als Grenzen in der Forschungssituation sind jedoch die Entwicklung der Verbali-sierungsfähigkeit und des Kurz- bzw. Langzeitgedächtnisses zu berücksichtigen (vgl. Kap. 2.3.1.2 zum Zusammenhang von mentalen Skripts und Erinnerungsleistungen) sowie die möglicherweise hohe Interpretationsunsicherheit seitens der Forschenden, insbesondere in reinen Beobachtungssituationen.

Zudem beeinflusst die individuelle Konzentrationsfähigkeit der am Forschungs-prozess beteiligten Kinder die Forschungssituation, sofern eine Befragung oder ein anderer, außerhalb der reinen Alltagshandlung liegender Forschungsansatz vorliegt (vgl. Bamler, Werner & Wustmann, 2010, S. 79).

Aufgrund dieser Einflussfaktoren auf den Forschungsprozess sind qualitative Be-fragungen umso seltener, je jünger die befragten Kinder sind. Friederike Heinzel gibt im Rahmen einer Recherche über Studien aus der Kindheitsforschung als jüngste Stichprobe fünfjährige Kinder an (vgl. Heinzel, 2003, S. 401).

5.1.1.2 Erziehungssituation

Kinder treffen mit Erwachsenen unweigerlich in Erziehungssituationen zusammen.

> „Da Kinder in ihrem Alltag ständig in privaten und öffentlichen Beziehungen von Er-wachsenen als zu erziehende Menschen behandelt werden, ist es für erwachsene Forscher und Forscherinnen nahezu unmöglich, mit Kindern zu kommunizieren, ohne dass Kinder ihre Erfahrungen mit dieser Allgegenwart der Erziehungssituation in irgendeiner Weise thematisieren" (Heinzel, 2000a, S. 25–26).

Es ist jedoch anzunehmen, dass dieses „Thematisieren" zum Teil eher unbewusst und unreflektiert erfolgt, was zu Missverständnissen in der Forschungssituation führen kann. Dies bezieht sich jedoch keineswegs nur auf die Kinder. Ebenso kann es für die erwachsenen Forscherinnen und Forscher schwer sein, die Erziehungssituation auszublenden:

> „Wo Erwachsene und Kinder zusammentreffen, bestimmen in der Regel die Erwachsenen, was richtig und falsch ist und wie sich alle Beteiligten in einer Situation verhalten sollen" (Fuhs, 2000, S. 93).

Diese Problematik betrifft insbesondere Forschende, die zugleich pädagogisch ausgebildet und/oder tätig sind, „weil über pädagogische Kompetenz auch ein bestimmtes Bild von Kindheit konstruiert wird" (ebd.). Mit Bezug auf den Erziehungswissenschaftler Jürgen Zinnecker gibt Burkhard Fuhs zu bedenken, dass Pädagoginnen und Pädagogen mit der Herausforderung konfrontiert sind, eingeübte Strategien ihrer Handlungen und ihrer Kommunikation in der Forschungssituation aussetzen zu müssen (ebd.). Metakommunikation, Empathie und ständige Reflexion der eigenen Werthaltungen und Vorannahmen gehören daher zum Handwerkszeug der Forschenden.

5.1.1.3 Kindheitsbilder

Erwachsene treten bereits mit Denkmodellen über Kinder und Kindheit in die Forschungssituation ein (vgl. dazu ausführlicher Kap. 2.2). Dies geschieht einerseits auf der Grundlage der eigenen Kindheitserfahrungen und -erinnerungen sowie andererseits aus ihrem jeweiligen Fach- und Ausbildungshintergrund heraus.

Insbesondere beim Entwurf altersadäquater Forschungsmethoden wird unweigerlich mit einem Kindheits- und Kinderbild operiert, an welches das zu entwickelnde Forschungsdesign angepasst wird. Folglich besteht die Gefahr, dieses Bild im Forschungsergebnis zu reproduzieren, anstatt – entsprechend den Grundsätzen der qualitativen Forschung – unvoreingenommen in die Situation einzutreten (vgl. Fuhs, 2000, S. 92).

> „Ein wichtiger Teil der Methodendiskussion müsste demnach auch die Frage nach den Erwartungen und Einstellungen der Forschenden gegenüber den Kindern sein" (ebd.).

Forschende befinden sich also in einer Pflicht zur Selbstreflexion und zur kritischen Überprüfung der eigenen Vorstellungen über Kinder und Kindheit.

5.2 Qualitative Interviews mit Kindern

Befragungen und Interviews stellen, laut der bereits erwähnten FORIS-Recherche von Friederike Heinzel, die bevorzugte Methode in quantitativen wie auch in qualitativen Ansätzen dar (vgl. Heinzel, 2000a, S. 22). Wie in der „klassischen" Sozialforschung erfolgt auch in der Kindheitsforschung zumeist eine Typisierung der Interviews nach dem Grad ihrer Standardisierung. So sind, nach Heinzel, in der Kategorie der teilstandardisierten Interviews folgende Formen auch in der Kindheitsforschung vertreten (vgl. Heinzel, 2003, S. 402–403):

- Struktur- und Dilemma-Interviews (z.B. über eine Einstiegsgeschichte zum moralischen Urteilen)
- fokussierte Interviews (assoziative Stellungnahmen anhand von Erzählanreizen wie Fotos, Tagesverlaufsnotizen, Bildkarten, Handpuppen u.ä.)
- ethnographische Interviews (z.B. als Kommentar zu Szenen aus teilnehmenden Beobachtungen).

Zudem werden narrative Interviews zu biographischen Themen verwendet, dies allerdings aufgrund der erforderlichen Erzählkompetenz erst mit Kindern ab einem Alter von ca. zwölf Jahren. Schließlich sind auch Erfahrungen mit psychoanalytischen Tiefeninterviews zu verzeichnen, welche auf die Anregung freier Fantasietätigkeit abzielen (vgl. Heinzel, 2003, S. 403–404).

Nur über Standardisierungsgrade lässt sich jedoch nicht feststellen, welche Interviewform für welchen Kontext der Kindheitsforschung am besten geeignet ist. Der Erziehungswissenschaftler Burkhard Fuhs schlägt deshalb eine andere Typisierung vor, die sich an der Art des Erinnerns orientiert. Er verwendet die Ausgangsthese, dass jedes Interview auf Erinnerungen basiert.

> „Im Interview wird das alltägliche Handeln ausgesetzt, und auch das gerade Erlebte wird im nachhinein aus dem Gedächtnis erzählt" (Fuhs, 2000, S. 94).

Diese Typisierung ist insofern aufschlussreich, als sich mit jeder Interviewform notwendigerweise spezifische Formen der Anregung zum Erzählen verbinden.

> „Wichtig für die Kindheitsforschung scheint […] der Befund zu sein, dass jüngere Kinder stärker auf Gedächtnishilfen angewiesen sind. Das heißt, es kann sich als sinnvoll erweisen, Kindern Anhaltspunkte für das Erinnern zu geben." (Fuhs, 2000, S. 91).

Eine Expertenbefragung zum Thema „Interviews mit Kindern" ergab zudem folgende Erfahrungswerte:

> „Als besonders wichtig wurde von vielen der befragten Expertinnen und Experten ein Wechsel der Frageform, gute Vorstellungshilfen, Ergänzung durch Bilder, konkrete Szenen oder reale Objekte und möglichst ein realitätsnahes Umfeld angesehen." (Heinzel, 2003, S. 408).

Damit kommen dem Erzählanreiz und den Mitteln zur Aufrechterhaltung des Erzählflusses in der Arbeit mit Kindern eine besondere Bedeutung zu.

Als Typisierungen für Interviews nennt Fuhs demzufolge: Situationsnahe Interviewformen, Sequenz-Interviews, lebensweltliche Interviews, biographische Interviews und symbolische Interviewformen (vgl. Fuhs, 2000, S. 95–96). Nicht berücksichtigt sind hier Interviews zu Erwartungen an eine *bevorstehende* Situation. Dies ist der Systematik von Fuhs geschuldet, da er sich an der Art des Erinnerns orientiert. Interviews zu Erwartungen haben jedoch nicht die Vergangenheit, sondern die Zukunft zum Thema und wären somit als weitere Kategorie zu benennen. Die im Folgenden dargestellten Interviewkategorien nach Fuhs werden insofern hier zusätzlich um den Aspekt der *Erwartung* im Interview ergänzt und mit der Erläuterung typischer Erzählanreize angereichert.

5.2.1 Interviewformen im Überblick

5.2.1.1 Situationsnahe Interviewformen

Erzählanreiz(e)	Verwendung
Zeigehandlungen	Erforschung des Spielverhaltens, der Wohnumwelten u.ä.

Situationsnahe Interviewformen betreffen das direkte Erinnern. Handlungen oder Erlebnisse, die im Interview besprochen werden, sind unmittelbar vergangen oder noch im Vollzug. Als Erzählanreize sind Zeigehandlungen möglich, dies insbesondere, da der Handlungsraum mit dem Interviewraum identisch ist. So können Kinder beispielsweise Handlungen vormachen, über die gesprochen wird, sie können bedeutsame Objekte oder räumliche Anordnungen in Ortsbegehungen zeigen und erläutern und Ähnliches. Situationsnahe Interviewformen sind z.B. zur Erforschung des Spielverhaltens von Kindern geeignet (vgl. Fuhs, 2000, S. 95–96).

5.2.1.2 Sequenz-Interviews

Erzählanreiz(e)	Verwendung
Notizen selbst erstellter Verlaufsprotokolle	Erforschung kindlicher Handlungsverläufe und -strategien

Sequenz-Interviews sind auf das Erinnern von Tagesverläufen oder eines Tagesabschnitts bezogen. Dabei geht es um die Erinnerung bestimmter zusammenhängender Handlungsketten innerhalb dieses Zeitabschnitts, welche sich über unterschiedliche Orte erstrecken können. Im Rahmen von Sequenz-Interviews werden also Handlungsverläufe und Handlungsstrategien erforscht. (vgl. Fuhs, 2000, S. 96–97). Helga und Hartmut J. Zeiher differenzierten diesen Ansatz aus, indem sie eine simultane und eine nachträgliche Datenerhebung kombinierten (Zeiher & Zeiher, 1994): Zehnjährige Kinder hielten die Ereignisse eines Tages im Verlauf stichwortartig auf einem Notizblock fest und wurden am nächsten Tag unter Zuhilfenahme der Notizen zu ihrem Tagesablauf interviewt. Erzählanreize waren hier also die eigenen Notizen.

5.2.1.3 Lebensweltliche Interviews

Erzählanreiz(e)	Verwendung
Videos aus teilnehmender Beobachtung, selbst erstellte Zeit-Protokolle	Erlangen von Kontextwissen zu beobachteten Interaktionen. Kennenlernen typischer Tages-/Wochenverläufe

Lebensweltliche Interviews sind eine erweiterte Form der Sequenz-Interviews, in denen sich die Erinnerung nun nicht mehr nur auf einen Handlungsstrang, sondern auf den gegenwärtigen Alltag generell bezieht. Dabei interessieren situationsübergreifende Aspekte des Kinderlebens. Als Erzählanreiz können Videos aus teilnehmenden Beobachtungsverfahren genutzt werden, indem nun Fragen zu bestimmten, zuvor beobachteten Situationen gestellt werden, um Kontextwissen zu erlangen. Auch die Erfassung rekonstruierter und abstrahierter Wochenverläufe von Kindern kann über diesen Ansatz geschehen (vgl. Fuhs, 2000, S. 97–98).

5.2.1.4 Biographische Interviews

Erzählanreiz(e)	Verwendung
Traumreise, Fotos u.ä.	Erfassung kindlicher Lebensläufe: Chronologie und eigene Bewertungen

Biographische Interviews sind als narrative Interviews angelegt, welche in besonderem Maße Erinnerungsvermögen und erzählerische Kompetenz voraussetzen. Daher werden sie erst ab einem Alter von ca. 12 Jahren als sinnvoll erachtet. Als Erzählanreize können Traumreisen zurück ins Kindesalter bzw. zur ersten bewussten Erinnerung dienen. Ebenso sind Fotos, Videos oder andere Produkte aus der Vergangenheit der Befragten geeignet, Erinnerungen auszulösen. Erforscht werden die Chronologien kindlicher Lebensläufe und die diesbezüglich vorgenommenen Bewertungen der Befragten (vgl. Fuhs, 2000, S. 98–99).

5.2.1.5 Symbolische Interviewformen

Erzählanreiz(e)	Verwendung
Malen, Märchen, Rollenspiel mit Puppen, subjektive Landkarte, Netzwerkanalyse	Erforschen imaginärer Kinderwelten, subjektiver Verarbeitung von Ereignissen oder des Medienkonsums, Bewertung des Lebens- und Wohnumfeldes

Symbolische Interviewformen beziehen die nonverbale Gestaltung der Weltsicht der Befragten in den Auswertungsprozess mit ein. Die kreative und produktive Beschäftigung mit Objekten und darauf bezogenen Handlungen ist hier nicht nur Erzählanreiz, sondern auch Bestandteil der Datenmenge. So wird im Interview über kreative Produkte von Kindern gesprochen, indem z.B. etwas gemalt, ein Märchen erzählt, ein Rollenspiel mit Puppen dargestellt oder auch eine subjektive Landkarte gezeichnet bzw. eine soziale oder lebensräumliche Netzwerkanalyse erstellt werden soll.

Netzwerkanalysen dienen der Erfassung und Analyse sozialer Kontakte. Die psychosoziale Nähe zu Bezugspersonen wird durch den egozentrischen Aufbau von Figuren rund um das „Ich" dargestellt. Eine Modifikation der Netzwerkanalyse wurde im Rahmen der World Vision Kinderstudien vorgenommen, um auch jüngere Kinder zu erreichen: Hier sollte das Lebensumfeld mit Spielfiguren und Bauklötzen (Menschen, Tiere, Bäume, Häuser, Plätze etc.) aufgebaut und im Darstellungsprozess erklärt werden (vgl. Picot & Schroeder, 2007, S. 229–230; Schroeder, Picot & Andresen, 2010, S. 228–229).

Dieses Design ist in deutlicher Nähe zur subjektiven Landkarte angesiedelt. Hier zeichnen Kinder ihren subjektiven Handlungsraum des Wohnumfeldes. Die Zeichnung wird daraufhin als Gesprächsanlass genutzt (vgl. Lutz, Behnken & Zinnecker, 2003).

Insgesamt sind symbolische Interviewformen zunächst als situationsnah einzuordnen, können dabei aber auch komplexere bzw. zeitlich ausgedehntere Erinnerungsleistungen erfordern. Mithilfe symbolischer Interviewformen lassen sich imaginäre Kinderwelten erforschen, die subjektive Verarbeitung einzelner (z.B. auch belastender) Ereignisse oder auch die Verarbeitungsstrategien des Medienkonsums nachvollziehen. Ebenso werden Aussagen über die Bewertung des Lebens- und Wohnumfeldes auf diesem Wege erfassbar (vgl. Fuhs, 2000, S. 99–100).

5.2.1.6 Interviews zu Erwartungen

Erzählanreiz(e)	Verwendung
Bevorstehende Ereignisse	Erfassung von Erwartungen an Ereignisse, an andere Personen und sich selbst, besonders institutionalisierte Übergänge im Leben, ggf. Erfassung der Reproduktion von Rollenbildern oder Klischees

Als zukunftsgerichtete Interviewform sind die Erwartungsbefragungen zu nennen, die sich auf bevorstehende Ereignisse beziehen. Als Erzählanreiz können Bilder oder Videos zum erwarteten Ereignis genutzt werden. Handelt es sich um gesellschaftlich institutionalisierte Ereignisse wie z.B. den Eintritt in eine neue Institution (Kindergarten, Grundschule, weiterführende Schule), können – sofern z.B. „Schnupperstunden" oder „Tage der offenen Tür" besucht wurden – natürlich auch hier Erinnerungen genutzt werden, in diesem Sinne sogar in der Funktion des Erzählanreizes. In Interviews zu Erwartungen lassen sich jedoch nicht nur die individuellen Vorannahmen und evtl. auch Wünsche erfassen, sondern auch der Grad der Reproduktion gesellschaftlich tradierter Klischees oder Rollenbilder, welche mit dem bevorstehenden Ereignis in Verbindung stehen. Interviews zu Erwartungen wurden beispielsweise in einer Untersuchung der Bedingungen anschlussfähiger Bildungsprozesse beim Übergang vom Kindergarten in die Grundschule genutzt, indem 112 Vorschulkinder in zeitlich kurz angelegten Interviews (20 Minuten) zu ihren Erwartungen an die Grundschule befragt wurden (vgl. Hellmich, 2007).

Je nach Forschungsfrage, Zielgruppe und Erzählanreiz wird die Gesprächsführung innerhalb verschiedener Interviewformen differieren. Dennoch sind übergreifende Kriterien zur Herstellung einer positiven Interviewatmosphäre, zur Struktur von Fragen und Nachfragen und zu weiteren Rahmenbedingungen feststellbar. Diese werden im Folgenden genauer betrachtet.

5.2.2 Gesprächsführung

Neben Kriterien wissenschaftlicher Transparenz und Vergleichbarkeit sind in Interviews mit Kindern auch Planungselemente zum Aufbau von Vertrauen und zur konzentrationsadäquaten Zeitgestaltung sowie zum Umgang mit den Eltern zu berücksichtigen. Anregungen bieten hier insbesondere Erfahrungen aus der Gestaltung von Gesprächen in der Kinder- und Jugendpsychotherapie (vgl. z.B. Delfos, 2004). Friederike Heinzel konnte zudem in einer Expertenbefragung eine Fülle an Erfahrungswerten zu den Rahmenbedingungen von Kinderinterviews zusammentragen, die ebenfalls im Zusammenhang mit der Gesprächsführung stehen (vgl. Heinzel, 2003).

Bevor Bedingungen und Aspekte der Gesprächsführung im Folgenden genauer betrachtet werden, ist anzumerken, dass alle von Heinzel befragten Expertinnen und Experten für Kinderinterviews die beteiligten Kinder als sehr motiviert und konzentriert erfahren haben (vgl. Heinzel, 2003, S. 405). So vermittelten die Kinder beispielsweise den Eindruck, sie seien „an einer wichtigen Sache" beteiligt, fühlten sich „teilweise geehrt" und manchmal gab es sogar „Gerangel darum [...], wer mitmachen dürfe oder nun an der Reihe sei" (Heinzel, 2003, S. 405). Während teilnehmende Beobachtungen von manchen Kindern skeptisch aufgenommen wurden, waren ablehnende Haltungen in Interviewsituationen nicht erkennbar. Vielmehr schien es ein ausgesprochen positiver Anreiz zu sein, ernsthaft interessierten Erwachsenen etwas über die eigene Lebenswelt mitteilen zu können (vgl. Heinzel, 2003, S. 405–406). Als schwierig erwiesen sich jedoch Themenbereiche wie innerfamiliäre Konflikte, Kränkungen, Schuldgefühle oder Triebhaftes. Hier hatten Kinder größere Hemmungen zu antworten oder wollten z.B. Loyalitäten gegenüber der eigenen Familie nicht verletzen (vgl. ebd., S. 409).

Befasst sich das Forschungsthema jedoch mit Interessengebieten, Erfahrungen, Wünschen und Ideen der Kinder, ist die Gesprächsmethodik nicht zentral darauf ausgerichtet, wie sich die Kinder den Forschenden gegenüber überhaupt öffnen können (wie dies in Therapiegesprächen durchaus der Fall sein kann). Vielmehr liegt der Fokus auf Methoden zur Aufrechterhaltung des Erzählflusses und zur ungefähren Beibehaltung der Forschungsfrage, auch bei Abschweifungen. Die Elemente der Gesprächsführung werden im Folgenden erläutert.

5.2.2.1 Ort

Für die Befragungsatmosphäre spielt der Ort eine entscheidende Rolle. Er sollte bekannt sein, mit der Befragung in einem sinnvollen Zusammenhang stehen, aber auch genügend Ruhe gewährleisten. In vielen Zusammenhängen bietet sich das Kinderzimmer als Interviewort an, da das Kind dort auch persönliche Dinge zeigen kann und sich sicher fühlt (Heinzel 2003, S. 404–405). Die Psychologin Martine F. Delfos empfiehlt, dem Kind nach Möglichkeit die Entscheidung bezüglich des Interviewortes oder zumindest der Wahl des Platzes im Raum zu überlassen (Delfos, 2004, S. 129).

5.2.2.2 Zeitmanagement

> „Die Dauer eines Gesprächs hängt von verschiedenen Punkten ab: dem Alter des Kindes, dem Schwierigkeitsgrad des Themas, der Anspannung oder dem Stress, die mit dem Thema einhergehen, dem Stress, der mit dem Sprechen und den Gesprächspartnern zu tun hat, dem Spannungsbogen des Kindes und der Bedeutung des Gesprächsgegenstands aus der Sicht des Kindes." (Delfos, 2004, S. 127).[55]

Friederike Heinzel konnte Erfahrungswerte zu Interviews von 20 Minuten Länge bis hin zu Interviews von zwei bis drei Stunden sammeln. Bei allen zeitintensiven Interviews waren Pausen und Entspannungsphasen Bestandteil des Settings (vgl. Heinzel, 2003, S. 405). Es ist anzunehmen, dass nicht nur – wie von Heinzel festgestellt – die Motivation, sondern auch die Konzentration und das „Durchhaltevermögen" der Kinder steigen, wenn es einen fassbaren Erzählanreiz, eine Aktion o. Ä. als Ge-

---

55 Die Autorin führt mehrfach die Möglichkeit von „Stress" in der Gesprächssituation an. Dies ist jedoch im Hinblick auf die Tatsache zu relativieren, dass sich das Zitat auf psychotherapeutische Zusammenhänge bezieht. Anspannung kann dennoch durchaus auch in Interviewsituationen eine Rolle spielen.

sprächsimpuls gibt (vgl. ebd.). Auch der Wechsel der Frage- oder Dialogform sowie eine zugrunde liegende Gesprächsstruktur helfen, die Interviewzeit so zu gestalten, dass die Konzentration und der Erzählfluss über einen längeren Zeitraum aufrechterhalten werden können.

5.2.2.3 Umgang mit Eltern

Das schriftliche Einverständnis der Eltern stellt die notwendige Voraussetzung für jedes Kinderinterview dar. Zugangswege sind zumeist über Institutionen wie Schule, Kindergarten oder Musikschule möglich, aber auch Aufrufe in Kindermedien oder Freizeiteinrichtungen werden praktiziert. Durch mündliche Weitergabe können zudem „Schneeballverfahren" entstehen, welche zum Kontakt mit weiteren Probanden führen (vgl. Heinzel, 2003, S. 404).

Das Beisein der Eltern ist nicht in allen Interviewsituationen förderlich, da Eltern manchmal dazu tendieren, anstelle ihrer Kinder zu antworten oder Kinder sich aufgrund der Elternanwesenheit zu bestimmten Antworten verpflichtet fühlen könnten. Daher hat es sich bewährt, die Eltern entweder zeitgleich ebenfalls zu interviewen (sofern dies der Forschungsfrage entspricht) oder die Eltern während des Kinderinterviews um das Ausfüllen eines Fragebogens, z.B. mit den Sozialdaten der Kinder, zu bitten (vgl. Heinzel, 2003, S. 405).

5.2.2.4 Kommunikationsbedingungen

Neben den oben genannten Rahmenbedingungen für Kinderinterviews sind bestimmte Kommunikationsbedingungen zu beachten, die den Bereich der Körpersprache, der Haltung und der Sensibilität gegenüber dem Kind betreffen. Martine F. Delfos hat die folgende, gut für die Praxis verwendbare Übersicht erstellt:

Kommunikationsbedingungen für die Gesprächsführung mit jungen Kindern
1. Dieselbe (Augen-)Höhe wie das Kind einnehmen
2. Das Kind anschauen, während man spricht
3. Abwechselnd Augenkontakt herstellen und unterbrechen, während man mit dem Kind spricht
4. Dafür sorgen, dass sich das Kind wohl fühlt
5. Dem Kind zuhören
6. Mit Beispielen zeigen, dass bei einem ankommt, was das Kind sagt
7. Das Kind dazu ermutigen, zu erzählen, was es findet oder will, weil man das sonst nicht weiß
8. Spielen und Reden möglichst kombinieren
9. Darauf hinweisen, dass man das Gespräch unterbricht und später fortsetzen wird, sobald man merkt, dass das Kind nicht mehr bei der Sache ist
10. Dafür sorgen, dass das Kind nach einem schwierigen Gespräch wieder zu sich kommen kann

(Übersicht nach Delfos, 2004, S. 98)

Diese grundsätzlichen Hinweise zur Haltung der Forschenden gegenüber den inter-viewten Kindern lassen sich durch Erfahrungswerte aus der Expertenbefragung von Friederike Heinzel ergänzen:

> „Positiv auf die Motivation der Kinder wirke sich aus, wenn sie […] als Experten ihrer Lebenswelt und Partner im Interview angesehen würden" (Heinzel, 2003, S. 406).

Den Aspekt des Zuhörens erweitern die befragten Experten in der Studie von Hein-zel zudem um die Wertungsfreiheit. Es wird angenommen, dass es eine positive Er-fahrung für Kinder darstellen kann, wenn Erwachsene ihnen bei Ihren Themen und Interessen zuhören, ohne zu werten (vgl. ebd.). Schließlich wird es von mehreren der befragten Experten als sinnvoll und vertrauensbildend erachtet, wenn die Kinder bereits vor dem Gespräch die Interviewerinnen und Interviewer kennenlernen kön-nen oder wenn mehrere Interviews mit den Kindern durchgeführt werden. Auch das spielerische Erkunden des technischen Equipments sollte ermöglicht werden (vgl. Heinzel, 2003, S. 407).

5.2.2.4.1 Metakommunikation

Bereits in den Erläuterungen zu Grenzen und Problematiken der Kindheitsforschung wurde auf die Notwendigkeit von Metakommunikation verwiesen (vgl. die Kap. 5.1.1.1 und 5.1.1.2). Auch in den Kommunikationsbedingungen kommt dem Sprechen über die Gesprächssituation ein zentraler Stellenwert zu. So wird davon ausgegangen, dass Kinder annehmen, sie müssten im Gespräch „richtige" Antworten geben. Daher ist eine Gesprächseinleitung unumgänglich, in welcher verdeutlicht wird, dass es im In-terview nicht um „richtige" oder „falsche" Antworten gehen wird (vgl. Heinzel, 2003, S. 407). Auch sollte die mögliche kindliche Erwartung ausgeschlossen werden, Er-wachsene wüssten Dinge sowieso schon, weil sie für Kinder selbstverständlich sind.

Heinzel empfiehlt, vor der eigentlichen Erhebungsphase Vortests mit besonders viel Metakommunikation durchzuführen. So könne ein kindgemäßes Fragevoka-bular entwickelt werden, indem die Kinder im Vortest um eigene Formulierungs-vorschläge für die Interviewfragen gebeten würden (vgl. ebd., S. 407). Als zentrale Voraussetzungen für Metakommunikation formuliert Delfos folgende Anhaltspunk-te, welche auch während des Interviewverlaufs von den Forschenden immer wieder reflektiert werden sollten:

Voraussetzungen für Metakommunikation
1. Das Gesprächsziel verdeutlichen
2. Das Kind über die eigenen Absichten informieren
3. Dem Kind zeigen, dass man Feedback braucht
4. Das Kind wissen lassen, dass es schweigen darf
5. Zu benennen versuchen, was man empfindet, und dem Gefühl Folge leisten
6. Das Kind dazu einladen, seine Meinung über das Gespräch zu äußern
7. Metakommunikation zu einem festen Bestandteil der Kommunikation machen

(Übersicht nach Delfos, 2004, S. 106)

Da besonders Vorschulkindern gesellschaftlich tradierte „Gesprächsregeln" nicht immer verständlich oder geläufig sein müssen, erscheint es wichtig, eine umfassende Metakommunikation zu betreiben. Es kann ansonsten zu einer angespannten Gesprächsatmosphäre führen, wenn Ziele und Absichten des fragenden Gesprächspartners nicht für beide Seiten klar sind (vgl. Delfos, 2004, S. 99; S. 101).

5.2.2.4.2 Gesprächstechniken

Delfos empfiehlt Interviewerinnen und Interviewern eine mentale Vorbereitung des Gesprächs, um mit „Wärme und Respekt" in die Interviewsituation eintreten zu können (vgl. Delfos, 2004, S. 128). Daneben sind selbstverständlich auch die Einrichtung des technischen Equipments sowie die eventuelle Vorbereitung des Interviewraumes vorzunehmen (vgl. ebd., S. 131).

Gerade in Interviews ist es wichtig, sich Zeit für die Begrüßung und das Ankommen im Raum zu nehmen, ohne schon auf die erste Interviewfrage „zu brennen". Sodann ist die Erläuterung des Gesprächsziels von Bedeutung und in der Startphase sollte, laut Delfos, auch noch einmal das Einverständnis zum Gespräch rückversichert werden (vgl. ebd., S. 135). Vor dem eigentlichen Gesprächsinhalt steht ebenfalls noch die Bitte an das Kind, alles zu erzählen, was es selbst denkt und fühlt, da man dies als Interviewerin oder Interviewer nicht wissen kann. Auch der Hinweis, dass es in diesem Zusammenhang keine „wahren" oder „falschen" Antworten geben kann, sollte in dieser Phase gegeben werden (vgl. ebd., S. 136–137).

> „Beim eigentlichen Gesprächsinhalt spielen Motivation, Spannungsbogen und Warmherzigkeit eine wichtige Rolle" (Delfos, 2004, S. 145).

Strukturell bedeutet dies, dass ein Festhalten an einer bestimmten Reihenfolge von Fragen oder ein grundsätzliches „Abarbeiten" aller im Leitfaden verzeichneten Fragen die Interviewatmosphäre negativ beeinflussen kann. Interviews mit Kindern erfordern von Seiten der Forschenden somit ein hohes Maß an Flexibilität und Spontaneität. Der Pädagoge Thomas Trautmann empfiehlt in diesem Zusammenhang, Kinder ihre eigenen Schwerpunkte im Interview „freilegen" zu lassen (vgl. Trautmann, 2010, S. 96).

Dies kann sich zu Ungunsten einer interviewübergreifenden Vergleichbarkeit der Antworten unter einem Leitfaden auswirken. Konkret bedeutet dies, dass die Standardisierungsgrade von Interviews mit Kindern in der Regel eher gering ausfallen. Diesbezüglich lässt sich festhalten:

> „In Interviews mit Kindern kann es nämlich nicht darum gehen, qualitativ gleiche oder ‚richtige‘ Antworten zu erhalten, sondern die Intention sollte sein, die Sicht von Kindern auf die sie betreffenden Dinge zu erkennen, um ihre Hoffnungen und Wünsche, Ansichten und Forderungen dokumentieren zu können" (Heinzel, 2003, S. 409).

Nach Beendigung des inhaltlichen Frageteils sollte das Gespräch eine Abrundung erhalten. Einerseits sind hier Lob oder – im Vorschulalter durchaus auch – Belohnungen zu nennen, andererseits sollte zumindest die Möglichkeit gegeben sein, dass die Kinder sich kurz austoben oder – nach schwierigen Gesprächen – emotional wieder zur Ruhe kommen können (vgl. Delfos, 2004, S. 149–150).

Martine F. Delfos gibt Interviewerinnen und Interviewern praxisbezogene Tipps für Fragetechniken in Interviews mit Kindern im Vorschulalter. Die wesentlichen Aspekte sind der folgenden Zusammenstellung zu entnehmen (nach Delfos, 2004, S. 154–166; S. 176–177).

- Offene und geschlossene Fragen abwechseln. Geschlossene Fragen nur zur Ergänzung offener Fragen nutzen, um nach Einzelheiten zu fragen.
- Keine suggestiven oder komplexen Fragen (z.B. Ketten-Fragen) stellen.
- Wie-Fragen anstelle von Warum-Fragen nutzen, d.h. Erlebnisse beschreiben statt begründen lassen.
- Kurze Sätze bilden.
- Wenn Sätze ergänzt werden, fragen ob die Ergänzung stimmt.
- Fragen auf unterschiedliche Weise wiederholen. Nicht zusammenfassend fragen.
- Erinnerungen an Ereignisse eher im räumlichen Sinn („Wo warst Du…? Wie sah das Zimmer aus?") als im zeitlichen Sinn („Wann war das?") erfragen.
- In Geschichten eher Familienmitglieder verwenden als Freunde. Zum Beispiel eher ein (imaginäres) Geschwisterkind als einen (imaginären) Freund.
- Spielen und Reden kombinieren.
- Viel Körpersprache verwenden (Mimik und Gestik verdeutlichen die eigene Haltung gegenüber dem Kind und der Situation).
- Gegenstände als Erzählanreiz nutzen.
- Den Gesprächsverlauf dem Spannungsbogen des Kindes anpassen.

5.2.3 Anmerkungen zu Gütekriterien qualitativer (Interview-)Forschung

Es ist bereits als Konsens in der qualitativen Forschung zu verstehen, dass Gütekriterien quantitativer Forschung wie Validität, Reliabilität oder Objektivität nicht oder nicht ohne Modifikation auf qualitative Forschungsprozesse anzuwenden sind (vgl. z.B. Steinke, 2010, S. 319–320; Mayring, 2002, S. 140–148). Dennoch kann und soll qualitative Forschung nicht ohne Bewertungskriterien bestehen. Es wird jedoch darauf verwiesen, dass diese nur in Abhängigkeit von den gewählten Methoden (vgl. Mayring, 2002, S. 142) bzw. in Abhängigkeit vom Forschungsprofil (Kennzeichen, Ziele, wissenschaftstheoretische und methodologische Ausgangspunkte; vgl. Steinke, 2010, S. 326–327) formuliert werden können.

Die von Steinke bzw. von Mayring übergreifend genannten Kriterien kommen je nach Forschungsmethode und -gegenstand in unterschiedlicher Gewichtung und Auswahl zum Tragen. Bei Mayring sind dies die „Verfahrensdokumentation", die „argumentative Interpretationsabsicherung", die „Regelgeleitetheit", die „Nähe zum Gegenstand (Gegenstandsangemessenheit)", die „kommunikative Validierung" und die „Triangulation" (vgl. Mayring, 2002, S. 144–148).

Steinke nennt als ein übergreifendes Kernkriterium die „intersubjektive Nachvollziehbarkeit". Diese kann erstens über die Dokumentation aller Forschungsschritte, zweitens über die Interpretation in Forschungsgruppen und drittens über die Anwendung kodifizierter Verfahren der Interpretation und/oder Theoriebildung gewährleistet werden (vgl. Steinke, 2010, S. 324–326). Was Mayring als argumentative Interpretationsabsicherung und Nähe zum Gegenstand bezeichnet, fasst Steinke unter die „Indikation des Forschungsprozesses", welche über die methodische Gegenstandsangemessenheit hinaus die grundsätzliche Frage nach der Angemessenheit des qualitativen Verfahrens an sich in Bezug auf die Forschungsfrage betrifft. Dies bezieht auch die Offenlegung von Samplingstrategien, Transkriptionsregeln, methodischen Entscheidungskriterien und Bewertungskriterien ein (vgl. ebd., S. 326–328).

Mit der „empirischen Verankerung" schließlich soll die Begründung der Forschungsergebnisse in den Daten verortet sein. Kodifizierte Verfahren zur Auswertung (z.B. Objektive Hermeneutik oder Grounded Theory Methodology) und hinreichende Textstellenbelege aus dem Datenmaterial gewährleisten die empirische Verankerung. Über die analytische Induktion kann eine Theorie generiert und zugleich permanent überprüft werden, da jeder negative Fallabgleich eine Umformulierung der Theorie nach sich zieht. Aus einer solchen Theorie können wiederum Prognosen formuliert und am Datenmaterial überprüft werden. Schließlich steht die kommunikative Validierung als Möglichkeit der Rückbindung von Interpretationen an die Untersuchten zur Verfügung, indem die Untersuchungsergebnisse den beobachteten oder interviewten Personen zur subjektiven Bewertung vorgelegt werden (vgl. ebd., S. 328–329).

Steinke stellt zudem die reflektierte Subjektivität in den Mittelpunkt. Sie fordert das methodische Nachdenken über die Rolle des Forschers bzw. der Forscherin im Forschungsprozess hinsichtlich der Selbstbeobachtung, der Analyse persönlicher Voraussetzungen und der Reflexion des Feldeinstiegs (vgl. ebd., S. 330–331).

Die zumeist geringen Standardisierungsgrade und die explizite Notwendigkeit der empathischen Aktion von Interviewerinnen und Interviewern in Kinderinterviews sind als spezifische Herausforderungen in Bezug auf die hier dargestellten Gütekriterien zu verstehen. Es wird daher im angefügten Fazit der Umgang mit den weiter oben erläuterten methodenrelevanten Herausforderungen und Grenzen dargelegt. Zudem erfolgt im folgenden Kapitel (Kap. 6) der Versuch einer detaillierten und begründeten Offenlegung aller Elemente der Studie zu kindlichen Bedeutungszuweisungen in der Musikalischen Früherziehung. Handlungsleitend ist dabei die Intention, intersubjektive Nachvollziehbarkeit zu ermöglichen und insbesondere die Aspekte der reflektierten Subjektivität herauszustellen. Aus diesem Grund werden die Ausführungen zum Forschungsdesign, zu Begründungen und Entscheidungen im Forschungsprozess hier – wie es bereits in einigen der o.g. Kommentare anklingt – in der ersten Person formuliert, da ich als Autorin zugleich für die Konzeption des Designs, die Durchführung der Interviews, die Auswertung und Interpretation der Studie verantwortlich bin.

5.3   Fazit

Die dargelegten Herausforderungen, Bedingungen und Möglichkeiten qualitativer Interviewforschung mit Kindern haben auch für die vorliegende Studie ihre Relevanz. Anstelle einer Zusammenfassung sollen die einzelnen Aspekte daher jeweils mit einem kurzen Kommentar zur Anlage und Methodik meines Forschungsprojekts beantwortet werden.

Methodenrelevante Problematiken

Wahrheitsgehalt und Verlässlichkeit: Die vorliegende Studie untersucht subjektive Sichtweisen fünf- bis sechsjähriger Kinder. Dabei kann es kein „wahr" oder „falsch" geben. Welche Bedeutungen kommuniziert werden und welche Bedeutsamkeiten damit verknüpft sind, kann jedes Kind nur für sich selbst wissen. Um dabei die vermutete Anpassung an die Meinung des Gegenübers zu umgehen, werden hier Suggestivfragen vermieden. Erzählanreize und Konzentrationshilfen werden durch ein spielbezogenes Interviewdesign ermöglicht, welches Raum für Zeigehandlungen bietet.

Erziehungssituation: Mit der Einstiegsfrage mache ich den Kindern deutlich, dass ich als Erwachsene nicht wissen kann, was ein Kind über Musik und Musikunterricht denkt. Daher muss ich nachfragen und bin interessiert an allen Ideen und Meinungen. Die Kinder erfahren, dass es keine „richtigen" oder „falschen" Antworten gibt, sondern dass mich alles interessiert, was sie mir sagen möchten. Dies verweist bereits auf den wichtigen Anteil der Metakommunikation in allen Interviews, aufgrund derer ich den Kindern mein Interesse und meine Würdigung ihrer Sichtweisen zeigen möchte. Ich stelle mich als empathische Gesprächspartnerin zur Verfügung, nicht als Beobachterin von außen. Notizen, welche ich nach Ablauf der Interviews sowie im

Laufe der Auswertung erstelle, ermöglichen mir eine Dokumentation der Eindrücke über mich selbst in der Interviewsituation.

Kindheitsbilder: Ein hier explizit zugrunde liegendes Kindheitsbild betrifft die Annahme, Kinder als Experten ihrer selbst zu sehen. Dennoch kann ich nicht ausschließen, dass ich mit impliziten Kindheitsbildern operiere, welche meine Interviewführung und Datenauswertung beeinflussen. Um diese aufzuspüren, nehme ich jene Momente als Indiz, die mich überraschen. Eine Überraschung stellt eine Inkongruenz mit einer Erwartung dar, insofern sehe ich in überraschenden Situationen besonders interessante Anknüpfungspunkte für die Überprüfung meiner Vorannahmen sowie als Ausgangspunkt für Interpretationen.

Interviewformen

Von den dargestellten Interviewformen bieten sich – bezogen auf die Zielgruppe der Vorschulkinder – insbesondere situationsnahe und symbolische Interviews zur Erforschung kindlicher musikbezogener Bedeutungszuweisungen an. Gegebenenfalls können darin auch Erwartungen der Kinder an zukünftige Situationen zum Ausdruck kommen. Eine spezielle zukünftige Situation (wie z.B. der Eintritt in einen Instrumentalunterricht) ist jedoch nicht Gegenstand der Untersuchung. Vielmehr wird anhand eines Modellraums mit Gegenständen aus der Musikalischen Früherziehung ein Spiel- und Erzählanreiz gegeben, welcher die Möglichkeit für Zeigehandlungen bietet. Somit kann im Kontext eines symbolisch verorteten Interviewdesigns situationsnah agiert werden. Sequenz-Interviews und Lebensweltliche Interviews werden hier ausgeschlossen, da es um eine reichhaltige aber unsystematische Sammlung von Ideen, Wünschen, Bedürfnissen oder Erwartungen gehen soll. Handlungsstränge aus dem Alltag können dabei zwar eine Rolle spielen, werden aber nicht systematisch erfragt. Biographische Interviews schließlich scheiden aufgrund der notwendigen (chronologischen) Erzählkompetenz aus, welche eher im Jugendalter vorausgesetzt werden kann.

Gesprächsführung

Ort: Die Interviews vorliegender Studie finden jeweils in der Musikschule bzw. im Kindergarten statt. Dies ist ein bekannter Ort, allerdings kann das Interview selbst in einem bisher unbekannten Zimmer durchgeführt werden. Daher erhalten die Kinder Gelegenheit, sich zunächst im Raum umzusehen und sich in Ruhe zu setzen. Der aufgebaute Modellraum beeinflusst die Platzwahl, kann aber auch innerhalb des Raumes noch bewegt werden.

Zeitmanagement: Die Interviews richten sich nach der Konzentrationskurve der beteiligten Kinder. Damit jedoch während einer MFE-Stunde mehrere Interviews stattfinden können, wird ein Maximalzeitraum von ca. 45 Minuten angestrebt.

Umgang mit Eltern: Die Interviews finden parallel zur regulären MFE-Stunde statt, daher sind die Eltern ohnehin nicht dabei. Sie erhalten vorab einen kurzen Fragebogen rund um die musikalischen Aktivitäten ihres Kindes.

Kommunikationsbedingungen: Die Kinder lernen mich und auch den Modellraum mit allen Materialien in einer Vorbereitungsstunde kennen. Auch das technische Equipment kann vor oder während des Interviews von den Kindern erforscht werden. Als Interviewerin folge ich den oben dargestellten Empfehlungen zur Gesprächsführung. Vertrauensbildend ist schließlich auch die Tatsache, dass jeweils zwei Kinder gleichzeitig interviewt werden.

Metakommunikation: Metakommunikation ist ein fester Bestandteil der Interviews. Sie bezieht sich auf die Ziele des Gesprächs, aber auch auf Vorkommnisse währenddessen. So erläutere ich beispielsweise, warum ich eine bestimmte Frage stelle oder etwas noch nicht verstanden habe. Zudem beinhaltet das Studiendesign Vortests, welche u.a. dazu dienen, bestimmte Fragen und Kommunikationsmöglichkeiten zu erproben.

Gesprächstechniken: Bereits auf dem Weg zum Interviewraum unterhalte ich mich mit den Kindern, so dass wir uns gemeinsam auf die bevorstehende Situation einstimmen können. Der Leitfaden ist relativ kurz und offen gehalten, da es um die Schwerpunktsetzungen der Kinder gehen soll. Lediglich Phasenübergänge, Nachfragen zur detaillierteren Erläuterung oder zur Interviewsituation selbst sind als Anhaltspunkte im Leitfaden verzeichnet. Zudem ist die Einstiegsfrage dort hinterlegt, um jeweils einen ähnlichen Start in die Interviews vornehmen zu können. Zum Abschluss bringe ich die Kinder wieder zurück zum Früherziehungsraum und wir können uns gemeinsam z.B. über das Erlebte austauschen.

Umgang mit den Gütekriterien qualitativer Forschung

Ich strebe eine möglichst detaillierte intersubjektive Nachvollziehbarkeit über die Dokumentation der einzelnen Forschungsschritte an. Dies beinhaltet die Offenlegung von methodischen Entscheidungskriterien, Samplingstrategien, Transkriptionsregeln und eigenen Bewertungskriterien im sechsten Kapitel.

Die Interviews werden auf Video aufgezeichnet und transkribiert. Zwar nicht über das komplette Datenmaterial hinweg, jedoch im Verlauf des gesamten Forschungsprojektes nutze ich die Möglichkeit der Interpretation durch Dritte im Rahmen eines Methodenseminars zu qualitativer Forschung. Zur Auswertung orientiere ich mich an der strukturierenden qualitativen Inhaltsanalyse nach Philipp Mayring (vgl. z.B. Mayring, 2008), welche ich jedoch im Sinne der Gegenstandsangemessenheit in Teilbereichen modifiziere (vgl. dazu die Erläuterungen in Kap. 6.3.3.2 und 6.3.3.3). Jede neu hinzugefügte, induktiv erstellte Kategorie erfordert die Überprüfung aller vorher ausgewerteten Texte. Ausführliche Textstellenbelege aus den Interviews unterstützen die „empirische Verankerung" meiner Interpretationen und die Aufgliederung in einen kategoriebezogenen sowie einen kategorieübergreifenden Auswertungsschritt ermöglicht unterschiedliche Perspektiven auf das Datenmaterial. Da meine Interviewpartnerinnen und -partner Vorschulkinder waren, verzichte ich bewusst auf die kommunikative Validierung der Daten. Das Vorlegen der schriftlichen Interpretationen käme ohnehin nicht in Frage, aber auch die nachträgliche verbale Reflexion der Interviewsituation oder der daraus gezogenen Interpretationen wäre den Kommunikationsmöglichkeiten mit der gewählten Zielgruppe nicht angemessen.

6 Die qualitative Untersuchung: Grundlagen und Methodik

Die qualitativen Kinderinterviews meiner empirischen Studie sind der Frage nach kindlichen Bedeutungszuweisungen an Musik und insbesondere an die Musikalische Früherziehung gewidmet. Vergleichbare Studien liegen bisher nicht vor. Die Orientierung an Untersuchungen wie sie im vierten Kapitel bereits dargelegt wurden, ist in einzelnen Aspekten zwar möglich, insgesamt erfordert die Forschungsfrage jedoch ein spezifisches Forschungsdesign. Dies soll im Folgenden erläutert werden.

6.1 Forschungsfrage

Die Forschungsfrage, welche der Untersuchung zugrunde liegt, lautet:

> Welche Wünsche, Bedürfnisse, Werthaltungen, Erwartungen und Ideen haben Kinder aus dem zweiten Jahr der Musikalischen Früherziehung in Bezug auf Musik und speziell in Bezug auf ihren MFE-Unterricht?

Diese Frage wird durch mein Interesse auch an nicht musikbezogenen Wünschen, Bedürfnissen, Erwartungen und Ideen der Kinder flankiert. Damit wird einerseits der oben dargestellten Besonderheit von Kinderinterviews Rechnung getragen, den Kindern individuelle Schwerpunktsetzungen zu ermöglichen. Andererseits deckt sich diese Herangehensweise auch mit einem für die qualitative Forschung relevanten Anspruch der Offenheit gegenüber dem Gegenstand im Prozess der Datenerhebung.

6.2 Forschungsdesign und -methodik

Das Forschungsdesign sieht Interviews mit jeweils zwei Kindern gleichzeitig vor, welche das zweite Jahr der Musikalischen Früherziehung in einer Musikschule oder Kindertagesstätte besuchen und somit bereits auf Erfahrungen mit diesem Fach zurückblicken können. Das Interview wird im Sinne eines Spiels anhand eines Raummodells „Musikalische Früherziehung" mit Spielfiguren und Bildkarten durchgeführt. So spielen die Kinder mit Spielfiguren und Bildkarten innerhalb eines kleinen Modellraums ihre Ideen durch und erläutern diese (vgl. ausführlich Kap. 6.2.2.6). Die Dokumentation erfolgt videographisch.

Da es in der Forschungsfrage um spezifische subjektive Sichtweisen und Ideen von Kindern geht, habe ich rein beobachtende Verfahren ausgeschlossen. Das Gespräch und die gezielte Möglichkeit der Nachfrage empfinde ich hier als passgenaueres Verfahren der Datenerhebung. Zwar hätten teilnehmende Beobachtungen im MFE-Unterricht die Sicht auf Unterrichtsstrukturen und enthaltene Beziehungsebenen lenken können, auch Nachfragen wären möglich gewesen, dennoch wäre dieser

Ansatz stark im jeweils *aktuell* beobachteten Unterricht verhaftet. Teilnehmende Beobachtungen des *freien* Agierens von Kindern mit Musik bzw. Musikinstrumenten hätten dagegen die Unterrichtsebene letztlich ganz ausgeblendet. Indem ich nun die „Face-to-Face"-Kommunikation im Interview als Datenerhebungsmethode gewählt habe, ist allerdings nicht zu verhindern, dass ich eine inszenierte Situation herstelle. So weist auch Trautmann darauf hin, dass „jegliche Interviewsituation stets eine ‚künstliche' ist" (Trautmann, 2010, S. 90). Folglich müssen die Inszenierungselemente identifiziert und reflektiert werden. Dazu dient das vorliegende Kapitel.

6.2.1 Interaktive Verfasstheit der Interviews

Die Beschreibung meines Forschungsdesigns für die Interviews verdeutlicht bereits, dass weder von einem nennenswerten Standardisierungsgrad noch von einer unbeeinflussten und damit „objektiven" Erhebungssituation ausgegangen werden kann. Spätestens in dem Moment, in welchem ich mich als empathische Gesprächspartnerin zur Verfügung stelle, ist eine gegenseitige Beeinflussung zwischen mir und den interviewten Kindern unvermeidlich. Es ist daher nicht mein Ziel (und kann es gar nicht sein), in den Interviews vorliegender Studie eine „kindliche Perspektive" ohne den Kontext der jeweils vorhandenen Interaktionen zu identifizieren. Im Sinne der „reflektierten Subjektivität", wie sie Ines Steinke empfiehlt (vgl. Steinke, 2010, S. 330), soll jedoch meine Rolle als Interviewerin im Auswertungsprozess kontinuierlich berücksichtigt und analysiert werden. Dies findet auf der Grundlage theoretischer Überlegungen zum „wahrnehmenden Beobachten" statt, welche der Erziehungswissenschaftler Gerd E. Schäfer vorgenommen hat. Diese sollen auf den Bereich der qualitativen Kinderinterviews angewandt und übertragen werden. Schäfer versteht beobachtende Forschung als interaktiven Prozess, welcher weder objektiv sein kann noch muss. Vielmehr will dieser Ansatz gerade die Alltagsinteraktion zwischen beobachtenden Personen und beobachteten Personen (hier: Kindern) zugleich als Forschungssetting nutzen (vgl. Schäfer, 2010, S. 74–75; S. 76–79). Dieses Vorgehen ist im ethnographischen Kontext angesiedelt, indem innerhalb von Alltagspraxen insbesondere das Verstehen dessen angestrebt wird, was fremdartig erscheint und somit eigene, „erwachsene" Denkmodelle „stört" (vgl. ebd., S. 69; S. 84).

Wesentliches Merkmal der Forschungspraxis ist die Herstellung „gemeinsam geteilter Erfahrungsgrundlagen", welche die Voraussetzung für eine gelingende Interaktion bilden. Dies bedeutet, dass sich Beobachtende und Kinder über ihre Erfahrungsgrundlagen austauschen müssen. Wollte eine Interviewerin oder ein Interviewer bewusst die eigene Sicht der Dinge aus dem Interview heraus halten, so entspräche dies keinem „natürlichen", also alltäglichen Interaktionsverhalten und würde somit irritierend auf das interviewte Kind wirken. Diese Irritation wäre nun ebenfalls eine Beeinflussung der Forschungssituation und wäre möglicherweise sogar im Auswertungsprozess schwerer nachzuvollziehen, als die in der Alltagspraxis verortete Interaktion zwischen Interviewerin bzw. Interviewer und Kind. Damit jedoch jene Nachvollziehbarkeit auch im Nachhinein noch gewährleistet sein kann, muss für die beobachtende Person im Erhebungs- und Auswertungsprozess immer die doppelte Perspektive auf den Beobachtungskontext und auf sich selbst existieren. Es ist also zeitgleich die Innen- und die Außenperspektive beim Beobachten zu berücksichtigen (vgl. Schäfer, 2010, S. 82–83). Schäfer unterscheidet diesbezüglich eine Erste-, Zweite- und Dritte-Person-Perspektive.

> „Die Erste-Person-Perspektive bezieht sich auf die Selbstwahrnehmung. Was nehme ich wahr, was empfinde und fühle ich" (Schäfer, 2010, S. 76).

Hier geht es, wie auch von Steinke empfohlen, um eine detaillierte Bewusstmachung aller Empfindungen (explizit sind alle Sinneskanäle – also auch Riechen und Schmecken – mit einzubeziehen sowie Emotionen). Darüber hinaus nimmt Schäfer einen „verlängerten Wahrnehmungsprozess" als relevant zu Klärung unklarer Deutungsmuster an. Das bedeutet, dass die beobachtende Person im Anschluss an die Erhebungssituation eigene diffuse oder unreflektierte Deutungen identifiziert und mit dem eigenen Deutungsrepertoire[56] aus alltäglichen und z.B. berufsbedingt spezialisierten Deutungsmustern noch einmal „durchspielt". Dies soll zu einem zunehmenden Abbau von Unklarheiten führen (vgl. ebd., S. 76).

> „[Die Zweite-Person-Perspektive] nimmt eine Erfahrung in den Blick, die von wenigstens zwei Menschen geteilt wird" (ebd., S. 77).

Schäfer argumentiert hier in Anlehnung an „Theory-of-Mind"-Ansätze wie sie auch in Kapitel 2.3.1.2 der vorliegenden Arbeit dargestellt werden. Das intersubjektive Verhandeln von Erfahrungen derselben Situation erfolgt auf subjektiven Annahmen darüber, wie der Interaktionspartner mit dieser Situation umgeht. Je nachdem wie die Interaktionspartner miteinander kommunizieren, können unterschiedliche Erfahrungen derselben Situation nachvollzogen werden. Schäfer verortet diesen Prozess bei Kindern ebenso wie bei Erwachsenen im Alltagshandeln und überträgt ihn von dort in die Beobachtungssituation (vgl. ebd.). In der Zweite-Person-Perspektive ist die Herstellung von gemeinsam geteilten Erfahrungsgrundlagen möglich und aus ihr heraus findet teilnehmende Beobachtung statt.

> „[Die Dritte-Person-Perspektive] ist die Perspektive, die sich auf die Materialität der Welt bezieht, die Position eines Beobachters von außen. Aber auch dieser kann nur etwas beobachten, wenn er in der Welt operiert." (ebd.).

Auch hier erteilt Schäfer einer „Objektivität" im Beobachtungsprozess eine Absage, berücksichtigt jedoch eine andere Art von Distanz, als dies in der Zweite-Person-Perspektive möglich wäre. Über die Dritte-Person-Perspektive können „Antworten, die etwas über die Struktur dieser materiellen Dimension der Wirklichkeit aussagen"

---

56 Schäfer nutzt nicht den Begriff der „Bedeutsamkeit", dennoch scheint der kontextuelle Aspekt von Bedeutungszuweisungen zentral zu stehen.

(ebd.) gefunden werden. Somit ist die Ebene übergeordneter Theorien erreicht, welche den Bereich der „Theory of Mind" überschreiten.

Die drei Perspektiven sind nach Schäfer nicht ineinander überführbar, sondern existieren kategorial getrennt (vgl. ebd., S. 78). Schäfers Auffassung zufolge ist ethnographische Bildungsforschung der Versuch, die Erste-Person-Perspektive aus der Zweite-Person-Perspektive zu verstehen (vgl. ebd., S. 79). Mit Blick auf die „reflektierte Subjektivität" wäre hinzuzufügen, dass sie zugleich auch der Versuch ist, die Erste-Person-Perspektive aus der Erste-Person-Perspektive zu verstehen. Damit geraten zwei Erste-Person-Perspektiven in den Blick, nämlich die des Gegenübers und die eigene. Die eigene dient jedoch dem Verständnis der „fremden" Perspektive, also dem Nachvollzug subjektiver Sichtweisen und Deutungsmuster. Dies gibt etwas ausführlicher wieder, was auch Steinke für die Interviewforschung mit der reflektierten Subjektivität fordert.

Schäfer stellt als „Handwerkszeug" für wahrnehmendes Beobachten die „dichte Wahrnehmung" und die „weite Aufmerksamkeit" zur Verfügung. Dichte Wahrnehmung ist die konkrete Handlung, welche aus der Verknüpfung von Innen- und Außenperspektive beim Beobachten entsteht (Schäfer, 2010, S. 82–83). Sie benötigt Zeit bzw. die „Verlangsamung" des Wahrnehmungsprozesses, daher sind technische Hilfsmittel sinnvoll, die den Beobachtungsprozess wiederholbar machen. Dichte Wahrnehmung kann auch zu ungeklärten, zuvor ausgeblendeten Wahrnehmungen führen, deren Klärung nicht sofort erfolgen kann. Zum Forschungsprozess gehört jedoch auch das „Aushalten" solch ungeklärter Eindrücke, bis sich – im weiteren Wahrnehmungsprozess – neue Erklärungsmuster finden lassen.

Förderlich ist dabei die deutliche Trennung von Wahrnehmung und Deutung. Mit Blick auf die Erläuterungen zum Bedeutungszuweisungsprozess (vgl. Kap. 2.1.1.2) leuchtet es ein, dass eine explizite und bewusste Trennung von Wahrnehmung und Deutung allerdings keine aus dem Alltagshandeln trainierte Verhaltensweise ist und daher geübt werden muss. Beobachtungsbögen, welche getrennte Spalten für Wahrnehmungs- und Deutungsinhalte aufweisen, sind hier hilfreich. Bei der Interviewauswertung können Memos die Funktion der Deutungsnotiz übernehmen, während die induktive Kodierung zunächst auf die reine Beobachtung beschränkt bleiben kann.

Weite Aufmerksamkeit ist eine spezielle Art des Beobachtens, die bewusst (z.B. in rotierender Aufmerksamkeit bei wiederholter Betrachtung der gleichen Situation) möglichst viele Details der Situation erfassen soll. Sie ist somit letztlich ebenfalls eine Handlungsform dichter Wahrnehmung, die „ein ständiges Dazulernen" (Schäfer, 2010, S. 85) ermöglichen soll, da neue Aspekte, die unerwartet wirken oder außerhalb der Fragestellung zu liegen scheinen, ebenfalls berücksichtigt werden sollen. Weite Aufmerksamkeit soll helfen, Beobachtungsfehler wie z.B. Primacy-Recency-Effekte, Tendenz-zur-Mitte-Effekte oder Projektionen zu vermeiden (vgl. zu möglichen Beobachtungsfehlern z.B. Bensel & Haug-Schnabel, 2005, S. 17; eine Übersicht zu Beobachtungsfehlern steht in Kap. 8.4.1.1 zur Verfügung).

Während sich diese reflexiven Mittel der Beobachtung vor allem auf die Erste-Person-Perspektive von Beobachterinnen und Beobachtern beziehen, ist ergänzend für den Kontext der Interviews noch einmal auf die reflexive Ebene der Zweite-Person-Perspektive zu verweisen, nämlich auf die Nutzung der Metakommunikation im Interview. Indem Schäfer den Forschungsprozess insbesondere auf die Erste- und Zweite-Person-Perspektive bezieht, zeichnet er zugleich einen Zugangsweg zu den Daten auf. Dieser entwickelt sich vom Beobachten zunächst zum „Geschichten erzählen", bevor möglicherweise auch eine übergreifende Theorie generiert werden kann. Geschichten sind kontextabhängig verfasst, während eine Theorie kontextunabhängig ist (vgl. Schäfer, 2010, S 86–88). Eine gewisse Nähe zur Idee der gegenstandsbezogenen Theorie in der Grounded Theory Methodology (vgl. z.B. Glaser & Strauss, 1967/1998; Strauss & Corbin, 1998) lässt sich hier nicht leugnen, auch wenn Schäfer keinen diesbezüglichen Verweis vornimmt. Die Funktion von Geschichten, welche als „Theorien im Übergang" verstehbar wären, sieht Schäfer im Praxisbezug:

> „Praxis repräsentiert sich in Geschichten, Theorie ordnet diese Geschichtenerfahrungen mit Hilfe wissenschaftlicher Modelle. Nur so werden sie zu Theorien einer Praxis und stülpen nicht Theorie der Praxis über." (Schäfer, 2010, S. 88).

6.2.2 Entwicklung des Interviewdesigns

6.2.2.1 Interviewstruktur und Zielgruppe

Da bisher keine vergleichbaren Untersuchungen vorliegen, entschied ich mich für die Durchführung einer Vortest-Phase, um mit den Möglichkeiten der geplanten Interview-Form und den dazu benötigten Materialien zu experimentieren und um das Design den kindlichen Bedürfnissen anpassen zu können.

Im Rahmen der Vortests führte ich vier Einzelinterviews mit Kindern aus dem ersten Jahr der MFE sowie zwei Einzelinterviews mit Kindern aus dem zweiten Jahr der MFE. Diese sechs Kinder lernten den Modellraum und seine „Spielregeln" nur im Interview kennen, diese Interviews dauerten jeweils ca. 20 Minuten. Es stellte sich jedoch heraus, dass sich die Kinder trotz der Spielsituation im Interview eher schüchtern verhielten und die vertrauensbildenden Maßnahmen so viel Zeit in Anspruch nahmen, dass zum Zeitpunkt einer entspannten Erzählatmosphäre die Konzentrationsfähigkeit der Kinder bereits nachließ. Bezüglich der Verbalisierungsfähigkeit sowie der umfangreicheren Erfahrung mit dem MFE-Unterricht im Allgemeinen, erwies es sich bereits an dieser Stelle als effektiver, ausschließlich Kinder aus dem zweiten Jahr der MFE zu befragen.

Nach der ersten Vortest-Phase entwarf ich eine mehrgliedrige Struktur und testete die Möglichkeit von Interviews mit jeweils zwei Kindern gleichzeitig. Zunächst besuchte ich zwei MFE-Gruppen im normalen Unterricht, stellte das Modell vor und erprobte mit den Kindern die Übertragung real durchgeführter Unterrichtsaktionen in den Modellraum und umgekehrt. Abschließend wurden die Kinder über die in der nächsten Woche stattfindenden Interviews informiert und gebeten, über Wünsche für den Unterricht nachzudenken, die sie als „Bestimmer" gerne ausführen würden. In der folgenden Woche fanden Doppelinterviews mit jeweils zwei Kindern parallel zur Unterrichtszeit statt. Es zeigte sich, dass die Vorbereitungsstunde sowie die Tatsache, nicht alleine interviewt zu werden, sich ausgesprochen positiv auf die Interviewatmosphäre auswirkten. Die Erzähl- und Spieldynamik profitierte davon, dass die Kinder die Spielregeln bereits kannten und dass sie sich gegenseitig Anregungen geben konnten. Ebenso war es von Vorteil, dass die Kinder untereinander agieren konnten und so nicht durchgängig auf mich fokussiert waren. Die Doppelinterviews dauerten jeweils ca. 45 Minuten, ein Konzentrationsabfall gegen Ende war nicht erkennbar. Ein ebenfalls auf der Grundlage des mehrgliedrigen Designs durchgeführtes weiteres Einzelinterview bestätigte zudem den Vorteil der Doppelinterviews. Zwar waren die Spielregeln bekannt und das Gespräch musste ebenfalls nicht aufgrund einer abfallenden Konzentrationskurve beendet werden (Dauer ca. 40 Minuten), dennoch war die Gesprächsatmosphäre weniger entspannt, die Erzählanteile fielen kürzer aus und die Spielhandlungen im Modell waren weniger elaboriert.

Nach dem Abschluss der Vortests erfolgte die endgültige Festlegung auf die Zielgruppe fünf- bis sechsjähriger Kinder, welche eine Musikalische Früherziehung im zweiten Jahr besuchen, sowie auf die Struktur von Doppelinterviews. Die Wahl der Interviewpartner war dabei den Kindern überlassen und es wurde bewusst die Möglichkeit genutzt, Freundinnen bzw. Freunde gemeinsam zu interviewen. Auch dies unterstützte die positive Interviewatmosphäre.

6.2.2.2 Sample

Die Grundlage des Samplings konnte ich bereits über die o. g. Entscheidungen aus den Vortests legen. So wurden nur Kinder aus dem zweiten Jahr der MFE einbezogen, welche während der Vorbereitungsstunde anwesend waren. Als weiteres Kriterium galt mir eine möglichst große Vielfalt an Fällen bei gleichzeitig deutlichem Bezug auf das Fach MFE. Demzufolge wurden MFE-Gruppen an der Musikschule und an der Kindertagesstätte einbezogen. Allerdings sollte auch für die Kita-Gruppen gelten, dass diese im engeren Sinne der MFE als regelmäßigem, wöchentlichem Angebot zuzurechnen waren und von einer ausgebildeten Fachkraft durchgeführt wurden. Zudem war mir für das Sampling der Gruppen ein breites Spektrum in den Ausbildungshintergründen der Lehrkräfte wichtig. So sollte die Vielfalt des Faches MFE, welche nicht zuletzt auf den sehr unterschiedlichen Lehrpersönlichkeiten und Ausbildungshintergründen seiner Vertreterinnen und Vertreter beruht, im Sample abgebildet sein. Dies sollte verhindern, dass ich möglicherweise nur mit ähnlichen unterrichtsbezogenen Vorerfahrungen der Kinder konfrontiert würde. Das Aufspüren kausaler Zusammenhänge zwischen dem Ausbildungshintergrund der Lehrkraft und den Ergebnissen der Kinderbefragung ist dagegen explizit nicht das Ziel der

Untersuchung. Es waren Lehrkräfte mit folgenden Ausbildungshintergründen vertreten:

- Lehrkraft I: Künstlerische Ausbildung in einem lateinamerikanischen Land, Instrumentalpädagogik und Allgemeine Musikerziehung, Studium in den 2000er Jahren bei Prof. Dr. Meyer
- Lehrkraft II: Allgemeine Musikerziehung, Studium Ende der 1990er Jahre bei Prof. Zarius
- Lehrkraft III: Rhythmik, Studium in den 1990er Jahren bei Prof. Steinmann, Prof. Ring
- Lehrkraft IV: Allgemeine Musikerziehung und Instrumentalpädagogik, Studium in den 1990er Jahren bei Prof. Lützen, Prof. Klöcker
- Lehrkraft V: Studium Musikwissenschaft im Nahen Osten in den 1980er Jahren, Fortbildungen für Musik- und Bewegungspädagogik (Akademie Remscheid) in den 2000er Jahren
- Lehrkraft VI: Erzieherin/Grundschullehrerin – MFE-Lehrkraft der „ersten Generation" (ab 1969) mit einem eigenen Konzept

Im Sample wurden leider keine Lehrkräfte abgebildet, welche am Orff-Institut oder im süddeutschen Raum studiert haben. Auch waren keine Vertreterinnen oder Vertreter der Musikalischen Elementarerziehung oder aus ost- bzw. norddeutschen Musikschulen einbezogen. Dies war mit der regionalen Begrenzung auf das Rheinland verbunden. Da das Samplingkriterium jedoch lediglich „Vielfalt", nicht jedoch vollständige Abbildung aller zentralen Ausbildungshintergründe sein sollte, wurde diese Begrenzung in Kauf genommen.

Da Vielfalt *in diesem Sinne* (also institutionell und bezüglich der Ausbildungshintergründe) nicht monokausal auf die beteiligten Kinder in den Interviews übertragbar wäre, wurde kein theoretisches Sampling verfolgt, bei welchem die Fallauswahl sukzessive nach jedem Interview durch Kontrastierungen bis hin zu einer Sättigung der Fälle durchgeführt worden wäre (vgl. zum theoretischen Sampling Glaser & Strauss, 1967/1998, S. 53–84). Die Auswahlstrategie sah vielmehr vor, möglichst unterschiedlich ausgebildete Lehrkräfte anzufragen, dann aber innerhalb der MFE-Gruppen keine Vorauswahl der Kinder zu treffen, um die Freiwilligkeit der Teilnahme zu gewährleisten.

Es wurden insgesamt sechzehn Doppel-Interviews geführt. Beteiligt waren neun MFE-Gruppen von sechs Lehrkräften. Zwei Gruppen fanden als Musikalische Früherziehung in der Kindertagesstätte statt (daraus: drei Interviews), alle anderen wurden an der Musikschule angeboten (daraus: dreizehn Interviews).

Eine Musikschulgruppe erhielt 90 Minuten Unterricht in der Woche (daraus: drei Interviews), sechs Musikschulgruppen erhielten 60 Minuten Unterricht (daraus: zehn Interviews) und die zwei MFE-Gruppen in der Kindertagesstätte erhielten wöchentlich 45 Minuten Unterricht (daraus: drei Interviews).

In der Studie wurden fünfzehn Mädchen und siebzehn Jungen befragt. Fünfmal bestand die interviewte Zweiergruppe aus zwei Mädchen, sechsmal aus zwei Jungen und fünfmal waren je ein Junge und ein Mädchen beteiligt.

Von den sechzehn geführten Interviews konnten zwei nicht in die Auswertung übernommen werden. Diese beiden Interviews stammten aus dem Kontext Musikschule und waren jeweils mit einer Mädchen-Jungen-Zweiergruppe geführt worden. Bei dem ersten dieser Interviews erfolgte der Ausschluss, da die samplingrelevante Zielgruppe nicht erfüllt wurde: Hier waren zwei Kinder erst seit wenigen Stunden neu in der MFE-Gruppe. Zudem waren sie noch im Alter für die MFE I, sollten jedoch, da sie die Lehrerin schon kannten, nun übergangsweise an der MFE II teilnehmen. Da andere Kinder in dieser MFE-Gruppe bereits interviewt worden waren, äußerten auch die beiden genannten Kinder den Wunsch, im Interview mitmachen zu dürfen. Da das Eltern-Einverständnis vorlag, wurde entsprechend ein kurzes Interview durchgeführt, welches jedoch (in Bestätigung der Vortests mit MFE-I-Kindern) nicht zu längeren Redeanteilen führte.

Das andere genannte Interview musste aus technischen Gründen ausgeschlossen werden, da durch vorher nicht absehbare Nebengeräusche im Interviewraum und eine diesbezüglich unglückliche Platzierung der Kamera die Textverständlichkeit zu großen Teilen nicht gegeben war. Hinzu kam, dass sich insbesondere eines der beiden Kinder während des Interviews sehr viel im Raum bewegte, so dass auch durch die zusätzliche Audioaufnahme die Lücken im Interviewtranskript nicht aufgefüllt werden konnten.

Damit sind letztlich vierzehn Interviews mit folgendem Fall-Raster in die Untersuchung eingegangen (nummeriert nach der Reihenfolge der Erhebung):

Tabelle 2: Fall-Raster der Kinderinterviews

Interview	1	2	3	4	5	6	7	8	9	10	11	12	13	14
MS	■	■				■	■	■	■	■	■	■	■	■
Kita			■	■	■									
♀♀			■	■	■	■	■							
♂♂		■							■	■	■	■	■	
♀♂	■							■						■
45' MFE			■	■	■	■	■	■	■	■	■	■		
60' MFE	■	■												
90' MFE													■	■
Lehrkraft I	■	■												
Lehrkraft II			■	■	■	■	■							
Lehrkraft III								■						
Lehrkraft IV									■	■	■			
Lehrkraft V												■		
Lehrkraft VI													■	■

6.2.2.3 Form und Erzählanreiz

Das Interviewdesign bedient sich situationsnaher sowie symbolischer Formkriterien (vgl. dazu Kap. 5.2). Dies erscheint einerseits für das Alter der interviewten Kinder, andererseits auch für den Forschungskontext als sinnvoll. So regt ein mit Spielfiguren und Unterrichtsmaterialkärtchen eingerichtetes Raummodell zum Erzählen und Erläutern an, bietet gleichzeitig aber auch die Möglichkeit, gewünschte oder erinnerte Unterrichtssituationen im Spiel darzustellen. Im Sinne eines möglichst umfassenden

Abbildung 2:   Der Modellraum

Erkenntnisgewinns sollte es für die Kinder selbstverständlich ebenso möglich sein, Zeigehandlungen auch „außerhalb" des Modellraums mit dem eigenen Körper auszuführen.

Der Modellraum enthält typische Elemente eines Unterrichtsraums für Musikalische Früherziehung. Die Auswahl der Materialien und Instrumente im Raum erfolgte dabei anhand der Empfehlungen im Lehrplan Musikalische Früherziehung des VdM (VdM, 1994), ergänzt durch meine eigenen Erfahrungen mit der Ausstattung von Früherziehungsräumen. So sind dort ein Klavier (Foto), ein Tisch und Stühle sowie ein kleines Regal (Spielfiguren aus Holz), ein Teppich (Filz) und ein CD-Player (Foto) zu finden. Daneben sind dickere und dünnere Pappquadrate vorhanden, welche als Baumaterialien und Ähnliches dienen können. Schließlich stehen Brettspielfiguren aus Holz zur Verfügung. Zwei dieser Spielfiguren sind größer als die restlichen zwölf Figuren, farblich sind alle Spielfiguren gleich. Zur Wiedererkennung erhalten die Spielfiguren im Interview jeweils Namensschilder. Zudem steht ein Audioaufnahmegerät („H2-Zoom") im Modellraum, welches einerseits von den Kindern als Zeige- und Spielmaterial genutzt werden kann, zugleich aber auch dazu dient, eine zweite

Tonspur zur Absicherung in der Datenerhebung zu erstellen. Ein „Bestimmerschal" (roter Samt) zeigt an, wer jeweils gerade mit Vorschlägen und Ideenfindungen an der Reihe ist. Der Schal kann der jeweiligen Spielfigur umgebunden werden.

An der Rückwand des Raummodells befinden sich zwei „Schränke". In einem Schrank sind verschiedene Musikinstrumente zu finden, im anderen typische Unterrichtsmaterialien wie Seile, Reifen, Tücher und Bälle.

Auf der Schranktür des Instrumentenschrankes sind Bilder aller vorhandenen Instrumente zu finden, auf der Schranktür des Materialschrankes gilt Entsprechendes für die Materialien:

 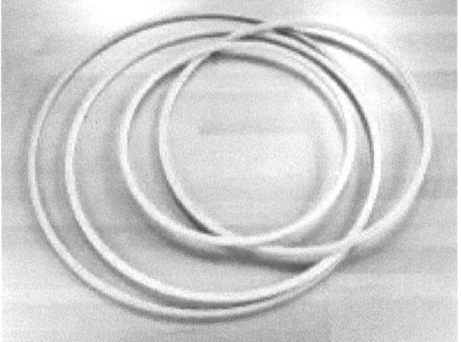

Abbildung 3:   Beispielbild Tamburin (vgl.   Abbildung 4:   Beispielbild Reifen (vgl.
               Vitrifolk, o.J.)   Erhard-Sport, 2012)

Instrumentenschrank: Becken, Cabassa, Blockflöten, Boomwhackers, Claves, Fingerzimbeln, Guiro, Handtrommeln, Glockenspiel, Stiel-Kastagnetten, Klangbausteine (Holz), Klangbausteine (Metall), Maracas, Glöckchen, Tamburin, Triangel, Woodblock, Röhrentrommel (Wood Tone Block), Xylophon.

Materialschrank: Gymnastikbälle, Luftballons, Papierbälle, Chiffon-Tücher, Holzreifen, Seile, Stifte, große Tücher und bunte Kleidung.

Für weitere Bildideen der Kinder stehen Blanko-Karten zur Verfügung, welche von mir im Verlauf des Gesprächs bemalt werden können. Die Blanko-Karten sind ebenso als Material für die Kinder nutzbar, z.B. wenn diese etwas malen oder zeichnen möchten.

Zudem enthält das Design optionale „Ideenkarten". Dies sind bildliche Darstellungen bestimmter musikbezogener Tätigkeiten oder Personen. Die Motive wurden assoziativ aus frei verfügbaren Bildern im Internet ausgewählt bzw. selbst erstellt. Die Ideenkarten dienen der zusätzlichen Anregung, falls der Gesprächsverlauf stagniert oder die Kinder um Hilfe oder Vorschläge bitten. Daher sind diese Karten für manche Interviews relevant, während sie in anderen nicht vorkommen. Die assoziativ zugeordneten Aktionen, welche im Folgenden aufgelistet sind, wurden von manchen Kindern auch mit anderen oder weiteren Assoziationen belegt.

Abbildung 5:   Beispielbild Hören (eigene Darstellung)

Abbildung 6:   Beispielbild Singen (vgl. Musikmobil-Würzburg, 2012)

Ideenkarten:

- Orchester-, Band- und Orffinstrumente (drei Karten: 1. Orchesterinstrumente, 2. Klavier, Gitarre, Blockflöte, Handtrommel, Orff-Xylophon, 3. Violoncello, E-Gitarre, Saxophon, Klarinette, Euphonium, Horn, Posaune, Querflöte, Woodblock, Claves, Handtrommel)
- Dirigent (mit Taktstock, Pult und Podest)
- Instrumente spielen (Kinder mit Rasseln und Claves in den Händen)
- Tanzen (zwei tanzende Menschen)
- Bewegung und Musik (springendes Strichmännchen mit fliegenden Noten)
- Singen (Menschen mit geöffneten Mündern)
- Singen (Mund mit Noten)
- Hören (Ohr mit Noten)
- Sprechen (Mund mit Buchstaben)
- Theater (Bühne mit halb geöffnetem Vorhang)
- Noten schreiben (Noten und eine Hand mit Stift)
- Graphische Notation (Ablauf von Punkten und Strichen)
- Unspezifisch (geschwungene Notenlinien und Kinder, welche stehen, sitzen, liegen, singen/sprechen, sich bewegen)

6.2.2.4 Begründung des Raummodells und der Materialien

Die Entscheidung für die Nutzung eines Modellraums „Musikalische Früherziehung" fiel aus Gründen der Vergleichbarkeit zwischen den einzelnen Interviews. So kann gewährleistet werden, dass der zugrunde liegende Erzählanreiz sowie das Material, welches im Interview zur Verfügung steht, für alle Kinder in allen Interviews gleich sind. Damit nimmt der Modellraum gewissermaßen die Funktion ein, welche in ähnlicher Weise sonst ein Leitfaden erfüllen würde.

Zudem stehen logistische Gründe hinter der Verwendung des zusammenklappbaren und transportablen Raummodells, denn es ermöglicht eine hohe Mobilität und Unabhängigkeit bei der Wahl des Interviewortes. Ohne das Modell wäre es zwar möglich gewesen, die Interviews in einem echten Unterrichtsraum der Musikalischen Früherziehung mit allen dort vorhandenen Materialien durchzuführen, aber im Sinne der Vergleichbarkeit müssten dann alle Kinder in diesem Raum interviewt werden. Dann hätte die Notwendigkeit bestanden, gesonderte Termine für die Interviews zu vereinbaren. Da davon ausgegangen wurde, dass nur sehr wenige Eltern bereit wären, zusätzliche Wege und zusätzliche Zeit auf sich zu nehmen, wurde durch das Raummodell eine Möglichkeit geschaffen, die Interviews zeitgleich zum regulären MFE-Unterricht direkt an der Musikschule bzw. im Kindergarten durchführen zu können. So entstand der Vorteil, dass die Kinder in einer ihnen bekannten Institution interviewt werden konnten. Da sie auch das Raummodell vor der eigentlichen Befragung schon kennenlernen und erproben konnten, ließ sich auch in fremden Räumen auf diese Weise ein Stück Vertrautheit herstellen. Voraussetzung war somit nur, dass die jeweilige Musikschule oder Kindertagesstätte für die Zeit der Erhebung einen freien Raum zur Verfügung stellen konnte.

Die Entscheidung zur Arbeit mit Bildkarten fiel im Zusammenhang mit dem Entwurf des Modellraums und konnte seit dem Beginn der Vortests beibehalten werden.

Bei den Spielfiguren wurde aufgrund der Vortests eine Änderung vorgenommen. Ursprünglich standen verschiedenfarbige Spielfiguren zur Verfügung. Dies sollte einerseits der Wiedererkennung der eigenen Spielfigur und andererseits als Möglichkeit dienen, bestimmte Unterscheidungen vorzunehmen (z.B. um zu verdeutlichen, welches die Erwachsenen, die Mädchen, die Jungen, die eigenen Freundinnen und Freunde, Besucher, Geschwister o. Ä. sind). Es stellte sich jedoch heraus, dass die Kinder diese Unterscheidungen in den Vortests nicht anhand der Farben vornahmen. Vielmehr nutzten sie die verschiedenfarbigen Figuren gerne dazu, um z.B. bestimmte (geometrische) Muster mit den Figuren aufzubauen oder sich einen „Vorrat" aller verfügbaren Farben anzulegen. Da dies jedoch die Identifikation der Spielfiguren als handelnde „Personen" im Spiel bzw. Interview erschwerte, wurden die bunten Figuren durch einheitlich holzfarbene ersetzt. Lediglich eine Unterscheidungsmöglichkeit für Erwachsene und Kinder wurde bei den Figuren beibehalten (nun ausgedrückt durch die Größe der Holzfiguren), da die Kinder dies in den Vortests häufig einforderten. Manche Kinder wählten in den späteren Interviews jedoch auch gezielt die großen Spielfiguren, um sich selbst im Gegensatz zum Rest der Gruppe darstellen zu können.

6.2.2.5 Vorbereitung der Interviews

Den eigentlichen Interviews ging jeweils eine Vorbereitungsphase voraus. Nach der Herstellung des Kontakts zu den Lehrkräften, erhielten die Eltern aller Kinder der jeweiligen MFE-Gruppe einen Brief mit erläuternden Informationen zum

Forschungsprojekt sowie einen Fragebogen zu musikbezogenen Aktivitäten der Kinder. Dieser Bogen beinhaltete auch den Vordruck zur Einverständniserklärung der Eltern. Der Fragebogen diente der Erhebung begleitender Informationen zu den musikbezogenen Aktivitäten der Kinder, welche Eingang in die Kurzvorstellungen zu den Interviews finden sollten. Für die Auswertung selbst kommt ihm hingegen keine Relevanz zu, da es um die subjektiven Sichtweisen der Kinder geht und nicht um Faktenabfragen. Der Elternfragebogen wurde erst ab dem dritten Interview eingesetzt. Da er jedoch keine direkte Auswertungsrelevanz besitzt, wurden die beiden ersten Interviews dennoch in die Auswertung mit einbezogen. Der Elternbrief sowie der Fragebogen sind im Anhang zu finden.

Die Kennenlernstunde fand jeweils eine Woche vor dem Befragungstermin in der MFE-Unterrichtsstunde statt. Neben dem gegenseitigen Vertrauensaufbau hatte die Stunde das Ziel, den Kindern die „Spielregeln" des Raummodells vorzustellen und mehrfach den Abstraktionsweg der Übertragung realer Handlungen ins Modell und andersherum zu vollziehen.

Ich eröffnete die Stunde nach dem jeweils gruppeneigenen Begrüßungslied mit einer Bewegungs- und Mitspielaktion zum ersten Teil der Ouvertüre zur Oper „Die Entführung aus dem Serail" von Wolfgang Amadeus Mozart. Zu den Piano-Passagen wurde um einen abgeklebten Bereich herum geschlichen, in welchem Claves lagen. Jeweils zu den Forte-Passagen mit „türkischem Schlagwerk" wurde dann auf den Claves mitgespielt. Diese Aktion wurde daraufhin noch einmal durchgeführt, diesmal mit Spielfiguren im Raummodell. Jedes der Kinder bewegte eine Spielfigur. Statt der Instrumente wurde nun die Claves-Bildkarte in die Mitte gelegt und das Instrumentalspiel durch Klopfen der Spielfiguren auf die Karte simuliert. Diese sehr einfache Umsetzungsweise im Modell wählte ich aus, um die Ausführung möglichst vieler verschiedener Ideen zum Instrumentalspiel nicht zu detailliert „vorzubelasten".

Im Anschluss durften alle Kinder, welche dies wünschten, einmal „Bestimmerin" oder „Bestimmer" sein und eine Aktion vorschlagen, die im Modell gespielt sowie in der Realität ausgeführt wurde. Dazu konnten Instrumente und/oder Materialien aus den „Schränken" des Modells ausgewählt werden und – bei Bedarf – Aktionskarten für die Ideenfindung genutzt werden. Auf den beiden Schränken sind alle enthaltenen Gegenstände (Instrumente bzw. Unterrichtsmaterial) zur Auswahl abgebildet. Im Rahmen einer Bestimmerphase konnten mehrere Kärtchen ausgewählt werden. Die Ausführung der Ideen erfolgte erst im Modell und dann in der Realität oder umgekehrt. Das bestimmende Kind erhielt einen „Bestimmerschal" aus rotem Samt, desgleichen dessen Spielfigur. Dieser Schal war letztlich eher für die Umsetzung im Modell wichtig, damit die Spielfigur, welche gerade die bestimmende Rolle spielte, auch über längere Gesprächsphasen hinweg wiedererkennbar blieb.

6.2.2.6 Ablauf der Interviews

Die Interviews fanden parallel zum MFE-Unterricht der jeweiligen Gruppen statt und dauerten durchschnittlich ca. 35 Minuten (die genauen Zeitangaben sind bei der Übersicht über die Interviews verzeichnet, vgl. Kap. 7.2 sowie Anhang 2). Während einer Unterrichtsstunde konnten jeweils ein bis zwei Interviews durchgeführt werden. In Einzelfällen waren drei Interviews möglich. Dies entweder weil die Eltern mit der längeren Anwesenheit in der Musikschule einverstanden waren oder (in einem Fall) weil die Unterrichtsstunde regulär 90 Minuten dauerte.[57] Da ich aufgrund möglicher Beeinflussungen die Elternanwesenheit während der Interviews für nicht sinnvoll hielt, erwies sich die parallele Durchführung zum Unterricht zusätzlich als zweckmäßig, da somit die Eltern weder eingebunden noch anderweitig beschäftigt werden mussten.

Die Kinder wurden von mir im Unterrichtsraum abgeholt und zum Interviewraum begleitet. Bereits auf dem Weg zum Interviewraum kamen somit Gespräche in Gang, auf welche zum Teil in den Interviews Bezug genommen wurde. Der Ablauf der Interviews entsprach den „Spielregeln" der Vorbereitungsstunde, mit dem Unterschied, dass nun nur noch zwei Kinder, nicht aber die restliche Gruppe, anwesend waren und dass die Aktionen nur noch im Modell oder durch weitere körpersprachliche Zeigehandlungen durchgeführt wurden.

Im Sinne des Interviews und somit anders als in der Vorbereitungsstunde lag der Fokus nun vermehrt auf den Erläuterungen, Beschreibungen und allgemeinen Redeanteilen der beiden anwesenden Kinder. Da sich sehr unterschiedliche Gespräche zwischen mir und den Kindern entwickelten und die Kinder individuelle Schwerpunktsetzungen verfolgten, blieben letztlich nur einige Einstiegs- oder Nachfrageimpulse aus dem ursprünglich relativ ausführlichen Leitfaden bestehen.

6.2.2.6.1 Einstiegsfragen

Der Einstiegsfragen-Komplex enthält mehrere Aspekte, die jedoch nicht alle in einem Frageimpuls untergebracht werden, sondern während des Dialogs *sukzessiv* in der Einstiegsphase vorkommen.

> Ich möchte sehr gerne wissen, welche Ideen Kinder für den Musikunterricht haben. Die Ideen der Erwachsenen kenne ich ja, ich bin ja selbst erwachsen. Aber die Ideen der Kinder kenne ich noch nicht. Und die möchte ich gerne von euch erzählt bekommen. Was habt ihr für Ideen, was man mit Musik machen kann? Oder was macht ihr gerne im Musikunterricht? Oder was würdet ihr euch wünschen?

---

57 Eines dieser Interviews konnte jedoch aus o. g. Gründen (vgl. Kap. 6.2.2.2) nicht in die Auswertung übernommen werden.

6.2.2.6.2 Leitfaden-Fragmente

Die Leitfaden-Fragmente beinhalten jeweils den Bezug zum Unterricht der Musikalischen Früherziehung. Dieser wurde je nach den persönlichen Schwerpunktsetzungen der Kinder mehr oder weniger stark ausgeprägt verwendet bzw. je nach Gesprächsthema auch ausgelassen.

- Heute darfst du die Bestimmerin/der Bestimmer sein.
  - Wie soll der Musikunterricht beginnen?
  - Möchtest du etwas aus den Schränken benutzen? Instrumente? Andere Sachen?
  - Was soll damit passieren?
  - Kannst du mir das beschreiben?
- Im Unterricht wird ja auch immer mal was Neues gemacht. Deshalb räumen wir jetzt erstmal alles weg.
  - Was möchtest du jetzt machen im Musikunterricht?
  - Wie soll die Stunde enden? Wie verabschieden wir uns?
- Wie findest du das, wenn Kinder die Bestimmer sind?
  - Wärest du gerne immer/oft/manchmal Bestimmer?
  - Sollen andere Kinder auch mal Bestimmer sein? Oder immer du?
  - Darf es gleichzeitig mehrere Bestimmer geben? Wenn ja, wer darf alles Bestimmer sein? (Lehrerin/Lehrer, Freundin/Freund, du…)

Meine wesentliche Aufgabe im Interview war das interessierte Nachfragen, verbunden mit dem Wunsch nach genauen Beschreibungen der dargelegten Ideen. Ebenso galt es, die Gerechtigkeit bezüglich des regelmäßigen Wechsels der Bestimmerfunktion einzuhalten (sofern die Kinder dies einforderten). Schließlich war ich aktiv an der Ausführung der Vorschläge beteiligt, welche die Kinder im Laufe der Interviews machten. Während viele Ideen zu dritt oder in verteilten Rollen ausgeführt werden konnten, gab es teilweise auch spezielle Bitten an mich wie z.B., eine Musik vorzusingen oder zu pfeifen.

6.2.2.6.3 Kommunikationsstrategien

In den Interviews wurde dem oben beschriebenen Ansatz Gerd E. Schäfers gefolgt (vgl. Kap. 6.2.1), die Perspektiven zwischen mir und den Kindern so zu verhandeln, dass gemeinsam geteilte Erfahrungsgrundlagen entstehen bzw. genutzt werden können. Als Beispiel für die Herstellung gemeinsam geteilter Erfahrungsgrundlagen dient der folgende Interviewausschnitt:

Daria: Hää, was ist das denn für 'ne Gitarre? (zeigt auf ein Bild an der Schranktür).
Interviewerin: Was denn? Ach, du meinst das da? Das sind Kastagnetten. Die machen so (schnalzt und macht Spielbewegung,) wenn man die bewegt. Wie so spanische Tänzerinnen, was wolltest du sagen?
Alexandra: Wa, oder wie Pferde.

Interviewerin: Ja, wie Pferde! Genau. Das passt auch.
Alexandra: (schnalzt, Interviewerin macht mit).

Als eine ebenso zentrale Kommunikationsstrategie wendete ich häufig Metakommunikation an. Neben den Einstiegsfragen (s.o.), waren dafür auch Situationen wie die folgende typisch:

Jumbe: [Wir] wir proben, was wir wollen.
Interviewerin: Aha, was wollt ihr denn proben? Ich möcht's wissen.
Jumbe: (klatscht in die Hände) Wieso, du Neugiernase, wirst du seh'n, wenn wir auf der Bühne sind.
Interviewerin: Ja, aber das ist ja schade. Weil, dann tut doch mal so, als ob ihr schon auf der Bühne wärt (Jumbe klatscht in die Hände), weil, ich möcht doch das alles hier aufnehmen, damit ich die Ideen sammeln kann für alle, die nach euch Musikalische Früherziehung machen.
Robert: Oh, dann mach ich jetzt mal.

6.2.3 Videographische Dokumentation

Die Datenerhebung erfolgte mittels Videoaufnahmen der Interviews. Anhand der Videos können körpersprachliche und sprachliche Äußerungen der Kinder gleichermaßen berücksichtigt werden, zudem ist der Umgang mit Gegenständen nachvollziehbar und die verschiedenen Interaktionsebenen sind vertiefend analysierbar. Die Entscheidung für die videographische Erhebungsform erwies sich bereits in den Vortests aufgrund des hohen Anteils an körpersprachlicher Kommunikation der interviewten Kinder als vorteilhaft.

Allerdings generiert der Einsatz der Kamera auch einige spezielle Herausforderungen im Forschungsprozess. Es läuft also in der Entscheidung für oder gegen diese Erhebungsmethode letztlich auf das Abwägen von „Kosten" und „Nutzen" heraus.

Ein Vorteil der Videographie ist die Wiederholbarkeit audiovisuell wahrnehmbarer Vorgänge und die damit erreichbare Detailgenauigkeit der Beobachtung, welche in singulär durchgeführten „Live"-Beobachtungssituationen nicht gegeben wäre. Auch sind räumliche Anordnungen als Bedingungsfaktoren für Interaktionsstrukturen identifizierbar (z.B. in Bezug auf die spezifische Nutzung der vorgefundenen Raumstruktur durch die Akteure). Bildausschnitte, Vergrößerungen und Standbilder unterstützen das Erfassen von „Aktionen und Expressionen" (vgl. Nolda, 2007, S. 484–485). Schließlich kann durch die Nutzung des primären Videomaterials über den gesamten Auswertungsprozess hinweg die Transkriptionsarbeit teilweise vermieden werden, bzw. ist auch die parallele Verwendung der Primärdaten und ihrer Verschriftlichung sinnvoll.[58] Dies ermöglicht die Erfassung von Ausprägungen der Mimik und Gestik in Bezug auf das gesprochene Wort.

---

58 Dieses Argument ließe sich bezüglich der Sprachmelodie natürlich auch auf die Nutzung der Audio-Aufnahmen von Interviews übertragen.

Im Rahmen der Aufbereitung für den Auswertungsprozess sind nach Nolda drei Strukturierungsmöglichkeiten besonders geeignet für Daten aus videographischen Erhebungen: Die Segmentierungsanalyse, die Sequenzanalyse und die Konstellationsanalyse (vgl. Nolda, 2007, S. 483).

Eine *Segmentierung* in Sinnabschnitte (Videoclips) „trennt Phasen innerhalb eines längeren Interaktionszusammenhangs" (Nolda, 2007, S. 483). Somit können intuitiv erschlossene Beobachtungen innerhalb eines Abschnitts auf alle erkennbaren Konstruktionsbedingungen und -leistungen der Interaktanten hin untersucht werden (vgl. ebd.).

Die *Sequenzanalyse* erhellt „Verkettungen aufeinander bezogener Äußerungen und Aktionen" (ebd.). Jedes dieser Ereignisse kann zugleich als Ausgangsimpuls für eine Anschlussmöglichkeit, also eine weitere Äußerung oder Aktion betrachtet werden. Reaktionen von Interaktionspartnern zeigen jeweils, welche Anschlussmöglichkeit ausgewählt wurde (vgl. ebd.). Im Stop-and-Go-Verfahren können Sequenzen unterteilt werden, um alternative Anschlussmöglichkeiten zu imaginieren und sodann mit den gewählten Möglichkeiten in Beziehung zu setzen.

Die *Konstellationsanalyse* schließlich betrifft simultan wahrnehmbare Phänomene. Diese Analyseform ist in besonderem Maße mit der visuellen Datengrundlage verbunden, denn so können auch Phänomene beobachtet werden, die im Hintergrund und möglicherweise gar nicht sprachlich ablaufen. Je mehr beobachtete Personen innerhalb der Situation zugegen sind, desto komplexer wird jedoch die Konstellationsanalyse, so dass hier die Selektion bestimmter Konstellationen empfohlen wird und auf die Möglichkeit der Komplexitätsreduktion durch Standbilder und Ausschnitte verwiesen wird (vgl. ebd., S. 484).

Folgende Einflussfaktoren und Grenzen der Videographie sind zu berücksichtigen:

- Die Anzahl der verwendeten Kameras, die Auswahl ihrer Perspektiven sowie mögliche Kameraschwenks oder Zooms legen schon vor der Auswertung einen Beobachtungsausschnitt fest (vgl. z.B. Nolda, 2007, S. 482). Damit wird bereits in den Erhebungsprozess eine Interpretation der Situation eingebracht.
- Videos zeigen Sichtbares. Psychische Befindlichkeiten sind damit nicht beobachtbar (vgl. ebd.), auch wenn die zusätzliche Ebene von Mimik und Gestik hier einen größeren Interpretationsspielraum bietet.
- Das Problem der Anonymisierung des Datenmaterials ist für Videos nicht befriedigend gelöst, sofern sie Dritten gezeigt werden sollen (z.B. in Interpretationswerkstätten oder als Teil von Veröffentlichungen). Zwar könnten Gesichter verpixelt werden, dann ist jedoch die Mimik nicht mehr erkennbar, welche letztlich einen Grund für videobasierte Forschung darstellt.
- Die Klangqualität gängiger Videokameras ist eher minderwertig, professionelle Kameras mit externen Richtmikrophonen stehen jedoch nicht in jedem videobasierten Forschungsvorhaben zur Verfügung (vgl. Trautmann, 2010, S. 166; Mayring, Gläser-Zikuda & Ziegelbauer, 2005, S. 4).

- Die Kamera kann bei den interviewten Kindern für Irritationen oder Ablenkung sorgen und ihr Verhalten in der Interviewsituation beeinflussen („Fernseh-Effekt", Trautmann, 2010, S. 166). Allerdings weist die Kunstpädagogin Anja Mohr darauf hin, dass durch die Kamera bedingte Nervosität bei Kindern eher ungewöhnlich ist und dass die Kamera zumeist erfolgreich aus dem eigenen Wahrnehmungs-bereich „ausgeblendet" wird. Sie vermutet, dass es für viele Kinder aufgrund von Familienvideos selbstverständlich ist, gefilmt zu werden (vgl. Mohr, 2001, S. 10).
- Videos konfrontieren Forscherinnen und Forscher mit einer hohen Datendichte und Komplexität und sind daher zeitaufwändig in der Auswertung (vgl. Nolda, 2007, S. 488; Trautmann, 2010, S. 167). Aufgrund der Datenfülle ist davon auszu-gehen, dass die Auswertung selektiv erfolgt. Diese Gefahr besteht jedoch letztlich für jegliches Datenmaterial und ist nicht zwingend als negativ einzuschätzen. Vielmehr ist der Selektionsprozess nachvollziehbar zu machen.

Als Konsequenz aus den genannten Herausforderungen an videobasierte Forschung gilt für mein Forschungsprojekt:
- Die Kamera behält während des gesamten Interviews die gleiche Perspektive bei, sie wird nicht geführt und es wird nicht gezoomt. Auf diese Weise kann das Pro-blem der Vorab-Interpretation in der Erhebungssituation minimiert, wenn auch nicht ausgeschlossen werden.
- Innerpsychische Vorgänge werden nicht als Erklärungsgrundlagen herangezo-gen. Interpretationen, welche über den sichtbaren Bereich hinausgehen, erfolgen nur in begründeter Kopplung mit entsprechenden sprachlichen oder mimischen Äußerungen und werden im Konjunktiv dargestellt, um die mögliche, aber nicht zwingende Auslegung zu verdeutlichen.
- Gesichter werden nicht verpixelt. Es gibt jedoch im Rahmen der Einverständni-serklärung für die Eltern die Möglichkeit, entweder nur die anonymisierten Text-transkripte zur Veröffentlichung zuzulassen oder Texttranskripte und Standbilder zu erlauben oder der eventuellen Veröffentlichung auch von Videoausschnitten zuzustimmen (vgl. dazu den Erhebungsbogen mit Elterneinverständniserklärung im Anhang).
- Es wird zwar mit einer klanglich eher durchschnittlichen Kamera gearbeitet, die Videoaufnahme wird jedoch durch die zusätzliche Audioaufnahme des ge-sprochenen Wortes flankiert, um eventuelle Sprachunverständlichkeiten auf den Videos gegebenenfalls kompensieren zu können.
- Reaktionen der Kinder auf die Kamera werden als relevante Handlungen in die Auswertung mit einbezogen. Zudem erhalten alle Kinder, die dies wünschen, die Möglichkeit, die Kamera und das Audioaufnahmegerät auszuprobieren.
- Der Komplexität und Datendichte wird durch ein systematisches sowie offenes Auswertungsverfahren begegnet, welches im folgenden Abschnitt eingehender dargelegt werden soll. Für die Videographie besteht weiterhin die Unsicherheit, nicht alle relevanten Aspekte erfassen zu können, bzw. mit subjektiven Schwer-

punktsetzungen an die Auswertung heranzugehen. Auch hier soll eine möglichst genaue Nachvollziehbarkeit des Auswertungsprozesses hergestellt werden, um diese Problematik einzugrenzen.

6.3 Grundlagen der Auswertung

Die Auswertung der Kinderinterviews erfolgte qualitativ inhaltsanalytisch. Ich habe ein modifiziertes Verfahren der strukturierenden qualitativen Inhaltsanalyse nach Philipp Mayring (vgl. z.B. Mayring, 2008) gewählt, welches die Sozialwissenschaftlerin Sandra Steigleder vorschlägt (vgl. Steigleder, 2008). Die Transkription und Auswertung wurde mithilfe der Software Transana von der University of Wisconsin durchgeführt. Dieses Programm bietet die Möglichkeit, über den gesamten Auswertungsprozess hinweg parallel zum Transkript auch auf die Videos zuzugreifen.

Ziel der Auswertung ist das Aufdecken subjektiver Sichtweisen der Kinder. Dabei sollen latente Sinnstrukturen aufgespürt werden, welche fallbezogen oder fallübergreifend vorliegen können.

6.3.1 Abgrenzung

Im vorliegenden Forschungsprojekt soll Sinnstrukturen, also Bedeutungszuweisungen, nachgespürt werden. Daher bieten sich insbesondere solche Auswertungsmethoden an, die auf die Beschreibung, Interpretation und daher auch Konstruktion bzw. Rekonstruktion sinnbildender Muster abzielen. Im engeren Sinne erscheint hier der Blick auf die objektive Hermeneutik, die Grounded Theory Methodology und die Qualitative Inhaltsanalyse sinnvoll.

Zum Aufspüren latenter Sinnstrukturen von Texten und anderen Produkten menschlichen Handelns eignet sich das Verfahren der Objektiven Hermeneutik nach Ulrich Oevermann (Oevermann, 2002). Dort sollen allerdings explizit „objektive Bedeutungsstrukturen" freigelegt werden, während das Erkennen subjektiver Intentionen, Wünsche oder Hoffnungen der Probanden dagegen nicht das Ziel dieser Auswertungsmethode ist (vgl. Reichartz, 2010, S. 514). Das heißt, dass die latenten Sinnstrukturen innerhalb von Forschungsdaten auf Muster überprüft werden sollen, die übergeordnete Regelformulierungen zulassen, welche unabhängig von den befragten Personen bestehen:

> „Was allein zählt, ist die objektive Sinnstruktur des Textes in einer bestimmten Sprach- und Interaktionsgemeinschaft" (ebd.).

Dies verweist auf konventionalisierte Praxen oder sozial geteilte Interpretationslinien bestimmter Communities und ist damit auf einer abstrakteren Deutungsebene als der Suche nach subjektiven Sinnstrukturen angesiedelt. Daher kommt diese Vorgehensweise im vorliegenden Kontext nicht in Frage.

Zur Freilegung subjektiver Sinnstrukturen ist dagegen die Grounded Theory Methodology (GTM) geeignet (vgl. z.B. Glaser & Strauss, 1967/1998; Strauss & Corbin, 1998; Böhm, 2010). Einige Wesensmerkmale dieser Herangehensweise an qualitative Forschung (denn die GTM ist mehr als nur eine Auswertungsmethode) sind jedoch nicht mit dem Vorgehen in der vorliegenden Studie vereinbar. Zwar hat Anselm Strauss darauf hingewiesen, dass das Verfahren den jeweiligen Fragestellungen und Situationen anzupassen sei (vgl. Strauss, 1998), doch können Grundmerkmale wie das theoretische Sampling oder die rein induktive Datenauswertung in meiner Studie nicht abgebildet werden: Im Falle des theoretischen Samplings hätte die Fallauswahl sukzessiv im Forschungsprozess erfolgen müssen, so dass die Auswahl des jeweils nächsten Falles auf dem Vergleich bzw. der Kontrastierung mit den vorher erhobenen Fällen hätte beruhen müssen (vgl. Glaser & Strauss, 1967/1998, S. 53–84). Wie weiter oben bereits dargelegt, werden hier jedoch vorab entwickelte Samplingkriterien zugrunde gelegt (vgl. Kap. 6.2.2.2). Zudem wird im hier betrachteten Kontext explizit die theoretische Grundlage der Bedeutungszuweisungen als „Forschungslupe" genutzt, was sich zunächst in einem deduktiv gebildeten Kategoriensystem niederschlägt, welches auf die Daten angewendet wird. Allerdings gehört dem Kategoriensystem meiner Studie im Sinne eines Y-Modells auch ein induktiv gebildeter Strang von Codes bzw. Kategorien an.

Als Ausgangspunkt bzw. Gerüst der Auswertung habe ich die Qualitative Inhaltsanalyse nach Philipp Mayring gewählt (vgl. Mayring, 2008). Anleihen aus der induktiven Vorgehensweise der GTM, bzw. Veränderungen, welche die Sozialwissenschaftlerin Sandra Steigleder vorschlägt (vgl. Steigleder, 2008), kompensieren dabei Mängel dieser Methode. Dies wird in den folgenden Abschnitten erläutert und in den Kontext der weiteren Auswertungsbedingungen meines Forschungsprojektes gestellt.

6.3.2 Aufbereitung der Daten

Alle auf Video vorliegenden Interviews, welche in die Auswertung eingegangen sind, wurden in Schriftform transkribiert. Da über den gesamten Auswertungsprozess hinweg auch anhand der Videos selbst gearbeitet werden sollte, hätte auch die Möglichkeit bestanden, diese nicht wortwörtlich zu transkribieren, sondern beispielsweise nur jeweils den Sinnabschnitten eine Beschreibung beizufügen.

Ich entschied mich jedoch gegen diese reduzierte Form der Transkription. Dies hat mehrere Gründe. Erstens konnte ich mir durch die genaue Übertragung des im Video Sicht- und Hörbaren einen intensiven Überblick über alle Interviews verschaffen und meine Eindrücke beim Transkribieren der Videos mit jenen Eindrücken vergleichen, welche ich in der Erhebungssituation selbst gewonnen hatte. Zweitens erfordert die Einteilung in Sinnabschnitte bereits eine Interpretations- bzw.

Selektionsleistung, indem ein wesentliches Merkmal eines solchen Sinnabschnitts als Charakteristikum hervorgehoben wird, während andere diesem untergeordnet werden. Drittens entschied ich mich, nach möglichst kurzen Abschnitten im Auswertungsprogramm jeweils Marker zu setzen, um einen detaillierten Zugriff auf die Datenmenge gewährleisten zu können. Da diese Marker innerhalb eines Transkripts zu setzen sind, wäre es unökonomisch gewesen, statt des tatsächlichen Textes sehr kleinteilige „Platzhalter" zu formulieren.

Der zweite und der dritte Grund stehen auch im Zusammenhang mit der Tatsache, dass das Einteilen von Sinnabschnitten einen eigenen Auswertungsschritt darstellen sollte. Aufgrund des transkribierten Textes, welcher jederzeit parallel zum Video abgelesen werden kann (durch eine Art „Karaoke"-Funktion im Auswertungsprogramm), blieb es so dennoch möglich, auch weniger prominente Aspekte der jeweiligen Sinnabschnitte zu berücksichtigen. So konnte die eigene Aufmerksamkeit zwischen der Mikroebene des Textes und der Mesoebene der Sinnabschnitte hin und her wechseln.

Es wurden nicht nur die verbalen Äußerungen transkribiert, sondern auch körpersprachliche Mitteilungen sowie sprachliche Betonungen u.ä. berücksichtigt. Wenn oben darauf hingewiesen wurde, dass das Einteilen in Sinnabschnitte bereits einen Interpretationsprozess beinhaltet, so ist davon auszugehen, dass auch die Transkription immer subjektiv gefärbt ist, dass verschiedene Transkribiererinnen und Transkribierer z.B. eine Sprachmelodie ganz unterschiedlich auffassen könnten. Dieser Tatsache wurde dadurch begegnet, dass verschiedene Personen ausführliche Stichproben aus den Interviews vorgelegt bekamen und die Videos mit den Transkripten vergleichen konnten. Kamen hier andere Auffassungen zum Ausdruck, so wurden diese in den Transkripten berücksichtigt.

6.3.2.1 Transkriptionsregeln

Folgende Transkriptionsregeln gelten für die Verschriftlichung der Videos. Formal orientiere ich mich an den von Udo Kuckartz formulierten Transkriptionsregeln für die computergestützte Analyse qualitativer Daten (Kuckartz, 2007, S. 43). Inhaltlich habe ich darauf aufbauend ein speziell für viele lautmalerische und körpersprachliche Äußerungen ausgelegtes eigenes System entworfen:

1. Alle Angaben, die Rückschlüsse auf eine Person zulassen, werden anonymisiert (1. Schritt für die Transkription und Auswertung: Anfangsbuchstaben der Vornamen. 2. Schritt für die Darstellung der Ergebnisse: Einfügen erfundener Namen).
2. Es wird keine Lautschrift verwendet. Dialekte, Wortzusammenziehungen u.ä. werden kenntlich gemacht (z.B. Was'n das für'n Instrument? Haste ne Idee?). Wortdehnungen werden verschriftlicht (z.B. ich fliiieeege mit meinem fliiiieeegenden Teppich). Lautäußerungen werden so genau wie möglich wiedergegeben (z.B. dang-dang-dang, dö-dö-döööö).

3. Die Interpunktion richtet sich nach der sprachlichen Strukturierung der Sätze, dies muss nicht mit Grammatikregeln übereinstimmen.

4. Betonungen werden unterstrichen.

5. Pausen werden folgendermaßen gekennzeichnet:
   - (.) ca. eine Sekunde
   - (..) ca. zwei Sekunden
   - (…) ca. drei Sekunden
   - (Pause) längere Pause

6. Konsonantische Äußerungen stehen für folgende Bedeutungen:
   - M-hm, m-hm: Zustimmung
   - M-m, m-m: Verneinung
   - hm: nachdenklich oder adäquat zu „äh"

7. Gleichzeitige Äußerungen werden durch [ ] gekennzeichnet, z.B.:
   - Kind 1: [ich fange an]
   - Kind 2: [guck mal] hier

8. Lautäußerungen oder Emotionsausdrücke stehen in Klammern, z.B. (lacht), (nickt leicht).

9. Merkmale der Sprache stehen in Klammern, z.B. (spricht schneller).

10. Körpersprachliche Äußerungen stehen in Klammern, z.B. (Trommelgeste).

11. Jeder Sprecherwechsel wird durch einen Absatz kenntlich gemacht.

12. Wort- oder Satzabbrüche werden durch – gekennzeichnet (z.B. Compu-).

13. Akustisch unverständliche Abschnitte werden durch (?? unverständlich) gekennzeichnet, inhaltlich unverständliche Abschnitte werden durch (?? nicht klar) gekennzeichnet.

14. Bewegungen, Gestik oder Mimik, welche schwer zu beschreiben sind, werden mit (*Körpersprache*) gekennzeichnet. Dies dient als Verweis darauf, dass hier in jedem Auswertungsschritt das Video genau beobachtet werden muss.

6.3.3 Qualitativ-inhaltsanalytisches Vorgehen

In der Auswertung wird ein Verfahren angewandt, welches auf der strukturierenden Qualitativen Inhaltsanalyse nach Philipp Mayring basiert (vgl. Mayring, 2008, S. 82–99). Die strukturierende Qualitative Inhaltsanalyse ist jedoch nur als Keimzelle des Auswertungsverfahrens zu betrachten, denn es werden deutliche Modifikationen vorgenommen. Diese beruhen auf den Meta-Analysen zum Mayring'schen Modell nach Sandra Steigleder (vgl. Steigleder, 2008) und beinhalten – in Bezug auf einen angemessenen Umgang mit dem Forschungsgegenstand – des Weiteren eigene Ergänzungen bzw. Veränderungen.

6.3.3.1 Strukturierung nach Mayring

Die Strukturierung ist eine jener Techniken, welche im Rahmen der qualitativen Inhaltsanalyse nach Mayring verwendet werden. Daneben ist auch die Zusammenfassung zu nennen, welche eine zunehmende Verdichtung und Paraphrasierung von Sinnabschnitten vorsieht sowie die Explikation, welche das Herantragen von theoretischen Erklärungsmodellen an ausgewählte Textstellen beinhaltet (vgl. Mayring 2008, S. 59–74; S. 77–82).

Mayring selbst sieht die Strukturierung als die „wohl zentralste inhaltsanalytische Technik" (Mayring, 2008, S. 82). Sie dient dazu, bestimmte Muster im Material zu erkennen und so eine Struktur herauszufiltern (vgl. ebd.). Allerdings bezieht sich das Herausfiltern nicht auf das Freilegen von latent im Material begründeten Mustern, sondern vielmehr auf das Extrahieren jener Stellen, sie sich einer *vorab gebildeten* Struktur zuordnen lassen. Denn die zugrunde gelegte Struktur ist ein Kategoriensystem, welches deduktiv, also ausgehend von theoretischen Vorannahmen, entwickelt wird. Mayring erläutert:

> „Die grundsätzlichen Strukturierungsdimensionen müssen genau bestimmt werden, sie müssen aus der Fragestellung abgeleitet und theoretisch begründet werden. Diese Strukturierungsdimensionen werden dann zumeist weiter differenziert, indem sie in einzelne Ausprägungen aufgespalten werden. Die Dimensionen und Ausprägungen werden dann zu einem Kategoriensystem zusammengestellt." (Mayring, 2008, S. 83).

Die einzelnen Schritte der strukturierenden qualitativen Inhaltsanalyse stellt Mayring in einem Ablaufmodell dar (siehe Abb. 7).

Den zweiten und den achten Schritt dieses Ablaufmodells differenziert er zur Beschreibung verschiedener Möglichkeiten der Strukturierung weiter aus und unterscheidet die formale, die inhaltliche, die typisierende und die skalierende Strukturierung (vgl. ebd., S. 85). Da es das Ziel der *inhaltlichen* Strukturierung ist, „bestimmte Themen, Inhalte, Aspekte aus dem Material herauszufiltern und zusammenzufassen" (vgl. ebd., S. 89), bietet sie sich zunächst auch für die Auswertung der Kinderinterviews an.

Der zweite Schritt im Ablaufmodell sieht in dieser Strukturierungsform eine theoriegeleitete Festlegung der inhaltlichen Hauptkategorien vor. Der achte Schritt (Ergebnisdarstellung) wird in drei Einzelschritte aufgeteilt und beinhaltet nun die Paraphrasierung des Materials, die Zusammenfassung pro Kategorie sowie die Zusammenfassung pro Hauptkategorie (vgl. ebd., S. 89).

Es zeigt sich, dass das Mayring'sche Vorgehen zwar systematisch aufbereitet ist, dass es jedoch unvorhergesehene Inhalte in den Daten nicht abbilden kann, da keine Möglichkeit besteht, aus dem Material heraus Auswertungskategorien zu entwickeln. Zudem ist anzumerken, dass Mayring die qualitativ-inhaltsanalytischen Grundformen des Zusammenfassens, Strukturierens bzw. Explizierens als Interpretationsformen ansieht, welche auch im alltäglichen Umgang mit sprachlichem Material genutzt werden (vgl. Mayring, 2008, S. 58). Weiterführende detaillierte Hinweise zum Interpretationsprozess stellt er damit nicht zur Verfügung.

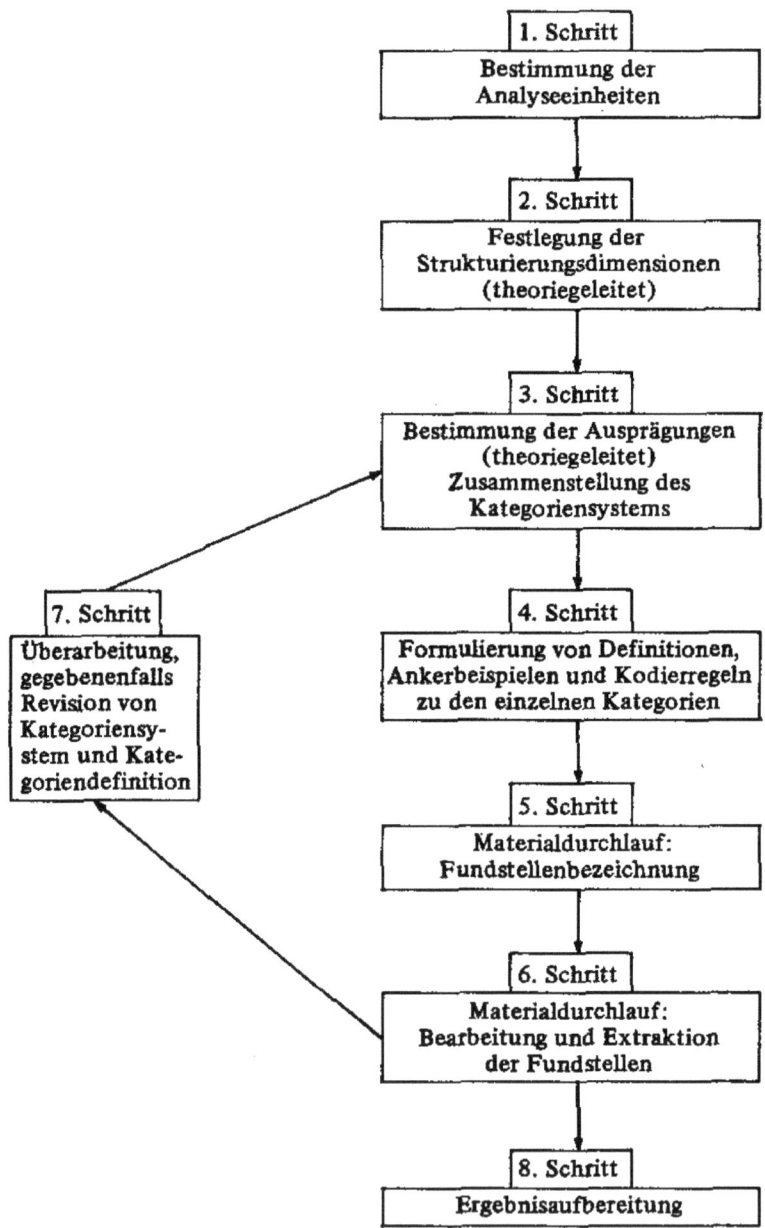

Abbildung 7: Ablaufmodell der strukturierenden qualitativen Inhaltsanalyse (Mayring, 2008, S. 84)

Aufgrund dieser Aspekte ist die Anwendung dieser Methode in „Reinkultur" für mein Forschungsvorhaben nicht sinnvoll. Bedeutungszuweisungen verorte ich zwar explizit theoretisch (vgl. Kap. 2) und diese Grundierung soll auch das Kategoriensystem mitbestimmen. Jedoch kann die subjektive Emergenz von Bedeutung, welcher im Datenmaterial nachgespürt wird, nicht adäquat mit einem ausschließlich vorab definierten Kategoriensystem abgebildet werden. Vielmehr sind individuelle oder übergreifende Kategorien von Bedeutung und Bedeutsamkeit im Text zu erwarten, welche wiederum rückbezüglich auf das Material angewandt werden könnten. Daher wird die Hinzunahme induktiv gebildeter Kategorien als notwendig erachtet.

6.3.3.2 Modifikationen nach Steigleder

Wichtige Impulse zur Modifikation des Mayring'schen Verfahrens liefert eine Meta-Analyse der Sozialwissenschaftlerin Sandra Steigleder (Steigleder, 2008). Steigleder untersuchte drei Studien, welche mit der strukturierenden qualitativen Inhaltsanalyse nach Philipp Mayring ausgewertet wurden. In allen drei Studien konnte sie deutliche Modifikationen der Grundstruktur identifizieren.

Die Tatsache, dass es studienübergreifend zu Änderungen an der Auswertungsmethode kommt, führt Steigleder auf mehrere Ursachen zurück. So zeigt sie erstens die Nähe der Mayring'schen Methode zu quantitativen Auswertungsverfahren auf. Dies liegt in der Genese des Verfahrens begründet, welches als Alternative und Abgrenzung zu quantitativen Methoden letztlich auch mit Orientierung auf diese entstand (vgl. ebd., S. 26). Steigleder sieht damit jedoch das interpretative Paradigma qualitativer Forschung verletzt und begründet dies anhand von zwei Gütekriterien. So sei einerseits keine Nachvollziehbarkeit (i.S. von Reproduzierbarkeit auf qualitativer Ebene) gegeben, da Mayring keine Angaben zum Prozess der Interpretation mache. Weiterhin sei die Offenheit gegenüber dem Gegenstand eingeschränkt, da Textteile, die nicht einer Kategorie zugeordnet werden können, der Auswertung verschlossen bleiben. Eine induktive, also „empiriegeleitete" Kategorienbildung sieht Steigleder daher als notwendige und gleichberechtigte Ergänzung zum deduktiven Vorgehen an (vgl. ebd., S. 59; S. 154–155).

Vor das Auswertungsmodell von Mayring positioniert Steigleder einen Vorbereitungsschritt, innerhalb dessen die Einarbeitung der auswertenden Personen in das Material stattfindet. Durch die eingehende Sichtung der Primärdaten sowie der Transkripte verschaffen sich alle am Forschungsprozess Beteiligten so bereits einen vertieften Einblick in das Material, bevor Strukturierungsschritte unternommen werden.

Schließlich scheint für die Forschungspraxis der Revisionsschritt (Schritt 7) deutlich zu spät zu liegen und somit unnötige Arbeit zu verursachen. Revisionen, bzw. Ergänzungen des Kategoriensystems und die folgende Überarbeitung der bereits kategorisierten Daten seien vielmehr nach jedem Auswertungsschritt zu berücksichtigen. Steigleder fordert einen kontinuierlichen Abgleich von Theorie, Empirie und Forschungsanliegen während der Kategorienbildung und der Erstellung des Kodierplans (vgl. ebd., S. 59; S 154–155). Das modifizierte Modell nach Steigleder weist dementsprechend eine zweigliedrige Struktur von Auswertungs- und Kontrollschritten auf und ist theorie- und empiriegeleitet verfasst.

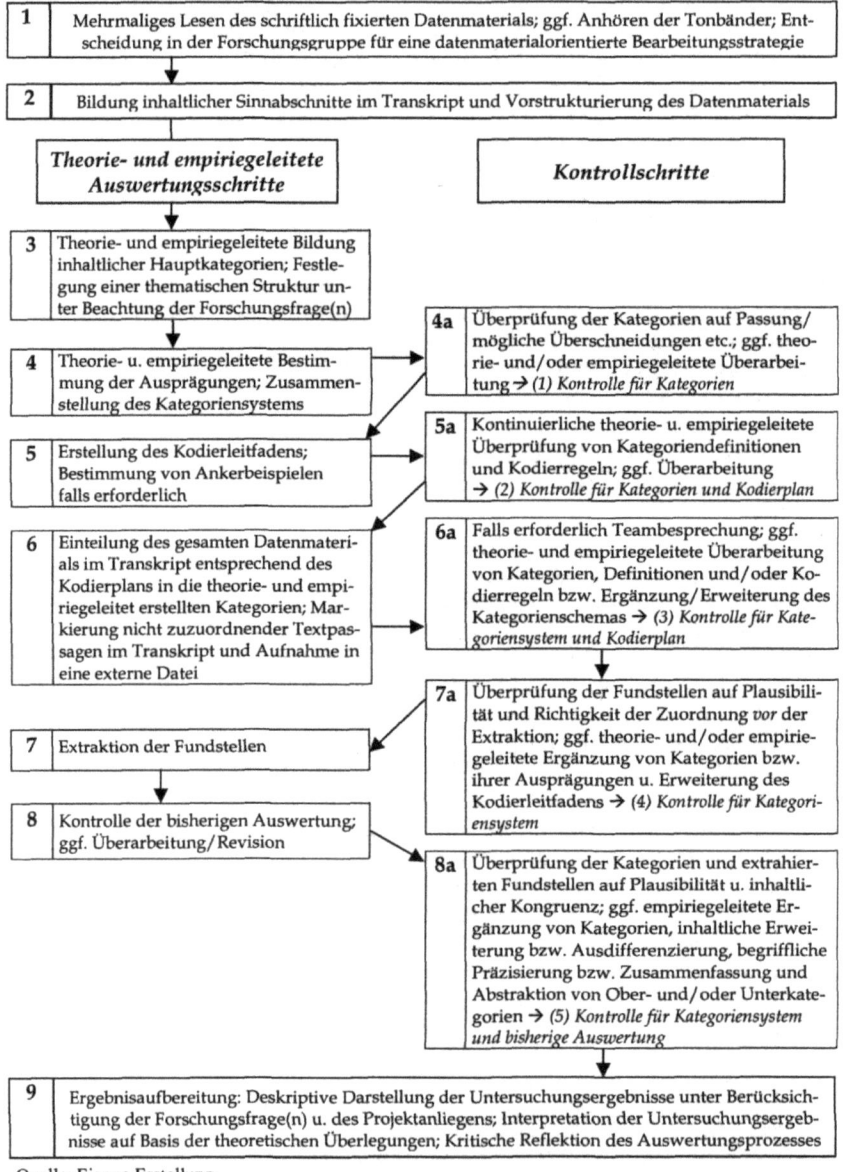

Quelle: Eigene Erstellung.

Abbildung 8: Ablaufmodell der theorie- und empiriegeleiteten Kategorienbildung (Steigleder, 2008, S. 189)

6.3.3.3 Eigene Modifikationen

Anhand dieses Modells habe ich Sinnabschnitte in den Daten identifiziert, ein theorie- und empiriegeleitetes – also deduktiv und induktiv generiertes – Kategoriensystem erstellt und auf die Daten angewandt. Jedoch habe ich zusätzlich weitere Modifikationen vorgenommen, welche im Folgenden erläutert werden sollen.

Weder Mayring, noch Steigleder lassen die mehrfache Kodierung von Textstellen zu. Vielmehr soll aufgrund der deutlichen Abgrenzung der Kategorien gewährleistet sein, dass jede Textstelle nur einer Kategorie zugeordnet werden kann.

Ich gehe jedoch davon aus, dass eine konsequent verfolgte empiriegeleitete Strategie der Kategorienbildung auch dazu führen kann, dass die gleichen Textstellen unter verschiedenen thematischen Gesichtspunkten jeweils unterschiedlich kontextualisiert werden können. Da die kategorisierten Textstellen immer noch in ihrem Sinnzusammenhang verständlich sein sollen, kann weiterhin vermutet werden, dass auch mehrere Bedeutungszuweisungen einen Sinnzusammenhang kennzeichnen. Daher sind in meiner Studie zwar deutliche kategoriale Definitionen notwendig, zugleich aber auf dieser Grundlage auch Mehrfachkodierungen derselben Textstelle erlaubt. Ich gehe weiterhin davon aus, dass im Kontext von Bedeutungszuweisungen Mehrfachkodierungen bestimmter Textstellen sinnvoll und notwendig sind. Die Betrachtungen der Modi des Bedeutens sowie der theoretischen Ausführungen zur Bedeutsamkeit (vgl. Kap. 2.1.2 und 2.1.3) legen es nahe, dass Bedeutungszuweisung ein Prozess ist, der simultan auf mehreren Ebenen stattfindet. Somit muss dieser mehrdimensionalen Verfasstheit von Bedeutungszuweisung m.E. mit der Möglichkeit zur Mehrfachkodierung gleicher Textstellen Rechnung getragen werden.

Auf die Formulierung von Ankerbeispielen,[59] welche eine Kategorie exemplarisch belegen, verzichte ich konsequenterweise (wie dies auch in einigen Studien der Meta-Analyse Steigleders zum Ausdruck kommt), da diese die Kontextualisierung der Textstellen u. U. einengen. Vielmehr soll durch die Arbeit mit kurzen Kategorien-Definitionen und mit Mehrfachkodierungen auch Raum für überraschende oder unvorhergesehene Querverbindungen bleiben: also für Zuordnungen, welche sich möglicherweise aus dem textlichen Kontext ergeben, aufgrund ihrer Besonderheit oder Einzigartigkeit jedoch kein Ankerbeispiel abbilden könnten.

Als weitere Modifikation wird auf eine Extraktion der Fundstellen verzichtet. Aufgrund der Arbeit mit dem Auswertungsprogramm Transana verbleiben die Textstellen vielmehr im Gesamtzusammenhang, werden aber durch die Zuordnung der Kategorien markiert und können somit angewählt und per Schlagwortsuche unterschiedlich sortiert werden.

---

59 Ankerbeispiele gehören bei Mayring zur Kategoriendefinition hinzu. Dies sind konkrete Textstellen aus dem Datenmaterial, welche die ausformulierte Definition der Kategorie zusätzlich beispielhaft belegen (vgl. Steigleder, 2008, S. 30).

6.3.3.4 Auswertungsprogramm

Das Auswertungsprogramm Transana (Version 2.41-Win, Wisconsin Center for Education Research) sieht die Erstellung von Clips vor, also von Sinnabschnitten innerhalb des Videos, welche dieses durch Marker einteilen. Diesen Sinnabschnitten werden sodann Kategorien zugeordnet, einzelne Worte können dagegen nicht kodiert werden. Jedes Interview wird als Video und als Texttranskript einer Datenbank zugeordnet, die einzelnen Interviews werden dabei als „Episoden" innerhalb einer „Serie" betrachtet. Die Clips dieser Episoden werden in „Sammlungen" abgelegt. Jeder Clip wird anhand der vorab eingespeisten (theoriegeleiteten) sowie im Auswertungsprozess hinzugekommenen (empiriegeleiteten) Kategorien verschlagwortet. Die Schlagworte selbst sind hierarchisch in Ober- und Unterkategorien gegliedert. Sowohl sammlungsintern als auch sammlungsübergreifend lassen sich nach erfolgter Einteilung Schlagwortsuchen durchführen. Hier sind Verknüpfungen nach den Boole'schen Operatoren möglich. Auf diese Weise sind Netzstrukturen im Datenmaterial nachvollziehbar.

Als weiteres Auswertungswerkzeug steht in Transana der „Bericht zur Abbildung der Schlagworte" zur Verfügung. Hier wird die Verteilung der Schlagworte in Bezug auf die Sinnabschnitte (also Clips) auf einem Zeitstrahl angezeigt. Durch Filtervorgänge ist die Darstellung ausgewählter Schlagworte möglich. So lässt es sich schnell erfassen, welche Schlagworte z.B. gleichzeitig vergeben wurden oder welche sich nicht überschneiden.

Die nachfolgende Abbildung zeigt links jene Schlagworte, welche zuvor in einem Auswahlmenü angewählt wurden. Ihre Verteilung erscheint jeweils anhand einer Markierung (Rechteck auf Zeitstrahl) des mit dem Schlagwort kodierten Clips. Wird die Maus über eine solche Markierung geführt, erscheinen der Clipname (hier: „Theater: Vorhang!") und die Zeitangaben. Durch Anklicken der Markierung kann der zugehörige Clip direkt abgespielt werden.

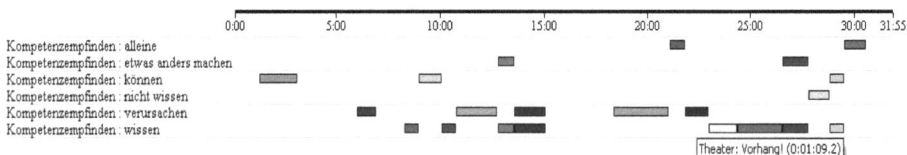

Abbildung 9: Schlagwort-Abbildung in Transana

6.3.3.5 Weiterführender methodischer Umgang mit den Auswertungsergebnissen

Die fallübergreifende Auswertung mithilfe des Kategoriensystems stellt die Grundlage der weiterführenden Interpretation der Ergebnisse dar, welche in Kapitel 7.5 dargestellt und methodisch erläutert wird. Hier stellt sich die Frage nach den gegenseitigen Beziehungen und Bedingungen der Kategorien. Während im vorangegangenen Auswertungsschritt die sukzessive Bearbeitung der Kategorien den Forschungsprozess bestimmt, findet an dieser Stelle nun ihre gleichzeitige Betrachtung statt. Dies dient der Wahrnehmung von inhaltlichen Vernetzungen. Die Identifikation von Querverbindungen basiert auf der gezielten Suche nach Mehrfachkodierungen gleicher Textstellen. Sie werden zur Bestimmung von Querverbindungen herangezogen, wenn die deckungsgleiche Verschlagwortung mehrerer Kategorien zugleich eine *inhaltliche* Interaktion dieser Kategorien aufweist. Dies kann z.B. auftreten, wenn sich die Inhalte von zwei Kategorien jeweils ergänzen, sich bedingen oder ein kategorialer Aspekt als Teil einer zweiten Kategorie aufgefasst werden kann. Ist dies der Fall, lege ich eine Querverbindung in einer Mind-Map an. Somit stellen die Mehrfachkodierungen ein wesentliches, interpretationsleitendes Element für meine Ergebnisse dar.

6.3.4 Qualitätssicherung

Die Zusammenarbeit in Forschergruppen kann die Qualitätssicherung innerhalb eines qualitativen Auswertungsprozesses gewährleisten. Da die vorliegende Studie von mir allein konzipiert, durchgeführt, ausgewertet und dargestellt wird, besteht die Notwendigkeit, eine geschützte Öffentlichkeit während des Erhebungs- und Auswertungsprozesses herzustellen. Geschützt deshalb, weil einerseits Zwischenergebnisse diskutierbar sein sollten, welche auch wieder verworfen werden können. Geschützt andererseits und vor allem aber auch, um die Persönlichkeitsrechte der interviewten Kinder zu bewahren.

Die Funktion einer Forschungsgruppe nahm in meinem Falle ein Methodenseminar zur qualitativen musikpädagogischen Forschung ein. Hier konnte ich meine Auswertungsschritte anhand von Beispielen aus meinem Projekt zur Diskussion stellen und wertvolle Impulse aufnehmen. Im Rahmen einer Interpretationswerkstatt sowie durch Vorträge vor Fachpublikum konnte ebenfalls eine geschützte Öffentlichkeit mit Feedback-Funktion hergestellt werden. Schließlich wurden längere Textteile oder Videodaten von einzelnen Personen gegengelesen bzw. beobachtet.

Diese Maßnahmen der Qualitätssicherung können eine kontinuierlich am gesamten Datenbestand arbeitende Forschungsgruppe nicht ersetzen. Eine kompensierende Maßnahme wie die kommunikative Validierung konnte ich jedoch ebenfalls nicht verwenden, da die Idee, den ausgewerteten Text jeweils den Befragten zur Rücküberprüfung vorzulegen, nicht in Kongruenz mit der Zielgruppe von Vorschulkindern zu bringen ist. Diese Hindernisse sind nicht vollständig aus dem Forschungsprojekt zu eliminieren. Sie können lediglich durch die Herstellung einer möglichst großen intersubjektiven Nachvollziehbarkeit im Rahmen der Dokumentation minimiert werden.

6.4 Das Forschungsprojekt auf einen Blick

Forschungsfrage
- Welche Wünsche, Bedürfnisse, Werthaltungen, Erwartungen und Ideen haben Kinder aus dem zweiten Jahr der Musikalischen Früherziehung in Bezug auf Musik und speziell in Bezug auf ihren MFE-Unterricht?

Eckdaten zu Design und Methodik
- Form: Symbolische Interviews
- Erzählanreiz: Modellraum „MFE" mit Spielfiguren und Bildkärtchen
- Dialogstruktur: Jeweils zwei Kinder zusammen (Interaktive Verfasstheit der Interviews als Gespräche)
- Vorbereitung: Eine Unterrichtsstunde mit dem Modellraum
- Zielgruppe: 5–6jährige Kinder im 2. Jahr der MFE
- Zusatzinfos: Elternfragebogen
- Dokumentation: Video
- Aufbereitung der Daten: Transkription

Auswertung
- Auswertungsprogramm: Transana
- Analyse: Strukturierende Qualitative Inhaltsanalyse nach Philipp Mayring
- Analyse: Modifiziertes Modell der Strukturierenden Qualitativen Inhaltsanalyse nach Sandra Steigleder, hier insbesondere die induktive Kategorienbildung am Datenmaterial
- Analyse: Eigene Modifikationen, welche u.a. im Sinne von Offenheit und Gegenstandsangemessenheit die Mehrfachkodierung gleicher Textstellen betreffen
- Analyse und Interpretation: Vernetzung der qualitativ-inhaltsanalytisch gebildeten Kategorien auf der Grundlage der Mehrfachkodierungen
- Interpretation: Entwicklung eines Modells zur Erläuterung der Ergebnisse

Qualitätssicherung
- Feedback zu den Daten durch Dritte: Geschützte Öffentlichkeit während des Erhebungs- und Auswertungsprozesses
- Herstellung intersubjektiver Nachvollziehbarkeit: Darstellung und Begründung der Auswertungsschritte, datennahe Darstellung der Auswertungsergebnisse

7 Auswertungsergebnisse der qualitativen Untersuchung

Was macht den konkreten „Fund" im Datenmaterial zu einer übergreifend nutzbaren Kategorie? Inwieweit lassen sich ähnliche Verschlagwortungen[60] zu einer Kategorie zusammen führen und wo sind trotz Ähnlichkeit Abgrenzungen nötig? Müssen Unterkategorien verschoben werden oder aber eine eigene Oberkategorie bilden? Diese Fragen begleiteten den Kodierungs- und Auswertungsprozess während der Materialdurchläufe. So lässt sich das induktiv erweiterte Kategoriensystem als erstes Auswertungsergebnis in der Frage nach den musikbezogenen Bedeutungszuweisungen von Vorschulkindern betrachten. Es stellt das Gerüst für Ebenen oder Ausprägungen von Bedeutungszuweisungen dar, die im Datenmaterial aufgespürt werden konnten.

Um die Erweiterung des Kategoriensystems durch die induktiven Komponenten nachvollziehbar zu machen, wird an dieser Stelle zunächst das vorab gesetzte, also deduktive Kategoriensystem dargestellt. Auf dieser Grundlage wird sodann das erweiterte Kategoriensystem mit den induktiv entwickelten Komponenten gezeigt und erläutert sowie die fallübergreifende Darstellung der Auswertungsergebnisse vorgenommen.

7.1 Das Kategoriensystem

7.1.1 Das deduktiv entwickelte Kategoriensystem

- Die Theoriegrundlage wurde im zweiten Kapitel ausführlich dargestellt und weist folgende Teilaspekte auf:
- die drei Modi des Bedeutens nach Martin Seel (ästhetisch-präsentativ, pragmatisch-performativ, semantisch-propositional)
- Die Bedeutsamkeit als Relevanzstruktur von Bedeutungszuweisung
- Bedeutungszuweisung als Prozess der Schematisierung und als Nutzung von mentalen Skripts
- Bedeutungszuweisung als Ergebnis von Kompetenzempfinden und Verursachung
- Bedeutungszuweisung auf der Grundlage sozialer Interaktionen
- Bedeutungszuweisung als Spiel bzw. im Spiel
- Bedeutungszuweisung als Orientierungsvorgang

---

60 In den folgenden Erläuterungen spielen die Begriffe Kategorie, Schlagwort und Code eine Rolle. Im Sinne der strukturierenden qualitativen Inhaltsanalyse nehme ich Zuordnungen zu Kategorien vor. Die induktive Erweiterung basiert jedoch auch auf kleinschrittigeren Codes, welche erst sukzessiv zu Kategorien zusammen geführt werden. Als Verschlagwortung bezeichne ich übergreifend beide Vorgehensweisen von Kategorisierung und Kodierung.

Entwicklung der Kategorien: Hinsichtlich der Ausführungen zur Sprachbezogenheit von Bedeutungszuweisung bzw. der Annahme, dass Zeigehandlungen gerade bei Vorschulkindern relevante Gesten der Bedeutungszuweisung sind (vgl. Kap. 2.1.1.1 und 2.1.1.2), sollen bei der Auswertung sprachliche und nicht sprachliche Äußerungen genauer betrachtet werden. Dies wird ergänzt um ästhetische Äußerungen.

Dabei können sprachliche Äußerungen durchaus stärker im semantisch-propositionalen Modus verortet sein, während nicht sprachliche Äußerungen auf der pragmatisch-performativen Ebene stattfinden. Es geht jedoch nicht darum, die Modi selbst zu identifizieren. Vielmehr ist auf der Grundlage der theoretischen Erläuterungen (vgl. Kap. 2.1.2) anzunehmen, dass hier Überlagerungen stattfinden, z.B. wenn eine semantisch-propositionale Aussage durch pragmatisch-performative Handlungen erst kommunikativ definiert wird. Allerdings gehe ich davon aus, dass gerade bei Kindern im Vorschulalter die Zeigehandlung als relevantes Kommunikationsinstrument gleichzeitig semantisch und performativ verfasst ist. Zugleich kann sie ästhetisch-präsentatives Potential aufweisen. Um den kreativ-präsentativen Aspekt ästhetischer Äußerungen zu betonen – der ästhetisch-präsentative Modus der Bedeutungszuweisung steht hier durchaus Pate – verwende ich im Kategoriensystem den Begriff der ästhetischen Gestaltungsaspekte. Somit steht die Suche nach Ebenen, Methoden und Ausprägungen ästhetischer Gestaltung von Kindern im Vordergrund.

Außerdem sind die beiden Bereiche „Orientierung" und „Kompetenzempfinden" als wesentliche Aspekte von Bedeutungszuweisung im Kategoriensystem abgebildet. Diese genannten Schlagworte werden als deduktiv gesetzte Oberkategorien verwendet, denen jeweils weitere Unterkategorien zuzuordnen sind.

Die ebenfalls theoretisch zugrunde liegenden Bereiche „soziale Interaktion" und „Spiel" werden nicht als eigene Kategorien formuliert, da sie bereits im Interviewdesign selbst angelegt sind. Sie treten jedoch in unterschiedlichen Ausprägungen in den anderen Kategorien auf und sollen dort jeweils im Bezug auf das kategorial vorgegebene Themengebiet berücksichtigt werden.

Schließlich werden Schematisierungsprozesse nicht als Kategorie formuliert, da diese – ihrer Definition nach – jeglichen Prozessen von Bedeutungszuweisung inhärent sind. Die Kategorie „offen" dient als Auffangbehälter für neue Kategorien, die induktiv gewonnen werden. Sofern sich eine neue Kategorie nicht sofort einer bereits bestehenden Oberkategorie zuordnen lässt oder noch nicht bestimmbar ist, ob die neue Kategorie möglicherweise selbst eine Oberkategorie bilden könnte, wird sie dem Schlagwort „offen" zugeordnet und erst später verschoben. Als rein deduktives Kategoriensystem ist die folgende Schlagwortverteilung vorgegeben (siehe Abb. 10).

Die Unterkategorien stellen bestimmte Ausprägungen der Oberkategorie dar. Um sie gegeneinander abgrenzen zu können, erhalten sie kurze Definitionen. Diese dienen als Grundlage der Zuordnung in den Daten.

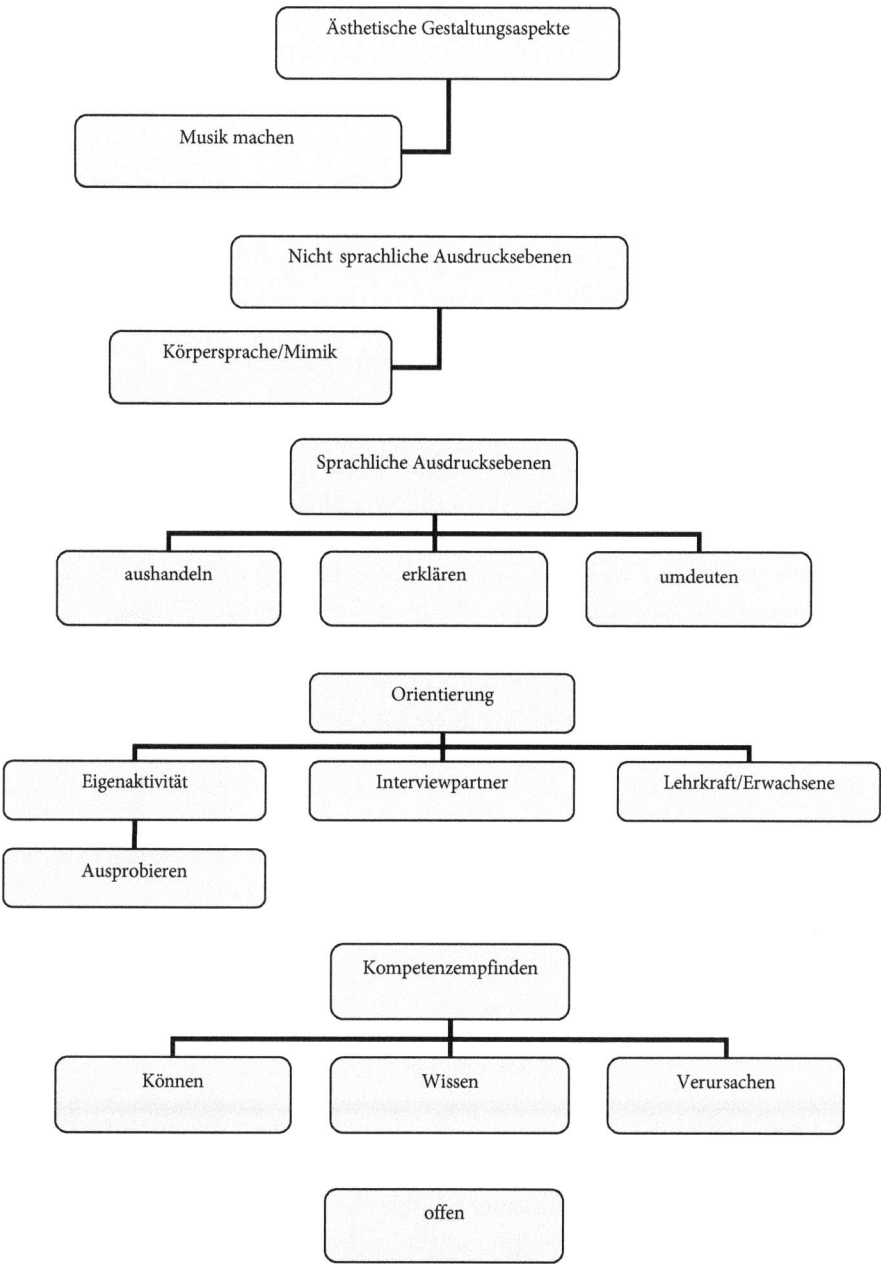

Abbildung 10: Das deduktive Kategoriensystem

Ästhetische Gestaltungsaspekte: Musik machen. „Musik machen" steht als Ausdrucksform des ästhetisch-präsentativen Modus der Bedeutungszuweisung hier noch undifferenziert und bezieht sich auf alle musikalischen Ausdrucksformen im Interview.

Nicht-sprachliche Ausdrucksebenen: Körpersprache/Mimik. Körpersprache und Mimik, welche zur Unterstützung oder als Ersatz für sprachliche Äußerungen oder auch eigenständig genutzt werden und dabei Art und Ausprägung der zugewiesenen Bedeutung verdeutlichen.

Sprachliche Ausdrucksebenen: aushandeln. Entscheidungsprozesse, welche das Aushandeln von Ideen zwischen den Kindern erforderlich machen.

    Sprachliche Ausdrucksebenen: erklären. Erklärungen, welche von den Kindern gegeben werden.

    Sprachliche Ausdrucksebenen: umdeuten. Gegenstände oder Situationen werden in etwas anderes umgedeutet und die Deutung wird genannt.

Orientierung: Eigenaktivität. Orientierung „aus sich selbst heraus" bzw. „selbst erarbeitet", z.B. auf der Grundlage individueller Schematisierungen/Vorerfahrungen bzw. mithilfe eigener Ideen und Handlungen. *Ausprobieren*: Eigenaktivität als Exploration.

    Orientierung: Interviewpartner. Orientierung an Ideen und/oder Handlungen des jeweils anderen Kindes im Interview, z.B. durch Imitation, Übernahme von Ideen, Wunsch nach Erklärung o. Ä.

    Orientierung: Lehrkraft/Erwachsene. Orientierung an erwachsenen Personen wie z.B. Lehrkräften oder Eltern sowie an mir als Interviewerin.

Kompetenzempfinden: können. Präsentation von eigener Kompetenz bzw. Kommentare zum eigenen Können.

    Kompetenzempfinden: wissen. Präsentation von Wissen über Musik (z.B. über Instrumente, Musikrichtungen, Lieder o. Ä.).

    Kompetenzempfinden: verursachen. Etwas verursachen (wollen) und dies bewusst registrieren.

Offen. Erste Sammelstelle für induktive Codes, welche dann entweder zu neuen Kategorien zusammengeführt oder bestehenden Kategorien zugeordnet werden können.

Die deduktiven Kategorien lassen sich zwar aufgrund ihrer theoretischen Verortung definitorisch gegeneinander abgrenzen. Allerdings wird schon an dieser Stelle deutlich, dass mehrere der Kategorien unter Umständen derselben Textstelle zugeordnet werden könnten. Da Bedeutungszuweisungen nicht linear-eindimensional erfolgen, kann auch die Suche nach ihnen nicht gelingen, wenn jeweils eine Textstelle nur einer Kategorie zugeordnet werden darf. Zudem stellt die Entwicklung induktiver Codes ein wesentliches Kriterium zur Erstellung meines endgültigen Kategoriensystems dar (vgl. Kap. 6.3.3; Kap. 7.1.2). Induktiv zugeordnete Codes weisen aber möglicherweise zunächst keine deutliche Abgrenzung untereinander auf. Sie zu bündeln und Kategorien zuzuordnen, ist daher ein wesentlicher Teil des Interpretationsprozesses an den Daten. Die Betrachtung mehrfach zugeordneter Textstellen stellt dann die

Grundlage dar, um Codes miteinander zu vergleichen und eventuell ineinander zu überführen oder um Codes als Teilmenge von Kategorien zu identifizieren und sie zu Unterkategorien zu machen.

7.1.2 Der Prozess der induktiven Erweiterung des Kategoriensystems

Eine wesentliche Säule meiner Datenanalyse stellen die induktiv gewonnenen Codes dar, welche ich zunächst unter die Kategorie „offen" oder eine der bereits deduktiv vorhandenen Kategorien subsummiert habe. Im Verlauf der Auswertung konnten diese Codes aufgrund von Abgrenzungen und Ähnlichkeiten zu anderen Codes auch noch im Kategoriensystem verschoben werden oder gegebenenfalls selbst eine Oberkategorie bilden. Diese Zuordnungsprozesse basierten auf der wiederholten Durchsicht des Datenmaterials mit dem Fokus auf den jeweils neu hinzugekommenen induktiven Codes.

Das endgültige, deduktiv-induktive Kategoriensystem ist innerhalb der fallübergreifenden Ergebnisdarstellung zu finden. Jede Kategorie mit den entsprechenden Unterkategorien ist dort zunächst im Überblick dargestellt, ein Vergleich mit dem deduktiven Ausgangssystem zeigt die inhaltlich tiefere und vielfältigere Perspektive auf das Material durch die induktiven Codes.

Die datengestützte Ausdifferenzierung und Erweiterung des deduktiven Kategoriensystems basiert auf der Anwendung der „dichten Wahrnehmung" und der „weiten Aufmerksamkeit" (vgl. dazu Kap. 6.2.1).

Die dichte Wahrnehmung beinhaltet in Bezug auf meine Interviews insbesondere zwei Elemente: Einerseits die kontinuierliche Arbeit am Ausgangsmaterial, also den Zugriff auf die Videos in allen Phasen des Auswertungsprozesses. Andererseits ist hier das regelmäßige Verfassen von Memos zu nennen. So wurde in der Anfangsphase der Auswertung die „Trennung von Wahrnehmung und Deutung" (vgl. dazu Kap. 6.2.1) praktiziert, indem Deutungen in kurzen Notizen festgehalten werden konnten. Allerdings stellt auch die Genese neuer Kategorien selbst einen interpretativen Prozess dar. Hier haben die Memos dem Zweck gedient, Themen festzuhalten und zu sammeln, um daraufhin überprüfen zu können, ob diese als Kategorien tauglich sind.

Schließlich hat das Sammeln von persönlichen Eindrücken im Anschluss an jede Interviewdurchführung sowie im Verlauf der Beschäftigung mit den einzelnen Fällen dabei geholfen, „reflektierte Subjektivität" herzustellen (vgl. Kap. 5.2.3), indem die eigene „Innen-Perspektive" in Bezug zum Wahrgenommenen gesetzt wird. Die kurzen Einleitungen zur subjektiv empfundenen Atmosphäre der Interviews in den Falldarstellungen sind ein Überbleibsel aus diesem Prozess (vgl. Anhang).

Die weite Aufmerksamkeit dient der Wahrnehmung möglichst vieler Details. Im Auswertungsprozess kommt sie in zwei Ausprägungen zum Tragen. Zunächst macht jede neu gebildete Kategorie die wiederholte Durchsicht aller vorher bearbeiteten Daten erforderlich. Dies führt im Kodierungsprozess nach und nach zu einer hohen Vertrautheit mit den Fällen. Zudem kann ich Konsistenzen oder thematische Rahmungen im Interviewverlauf feststellen, die mir in der punktuell-situativen Betrachtung während der Erhebung noch nicht aufgefallen waren.

Des Weiteren ist die weite Aufmerksamkeit in der Mehrfachkodierung gleicher Sinnabschnitte verankert. Denn auf diese Weise betrachte ich die Daten mit rotierender Aufmerksamkeit, kann also Interviewausschnitte unter je spezifischen Gesichtspunkten auswerten und dabei unterschiedliche Details in den Blick nehmen.

Die Zusammenstellung des vollständigen Kategoriensystems, bestehend aus deduktiv und induktiv gewonnenen Elementen, markierte den Endpunkt der Auswertungsarbeit auf Fallebene. Die Ebene der Einzelfälle wird für die Auswertung nicht gesondert betrachtet. Ein Überblick soll jedoch die wesentlichen Informationen zur Verfügung stellen, bevor die systematische Aufarbeitung der Ober- und Unterkategorien in der fallübergreifenden Ergebnisdarstellung stattfindet.

7.2   Überblick über die Interviews

Das Kategoriensystem dient dazu, die Daten inhaltlich zu sortieren und Sinnabschnitte auf der Suche nach übergeordneten Mustern miteinander in Beziehung zu setzen. Dadurch werden die Interviews aufgebrochen und Sinnabschnitte unterschiedlich kategorial kontextualisiert. Somit können Aussage, Situationsbindung, Kommunikations- und Beziehungsqualität sowie Themenausprägung jedes *einzelnen* Interviews nicht als Einheit nachvollzogen werden. Um die beteiligten Kinder dennoch genauer kennenlernen zu können, finden sich im Anhang Kurzvorstellungen aller Interviews.

Tabelle 3: Liste der Kinder-Interviews

Kinder	Fallraster	Interviewdauer
Franka und Bruno	Interview 1	45'45"
Robert und Jumbe	Interview 2	41'31"
Julia und Thea	Interview 3	45'51"
Matthes und Leon	Interview 4	55'36"
Roshan und Caspar	Interview 5	46'21"
Marie und Laura	Interview 6	31'34"
Daria und Alexandra	Interview 7	22'37"
Till und Nesrin	Interview 8	32'45"
Alina und Elsa	Interview 9	33'39"
Carla und Freya	Interview 10	26'33"
Helge und Jonas	Interview 11	17'57"
Florian und Jannis	Interview 12	41'46"
Michel und Pelle	Interview 13	46'23"
Cecilia und Linus	Interview 14	12'37"

An dieser Stelle soll eine Liste der Interviews die schnelle Zuordnung der jeweiligen Interviewpartner sowie den Bezug zum Fall-Raster ermöglichen (vgl. Kap. 6.2.2.2). Ebenso ist die jeweilige Interviewdauer verzeichnet.

Alle Namen wurden anonymisiert. Da ich davon ausgehe, dass der Name wesentlich zum individuellen Identitätsempfinden beiträgt, habe ich versucht, Migrationshintergründe auch weiterhin im Namen kenntlich zu machen. Die Erhebung des Migrationshintergrunds als soziostrukturelle Kategorie ist dagegen nicht Teil meiner Studie. Es wird nicht abgebildet, um welche Musikschulen oder Kindertagesstätten es sich handelt, um Rückschlüsse auf die interviewten Kinder auszuschließen.

7.3   Fallübergreifende Ergebnisdarstellung

Das qualitativ-inhaltsanalytische Vorgehen der vorliegenden Studie zielt darauf ab, die Fülle der Daten handhaben zu können. Sind die Interviews selbst noch auf einer Ebene unsystematischer Komplexität angesiedelt, so erlaubt das Kategoriensystem eine erste Strukturierung und somit Abstraktion der Daten. Die Interpretation und Diskussion der systematisierten Dateninhalte führt dann zum nächsten Schritt der Datenabstraktion. Dies erfolgt über Schwerpunktsetzungen anhand der aufgefundenen Sinnstrukturen. Die Abstraktionsschritte lassen sich (in aufsteigender Leserichtung) folgendermaßen darstellen:

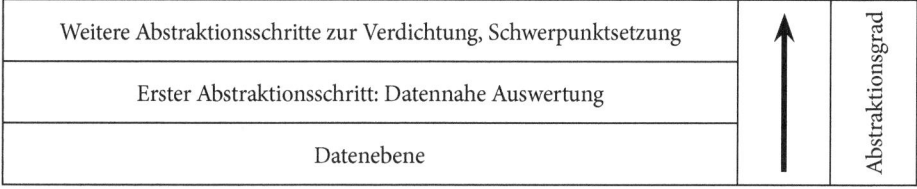

Abbildung 11: Abstraktionsschritte in der Datenauswertung

Die nachfolgende fallübergreifende Auswertung (Kap. 7.3) befindet sich auf der Ebene des *ersten Abstraktionsschrittes*. Es erfolgt also eine datennahe Auswertung, indem die Kategorien durch Beispiele aus dem Datenmaterial belegt und erläutert werden. Damit wird zunächst auf der Ebene der Kategorien eine gleichrangige und detaillierte Betrachtung der einzelnen Inhalte angestrebt. Hier stellen die Kategorien innerhalb ihrer hierarchisch strukturierten Anordnung von Ober- und Unterkategorien das erste Muster dar, welches in den Daten liegt (induktive Kategorien) bzw. in die Daten gelegt wird (deduktive Kategorien). Dort, wo viele Unterkategorien eine Oberkategorie bilden, habe ich Gruppierungen vorgenommen, um die Kategorieinternen Strukturen zu verdeutlichen. Wesentliches Merkmal ist hier, dass sich die gruppierten Unterkategorien in Teilen durchdringen. Das heißt, dass sie nicht in jedem Falle trennscharf abgrenzbar gegenüber den anderen Kategorien der Gruppe sein müssen. Vielmehr können sich Schnittmengen ergeben, so z.B. wenn „Fantasiegeschichten" im Rahmen vom „Theater spielen" entstehen, oder selbst erfundene Lieder die Kategorien „Lieder singen" und „Musik erfinden" verknüpfen. Oberkategorien, die sich nur über zwei oder drei Unterkategorien definieren, haben aufgrund der Übersichtlichkeit keinen Gruppierungsprozess erfahren.

Die datennahe Auswertung auf dieser ersten, kategoriegeleiteten Abstraktionsebene bildet die Grundlage für *weitere Abstraktionsschritte*, welche wiederum als Suche nach Mustern, also Sinnstrukturen angelegt sind. Dies ist Thema des Kapitels 7.5 zu Verdichtungen in den Auswertungsergebnissen.

7.3.1 Effekte des Interviewdesigns auf die Ergebnisse

Wie bereits in Kapitel 6.2.1 erläutert, sind die Interviews im Sinne einer alltäglichen Kommunikationssituation zu verstehen und somit Beeinflussungen zwischen mir und den Kindern unterworfen. Indem ich als Interviewerin meinen Einfluss nicht ausklammern kann, ist die Auswertung damit verbunden, diesen soweit möglich aufzudecken und nachvollziehbar zu machen. Beispielsweise bewirkt meine Erläuterung, man könne etwas auf die Pappquadrate draufstellen, dass Freya ihre Figur darauf setzt. Daraufhin entwickelt Freya eine weiterführende Idee, in welcher sie das Pappquadrat zum fliegenden Teppich erklärt, auf welchem ihre Figur einen Ausflug macht (vgl. dazu ausführlich Kap. 7.3.2.6 und Anhang 2.10).

Neben dieser dialogischen Einwirkung existieren jedoch weitere Einflussfaktoren, die hier noch einmal explizit erwähnt werden sollen.

Zunächst ist wiederholt die Reproduktion von Ideen aus der Vorbereitungsstunde zu beobachten. Dabei wird jedoch in keinem Falle exakt das Gleiche wiederholt. Zum Beispiel beinhaltet mein Eingangsimpuls aus der Vorbereitungsstunde den Wechsel zwischen Bewegung und Instrumentalspiel in Reaktion auf eine Musik von CD (vgl. zur Vorbereitungsstunde Kap. 6.2.2.5). Auch einige Kinder erfinden Reaktionsspiele, die zwischen Bewegung und Instrumentalspiel wechseln und sich an einer Musik zum Hören orientieren. Die Bewegungsideen und die Instrumentenauswahl entsprechen jedoch in keinem Interview dem Ursprungsimpuls von mir. Die Idee, auf laute oder leise Musik zu reagieren, kann dagegen durchaus als 1:1-Übertragung angesehen werden. Interessant ist dennoch, wie die Kinder mit dieser Idee umgehen, wie sie sie umsetzen, weiter entwickeln und darüber sprechen.

Ein weiterer deutlicher Effekt geht vom Design der Interview-Situation aus. Indem ich mich dafür entschieden habe, mit den Kindern in einem Modellraum zu spielen, bin ich zugleich mit dem nachvollziehbaren Wunsch der Kinder konfrontiert, die Ideen auch „in echt" durchzuführen. Dies wird durch die Vorbereitungsstunde noch unterstützt, denn dort hat der Wechsel zwischen dem Spiel im Modellraum und der Durchführung im Früherziehungsraum mehrfach stattgefunden.

Jumbe möchte die abgebildeten Instrumente gerne „*ganz echt*" ausprobieren und Jonas findet es „*schade*", dass man nun nicht „*mal was in echt machen*" kann.

Alina, Thea und Carla möchten die Dinge im Modellraum auch „*in echt*" nutzen und Alexandra wünscht sich, die Eltern „*in echt*" in den Interviewraum zu bitten, um ihnen die Interviewsituation präsentieren zu können.

Es ist anzumerken, dass keines der Interviews atmosphärisch negativ davon beeinflusst wurde, dass ich Materialien oder Instrumente nur auf Bildern zur Verfügung stellen konnte. Die Kinder akzeptierten meine Begründung, dass wir nicht alles „in echt" machen könnten, da ich es so besser auf Video aufnehmen könne. Auch der Hinweis, dass wir während des Interviews nicht im Früherziehungsraum seien und somit keinen Zugriff auf Material und Instrumente hätten, wurde anerkannt.

7.3.2 Ästhetische Gestaltungsaspekte

7.3.2.1 Die Kategorie im Überblick

Diese Kategorie bezieht sich auf künstlerische bzw. kreative Ideen und Handlungen der Kinder.

Kurzdefinitionen

Versatzstücke: Elemente aus Erfahrungshintergründen der eigenen Lebenswelt (z.B. aus den Medien), welche kreativ genutzt werden.

Präsentieren: Vorführen, aufführen, darbieten (wollen). Medial auch: Aufnehmen und senden u.ä.

Bewegen: Körperbewegungen, die mit Musik oder (szenischem) Spiel in Zusammenhang stehen.

Gruppe A – Musikalisches Handeln

In dieser Gruppe sind jene Kategorien zusammengefasst, welche im engeren Sinne musikalisches Handeln betreffen. Sie sind somit eine Ausdifferenzierung der ursprünglich gesetzten deduktiven Unterkategorie „Musik machen" (vgl. Kap. 7.1.1).

- *Musik erfinden*: Erfindung von Liedern, Melodien, Rhythmen, Begleitformen etc. Auch: Musik, die aus Versatzstücken entsteht.
- *Lieder singen*: Lieder aus dem Repertoire der Kinder werden in Teilen oder vollständig gesungen.
- *Bodypercussion*: Musikalischer Ausdruck mit Körperklängen.
- *Musik hören*: Der Wunsch nach Musik zum Hören, live oder über Tonträger.
- *Instrumenteneinsatz*: Instrumente kommen im Rahmen einer Spielidee/musikalischen Erfindung zum Einsatz oder werden als notwendig erachtet.

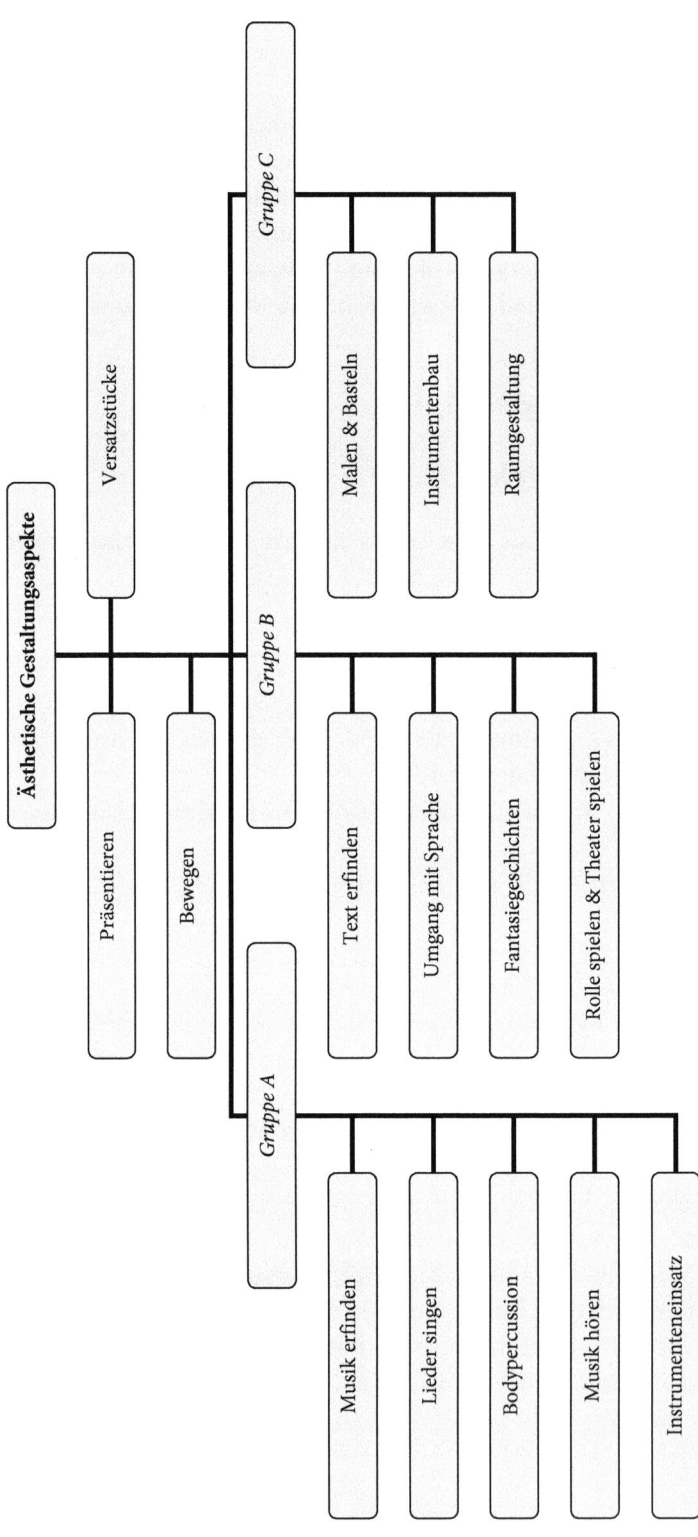

Abbildung 12: Die Kategorie „ästhetische Gestaltungsaspekte"

Gruppe B – Sprache und Szene

- *Text erfinden:* Auf eine Melodie oder einen Rhythmus wird ein erfundener Text gelegt. Auch: Text, der aus Versatzstücken entsteht.
- *Umgang mit Sprache:* Verwendung von Sprache als künstlerisches Produkt, z.B. in Reimen, Nonsens-Worten, aber auch i.S. eines besonderen Sprachduktus u.ä.
- *Fantasiegeschichten:* erfundene Geschichten über sich selbst oder zu einem erfundenen Thema.
- *Rolle spielen & Theater spielen:* Benennen und Einnehmen einer Rolle; (Theater)-Szenen entwerfen und/oder spielen.

Gruppe C – Visuelle Gestaltung von Produkten

- *Malen & Basteln:* Gespräch über Malen und/oder Basteln oder Ausführen der genannten Tätigkeiten.
- *Instrumentenbau:* Bezugnahme auf Selbstbauinstrumente oder Ideen zur Herstellung eigener Instrumente.
- *Raumgestaltung:* Anordnungen im Raum, Raumeinrichtung.

7.3.2.2 Versatzstücke

Versatzstücke aus der Lebenswelt bzw. dem Erfahrungshintergrund der Kinder spielen eine wichtige Rolle in allen Interviews. Sie bilden z.B. den Ausgangspunkt für eigene Erfindungen oder sie werden bruchstückhaft in neue Kontexte übertragen und verändert. Die Bezeichnung „Versatzstücke" verweist auf den Charakter der *Anwendung*, denn Erfahrungsgehalte bzw. Einflüsse aus der individuellen (musikalischen) Sozialisation werden dann zum Versatzstück, wenn sie aktiviert, d.h. aufgegriffen und verwendet werden. Hier soll zunächst ein Blick auf die Formen und Ausprägungen der Versatzstücke in den Interviews geworfen werden.

Figuren aus Büchern oder Sendungen: Oft handelt es sich um Figuren aus Büchern oder Sendungen wie beispielsweise den Räuber Hotzenplotz, Batman, die Hexe Lilli, die Olchis oder die Heinzelmännchen von Köln. Manchmal übernehmen die Kinder die Rolle der jeweiligen Figur, Bruno sagt z.B. er sei Batman und Freya und Carla erklären sich beide zu Olchis. Auch werden Ausschnitte aus der dazu gehörigen Geschichte erzählt, so erklären Freya und Carla mir, wer die Olchis sind und was sie tun[61] und Jumbe fasst verschiedene Elemente der Geschichte rund um die Hexe Lilli in einem Sprechgesang zusammen. Schließlich dient der Bezug zu bekannten Buch-, Hörspiel- oder Fernseh-Figuren immer wieder dazu, deren Lieder anzusingen. Carla tut dies z.B. für die Olchis, Jumbe für Hexe Lilli und Räuber Hotzenplotz und Pelle für Theo, Tess und Quentin (Hörspielfassung der „Was ist was?"-Bücher).

Spiele: Auch bekannte Spiele wie „Blinde Kuh", „Fangen", „Verstecken" oder „Wer wird Frühstückskönig" werden als Versatzstücke verwendet und mit musikalischen

---

61 Die „Olchis" sind Figuren aus einem Kinderbuch von Erhard Dietl.

Handlungen verknüpft. Die Stopptanz-Spielregel wird z.B. in verschiedenen Interviews für eigene Spiele variiert. Das am häufigsten genannte Spiel, für das auf meine Fragen hin auch immer wieder musikalische Anknüpfungsmöglichkeiten gesucht wurden, ist der Fußball.[62]

Wortspiele, Witze und Textparodien: Ebenso sind Wortspiele, Witze und Textparodien vertreten, welche die Kinder z.B. aus der Kindergartengruppe kennen. Leon würde gerne das Lied aufschreiben *„Hoch soll er leben, an der Decke kleben, runter fall'n, Popo knall'n in die heiße Suppe fall'n"*. Matthes erzählt Bärenwitze, die zugleich Wortspiele sind (*„Wie heißen Bären, die Flügel, die fliegen können? Hub-schrau-bär"*). Jumbe und Robert kichern darüber, wie Kaspar und Seppel den Namen des Räubers Hotzenplotz verballhornen: *„Kotzenkotz"*, *„Rotzenrotz"* und *„Nasenrotz"*. Hier ist die Kategorie „Versatzstücke" eng mit der Kategorie „Umgang mit Sprache" verbunden.

Lieder: Einen weiteren wichtigen Anteil nehmen Lieder als Versatzstücke ein. Die Kinder benennen zuweilen auch den Kontext, aus dem sie das Lied kennen. Carla und Freya singen mir beispielsweise ihr Abschlusslied aus der MFE vor, Pelle und Michel haben beide eine CD mit dem Schlager „So ein schöner Tag" zu Hause und Roshan erklärt, dass er das Lied der „Spinne Martha" in einem Konzert gehört hat. Stilistisch sind in den Interviews Kinderlieder, Volkslieder, Schlager, Pop und Hip Hop, Fernseh- und Hörspielmelodien vertreten. Dass die Lieder komplett gesungen werden, ist eher die Ausnahme. Vielmehr werden Liedanfänge und Refrains angesungen und melodisch und textlich leicht variiert. Roshan bricht im Refrain von „Spinne Martha" ab, sagt *„ähhh"* und setzt noch einmal neu an und Bruno lässt bei „Alle meine Entchen" manche Textteile aus, während die Melodie sich eher wie „Fuchs, du hast die Gans gestohlen" anhört. Daraufhin sagt er seufzend *„Ich kenn das anders"*. Für die anderen Kinder scheint es hingegen vollkommen in Ordnung zu sein, die Lieder textlich und melodisch nicht komplett originalgetreu wiederzugeben. Vielmehr wirkt es so, als ob vor allem die Gestalt des Liedes an sich vorhanden sein muss, damit es akzeptiert ist. Das heißt, dass wichtige Worte des Textes, der Rhythmus und teilweise auch der ungefähre Tonhöhenverlauf nachvollzogen werden. Carla singt zum Beispiel den Refrain *„Fliegenschiss und Olchi-Furz, das Leben ist doch viel zu kurz"*. In der darauf folgenden Zeile steht im Original eine Fermate auf dem Wort Schleim. Carla singt sie schon auf dem Wort Schlick: *„Wir lieben Schliiiick"*. Dies führt dazu, dass sie den Rest der Zeile *„und Schlamm und Schleim"* nun im doppelten Tempo und mit einer zweiten, etwas kürzeren Fermate auf *„Schleim"* singt, was den musikalischen Gestus deutlich energiegeladener wirken lässt, als das eher „gemütliche" Original.

Musiziertechniken: Außerdem sind Versatzstücke in Form von Musiziertechniken in verschiedenen Klangproduktionen der Kinder zu finden. Als Versatzstück aus der MFE bringt Michel verschiedene Trommelspieltechniken wie Wischen, Streichen und Fingertrippeln mit. Pelle singt mehrere Strophen des Schlagers „So ein schöner Tag" vor und benutzt dabei von unten angeschliffene Töne und Glottis-Schläge

---

62 Die meisten Interviews wurden im Frühjahr 2010, einige Monate vor Beginn der Fußballweltmeisterschaft geführt. Die Präsenz der Sportart war geschlechtsunabhängig deutlich zu spüren.

wie sie auch im Original zu hören sind. Jumbe verwendet ebenfalls ein stiltypisches Versatzstück, indem er Roberts Ankündigung aufgreift, er könne mit dem Mund Musik machen. Daraus entwickelt Jumbe eine Beat-Box-Imitation, die nicht nur die entsprechenden Zisch- und Plosiv-Laute, sondern auch dazu passende rhythmische Kopfbewegungen enthält.

Rahmenbedingungen: Schließlich können Versatzstücke Rahmenbedingungen betreffen, aufgrund derer sich eine Situation eindeutig charakterisieren lässt. Diese Versatzstücke beinhalten nicht nur Rituale oder Traditionen aus dem direkten Lebensumfeld der Kinder, wie z.B. der Kindergartengruppe, sondern bilden in besonderem Maße kulturelle Konventionen ab. Somit geben sie den Blick auf die musikalische Sozialisation der Kinder und die darin stattfindende Enkulturation frei. So fordert Laura für das Theaterspielen als erstes einen Vorhang ein und Marie erklärt: *„Da sagt man immer ‚meine Damen und Herren'".* Diese Ansagefloskel wird auch von Pelle für sein Sendestudio genutzt, der für den „Ansager" – passend zur Radio-Idee – das Audioaufnahmegerät als Mikrophon verwendet. Caspar stellt die notwendigen Rahmenbedingungen für ein Konzert her, indem er als situationskonstituierende Komponenten nach und nach eine Bühne, Instrumente, ein Mikrophon für die Ansagen sowie schließlich das Publikum einbringt.

In einem Abschlusslied, welches Roshan für das Ende des Interviews vorschlägt, kommen dagegen verschiedene Versatzstücke aus dem Kindergarten- oder MFE-Alltag zum Tragen. Alleine die Tatsache, das Interview mit einem Abschlusslied beenden zu wollen, weist schon den Bezug auf eine aus anderen Zusammenhängen bekannte Tradition auf. Es ist jedoch anzumerken, dass in Roshans MFE-Gruppe kein Abschlusslied gesungen wird, so dass er das Lied aus einem anderen Kontext zu kennen scheint. Allerdings sagt er *„dafür brauch, muss ich mich hier hin setzen"* und setzt sich auf einen Stuhl am Rand des Raums. Dasselbe tut jede Woche seine MFE-Gruppe, bevor sie zurück in die Kita-Räume geht. Ein weiteres Versatzstück, welches aus der MFE oder der Kita bzw. aus Roshans eigenen Lernerfahrungen stammen könnte, ist seine Methodik der Vermittlung. Er sagt:

„Ich sing es euch einmal vor und dann singen wir alle zu dritt."

Sein Hinweis am Ende des Liedes, *„und dann klatschen",* könnte für Applaus stehen, der somit den Charakter des Schlusses noch unterstreichen würde.

Gerade wenn Bekanntes verwendet wird, um Neues zu schaffen, wird damit auch die habituelle Verankerung von Bedeutungszuweisungen deutlich. Die enge Verzahnung mit der Kategorie „Orientierung: Bekanntes" schlägt sich auch in einer hohen Deckungsgleichheit mit der Kodierung der „Versatzstücke" nieder.

So können die Kinder auf einen „Material-Fundus" zurückgreifen, um sich künstlerisch auszudrücken. Versatzstücke sind in den Interviews Ausgangsimpuls oder Bestandteil eines Gerüsts für den eigenaktiven Umgang mit Musik. Somit nehmen sie zugleich eine Anregungs- und eine Orientierungsfunktion ein. Darüber hinaus fällt die hohe und kategorienübergreifende Vernetzung der „Versatzstücke" mit anderen Kategorien auf. Die Querverbindungen werden in den folgenden Kategorien-darstellungen bereits deutlich und sind Ausgangspunkt der Suche nach thematischen Verdichtungen im Material, welche in Kapitel 7.5 beschrieben wird.

7.3.2.3 Präsentieren

Situationen, die explizit auf Präsentationen ausgerichtet sind, finden in zwei Ausprägungen statt. Einerseits werden Präsentationen für andere Menschen vorgenommen und andererseits für sich selbst. Letzteres erhält einen dokumentierenden Charakter, indem die Kinder für die Kamera oder das Audioaufnahmegerät agieren, um sich dies dann anhören oder ansehen zu können.

Für andere: Präsentationen für andere Menschen finden in den Situationen „Konzert", „Theater", „Wettbewerb" und „Unterricht" statt. Wesentlich ist hier die Ausgestaltung der Rahmenbedingungen. So sind Vorhang, Bühne, Mikrophon und Publikum definitorische Elemente von Präsentationen. Zudem sind diese Situationen davon charakterisiert, dass gezeigt wird, was man kann. Hier wird die Nähe zur Kategorie „Kompetenzempfinden" deutlich. Julia und Thea imaginieren während des Interviews, dass die ganze Kindergartengruppe ihnen zuschauen soll. Julia erklärt: *„Weil ich so gut, weil ich so gut Seilchen springen kann".* Thea fügt sofort hinzu: *„Kann ich auch."*

Bei Pelle ist das besondere Können – nämlich etwas als Bester zu können – ein Versatzstück, welches zu Präsentationssituationen gehört. Er eröffnet seinen Musikwettbewerb in einem Sendestudio mit den Worten: *„Meine Damen und Herren, meine Damen und Herren. Ich begebe Ihnen, jetzt kommen die besten Sänger der Welt!"*

Für sich selbst: Die eher dokumentarische Präsentation für sich selbst geht auf die Aufnahmegeräte als Anregungsimpuls zurück. Entweder sind die Kinder hier gleichzeitig Ausführende und „Publikum", indem sie etwas für sich präsentieren, oder sie nehmen die Publikumsrolle ein und bitten darum, dass Andere etwas für sie präsentieren.

Kamera und Audioaufnahmegerät üben eine deutliche Anziehungskraft auf die Kinder aus. Wenn speziell für die Aufnahme agiert wird, geschieht dies meist in einer Art Kommunikation „mit" dem Gerät. Alina nimmt beispielsweise das Audioaufnahmegerät in die Hand und fragt: *„Nimmt es jetzt auf?"* Als ich bejahe, hält sie es direkt vor den Mund und fragt: *„Hallo is' da wer? Hihihi."* Kurz darauf stellt sie fest: *„Da is' wer drin. Ho. Er nimmt auf."* Dies lässt die Zuschreibung von Eigenschaften eines Telefons oder eines Gesprächspartners vermuten. In diesem Kontext passt auch Pelles Bezeichnung *„die Stimme"* für das Audioaufnahmegerät oder Jumbes Frage *„Kann das singen?".*

Neben dem Kommunikationsaspekt ist das Nachstellen von Situationen für die Kamera ein wesentliches Präsentationsmerkmal. Es handelt sich dabei um die Darbietung der eigenen Handlungen, jedoch extra für die Kamera durchgeführt und somit im spielenden „So-tun-als-ob" verankert:

Leon: Hallo Kamera.
Matthes: Die ha'm dich jetzt aufgenommen, zeig mal, ich möchte sehen – Leon sag nochmal
‚hallo Kamera', ich schau rein.
Leon: Hallo Kamera (winkt und lacht).

Daraufhin entwickelt sich eine längere Szene, in der beide Kinder abwechselnd durch die Kamera schauen und dabei ihren Gesprächspartner beim Notenschreiben beobachten. Schließlich werden die selbst geschriebenen Noten vor die Kameralinse gehalten.

Der dokumentarische Charakter, welcher den Präsentationen für sich selbst innewohnt, verweist auf die Bedeutsamkeit des Endprodukts. Die eigene Handlung wiederholbar und beobachtbar machen zu können, scheint hier eine Schlüsselrolle einzunehmen, welche in Kapitel 7.5.2.3 ausführlicher aufgegriffen werden soll.

7.3.2.4 Bewegen

Bewegungen begleiten ausnahmslos jede Klangproduktion der Kinder in den Interviews. Manchmal fallen sie konkret aus wie z.B. Frankas szenische Darstellung der Liedinhalte von „Hänschen klein". Zur Zeile *„Aber Mutter weinet sehr"* wischt und reibt sie sich ausführlich die Augen und verfällt dann händeringend in eine sehr traurig-zusammengesunkene Körperhaltung. Auch die vielfachen Instrumentenimitationen, welche in der Kategorie „nicht sprachliche Äußerungen" ausführlicher erläutert werden, gehören in den Kontext konkreter Bewegungen zu vokalen Klängen.

Daneben existieren auch die abstrakten Bewegungen, welche einen Melodieverlauf unterstützen oder das Mitempfinden eines Rhythmus verdeutlichen. Häufig wirkt es so, als würden sich Klang und Bewegung gegenseitig „hochschaukeln". Bruno beispielsweise nimmt mehrere Bildkarten in die Hände und bewegt sie rhythmisch zu einer von ihm gesungenen Melodie. Das Tempo der Bewegungen und der Musik ist schnell und von einem energischen Duktus gekennzeichnet. Zu einem hohen Ton, der im Glissando wieder nach unten gezogen wird, wirft Bruno alle Karten in die Luft und fällt dabei fast nach hinten um. Auch bei Helge und Jonas oder Julia und Thea sind solche übermütigen Klang-Bewegungs-Parallelen zu beobachten, bei denen schließlich Bewegung und Klang regelrecht „aus der Kurve fliegen".

Im Rahmen der Entwicklung von Spielideen wird auch das Tanzen mehrfach vorgeschlagen. Die Ausführung bleibt allerdings relativ undefiniert. Vorschläge wie getanzt werden könnte, ob bestimmte Gruppenformationen oder Schrittfolgen eine Rolle spielen sollten, sind nicht vorhanden. Dagegen wünscht Robert sich zum Abschluss des Interviews noch *„eine Bewegung"*, diese erklärt er auch sehr detailliert:

Robert: Einmal hochgehen und dann sich umdrehen und wieder ganz schnell runtergehen.
(Er zeigt mit dem Finger die Bewegung an.)
Jumbe: (steht auf und macht Bewegung mit) So: Hoch, springen, dödödö (dreht sich) [...]
Hoch, springen, dödödö, Hoch springen (setzt sich).

Ansonsten ist die Ausformulierung von Bewegungsideen vor allem aus sportlichen Kontexten und dort entnommenen Versatzstücken beeinflusst. Sportarten oder Spiele stehen Pate für Bewegungen wie „Hampelmann", „Seilchenspringen" „Fangenspielen" und natürlich „Fußball". Kennzeichnend ist hier das Berücksichtigen motorischer Herausforderungen. Bei Carla schlägt sich dies z.B. in einer Wettbewerbsidee nieder. Zunächst schlägt sie vor: „Fußball und Wettrennen. Oder Mal-Wettrennen". Da sie Reifen und Bälle ausgewählt hat, überlegt sie weiter: „Und wenn der Ball, der Reifen zuerst auf dem Boden ist- […] dann ist (.) dann das auch ein Wettspiel. Einfach ausgedacht".

Insgesamt (und wenig verwunderlich) sind Bewegungen kontinuierlich vorhanden. Entweder werden die Figuren bewegt – Cecilia lässt ihre Figur zum Beispiel vor dem Aufnahmegerät hüpfen oder tanzen und singt dazu – oder die Kinder bewegen sich selbst. Mit oder ohne Figuren werden auch Bewegungen im ganzen Raum unternommen, so z.B., wenn Jumbe ein Lied aus seiner MFE-Gruppe singt („Die Windgeister") und dabei mit großen Schritten und ausgebreiteten Armen von Wand zu Wand springt. Oder wenn Carla und Freya ihre Figuren für einen Ausflug mit dem fliegenden Teppich auf die Pappquadrate stellen und sie mit ausladenden Auf- und Ab-Bewegungen durch das Zimmer tragen. Ebenso, wenn Julia mir zeigt wie der Fußball durch ein von Thea aufgebautes Tor fliegen soll, indem sie selbst hindurch krabbelt. Zeigehandlung und Freude an der Bewegung scheinen hier nah beieinander zu liegen.

7.3.2.5 Gruppe A – Musikalisches Handeln

Die Kategorien „Musik erfinden", „Lieder singen", „Bodypercussion" „Musik hören" und „Instrumenteneinsatz" bilden einen Zusammenschluss, der den Blick auf die musikalischen Handlungen der Kinder lenkt.

Musik erfinden: Musikalische Erfindungen haben häufig einen fragmentarischen Charakter. Zahlreiche kurze Silbengesänge sind fließend in die Kommunikation eingeflochten. Daria singt z.B. für das auf einer Aktionskarte abgebildete Ohr

und schließt ohne Pause an: „Und ey, das muss so sein", während sie die Karte verschiebt. Roshan erfindet eine Musik zum Fußballspielen, er sagt noch: „Ja, genau, wir-" und geht dann nahtlos in den kurzen Silben-Sprechgesang „pimpimpimpimpiupiupiu" über. Bei Elsa entwickelt sich die Frage nach der Musik, die noch gebraucht würde, zu ihrer eigenen Antwort, indem sie vom Sprechen ins Singen übergeht:

Vertieftere musikalische Erfindungen sind z.B. Bodypercussion-Rhythmen, die mehrfach wiederholt werden. Florian denkt sich zwei Rhythmen aus.

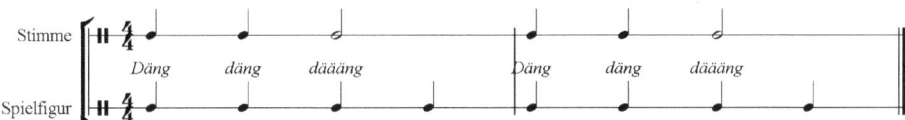

Den zweiten Rhythmus soll ich übernehmen und weiterspielen:

Jumbe erfindet zahlreiche Rap-ähnliche, nicht direkt metrische, aber doch rhythmisch betonte Sprachrhythmen wie z.B.

Jumbe: (hält Spielfigur an Bildkärtchen) Dang-dang-dang-dang. (Rap-artiger Sprachgestus) Komm her--geil. Schk. Gib alles an. Der Stärkste, glaub aaan Dich. Ich bin der coolste--koll- komm geh ab--ich bin der Beste. Wir sind stark-jaa (unterstützt durch Gestikulieren mit der Hand). Wir sind doch die Stärksten auf der Welt. Das ist krass und-oder yes (hält Figur nach oben).

Zudem singt er Lieder, die er kennt, reichert sie aber durch viele eigene Ideen an. Damit wird erneut der Versatzstück-Charakter deutlich. Auch singt er ein ihm bekanntes Lied mit einer englisch anmutenden Fantasiesprache und macht so eine ganz eigene Musik daraus (die Intonation ist annähernd wiedergegeben):

Robert schließlich leitet seinen selbst erfundenen Rap mit einem Bodypercussion-Intro ein, welches das Schlagzeug darstellen soll und entwickelt dann eine relativ stabile, metrische Formstruktur für seinen Sprechgesang, den er durch das Klopfen mit der Holzfigur begleitet:

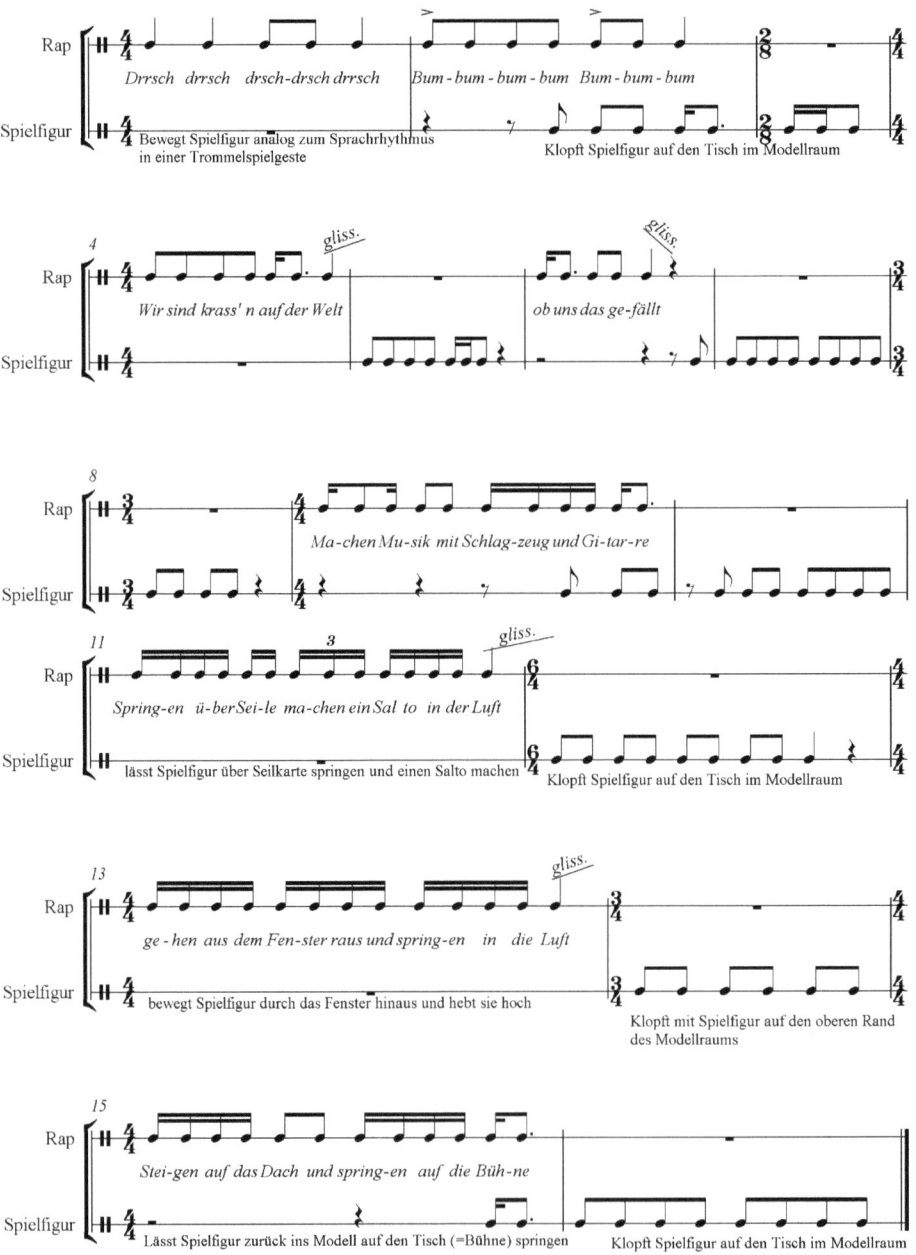

Lieder singen: Das Spektrum der gesungenen Lieder reicht vom Kinderlied über Pop-songs und Schlager sowie Film- und Hörspielmelodien bis zum Volkslied.

„*Alle meine Entchen*" scheint das Universal-Lied oder gewissermaßen Platzhalter-lied für Musik an sich zu sein. Es taucht in fast allen Interviews auf, wenn ich nach Musikbezügen zu den Ideen der Kinder frage. Jedoch wird es eher selten tatsächlich gesungen, häufiger dagegen genannt. Franka und Bruno singen es kurz, lösen es dann aber durch andere Lieder, insbesondere „*Hänschen klein*" ab. Freya singt es ebenfalls, allerdings lehnt ihre Interviewpartnerin Carla das Lied sofort ab.

Jumbe und Pelle singen jeweils einmal ein Lied, das sie aus der MFE kennen („*Die Windgeister*" bzw. „*Singt ein Vogel*") und Carla und Freya singen ihr MFE-Abschluss-lied vor („*Sag tschüss, denn die Stunde ist zu Ende*"). Die Mehrzahl der Lieder scheint dagegen eher medial transportiert zu sein (z.B. „*Lied der Olchis*", „*Hexe Lilli*", „*Spinne Martha*", „*Superhelden*", „*So ein schöner Tag*", „*Wenn man mit der Bahn fährt*" aus der „Was ist Was"-Reihe mit Theo, Tess und Quentin, ebenso die zahlreichen Hip Hop-Anklänge und Rock-Versatzstücke bei Jumbe).

Parodiegesänge, wie sie auch Patricia Shehan Campbell in ihrer Studie identifi-zieren konnte (vgl. Campbell, 2010, S. 48), sind ebenfalls zu beobachten. Leon greift eine tradierte Parodie auf: „*Hoch soll er leben, an der Decke kleben, runter fall'n, Popo knall'n in die heiße Suppe fall'n*". Thea erfindet ein eigenes Quatsch-Lied auf „*Schlaf, Kindchen, schlaf*" mit dem Text. „*Schlaf, Pupser, Schlaf, die Mutter hat ein Schaf […] die Pupser, die ham fröhlich, ja sie sind so fröhlich. Schlaf, Kindchen, schlaf, der Hund der pieselt alles*". Sie singt rhythmisch sicher in einer hohen Tonlage, allerdings ist der Text nicht durchgängig verständlich, da Thea während des Singens sehr oft kichern muss.

Bodypercussion: Bodypercussion findet als eigenständige musikalische Ausdrucks-form statt, wenn die Kinder Rhythmen erfinden oder eigene Klangproduktionen durch metrisches Klatschen, Stampfen oder Patschen untermalen. In dieser Form ist sie häufig Ersatz für die nicht vorhandenen Instrumente, welche auf den Bildkarten zu sehen sind. Die Produktion von Körperklängen steht für sich selbst, wenn Bruno beispielsweise zeigt, dass er schon schnipsen kann oder Robert erklärt „*Ich kann mit meinem Mund Musik machen*" und diesen Rhythmus dann mit dem Fuß begleitet:

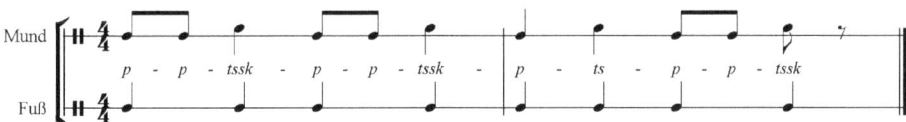

Außerdem gibt es eine zweite Ebene der Bodypercussion, wenn man sie so benennen möchte. Diese betrifft z.B. die Unterstützung von sprachlich emphatischen Situatio-nen. Jumbe klatscht auf besonders zu betonende Wörter oft zeitgleich in die Hände. Auch werden Erzählabschnitte durch perkussive Klänge mit Händen oder Füßen strukturiert oder kommentiert. Als Freya mir beispielsweise eine Spielidee erläutert, beginnt Carla, im Liegen mit den Beinen auf den Boden zu trommeln. Zunächst scheint kein Zusammenhang zu Freyas Erzählfluss zu bestehen, Carla wirkt eher abwesend. Doch bei der Idee, sich zu verkleiden, wird sie aufmerksam. Ich frage: „*Als was?*" Sie stoppt das Trommeln der Beine, während Freya zeitgleich mit ihrer Antwort stoppt. Die Nachdenkpause erscheint dadurch umso spannungsvoller. Freya sagt: „*Als (..) Affe!*" Auf das Wort „*Affe*" lässt Carla beide Beine wieder geräuschvoll auf den Boden fallen. Dann ändert Freya ihre Idee noch einmal: „*Nein, als (..) Dinosaurier*". Carla hält dazu wieder inne und beantwortet das Ergebnis dann mit einem kurzen Trommelwirbel der Beine.

Musik Hören: Hier ist ein Charakter der Beiläufigkeit zu erkennen, der vermutlich darauf zurückzuführen ist, dass Musik aus dem Radio oder von CD im Alltag oft neben anderen Aktivitäten erklingt. So ist das Anhören des Radios oder einer CD häufig die erste Antwort auf meine Frage nach dem Musikbezug einer vorgeschlagenen Spielidee. Welche Musik angehört werden sollte, wird dann erstmal als „*egal*" kommentiert. Dennoch erhält das Hören eine eigene Qualität, sobald ein Klangprodukt im Raum steht. Zwei Beispiele sollen dies verdeutlichen.

Zu einer Spielidee von Jumbe frage ich nach dem Musikbezug. Jumbe erkärt, ich solle einfach meine gesamte Musik mitbringen und Robert und er würden dann eine davon auswählen. Wir probieren es aus, indem ich verschiedene Melodien vorpfeife. Die beiden entscheiden sich für eine davon und das Spiel wird durchgeführt. Eine knappe halbe Stunde später geht es darum, dass beide Kinder gerne Instrumente ausprobieren möchten und ich frage wie das ablaufen soll. Nun schlägt Jumbe vor, dass eine Musik erklingen soll, zu der die beiden Kinder dann selbst Instrumente spielen würden. Diese Musik soll „*vom Kassettenrekorder [...]oder vom CD-Rekorder*" kommen und Jumbe weiß auch schon, welche: „*Die, die, äh, wo wir ge-nickt haben. Wo du gepfiffen hast*". Nun habe ich mir die Melodie leider nicht gemerkt und pfeife eine andere. Jumbe ist nicht einverstanden und besteht noch einmal auf der ursprünglichen Melodie. Leider fällt sie mir nicht mehr ein und so pfeife ich eine, deren Gestus dem Original ähnlich ist. Jumbe nickt, schaut zu Robert und sagt dann: „*Geht auch gut*". Bestimmend ist hier eine innere Klangvorstellung, mit der Jumbe das hörbare Produkt abgleicht. Zwar kann er die Originalmelodie selber nicht reproduzieren, aber er kann durchaus erkennen, dass zu den neuen Melodien keine Übereinstimmung besteht.

Auch bei Laura fällt mir der Aspekt der inneren Klangvorstellung besonders auf. Auf meine Nachfrage hin soll in Maries Theaterstück Musik aus dem Radio zu hören sein. Welche dies sein könnte, ist ihr egal. Ich pfeife etwas Ausgedachtes und Laura versucht nun, die Melodie zu erkennen. Als ich daraufhin „*Alle meine Entchen*" pfeife, summt sie ganz leise mit. Sie erklärt:

> Laura: *Das kam mir auch so bekannt vor, wollt schon versuchen ganz leise mitzusingen",*
> Interviewerin: *Ja? (lacht)*
> Laura: *Hab ich auch.*

Hier findet der Abgleich mit der inneren Klangvorstellung statt, indem Laura selbst musikalisch aktiv wird. Sie trägt sozusagen ihre innere Klangvorstellung nach außen. Dieser Weg der Bedeutungszuweisung ist auch beim Instrumenteneinsatz zu beobachten.

Instrumenteneinsatz: Da die Instrumente nur auf Bildern und nicht in echt vorhanden sind, wird die innere Klangvorstellung geradezu herausgefordert. Daher wird das Instrumentalspiel, wenn es im Raummodell nachgespielt wird, von den Kindern nicht nur durch Gesten, sondern auch durch vokale Klänge charakterisiert und es wird nach möglichst ähnlichen Klängen gesucht. Laura imitiert z.B. die Rasseln und wechselt dabei vom Klopfen zum Schnalzen, welches heller klingt. Sie sagt: *„Schnalzen is' besser wenn, wenn ich (.) schnalze, dann hört ihr (..) als ob ich das in echt spielen?"*

Florian versucht, den Einsatz der Instrumente klanglich passgenau in eine Theaterszene rund um einen Zauberer, eine Hexe und einen Fußballer einzubinden. Er macht den Klang der Cabassa mit *„rrrtschrrrtschrrtschrrtsch"* nach und weist ihr dann die Aufgabe als Säge zu, *„weil das ratscht"*. Auf der Suche nach einem passenden Klang *„wenn der Ball rollt"*, lehnt Florian Rasseln und Trommeln ab, da sie ihm nicht adäquat erscheinen. Auch hier wird die innere Klangvorstellung nach außen getragen, indem Florian ein leises, fauchendes Geräusch macht und sich auf die Suche nach einem dazu passenden Instrument begibt. Schließlich landet er wieder bei der Cabassa. Auch das reine Nachahmen von Trommeln, Klanghölzern oder dem Xylophon kann als ein „veräußern" der inneren Klangvorstellung verstanden werden.

Bei Nesrin kommt der Aspekt des Spieltechnischen zum Tragen. Sie erklärt, dass sie Triangel nicht so mag, *„Weil, ich weiß nich' wie ich das wieder anhalten soll und wieder losspielen soll"*. Dies macht deutlich, dass der Instrumenteneinsatz neben dem klanglichen Aspekt in besonderem Maße von Präferenzen und Vorerfahrungen geprägt ist. Immer wieder erzählen mir die Kinder von ihren Lieblingsinstrumenten oder sie bringen ihre Erfahrungen mit dem Instrumentalspiel ein. Robert nimmt bereits Schlagzeugunterricht und macht Rhythmen vor, die er klanglich passend zu den Bewegungen der Füße und der Hände gestaltet, indem er den Sound von Base-Drum und Snare imitiert. Bruno erhält Geigenunterricht und tut zu Frankas szenischer Darstellung des Liedes *„Hänschen klein"* so, als würde er geigen. Auch erzählt er von Liedern, die er aus seiner Geigenschule kennt. Thea schließlich ist genervt davon, dass bei ihrem Xylophon zu Hause die Klangplatten herunter fallen, sobald sie zu kräftig darauf spielt. Zugleich findet sie es aber auch lustig und macht mir die Situation mehrmals mit Gesten und vokaler Untermalung vor.

Marie und Laura erzählen mir ebenfalls von instrumentenbezogenen Erfahrungen, die sie zu Hause gemacht haben. Beide haben ein Spielklavier und beschreiben mir detailliert wie es aussieht und wie man es aufbaut. Hier kommt jedoch noch ein weiterer Aspekt zum Tragen, nämlich die Einschätzung der Funktion. Marie erzählt, dass man darauf *„richtig so'n Ton"* machen kann, *„wie auf'm richtigen Klavier"*. Allerdings unterscheidet sie deutlich zwischen dem „*richtigen*" Instrument und dem Spielzeug: „*Da ist alles nur trotzdem nur, nur Spielen*".

7.3.2.6 Gruppe B – Sprache und Szene

Die Kategorien „Umgang mit Sprache", „Text erfinden", „Fantasiegeschichten" und „Rolle spielen & Theater spielen" durchdringen sich teilweise. So können Texterfindungen oder Rollenspiele zugleich einen interessanten Umgang mit Sprache aufweisen und Fantasiegeschichten als Plot für eine Theaterszene entstehen. Die nachfolgende Darstellung der Kategorien macht dies deutlich.

Umgang mit Sprache erweist sich als eine Kategorie, die in die gesamte Kategoriengruppe ausstrahlt. Über die pragmatisch-performative Sprachintonation lassen sich Rollen definieren oder Personen charakterisieren. Cecilia ruft mit lauter, im Kehlkopf rollender Stimme: „*Ich bin der große, starke Riese*" und färbt das „*I*" in Riese dabei in ein dunkleres „*Ü*" um. Gemeinsam mit Linus ahmt sie mit monotoner Stimme und zerhacktem Sprachfluss Roboterklänge nach:

Cecilia: Was-gibt-es-noch?
[…]
Linus: Das-Ra-di-o.

Marie ahmt die hohe Stimme ihres kleinen Bruders nach, als sie über ihn erzählt:

„*Also, wenn der Justus das gemacht hätte, wenn der Justus jetzt in diesem Kurs wär' und das, wie das gemacht wird, dann hätte der gesagt (mit verstellter, sehr heller Stimme): ‚das das das das das das' (zu jedem „das" tippt sie der Reihe nach auf fast jedes Instrumentenbild)*".

Auch Fantasiegeschichten profitieren atmosphärisch vom Definitionsgehalt der Prosodie. Freya erfindet einen Ausflug mit einem fliegenden Teppich. Als sie das erste Mal diese Idee äußert, setzt sie nicht nur ihre Figur auf ein Pappquadrat und lässt beide einen großen Kreis beschreiben, sondern ihre Sprache scheint das Fliegen noch zu unterstützen, indem sie die Intonation ihrer Sprechstimme anhebt und in jede Wortdehnung eine Betonung und ein abwärts verlaufendes Glissando einbaut: „*Ich fliiieeege mit meinem fliiieeegenden Teppichchchch.*"

Andere Umgangsweisen mit Sprache fallen in Wortspielen und Reimen auf. Matthes spielt z.B. mit unvollständigen Worten, die dann ergänzt werden müssen. Die Möglichkeit, ein Wort auf verschiedene Arten vervollständigen zu können, scheint ihm dabei besonders gut zu gefallen, denn er strahlt mich an, als er bei der letzten Ergänzungsmöglichkeit anlangt:

Matthes: Gut dann bin ich Bestimm- (.) mer. Ich rede oft in halben Sätzen: Compu-, Mikro-
Leon: [-fon]
Interviewerin: [Und dann] -fon oder -welle?

Matthes: Ja, ja
Interviewerin: Mikro- (.) welle oder Mikro-
Matthes: Mikrofon. Nein Mikro- (.) skop!

Nach dem gleichen Prinzip funktionieren die Bärenwitze die er kurz darauf zum Besten gibt:

Matthes: Wie heißen Bären, die Flügel, die fliegen können? Hub-schrau-bär. (Alle lachen)
Wie heißt ein Bär der Eis isst?
Leon: [Eisbär]
Interviewerin: [Eisbär]
Matthes: Wie heißen die roten Bären?
Interviewerin: Erdbär
Matthes: Nein! Himbär.

Leon stellt zwar kein eigenes Rätsel, ergänzt aber regelkonform noch den „*Camembär*".

Reime kommen noch etwas häufiger vor als Wortspiele. Matthes singt:

und Robert rappt: „*Wir sind krass'n auf der Welt, (klopft mit seiner Figur im Metrum weiter) ob uns das gefällt.*"

Als Florian erklärt, gerne einmal die Flöte ausprobieren zu wollen, reimt Jannis: „*Flöte babaröte*". Kurz darauf ändert er den Reim um in „*Kröte Flöte*". Florian fügt hinzu: „*Und Klavier (.) Papier*". Da er zwischen den beiden Worten stockt, habe ich den Eindruck, dass ihm der Reim möglicherweise erst während des Sprechens einfällt. Jannis greift ihn auf, „*Klavier Papier*", und wiederholt ihn danach noch mehrmals.

Michel begrüßt ein Mädchen aus seiner MFE-Gruppe, das kurz bei uns vorbei schaut, mit dem Reim: „*Guten Tag, du Marmelat.*" und Roshan erfindet zwar keinen Reim, aber einen Vers, den Caspar noch bekräftigt:

Roshan (Sprechgesang): Ich war müde, meine Lust, denn der Fritze (..) ist gegrützt.
Caspar: So vergrützt

Der Umgang mit Sprache wirkt bei den Kindern insgesamt sehr lustvoll. Mehrdeutigkeiten sind attraktiv, ebenso aber auch Nonsens-Wörter wie „*babaröte*" oder „*marmelat*", welche sich unter Umständen reimen und somit die gerade verwendeten Silben und Klänge noch unterstreichen.

Text erfinden: Florian und Jannis erfinden Texte für ihr Theaterstück. Darin werden Fußbälle verzaubert, so dass sie sprechen können. Florian und Jannis überlegen, was die Bälle sagen könnten:

> Florian: Die sagen „Platz im Tor", damit ich reinschießen kann.
> Interviewerin: Platz im Tor.
> Jannis: Und die sagen dann „hoffentlich flieg ich auch ins Tor."

Theas Parodie auf „Schlaf, Kindchen schlaf" verbindet dagegen einen erfundenen Text mit einer vorhandenen Melodie (vgl. Kap. 7.3.2.5 zu „Musik erfinden"). Dabei lehnt Thea sich an Schlüsselwörter des Textes an, ersetzt zunächst nur „Kindchen" durch „*Pupser*" und singt „*die Mutter hat ein Schaf*" anstelle von „der Vater hüt' die Schaf". Die zweite Zeile ist dann eine komplette Eigenerfindung: „*Die Pupser die ha'm fröhlich, ja sie sind so fröhlich*". Das Ersetzen bestimmter Originalworte und die Neuerfindung der zweiten Zeile dienen hier möglicherweise dem Zweck der Albernheit, oder auch Provokation, denn Thea fällt vor lauter Kichern um, während Julia etwas peinlich berührt zu sein scheint.

Roshan erfindet Texte, weil er den Originaltext von Liedern nicht komplett auswendig kann. So singt er das Lied der „Spinne Martha" mit dem Text:

> Roshan (singt): „*Oh Spinne Martha, oh, wer hat sie gesehen, (geht in Sprechen über) die is' so ne sch, ääh, (singt wieder) die is' so wunder-wunderschön, so wunderschön.*"

Der Text des Liedes von Peter Maiwald lautet im Original:

> Oh – wo ist meine Spinne
> wer hat sie geseh'n
> sie hat sechs[63] lange Beine und
> sie ist sehr wunderschön, sehr wunderschön.

Jumbe schließlich reichert das Lied der Hexe Lilli um ganze Geschichtenerzählungen an, die er im Sprechgesang vorträgt und als seine eigene Erfindung definiert. Diese sind durchaus angelehnt an die Hexe-Lilli-Filme. Dort gibt es den Drachen Hektor, der mit einem Hexenbuch in Lillis Zimmer landet und die Hexe Surulunda, die einen magischen Ohrring besitzt.

> Jumbe: Ja, und wir singen. (Wechselt zwischen Singen und Sprechgesang) Komm her, das ist das Beste. Wir kommen nicht mit dem Fahrrad an, das ist denn da? Ich will in mein Zimmer geh'n und alles ist- unordentlich.
> Interviewerin: (lacht).
> Jumbe: (singt weiter) Ich hab es doch (breitet Arme aus) alles aufgeräumt, mein kleiner Drache Hektor. Hör au--du machst mein Zimmer unordentlicher, ich hab doch gestern aufgeräumt und du machst alles wieder unordentlich.

---

63 Ja, die Spinne Martha hat tatsächlich nur sechs Beine. Ob aus biologischen oder künstlerischen Gründen, ließ sich leider nicht herausfinden.

Interviewerin: (lacht) Welcher Hektor, wer ist denn das?

Jumbe: Jetzt find ich nicht mehr mein Hexenbuch, wegen dir, weil du alles unordentlich gemacht hast. Das Hexenbuch ist verloren gegangen. Nur wegen dir.

Interviewerin: Oh nein

Jumbe: Der Morgen kommt, doch die Hexe bringt dir den Ohrring (fasst ans Ohr) und die- und damit kannst du dir alles wünschen und es kommt wieder zurück. Die liebe Hexe Sarmama hat, sie hat, hat ein Ohrring und der kann zaubern (breitet Arme aus), so wie das Hexenbuch.

Erneut ist auch Roberts Rap zu nennen. Hier geht die Texterfindung auf spontan aufgegriffene Impulse zurück, indem Robert sich auf die vorhandenen Bilder von Schlagzeug, Gitarre und Seilen bezieht und auch die Bewegungen seiner Figur im Modell textlich einarbeitet (vgl. das Notenbeispiel in Kap. 7.3.2.5).

Fantasiegeschichten reichen von kleinen „Ideenschnipseln" bis zu ausführlichen Erzählungen. Einen solchen „Schnipsel" erfindet z.B. Pelle, weil er möchte, dass jeder etwas in das Mikrophon sprechen soll, auch dies ist ein Aspekt des Umgangs mit Sprache.

Pelle: Jetzt spricht der mal in das Mikrophon. Ich hab, ich bin gern spazieren gegangen, von Südafrika bis nach Deutschland, in einer Sekunde (beide Kinder lachen).

Michel: Also so: bin da!

Pelle: Und ein und in hunderttausend Schritten.

Sobald die Geschichten länger werden, sind sie mit szenischem Handeln oder zumindest mit der Verteilung von Rollen verknüpft. Franka und Bruno malen sich aus, als Fledermaus und Batman erst zu fliegen und dann bis auf den Meeresgrund zu tauchen. Die Szene wird dabei vor allem durch selbst erzeugte Geräusche wie z.B. das Rauschen der Wellen definiert. Jannis wünscht sich als Bestimmer das Theaterspielen. Nun denkt er sich gemeinsam mit Florian eine Geschichte aus, in der es um einen Zauberer, eine Hexe und einen Fußballer geht. Mit Zauberkraft wird ein Tor gebaut (vgl. Kap. 7.3.2.5 zu „Instrumenteneinsatz") und Bälle werden verzaubert (vgl. Kap. 7.3.2.6 zu „Text erfinden"). Das Ende der Fantasiegeschichte rund um Fußball lautet bei Florian: „*Deutschland gewinnt!*"

Rolle spielen & Theater spielen: Die Schnittmengen zur Fantasiegeschichte sind in der vorigen Kategorie bereits deutlich geworden. Es werden jedoch auch Szenen entwickelt, die nicht selbst erfunden und doch selbst gestaltet sind. Roshan entwirft ein Setting für die „Heinzelmännchen von Köln" und Marie und Laura bauen ein Bühnenbild für „Schneewittchen" auf.

Noch häufiger finden Rollenzuschreibungen ohne weitere Verbindung mit einer Szene statt: Cecilia bezeichnet Linus, der seine Spielfigur durch die Luft bewegt, als „*Fliegenden Holländer*", Carla setzt sich einen Papierschnabel auf den Kopf und sagt „*Ich bin ein Einhorn*" und Jumbe schlägt vor, dass er oder Robert sich während ihres ausgedachten Konzerts als Hotzenplotz verkleiden sollen. Fünf Minuten später solle man sich aber umziehen und als Nikolaus wieder auf die Bühne kommen.

Längerfristig eingenommene Rollen werden deutlicher definiert. Franka, die sich das Verkleiden gewünscht hat, erklärt: *„Ich hab die schwarze Fledermaus an […]. Ich bin der Boss"*. Im Theaterstück von Jannis ergibt sich die Situation, dass mithilfe einer Säge ein Fußballtor gebaut werden soll. Jannis möchte dem „Fußballer" Florian diese Aufgabe zuweisen, doch er lehnt mit Bezug auf seine Rollendefinition ab: *„Ich muss gar nichts sägen, weil ich ja überhaupt 'n Fußballer bin."* Dann ergänzt er noch: *„Bin doch kein Bauarbeiter."*

Marie und Laura nehmen für ihr Theaterstück selbst keine Rollen ein, sondern besetzen diese mit den Spielfiguren. Es gibt den Wolf, das Schneewittchen, die böse Königin und Bäume für den Wald. Marie erklärt die Aufstellung der Figuren als Bäume: *„Erst soll das Schneewittchen kommen und dann im Wald rumlaufen und die müssen da schon stumm stehen"*. Dann wird das Zwergenhaus mit den Stühlen aus dem Raummodell bestückt, der Tisch dient als Bett für Schneewittchen. Laura erblickt dort plötzlich eine Baum-Spielfigur und fragt: *„Mitten am Haus ein (.) Baum?"*. Marie murmelt *„nee, der soll raus"* und nimmt ihn weg. Dieser Aspekt der Raumgestaltung verweist, ebenso wie die Ausführlichkeit der Rollenbesetzung bzw. -definition, auf eine interessante Besonderheit. So fällt bei den Theaterszenen immer wieder auf, dass die Vorbereitung und das Schaffen der adäquaten Rahmenbedingungen wesentlich ausführlicher betrieben werden als die Aufführung selbst. Während Fantasiegeschichten noch in Teilen ausagiert werden, kommen bekannte Geschichten (Versatzstücke) wie die Heinzelmännchen oder Schneewittchen fast vollständig ohne Szene aus. Dies mag daran liegen, dass vorausgesetzt wird, jeder kenne die Geschichte. Somit ist eine innere Vorstellung vorhanden, die nun durch die äußeren Rahmenbedingungen möglichst adäquat bedient werden kann. Infolge dessen werden vor allem Requisiten oder Bühnenbild-Elemente relevant für die Definition des Plots: Roshan verwendet für sein Theaterstück eine Uhr, dargestellt durch das Becken, und einen Mülleimer. Dieser entsteht aus einer mitgebrachten Toilettenpapier-Rolle. Uhr und Mülleimer gehören zur Stadt Köln, wie Roshan erklärt. Seine Socken sollen dann noch Würste darstellen, hierzu gibt er keine direkte Erklärung ab, da er jedoch die Heinzelmännchen von Köln spielen möchte, beziehen die Würste sich vermutlich auf die Strophe rund um die Metzger.[64] Die Requisiten im Theaterstück von Marie und Laura müssen ebenfalls nicht begründet werden, es besteht Einigkeit darüber, dass ein Wald und ein Bett für Schneewittchen gebraucht werden.

Außerdem wird das „Setting Theater" selbst über passendes „Zubehör" definiert (Versatzstücke als Rahmenbedingungen zur Definition der Situation). Laura fordert beispielsweise sofort den Vorhang ein, als Marie sich das Theaterspielen wünscht. Roshan erklärt für sein Theaterstück, der Vorhang sei noch geschlossen und macht damit deutlich, dass es noch nicht begonnen hat.

---

64 „Hat der Gesell die Augen auf, wapp, hing die Wurst schon da zum Ausverkauf!" (Koeln-Magazin, 2007–2012).

Als ebenso wichtige konstituierende Rahmenbedingung tauchen typische Verhaltensweisen für die Situation Theater auf. Marie erklärt, dass es eine Ansage geben müsse: *„Da sagt man immer ‚meine Damen und Herren‘"*. Pelle nutzt die Ansageform ebenfalls für seinen Gesangswettbewerb im Radio und Roshan und Caspar müssen sich einigen, wer bei ihrem Konzert die Ansagen durch das Mikrophon machen darf. Marie und Laura beschließen ihr Theaterstück zudem dadurch, dass alle sich verbeugen müssen. Wie bereits unter dem Aspekt der Versatzstücke angedeutet, werden hier enkulturierte Erfahrungsgehalte sichtbar. Die Rolle der Enkulturation wird in Kapitel 7.5.1.1 aufgegriffen.

7.3.2.7 Gruppe C – visuelle Gestaltung von Produkten

Die Kategorien „Malen & Basteln", „Instrumentenbau" und „Raumgestaltung" sind nicht in allen Interviews vertreten. Die seltenste Kodierung weist der *Instrumentenbau* auf, über den Franka sich jedoch ausführlicher Gedanken macht. Sie würde gerne öfter Instrumente selbst bauen. Ihr Interviewpartner Bruno, der aus einem musikalischen Elternhaus kommt und selbst bereits Geige lernt, lehnt dies ab. Er meint, er brauche das nicht. Möglicherweise sind die Selbstbauinstrumente vor allem dann relevant, wenn eben keine „echten" Instrumente verfügbar sind, denn Selbstbauinstrumente können, im Gegensatz zu den sonstigen Musikschulinstrumenten der MFE, mit nach Hause genommen werden.

Die Tätigkeiten *Malen und Basteln* weisen genau den Aspekt auf, ein künstlerisches Produkt zu präsentieren, mit nach Hause zu nehmen und aufzubewahren. Nesrin und Till verdeutlichen es:

> Nesrin: Ich mache immer im Kindergarten überall Bilder.
> Interviewerin: Aha, toll.
> Till: Ich fast.
> Interviewerin: Klasse.
> Nesrin: Da darf ich die immer aufhängen irgendwo.
> Interviewerin: Schön.
> Till: Also ich, ich nehm' manche mit nach Hause, manche lass ich da.

Alina bedauert, dass in der letzten Zeit im MFE-Unterricht nicht mehr so oft gemalt würde und fordert in der Interviewsituation sehr vehement das Malen ein. Jonas schließlich verbindet auf meine Frage hin Malen und Musik, indem er ein *„schönes Bild zum Aufhängen"* malen möchte, das in der Musikschule an die Wand gehängt werden soll.

Weiterführend könnte hier der Wunsch nach dem greifbaren Produkt eine Allianz mit der Faszination für die Audio- und Videoaufnahme eingehen. Ließe sich das musikalische Pendant zur hohen Attraktivität des Malens in der Aufnahme, Präsentation und Sammlung eigener Klangproduktionen finden? (Vgl. dazu Kap. 7.5.2.3 sowie Kap. 8.4.2).

In gewisser Weise grenzt auch das Notenschreiben an dieses Thema an. Die visuelle Komponente scheint mindestens so wichtig zu sein wie der symbolische Gehalt der Note. Dies mag daran liegen, dass die Kinder das Notensymbol in den meisten Fällen noch nicht hinreichend in eine Information übersetzen können. So ist das originalgetreue Abmalen äußerst spannend, Matthes erfragt dabei aber auch die Bedeutung jeder Note, die er auf einer Bildkarte im Raummodell findet. Roshan erklärt dagegen einen Kreis zu seiner „*Geheimnote*" und Jumbe hält möglichst viele Optionen für das Notenschreiben offen:

> *„Ja, so wie-äh, wie wir wollen. Wir können, wir können das auch falsch machen. Wir können es auch genau so machen. Wir können es egal machen (zuckt mit den Schultern). Wie wir wollen (klatscht, klopft dann mehrmals die Faustrücken aneinander)."*

Matthes und Leon lassen mich ihre selbst geschriebenen Noten vorsingen. Sie sind begeistert davon, eine Information, die sie aufgeschrieben haben, nun in Musik *übersetzt* zu bekommen. Diese Transformation von Klang in Zeichen wird auch in Alinas und Elsas selbst gemalten Bildern ersichtlich, die zu einer Musik entstehen: Bei Alina sind es die musikalischen Parameter „schnell" und „langsam", welche das Malen beeinflussen. Informationen also, die auch in einem Notentext zu finden wären.

Bezüglich der *Raumgestaltung* sind in erster Linie Requisiten zu nennen, welche eine Szene oder eine Unterrichtssituation definieren. Es scheint, als wären einige Anker für die Fantasie nötig, um die weitere Entwicklung und Inszenierung vorantreiben zu können. Bei Roshan wird dies besonders deutlich. Erst richtet er seine Szenerie mit Uhr, Mülleimer und Würsten ein, danach nennt er den Plot, nämlich die Heinzelmännchen von Köln. Vielleicht hat erst die spontane Kombination der Requisiten die Idee für den Plot ausgelöst? Immer wieder „hangeln" sich die Kinder an Eindrücken entlang, die sie gerade spontan aufnehmen und entwickeln daraus ein ästhetisches Produkt. Ein eindrucksvolles Beispiel ist hier Roberts Rap, dessen Text sich komplett an den Informationen orientiert, die durch die Bildkarten sowie den Aufbau des Raummodells gegeben sind (vgl. das Notenbeispiel in Kap. 7.3.2.5).

Eine andere Art der Raumnutzung fällt in Reihenfolgen- oder Stationenspielen auf. Sofern die Kinder mehrere Aktionen innerhalb einer Spielidee einbauen, werden diese auch räumlich sichtbar gemacht. Ob man einen „Parcours" aus Instrumenten und Materialien durchlaufen muss, oder ob verschiedene Aufgaben von mehreren Personen gleichzeitig ausgeführt werden sollen, wichtig ist jeweils die genaue Abgrenzung im Raum. Besonders deutlich wird dies, als Julia und Thea den gesamten Modell-Raum mit Hilfe der Bildkarten zu einem Spielbrett für das Spiel „Wer wird Frühstückskönig?" machen.

Als weitere Möglichkeit räumlicher Abgrenzung fällt die Idee auf, einen Schlafraum oder Rückzugsraum zu benutzen. Franka und Bruno sowie Alina und Elsa sind hier anscheinend von der Situation im Kindergarten inspiriert und stellen das Schlafen und Aufwachen nach. Alina und Elsa richten ihren Schlafraum mit Stühlen ein, weil es keine Matratzen gibt. Alina findet das nicht so schlimm, da sie trotzdem eine

Möglichkeit sieht, das Einschlafen zu unterstützen: *„Und da (schreit) is' das Klavier zum Spielen, falls die einschlafen sollen"*. Michel nutzt sein selbstgebautes *„Gallierhaus"* – welches durch ein Dach komplett vom umgebenden Raum abgeschottet ist – ebenfalls zum Schlafen. Als er seine Figur dort hinein legt, schließt er sich ihr an und legt sich mit geschlossenen Augen auf den Boden.

7.3.3   Nicht sprachliche Äußerungen

7.3.3.1   Die Kategorie im Überblick

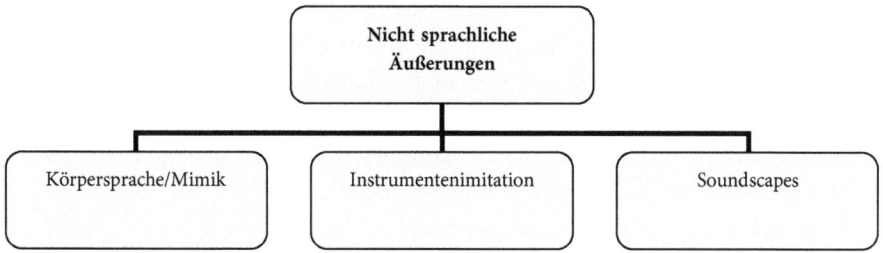

Abbildung 13: Die Kategorie „nicht sprachliche Äußerungen"

Kurzdefinitionen

Körpersprache/Mimik: Zur Unterstützung oder als Ersatz für sprachliche Äußerungen, als Zeigehandlung.

Instrumentenimitation: Körpersprachliche bzw. „pantomimische" Darstellung von instrumentenbezogenen Spielgesten und/oder vokale Imitation von Instrumentalklängen.

Soundscapes: Geräusche, Stimmklänge u.ä., die die Atmosphäre z.B. einer Fantasiegeschichte unterstützen oder eine imaginierte Umgebung definieren.

7.3.3.2 Körpersprache/Mimik

Körpersprache und Mimik stehen vor allem als pragmatisch-performative Ausdrucksmittel in Kommunikationssituationen zur Verfügung. Hier soll nun der Frage nachgegangen werden, auf welche Art und Weise sie eingesetzt werden.

Zunächst fällt auf, dass *Zeigehandlungen* von großer Ausführlichkeit und Detailreichtum geprägt sind. So ist die Körpersprache, welche in Erklärungen genutzt wird, sehr gegenständlich ausgelegt. Die Kinder machen vor, was sie meinen oder begleiten ihre sprachlichen Erklärungen durch die entsprechenden Bewegungen.

Bei Jumbe sieht dies so aus (die Zeigehandlungen sind zur Verdeutlichung im Schriftsatz hervorgehoben):

„*Wir proben immer (.) länger. Wir proben immer, aber nur wenn wir sehen, dass der Mond schon da ist* (Jumbe formt seine Finger als Brille oder Fernrohr, hält sie vor die Augen und legt den Kopf in den Nacken). *Nein.* (Er tippt den erhobenen Zeigefinger erst an die Schläfe und hält ihn dann nach vorne) *wir seh- wir warten (.)* (steht auf) *ab, wir nee, wir spielen* (imitiert mit den Händen das Gitarrespielen), *aber wenn wir sehen, dass Nacht ist,* (lässt die Arme hin und her pendeln) *geh'n wir weg. Gehn wir raus* (zuckt mit den Schultern und lässt die Hände nach unten fallen).“

Auch im Quatsch-Streit von Helge und Jonas sind solche deutlich ausgearbeiteten Zeigehandlungen zu beobachten: Helge provoziert Jonas lachend immer wieder mit dem Wort „*Tanzen*“, woraufhin Jonas sagt: „*Wenn Du das noch einmal sagst, dann hau ich Dir 'ne Beule.*“ Helge wiederholt es trotzdem und nun macht Jonas eine Bewegung, als wollte er Helge hauen, stoppt seine Faust jedoch genau über Helges Kopf und verharrt dort kurz. Dann führt er die Hau-Bewegungen verlangsamt – wie in Zeitlupe – aus, ohne Helge jemals zu berühren. Es wirkt, als würde die ohnehin deutliche Handlung dadurch in ihrer Bedeutung noch verstärkt, zugleich bleibt aber auch der Charakter erhalten, es nicht ernst zu meinen.

Die Mimik wird ähnlich eindeutig eingesetzt. Marie zieht die Stirn in Falten und guckt bedrohlich, als sie ein fauchendes Geräusch für den Wolf macht. Caspar soll auf Roshans Vorschlag hin die Rolle eines Fußball-Schiedsrichters einnehmen und nun lehnt Roshan sich an ihn, macht ein bittendes Gesicht und sagt: „*Aber bitte gib mir keine rote oder gelbe Karte.*“

Neben diesen Zeigehandlungen kommen Körpersprache und Mimik auch als *Auslöser von Ideen* zum Tragen. Franka singt „*Hänschen klein*“ und geht ansatzweise in die pantomimische Darstellung des Textinhalts über. Dann schlägt sie dies als Spielidee vor und führt die szenische Umsetzung im nächsten Durchlauf sehr deutlich aus. Pelle wünscht sich Seile und meint, man solle sie herumwirbeln. Zu Erklärung bewegt er den ausgestreckten Zeigefinger in der Luft. Nun verdeutlicht Michel „*Wie ein Cowboy*“ und macht eine entsprechende, kreisende Bewegung mit der Hand über dem Kopf. Dies führt wiederum dazu, dass Pelle ein Versatzstück aus dem Schlager „Cowboy und Indianer“ singt:

Schließlich kann Körpersprache *kulturelle Codes der Verständigung* transportieren und in diesem Sinne bildet sie Enkulturationsinhalte der Kinder ab. Wie bereits in der Kategorie „Rolle spielen & Theater spielen“ erläutert, zählt das Verbeugen dazu. Andere Beispiele sind Jumbes metrische Kopfbewegungen während des Beat-Boxing oder auch die Tatsache, dass Nesrin sich meldet – also wie in der Schule mit dem Finger aufzeigt – als sie etwas sagen will: Till erklärt nämlich das Klavier zu einem seiner Lieblingsinstrumente, daraufhin zeigt Nesrin auf und sagt: „*Ich mag Klavier.*“

7.3.3.3 Instrumentenimitation

Die „Instrumentenimitation" ist auch in der Kategorie „Instrumenteneinsatz" verankert, selbstverständlich überschneidet sie sich ebenfalls mit dem „Bewegen", sofern Spielgesten imitiert werden. Eine Anbindung liegt zudem für die „Bodypercussion" vor, die dann zum Tragen kommt, wenn Perkussionsinstrumente nicht nur pantomimisch imitiert, sondern durch Klopfen, Klatschen oder Patschen auch klanglich nachgestellt werden.

Florian imitiert eine Cabassa. Dabei verbindet er die klangliche Nachahmung mit der gestischen. Er sagt: *„Das is', die is' voll cool zum Theaterstück, die macht so rrrtschrrrtschrrtschrrtsch."* Zeitgleich mit dem Geräusch macht er Spielbewegungen mit beiden Händen.

Jumbe, der während des gesamten Interviews sehr viele Rhythmen und Melodiefetzen mit der Stimme entwickelt, tut dies fast immer in einem Kontext der Instrumentenimitation. So spielt er Luftgitarre, während er singt, bewegt die Finger wie beim Klavierspielen oder macht Trommelgesten. Manchmal ist der Gesang beim Luftgitarrespielen ein Lied mit Text, manchmal sind es aber auch Silben und Klänge, deren Klangqualität deutlich an den Einsatz eines Verzerrers bei der E-Gitarre erinnern. Interessanterweise muss sein Interviewpartner Robert ihm erst erläutern, was eine E-Gitarre ist. Jumbe erklärt nämlich, Gitarre lernen zu wollen und bekräftigt dies durch eine kurze Instrumentenimitation. Da sein Stimm-Klang dabei an eine E-Gitarre erinnert, fragt Robert auch sofort: *„E-Gitarre?"*. Jumbe ist irritiert: *„E-Gitarre? […] Was?"*. Daraufhin erklärt Robert *„ich- E-Gitarre geht so: Bamm-bamm."* und nutzt ebenfalls eine Gitarrenspielgeste sowie laute, an einen Verzerrer erinnernde Klänge. Nun ist Jumbe sofort im Bilde und steigt seinerseits wieder mit einer Gitarren-Imitation ein. Eine Schlagzeug-Imitation erklärt Jumbe mir sehr genau. Erst singt er und trommelt dazu in die Luft:

> *„Yes, yes, oh (macht Schlagzeug-Spielgeste) p-do-p-ko-bum-bum-bum, boum, klack, tschak-tschwup, bum, bum, bum, bum, bum-tsch-bum-dödödöddö."*

Dann erklärt er mir *„Bum, das Bum ist die Trommel"* und wiederholt die Spielgeste. Er ergänzt: *„Tsschak, uh, tsschak ist, mm-Schlagzeug."*

Nesrin und Till ahmen mehrfach das Blockflötenspiel nach. Nesrin formt dazu mit den Händen einen Trichter vor dem Mund, durch den sie lautstark hindurch pustet. Die Klangerzeugung erinnert dabei eher an ein Blechblasinstrument. Bei Till ist besonders das Bewegen der Finger in Spielhaltung zu beobachten. Er sagt allerdings auch *„Ich mache düdü"* und stellt somit – ob bewusst oder unbewusst – den Zungenanstoß nach.

Thea nutzt die vokale Instrumentenimitation als Verständnisgrundlage. Sie fragt mich mit Blick auf das Bild der Klangbausteine nämlich, was das sei. Als ich den Vergleich mit dem Xylophon heranziehe, äußert sie: *„Klackiklickikluck klack klick."* Später nimmt sie auch die Spielgeste hinzu, als sie mir vormacht wie bei ihrem Xylophon zu Hause oft die Klangplatten herunter fliegen. Sie erklärt: „*Das nervt. Ich so bambambam (Spielgeste) Klicks. Oh (lässt ihre Hände auf die Beine fallen).*"

Bei Matthes wird aus einer Instrumentenimitation zugleich eine Zeigehandlung, die mir seine innere Vorstellung offenbart. Dies ergibt sich daraus, dass Matthes das Bild der Stiel-Kastagnetten für Gitarren hält. Als ich erkläre, dass dies Kastagnetten seien und dazu schnalze, kommentiert er: „*Und die seh'n aus wie Gitarren.*" Ich kann die Verwechslung aufgrund der ähnlichen Form nachvollziehen und sage ihm das. Daraufhin greift er mein Schnalzen auf und „vergrößert" es klanglich. Er sagt „*und dann macht man die so und klück klock klock, klock*". Dazu macht er eine Bewegung, als ob er mit beiden Händen einen riesigen Kastagnetten-Stiel umfassen würde, der nun auf und ab bewegt wird. Nach Matthes Bewegungen zu urteilen, sind diese Stiel-Kastagnetten ungefähr so groß wie eine Gitarre.

7.3.3.4 Soundscapes

Soundscapes sind Inszenierungselemente. Sie definieren eine imaginierte Szene durch Geräusche. Damit erhalten sie eine handlungsuntermalende Funktion, wie sie auch für das „Ausagieren" als Metakommunikationsform im Kinderspiel angenommen wird (vgl. Kap. 2.3.4.2). So wird das Meer vorstellbar, wenn Franka und Bruno es mit unterschiedlichen, an- und abschwellenden Zischlauten nachstellen. Genauso wird das Staubsaugen dadurch erkennbar, dass Bruno mit einem monotonen, stimmhaften „*sch*" einsetzt. Viele kurze Geräusche oder Klänge bereichern die Kommunikation um die Ebene der notwendigen Umgebungsgeräusche. Somit sind die Soundscapes ebenfalls Zeighandlung und Mittel zur Herstellung einer gemeinsamen Vorstellungsgrundlage. Ein kurzes stimmhaftes „*wwwwt*" von Pelle dient genauso zur Darstellung eines Fließbandes – zum Transport des Audioaufnahmegeräts – wie die schiebende Bewegung währenddessen. Schließlich werden auch die Bewegungen der Spielfiguren durch Geräusche unterstützt. Cecilia und Linus lassen ihre Figuren den Modellraum erkunden. Dabei begleitet Linus die „Schritte" seiner Figur mit „*dup dup dup, du-dup*", während er sie an der Wand hoch und schnell wieder herunter laufen lässt und Cecilia untermalt einen Sprung ihrer Figur über die Modellraumwand mit „*dong*".

Florian und Jannis bereichern das Wegräumen der Bildkarten im Modellraum mit gesungenen Silben wie „*schudududu*" und „*Tschiiie*". Diese Klänge verweisen nicht mehr auf eine imaginierte Klangquelle wie dies beim Meer, beim Fließband oder – weniger konkret – auch noch bei den Bewegungen der Spielfiguren der Fall sein könnte. Sie wirken eher wie eine selbstverständliche Ergänzung des Handelns um die klangliche Dimension.

7.3.4 Sprachliche Äußerungen

7.3.4.1 Die Kategorie im Überblick

Kurzdefinitionen

Gruppe A: Festlegungen für das (gemeinsame) Handeln
- *Handlungspläne*: Pläne, die den Ablauf von Handlungen festlegen bzw. vorskizzieren.
- *Regeln*: Selbst erfundene Regeln und bekannte, aus anderen Zusammenhängen übernommene Regeln.

Gruppe B: Verständigungswege und sprachliche Handlungsebenen
- *erklären*: Erklärungen untereinander zu Wünschen, zum Vorgehen, zu eigenen Erfahrungen u.ä.
- *aushandeln*: Aushandeln von Entscheidungen oder Zuständigkeiten.
- *gemeinsam vorantreiben*: Wechselseitige, sich ergänzende Ideenentwicklung der Interviewpartner.
- *parallele Ideenebenen*: Parallele Entwicklung zweier unterschiedlicher Handlungs- oder Ideenstränge bei den Interviewpartnerinnen bzw -partnern.
- *umdeuten*: Gegenstände oder Situationen werden in etwas anderes umgedeutet und die Deutung wird genannt.

7.3.4.2 Gruppe A – Festlegungen für das gemeinsame Handeln

Handlungspläne und Regeln sind sich ähnlich, indem sie bestimmte Eckpunkte für eine nachfolgend aufgenommene Handlung festlegen. Handlungspläne geben Sinnabschnitten dabei ein Gerüst, an dem sich der weitere Verlauf entlang entwickelt. Sie sind eher dynamisch und im Verlauf noch modifizierbar bzw. erweiterbar angelegt. Regeln sind verbindlicher und bilden weniger ein Gerüst des Ablaufs, sondern eher eine Referenz („wenn-dann").

Handlungspläne: Die Entwicklung von Theaterszenen gibt Einblick in die Gerüststruktur von Handlungsplänen. Marie und Laura hangeln sich beispielsweise an verschiedenen Eckpunkten aus „Schneewittchen" entlang, während sie festlegen wie die Bühne eingerichtet sein soll und welche Rollen besetzt werden:

> *Marie: (leise) Hier soll der Baum stehen (sie stellt ihn hin) Und das hier soooll, das Schneewittchen sein (hebt die Figur hoch), das is' das Schneewittchen. Und das soll der böse Wolf sein (hebt die Figur hoch).*
> *Laura: Das is' der Wald.*
> *Marie: Das is', nein, ja das is' Wald und das hier soll der böse Wolf sein, (faucht) grchgrch.*

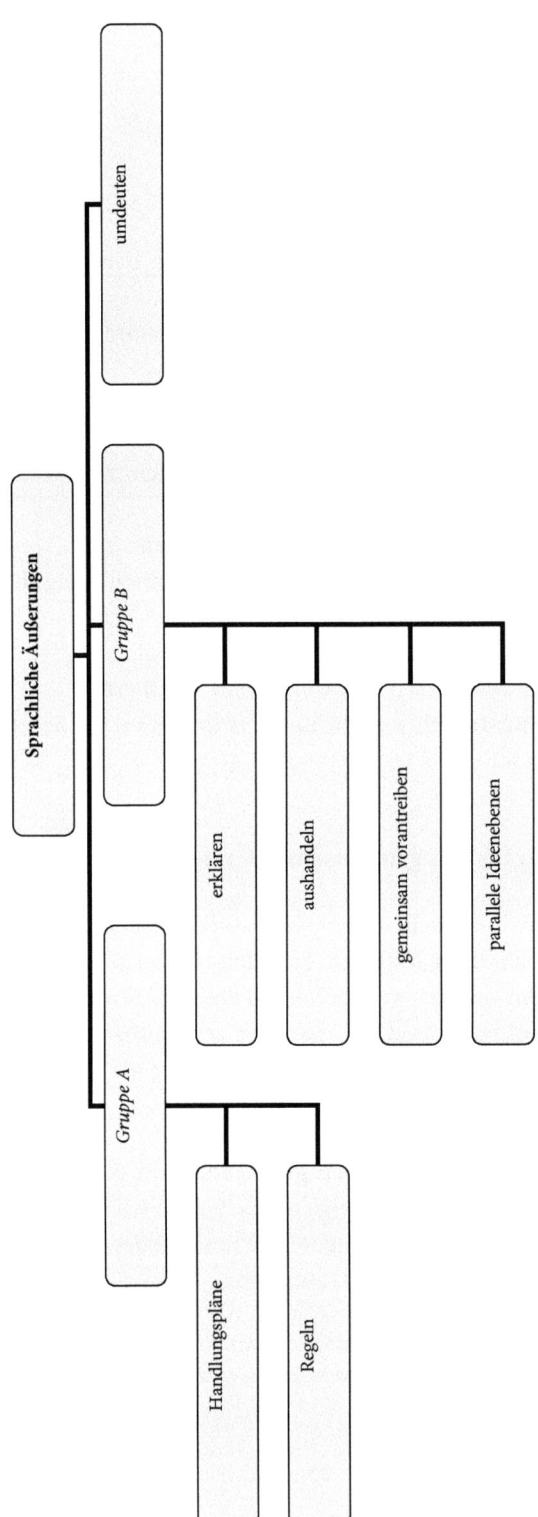

Abbildung 14: Die Kategorie „sprachliche Äußerungen"

Laura: Der muss sich dadrunter, dahinter verstecken (meint ein kleines Regal im Modell-
raum), ist doch'n gutes Versteck.
Marie: Nein da, so, da is' sein Zuhause und hier is' seine (unverständlich??) oder irgendwas.
(Im Folgenden zögerlich) Und dann soll da eigentlich solche (.) das soll, dies soll, das soll nach
dem Schneewittchen, das soll die böse, böse Königsfrau sein (hebt Spielfigur hoch). Wo ist das
Zuhause von der? (schüttelt Spielfigur) Hier in der Ecke (stellt Figur in die Ecke).

Bei Florian und Jannis ist gut zu beobachten wie verschiedene Gerüststrukturen in der Theaterszene übereinander gelegt werden, denn die einzelnen „Gerüste" werden nacheinander thematisiert. Zuerst werden die Requisiten für das Stück ausgewählt und mit Funktionen belegt. Dann erfolgen die Rollenzuordnungen, schließlich wird das Bühnenbild aufgebaut und zuletzt werden Texte erfunden.

Das Erzählen der Handlungspläne bringt alle Mitspieler auf den gleichen Stand, so dass von dort aus weiter agiert werden kann. Insofern ist diese Kategorie eng mit der Kategorie „Erklären" verbunden.

Insbesondere beim Nacherzählen eines Handlungsplanes werden Beweggründe offenbart oder Einstellungen und Bewertungen offen gelegt. Matthes erzählt zum Beispiel, dass seine ganze Familie sich zu Karneval als Obstsalat verkleiden wollte. Leider klappt dies in diesem Jahr nicht, denn seine Mutter ist nicht da. Matthes begründet: *„Ja aber zu zweit is' das ein ganz langweiliger Obstsalat."*

Ein übergeordneter Beweggrund für einen Handlungsplan kommt bei Franka zum Ausdruck. Da sie auf Gerechtigkeit besteht, sollen Bruno und sie die gleiche Anzahl von Spielfiguren bekommen, um damit *„Staubsaugen"* zu spielen. Da aber eine ungerade Zahl vorliegt, ist dies nicht möglich. Bruno ist die gleich verteilte Figurenanzahl nicht so wichtig und er gibt seine Figuren reihum – ähnlich wie beim Austeilen von Spielkarten – an Franka und mich ab, bis er selbst am wenigsten besitzt.

Indem Marie sich vorstellt, was ihr kleiner Bruder in der Interviewsituation getan hätte, formuliert sie einen Handlungsplan im Konjunktiv:

„Also, wenn der Justus das gemacht hätte, wenn der Justus jetzt in diesem Kurs wär' und das,
wie das gemacht wird, dann hätte der gesagt (mit verstellter, sehr heller Stimme): ‚das das das
das das das' (zu jedem „das" tippt sie der Reihe nach auf fast jedes Instrumentenbild)."

Jumbe baut eine „Wenn-Dann-Regel" in einen Handlungsplan ein. Es geht um ein Konzert, dessen Vorbereitung er mit Robert alleine vornehmen möchte. Zunächst sagt er zu mir *„Keiner darf davon wissen, auch nicht du."* Daraufhin erläutert er, was ich tun soll und nimmt dabei zwecks Verdeutlichung zeitweise seine und meine Rolle ein, die er jeweils in unterschiedlichen Tonlagen spricht:

„Du musst rausgehn und warten bis- ähm, wir sagen. Du rufst uns dann mal (in höherer
Stimmlage) ‚kann ich rein?' (wieder tiefer) ‚Nein' (wieder höher) ‚k-ko-kann ich rein?' (wie-
der tiefer) ‚Nein' (zuckt mit den Schultern). Du musst immer- d- ähm- erst wenn zwölf Uhr
ist, darfst Du rein."

Regeln werden für konkrete Spielideen aufgestellt, z.B. wenn die Kinder Instrumente und Materialien auswählen und festlegen, was damit getan werden soll. Diese Regeln betreffen z.B. die Reihenfolge der Ausführung einzelner Spielideen:

> *Freya: Erst malt man (zeigt auf die Karte mit den Stiften) und wer als erstes fertig ist, der darf dann ganz schnell, oder 'n bisschen hiermit spielen (tippt auf das Kastagnetten-Bild) und der damit fertig ist, der darf dann damit spielen (Schellenkranz), dann damit (Seile), dann da (Bälle).*
> *Interviewerin: M-hm, jeder für sich alleine?*
> *Freya: M-m (verneinend) oder doch, dooochh.*

Andere Regeln sind besonders auf Impuls und Reaktion fokussiert. Beispielsweise nimmt Daria sich die Karte mit dem Woodblock und sagt:

> *„Weißt du, immer wenn ich hier drauf haue, soll'n die (zeigt auf die anderen Spielfiguren) in die Reifen gehen."*

Sie erweitert ihr Spiel noch um die Regel, dass außerhalb der Reifen getanzt werden soll. Auch Laura möchte, dass Marie und ich mit den Spielfiguren tanzen, sobald sie Becken spielt. Wenn sie aufhört, sollen wir *„ganz schnell stehen bleiben"*. Zur Verdeutlichung zuckt sie zusammen und verharrt regungslos. Sie möchte also einen Stopptanz mit uns ausführen, bei dem sie selbst vorgibt, wann getanzt und wann gestopt wird.

Innerhalb der Reaktionsspiele achten die Kinder sehr genau darauf, ob die Regel richtig ausgeführt wird. Dabei machen sie es den Mitspielenden oft nicht leicht, indem die Signale für die Reaktion immer schneller oder immer unregelmäßiger hintereinander gegeben werden. Daria erklärt: *„Ihr sollt es auch schwer haben"*. Je schwieriger sie das Reaktionsspiel gestaltet, desto lustiger wird es. Alle lachen sehr laut, als nach einer Phase mit vielen schnellen Wechseln kurz Zeit zum Durchatmen ist. Auch eine zu langsame Reaktion oder das versehentliche Vertauschen der beiden vorgegebenen Handlungen führen jedes Mal zu Heiterkeitsausbrüchen.

Die festgelegten Regeln haben eine hohe Verbindlichkeit, dies zeigt sich auch daran, wieviel Spaß die Kinder dabei haben, die Einhaltung zu überprüfen. Allerdings müssen die Regeln auch eine sinnvolle Passung mit der dazu gehörigen Handlung aufweisen. Thea verändert zum Beispiel nachträglich eine Regel, um sie besser mit der Tätigkeit und der Musik in Einklang zu bringen. Zunächst hatte sie vorgegeben, dass zu leiser Musik Fußball gespielt und zu lauter Musik Bälle in die Luft geworfen werden sollen. Julia und Thea schieben nun ihre Spielfiguren zur leisen Musik sehr vorsichtig und langsam durch den Modellraum. Sie tun dies als spontane Reaktion auf den Gestus der Musik, denn eine explizite Regel (z.B. sich passend zur Musik zu bewegen) wurde nicht aufgestellt. Da bei der Ausführung der Charakter des Fußballspielens verloren geht, sagt Thea: *„Ich glaub, bei laut sollen wir Fußball spielen [...], weil sonst kann man's nicht."* Julia stimmt zu und begründet, dass man sonst umfallen würde. Also wird die Regel umgedreht und nun funktioniert das Spiel gut.

Beim Aufstellen von Regeln schöpfen die Kinder aus ihrem Erfahrungsfundus aus Spiel- und Sportkontexten. Daher ist das Aufstellen von Regeln im Rahmen der Versatzstücke verortet. Besonders deutlich wird dies natürlich, wenn Spiele oder Sportarten mit bekannten Regeln benannt werden. Julia und Thea möchten beispielsweise Verstecken spielen. Als ich frage, wie das in den Musikunterricht passen könnte, schlägt Thea vor, eine CD anzumachen. Nach Julias Ansicht soll die Musik jedoch nicht die ganze Zeit laufen und Thea konkretisiert: *„Wenn wir kommen, da ist die aus.“* Sie soll also nur solange laufen, wie die Kinder sich verstecken. Damit könnte die Musik das Pendant zum Zählen bei der ursprünglichen Versteckspiel-Regel darstellen.

7.3.4.3 Gruppe B – Verständigungswege und sprachliche Handlungsebenen

Die Kategorien „erklären", „aushandeln" und „gemeinsam vorantreiben" stellen Wege der Verständigung bzw. des Informationsaustauschs dar. „Parallele Ideenebenen" kommen als Gegenstück zum „gemeinsam Vorantreiben" vor. Alle vier Kategorien bilden sprachliche Handlungsebenen ab, allerdings enthalten diese selbstverständlich auch nicht sprachliche Elemente der Verständigung.

„Erklären", „Aushandeln" und „gemeinsam vorantreiben" finden als Verständigung über Bedeutungszuweisungen in allen Interviews statt, nur in vier Interviews sind keine „parallelen Ideenebenen" zu finden.

Obwohl die vier Kategorien insgesamt häufig vorkommen, stellte sich im Laufe der Auswertung bei mir das Gefühl ein, es doch eigentlich mit wenig aussagekräftigen Schlagworten zu tun zu haben. Tatsächlich konnte ich dies im Auswertungsprozess für mich zunächst nicht begründen. Erst in der Zusammenschau der kodierten Sinnabschnitte fiel mir ein wesentlicher Grund für diesen ersten Eindruck auf: Die Kategorien-Gruppe zeigt das „normale", das alltägliche Kommunikationsmuster von Menschen auf. Dass die Kategoriengruppe auf mich also zunächst wenig aussagekräftig gewirkt hat liegt vermutlich in erster Linie daran, dass ich auf der Suche nach dem Unbekannten, dem Überraschenden war und das Bekannte und Alltägliche gefunden habe. Einige Schlaglichter auf die genannten Unterkategorien sollen dies verdeutlichen.

Erklären: Die Kategorie beinhaltet sprachliches Erklären, zumeist ist das nicht sprachliche Erklären über Zeigehandlungen davon nicht zu trennen. Hier wird die Überlagerung mit dem pragmatisch-performativen Modus der Bedeutungszuweisung deutlich.

Das Erklären selbst ist im Interviewdesign begründet, da ich die Kinder explizit nach Erläuterungen zu ihren Wünschen und Ideen befrage. Allerdings kommt es in unterschiedlichen Ausprägungen vor und betrifft z.B. auch Erfahrungen aus anderen Kontexten, von denen die Kinder berichten. Dies ist z.B. bei Marie der Fall, als sie über ihren kleinen Bruder erzählt (übrigens auch ein Beispiel für die enge Verquickung sprachlicher und nicht sprachlicher Handlungen beim Erklären):

> *„Soll ich dir sagen, wie groß der schon ist? Der war ja noch so klein, ne? (zeigt ca. ihre Kniehöhe an) und jetzt geht der mir schon bis da (zeigt ca. Schulterhöhe)."*

Das Gleiche gilt für Matthes Erläuterung, dass seine Familie sich in diesem Jahr nicht als Obstsalat verkleiden kann, da seine Mutter dann nicht da sein wird.

> *Matthes: Meine Mama is' aber schon, ist wieder, ist beim Karneval weg, fährt jetzt noch vor Karneval weg, die geht irgendwo hin, die feiern dann woanders Karneval.*
> *Interviewerin: Ah.*
> *Matthes: Also dann sind das überhaupt, dann können wir uns gar nicht als Obstsalat verkleiden.*
> *Interviewerin: Wolltet ihr euch als Obstsalat verkleiden?*
> *Matthes: Ja aber zu zweit is' das ein ganz langweiliger Obstsalat.*

Über die Verkleidungen aus dem vorigen Jahr erzählt er:

> *Matthes: Ich, ich wollt 'ne Erdbeere.*
> *Interviewerin: 'Ne Erdbeere, ok.*
> *Matthes: Meine zwei Schwestern Johannisbeeren, schwarze und rote.*
> *Interviewerin: Aha.*
> *Matthes: Meine Mama war, glaub ich, 'ne Ananas und mein Papa 'ne Banane.*
> *Interviewerin: Ah.*
> *Matthes: Papa is' größer als meine Mama*

Das Beispiel lenkt zugleich den Blick auf eine Ausprägung des Erklärens innerhalb von Handlungsplänen. Hier wird zum Teil eher erzählt als erklärt, während bei der Erläuterung von Regeln das Erklären im engeren Sinne im Vordergrund steht.

Erklärungen zu Werthaltungen sind relativ knapp ausformuliert. Nesrin stellt fest: *„Ich mag unseren Musikkurs, das macht Spaß."* Meine Nachfragen, was sie und Till dort besonders gern machen, erbringen wieder knappe Äußerungen: *„Toben"* (Till) und *„gerne Musik hören"* (Nesrin). Bruno wird etwas ausführlicher, als er mir von einer CD erzählt die er *„voll cool"* findet. Er begründet: *„Einmal langsam, (spricht schneller) einmal gibt's voll Gas […] einmal mit Gitarre, einmal mit-dn ganzen Geigendings."* Ähnlich wie Till und Nesrin geht er zur Begründung auf die deskriptive Ebene des Gegenstands und nicht auf die subjektive Ebene seiner inneren Einstellung. Dies deckt sich mit den Überlegungen zu Gesprächsbedingungen und Gesprächstechniken in Interviews mit Vorschulkindern wie sie in Kapitel 5.2.2 dargelegt werden. Der weitestgehende Verzicht auf „Warum-Fragen" in der Interviewsituation erweist sich auch in meiner Studie als gerechtfertigt.

Das *Aushandeln* von Entscheidungen ist teilweise „hierarchisch" geprägt. Franka, Freya und Caspar führen ihren Status des Bestimmers als Argument dafür an, das letzte Wort bei einer Entscheidung behalten zu können. Auch wenn Kinder die Idee ihres Interviewpartners zunächst abgelehnt haben (*Florian: Theater? Oh nein, ich mag das nicht.*), beteiligen sie sich an der Ausführung, sofern die Idee vom „Bestimmer" stammt.

Weitaus häufiger finden Aushandlungen allerdings als kurze Gesprächselemente statt, ohne dass die hierarchische Komponente thematisiert wird. Um eine eigenen Idee durchsetzen zu können, versucht Alina z.B. erst, Elsa durch ein leicht tadelndes „*Na*" umzustimmen und verwendet dann einen findigen Kompromiss: Sie nutzt das „So-tun-als-ob", damit sie und Elsa beide zufrieden gestellt werden können.

> *Alina: Das, Elsa kannst du dann, deins dann dahin stellen, die heißt Elsa, das Mädchen da und dann spielst du einfach die Figur weiter, willst du?*
> *Elsa: (schüttelt den Kopf)*
> *Alina: Na*
> *Elsa: Die hier (zeigt auf eine andere Figur).*
> *Alina: Na. Dann ist das jetzt deine Figur, dann tun wir so, als wär' eine andere reingekommen, ja?*
> *Elsa: (nickt)*
> *Alina: Dann Elsa, also wenn dann gleich die Nächste kommt dann mach, dann sind die wieder so und dann geh ich wieder rein und dann tun wir so als, dann tausch ich die und dann tausch ich die zurück und dann kriegt die Lena deine Figur, die du grad hattest, hihihi.*

Ansonsten lebt das Aushandeln vor allem von Deutungsangeboten zwischen den Kindern, die angenommen oder abgelehnt werden. Über die Zuordnung der Spielfiguren als Wald sind sich Laura und Marie beispielsweise einig, als Laura jedoch auf eine Figur zeigt und sagt: „*Das ist Schneewittchen*", widerspricht Marie und zeigt auf eine andere Figur, die diese Rolle spielen soll.

Gemeinsam vorantreiben: Hier ergänzen sich die Kinder, der Ideenfluss scheint bruchlos zwischen beiden Interaktionspartnern hin und her zu gehen, indem gegenseitig Impulse aufgenommen, verarbeitet und durch neue Impulse weitergeführt werden.

Carla betrachtet beispielsweise eine halbkreisförmige Aufstellung der Spielfiguren und äußert als Assoziation erst „*ein Boot*" und dann „*oder eine Brücke*". Daraus ergibt sich eine Ideenabfolge zwischen ihr und Freya, die bis zu den Kinderbuchfiguren „Die Olchis" führt. Die Olchis werden auch im weiteren Verlauf des Interviews von beiden Kindern immer wieder aufgegriffen. Der erste Impuls von Carla ist die Form:

> *Carla: ffft (zeigt Halbkreisform mit dem Finger nach)*
> *Interviewerin: (lacht) Genau. Und [eigentlich...]*
> *Carla: [Es gibt auch den tschi]-schiefen Turm von Pisa (zeigt eckige Form mit Finger).*

Der zweite Impuls stammt von Freya und betrifft die Olchis.

> *Freya: Ich hab hier Olchis (zeigt auf ihren Pullover).*

Der Verweis auf den schiefen Turm von Pisa hat sie wohl an den Eiffelturm erinnert und dieser ist auf ihrem Pullover abgebildet. Allerdings sind dort keine Olchis zu sehen, so dass ihr Kommentar zunächst verwundert.

Die Erklärung ergibt sich aus dem weiteren Dialog, es besteht nämlich eine Verbindung zwischen den Olchis und dem Eiffelturm:

> *Carla: Ich kenn das von dem Buch.*
> *Freya: Ich auch.*
> *Interviewerin: Du hast den Eiffelturm, ne? Aus Paris. (Ist auf Pullover aufgedruckt).*
> *Carla: Jaa, da hatten auch die Olchis dran geknabbert.*
> *Freya: Ja, das kenn ich auch.*
> *Interviewerin: Wer hat da dran geknabbert?*
> *Carla und Freya gleichzeitig: Die Olchis.*

Das gemeinsame Vorantreiben ist hier also von einer Impulsabfolge geprägt. Daria und Alexandra gehen anders vor, sie möchten – auf Alexandras Vorschlag hin – alles aus allen Schränken nutzen und unterstützen sich dabei gegenseitig bzw. feuern sich an. Es herrscht eine sehr aufgeregte Stimmung, die beiden Mädchen kichern und unterhalten sich laut und schnell. Obwohl es sich nicht sprachlich niederschlägt, gewinne ich den Eindruck, dass die Aufregung oder der Reiz in der Situation darin besteht, etwas zu tun, das gegen die Regeln verstößt und nicht erlaubt sein könnte.

> *Alexandra: (laut) Daria, was möchtest du haben?*
> *Daria: Trommeln und das hier auch noch.*
> *Alexandra: (laut) Und dann nehmen wir alles so hier hin, die Instrumente.*
> *Daria: (lacht, dann laut) Jaa, das hier. Komm, komm Alexandra.*
> *Alexandra: (lacht) Mach auf.*

Auch in anderen Interviews fällt mir auf, dass das gemeinsame Vorantreiben in besonderem Maße von der zuvor bekräftigten Gemeinsamkeit unterstützt wird. Typisch ist zum Beispiel das Beschwören des „Wir-Gefühls" wie Jumbe es betreibt („*Wir sind stark*", „*Wir machen das alleine*") oder Erklärungen, die den Interviewpartner direkt mit einschließen (Matthes: „*Ich und Leon malen gern.*").

Parallele Ideenebenen bilden das Gegenstück zum gemeinsamen Vorantreiben. Hier sind zwei deutlich gegeneinander abgegrenzte Ideenstränge beobachtbar, die nebeneinander herlaufen. Dabei sind die Kinder häufig jeweils auf mich fokussiert bzw. möchten mir ihre Ideen mitteilen. Während Linus einen Roboter aus verschiedenen Instrumentenkarten zusammenbaut und mir nach und nach mitteilt, welche Karten er noch braucht, geht Cecilia zeitgleich auf eine andere Ideenebene und erklärt: „*Ich bin der große, starke Riese.*"

Bei Michel und Pelle entwickeln sich parallele Ideenebenen aus der Tatsache, dass Michel eigentlich gerade keine Lust mehr auf das Interview hat, während Pelle unbedingt weiter machen möchte. So treibt Pelle seine Idee eines Singwettbewerbs im

Radio voran, während Michel erklärt: „*Ich geh jetzt in mein Haus rein.*" Dann legt er seine Figur und sich selbst zum Schlafen hin.

7.3.4.4 Umdeuten

Hier kommt der Wechsel des Realitätsbezugs als Merkmal des Spiels zum Ausdruck (vgl. dazu Kap. 2.3.4.1). Das Umdeuten von Gegenständen (oder Situationen) wird notwendig, um Spiele nach den eigenen Wünschen formen zu können. Zugleich wird dem Spiel damit die eigene Bedeutungszuweisung aufgeprägt.

Umdeutungen erfolgen in den Interviews teilweise spontan, die Deutung wird also genannt und zugleich festgelegt. In anderen Fällen stellen sie das Ergebnis eines längeren Deutungsprozesses dar, welcher unterschiedliche Deutungsversuche bis hin zur endgültigen Entscheidung beinhaltet.

Der erstgenannte Fall des spontanen Umdeutens ist bei Roshan zu beobachten, der eine mitgebrachte Toilettenpapierrolle in die Szenerie für sein Theaterstück einbindet:

> Roshan: *Und eine Sache hab ich fürs Theater schon mitgebracht.*
> Interviewerin: *Was denn?*
> Roshan: *(zieht eine platt gedrückte Toilettenpapierrolle aus der Hosentasche).*
> Interviewerin: *Ohhh, was ist das?*
> Roshan: *(schaut durch Toilettenpapierrolle hindurch) Das ist der Mülleimer.*

Ein längerer Deutungsprozess wird bei Freya deutlich. Dabei verbalisiert sie nicht alle Deutungsversuche, vielmehr testet sie durch ihre Handlungen das Material auf die Tragfähigkeit von Deutungen:

> Freya: *(nimmt Pappquadrat) Und was ist das hier bitte?*
> Interviewerin: *Weiß nicht, sag du's mir. Was soll's denn werden?*
> Freya: *(klopft mit Finger und Faust auf Pappe) Kann man aufmachen… geht nicht! (hält es in Augenhöhe) geht nicht? (hält es ans Ohr) ist da jemand? (schaut es wieder an, hält es wieder ans Ohr) Ist keiner.*
> Interviewerin: *(lacht)*
> Carla: *Keiner da (unterstützende Geste mit Armen).*

Eine „Zwischen-Deutung" wird schließlich von Freya genannt:

> Freya: *Was ist das? Hallo, wohnt da jemand? (hält es an beide Ohren, Carla klopft sich mit ihrem Pappquadrat ans Ohr) Ein Buch.*

Sie bleibt jedoch nicht bei dieser Deutung, sondern vertieft den vorher eingeschlagenen Deutungsweg, indem sie das Material auf hörbare Eigenschaften hin untersucht:

Freya: Krieg da immer keine Antwort (schaut Pappe genau an). Oder, äh macht das immer leise Töne? (tippt dabei auf Pappe, dann wieder ans Ohr. Spricht „in" die Pappe hinein) Ist da jemand? (Horcht wieder).

Die endgültige Deutung entsteht schließlich als Erwiderung auf einen Einwurf meinerseits. Ich erkläre, das Material sei für alles Mögliche gedacht, man könne die Figuren darauf klettern lassen oder Ähnliches. Nun legt Freya sich fest und setzt sich zugleich von meinem Vorschlag ab:

Freya: Nein das soll doch (.) (hebt Quadrat mit Figur darauf an, strahlt) ah, ich fliege mit meinem fliegenden Teppich.

Der hier geschilderte Aspekt, Deutungen durch Anwendung zu überprüfen, ist interviewübergreifend zu beobachten. Alina deutet beispielsweise einen langen, spitzen Papierschnabel zu einem Zahn um. Nachdem sie die Deutung genannt hat, steckt sie sich den „Zahn" in den Mund und hält ihn mit der Oberlippe fest, so dass er über ihre eigenen Zähne hinausragt.

In den Interviews ist zudem eine weitere prozesshafte Form der Umdeutung zu beobachten. Hier liegt der Zielgegenstand schon fest und es muss ein passendes Material gefunden werden, das die Deutung tragen kann. Thea benötigt zum Beispiel einen Fußball und rollt erst den kleinen Bestimmerschal im Modell zu einer Kugel zusammen. Dann bittet sie mich um meinen eigenen Schal, den sie ebenfalls zu einer Kugel zusammenknüllt, welche annähernd die Größe eines Fußballs hat. Thea stellt also eine ungefähre visuelle Ähnlichkeit zum Zielgegenstand her. Marie und Laura suchen dagegen einen Gegenstand, der ohne Modifikation eine solche Ähnlichkeit aufweist, als sie einen Vorhang für ihr Theaterstück benötigen. Sie nutzen schließlich den rechteckigen Teppich des Modellraums, der nun von mir geöffnet und geschlossen werden soll.

7.3.5　Kompetenzempfinden

7.3.5.1　Die Kategorie im Überblick

Kurzdefinitionen

Gruppe A – Autonomie
In dieser Gruppe liegt der Fokus auf dem Aspekt der Alleinstellung.
- *alleine*: Etwas alleine können oder machen wollen.
- *etwas anders machen*: Etwas bewusst anders machen als vorgegeben oder als jemand anderes. Etwas Eigenes einbringen.
- *Kompetenzbereich abgrenzen*: Zuständigkeiten verdeutlichen, die eigene Rolle/ Funktion gegenüber anderen abgrenzen.

Gruppe B – Kompetenz zeigen und wahrnehmen
Die hier vereinten Handlungen zielen darauf, den Effekt eigener Handlungen wahrzunehmen, die eigene Kompetenz zum Ausdruck zu bringen oder fehlende Kompetenz zu verzeichnen.

- *können*: Hinweis auf eigenes Können, Präsentation von Kompetenzen.
- *nicht können*: Hinweis auf fehlende Kompetenz, u.U. kombiniert mit dem Wunsch, die Kompetenz zu erlangen.
- *wissen*: Wissen über Musik/Instrumente u.ä., welches zum Ausdruck gebracht oder präsentiert wird.
- *nicht wissen*: Zum Ausdruck bringen, dass man etwas nicht weiß, u.U. kombiniert mit dem Wunsch, das Wissen zu erlangen.
- *verursachen*: Etwas verursachen, auslösen und den Effekt bewusst wahrnehmen.
- *Stärke zeigen*: Körpersprachliche Demonstration von Stärke oder verbaler Ausdruck von Stärke in Bezug auf die eigenen Person. Auch: Assoziationen zu Stärke, Ausdruck von Stolz.
- *gewinnen*: Etwas als Erste/Erster, als Schnellste/Schnellster etc. schaffen/können.

Gruppe C – Investition in Kompetenzerwerb
Insbesondere das Üben bzw. Proben bildet eine Investition in den Kompetenzerwerb ab, aber auch die Korrektur eigener Aussagen oder Handlungen zeigt in Bezug auf das Endergebnis einen Optimierungsprozess.

- *üben/proben:* Etwas können durch Übung.
- *sich korrigieren:* Eine eigene Äußerung, Auswahl oder Handlung korrigierend kommentieren oder zurück nehmen.

Bestätigung: Feedback für Kompetenz, eigene Kompetenz bestätigt bekommen und/oder einen materiellen Gegenwert für eigene Leistung erhalten, insbesondere Geld. Je nach Ausprägung auch Maßstabskriterium für Kompetenz.

7.3.5.2 Gruppe A – Autonomie

Der Begriff der Autonomie umfasst hier einerseits den Wunsch nach Unabhängigkeit von einer Lehrperson oder anderen Erwachsenen, betrifft andererseits aber auch die Alleinstellung innerhalb von Kommunikationssituationen. Diese Alleinstellung findet durch die Definition und Abgrenzung eigener Kompetenzbereiche und durch die Positionierung gegen bestehende Ideen statt.

Alleine: Wenn in den Interviews der Wunsch oder die Entscheidung geäußert wird, etwas „alleine" zu machen, so bezieht sich dies meist auf die Zweiergruppe der Interviewpartner.

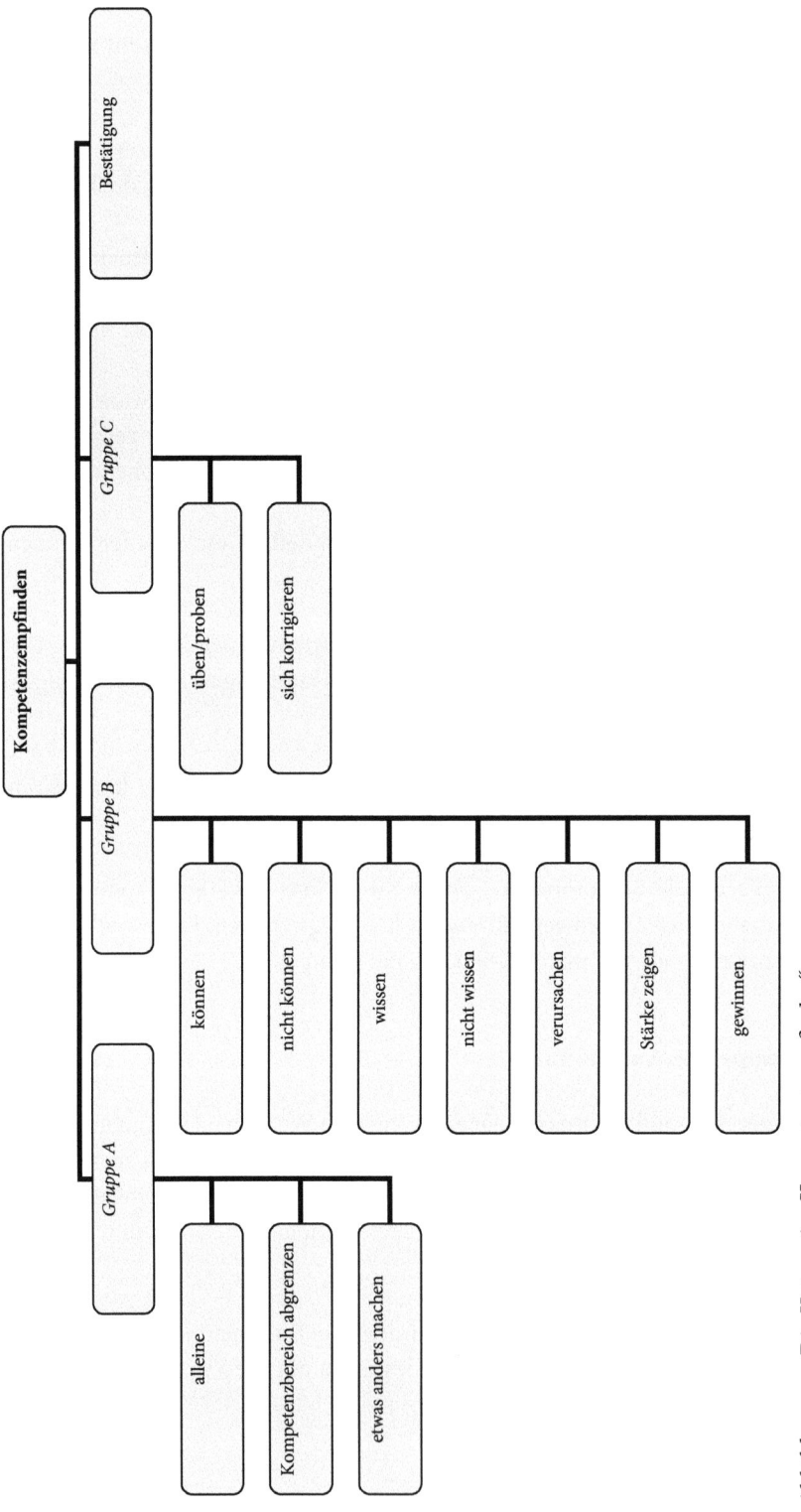

Abbildung 15: Die Kategorie „Kompetenzempfinden"

Zum Teil löst meine Frage, wer im Musikunterricht „Bestimmer" sein dürfe, dies aus. So erklären Daria und Alexandra, Julia und Thea, Marie und Laura und Matthes und Leon, dass nur jeweils sie beide die Entscheidungshoheit haben sollten.

Roshan nutzt das gleiche Muster, jedoch nicht im Bestimmer-Kontext, sondern im Rahmen der Spielidee Fußball:

Interviewerin: Ja, wer ist denn jetzt eure Mannschaft?
Roshan: Ich allein, mit Caspar allein.

Bei Jumbe liegt der Fokus auf der Unabhängigkeit von Lehrpersonen. Dieser Aspekt taucht im Interview immer wieder auf und wird später auch von Robert weiter verfolgt:

Interviewerin: Ihr habt doch gesagt, [Lehrkraft] und ich sind auch dabei und dann, hm, brauchen wir ja [noch die großen Figuren].
Jumbe: [Nein, ihr seid nicht dabei] (lächelt).
Interviewerin: Wir sind nicht dabei? Achsoo.
Jumbe: Ja, wir machen das alleine

Auch meine Frage, ob die Erwachsenen denn etwas bestimmen dürften, wird von Jumbe und Robert mit „*Nein*" beantwortet, Jumbe ergänzt dann noch: „*Wir, wir, wir proben was, wie wir möchten.*"

Schließlich ist hier der Aspekt erkennbar, die Alleinstellung als besondere Abgrenzung oder auch „verschworene" Gemeinschaft vorzunehmen. Meine Frage, was er und Robert denn alleine proben werden, beantwortet Jumbe mit: „*Wieso, du Neugiernase, wirst du seh'n, wenn wir auf der Bühne sind.*" Später erläutert Jumbe, dass er und Robert sich das ganze Programm für das gemeinsame Konzert alleine ausdenken wollen. Jumbe erklärt: „*Keiner darf davon wissen, auch nicht du.*"

Das *Abgrenzen des Kompetenzbereichs* wird in erster Linie deutlich, wenn die eigene Funktion als Bestimmer herausgestellt wird. Cecilia reckt ihre Spielfigur in die Höhe und ruft: „*Hahahaaaa, ich bin der Bestimmer*". Nachdem Carla in Freyas Bestimmerphase viele Ideen äußert, sagt Freya: „*Außerdem bin ich die Bestimmerin. Ich bin die Bestimmerin.*" Als dies nichts bewirkt, hält sie ihre Figur direkt vor Carlas Spielfigur und fragt: „*Weißt du eigentlich, dass ich die Bestimmerin bin?*"

Florian trifft eine ähnliche Aussage, auch er ist nicht damit einverstanden, dass sein Interviewpartner eigene Vorschläge macht. Florian bezieht sich aber zusätzlich auf die Rolle, die sein Interviewpartner Jannis zuletzt eingenommen hatte. Er sagt: „*Grrr. Ich bin der Bestimmer und nicht du, du Zauberer*". Über eine Rollendefinition macht Florian auch ein Abgrenzungskriterium deutlich. So lehnt er es als Fußballer ab, das Tor zu bauen und erläutert: „*Bin doch kein Bauarbeiter!*" Jumbe verdeutlicht ebenfalls eine rollenbezogene Abgrenzung des Kompetenzbereichs. Hier handelt es sich um die Rolle des Musikers auf der Bühne und die Rolle des Publikums. So legt er fest, dass andere Kinder die Instrumente, welche von ihm und Robert gespielt werden, nur ausprobieren dürfen, wenn die Eltern dabei sind. Er begründet:

> „*Sonst machen die Kinder tschu--blibliabliablia, njanjanja (er macht wilde Handgesten, die manchmal nach Instrumentenspielhaltungen aussehen). Und das hört sich nur komisch an und sie gehen kaputt.*"

Michel und Pelle schließlich müssen sich über ihre Zuständigkeiten erst einig werden. Pelle äußert die Idee, dass jeder ein Wort ins Mikrophon spricht und Michel schlägt daraufhin vor, dass jeder ein Lied ins Mikrophon singt. Beide beanspruchen nun für ihre Spielfigur das Recht, den Ablauf zu erklären. Pelle argumentiert, er dürfe es erklären, „*weil ich die Idee hatte*". Michel hält mit dem Verweis auf die hierarchische Funktion dagegen: „N*ee, der hier erklärt das, weil er der Chef ist*". Er meint damit seine Figur, die den Bestimmerschal trägt. Schlussendlich übernimmt er auch die weitere Erklärung.

Etwas anders machen: Während die Abgrenzung des Kompetenzbereichs über die eigene Rollen- oder Funktionsdefinition erfolgt, ist das „anders machen" eher situativ bedingt und davon geprägt, sich inhaltlich abzusetzen. Somit erfolgt eine parallele Positionierung, die möglicherweise den Inhalt der Idee, aber nicht die Rolle oder Funktion der anderen Anwesenden in Frage stellt.

Auf Carlas Vorschlag, dass alle schlafen, reagiert Freya: „*Aber ich nicht, ich bin noch wach. Ich bin noch wa-ach. Aufwachen, aufwachen, aufwachen.*" Ebenso kann „Etwas anders machen" als Variation der ursprünglichen Idee stattfinden. Jonas möchte zum Beispiel ein Bild zum Aufhängen für die Musikschule malen. Ich frage Helge „*und du?*" und er erwidert: „*hmmm nichts*". Nun möchte ich genauer wissen „*Du möchtest nicht malen?*" und es stellt sich heraus: „*Ich möchte auch malen, aber zu Hause.*"

Schließlich betrifft das „Anders Machen" auch Regeln oder Konventionen, die bewusst modifiziert werden. Als ursprüngliche Regel bei „Wer wird Frühstückskönig?" erläutert Thea beispielsweise, dass der Gewinner sich auf einen Sessel setzen und eine Krone aufsetzen muss. Julia modifiziert dies für ihre eigene Frühstückskönig-Erfindung. Sie sagt „*und soll ich sagen, aber bei uns ist das anders, weil bei uns kriegt man dann eine Karte*" und konkretisiert „*man darf sich aussuchen, aber außer die und die (zeigt auf zwei Karten)*". Marie ist die Konvention der Begrüßungsmoderation für Theateraufführungen als kultureller Code geläufig. Sie entscheidet sich jedoch dagegen:

> „*Da sagt man immer ‚meine Damen und Herren', ne? Das sag ich aber jetzt nicht. Ich sag nur, es ist- ich sag nur Schneewittchen ist das jetzt. Schneewittchen ist das jetzt.*"

7.3.5.3 Gruppe B – Kompetenz zeigen und wahrnehmen

Die Zusammenstellung dieser Gruppe beinhaltet die kompetenzrelevanten Aspekte von Können und Wissen. Ergänzend kommt das Verursachen als Möglichkeit hinzu, die eigene Wirksamkeit wahrzunehmen. Über das Zeigen von Stärke und das

Gewinnen kann eigene – bereichsspezifische – Kompetenz zum Ausdruck gebracht werden.

Können und nicht können: Nesrin findet es wichtig, dass man im Musikkurs *„alles richtig kann"* und bringt damit die Relevanz des Könnens zum Ausdruck. So ist in den Interviews immer wieder die Äußerung *„ich kann schon…"* zu hören. Fast alle Kinder möchten ihren Namen auf das Schild für die Spielfigur schreiben, weil sie dies schon können. Matthes sagt über sich und Leon *„Wir können auch schon beide lesen, Leon nich' so gut aber ich kann."* und Marie zählt auf, was sie abgesehen von ihrem Namen noch alles schreiben kann:

> *„Ich kann auch Mark schreiben, ich kann Rita schreiben […] ich kann Justus schreiben, ich kann Rita schreiben ich kann (..) das kann ich auch alles in Schreibschrift und ich kann (.) was kann ich denn alles noch schreiben? Ich kann Ella schreiben, ich kann Laura schreiben, ich kann (.) ich kann Anne schreiben."*

Matthes erinnert sich, wie er mit dem Lesen Lernen begonnen hat:

> *Matthes: Ich hab's mit vier glaub ich gelernt.*
> *Interviewerin: Wow das ist ja toll!*
> *Matthes: Aber da hab ich Milch mit Milk gelesen.*

Da er mittlerweile natürlich die richtige Aussprache des „ch" kennt, kann er mit seiner Äußerung zugleich einen Lernzuwachs verdeutlichen.

Wenn Kinder etwas nicht können, erzählen sie es mir ebenfalls, teilweise gekoppelt mit einer Kompensation für den „Mangel". Bruno stellt fest *„Ich kann nicht pfeifen […] ich kann aber schnipsen"* und macht es mir vor. Bei Robert wird eher deutlich, an welchem Punkt des Lernwegs er momentan steht:

> *„Ich kann nä-noch nicht le-aber ich, lesen die Noten, ich kann nur, ich kann nur schreiben, die N-Noten."*

Roshan nimmt dagegen eine graduelle Einstufung seiner Kompetenz vor, die zwar vorhanden, aber nicht so *„gut"* ausgeprägt ist. Ausgelöst wird dies dadurch, dass er ein Mikrophon aufmalt und Caspar den Vergleichsmaßstab *„wie in echt"* einbringt:

> *Caspar: So geht kein Mikrophon.*
> *Roshan: Ja, so geht mein Mikrophon aber (malt weiter).*
> *Caspar: Aber ich meinte so wie in echt.*
> *Roshan: Ich kann nicht so gut Mikrophone malen.*

In diesem Dialog wird eine weitere Kompensationsstrategie deutlich, nämlich, die persönliche Erfindung zum Maßstab zu erklären und sich somit von unerreichbaren Anforderungen an die eigene Kompetenz zu befreien. So erfindet Roshan seine aus Kreisen bestehenden *„Geheimnoten"*, die er anstelle traditioneller Noten aufmalt. Da sein Interviewpartner Caspar bereits Noten schreiben kann, entzieht Roshan sich möglicherweise – obwohl er zunächst Caspars Noten imitiert – damit auch dem direkten Vergleich untereinander. Bei Jumbe ist eine ganz ähnliche Strategie in Bezug auf das Notenschreiben erkennbar. Auch er bezieht die Imitation mit ein und zielt im Ergebnis auf eine eigene Erfindung ab:

Jumbe: Mm, wir machen selbst Noten (klatscht in die Faust.)
Interviewerin: Hey, [das wär doch mal was].
Jumbe: [wir proben] ja, wir nehmen, wir proben andere Not-gucken alle Noten an und machen dann ein paar nach, aber nur mit, mit verschiedenen Stellen.
Interviewerin: Das hab ich nicht verstanden. Kannst du's mir noch mal erklären?
Jumbe: Jede Stelle, m-die wir gemacht haben, machen wir aber anders. Machen wir die Stelle anders. Wir brauchen normale Blätter und auf die schreiben wir das.
Interviewerin: Aha, und ihr schreibt das so wie ihr euch das vorstellt?
Jumbe: Ja, so wie-äh, wie wir wollen. Wir können, wir können das auch falsch machen. Wir können es auch genau so machen. Wir können es egal machen (zuckt mit den Schultern). Wie wir wollen (klatscht, klopft dann mehrmals die Faustrücken aneinander).

Schließlich ist das Können und Nicht-Können abhängig von Voraussetzungen, auf die die Kinder zum Teil Einfluss haben. So erklärt Thea zunächst *„Ich kann keine Musik."* Julias Nachfrage lenkt den Blick dann auf die notwendige Bedingung des Könnens:

Julia: Kannst du auch nicht Flöte spielen?
Thea: Ich hab meine Flöte nicht dabei
Interviewerin: Ah.
Thea: Wenn ich sie dabei hätte, dann könnt ich es machen.

Für Alina beeinflusst das Tempo der Musik die Güte ihres gemalten Bildes:

Alina: Langsam is aber besser.
Interviewerin: Langsam ist besser? Wofür ist denn langsam besser?
Alina: Um die Wiese so irgendwie so gleichmäßig zu malen.

Bei Nesrin wird der Grad des Könnens sogar zum Präferenzkriterium. Sie erklärt, das Instrument Triangel nicht zu mögen und begründet:

„Weil ich damit nie so gut machen kann. Weil ich weiß nich', wie ich das wieder anhalten soll und wieder losspielen soll."

Wissen und nicht wissen: Die Kinder bringen Wissen über Instrumente, aber auch über kulturell tradierte Konventionen zum Ausdruck. Sie greifen auf einen Wissensbestand zurück und nehmen untereinander, aber auch mit mir den Transfer von Wissen vor. Wenn sie äußern, etwas nicht zu wissen, bezieht sich dies darauf, dass ihnen die nächste Idee fehlt, sie also beispielsweise nicht wissen, was sie als Bestimmer vorschlagen sollen. Thea fällt während des Frühstückskönig-Spiels keine Aufgabe ein, die auf der Aufgabenkarte stehen könnte. Sie sagt, dass dort „*nix*" steht und erläutert kurz danach: „*Ich weiß nicht, was man da macht.*"

Zudem kommt fehlendes Wissen natürlich durch Fragen zum Ausdruck, zum Beispiel zu den abgebildeten Instrumenten. Elsa muss mich einmal etwas fragen, weil sie es sich nicht erklären kann: „*Warum ist da ein Vorhang, weil da kein Fenster is?*" Im Musikschulraum hängt aus akustischen Gründen ein Vorhang an der Wand statt am Fenster, eine Konstellation, die sie mit ihren bisherigen Erfahrungen nicht überein bringen kann.

Hier wird bereits der Aspekt des Wissenstransfers deutlich, denn meine Erklärungen kann Elsa nun ihrem Wissensbestand eingliedern. Matthes erfragt für jedes einzelne Zeichen einer abgebildeten Notenschrift dessen Bedeutung. Dass er das neu erworbene Wissen direkt anwendet, lässt sich an seinen Überprüfungen erkennen. So kann er den Bindebogen über zwei Noten nicht hören, als ich sie vorsinge. Er korrigiert mich „*das hier war zusammen da*" und ich singe es noch einmal mit deutlichem Legato. Nun ist er zufrieden.

Den Wissenstransfer untereinander stellen die Kinder vor allem durch Vor- und Nachmachen her. Als Roshan erklärt, er könne keine Noten, ruft Caspar „*Ich aber*", klatscht in die Hände und verspricht „*Ich bring's dir bei, Roshan.*" Dies tut er, indem er eine Note aufmalt, sie Roshan zeigt und sagt: „*Guck, so gehen Noten, Roshan.*" Dann vertieft er das Ganze noch etwas, indem er weitere Noten aufschreibt, sein Tun sprachlich begleitet und Roshan dies nachmacht:

Caspar: Ich so, erstmal ein Strich.
Roshan: Erstmal ein Strich.

Caspar kommentiert: „*Roshan hat das grad von mir abgelernt.*" Seine Wortschöpfung bringt das Lernen durch Imitation sehr schön zum Ausdruck.

Michel zeigt ein Repertoire an Trommelspieltechniken (wischen, streichen, mit den Fingern trippeln, schlagen), welches er sich in der MFE aufgebaut hat. Bruno erkennt in meinem Pfeifen eine Melodie wieder, die seine Mutter zu Hause öfter spielt und Carla und Freya erklären mir die „Olchis", denn sie haben beide das Buch zu Hause. Robert und Jumbe zeigen mir zu Beginn des Interviews ihr Wissen über die Gitarre (Jumbe) und das Becken (Robert). Auf mich wirkt es so, als ob sie denken, ich wollte im Interview ihr Wissen abfragen, denn der Dialog beginnt unvermittelt, noch bevor ich selbst etwas erklären oder meine Einstiegsfrage stellen kann. Jumbe beginnt:

„Mit einer Gitarre (spielt Luftgitarre), da, (flüstert unverständlich) da kommen so, da kommen verschiedene Töne aus diesem Loch raus (zeigt mit den Händen ein Loch). Und, wa, eine Geige (Arme in Spielhaltung), da hört man verschiedene Töne auch, so wie der Gitarre, aber, aber nur andere."

Nach einer aufmunternden Geste von Jumbe schließt Robert seine Erklärung an:

> „Ähm...Bei den Becken, da hört man so'nnn (macht Beckenspielgeste) sch, so ein (..) das hört sich an wie'dn bei dem Schlagzeug dieses Becken, das heißt nämlich auch Becken."

Das Wissen über Instrumente ist in den Interviews sehr breit gefächert und beinhaltet das Aussehen, die Spieltechniken und die Klänge verschiedener Instrumente. Die Präsentation dieses Wissens erfolgt dann in einer Kombination aus Zeigehandlungen (Instrumentenimitationen und vorsingen) und verbalen Erläuterungen.

Wissen über kulturell tradierte Konventionen wird vor allem sprachlich transportiert. Caspar definiert ein Konzert in Abgrenzung zum Theaterstück als etwas *„wo nur Musik gespielt wird"*. Marie weiß, dass man zu Beginn eines Theaterstückes *„Meine Damen und Herren"* sagt und sich am Ende verbeugt und Laura fordert zur Charakterisierung der Situation „Theater" als erstes den Vorhang ein. Die Nähe zur Kategorie „Versatzstücke" ist in Bezug auf den Wissensbestand unübersehbar. Der Wissens- bzw. Erfahrungsbestand bildet die Fundgrube für Versatzstücke, mit denen die Kinder aktiv und kreativ werden.

Verursachen: Das Verursachen wird vor allem in vielen Reaktionsspielen deutlich, welche die Kinder erfinden. Als Verursacher der Handlungen legen sie zum Beispiel in einem Stopptanz durch ihr Instrumentalspiel fest, wann die Anderen tanzen und wann sie stehen bleiben sollen. Ebenso gibt es Reaktionsspiele zum abwechselnden Spielen verschiedener Instrumente, zum Umgang mit Material wie Tüchern oder Reifen sowie zum Ortswechsel im Raum. Den Reiz macht vor allem der Überraschungseffekt des Auslösers aus. So verursachen die Kinder im Rahmen von Reaktionsspielen nicht nur Handlungen ihrer Mitspieler, sondern sie steuern auch Spannung und Entspannung. Je unvorhersehbarer zum Beispiel die Abstände zwischen Tanzen und Stoppen bei den Stopptänzen werden, desto größer ist die Heiterkeit, wenn etwas schief geht. Für die nächste Runde ist aber auch sofort wieder Konzentration da, so dass die Reaktionsspiele zwischen Stille und Lachen hin und her pendeln.

Die Faszination, etwas auszulösen, zeigt sich in den Erzählungen von Marie und Laura über ihre Spielklaviere. Marie sagt *„Wenn man da drauf drückt dann spielt man, da macht das so richtig so'n Ton"* und Laura verdeutlicht die Funktion, Melodien wiederzugeben:

> „Bei Papa da hab ich dann 'n Spielklavier und wenn man auf irgendeinen Ton drückt, dann macht das von selber Musik so ‚ding' (macht Spielgeste) und dann kommt da Musik raus."

Ebenso attraktiv wirkt die Idee, eigene Klangproduktionen noch einmal anhören zu können. Das zeitversetzte Wahrnehmen der eigenen Klänge, also nicht ‚live' während des Spielens, unterstützt möglicherweise den Eindruck, ein Produkt geschaffen zu haben. Pelle möchte, dass wir uns mit dem Audioaufnahmegerät aufnehmen:

„Ja und dann und dann spricht da immer einer rein und dann kommt das und wenn das fertig ist können wir das so aus wie im Radio hören, mit Kopfhörer."

Das Radio als Medium, welches Öffentlichkeit herstellt, macht das eigene Produkt möglicherweise noch wichtiger in der Außenwahrnehmung denn es unterstützt dessen Präsentation. So kann auch Stolz auf die eigene Leistung mitschwingen. Jumbe bringt es in einem kurzen Sprechgesang zum Ausdruck: *„Wir sind super auf der Welt. Kassettenrekooorder hör uns zuuuu."*

Die oben erwähnten Reaktionsspiele ermöglichen ein sehr schnelles Überprüfen der eigenen Verursachungsleistung. Anders sieht dies bei den selbst geschriebenen Noten von Matthes und Leon bzw. Roshan und Caspar aus. Zunächst sind die Kinder begeistert, dass aus ihren geschriebenen Noten Klänge werden. Aber indem ich die Noten absinge, gebe ich eine Erfindung der Kinder wieder, bei der sie selbst nicht nachprüfen können, ob ich alles richtig mache. Hier wird Matthes Strategie verständlich, sich jedes einzelne Zeichen der Notenschrift erst erklären zu lassen, welches er auf den Bildkarten findet. Erst danach schreibt er es auf. Als er sich nicht sicher ist, ob ich eine Note lang genug ausgehalten habe, fragt er mich zum Beispiel: *„Haste auch die ganze Note dabei gemacht?"*

Stärke zeigen: Körpersprachliche Gesten zur Demonstration von Stärke sind in den Interviews ausschließlich bei Jungen zu beobachten. Michel „droht" den anderen Kindern im Raum mit der erhobenen Faust, er schüttelt sie und ruft: *„Nicht so laut sein, verstanden?"* Jumbe begibt sich mit erhobenen Armen und zu Fäusten geballten Händen in eine Art Siegerpose und bekräftigt, dass es Spaß mache, ein Konzert zu geben.

Bei Florian und Jannis, Roshan und Caspar sowie Helge und Jonas kommt es zu kleinen Rangeleien untereinander. Jannis lehnt sich z.B. an Florian an und dieser gibt ihm einen Klaps auf den Hintern. Darauf lachen beide und Jannis legt sich nun quer über Florians Schoß. Schließlich nimmt Florian seinen Interviewpartner noch in den Schwitzkasten, was beide mit Lachen quittieren. Helge provoziert Jonas mit dem Wort „Tanzen" so lange, bis dieser ankündigt, ihm eine Beule zu hauen und zeitlupenartige Boxbewegungen macht. Jonas erklärt zudem, sich zum Spaß oft mit seinem Bruder zu prügeln. Roshan kippt seinen Interviewpartner Caspar mitsamt Sitzkissen um, damit er an eine verrutschte Bildkarte heran kommt. Caspar geht sofort darauf ein, hält sich am Kissen fest und rollt sich wieder zurück in die Ausgangsposition. Jumbe macht Stärke wiederholt zum Thema, wenn er in rap-artige Sprechgesänge übergeht:

„Der Stärkste, glaub aaan dich. Ich bin der Coolste--koll-komm geh ab--ich bin der Beste. Wir sind stark. Jaa (ballt die Hand zur Faust). Wir sind doch die Stärksten auf der Welt. Das ist krass und- oder yes (Hält Figur nach oben)."

Ein Nebenaspekt ist die *Zuschreibung* von Stärke. Florian scheint die Trommel mit Stärke zu verbinden, denn als Einsatzmöglichkeit des Instruments im Theaterstück schlägt er vor: *„Das könnte bei dem Zaubertrick sein weil Hexen sind ja stark, oder?"*

Gewinnen: Das Gewinnen kann in einer Spielregel begründet sein. Julia erreicht zum Beispiel als Erste das letzte Spielfeld von „Wer wird Frühstückskönig". Eigentlich würde sie als „Gewinn" nun eine Bildkarte bekommen, doch da für sie mit dem Abschluss des Spiels anscheinend auch der Bestimmerwechsel verbunden ist, geht sie davon aus, dass dies nicht mehr möglich ist:

> *Thea: Du hast gewonnen.*
> *Julia: Danke, gib mir meine Frühstück-oh, oh, nee, du bist ja jetzt die Bestimmerin.*

Jannis bringt die Idee des Wettkampfes zwischen Trommel und Becken ein: *„Ja die Trommel und am Becken kämpfen, wer am Lautesten is'."* Er und Florian diskutieren darüber, welches der Instrumente das Lauteste sein könnte und die Entscheidung hängt davon ab, ob eine kleine oder eine große Trommel verwendet wird.

Zudem ist das Gewinnen in der Form des Übertrumpfens zu beobachten. Das Übertrumpfen ist zwar selbst auch eine Art Regel, aber in den Interviews nicht in einen ausformulierten Spielzusammenhang eingebettet. Es ergibt sich hier immer aus der Situation heraus. So steht Carla beim „Ausflug mit dem fliegenden Teppich" auf, hält ihre Figur nach vorne und sagt: *„Haha, ich bin viel höher."* Daraufhin steht Freya ebenfalls auf, hält ihre Figur über ihren Kopf und sagt: *„Ich auch."* Helge möchte Krach machen und beide Kinder zeigen mir dies mit ihren Figuren:

> *Jonas: Ich mach (stampft mit Figur dreimal fest im Modell auf.)*
> *Helge: (lachend) Und ich mach (stampft viermal fest mit Figur im Modell auf).*

Pelle nimmt eine Ideenkarte, auf der mehrere Instrumente abgebildet sind und sagt: *„Cool, die Instrumente sind meine, mir gehören die ganzen Instrumente."* Daraufhin zeigt Michel auf den gesamten Instrumentenschrank und erklärt: *„Und mir gehören diese ganzen hier."*

Bei Till und Nesrin ist die „Aufwärts-Spirale" des Übertrumpfens besonders deutlich zu beobachten. Till sagt, er hätte gerne eine eigene Gitarre. Daraufhin wirft Nesrin ein *„Ich mehrere"*, was bei Till dazu führt, das er sich nun *„Tausend von Millionen"* Gitarren wünscht.

7.3.5.4 Gruppe C – Investition in Kompetenzerwerb

In diesen Kategorien wird der Prozesscharakter des Kompetenzempfindens deutlich. Der Zusammenhang zwischen Üben und Können spielt ebenso eine Rolle wie das Überprüfen und Nachjustieren eigener Handlungen oder Äußerungen.

Üben/Proben: Der Zusammenhang zwischen Üben und Können wird deutlich formuliert, wenn eigene Erfahrungen dahinter stehen. Für Bruno und Robert gilt dies aufgrund des Instrumentalunterrichts, den sie erhalten – Bruno lernt Geige und Robert Schlagzeug. Bruno verbalisiert die „Wenn-Dann"-Beziehung von Üben und Können:

> *„Und wenn ich die ganze Zeit Geige übe (.), dann kann ich 'nen Lied spielen."*

Für Robert ist das Üben die Konsequenz aus Jumbes Idee, Instrumente *„alleine"* zu spielen, ohne dass ihm ein Lehrer dies vorher beibringt:

> *Interviewerin: Und ihr könnt das richtig gut?*
> *Jumbe: Ja (singt Melodie, dabei Spielgeste Flöte).*
> *Interviewerin: Wer hat Euch das beigebracht?*
> *Jumbe: Das können wir alleine (klatscht).*
> *Interviewerin: Das könnt ihr alleine?*
> *Jumbe: Ja. Können wir alleine machen. Alles.*
> *Interviewerin: Habt ihr das [alles so ausprobiert?]*
> *Robert: (lauter) [Wir] üben einfach.*

Alexandra berichtet von einer Situation des Kompetenzerwerbs durch Üben. Sie erzählt, dass sie auf der Trompete *„schon den Ton raus kriegen"* kann und begründet: *„Ich hab das auf 'ner Gießkanne geübt."*

Bei Jumbe mischt sich das Proben mit dem Probieren. Als er zu Beginn des Interviews erklärt, dass der Unterricht ohne Lehrer ablaufen soll, ergänzt er: *„Wir proben, was wir möchten."* Robert nimmt dies auf und verwendet „Proben" als „Üben":

> *Robert: [Ja]...da gehen wir in diese Räume und...[proben].*
> *Jumbe: Proben die ganze Zeit (klatscht in die Hände).*
> *Interviewerin: In welche Räume geht ihr?*
> *Robert: In das Schlagzeugraum (blickt zu Jumbe).*
> *Interviewerin: In den Schlagzeugraum, ok.*
> *Robert: Ja, wir üben*
> *Jumbe: Ja, wir üben, ähm*
> *Robert: Wir üben Schlagzeug. (blickt zu Jumbe).*

Es deutet sich aber an, dass Jumbe nicht die gleiche Definition von Proben vornimmt, denn er erwidert:

> *„Nein, wir nehmen alle Instrumente und probieren alle über (klatscht in Faust) (..) aus. Und dann (klatscht), welches dann, welche gut klingen, nehmen wir."*

Obwohl Jumbe in den Gesprächen über das gemeinsam ausgedachte Konzert zeitweilig auch vom „Proben" und „Üben" spricht (*„Wir proben immer (.) länger [...] wir gehen in unsere Zimmer und üben weiter"*), bleibt daneben der Aspekt erhalten, dass

„Proben" auch „Probieren" bedeuten kann. So beendet er eine längere Dialogphase über das Konzert mit der Feststellung: *„Aber jetzt müssen wir ja proben."* Dann beschreibt er die darauf folgende Handlung: *„Wir nehmen das mit, was wir als erstes ausprobieren wür-wollen. Ich möcht-nehm die-äh Flöte-Querflöte."* Möglicherweise ist für Jumbe eine Trennung zwischen Ausprobieren und Üben gar nicht relevant, da das Ausprobieren zugleich auch eine Form des Kompetenzerwerbs darstellen kann.

Sich korrigieren: Korrekturen erfolgen entweder, wenn Versehen oder Missverständnisse vorliegen, oder wenn Anpassungen an eine neue Situation erforderlich sind.

Carla schlägt vor, mir ihr Buch von den Olchis zu zeigen: *„Soll ich das morgen mitbringen?"* Dann korrigiert sie mit gepresster Stimme *„nicht morgen"* und lässt zunächst eine Kompensationsstrategie deutlich werden: *„Jetzt sag ich einfach morgen."* Auf meine Frage, was sie damit meint, nennt sie dann den Termin, zu dem die MFE-Gruppe immer stattfindet, nämlich *„Freitag"*. Auch Thea hat sich vertan, sie hielt die Abbildung der Becken zunächst für CDs. Unter falschem Namen möchte sie die Bild-Karte dann aber auch nicht verwenden und gibt sie zurück, um sich etwas anderes auszusuchen.

Anpassungen an neue Situationen werden z.B. vorgenommen, wenn Idee und Ausführung nicht ganz zusammen passen. Dies ist der Fall, als Thea ihre Spielregel noch einmal verändert, weil Fußballspielen zu leiser Musik nicht gut funktioniert. Bei Roshan ist die Anpassung einer neuen Deutung geschuldet. Er hatte das Becken bisher als Uhr für sein Theaterstück über die Heinzelmännchen verwendet, hält sie in dieser Form im Kontext eines Fußballspiels aber nicht mehr für passend und erklärt:

> *„Die Uhr ist jetzt erst was anderes, also mit der Uhr wird gemacht ne so'n, zum Beispiel, was auch damit gemacht wird. Damit wird, äh, (überlegt, schaut dabei in die Luft) gesagt, wann das Fußball aus ist und wenn es anfängt."*

7.3.5.5 Bestätigung

Das Feedback für Kompetenz unterstützt das Empfinden derselben. Es kann ideell durch Lob und Bestätigung, aber auch auf materieller Ebene, z.B. durch Bezahlung erfolgen. In den Interviews überwiegt das ideelle Feedback. Nur im Interview mit Robert und Jumbe spielt die Bezahlung für Leistung eine Rolle.

Durch Aufforderungen wie *„Guck mal…"* wird der Blick in mehreren Interviews gezielt auf die Kompetenzen der Kinder gelenkt. In erster Linie werde ich damit angesprochen, aber auch die Interviewpartnerinnen und -partner können auf diese Weise aufmerksam gemacht werden. Alina sagt zum Beispiel zu mir *„guck mal wie gleichmäßig ich die Sonne gemalt hab"* und Elsa schaut nun ebenfalls kurz auf das Bild.

Auch auf andere Weise wird Bestätigung gezielt bei mir eingeholt. Nachdem Jumbe und Robert sich eine Mitmachaktion für das Publikum ihres Konzerts ausgedacht haben, fragt Jumbe mich direkt: *„War gut von uns beiden?"* Roshan ersetzt die Karte mit den Tüchern durch ein echtes Tuch, nämlich den großen Bestimmerschal, den ich noch aus der Vorbereitungsstunde dabei habe. Er sagt zu mir *„das ist doch klug von mir"* und bestätigt sich damit gleichzeitig auch selbst.

Bei Jumbe wird in einem Fall der Aspekt der Konkurrenz deutlich. Er erinnert sich an das MFE-Konzert, das vor kurzem stattfand. Dort traten mehrere MFE- und Rhythmik-Gruppen der Musikschule auf und Jumbe möchte von mir bestätigt bekommen, dass seine Gruppe die Beste war: *„Was ist besser, oder b-besser, uns're oder ihre?"* Im weiteren Gespräch stellt sich heraus, dass ihm die Bewegungsgestaltung einer anderen Gruppe nicht gefallen hatte und er dies zum Anlass nimmt, die Leistung seines MFE-Kurses heraus zu heben und zu loben.

Wenn sich die Kinder untereinander loben, erfolgt dies spontaner, ohne gezielte Nachfrage. Leon hält beispielsweise seine gemalten Noten vor die Kamera und Matthes betrachtet sie dort. Er kommentiert: *„Du warst gut. Die sind gute Noten."* Jumbe lobt Roberts selbst erfundenen Rap mit den Worten: *„Das war geil, was er sagt."* Nesrin berichtet von einer Bestätigung, die sie in einem anderen Kontext bekommt. Sie macht *„immer im Kindergarten überall Bilder"* und erzählt mir, dass sie diese dann dort auch aufhängen darf.

Eine Sonderform der Bestätigung ist die Bezahlung für Leistung. Insgesamt spielt der materielle Gegenwert von Leistung keine große Rolle in den Interviews. Allerdings widmen Jumbe und Robert diesem Aspekt mehrere Gesprächsabschnitte.

Jumbe integriert in das gemeinsam entwickelte Konzert die Idee, mehrere Hüte herumgehen zu lassen, um Geld zu sammeln. Kurz darauf greift auch Robert das Thema auf und schlägt vor: *„Wir, wir schreiben Noten und verkaufen die und dann kriegen wir Geld. Ich hab nämlich schon mal Blätter verkauft und dann hab ich in echt Geld gekriegt."* Zum Abschluss des Interviews und zugleich des ausgedachten Konzerts singt Jumbe: *„Wir haben wir Geld. Und sind bald reich."* Im Kontext der vorigen Ideen wirkt dies wie ein Kommentar zum Nutzen oder Ertrag des Konzerts.

7.3.6 Orientierung

7.3.6.1 Die Kategorie im Überblick

Kurzdefinitionen

Gruppe A – Orientierung: „an wem?" und „auf welche Weise?"
- *Eigenaktivität*: Orientierung aus sich selbst heraus, selbst erarbeitet (z.B. durch Exploration) oder auf der Grundlage von Vorwissen bzw. Vorerfahrungen selbst hergestellt.
  - *ausprobieren*: Orientierung durch Exploration.
- *Interviewpartner*: Orientierung am Interviewpartner durch Imitation oder das Übernehmen von Ideen.

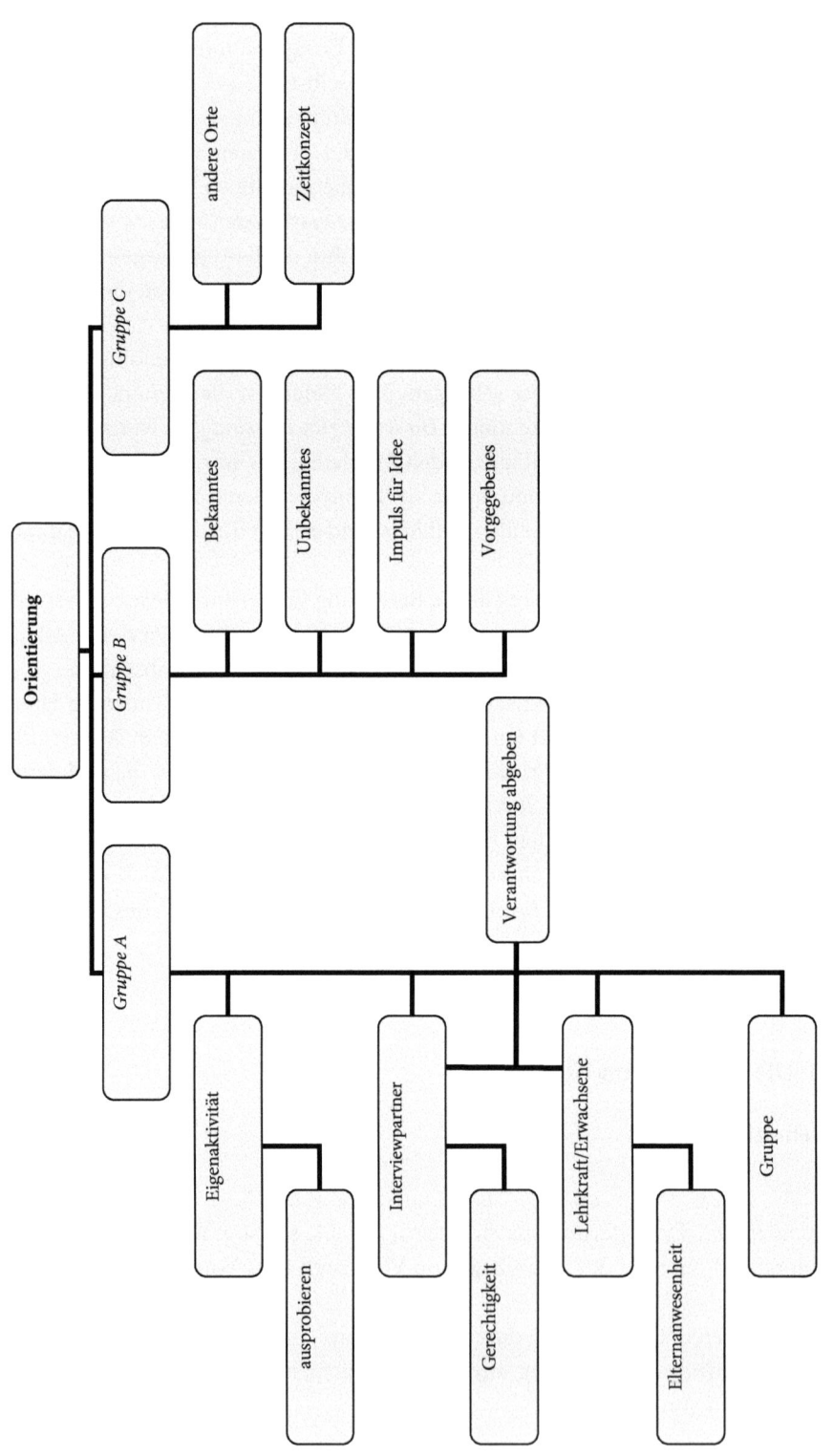

Abbildung 16: Die Kategorie „Orientierung"

- *Gerechtigkeit*: gerechte Verteilung wird beachtet, Ungerechtigkeiten werden angemerkt.
- *Verantwortung abgeben*: die Verantwortung für eine Handlung oder eine Regel wird einer anderen Person übertragen.
- *Lehrer/Erwachsener*: Orientierung durch Fragen an Erwachsenen.
  - *Elternanwesenheit*: Elternanwesenheit in der MFE.
- *Gruppe*: Bezug auf die eigene MFE- oder Kita-Gruppe, Äußerungen zur Gruppengröße oder Gruppenzusammensetzung.

Gruppe B – Orientierung: „an was?"
- *Bekanntes:* Wissen und Erfahrungen als Mittel der Orientierung.
- *Unbekanntes:* Unbekanntes als Auslöser für Orientierungsprozesse.
- *Impuls für Idee:* Spontane Anreize für die eigene Ideenentwicklung.
- *Vorgegebenes:* Dinge, die nachgeahmt oder nachgebildet werden.

Gruppe C – Orientierung in Bezug auf Zeiten und Räume
- *andere Orte*: (Unterrichts-)Orte außerhalb des Früherziehungsraums oder des Modellraums.
- *Zeitkonzept*: Äußerungen zu zeitlichen Einordnungen, Abläufen oder Daten.

7.3.6.2 Gruppe A – Orientierung: „an wem?" und „auf welche Weise?"

Die Kategorien der Gruppe A zeigen auf, an welchen Personen – einschließlich sich selbst – die Kinder sich orientieren. Zugleich wird deutlich, auf welche Art diese Orientierungsvorgänge erfolgen. Dass einzelne Ausprägungen des Orientierens (z.B. „ausprobieren" oder „Gerechtigkeit") extra aufgeführt sind, während andere sich aus der übergeordneten Kategorie (also Eigenaktivität, Interviewpartner oder Lehrkraft/ Erwachsene) erschließen, hängt mit der Genese des Kategoriensystems zusammen. So entstanden die Kategorien „Gerechtigkeit", „Verantwortung abgeben" und „Elternanwesenheit" aus dem Material heraus, da sie mir besonders auffielen. Letztlich sind sie über die jeweils übergeordnete Kategorie mit abgedeckt, so wie diese auch andere Orientierungshandlungen abdeckt, die nicht extra als eigene Kategorie formuliert wurden. Die „unvollständigen" Ausprägungen dennoch hier mit aufzuführen hat den Hintergrund, für den Weg der Auswertung die Nachvollziehbarkeit zu erhalten, da in diesen Fällen eine Zusammenführung in der übergeordneten Kategorie die Auffälligkeit der untergeordneten Kategorie überdeckt hätte.

Eigenaktivität: Die Orientierung aus sich selbst heraus erfolgt in zwei Richtungen. Einerseits durch Fragen oder *Ausprobieren* und andererseits durch den Abgleich mit eigenen Erfahrungsgehalten. Dies bildet zugleich das Prinzip der Äquilibration im Rahmen kognitiver Schematisierungsprozesse ab (vgl. Kap. 2.3.1). Matthes fragt nach der Bedeutung jedes Zeichens einer Notenschrift, um dies Wissen seinem Erfahrungsbestand zu integrieren und Freya testet ein Pappquadrat auf seine Eigenschaften, um eine Deutung vornehmen zu können. Es zeigt sich, dass Fragen und Ausprobieren eine enge Verbindung eingehen. Matthes schreibt die gerade gelernten Noten auf, bittet mich, sie abzusingen und überprüft das Klangergebnis anhand der Zeichenbedeutung. So fällt ihm sofort auf, dass ich einen Legatobogen nicht deutlich wiedergegeben habe. Freya dagegen baut in ihre Exploration eines Pappquadrats immer wieder Fragen ein (*„Was ist das?"*; *„Hallo, wohnt da jemand?"*; *„Macht das immer leise Töne?"*) und bildet die finale Deutung auf der Grundlage einer Antwort von mir heraus. Auf ihre Nachfragen hin erläutere ich nämlich schließlich, dass ich dachte, man könnte da etwas drauf stellen und nun stellt Freya ihre Figur auf die Pappe, hebt sie hoch und erklärt sie zum fliegenden Teppich.

Auch Pelle und Michel beschäftigen sich mit den Pappen und testen ihre Einsatzmöglichkeiten. Michel schlägt sie erst gegen seinen Kopf und stellt fest, dass sich das laut anhört. Dann schlägt er zwei Pappen gegeneinander und stellt die klangliche Ähnlichkeit zum vorigen Ergebnis heraus: *„Hört sich auch laut an".* Den Aspekt der klanglichen Exploration finde ich auch in einem Gespräch mit Jumbe wieder. Er ist daran interessiert, verschiedene Instrumente auszuprobieren, da er darüber eine Auswahl treffen kann:

> *„Wir nehmen alle Instrumente und probieren alle über (klatscht in Faust) (.) aus. Und dann (klatscht), welches dann, welche gut klingen, nehmen wir."*

Schließlich ist auch der Umgang mit der Videokamera und mit dem Audioaufnahmegerät von explorativen Handlungen geprägt. Marie sagt *„boing"* und tippt auf die Kameralinse. Dann stellt sie fest: *„Tat nich' weh (..) aber ich denke da muss Licht da rauskommen."* Matthes und Leon agieren gegenseitig für die Kamera, damit jeder mal hindurch schauen kann und Alina singt in das Aufnahmegerät hinein, um zu testen, ob es eine Reaktion gibt. Sie fragt *„Ist da wer?"* und *„Hast du mich aufgenommen, du, du, du, du dummes Gerät?"*

Es fällt auf, dass das Ausprobieren in den Interviews vor allem als explorative, erforschende Handlung erfolgt. Nur das Überprüfen, wie Matthes es für seine selbst geschriebenen Noten vornimmt, lässt sich nicht der Exploration subsumieren. Es beinhaltet jedoch dennoch einen forschenden Aspekt.

Interviewpartner: Vielfach ist die Imitation das probate Mittel, um sich am Interviewpartner zu orientieren. Alexandra erfindet eine Spielidee, die der von Daria sehr ähnlich ist. Till schließt sich an, als Nesrin Grimassen für die Kamera schneidet. Michel stellt sich zum Singen neben Pelle, so dass er nicht nur dessen Lied mitsingt, sondern auch die gleiche Körperhaltung dazu einnimmt.

Daneben interessiert es manche Kinder, ob ihr Interviewpartner mit ihnen einer Meinung ist. Jumbe möchte zum Beispiel *„richtige"*, also nicht die abgebildeten Instrumente spielen und sagt: *„Nei-ein, nicht bunte Instrumente, ich möchte das nicht spielen. Oder Robert?".* Daria vergewissert sich bei Alexandra *„diese Karten sollen weg,* *oder?"*, während beide damit beschäftigt sind, den gesamten Modellraum aus- und umzuräumen.

Auch Aufforderungen und Vorschläge werden untereinander gegeben. Jumbe wendet sich nach einem rap-artigen Sprechgesang an Robert und sagt: *„Jetzt sagst du was."* Als Daria nicht sofort weiß, was sie sich als Bestimmerin wünschen soll, hilft Alexandra nach, indem sie auf die Instrumentenbilder zeigt und sagt: *„Man kann ja auch da abgucken."* Jumbe möchte eine eigene Idee an Robert weitergeben. Er spielt Luftgitarre, zeigt dies Robert und sagt dazu: *„Mach mal das, mach mal das."*

Schließlich spielt die *Gerechtigkeit* untereinander teilweise eine Rolle. Beispielsweise möchte Elsa die anderen Kinder aus dem MFE-Kurs dazu holen, um ihre Idee als Bestimmerin durchzuführen. Daraufhin empört sich Alina, dass dies in ihrer Bestimmerphase ja auch nicht gemacht wurde. Carla geht es hingegen um die gerechte Verteilung der Spielfiguren. Sie möchte eine Spielfigur aus dem Modell hinaus stellen, damit die verbleibenden Spielfiguren gleichmäßig aufgeteilt werden können: *„Einer weg, weil jeder hat dann drei."* Die gerechte Verteilung der Spielfiguren ist auch für Franka sehr wichtig, während ihr Interviewpartner Bruno von seinen Figuren so viele abgibt, bis er selbst am wenigsten hat. Julia verzichtet zugunsten der Gerechtigkeit darauf, als erste die Bestimmerin zu sein:

> *Interviewerin: Wer fängt an?*
> *Julia: Ich. Nein Thea, weil ich war ja schon letztes Mal.*

Roshan und Caspar teilen untereinander auf, wer im Verlauf ihres Konzerts welche Ansagen machen darf, da beide sehr gern in ein (gemaltes) Mikrophon sprechen möchten.

Das *Abgeben von Verantwortung* findet in Bezug auf die Interviewpartner aber auch auf Erwachsene statt. Es wird dann relevant, wenn ein Orientierungsvorgang wegen fehlender Kompetenz nicht aus eigener „Kraft" vorgenommen werden kann, oder wenn es den Kindern egal ist, was inhaltlich als nächstes passieren soll.

Bei Leon fehlt z.B. die Kompetenz, die selbst geschriebenen Noten abzusingen, da er noch keine Noten lesen kann. Daher möchte er, dass Matthes sie vorsingt. Dem geht es aber genauso und deshalb gibt er den Wunsch an mich weiter. Cecilia möchte hingegen nur festlegen, dass es in der Musikstunde verschiedene Stationen gibt, an denen man aktiv werden kann. Die Entscheidung, ob gleichzeitig oder nacheinander agiert werden soll gibt sie an Linus ab. Er schlägt vor, untereinander zu tauschen. Auch die Ausführung an den Stationen selbst möchte Cecilia nicht vorgeben, vielmehr sollen die Kinder dort machen, was sie wollen.

Lehrkraft, Erwachsene: Weitaus häufiger als untereinander geben die Kinder Verantwortung an mich ab. Die Auswahl eines Liedes, das auf der Gitarre gespielt werden soll, weist Franka mir zu und Marie ist es nicht wichtig, welche Musik zu ihrem Theaterstück erklingt, ich soll einfach irgendeine pfeifen.

Nachdem Jumbe sich ausgedacht hat, dass er und Robert zu Hause immer weiter üben, möchte Robert noch meine Erlaubnis einholen:

> *„We-wenn, wenn, wenn wir das machen, dann sagen wir erstmal noch, ähm, dir Bescheid sagen, d-dass wir jetzt nach Hause geh'n und, und, äh und dann, und dann ein, und dann fragen wir immer, für dich, für die Gitarre, ob wir da Noten für solch, n-ä, nehmen können, einen Notenständer noch nehmen können."*

Auch an andere Erwachsene wird Verantwortung abgegeben. Alina gefällt es z.B., sich im MFE-Unterricht überraschen zu lassen: *„Also,* [Lehrkraft] *macht ja jedes Mal was anderes, das macht uns halt Spaß weil wir dann nicht wissen was wir machen."* Jumbe würde andere Kinder nur unter Aufsicht von Erwachsenen auf jenen Instrumenten spielen lassen, die er und Robert im Konzert verwenden möchten: *„Nuuur (..) wennnnn (..) sie auch richtig (.) wenn die Eltern dabei sind."*

Marie und Laura, Jumbe und Robert, Julia und Thea sowie Franka und Bruno geben zeitweise einer Spielfigur die Rolle ihrer jeweiligen MFE-Lehrkraft. Bruno möchte diese Figur auch einmal zum Bestimmer machen, was Franka begrüßt. Sie möchte dann aber selbst aussuchen, was dieser Bestimmer machen soll.

Jannis orientiert sich an mir bei der Entwicklung seiner Theateridee. Zur Festlegung einer Handlung schlägt er vor *„Dann darf sich die, die Anne mal 'ne Geschichte ausdenken, ich weiß nicht-"* und als es um die Festlegung von Rollen geht, sagt er zu mir: *„Such erstmal du aus".* Allerdings gibt er mir dann selbst verschiedene Vorschläge für meine Rolle. Nachdem ich mich für eine Hexe entschieden habe, möchte er ein Zauberer sein.

Bei Robert und Jumbe sowie Daria und Alexandra geht es speziell um die *Anwesenheit der Eltern* in der MFE. Robert und Jumbe wünschen sich, dass ihre Mütter in die MFE-Stunde kommen und zugucken sollen. Alexandra möchte die Eltern dagegen zum Abschluss des Interviews herein holen und zeigen, was sie gemacht hat. Dies kennt sie aus ihrem MFE-Unterricht, wenn am Stundenende kleine Präsentationen für die Eltern stattfinden.

Schließlich zeigt sich die Orientierung an der Lehrkraft bzw. an Erwachsenen auch in den vielen Fragen, welche die Kinder mir stellen. Ob Alexandra mich fragt wie der Holzblock gespielt wird, Elsa sich wundert, warum ein Vorhang vor der Wand statt vor dem Fenster hängt, Matthes die Notenschrift erklärt bekommen möchte oder Jumbe wissen will, ob das Aufnahmegerät singen kann – der Prozess der Bedeutungszuweisung ist dann auf das Erlangen fehlender Informationen ausgerichtet.

Gruppe: Franka und Bruno benennen zeitweise Spielfiguren mit den Namen von Kindern aus ihrer MFE-Gruppe und Leon erklärt, dass sein Kindergartenfreund Ole auch mal Bestimmer sein dürfe, weil der *„immer einen komischen Quatsch"* macht.

Während der Interviews wird bei manchen Kindern auch das Interesse an der zeitgleich stattfindenden MFE-Stunde ihrer Gruppe geweckt. So hören Alina und Elsa über den Flur ihr Begrüßungslied und machen mich darauf aufmerksam. Mit

Marie und Laura befinde ich mich während des Interviews genau unterhalb des MFE-Raums und als von oben lautes Stampfen zu hören ist, werden beide Kinder neugierig und möchten so schnell wie möglich nachschauen, was die Gruppe dort macht.

Auf einer abstrakteren Ebene wird die Gruppe zum Thema, wenn es darum geht, welche Rolle diese in den Spielideen der Kinder einnehmen soll und wer überhaupt beteiligt sein soll.

Zumeist beziehen die Kinder sich aufeinander und auf mich, so dass eine imaginierte Gruppe keine Rolle spielt. Für explizite Gruppenaufgaben wie z.B. einen Stopptanz bei Marie und Laura, wird sie dann aber einbezogen. Auch kommt der Gruppe die Rolle des Publikums zu. Matthes legt fest, dass die Gruppe auf dem Teppich sitzen und zugucken soll, während er und Leon seine Spielidee ausführen. Auch Julia und Thea stellen sich vor, dass die anderen Kinder ihnen zuschauen, während sie „*Seilchen springen*".

In den Stationen-Ideen, die einige Kinder entwickeln, kommt eine Aufteilung der Gruppe zum Ausdruck. So werden gleichzeitig verschiedene Aktivitäten im Raum angeboten und auch das Weitergehen zur nächsten Station oder der Tausch von Materialien ist möglich.

In der Interviewsituation fällt allerdings auf wie stark sich die Kinder als Zweiergruppe definieren, solange sie zu zweit mit mir sprechen. Jumbe bekräftigt den Spaß am Konzertgeben noch durch den Fokus auf die beiden Hauptpersonen: „*Nur wir beide.*" Auch stoße ich in fast allen Interviews auf die Aussage, dass nur die beiden Interviewpartner bestimmen dürfen, während dies für andere Kinder in der MFE nicht gelten soll. Elsa nimmt diesbezüglich allerdings noch eine andere Gruppendistinktion vor und erklärt, dass nur „*alle Mädchen*" bestimmen sollen.

Julia stellt sich vor, dass es in der Gruppe Konflikte auslösen könnte, wenn die Kinder Bestimmer sein dürfen. Sie gibt zu Bedenken: „*Sonst möchte jeder: ‚ich möchte dran, ich möchte dran'*". Etwas später legen sie und Thea fest, dass nur sie beide im Musikunterricht bestimmen dürfen. Als Konsequenz stellen sie dann auch alle Spielfiguren, mit Ausnahme ihrer eigenen, aus dem Modellraum hinaus.

7.3.6.3 Gruppe B – Orientierung: „an was?"

Innerhalb dieser Gruppe soll das Schlaglicht auf die Auslöser geworfen werden, welche Orientierungsvorgänge notwendig machen, aber auch Orientierung ermöglichen. Am deutlichsten kommt hier der Bezug zu den eigenen Erfahrungswerten zum Tragen, also der Umgang mit Bekanntem und Unbekanntem. Daneben werden zwei Aspekte in den Blick genommen, die zugleich Orientierungsimpuls und Orientierungsstrategie sein können: Der Umgang mit spontanen Anreizen, die in den eigenen Ideenfluss integriert werden und die Orientierung an Vorgegebenem zwecks Nachahmung oder Reproduktion.

Bekanntes und Unbekanntes: Die vielfältigen Versatzstücke, welche die Kinder aus ihrer Lebenswelt in ihre kreativen Prozesse einbringen, stellen einen Ausdruck des „Bekannten" in Orientierungsvorgängen dar. Auch Erzählungen über die eigene Familie oder die Kindergarten- und MFE-Gruppe sowie die Nutzung von Ideen und Erinnerungen aus der Interview-Vorbereitungsstunde gehören dazu.

Orientierungsvorgänge sind in den Interviews besonders deutlich nachvollziehbar, wenn Bekanntes verwendet wird, um Unbekanntes zu verstehen. Alexandra tut dies beispielsweise auf der Ebene der Klangvorstellung:

> *Daria: Hää, was ist das denn für 'ne Gitarre? (zeigt auf ein Bild an der Schranktür).*
> *Interviewerin: „Was denn? Ach, du meinst das da? Das sind Kastagnetten. Die machen so (schnalzt und macht Spielbewegung) wenn man die bewegt. Wie so spanische Tänzerinnen, was wolltest du sagen?*
> *Alexandra: Wa, oder wie Pferde.*
> *Interviewerin: Ja, wie Pferde! Genau. Das passt auch.*
> *Alexandra: (schnalzt, Interviewerin macht mit).*

Die Annäherung an Unbekanntes beinhaltet zumeist auch Deutungsversuche. Im oben genannten Dialog zeigt sich dies in Darias Frage. So regt zwar das Bild der Stielkastagnetten das visuelle Schema für Gitarren an, aber so ganz passt es eben doch nicht. Jumbe geht es ähnlich, als er die abgebildeten Boomwhacker für Blockflöten hält: Er nennt sie zögernd „*diese anderen- (..) Blockflöten*".

Wenn die Kinder feststellen, dass sie etwas kennen, was der jeweils andere ebenfalls kennt oder sogar eingebracht hat, so nennen sie auch den Kontext, aus dem es ihnen bekannt ist. Freya sagt zum Beispiel „*Ich hab hier Olchis,*" und Carla ergänzt „*Ich kenn das aus dem Buch.*" Pelle singt den Schlager „*So ein schöner Tag*" in den auch Michel einsteigt. Pelle erklärt mir hinterher: „*Das hab ich aus meiner CD kennengelernt […] hat mir der Papa einfach so gebrannt.*"

Ein Verweis auf Bekanntes aus dem persönlichen Umfeld sei hier beispielhaft noch aufgeführt, da es in diesem Falle zum Erhalt der Funktionsfähigkeit einer Spielidee heran gezogen wurde. Es handelt sich dabei um den Vorschlag von Franka und Bruno, das Lied „Hänschen klein" mit Geige (Bruno) und pantomimischen Gesten (Franka) zu spielen. Dafür male ich eine Geige auf, allerdings zunächst noch keinen Bogen. Ich erkläre Bruno, dass ich noch einen Bogen dazu malen möchte, da man ja sonst nicht spielen könne. Sofort erwidert Bruno (der bereits Geigenunterricht nimmt): „*Doch, zupfen.*"

Impuls für Idee: Neben Versatzstücken und Erfahrungswerten können Impulse, welche die Kinder spontan aufnehmen, eine Art Gerüst für das weitere Handeln bilden. Robert entwickelt den Text seines Raps an den vorhandenen Gegenständen entlang. Die Bilder von Schlagzeug und Gitarre stehen Pate für die Textzeile „*Machen Musik mit Schlagzeug und Gitarre*". Mit Blick auf das Bild von den Seilen erfindet Robert „*Springen über Seile, machen ein Salto in der Luft*" und seine Spielfigur lässt er zu den

Worten *„gehen aus dem Fenster raus und springen in die Luft"* durch das Fenster des Modellraums gehen.

Ideenimpulse scheinen besonders gedankliche „Querverbindungen" zu begünstigen. Freya schaut auf ihren Pullover mit dem Eiffelturm und wird dadurch an das Buch über die Olchis erinnert, denn diese haben den Eiffelturm angeknabbert. Marie beschäftigt sich mit der Videokamera und fragt, ob wir die Videoaufnahmen später noch anschauen werden. Daraufhin scheint für Laura – die erklärt hat, Klavier zu spielen – der Fernseh-Kontext relevant zu werden, denn sie sagt: *„Werbung spiel ich euch vor."*

Auf ähnliche Weise kommt Robert auf die Idee einer Känguru-Geschichte. Jumbe hat sich eine Geschichte gewünscht und Robert eine Bewegung. Nun möchten sie beides verbinden und Jumbe versucht ausführlich, Roberts Bewegungsidee darzustellen, in der es unter anderem um das Hüpfen geht. Robert schaut ihm manchmal zu und dann wieder im Raum umher. Unvermittelt sagt er *„Känguru-Geschichte"* und ich frage, ob er durch das Hüpfen darauf gekommen sei. Er erwidert *„Nöö, wegen den Rucksack"* und zeigt auf meinen Rucksack mit Känguru-Abbildungen.

Vorgegebenes: Hier geht es um direkte Reproduktionen, mit denen die Kinder sich Bedeutungen erschließen. Matthes zeigt während des Notenschreibens auf eine Bildkarte im Modellraum und sagt *„Ich guck mir das hier ab."* Alexandra sagt *„Man kann ja auch da abgucken"* und zeigt auf die Bilder an den Schranktüren. Darin kommt die Nutzung von etwas Vorgegebenem als Anregung zum Ausdruck, die wiederum Eigenaktivität ermöglicht.

7.3.6.4 Gruppe C – Orientierung in Bezug auf Zeiten und Räume

Äußerungen über die *Zeit* treten selten in den Interviews auf. Bei Carla fällt es mir auf, weil sie von „morgen" spricht aber die nächste MFE-Stunde in einer Woche meint, woraufhin sie sich korrigiert und *„nicht morgen"* sagt. Offensichtlich ist sie gerade dabei, ein stabileres Zeitkonzept zu entwickeln, da sie ihre Verwechslung bemerkt hat, allerdings nicht sofort in der Lage ist, den eigentlich gemeinten Tag zu nennen. So behilft sie sich mit der Feststellung: *„Ich sag jetzt einfach morgen."* Auf Nachfrage kann sie dann aber doch ausdrücken, was sie meinte, indem sie mir den konkreten Wochentag nennt: *„Freitag."* Auch bei Thea findet der Bezug auf die Zeit auf verschiedenen Ebenen statt, die einerseits Fantasie und andererseits Kindergartenrealität abbilden. So fragt sie mich *„wie viel Zeit haben wir?"*, ich antworte *„soviel wir wollen"* und Thea erwidert *„Zehnhundertzwanzig Stunden?"* Damit zeigt sie mir, dass ich mich mit meiner Antwort auf der Ebene der Fantasie bewegt habe, denn natürlich haben wir für das Interview nicht soviel Zeit *„wie wir wollen"*, sondern nur bis die Kinder abgeholt werden. Thea meint sofort, dass ich bestimmt auch noch woanders hin müsse und Julia erklärt, sie müsse noch nach Hause. Dies veranlasst

Thea, den weiteren Zeitablauf zu erklären, den sie auf die markanten Punkte „Kaffee trinken" und „abgeholt werden" bezieht:

> *„Ich muss so lange bleiben, dann geh'n wir noch Kaffee trinken und dann muss ich noch ein bisschen warten und dann werd' ich erst abgeholt."*

Die Kategorie *andere Orte* steht für Räume oder Umgebungen, die außerhalb des Modellraums und des Früherziehungsraums verortet werden. Andere raumbezogene Äußerungen sind unter der Kategorie „Raumgestaltung" (vgl. Kap. 7.3.2.7) zu finden, da sie nicht den Raum selbst sondern dessen spezifische Nutzung betreffen.

Bruno setzt einige Spielfiguren neben den Modellraum und sagt *„dann tanzen die draußen."* Dies bringt Franka auf die Idee, dass ihre Figuren jeden Tag einmal draußen tanzen sollen.

Zum Proben möchte Robert in andere Räume gehen. Ich frage, welche Räume dies seien und er nennt den Schlagzeugraum. Michel schließlich baut ein Haus innerhalb des Modellraums auf, in welches er seine Spielfigur legt. Da es vorher um Asterix und Obelix ging, nennt er es *„das Gallierhaus."* Insgesamt spielt die Vorstellung, selbst einen anderen Raum aufzusuchen oder nach draußen zu gehen, keine große Rolle in den Interviews. Dagegen beinhaltet das Spiel mit den Spielfiguren sehr viele Raum- oder Umgebungswechsel. Die Kinder lassen ihre Figuren am Modellraum klettern, lassen sie große Sprünge über die Wände hinweg machen oder tragen sie umher, damit sie fliegen.

7.3.7 Auswahl

7.3.7.1 Die Kategorie im Überblick

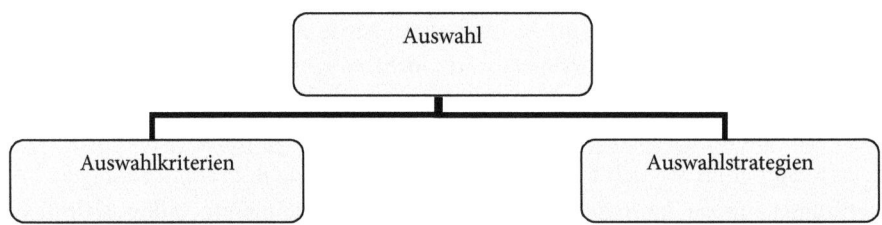

Abbildung 17: Die Kategorie „Auswahl"

Kurzdefinitionen

Auswahlkriterien: Kriterien, die zur Wahl eines Gegenstands, einer Idee, eines Instruments, eines Spielpartners o. Ä. führen.

Auswahlstrategien: Strategien, die während eines Auswahlprozesses erkennbar werden.

7.3.7.2 Auswahlkriterien und Auswahlstrategien

Die beiden Unterkategorien bedingen sich, da das Kriterium zumeist in der Strategie deutlich wird. Im Kriterium wird darüber hinaus die spezifische Bedeutsamkeit nachvollziehbar, die zur Auswahl geführt hat.

Jumbe verfolgt zum Beispiel die Strategie, erst alle Instrumente auszuprobieren, um dann zu entscheiden, welche gespielt werden sollen. Sein Kriterium ist der Klang: *„Welche gut klingen, nehmen wir."* Jannis lässt mir den Vortritt, als es darum geht, sich eine Rolle für das Theaterstück auszusuchen. Sein Kriterium formuliert er zwar nicht, es ist jedoch vermutlich die inhaltliche Ähnlichkeit zu meiner Rolle, denn ich entscheide mich für eine Hexe und nun äußert er die Idee, ein Zauberer zu sein.

Das Interviewdesign bedingt die Situation, etwas auswählen zu müssen. Daher beziehen sich die meisten Kodierungen der Kategorie „Auswahl" auf die Phase, in der die Kinder sich als Bestimmer Instrumente und Materialien im Modellraum wünschen dürfen. Roshan und Caspar wollen alle Instrumente aus dem Instrumentenschrank verwenden. Roshan freut sich: *„Das wird laut."* Pelle nimmt zwei der „Ideen-Karten" in die Hand, auf denen viele verschiedene Instrumente abgebildet sind. Er begründet: *„Ich nehm' die beiden, da kann ich mir immer aussuchen, was ich möchte."* Auch insgesamt basieren die Auswahlprozesse in den Interviews auf den hier skizzierten Aspekten von Klangpräferenzen, Selbstbestimmung bei möglichst großer Auswahlbreite und der Orientierung an anderen Personen.

7.4   Zwischenfazit

Anhand der hier vorgenommenen Qualitativen Inhaltsanalyse lassen sich Themenbereiche von Bedeutungszuweisungen eingrenzen. Dabei wird keinesfalls eine analytische Trennung von Bedeutung und Bedeutsamkeit relevant, sondern es stehen die inhaltlichen Ausprägungen der Bedeutungszuweisungen im Mittelpunkt, über welche ich mit den Kindern ins Gespräch gekommen bin. Diese Ausprägungen sind in den Kategorien durch Oberbegriffe dargestellt und in der fallübergreifenden Auswertung mit Beispielen belegt. Damit kommt ein Facettenreichtum des Denkens über Musik und des Umgangs mit Musik zum Ausdruck, der den Blick genauso auf das kreative Potential der Kinder lenkt wie auf ihre Zeige- und Vermittlungsstrategien, aber auch auf personenbezogene Orientierungen oder selbst empfundene Kompetenzen. Die datennahe Darstellung der inhaltlichen Ausprägungen in den Kategorien zeigt an diesem Punkt vor allem also Vielfalt auf und unterstreicht die kreative Eigentätigkeit der Kinder in ihrer sozialen Umwelt.

Daneben wird jedoch auch ein strukturelles Element der Auswertung relevant, welches in den Mehrfachkodierungen begründet liegt, denn häufig lassen sich Querverbindungen zwischen den Kategorien aufbauen. Relativ zentral scheinen diesbezüglich die Versatzstücke aus der Lebenswelt der Kinder zu stehen, welche immer wieder in anderen Kategorien-Kontexten eine Rolle spielen. Zugleich zeigt sich auch die enge Durchdringung der Oberkategorien. So beispielsweise wenn Orientierung mithilfe ästhetischer Gestaltung und darin wiederum anhand des eigenen Kompetenzempfindens möglich wird. Verschiedene Ebenen der Bedeutungszuweisung sind also gleichzeitig innerhalb eines Sinnzusammenhangs existent.

Es wird daher hier davon ausgegangen, dass die Aufgliederung in Kategorien zwar ein adäquates Werkzeug ist, um Sinnstrukturen freizulegen, dass es aber zum Verstehen und Interpretieren dieser Sinnstrukturen wiederum hilfreich ist, die Verbindung oder sogar Vernetzung von Kategorien zu betrachten. Dies erfolgt im nächsten Abschnitt.

7.5   Thematische Verdichtungen in den Auswertungsergebnissen

„Jeder Kode ist ein Atom, das seine ,Ärmchen' ausstreckt und bereit ist, möglicherweise, also sofern Daten und Konzepte dies gestatten, eine Verbindung mit anderen Kodes einzugehen. Je mehr Verbindungen ein solcher Kode (ein solches Atom) eingeht, umso dichter und komplexer wird die Kategorie (das Molekül)." (Muckel, 2007, S. 226).

Was die Psychologin Petra Muckel für die Genese von Kategorien im Rahmen der Grounded Theory Methodology beschreibt, entfaltet auch für den Umgang mit den bereits entwickelten Kategorien[65] meiner Auswertung seine Wirksamkeit. Auf der Suche nach den Ausprägungen kindlicher musikbezogener Bedeutungszuweisungen – wie sie im vorangegangenen Kapitel dargestellt wurden – stellt sich auch die Frage nach Verdichtungen und Querverbindungen zwischen den Kategorien. Das Bild der „ausgestreckten Ärmchen" genauso wie die Rede von den Atomen, impliziert eine Anziehungskraft zwischen den einzelnen Elementen. Diese „Anziehung" repräsentiert einen inhaltlichen Grund für die Verbindung zwischen Kategorien, dem es nachzuspüren gilt.

In diesem Sinne schloss ich nach dem Auswertungsverfahren mit *rotierender* Aufmerksamkeit einen zweiten Schritt an. Dieser dient der Wahrnehmung von Vernetzungsstrukturen bzw. Querverbindungen und fußt nun auf der *gleichzeitigen* Betrachtung aller Kategorien. Die Identifikation von Querverbindungen nehme ich in diesem Auswertungsschritt auf der Grundlage der Mehrfachkodierungen vor. Dort, wo die deckungsgleiche Verschlagwortung mehrerer Kategorien zugleich eine *inhaltliche* Interaktion dieser Kategorien beinhaltet, verzeichne ich jeweils Querverbindungen. So ergibt sich ein Netz mit Ballungszentren und Inseln, welches die weitere Navigation in den Kategorien unterstützt. Es ist anzumerken, dass dieses Netz kein

---

65 Die Definition von Kategorie ist in der GTM eine andere als in der qualitativen Inhaltsanalyse. So nehmen Kategorien in der GTM eine übergeordnetere Funktion ein, als sie dies in der QI tun, dagegen sind die Kategorien der QI bereits auf einem abstrakteren Level als die Codes der GTM. Auf einem Kontinuum des Abstraktionsgrades wären die Kategorien der QI zwischen den Codes und den Kategorien der GTM anzusiedeln.

Abbild der Häufigkeit dieser Querverbindungen auf Datenebene darstellt. Vielmehr zeigt es, zwischen welchen Kategorien *überhaupt* solche Verknüpfungen bestehen, unabhängig von der Anzahl der Verschlagwortungen im Material. Dagegen kann die Komplexität der Vernetzungen auf Kategorienebene durchaus als Indikator für eine thematische Verdichtung im Kategoriensystem gewertet werden. Dies bedeutet: Eine hohe Anzahl von „Ärmchen", also Querverbindungen zu anderen Kategorien, weist auf eine hohe Komplexität der Vernetzung hin. Dies insbesondere, wenn die „Ärmchen" zugleich auch Dreiecksverbindungen und ähnliche über mehrere Kategorien hinweg vernetzte Wege bilden.

Dieses Netz entstand in zwei Schritten. Für einen ersten, globalen Blick legte ich die ausgedruckten Baumstrukturen der einzelnen Kategorienkomplexe im Kreis aus. Die identifizierten Querverbindungen trug ich sodann als Verbindungslinien ein. In dieser handschriftlichen Skizze wurde erkennbar, welche Kategorienkomplexe besonders viele „Ärmchen" ausstrecken. Es stellte sich heraus, dass die Oberkategorien „Ästhetische Gestaltungsaspekte" und „Orientierung" im gesamten Kategoriensystem am dichtesten vernetzt sind. Dies ist allerdings wenig verwunderlich, richtet sich die Frage vorliegender Studie doch auf die musikbezogenen Bedeutungszuweisungen. Dass nun der künstlerisch-kreativ konnotierte Kontext ästhetisch-präsentativer Bedeutungszuweisung sowie die Vielfalt sinnstiftender Orientierungselemente besonders stark untereinander und mit den anderen Kategorien interagieren, erscheint folgerichtig.

Um jedoch auch die inhaltlichen Dimensionen der Interaktion zwischen den Kategorien verstehen zu können, lohnt im zweiten Schritt der Blick auf die einzelnen Unterkategorien und ihre Querverbindungen untereinander. Inhaltliche Vernetzungen können entstehen, wenn sich herausstellt, dass eine Kategorie ein Teil einer anderen Kategorie sein kann (z.B. „Versatzstücke" als Teil von „Bekanntes"). Ebenso liegen sie vor, wenn eine Schnittmenge entsteht (z.B. „Lieder singen" und „Versatzstücke" – jedes nicht erfundene Lied ist selbst ein Versatzstück) oder wenn zwei Kategorien als Gegenstücke erkennbar werden, welche zwei Seiten einer Medaille darstellen (z.B. „Verantwortung abgeben" und „Kompetenzbereich abgrenzen"). Schließlich ergeben sich Vernetzungen, wenn sich eine Kategorie in einer anderen zeigt (z.B. „Versatzstücke" im „Können" und „Wissen" der Kinder).

Erläuterung zum Lesen des Schaubilds (Abb. 18): Dargestellt ist eine Arbeitsskizze, in welcher ich die Querverbindungen zwischen den Kategorien sukzessiv während des Auswertungsprozesses einzeichnete. Es handelt sich also nicht um die Visualisierung eines Auswertungsergebnisses, sondern um eine Grundlage, auf welcher ich weitere auswertungsbezogene Gedanken entwickelt habe. Der Komplexitätsgrad der Vernetzung ist aufgrund der eingetragenen Querverbindungen erkennbar und wird im Schaubild zusätzlich durch die abgestufte Hervorhebung der einzelnen Kategorien dargestellt. Die Kategorie Versatzstücke weist die komplexeste Vernetzung auf und ist durch doppelt hervorgehobene Rahmung, Schattierung und Fettdruck entsprechend herausgestellt. Die nächst-komplexe Ebene ist durch einfache Rahmung, Schattierung und Fettdruck gekennzeichnet, gefolgt durch hervorgehobene Rahmung und Fettdruck, schließlich nur noch Fettdruck bis hin zu den nicht weiter hervorgehobenen Kategorien mit geringem Vernetzungsgrad.

Die Verwobenheit der Kategorie „Versatzstücke" strahlt in fast alle anderen thematischen Bereiche des Kategoriensystems aus. Insbesondere durch die direkte Verbindung zu den ebenfalls komplex vernetzten Kategorien „Können" und „Präsentieren" zeichnet sich hier eine Leitlinie zur Erklärung der Auswertungsergebnisse ab.

7.5.1 Versatzstücke als Ausgangspunkt musikbezogener Bedeutungszuweisung

Die Versatzstücke erfüllen drei zentrale Funktionen für den sinnstiftenden Umgang mit Musik: Sie ermöglichen Orientierung, werden aneignend verwendet und stehen als künstlerisches Ausdrucksmittel zur Verfügung. Sie bilden somit im Prozess der Bedeutungszuweisung einen Ausgangspunkt, über den individuelle Erfahrungsgehalte situationsbezogen aktualisiert werden können und neue Eindrücke und Anregungen eine subjektive Anschlussfähigkeit zugewiesen bekommen.

7.5.1.1 Orientierung durch Versatzstücke

Die Verschlagwortung mit den Kategorien „Versatzstücke" und „Bekanntes" steht im Kontext der jeweiligen Oberkategorien „ästhetische Gestaltungsaspekte" und „Orientierung". Versatzstücke können letztlich als eine Ausprägung der Kategorie „Bekanntes" betrachtet werden, so sind Versatzstücke immer zugleich „Bekanntes", „Bekanntes" ist jedoch nicht immer ein „Versatzstück". Werden die jeweils zugeordneten Oberkategorien betrachtet, so weist die teilweise Überlagerung dieser Kategorien auf einen ästhetisch-präsentativen Aspekt von Orientierung hin. Mithilfe von Versatzstücken knüpfen die Kinder in der Interviewsituation an eigene Erfahrungen an, die sie – mal mehr, mal weniger deutlich – in den Bezug zur Musik bringen. Hier ist die situative Bedeutsamkeit von Belang: Indem Versatzstücke Orientierung ermöglichen, wird dem aktuellen Kontext eine Bedeutsamkeit unterlegt. Dabei wird der (musikbezogenen) Situation Bedeutung auf der Grundlage von bereits vorhandener Bedeutung zugewiesen und die subjektive Anschlussfähigkeit somit hergestellt.

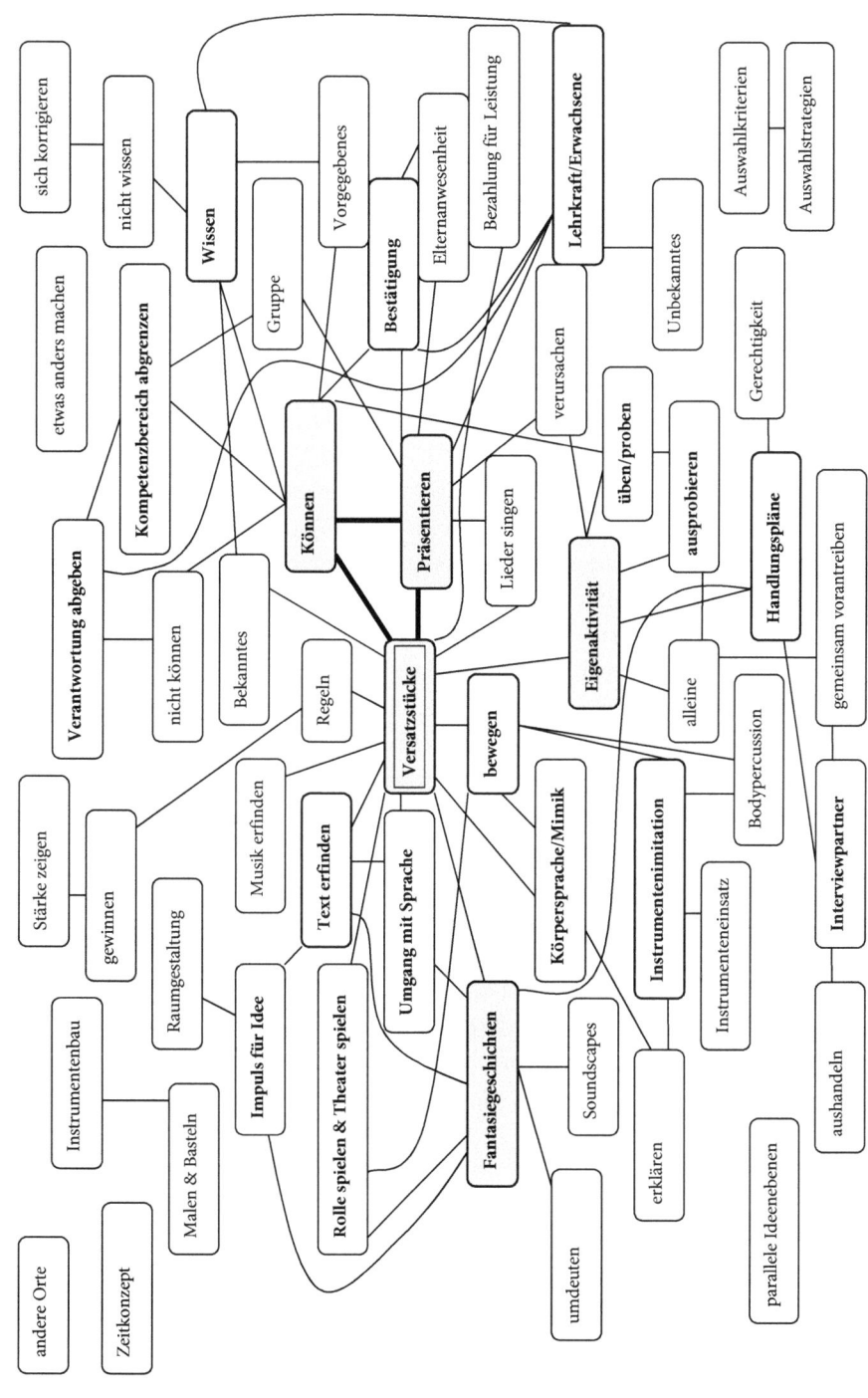

Abbildung 18: Vernetzung der Kategorien

293

Es kommt dabei einerseits eine „individuelle" und andererseits eine „generalisierte" Orientierungsfunktion von Versatzstücken zum Ausdruck. Die individuelle Ebene betrifft spezifische, „einmalige" Erfahrungen bzw. konkrete künstlerische Produkte, welche verwendet werden. So singt Roshan das Lied der Spinne Martha vor, welches er in einem Konzert kennen gelernt hat und er erzählt, dass man dieses Lied dort auch auf CD kaufen konnte. Die generalisierte Ebene betrifft kulturelle Verhaltensweisen oder implizite gesellschaftliche Vereinbarungen, also internalisierte Skripts zum Verhalten im künstlerischen Tun. Dies betrifft in besonderem Maße den Enkulturationsprozess, es ist anzunehmen, dass solche Skripts als Erfahrungsbausteine in den Habitus eingehen und ihn weiter prägen können. Ohne eine implizierte Trennung zwischen Hoch- und Populärkultur, sondern rein als Beschreibung von bewusst und unbewusst abzurufenden Dekodierungskompetenzen in Bezug auf kulturelle Muster, lässt sich auch der Begriff der kulturellen Codes verwenden, welchen Pierre Bourdieu geprägt hat (vgl. Bourdieu, 1974, S. 159–181): Das Versatzstück liegt hier also losgelöst von einer konkreten Situation in Form von gesellschaftlich tradierten, kulturellen Bedeutungsmustern, also konsensuellen Skripts, vor. Diese können der Vorhang für die Bühne, die Ansage *Meine Damen und Herren* und das Verbeugen nach dem Theaterstück sein, aber auch das Aufzeigen mit dem Finger, um etwas sagen oder fragen zu „dürfen". Hier wird die Engführung mit der Kategorie „Wissen" offenbar: Die Kinder rekurrieren auf einen Wissensbestand, der zugleich ihre zunehmende Enkulturation verdeutlicht. Dieses Wissen wird in Form von Versatzstücken in Spiele, musikbezogene Erfindungen u.ä. eingebaut, neues Wissen – wie z.B. die Notenschrift für Matthes – wird dabei integriert. Gerade der spielerische Umgang mit diesen generalisierten Versatzstücken macht das Prozesshafte der Enkulturation deutlich. Ähnlich wie bei der von Stefanie Stadler Elmer postulierten Entwicklung des Singens bei Kindern (vgl. Stadler Elmer, 2000, S. 137–150) scheint auch hier eine zunehmende – zum Zeitpunkt des Vorschulalters jedoch noch nicht internalisierte – Verbindlichkeit gesellschaftlich tradierter kultureller Regelsysteme wahrgenommen zu werden. Das Gestaltungsrepertoire der befragten Vorschulkinder ist zwar von Versatzstücken durchzogen, welche eine verständigungspraktische Eindeutigkeit aufweisen, wie z.B. der geschlossene Vorhang vor dem Konzert oder die Bedeutung der Notenschrift. In der spielerischen Umsetzung liegt der Grad der Verbindlichkeit jedoch ganz unterschiedlich vor. So können zwar Matthes genau überprüfte Noten zum Absingen, genauso aber auch Roshans „Geheimnoten" entstehen oder Marie kann für sich festlegen: *„Da sagt man immer ,Meine Damen und Herren', das sag ich aber jetzt nicht."*

7.5.1.2 Aneignung anhand von Versatzstücken

Versatzstücke sind per definitionem keine *Erfindungen* der Kinder. Sie scheinen aber dafür geeignet zu sein, dass die Kinder sich einen kreativen Prozess „zu eigen" machen können. In diesem Sinne wird die gemeinsame Verschlagwortung mit dem

„Musik erfinden", dem „Text erfinden" und den „Fantasiegeschichten" verständlich. Der Aneignungsaspekt zeigt sich zum Beispiel, da Versatzstücke aufgrund ihres „Baukasten-Charakters" in immer wieder neu konstruierte Kontexte integriert werden können, wie es in den Theaterszenen von Marie und Laura bzw. Roshan und Caspar, aber auch bei der Idee des Sendestudios von Pelle deutlich wird. Auch die Verknüpfung von „vorgefundenen" Versatzstücken mit eigenen Anteilen fällt in diesen Bereich, z.B. wenn Franka das Lied „Hänschen klein" szenisch umsetzt oder Thea eine Parodie auf „Schlaf Kindchen Schlaf" singt. Weiterhin können Versatzstücke soweit abstrahiert sein, dass sie nur noch als Regel oder Prinzip in eigenen Erfindungen der Kinder nachzuspüren sind. So beispielsweise in Roberts Rap, der auf der Grundlage von Jumbes Hip Hop-Vorlagen und Roberts eigenen musikalischen Kompetenzen entsteht.

Daneben kommt auch so etwas wie „empfundene Urheberschaft" zum Tragen. Jumbe singt das Lied „*Superhelden*" der Gruppe „Apollo 3". Auf die Frage, ob das eine Musik sei, die er schon kenne, antwortet er mit „*No*" und die Nachfrage, ob es ausgedacht sei, bejaht er. Seine Nacherzählung rund um Hexe Lilli und den Drachen Hektor kommentiert er mit: „*Ich erfinde.*" Dies verdeutlicht den oben skizzierten Aneignungsgedanken umso mehr, denn tatsächlich reproduziert Jumbe nicht einfach ein vorgefundenes künstlerisches Produkt, sondern er bringt es auf seine Weise zum Ausdruck: So werden die „Superhelden" durch eigene gerappte Texte ergänzt:

> „*Du hast, du hast, du hast das Zeug zum Superhelden, Superhelden (geflüstert) Superhelden. Ich bin der Beste auf der Welt, komm Rock'n'Roll mit starkem Melt. Wir sind krass, oder geil. Das ist k-krass, oh Superman.*"

Auch die Elemente der Geschichte um Hexe Lilli entstammen zwar einer medialen Vorlage, aber die Wiedergabe im Sprechgesang und in eigenen Worten macht wieder etwas Neues daraus. Versatzstück und Eigenanteil lassen sich nicht aufspalten, sondern koexistieren im künstlerischen Prozess: Die Bedeutung zählt als Ganzes. Dahingehend ist es also nicht verwunderlich, dass die Kinder das „Ganze" als eigene Erfindung empfinden.

7.5.1.3 Versatzstücke als künstlerisches Ausdrucksmittel

Bereits die vorhergehenden Abschnitte zeigen: Versatzstücke sind künstlerische Ausdrucksmittel. Dies schlägt sich in der engen Vernetzung mit jenen Kategorien nieder, die auf das künstlerische Tun abzielen wie z.B. „Fantasiegeschichten", „Musik erfinden", „Lieder singen", „Bewegen", „Rolle spielen & Theater spielen" oder „Text erfinden". Die je individuellen künstlerischen Versatzstücke stehen den Kindern unmittelbar zur Verfügung. Versatzstücke können somit gerade dann künstlerisches Ausdrucksmittel sein, wenn keine vertiefte Professionalisierung bzgl. Instrumental- oder Gesangstechniken vorliegt.

Die Übernahme von Versatzstücken aus professionellen Kontexten – also z.B. Lieder, die man von CD oder aus dem Fernsehen kennt – professionalisiert das eigene Tun möglicherweise mehr, als wenn die musikalische Erfindung sozusagen im „luftleeren Raum" stattfinden würde. Dies wird besonders deutlich, wenn die Versatzstücke im Vergleich mit dem „Ausprobieren" betrachtet werden. Wie bereits in Kapitel 7.3.6.2 dargestellt, ist das Ausprobieren vor allem auf explorativer, forschender Ebene zu beobachten. Die Exploration – entwicklungspsychologisch auch als eine gängige Methode der MFE fundiert – führt jedoch nicht zum künstlerischen bzw. gestalterischen Tun wie es bei den Versatzstücken der Fall ist. Vielmehr lässt sich festhalten: Die Exploration dient dem *Eindruck*, während die Versatzstücke dem *Ausdruck* dienen.

Das heißt, die eigenaktive Tätigkeit der Exploration geht „nach innen", weil sie das Verständnis der Welt bzw. das Verständnis von Neuem oder Unbekannten ermöglicht. Eine Überführung der Exploration in ein künstlerisches Tun bedarf der Unterstützung von außen, z.B. durch eine Lehrkraft, oder aber der Herstellung subjektiver Anschlussfähigkeit, welche wiederum über Versatzstücke möglich wäre. Explorationen genauso wie die Versatzstücke können Ausgangspunkt eines Übeprozesses sein mit dem Ziel, sich in einem bestimmten Bereich zu verbessern. Gegenüber der Exploration kann mit Versatzstücken aber schon quasi „voraussetzungslos" musiziert werden, auch wenn dieses Wort irreführend ist, da Versatzstücke eine mitgebrachte Voraussetzung sind. Das bedeutet, dass Versatzstücke der elementaren Musikpraxis in der MFE als „Handwerkszeug" zuzuordnen wären.

7.5.2 Das Dreieck aus „Versatzstücken", „Können" und „Präsentieren"

Das Kategoriennetz (vgl. Abb. 18 in Kap. 7.5) weist eine Verdichtung im Dreieck von „Versatzstücken", „Können" und „Präsentieren" auf. Diese ist besonders auffällig, da die drei genannten Kategorien jeweils für sich genommen schon einen hohen Vernetzungsgrad aufweisen, darüber hinaus aber untereinander auch in direkter Verbindung stehen. Die deduktive Kategorie des „Könnens" erhält durch die Verbindung mit den induktiv gewonnen Kategorien „Versatzstücke" und „Präsentieren" eine besondere Note. So sind es die Versatzstücke, welche die Kinder mir als ihr „Können" präsentieren. Robert sagt z.B.: *Ich kann 'nen Rhythmus* und zeigt ihn mir dann mit der Silbensprache *„Bumm-tääk bummbumm-taa"*, während er dazu mit den Händen und dem Fuß das Schlagzeugspielen imitiert.

7.5.2.1 Herstellung eines Präsentationsrahmens

Pelle offenbart nicht nur sein großes Liedrepertoire, sondern schafft für den Schlager *„So ein schöner Tag"* auch noch einen besonderen Präsentationsrahmen, indem er im Stehen singt. Dieser Präsentationsrahmen ist wiederum durch ein generalisiertes Versatzstück, ein Enkulturationselement gekennzeichnet, denn Pelle singt teilweise in das Mikrophon (mein Audioaufnahmegerät) hinein.

In Bezug auf die Herstellung eines Präsentationsrahmens wird ein Versatzstück besonders relevant: Die Bühne. Robert und Jumbe, Roshan und Caspar sowie Marie und Laura verwenden in ihren Spielideen für Theater- bzw. Konzertaufführungen eine Bühne und auch Pelle richtet sein „Sendestudio" für einen Singwettbewerb so ein, dass jeder Sänger *„nach vorne"* gehen muss. Im folgenden Dialog gibt Caspar seinem Wunsch nach einer Bühne im Musikunterricht Ausdruck.

> *Interviewerin: Und, wenn es was gäbe, was ihr im Musikunterricht noch nie gemacht habt und was ihr findet, was ihr unbedingt mal machen möchtet. Was ist das?*
> *Caspar: Ja, ich, ich möchte ein Bühne im Mu-im, Mu-im, Musikunterricht [machen].*
> *Roshan: [ich will 'ne Bühne].*
> *Interviewerin: Eine was?*
> *Caspar: Eine Bühne aufbauen.*
> *Interviewerin: Eine Bühne möchtest du. (zu Roshan) Und was möchtest du?*
> *Caspar: Aufführen.*
> *Roshan: Ich will auch 'ne Bühne.*

Caspar hat eine konkrete Perspektive für den Aufbau der Bühne, er möchte etwas aufführen. Während eine Aufführung natürlich auch ohne Bühne denkbar wäre, erhält sie mit Bühne möglicherweise eine besondere Bedeutsamkeit. Die Bühne hebt die Präsentation heraus, erhöht sie räumlich und erleichtert die Fokussierung der Aufmerksamkeit. Dies könnte für Caspar wohl die Wertschätzung der Präsentation noch unterstützen. Der Aufführungscharakter ist vermutlich authentischer, wenn eine Bühne zur Verfügung steht, dies zeigt auch wieder eine Querverbindung zum enkulturationsbedingten „Wissen".

Damit rücken zwei weitere wesentliche Aspekte im Dreieck von „Versatzstücken", „Können" und „Präsentieren" ins Blickfeld. Die „Bestätigung" durch andere Menschen und die Orientierung an einem greifbaren künstlerischen Produkt.

7.5.2.2 Kompetenzen präsentieren und Bestätigung erhalten

„Können" und „Präsentieren" gehen eine gewissermaßen „symbiotische" Verbindung mit der „Bestätigung" ein. *„Guck mal…"* und *„Ich kann schon…"* sind hier die typischen Einleitungen einer Erläuterung oder einer Handlung, in der das angekündigte Können präsentiert wird. Das Einholen der Bestätigung intensiviert somit möglicherweise das eigene Kompetenzempfinden. Als Gegenstück zu dieser kompetenzorientierten Präsentation fällt das „Abgeben von Verantwortung" ins Auge. So sind die „Bestätigung" und das „Abgeben von Verantwortung" eng mit meiner Person verknüpft. Möglicherweise schreiben die Kinder mir bestimmte Kompetenzen zu, die ich z.B. in der Funktion als Musiklehrerin (Musikexpertin), als Erwachsene

(Verantwortungsträgerin) oder auch als „Spielleiterin" der Interviewsituation (Ide-engeberin) innehabe. Indem sie mir Versatzstücke aus „meinem Kompetenzbereich", nämlich Rhythmen, Lieder oder andere musikbezogene Elemente präsentieren, können sie Lob oder Bestätigung aus „Expertensicht" erhalten. Möglicherweise zählt ein solches Lob für das eigene Kompetenzempfinden mehr, als eine Bestätigung ohne „Experten-Hintergrund". In den gleichen Kontext gehören daher auch Abgrenzungen des Kompetenzbereichs oder das Abgeben von Verantwortung. Ich werde als kompetent für die anstehende Aufgabe erachtet und daher mit dieser betraut. So z.B., wenn Marie mir die Auswahl einer Musik überlassen möchte oder Matthes den Vorschlag von Leon an mich weitergibt, die selbst geschriebenen Noten abzusingen. Hier ist noch einmal auf die Dualität von Versatzstücken und Exploration als Mittel des Ausdrucks bzw. des Eindrucks zu verweisen. Explorationen generieren *Fragen* an mich. So z.B. wenn Carla und Freya oder Pelle und Michel sich mit den undefinierten Pappquadraten beschäftigen und von mir Deutungsmöglichkeiten wissen möchten. Dagegen generieren Versatzstücke eher *Antworten* in Form von Aufmerksamkeit und Bestätigung für die dargebotene Kompetenz. Beide Aspekte sind als musikbezogene Umgangsweise für den Unterricht relevant und sollen im achten Kapitel aufgegriffen werden.

7.5.2.3 Orientierung am Produkt

Die besondere Attraktivität eines künstlerischen Produkts liegt für viele der interviewten Kinder anscheinend darin, dieses präsentieren zu können. Dies kommt zum Beispiel zum Ausdruck, wenn Pelle vorschlägt, dass Lieder ins Mikrophon gesungen werden sollen, wenn Robert und Jumbe alleine ein Konzert gestalten möchten oder wenn Nesrin erzählt, dass sie im Kindergarten immer ihre selbstgemalten Bilder aufhängen darf. Auch der Wunsch von Matthes und Leon sowie Roshan und Caspar, die selbstgeschriebenen Noten behalten und in die Kindergartengruppe mitnehmen zu dürfen, fällt in diesen Bereich. Letztlich ist auch Caspars Wunsch nach einer Bühne damit verbunden, dort ein künstlerisches Produkt, nämlich eine Aufführung präsentieren zu können. Einerseits stellt dieses Produkt eine Anknüpfungsmöglichkeit für Lob und Bestätigung dar. Andererseits werden so Erinnerungsanker geschaffen bzw. das Produkt, aber auch Lob und Bestätigung, können wiederholbar gemacht werden. Besonders deutlich wird dies im Vergleich mit dem Malen. Nesrin darf ihre Bilder im Kindergarten aufhängen, Alina bedauert, dass in der MFE nur noch selten gemalt wird, Jonas möchte ein Bild für die Musikschule malen und Helge eines für zu Hause. Ein musikalisches künstlerisches Produkt ist dagegen flüchtiger, selbst eine Präsentation bleibt zunächst auf die einmalige Situation bezogen. In Verbindung mit der Faszination, welche die Aufnahmegeräte (Audio, Video) auslösen, fällt mir zudem auf, dass keines der Kinder mir von eigenen musikalischen Aufnahmen erzählt, weder aus der MFE, noch von zu Hause. Dabei wäre hier durchaus eine Analogie zwischen der Audio- oder Videoaufnahme und dem gemalten Bild zu ziehen: Indem das künstlerische Produkt dokumentiert und damit wiederholbar wird, kann es zwischen den verschiedenen Lebensumfeldern hin und her getragen werden. Dies kann eine Audioaufnahme aus der MFE sein, welche nun den Eltern oder der Kita-Gruppe vorgeführt wird – genauso können auch Audios oder Videos von eigenen künstlerischen Produkten (z.B. das Singen eines Liedes mit der Familie) in die MFE mitgebracht werden. Somit würden die verschiedenen Felder individuellen musik-bezogenen Handelns auch untereinander durchlässiger. Im Zusammenhang mit der Attraktivität der Aufnahmegeräte ist hier zudem auf den bereits weiter oben erläu-terten Präsentationsrahmen zu verweisen. Nicht nur die Bühne, auch das Mikrophon und die Kamera sind Versatzstücke, die den Rahmen zur adäquaten Ausgestaltung einer Präsentationssituation bilden. Wie diese genutzt werden könnten, soll im ach-ten Kapitel vertiefender untersucht werden.

7.5.3 Überraschung, Neugier und Spontaneität

Das bis hierhin entwickelte Erklärungsmuster, welches von den Versatzstücken ausgeht, deckt einen Bereich nicht ab: Die Neugier auf Neues, die Möglichkeit, sich überraschen zu lassen, aber auch die Möglichkeit, dass etwas schlicht egal sein kann. Jumbe möchte unbedingt die Boomwhacker ausprobieren, die er auf einer Bildkarte entdeckt hat und noch nicht kennt. Alina findet es schön, sich von ihrer Früherzie-hungslehrkraft immer wieder mit neuen Dingen überraschen zu lassen und Marie ist es egal, welche Musik in ihrem Theaterstück erklingt.

In der Kategorie „Impuls für Idee" kommt zudem die Spontaneität zum Aus-druck, mit welcher ein gerade vorhandener Impuls aufgegriffen und zum Gerüst für das folgende Handeln wird. Allerdings zeigt sich hier auch wieder die Notwendigkeit der subjektiven Anschlussfähigkeit, indem solche spontanen Impulse z.B. mit Ver-satzstücken aus dem eigenen Erfahrungshintergrund verbunden werden. Bei Robert wird dies in seinem erfundenen Rap deutlich: Zum einen greift er spontan Jumbes Hip Hop-Vorlagen auf und zum anderen lässt er sich für die Texterfindung von den Gegebenheiten im Raummodell inspirieren. Zugleich bringt er aber auch seine me-trische Sicherheit und die relativ stabile Formstruktur als Versatzstücke aus seinem musikbezogenen Erfahrungshintergrund ein.

Außerdem kommt an dieser Stelle erneut die Exploration als handelnder Kontakt mit unbekannten Dingen oder Situationen ins Spiel. Dies deckt sich mit der bereits weiter oben festgestellten Dualität von Versatzstücken und Exploration. Gerade in dem Bereich, der wenig bis gar nicht von Versatzstücken geprägt ist, erhält die Explo-ration ein größeres Gewicht. Indem Jumbe plant, alle Instrumente auszuprobieren, um dann jene auszuwählen, die am besten klingen, zeigt er eine Strategie zum Um-gang mit Neuem, bisher Unbekanntem. Allerdings ist auch hier wieder festzustellen, dass die Exploration kein direkter Weg zum künstlerischen Gestalten ist, sie kann Eindrücke schaffen und somit als Vorbereitung für künstlerisches Gestalten dienen, im Gegensatz zu den Versatzstücken öffnet sie jedoch kein direktes „Fenster" zum künstlerischen Tun.

7.6 Modell der dynamischen Ebenen kindlicher musikbezogener Bedeutungszuweisung

An dieser Stelle sollen nun die Erkenntnisse aus der fallübergreifenden Auswertung in ein Modell überführt werden, welches die Muster kindlicher musikbezogener Bedeutungszuweisung nachzeichnet, die im Rahmen der vorliegenden Studie identifiziert wurden. Wie stark der Umgang mit Musik für die Kinder mit den eigenen Erfahrungen, Werthaltungen und Kompetenzen verknüpft ist, wurde bereits in den vorhergehenden Ausführungen verdeutlicht. Das Modell fußt auf der Vorstellung eines Dreh- und Angelpunktes von subjektiver Anschlussfähigkeit, welche mit den Bedeutungsebenen des (künstlerischen) Ein- und Ausdrucks interagiert.

7.6.1 Erläuterung zur Darstellungsweise

Das Schaubild zeigt die dynamischen Ebenen kindlicher musikbezogener Bedeutungszuweisung als Pfeile, deren Richtungen in die subjektive Anschlussfähigkeit hinein bzw. aus ihr heraus weisen. Die subjektive Anschlussfähigkeit wird hier als Dreh- und Angelpunkt für den Umgang mit Eindrücken und die Gestaltung von Ausdrücken verstanden. Die beiden Ebenen von Ausdruck und Eindruck existieren nicht parallel, sondern sie interagieren. Diese Interaktion ist einerseits innerhalb der subjektiven Anschlussfähigkeit vorstellbar. Andererseits ist die Interaktion der beiden dynamischen Ebenen auch in der Aneignung und der Orientierung verankert, die hier als *Prozesse* subjektiver Anschlussfähigkeit aufgefasst werden. Diese reziproke Verbindung wird durch den dreigliedrigen Pfeil zum Ausdruck gebracht. Aneignung und Orientierung als Prozesse subjektiver Anschlussfähigkeit stehen in direkter Verbindung mit den Versatzstücken, welche zentral auf der Ebene des Ausdrucks hervorgehoben werden. Die Einfärbung macht dabei zugleich deutlich, dass die Versatzstücke selbst Anker der subjektiven Anschlussfähigkeit sind, während die durchlässige Linie die Position der Versatzstücke innerhalb der Ausdrucksebene verdeutlicht. Sie sind deshalb auf der Ebene des Ausdrucks angesiedelt, weil sie durch die Art ihrer Verwendung (fragmentarisch; Baukasten-Prinzip) überhaupt erst den Charakter von Versatzstücken annehmen, während ihre – enkulturierten – Ursprünge durchaus auf der Ebene des Eindrucks, also im „Erfahrungsfundus" existieren (somit könnten die Versatzstücke auch als zur Anwendung gebrachte Habitus-Bestandteile aufgefasst werden). Die weiteren Elemente der Ausdrucksebene (Präsentation, künstlerisches Produkt, Können und Wissen, Interaktion und Kommunikation) können alle inhaltlich mit Versatzstücken gefüllt werden, darüber hinaus existieren sie jedoch auch unabhängig von diesen. Daher verweist die Klammer zwar auf die Versatzstücke, ohne dass diese Elemente jedoch den Versatzstücken direkt eingelagert wären.

7.6.2   Das Modell der dynamischen Ebenen

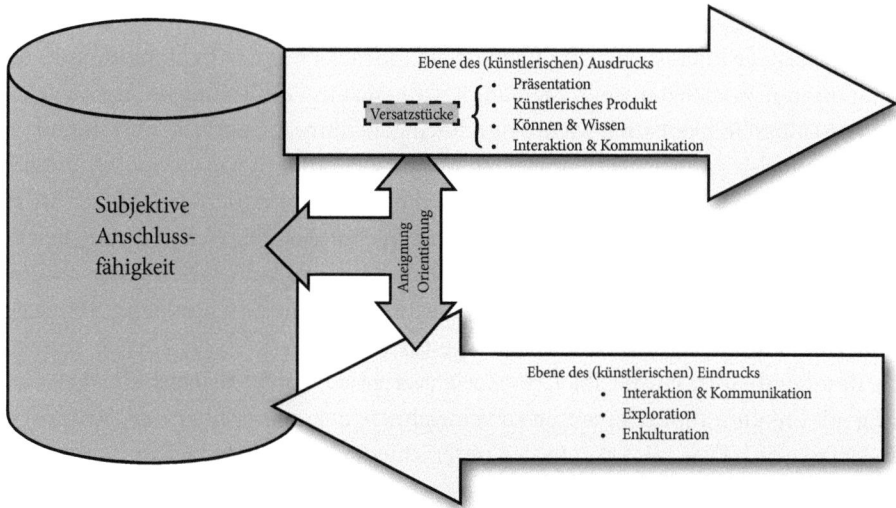

Abbildung 19: Modell der dynamischen Ebenen kindlicher musikbezogener Bedeutungszuweisung

7.6.2.1 Inhaltliche Ausprägungen des Modells der dynamischen Ebenen

Im Umgang mit Musik sind zwei Ebenen der Sinn*suche* bzw. Sinn*stiftung*, also der Bedeutungszuweisung, zu entdecken: Die Ebene des Eindrucks sowie die Ebene des Ausdrucks.

Dynamische Interaktion der Ebenen: Die Ebenen sind über ihre Interaktion im und mit der subjektiven Anschlussfähigkeit dynamisch verfasst. Während die Ebene des Eindrucks auf diese zu bzw. in sie hinein verläuft, wird die Ebene des Ausdrucks aus der subjektiven Anschlussfähigkeit heraus verständlich. Zudem stehen sie untereinander in Verbindung, indem Elemente des Eindrucks Grundlage für den Ausdruck sein können, jedoch auch, indem im Ausdruck über Orientierungs- bzw. Aneignungsprozesse neue Eindrücke geschaffen werden können.

Subjektive Anschlussfähigkeit als Dreh- und Angelpunkt von Bedeutungszuweisung: Für beide Bedeutungsebenen stellt die subjektive Anschlussfähigkeit den Schlüssel zur Bedeutungszuweisung dar. Dort wo Anschlussfähigkeit besteht, kann Bedeutung auf der Grundlage von bereits vorhandener Bedeutung zugewiesen werden: Bekanntes kann mit Neuem in Verbindung gebracht werden, über Neues kann Bekanntes anders kontextualisiert oder strukturiert werden.

Doppelte Verortung von Interaktion und Kommunikation: Die Ebene des Eindrucks beinhaltet den Aspekt der Interaktion bzw. Kommunikation in Bezug auf Fragen aber auch Aushandlungen und gegenseitige Beeinflussungen, welche die gezielte oder diffuse Suche nach Sinn unterstützen können. Auf der Ebene des Ausdrucks sind Interaktion und Kommunikation z.B. durch Erklärungen, Zeigehandlungen und die Verwendung von Versatzstücken geprägt.

Exploration und Enkulturation als sich ergänzende Elemente auf der Ebene des Eindrucks: Darüber hinaus weist die Ebene des Eindrucks mit der Exploration und der Enkulturation zwei Seiten einer Medaille auf, die sich in Verbindung mit der subjektiven Anschlussfähigkeit auch wieder durchdringen können. So ist die *Exploration* die Vorgehensweise eigenaktiver Sinnsuche, welche Grundlagen für die weiterführende Bedeutungszuweisung schaffen kann. Über die subjektive Anschlussfähigkeit ist sie in den Abgleich von Neuem und Bekanntem eingebunden. Die *Enkulturation* betrifft jene Eindrücke, welche sich als gesellschaftlich tradierte kulturelle Muster im „Erfahrungsfundus" anreichern und sich damit nicht nur als anschlussfähig erweisen, sondern vor allem auch wieder Grundlage für exploratives Vorgehen sein können. Als Besonderheit ist ein flexibler, regelorientierter aber nicht regelgebundener Umgang mit Enkulturationselementen zu verzeichnen, der auf der Ebene des Ausdrucks „sichtbar" wird. Dies zeigt sich in den unterschiedlichen Verbindlichkeitsgraden für die Anwendung kulturell tradierter Muster wie sie in Kapitel 7.5.1.1 beschrieben werden.

Versatzstücke als „Handwerkszeug" des (künstlerischen) Ausdrucks: Auf der Ausdrucksebene sind die Versatzstücke als aktivierte Enkulturationselemente zu verstehen. Wird hier also das Erklärungsmodell der Enkulturation gebraucht, so geschieht dies im Verständnis einer reziprok gestalteten musikalischen Sozialisation, welche das Hineinwachsen in eine Kultur genauso wie das Hineingeben individueller Einflüsse in diese Kultur betrifft. Versatzstücke als „Handwerkszeug" des (künstlerischen) Ausdrucks sind in ein Baukasten-Prinzip eingebunden, indem sie nicht nur als enkulturierte bzw. angeeignete Elemente aus Erfahrungen *vorliegen*, sondern im Rahmen neuer Kontextualisierungen bzw. Konstruktionen *angewendet* und zum Teil auch modifiziert werden.

Verquickung der Versatzstücke mit weiteren Elementen der Ausdrucksebene: Die Definition der Versatzstücke als „Handwerkszeug" des künstlerischen Ausdrucks erklärt zugleich ihre hervorgehobene Stellung innerhalb der Ausdrucksebene. So können Interaktion und Kommunikation, Können und Wissen, künstlerische Produkte sowie Präsentationen in ihrer spezifischen Ausgestaltung auf Versatzstücken beruhen. Insbesondere im künstlerischen Produkt und in der Präsentation kommt dabei im engeren Sinne die musikalisch-künstlerische Dimension zum Ausdruck, die vor allem beim Präsentieren auch die Komponente sozialer Anerkennung bzw. Bestätigung aufweist.

Bedeutsamkeit des künstlerischen Produkts: Die Interpretation der Daten legt nahe, dass gerade das künstlerische *Produkt*, im Gegensatz zum künstlerischen Prozess, besonders bedeutungsrelevant für die Kinder ist. Indem das Produkt einerseits einen Schlusspunkt (wie die Möglichkeit zur Präsentation), andererseits aber auch die Erinnerbarkeit bis hin zur Wiederholbarkeit (durch Dokumentation) aufweisen kann, wirkt es sich auf die Wahrnehmung weiterer künstlerischer Produkte und Präsentationen aus. Der Bedeutsamkeitsrahmen umschließt somit vergangene und gegenwärtige bzw. zukünftige (z.B. erwünschte) Situationen des Umgangs mit Musik.

Verbindung zwischen Ein- und Ausdruck: Über die Versatzstücke ergibt sich eine starke Verbindung zwischen den Ebenen des Ein- und Ausdrucks. Werden Versatzstücke modifiziert oder anders kontextualisiert, so entstehen neue Eindrücke, die zugleich neue Orientierungswege eröffnen. Die in Kapitel 7.5.1.1 dargelegte Orientierungsfunktion von Versatzstücken pendelt also zwischen Ein- und Ausdruck. Ebenso ist in beide Ebenen die Aneignung integriert. Wenn die Kinder sich als Urheber eines künstlerischen Produktes empfinden, welches sie auf der Grundlage von Versatzstücken entwickelt haben, so entsteht dieser Eindruck aus dem Handeln, also aus dem künstlerischen Ausdruck heraus. Hier erhalten die Ebenen des Eindrucks und des Ausdrucks eine zirkuläre Verbindung.

Anhand der hier vorgenommenen Erläuterungen zum Modell der dynamischen Ebenen wird darüber hinaus deutlich, dass sich alle Elemente des Modells als aufeinander bezogene Eckpunkte lesen lassen, zwischen denen Bedeutungszuweisungen erfolgen.

7.7 Fazit: Kreativität als alltagsverwobene und erfahrungsbasierte kindliche Bedeutungszuweisung

Die Kinder nehmen Bedeutungszuweisungen im Umgang mit Musik auf der Eindrucks- und der Ausdrucksebene in hohem Maße handelnd vor. Diese musikbezogenen oder musikalischen Handlungen sind besonders durch Versatzstücke aus der Erfahrungswelt der Kinder geprägt. Über Sprache, vokalen Ausdruck oder Körperklänge können die Kinder immer wieder Verbindungen zu ihren musikbezogenen Vorerfahrungen herstellen und diese mehr oder weniger explizit auch an ihre Interaktionspartner vermitteln.

Das spontane Handeln mit musikalischen Ausdrucksmitteln weist eine Nähe zum „musicking" auf, welches Patricia Shehan Campbell in ihrer Studie beschreibt (vgl. Campbell, 2010, S. 5; vgl. dazu ausführlich die Einleitung in Kap. 4). Allerdings geht der Umgang mit Musik in den hier durchgeführten Interviews noch über das „musicking" hinaus, indem bewusst kreativer „Output" geschaffen wird. Während sich das „musicking" also eher in spontanen Übergängen vom Sprechen zum Sprechgesang oder in der vokalen Unterstützung von Energieverläufen zeigt, ist die Nutzung von Versatzstücken viel eher einem künstlerischen Produkt verpflichtet. Damit ist der spontane *künstlerische* Umgang mit Musik durch die Vernetzung in den Alltag und die Erfahrungswelt der Kinder geprägt.

Die Kinder gehen in besonderem Maße aktiv und kreativ mit Musik um, indem sie Bestehendes neu kombinieren und Bekanntes auf ihre eigene Art nutzen. Damit wäre ein „genialistischer" Kreativitätsbegriff zur Beschreibung des kindlichen sinnstiftenden Umgangs mit Musik nicht adäquat. Vielmehr beinhaltet die Verwobenheit kreativer Prozesse mit vorhandenem Material auch eine „Entmystifizierung des Genialistischen"[66]. Versatzstücke aus dem Erfahrungsrepertoire der Kinder, verstanden als Handwerkszeug Elementarer Musikpraxis, sind nicht nur eine Möglichkeit zur didaktischen Integration jeder individuellen kindlichen Perspektive in musikalische Bildungsprozesse. Vielmehr kann auch möglichen Erwartungen an ein künstlerisches oder auch „schöpferisches" Tun der Kinder auf diesem Wege konkreter begegnet werden.

Um dem gestalterischen Handeln der Kinder gerecht zu werden, erscheint es angebracht, in didaktischen Überlegungen einen collagierenden, reproduzierenden und rekombinierenden Kreativitätsbegriff zugrunde zu legen, der tief in der musikbezogenen Alltagspraxis der Kinder verwurzelt ist.

---

66 Für diesen Gedanken zu meinen Auswertungsergebnissen – geäußert im Rahmen eines Methodenseminars zu qualitativer musikpädagogischer Forschung – danke ich Benny Seipel.

8 Didaktische Impulse zur Integration der kindlichen Perspektive in den MFE-Unterricht

Die Ergebnisse der vorliegenden qualitativen Untersuchung laufen auf ein Modell dynamischer Ebenen kindlicher musikbezogener Bedeutungszuweisung hinaus (vgl. Kap. 7.6). Auf den Ebenen des (künstlerischen) Ein- und Ausdrucks findet ein handelnder Zugang zur Musik und Umgang mit Musik statt, dessen Schlüssel zur Sinnstiftung in besonderem Maße die Versatzstücke aus der eigenen Erfahrungswelt sind. Das spontane künstlerische Tun auf der Ausdrucksebene lässt sich daher mit einem collagierenden, reproduzierenden und rekombinierenden Kreativitätsbegriff füllen (vgl. Kap. 7.7). Dieser ist pragmatischer ausgelegt als eine genialistisch-schöpferische Auffassung von Kreativität und kreatives Handeln ist vor dieser Folie ein eigenaktiv-beeinflusster Prozess. Dass also künstlerische Produkte möglich sind, liegt in erster Linie daran, dass die Produzenten – nämlich die Kinder – ihrem Tun aufgrund der vorhandenen subjektiven Anschlussfähigkeit Bedeutung zuweisen und diese interaktiv teilen können.

Wie sind solche Befunde mit der alltäglichen Lehrpraxis in Musikschulen und Kindergärten zu vereinbaren? Anstelle eines allgemeinen Ausblicks sollen hier didaktische Impulse stehen, welche als erster Schritt zum Transport der Ergebnisse vorliegender Studie in die Praxis gedacht sind.

8.1 Grundlegungen

Im Folgenden werden die facettenreichen didaktischen Konzeptionen der MFE um einen spezifischen Bereich erweitert. Es wird hier sehr bewusst das Wort der „Erweiterung" gewählt, denn gerade das Zusammenspiel vielfältiger didaktischer Herangehensweisen erscheint sinnvoll, wenn von einem Geben und Nehmen zwischen Lehrkraft und Kindern ausgegangen wird. Durch die Fokussierung der Möglichkeiten zur aktiven Integration der kindlichen Perspektive in didaktische Konzeptionen sollen andere, etablierte Bereiche der MFE keinesfalls ausgeblendet werden.

Zugleich muss auch ein provokanter Gedankengang verfolgt werden: Grundlage ist der Befund, dass als häufigstes methodisches Vorgehen innerhalb der Lehrkräftebefragung von Michael Dartsch das Korrigieren einzelner Kinder genannt wurde, gefolgt vom abschnittsweisen Üben von Liedern und Tänzen (vgl. Dartsch, 2008, S. 16, vgl. dazu auch Kap. 3.2.3.1). Daneben sei auch auf die mehr oder minder lehrkraftzentrierte Anlage der meisten Stundenbilder in den gängigen Lehrwerken verwiesen (vgl. dazu Kap. 3.2.3.2.3). Daher stellt sich, durchaus zugespitzt, die Frage: Ist die MFE zu großen Teilen ein lehrkraftzentrierter Frontalunterricht und wird dies aufgrund von Bewegung im Raum sowie der Orientierung an Spiel und Exploration nur nicht sofort offenkundig?

Mit Blick auf die zahlreichen Impulse und Ideen der Kinder in der vorliegenden Studie wirft auch ein Befund aus der Studie zu Wirkungen und Voraussetzungen der MFE von Michael Dartsch noch einmal neue Aspekte auf: Bereits in Kapitel 3.2.3.1 wurde darauf hingewiesen, dass Lehrkräfte im Durchschnitt ca. alle zwei bis drei Wochen von ihrer ursprünglichen Stundenplanung abweichen, um Impulse der Kinder zu berücksichtigen (vgl. Dartsch, 2008, S. 16). Dies deckt sich mit dem – auch in den gängigen Lehrwerken verzeichneten – Wunsch nach Flexibilität und Offenheit im Unterricht (vgl. Kap. 3.2.3.2.2). Anhand der Ergebnisse vorliegender Arbeit ist jedoch auch zu fragen: Wo wird die Stundenplanung schon auf die Integration von Impulsen der Kinder ausgerichtet? Inwiefern kann das Einbringen von Versatzstücken aus der eigenen Lebenswelt zum methodischen Prinzip werden? Oder auch: Welche Möglichkeiten werden tatsächlich genutzt, um die Zweierbeziehung Lehrkraft-Kind im Vergleich mit der Beziehung Lehrkraft-Gruppe zu stärken?

In diesen Fragen schwingen normative Annahmen mit, dass nämlich eine stärkere Integration der kindlichen Perspektive im Sinne der vorliegenden Forschungsergebnisse als sinnvoll und wünschenswert erachtet wird. Diesen normativen Schritt kann Didaktik nicht völlig ausblenden, im Gegenteil ist von einer „ehrlicheren" Didaktik auszugehen, wenn die implizite Normativität didaktischer Setzungen akzeptiert wird. Denn sei es aus der Praxiserfahrung oder der empirischen Bildungsforschung heraus – sobald der Schritt vom Befund zur didaktischen Konsequenz vollzogen wird, lässt sich Normativität aufgrund der innewohnenden subjektiven Wert- und Grundhaltungen nicht verhindern. Vielmehr wäre es hilfreich – wie der Bildungstheoretiker Krassimir Stojanov vorschlägt – Normativität nicht mit Preskriptivität gleichzusetzen, also nicht mit der „externen Aufstellung von Regeln und Maximen für richtiges pädagogisches Handeln" (vgl. Stojanov, 2006, S. 72). Stojanov plädiert für eine „praxisimmanente Normativität", die sich an der Interaktion zwischen den pädagogisch Tätigen und den Adressaten didaktischer Konzepte orientiert. Normen sind hier explizit gemachte Sinnsetzungen des Individuums, die in Gründe überformt sind (vgl. ebd., S. 81) und als solche aus der Interaktion heraus entstehen, also Bedürfnisse und vorhandene „Normen" von Adressaten und Adressanten beinhalten.

So kann es auch als Stärke einer praxistauglichen Didaktik gelten, dass Lehrkräfte sie in Beziehung zu eigenen Erfahrungswerten setzen und somit eigene subjektive Annahmen daran messen können. In diesem Sinne sollen die folgenden Impulse als Anregung für das Praxisfeld MFE dienen und als Erweiterung bestehender didaktischer Ansätze genutzt werden können.

8.1.1   Erweiterung von Prinzipien der Elementaren Musikpädagogik

Anhand der vorangehenden Überlegungen erscheint es sinnvoll, die von Michael Dartsch formulierten Prinzipien der Elementaren Musikpädagogik in Bezug auf die MFE – und möglicherweise auch über diese Zielgruppe hinaus – zu erweitern. Genannt werden:

„Die Orientierung am Spiel, am Experiment, an der Kreativität, am Prozess, am Einbeziehen von vielerlei Ausdrucksmedien, am Körper, am Aufbau von Beziehungen und an der grundsätzlichen Offenheit des Unterrichts" (Dartsch, 2008, S. 16; vgl. dazu auch Dartsch, 2002, S. 321).

In die Orientierung an der Kreativität wäre einzuarbeiten:
- Orientierung an den Erfahrungshintergründen der Kinder *und* der Lehrkraft, z.B. kreative Verwendung von Versatzstücken aus der individuellen Lebenswelt.

Der Orientierung am Prozess wäre gegenüberzustellen:
- Orientierung am Produkt und an der Präsentation.

Schließlich ließe sich übergreifend formulieren:
- Orientierung an der kindlichen Perspektive.

Die genannten Prinzipien und Erweiterungen verdeutlichen die Vielgestaltigkeit von MFE. So kann die MFE ein Ort sein, um Neues, Unbekanntes zu entdecken, sich überraschen zu lassen und zu lernen, insbesondere auch, um Musik in ihrer Vielfalt, jenseits der eigenen musiksozialisatorischen „Grenzen" zu erfahren. Zugleich kann sie durchlässiger für den musikbezogenen Alltag der Kinder werden und somit Situationen subjektiver Anschlussfähigkeit begünstigen, die möglicherweise sonst unberücksichtigt blieben.

8.1.2 Gesteigerte Durchlässigkeit der MFE für den musikbezogenen Alltag der Kinder

Als wesentliche Grundlegung der folgenden didaktischen Impulse ist denn auch die gesteigerte Durchlässigkeit der MFE für den musikbezogenen Alltag der Kinder festzuhalten. Diese Durchlässigkeit ist in zwei Richtungen ausgelegt: Die Eltern sollen nicht nur aktiven Anteil an den Inhalten der MFE nehmen können, sondern die Musik(-praxis) aus der Familie, der Kita, dem Freundeskreis, den jeweils rezipierten Medien soll auch Eingang in die MFE finden können. Eine Trennung zwischen „Musik in der Musikschule" und „Musik im Alltag" muss dadurch nicht nivelliert werden, sie kann aber bewusst gemacht und auf Überschreitungen hin gestaltet werden. Eine solche Trennung hat durchaus zwei Seiten: Einerseits kann die Musik in der Musikschule hinsichtlich empfundener Bedeutsamkeit den Charakter des Besonderen, des Außergewöhnlichen aufweisen. Andererseits kann eine Ausblendung der Musik des Alltags unter Umständen subjektive Anschlussfähigkeit verhindern und somit keine Empfindung von Bedeutsamkeit ermöglichen. Dies kann ebenfalls heißen: Die Durchlässigkeit der MFE für musikalische Alltagspraxen und -erfahrungen der Kinder weckt und zeigt zugleich das Interesse der Lehrkraft an jedem einzelnen Kind der

Gruppe (und andersherum sowie untereinander) und sie ermöglicht den Kindern spontane kreative Handlungen mit dem „Handwerkszeug" der Versatzstücke.

8.2 Lehrkraft

8.2.1 Selbstverständnis

Wird die Integration der kindlichen Perspektive als didaktische Leitlinie für den Unterricht verstanden, so hat dies Auswirkungen auf das Selbstverständnis oder auch die Lehrmentalität der Lehrkraft. Versteht sie sich z.B. als „Lern-Coach", als „Wissensvermittlerin", als „Gesprächspartnerin", als „Beobachterin", als „Regisseurin", als „Erfahrungsbegleiterin", als „Botschafterin für Musik", als „Geberin von Geborgenheit", als „Fragerin", als „Antwortgeberin", oder als noch etwas ganz anderes? Bzw. legt sie ihrem Selbstverständnis eine Mischung – mit individuellen Schwerpunktsetzungen – aus den genannten Aspekten zugrunde?

Ausgehend von den Studienergebnissen vorliegender Arbeit, aber auch von den im fünften und sechsten Kapitel dargelegten Grundhaltungen zur qualitativen Interviewforschung bzw. Gesprächsführung mit Kindern, werden hier Elemente vorgestellt, die das Selbstverständnis von Lehrkräften bei der Integration der kindlichen Perspektive in den Unterricht besonders betreffen können.

Die Musikpädagogin und Musikethnologin Patricia Shehan Campbell zieht aus ihrer Forschung mit Kindern (vgl. dazu ausführlich Kap. 4) die Konsequenz:

> „I knew that as a result of what I had observed, I would need to find ways of bringing children's musical utterances and complete songs into my future music sessions with them. I vowed that somehow, I would find ways to blend *their* music with *my* music." (Campbell, 2010, S. 35, Hervorhebung im Original).

Campbell wünscht sich für die Lehrpraxis die Haltung, den Kindern zuzuhören, „in order to assess who they are, what they do, how they think" (ebd., S. 276).

Dieses bewusste „Zuhören" erscheint auch für den vorliegenden Kontext als zentrales Element und würde auch das Beobachten, Fragen und miteinander Sprechen beinhalten.

Somit kommt ein sehr aktives Interesse an jedem einzelnen Kind und seinem (musikalischen) Alltag und Erfahrungshintergrund zum Ausdruck, welches sich auch als Grundhaltung in der Gruppe – als Interesse und Wertschätzung untereinander – etablieren kann. Das wirkt als Aussage zunächst selbstverständlich, möglicherweise sogar banal. Gehört es doch zur Alltagspraxis des Unterrichts, sich einen fundierten und vielschichtigen Eindruck eines jeden Kindes zu verschaffen. Es macht jedoch jeweils einen Unterschied (insbesondere auch für das Kind), ob ein solcher Eindruck für Elterngespräche, für Leistungseinschätzungen, für die Erfassung von

Instrumentenpräferenzen und -eignungen o. Ä. verwendet wird, oder ob er für die aktive Partizipation der Kinder bei der Unterrichtsgestaltung eingesetzt wird.

Zwei Wege zur Integration kindlicher Impulse in den Unterricht sind bereits angesprochen worden: Einerseits die *Reaktion* auf Impulse und die diesbezügliche Änderung von bestehenden Unterrichtsplanungen und andererseits das aktive *„Aufsuchen"* von Impulsen als Teil der Stundenplanung. Impulse können also zufällig oder bewusst in die Planung integriert werden. Dies hat Auswirkungen auf die Unterrichtsmethodik wie z.B. bei der Gestaltung von Gesprächssettings oder durch die Nutzung von Portfolios (vgl. dazu Kap. 8.4).

Lehrhandeln wäre in diesem Sinne ein Dialog, mehr aber noch ein gegenseitiges „Geben und Nehmen", bei welchem Lehrkraft und Kinder bezüglich Wissen und Erfahrungen aufeinander angewiesen sind, um das „Gesamtkonstrukt" Unterricht zu gestalten. Von Seiten der Lehrkraft sind daher „offene Antennen" für die subjektiven Erfahrungen und Sichtweisen der Kinder vonnöten, verbunden mit der pädagogischen Kreativität, diese sinnvoll im Unterricht einzubinden und gemeinsam mit den Kindern damit z.B. einen Lern- oder Erfahrungsschritt weiter zu gehen.

Dies erfordert – wie schon in Kapitel 5.2.2 und 6.2.1 zur Interviewführung mit Kindern beschrieben – Übung auf Seiten der Lehrkraft. In einer Gruppe mit zwölf Kindern ist das Erkennen und Nutzen der individuellen Wünsche, Bedürfnisse, Ideen und Impulse der Kinder keine Selbstverständlichkeit, sondern ein immer wieder bewusst anzugehender Prozess. Einige Herangehensweisen zur Umsetzung werden in Kapitel 8.4 ausführlicher beschrieben.

Als unterrichtsimmanente Aktivität der Lehrkraft sei an dieser Stelle noch einmal auf das Wahrnehmende Beobachten verwiesen, welches von Gerd E. Schäfer für beobachtendes Forschen mit Kindern propagiert wird (vgl. Kap. 6.2.1; vgl. Schäfer, 2010, S. 82–84). Schon im Forschungskontext ist das Wahrnehmende Beobachten als interaktiver Prozess angelegt, dies macht es auch für den Unterricht nutzbar. Für die beobachtende Person ist dabei das Einnehmen einer Innen- und Außenperspektive wichtig, also der gleichzeitige Blick auf die Interaktionspartnerinnen und -partner und auf sich selbst. Die drei Kerninteressen von Campbell, „who they are, what they do, how they think" (Campbell, 2010, S. 276), wären dann auch von den Lehrkräften auf sich selbst anzuwenden. Im Gespräch mit Kindern, während Beobachtungssituationen im Unterricht oder während des gemeinsamen kreativen Handelns, kann es reflektierend – aus der Innenperspektive heraus – heißen:

- Wer bin ich als Lehrperson? Welche Aspekte machen mich aus und wie transportiere ich dies in der Interaktion?
- Was tue ich, während ich unterrichte? Welche Handlungen konstituieren mein Lehren, meine Interaktion mit den Kindern, der Gruppe, der Musik?
- Was denke (und fühle!) ich, während ich mit den Kindern in Interaktion trete? Welche Gedanken und Gefühle begleiten bestimmte Beobachtungen, wie reagiere ich in meinem Handeln als Lehrperson darauf?

8.2.2 Sensibilität für die individuelle Art und Entwicklung jedes Kindes

Wird die Integration der kindlichen Perspektive als eine didaktische Leitlinie für den MFE-Unterricht genutzt, so sind Aspekte des *Selbst*verständnisses und der *Lehrmentalität* der Lehrkraft in besonderem Maße dem aktiven Umgang mit der eigenen Innenperspektive geschuldet. Wie bereits weiter oben angedeutet, gehören die Wahrnehmung der eigenen Innen- und Außenperspektive zusammen und sind wechselseitig aufeinander bezogen. Während im vorigen Abschnitt stärker die Innenperspektive im Fokus stand, soll hier nun die andere Seite der Medaille vordringlicher berücksichtigt werden: Die Außenperspektive.

Hier wäre es vor allem vonnöten, die Gefahr von „Schubladendenken" und vorschnellen Schlüssen zu verhindern. Gerade das in Kapitel 6.2.1 beschriebene Trennen von Wahrnehmung und Deutung stellt auch für den Unterrichtsalltag eine Möglichkeit dar, Vorurteile zu vermeiden. Durch die Zeitverzögerung bis zur Deutung, bzw. eher noch, durch die größere Vielfalt von Wahrnehmungssituationen, die in eine Deutung einfließen, können Beobachtungen „gerechter" gestaltet werden. Indem die Deutung auf eine bewusste Ebene gebracht wird, verringert sich die Gefahr von Beobachtungs- und Beurteilungsfehlern. Eine Übersicht typischer Beobachtungs- und Beurteilungsfehler liegt in Kapitel 8.4.1.1 im Rahmen didaktischer Vorschläge zur Integration von Beobachtung und Gespräch in den Unterricht vor.

Impulsfragen zum Umgang mit spontanen Beobachtungen im Unterricht, aber auch mit geplanten Beobachtungseinheiten, können sein:

* Was nehme ich alles in der Interaktion mit einem Kind wahr?
* Welche Eckpunkte der Interaktion fallen mir besonders auf? Warum?
* Was weiß ich über dieses Kind?
* Was überrascht mich? Warum?

Dabei können sowohl einzigartige Situationen Anlass zum Nachdenken bieten, aber auch die soziokulturellen Informationen zu einem Kind, wie z.B. dessen Geschlecht, Herkunft, familiäre Situation, Milieu und Bildungshintergrund.

Erst die Zusammenschau situativer, individueller und soziokultureller Aspekte vervollständigt das Beobachtungsbild. Dieses Bild kann dann wieder im Gespräch mit Kindern und Eltern rückgekoppelt und kontinuierlich im Fluss gehalten werden.

Diese Kontinuität ist der Schlüssel zur Wahrnehmung von Veränderungen in der individuellen Art und Entwicklung jedes Kindes. Um Eindrücke über den Zeitraum der MFE hinweg reflektieren und vergleichen zu können, sind Formen der Dokumentation von Beobachtungen und Gesprächsinhalten notwendig. Einige Möglichkeiten werden in Kapitel 8.4 vorgestellt.

8.2.2.1 Exkurs: Geschlechtssensibilität

Geschlechtssensible und geschlechtergerechte Pädagogik ist Teil der Elementarpädagogik. Während bereits seit den 70er Jahren des 20. Jahrhunderts insbesondere die Mädchenförderung vorangetrieben wurde, sind im 21. Jahrhundert durch die PISA-Studien die Jungen als neue „Bildungsverlierer" ins Blickfeld gerückt (vgl. Rohrmann, 2009, S. 6).

In der Elementaren Musikpädagogik ist die Diskussion der Jungenförderung bislang nicht angekommen. Auch didaktische Konzepte, die explizit geschlechtssensibel und geschlechtergerecht ausgelegt sind, liegen nicht vor. Allerdings zeigt Michael Dartsch in seiner Studie zu Wirkungen und Voraussetzungen, dass mehr Mädchen als Jungen die MFE besuchen (ca. 60% Mädchen und 40% Jungen) und dass das Fach zu 90% von Frauen unterrichtet wird. Er plädiert dafür, das Fach z.B. in entsprechenden Informationsbroschüren stärker auch auf Jungen auszurichten und sieht es als mögliche Aufgabe der Hochschulen und Musikschulen, mehr Männer als Lehrkräfte zu gewinnen (vgl. Dartsch, 2008, S. 39).

Dies entspricht auch den derzeitigen politischen Bestrebungen, gezielt das Ungleichgewicht der Geschlechter im Erzieherinnen- und Erzieherberuf zu verändern. Als Initiative des Bundesministeriums für Familie, Senioren, Frauen und Jugend wird dazu seit 2011 das ESF-Modellprogramm[67] „MEHR Männer in Kitas" durchgeführt. Es soll zum Erreichen des EU-Ziels beitragen, langfristig einen Anteil von 20% männlichen Erziehern in Kitas zu etablieren (vgl. ESF-Regiestelle, 2012, o.S.).

Beobachtung und Gespräch können im MFE-Unterricht helfen, spezielle Themen und Bedürfnisse von Jungen und Mädchen zu erfahren. In diesem Zusammenhang sei auf den Befund vorliegender Studie verwiesen, dass Rangeleien und spielerisches Kräftemessen mehrfach Thema in Interviews mit reinen Jungengruppen waren. Hier werden zwei Aspekte relevant: Einerseits die Möglichkeit für die Jungen, solche Bedürfnisse auch ausagieren zu können. Andererseits aber auch die Berücksichtigung beim Beobachten, solche Rangeleien angemessen einschätzen zu können und nicht als soziale Auffälligkeit zu werten oder mit echten Konflikten zu verwechseln.

Auch die kritische Betrachtung von Unterrichtsmaterial, Liedinhalten und Geschichten kann den geschlechtssensiblen und geschlechtergerechten Unterricht unterstützen. Dies lässt sich in zwei Richtungen lesen. Zum einen kann der bewusste und kritische Umgang mit Klischees praktiziert und vermittelt werden. Zum anderen sollte dies jedoch mit den Bedeutungszuweisungen der Kinder rückgekoppelt werden. Gerade Geschichten bzw. Unterrichtsinhalte, die bestehende Klischees aufbrechen oder umkehren, werden unter Umständen von den Kindern gar nicht so aufgenommen. Der als „Gender-Trainer" tätige Politologe Jens Krabel nennt – in Bezug auf die Medienwissenschaftlerin Susanne Keuneke – ein Beispiel rund um ein modernes Märchen, welches von einem Mädchen klischeekonform „um-erinnert" wird (vgl. Krabel, o.J., S. 1):

---

67 ESF = Europäischer Sozialfonds für Deutschland

„In der Originalgeschichte befreit eine Prinzessin, der nur eine Tüte geblieben ist, mit der sie sich bekleiden kann, einen Prinzen aus den Fängen eines Drachen. Der Prinz, anstatt sich dankbar zu zeigen, kritisiert das Aussehen der Prinzessin, woraufhin diese wütend wird, den Prinzen verlässt und nichts mehr von ihm wissen will.

Als das Mädchen gebeten wurde, die Geschichte der Tütenprinzessin nachzuerzählen, veränderte sie das Ende der Geschichte dahingehend, dass die Prinzessin die Kritik des Prinzen ernst nimmt, sich daraufhin schöner kleidet und mit ihm Hochzeit feiert." (ebd.)

Krabel verweist dennoch bzw. gerade deswegen darauf, vielfältige Entwürfe und Möglichkeiten des Lebens an die Stelle von Klischees zu setzen. Eine von ihm entworfene Checkliste zur Bestandsaufnahme von Bilderbüchern wäre in ähnlicher Form auch für MFE-Unterrichtsmaterial entwickelbar. So stellt Krabel z.B. in Bezug auf Märchen die Frage:

„Gibt es Bilderbücher, die auf ironische[68] Weise mit traditionellen Märchenfiguren spielen oder Märchenfiguren „untypische Rollen" zuweisen?" (ebd., S. 5).

Als mögliche Beispiele nennt er:

- „Prinzessinnen, die nicht heiraten wollen oder zumindest nicht den Prinzen heiraten wollen, der für sie ausgewählt wurde
- Prinzen, die keine empfindlichen Prinzessinnen heiraten wollen, sondern mutige, abenteuerlustige und selbstständige Prinzessinnen
- Prinzen, die sich in andere Prinzen verlieben
- Könige, die nicht regieren wollen, sondern ihre Zeit mit den Kindern, der Familie verbringen wollen
- Liebenswürdige Stiefmütter" (ebd.).

Alleine solche Gegenentwürfe zu bestehenden Klischees sagen allerdings noch nichts darüber aus, wie diese innerhalb des jeweiligen Märchens dann bewertet werden. Dies wäre also bei der Analyse und Auswahl ebenso zu berücksichtigen.

Unter geschlechtsbewussten Vorzeichen lohnt es sich für die eigene Unterrichtspraxis, Klischees kritisch zu hinterfragen und geschlechtssensible Themen ausdrücklich zum Unterrichtsinhalt zu machen. Zudem wäre hier didaktisch-konzeptioneller sowie möglicherweise auch Forschungsbedarf für die MFE zu verzeichnen.

8.3 Kind

8.3.1 Partizipation

Um die Ebenen des (künstlerischen) Eindrucks und Ausdrucks im Unterricht mit den Wünschen, Bedürfnissen und Ideen der Kinder füllen zu können, wird hier

---

68 Allerdings ist darauf hinzuweisen, dass gerade Ironie für Kinder im Vorschulalter nicht nachvollziehbar ist. Zudem kann erst der Gegenentwurf das Klischee tatsächlich entkräften, während die Ironie es ja implizit noch anerkennt.

vorgeschlagen, Partizipation zu einem selbstverständlichen Bestandteil der MFE zu machen.[69] Vor dem Hintergrund von individueller Bedeutung und Bedeutsamkeit als Einflussfaktoren auf Interaktionen im Musikunterricht plädieren auch Heinz Geuen und Stefan Orgass für die Partizipation. Sie unterscheiden drei Ausprägungen von Partizipation, eine neurobiologisch-kognitivistische, eine kulturalistische und eine politische (vgl. Geuen & Orgass, 2007, S. 74–80). Die neurobiologisch-kognitivistische Perspektive betrifft die bewusste oder vorbewusste *Anteilnahme* am Gegenstand, gemeint ist die Tatsache, dass Lehrkraft und Schülerin bzw. Schüler den Unterrichtsinhalt aufgrund ihrer eigenen Schematisierungsprozesse individuell interpretieren und dies Verständigung über die je individuellen Bedeutungszuweisungen erforderlich macht (vgl. ebd., S. 74–75). Die kulturalistische Perspektive betrifft die handelnde und interaktive *Teilnahme* an Musikkultur. Hier steht das ermöglichende sowie das eingrenzende Element von Kultur im Mittelpunkt, indem Kreativität von kulturellen Praktiken abhängig ist, sie aber auch in gewissem Maß überschreiten kann (vgl. ebd., S. 75–77). Beide Perspektiven könnten der subjektiven Anschlussfähigkeit eingeschrieben werden, welche im vorliegenden Kontext als wesentliches Element kindlicher musikbezogener Bedeutungszuweisung definiert wurde.

Geuen und Orgass weisen schließlich noch auf die politische Dimension von Partizipation hin, welche sich z.B. in der *Teilhabe* der Schülerinnen und Schüler an der Bestimmung von Unterrichtsthemen und -methoden ausdrückt. Insbesondere die politische Dimension des Vorschlags-, Argumentations- und Stimmrechts in Entscheidungsprozessen wird unter dem Schlagwort der Partizipation auch im Kindergarten-Kontext diskutiert (vgl. Regner, Schubert-Suffrian & Saggau, 2009).

Die Vorschläge zur Partizipation als Bestandteil der MFE beziehen sich im Folgenden ebenso auf den politischen Aspekt in Diskussions- und Abstimmungsprozessen, wie auch auf den kulturalistischen Aspekt des aktiven Umgangs mit (Musik-)Kultur. Unter Berücksichtigung der Ausführungen in Kapitel 2.3.1 zu Schematisierungsprozessen ist die von Geuen und Orgass als neurobiologisch-kognitivistisch benannte Perspektive dabei den beiden anderen Perspektiven untrennbar eingeschrieben.

Werden Kinder „als Experten ihrer Selbst" verstanden (vgl. Kap. 2.2; Kap. 5), so ist dies auch eine *Herausforderung* zur Aktivität, die mit Verantwortungsabgabe und -übernahme verbunden ist. So wie es einer wertschätzenden Grundhaltung entspricht, in Interviews mit Kindern kontinuierlich Metakommunikation zu den Gesprächszielen zu verwenden, lässt sich dies auch auf die aktive Beteiligung von Kindern an der Unterrichtsplanung bzw. -gestaltung beziehen. Die Kinder sollten

---

69 „Partizipation" und „Beteiligung" werden hier weitgehend synonym verwendet. Zwar kann „Partizipation" für *alle Aspekte und Elemente* stehen, mit denen Kinder an der Gestaltung des Unterrichts und der sozialen Beziehungen in der Gruppe aktiv beteiligt sind, während Beteiligung sich in diesem Kontext dann speziell auf die Mitwirkung in *Entscheidungsprozessen* durch Argumente und/oder Abstimmung bezieht. Auf die begriffliche Trennung wird hier jedoch verzichtet, da sie nicht als hinreichend trennscharf empfunden wird. Vielmehr wird die genaue Definition hier durch die Benennung der *inhaltlichen Ausprägung* partizipativer Beteiligung vorgenommen.

wissen, dass ihre Ideen und Impulse erwünscht und notwendig für den gemeinsamen Unterricht sind.

> „Beteiligung heißt: Aushandlungsprozesse gestalten und den Kindern altersgemäß Teilhabe, Mitwirkung und Verantwortung ermöglichen" (Regner, Schubert-Suffrian & Saggau, 2009, S. 7).

Partizipation bedeutet nicht, „alle Wünsche der Kinder zu erfüllen oder den Herbert-Grönemeyer-Titel ‚Kinder an die Macht' umzusetzen, sondern [es geht] darum, gemeinsam Lösungen zu finden." (ebd., S. 5). Dies ist allerdings durchaus mit der Veränderung von Machtstrukturen verbunden, denn Beteiligung setzt Machtabgabe voraus:

> „Erwachsene verzichten bewusst auf einen Teil ihrer Macht. Sicherlich ist unumstritten, dass Kinder Rechte haben. Doch wie weit sind Erwachsene bereit, diesem Sachverhalt im Alltag auch Rechnung zu tragen? Dazu gehört viel Zutrauen in die Kinder." (ebd.).

Michael Regner, Franziska Schubert-Suffrian und Monika Saggau – alle drei aus der Praxis heraus zentral mit dem Thema Partizipation in Kindertagesstätten befasst – verweisen auf Unsicherheiten und Ängste bei den Erwachsenen, wenn es um partizipative Beteiligungsstrukturen geht. Vor allem die Überforderung der Kinder und der Verlust verlässlicher Strukturen werden befürchtet (vgl. ebd.). Erwachsene und Kinder müssen gleichermaßen *lernen*, mit veränderten Machtstrukturen umzugehen, dazu benötigen Kinder die aktive Unterstützung der Erwachsenen (vgl. ebd.).

Das folgende längere Zitat macht zugleich eine Grundhaltung deutlich und kann dazu beitragen, Ängste oder Vorbehalte zu relativieren:

> „Um die Kinder entscheiden zu lassen, bedarf es Mut. Je mehr wir als Erwachsene bereit sind zu experimentieren, desto mehr kreative Vorschläge wird es geben, um den neuen Raum der Macht auszufüllen. Dabei ist es entscheidend für pädagogische Fachkräfte, verlässlich zu sein. Die Machtabgabe darf nicht von der Tagesform Einzelner abhängen. Partizipation braucht Zeit, um gemeinsam Erfahrungen zu sammeln. Im Prozess muss nicht sofort der große ‚Wurf' gelingen, denn viele Kinder sind es gewohnt, dass die Erwachsenen für sie entscheiden. Partizipation muss wachsen, sowohl vonseiten der Kinder als auch vonseiten der Erwachsenen" (ebd., S. 6).

8.3.1.1 Verlässlichkeit und Moderationskompetenz der Lehrkraft

Als notwendige Kompetenzen der Lehrkräfte sind in Partizipationszusammenhängen die Verlässlichkeit sowie die Moderationsfähigkeit zu nennen.

Verlässlichkeit heißt, Partizipation ernsthaft zu betreiben und dort, wo Entscheidungen den Kindern anheimgestellt werden, das Ergebnis auch mitzutragen und umzusetzen. Eine Anekdote aus dem Kindergartenalltag mit partizipativen Beteiligungsstrukturen verdeutlicht dies:

Für ein gemeinsames Übernachtungsfest in der Kita wird mit den Kindern die Auswahl des Abendessens besprochen. Auf den Impuls eines Wortführers hin entscheiden sich die Kinder dafür, dass es nur Zitronen geben solle. Obwohl die Erzieherin ihnen die Konsequenzen erläutert und mehrmals nachfragt, ob die Kinder sich mit dieser Entscheidung sicher seien, bleibt es dabei. Die Erzieherin plant daraufhin zunächst, ein alternatives Essen vorzubereiten, welches hervorgeholt werden kann, wenn die Kinder enttäuscht sein sollten. Schließlich bringt sie jedoch den Mut auf, sich dagegen zu entscheiden. Als es dann tatsächlich abends nur Zitronen gibt, wird dies von den Kindern mit Erstaunen und Beschwerden quittiert. Ein Mädchen erläutert jedoch sofort: „Wir hatten das doch so bestimmt" und entgegen der Erwartung der Erzieherin sinkt die Stimmung daraufhin nicht ab, die gemeinsame Entscheidung wird mit Gelassenheit getragen (vgl. ebd., S. 5–6).

Zwei Elemente sind in diesem Beispiel von Bedeutung: Einerseits die Moderation der Erzieherin im Entscheidungsprozess. Sie lässt die Kinder nicht alleine, sondern zeigt Konsequenzen auf, ohne allerdings suggestiv auf ein ihr selbst sinnvoller erscheinendes Ziel hinzuwirken. Andererseits – und in diesem Zusammenhang besonders wichtig – zeigt sie den Kindern, dass ihre Entscheidungen tatsächlich zählen. Hätte sie als „Notlösung" ein vorbereitetes Essen hervorgeholt, sobald die Enttäuschung über die Zitronen im Raum stand, so hätte sie den Kindern damit auch signalisiert, dass der vorangegangene Entscheidungsprozess nur eine Farce ohne reale Konsequenz gewesen wäre. In der Kindergruppe wurden nach dieser Erfahrung Entscheidungen sehr ausführlich auf ihre möglichen Folgen hin diskutiert (vgl. ebd., S. 6).

Das Verständnis für die Konsequenz eigener Entscheidungen lässt sich darüber hinaus auch auf die Gestaltung von Unterricht beziehen. Die Auffassung, gemeinsam Verantwortung für eine gelungene Unterrichtsstunde zu tragen, wird voraussichtlich zunehmend als bedeutsam empfunden, sobald eigene Ideen und Entscheidungen der Kinder zum relevanten Anteil der Stundenplanung werden.

Nicht jedes Thema eignet sich zur Partizipation. Dort wo Erwachsene z.B. selbst in strukturelle Zwänge eingebunden sind, die sie nicht verändern können oder wo Richtlinien bestehen, deren Aussetzen Gefährdungen bedeuten könnten, sind Partizipationsprozesse nicht möglich.

Andererseits gibt es Themen, bei denen die Erwachsenen den Kindern die Entscheidungsfindung schlicht nicht zutrauen, weil sie selbst schon eine feste Meinung zu einem Thema haben. Hier gilt es, sich als Lehrkraft zu hinterfragen und bewusst unterschiedliche Szenarien als mögliche Ergebnisse einer Entscheidungsfindung durchzuspielen. Als Konsequenz können eigene vorgefasste Meinungsäußerungen von Lehrkräften nach und nach durch Moderationen ersetzt werden, die das Für und Wider beleuchten und Offenheit für die Meinung Anderer transportieren.

Die Lehrkraft muss damit keinesfalls als „meinungslos" wahrgenommen werden. Einerseits wird sie sich auch in offenen Entscheidungsprozessen eine eigene Meinung bilden und diese innerhalb des Diskussionsprozesses, aber eben nicht als vorgegebene Leitlinie äußern. Andererseits gehört es zur Aufgabe der Lehrkraft, Partizipationsthemen auszuwählen. Gerade wenn für die Lehrkraft selbst ein partizipativ angelegter Unterrichtsstil noch neu ist, kann das bewusste Auswählen von Partizipationsthemen Sicherheit bieten und die eigene Authentizität unterstützen. Die Entscheidung, bestimmte Themen nicht zur Beteiligung zu öffnen, ist an die Stundenplanung gekoppelt. Nach ersten Erfahrungen mit partizipativen Strukturen – sei es in Entscheidungsprozessen oder durch den Einbezug von Ideen der Kinder in die Unterrichtsplanung – kann das partizipative Element im Unterricht jedoch weiter wachsen.

8.3.1.2 Stufen der Beteiligung

Insbesondere in der politischen Dimension von Partizipation lassen sich verschiedene Stufen der Beteiligung unterscheiden. Diese sind nicht als Abfolge zu verstehen, sondern existieren je nach situativem und thematischem Kontext gleichberechtigt nebeneinander. Dies sind die Information, die Mitwirkung, die Mitbestimmung und die Selbstbestimmung (vgl. ebd., S. 30).

Die Stufe der *Information* beinhaltet die Metakommunikation über Themen des Unterrichts, wie z.B. eine Zieltransparenz. In Entscheidungsprozessen stellt sie die Grundlage dar, welche den Kindern zur Verfügung gestellt werden muss, bevor sie sich eine Meinung bilden können.

Auf der Stufe der *Mitwirkung* geht es darum, dass Kinder ihre Meinung äußern können. Bei der *Mitbestimmung* steht der Austausch von Meinungen, Diskussion und Argumentation zwischen den Kindern und zwischen Kindern und Erwachsenen im Mittelpunkt. Hier gehören Abstimmungsprozesse dazu und die Kinder besitzen ein Stimmrecht. Zwischen den eigenen Bedürfnissen und den Bedürfnissen anderer müssen immer wieder auch Kompromisse gefunden werden. Im Rahmen der *Selbstbestimmung* treffen Kinder Entscheidungen, die jeweils sie selbst betreffen, aber nicht in einer großen Runde abgestimmt sein müssen. „Ziehe ich Hausschuhe an oder laufe ich barfuß?" oder „Bastle ich eine Laterne und wenn ja, welche?" sind Beispiele aus dem Kindergartenalltag (vgl. ebd., S. 30).

8.3.1.3 Entscheidungsfindung

Als Handwerkszeug zur Entscheidungsfindung dienen Verfahren, in denen verschiedene Konsequenzen von Entscheidungen real ausprobiert werden. In Bezug auf die Regeln des Essens kann dies sein:

> „Essen ohne Tische und Stühle, Essen ohne Regeln, Essen mit vielen Regeln, Essen in einem ‚Feine-Leute-Restaurant', Essen mit ganz viel Geschirr und Besteck usw." (ebd., S. 42).

Abstimmungs- und Konsensverfahren können unterschiedlich gestaltet werden, die zentrale Voraussetzung für die Abstimmung ist aber der Prozess des Austauschs von

Meinungen. Zur Abstimmung können sich die Kinder beispielsweise jeweils hinter die Person stellen, deren Vorschlag sie unterstützen, sie können Steine in vorbereitete „Wahlurnen" werfen oder auf Bildern ablegen, die den jeweiligen Vorschlag visualisieren, oder sich schlicht per Handzeichen äußern. Zwei konkurrierende Vorschläge können zwei Waagschalen zugeordnet werden und jedes Kind legt einen Stein o. Ä. in eine der Waagschalen. So wird ersichtlich, welcher Vorschlag mehr „Gewicht" erhält.

Konsensverfahren beinhalten die Diskussion um einen Kompromiss. Ist dieser vorerst gefunden, so können die Kinder äußern, ob sie vorbehaltlos zustimmen, trotz Bedenken die Umsetzung unterstützen können, erst nach einer Umformulierung zustimmen können, noch Bedenkzeit brauchen, oder ob sie den Vorschlag ablehnen (alle Beispiele aus Regner, Schubert-Suffrian & Saggau, 2009, S. 39–40).

8.3.1.4 Mögliche Vorbehalte

Vorbehalte gegen eine partizipative Unterrichtsgestaltung können vielfältig ausfallen, sie zu kennen und sich dazu zu positionieren, ist ein Teil der Vorbereitung auf eine partizipative Unterrichtsgestaltung, zumal sie auch bei der Lehrkraft selbst bestehen können.

Als typische Vorbehalte haben Regner, Schubert-Suffrian und Saggau zusammengetragen:

- „Die Kinder überschauen nicht alle Konsequenzen"
- „Die Kinder haben zu wenig sprachliche Kompetenz"
- „Die Kinder haben nicht die gleichen Chancen, sich einzubringen"
- „Die Kinder wollen sich gar nicht beteiligen"
- „Die Eltern sind gegen eine Beteiligung der Kinder" (ebd., S. 25–26).

Regner, Schubert-Suffrian und Saggau stellen fest, dass der Kritik an partizipativen Unterrichtsstrukturen oft ein Bewertungsmaßstab zugrunde liegt, bei welchem es fraglich bleibt, ob Erwachsene ihn überhaupt an sich selbst anlegen würden (vgl. ebd.).

Sie plädieren für einen entspannten Umgang mit den genannten Vorbehalten. Ähnlich der Hundert-Tage-Regel in der Politik müsse es auch Kindern zugestanden werden, sich einen Überblick über Konsequenzen des eigenen Handelns erst zu verschaffen, sich also in Beteiligungsprozesse einzuarbeiten und das selbstbestimmte Entscheiden ausprobieren zu können (vgl. ebd.). Werden partizipative Strukturen neu etabliert, so ist es wahrscheinlich, dass einige Kinder sich zunächst in Entscheidungen einer Meinungsführerin oder einem Meinungsführer anschließen. Einerseits ist dies eine Verhaltensweise, die ebenso bei Erwachsenen zu finden ist, trotzdem wird diesen das Mitspracherecht deshalb nicht von vornherein verwehrt. Andererseits ermöglicht die kontinuierliche Nutzung demokratischer Verfahren auch die zunehmende Sicherheit im Umgang mit diesen. Dann wird die Wahrnehmung der eigenen Bedürfnisse sowie die Vertretung der eigenen Interessen nach außen immer selbstverständlicher (vgl. ebd., S. 26). Die Lehrkräfte stehen in der Verantwortung, den Kindern die nötigen Informationen für eine fundierte Entscheidungsfindung zu geben und den Beteiligungsprozess zu moderieren. Das Autorenteam ermutigt dazu, die Grenzen der Beteiligung sukzessiv zu erweitern und einfach auszuprobieren, wieviel und welche Entscheidungskompetenz den Kindern jeweils zugetraut werden kann. Erfahrungsgemäß sei dies mehr, als viele Erwachsene erwarten würden (vgl. ebd.).

Sprachliche und Lese-Kompetenz ist keine ausschließliche Voraussetzung für Beteiligungsverfahren. Vielmehr lassen sich Entscheidungsprozesse z.B. auch mit vereinbarten Bildern oder Symbolen protokollieren. Das partizipative Erarbeiten von Gesprächsregeln unterstützt das gegenseitige Zuhören, so z.B., wenn ein Kind etwas Zeit braucht, um seinen Redebeitrag zu formulieren (vgl. ebd.).

Das Autorenteam weist auf die utopische Verfasstheit von Chancengleichheit hin und sieht die zentrale Aufgabe der Lehrkraft darin, „dafür zu sorgen, dass Kinder nicht vom Entscheidungsprozess ausgeschlossen werden" (ebd., S. 26). Dies bezieht sich auf die Moderationsfähigkeit der Lehrkraft, welche ebenfalls zum Tragen kommt, wenn die Frage nach dem Beteiligungswunsch der Kinder diskutiert wird. Kinder (und Erwachsene) machen Erfahrungen mit unechten Beteiligungsangeboten, so z.B. wenn gefragt wird, ob das Kind mit zu den Großeltern fahren möchte, die endgültige Entscheidung darüber jedoch von den Eltern getroffen wird (ebd., S. 27). Erwachsene stehen daher in der Verantwortung, Beteiligungsthemen sorgfältig auszuwählen und die Entscheidungen der Kinder sodann zu akzeptieren. Nur auf der Grundlage der Erfahrung mit echten Beteiligungsmöglichkeiten können Kinder auch für sich entscheiden, sich nicht beteiligen zu wollen.

Schließlich gilt es, die Eltern in das Partizipationsthema einzubeziehen. Partizipative Strukturen haben möglicherweise Einfluss auf das Zusammenleben in der Familie, allerdings ist ebenso zu berücksichtigen, dass im Elternhaus andere Regeln gelten, als in der Kita (vgl. ebd.) oder in der Musikschule.

Wird Partizipation als Grundhaltung und nicht als „Unterrichtsmethode" verstanden, gehören die gemeinsame Verantwortung für das Unterrichtsgeschehen und das Recht auf eine eigene, gehörte und ernst genommene Meinung für jedes Kind und jede erwachsene Person dazu. Damit verlässt die Lehrkraft nicht ihre Rolle als „Wissensvermittlerin", „Expertin" oder „Regisseurin", sie nimmt jedoch auch die Rolle der „Moderatorin", der „wertschätzenden Zuhörerin" ein. Dadurch kann sich der Umgang zwischen allen Beteiligten innerhalb der Gruppe ändern.

8.3.1.5 Partizipation in der MFE

Die vorangehenden kurzen Schlaglichter auf das Thema Partizipation zeigen, dass eine dementsprechende Unterrichtsgestaltung mit Engagement und durchaus auch mit Zeitaufwand (z.B. für Diskussions- und Abstimmungsprozesse) verbunden ist.

Daraus kann ein Zielkonflikt in der MFE entstehen. Kurz gesagt: Hinterher haben die Kinder vielleicht viel über Demokratie, aber wenig über Musik gelernt.

Die Erwartungshaltungen von Kindern und Eltern beziehen sich in der MFE auf das Musizieren, den Umgang mit und das Wissen über Musik. MFE ist ein Fach, das sich einem bestimmten Bereich der Kunst widmet und kreative ebenso wie handwerkliche Aspekte beinhaltet. Dies wäre verfehlt, wenn die Musik hinter partizipativen Unterrichtsgestaltungen zurücktreten müsste. Partizipation kann nicht Selbstzweck sein, sondern nur Mittel zum Zweck: Indem partizipative Unterrichtsstrukturen Räume für Bedeutungszuweisung eröffnen, können kindliche Selbstbildungsprozesse unterstützt und die kindliche Kreativität auf der künstlerischen Ausdrucksebene wertgeschätzt werden.

Ohne daher in einen Zielkonflikt zu geraten sind partizipative Strukturen z.B. möglich, wenn die Versatzstücke aus der kindlichen Lebenswelt in das künstlerische Handeln integriert werden. Hier ist die Möglichkeit der Inszenierung als Unterrichtsmethode gegeben, welche in Kapitel 8.4.3.1 genauer dargestellt werden soll. Dies betrifft also in erster Linie die von Geuen und Orgass definierte kulturalistische Perspektive und dabei nicht zwingend auch die politische Dimension von Partizipation.

Gerade im Hinblick auf den hier angedeuteten Zielkonflikt ist es für die Lehrkraft nicht nur relevant, geeignete Themen oder Situationen für Partizipation identifizieren zu können, sondern auch die Form der Partizipation auswählen zu können. In einer Kindertagesstätte wird der gemeinsame Alltag verbracht und Partizipation bezieht sich dort auf die verschiedenen Bereiche des Zusammenlebens. Partizipationsformen können z.B. „informell" am Essenstisch bei Gesprächen über die Planung des nächsten Tages, bei der Diskussion von Konfliktthemen o. Ä. praktiziert werden.

Dagegen ist die MFE ein besonderer Termin einmal in der Woche, entweder in der Musikschule, oder – bei festgelegter abgeschlossener Zeiteinheit – in der Kita. Die Erwartung an die Lehrkraft, sich selbst als Musikerin zu präsentieren und in der Musik das Neue oder Überraschende zu *zeigen*, kann Partizipation dort teilweise überflüssig machen bzw. ausblenden. Indessen bietet es sich an, Partizipation gezielt in Form von projektbezogener Beteiligung in die MFE einzuführen. Partizipative Strukturen, die in einem Projekt etabliert werden, können dann auch weiterhin in einer Gruppe bestehen bleiben.

Projektbezogene Beteiligung meint die gezielte *gemeinsame* Entwicklung von Projekten. Hier ist die entsprechende Kommunikation an die Eltern ein wichtiger Teilbereich, denn wird es als „Projekt der Kinder" angekündigt, gehören gemeinsame Abstimmungsprozesse und Gespräche in der Gruppe selbstverständlich zum Unterricht dazu. Ein Zielkonflikt bezüglich der Erwartungshaltung der Eltern ist dann eher unwahrscheinlich.

So wäre es denkbar, eine Inszenierung zu planen, bei welcher die Ideen und Impulse der Kinder auf die Bühne gebracht werden sollen. Nicht nur die Auswahl und Gestaltung der inhaltlichen Vorschläge ist dann Thema gemeinsamer Gespräche und Abstimmungsprozesse, sondern auch Fragen wie: Wo wollen wir auftreten? Wie lange soll die Aufführung dauern? Wer soll als Publikum eingeladen werden? Gibt es eine Pause? Inhaltlich geht es darum, welche Impulse die Kinder einbringen, welche von der Lehrkraft kommen und inwiefern Austausch und gemeinsame Weiterentwicklung erfolgen können (dies ist ausführlicher Thema in Kap. 8.4.3).

Methodische Schritte zur Entwicklung eines gemeinsamen Projekts können z.B. in einer „Zukunftswerkstatt" vollzogen werden (vgl. Regner, Schubert-Suffrian & Saggau, 2009, S. 42–43). Diese besteht aus drei Beteiligungsverfahren: Der „Kritikphase", der „Fantasiephase" und der „Realisierungsphase".

In der *Kritikphase* wird eine Bestandsaufnahme positiver und negativer Argumente zum Projektthema gemacht. Bei einem künstlerischen Projekt wird es möglicherweise hier schon um ein Brainstorming zu Ideen und Vorstellungen, aber auch Erwartungen an das Projekt kommen, die festgehalten werden sollten. Wird in einer Kritikphase z.B. die Verwendung bestimmter Instrumente thematisiert, so können diese von den Kindern aufgenommen werden. Die Audios werden dann gemeinsam angehört, die Kinder geben ihre Meinung dazu ab und die Lehrkraft protokolliert dies. Hier empfiehlt es sich, Fotos der Instrumente mit Symbolen zu versehen, so dass sichtbar wird, welche letztlich verwendet werden sollen und welche nicht.

In der *Fantasiephase* sollen – losgelöst von realen Umsetzungsmöglichkeiten – Ideen für das Projektziel generiert werden. Dabei werden auch Beispiele gesichtet. Dies kann z.B. beim Besuch von Aufführungen, durch das Anschauen von Bühnenbildern, das Anhören von Musikbeispielen u.ä. stattfinden. Um innere Vorstellungen visualisieren zu können, wird den Kindern beispielsweise die Möglichkeit gegeben, mit Knete, Naturmaterialien o. Ä. zu modellieren. Um klangliche „Vorstudien" zu betreiben, ist das Audioaufnahmegerät unerlässlich.

Schließlich beginnt die *Realisierungsphase* mit der Sichtung aller Ideen und der Frage: „Welche Ideen können wir in unserer Situation wirklich umsetzen?" (ebd., S. 43). Hier sollte nicht nur (aus-)sortiert werden, sondern unrealistische Ideen wären daraufhin zu prüfen, ob sie durch eine Modifikation doch umsetzbar wären. Abstimmungsverfahren können die Auswahl von Ideen erleichtern. Wichtig ist dabei, dass der Schritt zur Praxis kurz ist und Teilaspekte des Projekts schon umgesetzt werden können, während gleichzeitig der weitere Entwicklungs- und Entscheidungsprozess läuft (vgl. ebd.). Die Verflechtung der Partizipation in musikbezogene Projektzusammenhänge wird ausführlicher in Kapitel 8.4.3.1 thematisiert.

Als Prozess ist Partizipation dabei immer gleichzeitig von der Lehrkraft und den Kindern aus zu denken. Die Orientierung an kindlichen Ideen, Impulsen, Werthaltungen und Bedürfnissen heißt einerseits: Aufgreifen, Nutzen, Erfragen, Integrieren. Andererseits bedeutet sie aber auch: Spiegeln, Ergänzen, mit Unbekanntem in Berührung bringen.

In der MFE kann Partizipation – wie hier angedeutet – ganz bewusst erst einmal auf die Nutzung von Versatzstücken bezogen sein. Portfolios als Dokumentationsmöglichkeit können darüber hinaus helfen, längerfristige Strukturen aufzubauen (vgl. dazu Kap. 8.4.2).

So kann Partizipation als ein Weg in die MFE integriert werden, auf welchem die Kinder individuell Bedeutung zuweisen und Bedeutsamkeit für sich konsolidieren können.

Mithilfe partizipativer Strukturen können die tatsächlichen Wünsche, Bedürfnisse und Ideen der Kinder – und nicht die diesbezüglichen Vermutungen der Lehrkraft – in den Unterricht integriert werden. Damit wird der Inhalt des MFE-Unterrichts auch zum eigenen Thema der beteiligten Kinder.

8.4 Unterricht

Wie kann die Umsetzung didaktischer Impulse zur Integration der kindlichen Perspektive im Unterricht gestaltet sein? Im Folgenden werden einige Vorschläge vorgestellt, ohne damit eine abschließende Liste der Möglichkeiten entwickeln zu wollen Vielmehr können diese Gedanken als Anregung für weitere Ideen dienen. Zudem existiert Manches schon vereinzelt in der Praxis und kann an dieser Stelle nicht nur gewürdigt, sondern möglicherweise auch multipliziert werden.

8.4.1 Beobachtung und Gespräch

Die besondere Relevanz von kontinuierlichen Beobachtungen und Gesprächen als Bestandteil des Unterrichts wurde hier bereits mehrfach betont. Dabei ist mit Beobachten nicht ein einseitig ausgerichtetes „Observieren" gemeint, sondern eine bewusste und empathische Sensibilität für das Verhalten und Handeln, die Aussagen und Ideen, Bedürfnisse und Wünsche des Gegenübers. Dies beinhaltet auch, dass das nicht immer gelingen kann und muss, sondern ist – angereichert durch eine bewusst eingenommene Haltung der Sensibilität – nah an der Alltagsinteraktion angesiedelt.

Damit wird zugleich deutlich, dass Beobachtung und Gespräch im Unterrichtszusammenhang eine enge Verbindung eingehen und interaktiv angelegt sind. Eine nicht teilnehmende Beobachtung ist damit eher unwahrscheinlich im Kontext der MFE. Während sich Erzieherinnen in der Kita für Beobachtungsphasen zeitweise bewusst aus dem Geschehen herausziehen können, ist dies in der MFE zumeist nicht möglich, da keine weitere Lehrkraft anwesend ist.

Dennoch wird hier dafür plädiert, Beobachtungen einzelner Kinder regelmäßig in den Unterricht zu integrieren, denn wenn Beobachtungen nur punktuell oder zufällig erfolgen, dann kann auch nur das „Auffällige" auffallen (vgl. auch Bensel & Haug-Schnabel, 2005, S. 8). Kein Wunder also, dass das Attribut „auffällig" im gängigen Sprachgebrauch jenen Kindern zugeschrieben wird, die als störend oder außerhalb einer impliziten Norm wahrgenommen werden. Um wie viel interessanter wäre es dagegen, ein „auffälliges" Kind auch noch in anderen Kontexten, mit anderen Handlungen bzw. Verhaltensweisen, also letztlich auf andere Arten und Weisen kennenlernen zu können.

Im Sinne einer partizipativen Grundhaltung sollten die Kinder über die Beobachtung informiert werden und um ihr Einverständnis gebeten werden. Von Vorteil ist es hier z.B., wenn die Dokumentation von Beobachtungen im Rahmen von Portfolio-Arbeit gemeinsam mit dem Kind stattfindet (vgl. dazu Kap. 8.4.2). Zudem ist anzunehmen, dass einige Kinder schon Erfahrungen mit Beobachtungssituationen aus der Kita mitbringen.

8.4.1.1 Fallstricke bei der Beobachtung

Um Verzerrungen in Beobachtungssituationen zu vermeiden und somit nicht vorschnell „Schubladen" zu bilden, denen man Kinder zuordnet, gilt es, sich die Fallstricke bei Beobachtungen bewusst zu machen. Zu diesem Zweck wird nachstehend eine Tabelle mit Beobachtungs- und Beurteilungsfehlern wiedergegeben, welche der Verhaltensbiologe und Säuglingsforscher Joachim Bensel und die Völkerkundlerin und Verhaltensbiologin Gabriele Haug-Schnabel zusammengetragen und mit Beispielen für den Kita-Alltag angereichert haben (vgl. Tabelle 4).

Die Tabelle zeigt erneut, wie wichtig der bewusste Blick auf die eigene Innenperspektive, also die Reflektion der (emotionalen) Wahrnehmungen während der Beobachtungssituation sind. Beobachtungsprotokolle stellen eine hilfreiche Möglichkeit dar, weite Aufmerksamkeit und dichte Wahrnehmung praktizieren zu können (vgl. Kap. 6.2.1), indem Wahrnehmung und Deutung dort zunächst getrennt und Abläufe festgehalten werden. So lassen sich Chronologien, Wiederholungen sowie Zeitdauern im Nachhinein noch nachvollziehen. Wie bereits weiter oben angedeutet, ist es in der MFE jedoch eher nicht selbstverständlich, dass sich die Lehrkraft für längere Beobachtungsphasen aus dem aktiven Gruppengeschehen zurückziehen kann. Daher werden in den folgenden Kapiteln Vorschläge entwickelt, wie Zeit- und Gruppenstrukturen so gestaltet werden können, dass der regelmäßige Fokus auf jedes einzelne Kind möglich wird. Dies kann dennoch nicht in der Ausführlichkeit erfolgen, die aufgrund des Personalschlüssels und der Dauer der gemeinsam verbrachten Zeit in einer Kita erreichbar wäre. Mit zunehmender Übung im Beobachten kann es jedoch sein, dass die Lehrkraft ihre Sensibilität für vielfältige Wahrnehmungen bezüglich der einzelnen Kinder auch in der allgemeinen Unterrichtssituation weiter ausdifferenziert oder intensiviert und dies Auswirkungen auf den Unterrichtsstil und die Lehrmentalität hat.

Tabelle 4: Beobachtungs- und Beurteilungsfehler (Bensel & Haug-Schnabel, 2005, S. 17–18)

Name	Definition	Beispiel
Halo-Effekt	Neigung, von einem vordergründigen Detail aufs Ganze zu schließen	Ein Kind, das unattraktiv und ungepflegt aussieht, wird leicht auch für wenig intelligent gehalten
Extremscheu/ Tendenz-zur-Mitte-Effekt	Tendenz des Beurteilers, Extremwerte zu vermeiden	Aus Unsicherheit wird vermieden, besonders negative oder positive Verhaltensweisen zu protokollieren, und so werden diese unbewusst nivelliert
Aggravations-Effekt	Verstärkte Wirkung von gut benennbaren Beobachtungen	Schwer zu benennende komplexere Ereignisse, wie „Peter verhält sich heute irgendwie anders", werden im Protokoll eher weggelassen. Leicht zu benennende Verhaltensweisen, wie „Martin baut wieder", werden immer erfasst
Milde-Effekt	Positive Beobachtungsverschiebung bei vorliegender Sympathie	Jonas „liegt" der Beobachterin, sie beurteilt sein aggressives Verhalten eher milde und verständnisvoll
Strenge-Effekt	Negative Vorerfahrungen mit einem Kind verleiten zu negativen Beobachtungen	Die Beobachterin ist häufig im Clinch mit Yusuf und interpretiert sein gezeigtes Verhalten während der Beobachtungssituation besonders kritisch
Primacy-Effekt und Recency-Effekt	Die Anfangs- und die Schlussbeobachtung haben einen größeren Einfluss auf das Gesamturteil als Szenen in der Mitte der Beobachtung	Bei der Zusammenfassung der Beobachtung bleiben der Erzieherin vor allem Maries anfänglich weinerliches Verhalten und spätere Ruppigkeit gegenüber Lisa in Erinnerung. Dank des Protokolls sieht sie, dass Marie 22 Minuten mit anderen Kindern am Maltisch gearbeitet, sich unterhalten und Kai beim Kleben geholfen hat
Ermüdung	Die Aufmerksamkeit nimmt teils unbemerkt im Laufe der Beobachtung ab	Die kurze freundliche Geste von Luisa gegenüber dem vorbeigehenden Milan am Ende der Beobachtung wurde von der erschöpften Beobachterin nicht mehr wahrgenommen
Projektion und Kontrastfehler	Deutungen werden in die Beobachtung hineingesehen, die auf eigenen Problemen basieren. Je nach Stimmung wird diese Beobachtung ignoriert oder überschätzt	Alinas Alleinspiel wird schnell als weiterer Beweis ihrer zu großen Schüchternheit interpretiert. Die Beobachterin empfindet sich selbst als zu schüchtern und stuft dieses Verhalten mal als nicht so schlimm, mal als sehr auffällig[70] ein

---

70 Anm. d. Verf.: Auch hier wird das Wort „auffällig" in einem negativ konnotierten Sinn verwendet, als Gegensatz zu „nicht so schlimm".

Name	Definition	Beispiel
Kontrast-Effekt	Je besser der Vorgänger beurteilt wurde, desto schlechter wird der Nachfolger beurteilt	Nach der Beobachtung des lebhaften Lukas empfand die Beobachterin Tim als auffällig ruhig
Erwartungseffekt, Self-fulfilling Prophecy	Beobachtungsauslese in der erwarteten Richtung	Die Beobachterin hatte bereits erwartet, dass („der Störenfried") Marc das Spiel der anderen stören wird. Sie übersieht dabei, dass diesmal Ina Marc aufgefordert hat, dazuzukommen und mitzuspielen
Voreiligkeit	Eine schnelle Deutung der Beobachtung führt dazu, dass nachfolgende abweichende Beobachtungen nicht mehr in der Lage sind, das Urteil zu revidieren	Beim ersten Beobachten war Sabine still und zurückhaltend, bei den weiteren Beobachtungen war dies nicht mehr so stark der Fall. Aber die Einstufung von Sabine als schüchternes Mädchen hatte sich bei der Beobachterin bereits festgesetzt
Typisierung	Kinder werden bestimmten Typen zugeordnet. Bestimmte Verhaltensweisen werden im Voraus erwartet	Die Jungen sind immer nur in der Bauecke oder beim Toben, die Mädchen beim Puppenspiel. Details, die ein differenzierteres Bild ergeben würden, werden ignoriert
Subjektivismus	Die Persönlichkeit des Beobachters beeinflusst deutlich die Beobachtung. Die Beobachtung ist aufgrund z.B. nicht vorhandener Vorkenntnisse unvollständig, unsachlich, gefühlsbetont, parteilich und mit Vorurteilen behaftet	Eine spielerische Kampfszene zwischen Henrik und Pierre wird (mangels Erfahrung mit spielerischer Aggression) als echte Aggression fehlgedeutet, was die Beobachterin entrüstet und ihr Vorurteil über Jungen als Raufbolde bestätigt
Logischer Fehler	Abhängigkeit der jeweiligen Beurteilung von bestimmten Annahmen des Beurteilers über Zusammenhänge zwischen Eigenschaften	Paula ist immer sehr ordentlich angezogen. Die Beobachterin schließt, dass Paula auch sehr fleißig ist.

8.4.1.2 Thematische Einzel- oder Gruppenbeobachtung

Bei der thematischen Beobachtung kann das einzelne Kind im Fokus stehen, sie eignet sich aber auch besonders dafür, die Gruppe insgesamt zu betrachten und Beziehungen sowie Dynamiken intensiver wahrzunehmen. Als Grundlage dient eine Sammlung von Beobachtungsthemen, die in Form von Karten vorliegt. Auf jeder Karte ist ein Beobachtungsthema verzeichnet. Vor der Unterrichtsstunde wählt die Lehrkraft eine Beobachtungskarte aus. Das dort verzeichnete Thema bildet den Aufmerksamkeitsfokus für die Stunde. So kann z.B. das Thema Körperkontakt besonders aufmerksam verfolgt werden: Welche Formen des Körperkontakts sind beobachtbar?

Welche Kinder reagieren wie auf Körperkontakt? Welche Kinder suchen Körperkontakt und mit wem?

Das Beobachtungsthema kann eine Reihe von Folgefragen auslösen. In einer Stunde, die viel Aktivität und Präsenz der Lehrkraft erfordert, reicht es, das Beobachtungsthema auf sich wirken zu lassen und nach der Stunde ein Resümee festzuhalten. In Stunden, die mehr Beobachtungsfreiräume durch Gruppenarbeit, freie Arbeit oder Ähnliches bieten, ist es sinnvoll, die Beobachtungen in einem Protokoll festzuhalten. Eine dreiteilige Struktur mit einer Spalte für Zeitangaben, einer für Beobachtungsnotizen und schließlich einer für Deutungsnotizen ist hilfreich. Die Themen der Beobachtungskarten sind vielfältig und erweiterbar:

- *Körperkontakt* (z.B. Häufigkeit, Formen, Kontext, gezielt/zufällig, mit wem? Reaktion auf Kontakt)
- *Zeigehandlungen* (z.B. Art, Kontext, Verwendung, sprachbegleitend, ohne Sprache, musik-immanent, Musikbezug, für wen?)
- *Bewegung* (z.B. Art, Kontext, Musikbezug)
- *Versatzstücke* (z.B. Art, Kontext, Verwendung)
- *geschlechtsbezogene Aspekte* (z.B. Versatzstücke, Umgang mit gleichgeschlechtlichen/anders-geschlechtlichen Kindern, geschlechtsbezogene Kommentare, Ausdruck von Klischees)
- *Sprachlicher Ausdruck* (z.B. Wortschatz, Argumentationsweisen, Umgang mit Sprache)
- *Exploration* (z.B. Art/Methode, Kontext, Verwendung/Ziel, Ergebnis)
- *Sozialbeziehungen* (z.B. Freundschaften, Konflikte, Bezug Gruppe/Lehrkraft)
- *stimmlicher Ausdruck* (z.B. Singen, Improvisation, Erzählen)
- *Umgang mit Instrumenten* (z.B. Zugang, Präferenzen, Kommentare)
- *Hören/Zuhören* (z.B. Präferenzen, gezielte/zufällige Aufmerksamkeit)
- *Präsenz und Zurückziehen* (z.B. Kontexte, Kommentare der Kinder, Bezug zur Gruppe/zu bestimmten Kindern)

Möglicherweise wählt die Lehrkraft eine bestimmte Karte aus, weil das Thema im Rahmen der Unterrichtsplanung interessant ist. Andersherum kann es sein, dass ein Stundenschwerpunkt aufgrund einer zufällig ausgewählten Karte entsteht oder auch, dass das Beobachtungsthema keinen Einfluss auf die Stunde selbst hat.

Die Karten sollten nicht zur Checkliste werden, auf der abgehakt wird, welches Kind welches Verhalten zeigt. Vielmehr sollen sie zur Anregung dienen, intensiv wahrzunehmen und dabei den Blick und die Gedanken bereichsbezogen schweifen zu lassen.

8.4.1.3 Vier- und Sechs-Augen-Gespräche

Die hier vorgeschlagenen Vier- und Sechs-Augen-Gespräche ermöglichen vielfältige Beobachtungen und gegenseitige Anregungen von Kindern und Lehrkräften. Während das Unterrichtsgespräch in der Gruppe zum methodischen Repertoire der MFE dazu gehört, sind Einzelgespräche eher ungewöhnlich. Da die MFE ein Gruppenunterricht ist, stellt sich bei Einzelgesprächen sofort die Frage: Was tun die anderen Kinder, solange sich die Lehrkraft nur mit einem Kind beschäftigt?

Hier kann die zeitliche Strukturierung der Stunde Freiräume für Vier- oder auch Sechs-Augen-Gespräche bieten. Indem ein flexibler Beginn für die Unterrichtsstunde eingeführt wird, kann jeweils die erste Phase für kurze Interaktionen zwischen der Lehrkraft und einem oder zwei Kindern genutzt werden. Das können Gespräche sein, es kann aber auch gemeinsam musiziert werden. Als zeitliche Struktur wäre dann z.B. eine 1,5-stündige MFE denkbar,[71] aufgeteilt auf eine halbstündige freie Eingangsphase und einen einstündigen gemeinsamen Gruppenunterricht.

Die hier entwickelte Idee gründet auf einem Unterrichtsmodell der Musikpädagogin Annelore Heyn, welches ich in der Praxis kennenlernen konnte. Annelore Heyn hat als Lehrkraft selbst die Anfänge des Faches MFE miterlebt und damals nach einer Alternative zum „Curriculum Musikalische Früherziehung" gesucht. Sie entwarf ein Konzept, welches zwar ebenfalls zentral das Melodiespiel auf dem Glockenspiel beinhaltet, jedoch stärker als das „Curriculum" Bewegung, Spiel und Sinnesanregungen einbezieht. So ist z.B. das Entwickeln eigener Bewegungsideen ein wichtiger Bestandteil des Unterrichts. Die Lehrerin nimmt sich in der ersten halben Stunde einer 1,5-stündigen MFE Zeit, um mit jedem Kind einzeln auf dem Alt-Glockenspiel zu spielen. Die Kinder präsentieren in diesem Rahmen ihre Hausaufgaben und daneben ist Zeit für kurze Unterhaltungen. Währenddessen können die anderen Kinder (welche aufgrund der flexiblen Anfangsuhrzeit innerhalb der ersten halben Stunde nach und nach eintreffen), im MFE-Raum spielen, Bilderbücher oder andere vorhandene Materialien nutzen. Alle wissen, dass es dabei nicht zu laut werden darf, damit jedes Kind Gelegenheit hat, seine Melodien auf dem Glockenspiel vorzuspielen.

Im dargestellten Modell geben die Hausaufgaben eine feste zeitliche Struktur vor, so dass die Kinder sich in relativ kurzen Abständen in der Einzelsituation ablösen. Da hier nicht für ein Abfragen von Hausaufgaben plädiert wird, sondern eher die Versatzstücke aus der Lebenswelt der Kinder in einer solchen Interaktion im Mittelpunkt stehen könnten, ist eine vergleichbare zeitliche Struktur nicht gegeben. Vielmehr kann es sein, dass eine Interaktion deutlich länger dauert, eine andere vielleicht kürzer. Das vorzeitige Abbrechen eines interessanten Gesprächs oder gemeinsamer musikalischer Erfindungen wäre dann unbefriedigend.

---

71 Hier ließe sich auf die ursprünglich im Lehrplan des VdM verzeichnete Form der Doppelstunde verweisen (vgl. VdM, 1994, S. 10).

Auf der Ebene der zeitlichen Planung sind hier verschiedene Möglichkeiten gegeben: Zunächst wäre es denkbar, dass nicht in jeder Stunde alle Kinder „drankommen", sondern eher ein zweiwöchiger Turnus angestrebt wird, um trotzdem noch ausreichend Zeit mit jedem Kind verbringen zu können. Die Möglichkeit, mit jeweils zwei Kindern gleichzeitig zu sprechen und zu musizieren (wie z.B. auch in den Interviews vorliegender Studie), schafft ebenfalls längere Zeiträume und hat zudem den Vorteil, dass die Kinder sich auch aufeinander beziehen können. Dies wurde in den vorliegenden Interviews als sehr anregend und bereichernd empfunden, insbesondere auf der (künstlerischen) Ausdrucksebene. Im Sinne der Partizipation sollten die Kinder ihren Partner in einem solchen Sechs-Augen-Gespräch selbst wählen können.

Schließlich wird hier dafür plädiert, kleinere Gruppen in der MFE anzubieten, als im Lehrplan des VdM sowie im Bildungsplan EMP vorgeschlagen. Dies ist ausführlicher Thema des Kapitels 8.5.2.

In den Vier- und Sechs-Augen-Gesprächen stehen der Dialog und die gemeinsame musikalische Interaktion im Mittelpunkt. Das bedeutet, dass das Gespräch nicht von der Lehrkraft gesteuert oder implizit auf ein bestimmtes Ziel ausgerichtet wird. Regner und Schubert-Suffrian merken an, dass es in vielen Gesprächssituationen zwischen Erwachsenen und Kindern eher darum geht, dass Erwachsene *zu* einem Kind sprechen und nicht *mit* ihm (vgl. Regner & Schubert-Suffrian, 2011, S. 16, Hervorhebung im Original). Seien es Belehrungen, Erläuterungen, Anweisungen, Mitteilungen oder Hilfestellungen, dass der Redeanteil der Erwachsenen gegenüber jenem der Kinder im Gespräch häufig überwiegt, gehört zu den typischen, meist unhinterfragten Alltagserfahrungen von Kindern *und* Erwachsenen. Ähnlich wie in den Interviews mit Kindern (vgl. dazu die Kap. 5 und 6) wäre es daher vor allem die Aufgabe der Lehrkraft, Erzählanreize (soweit notwendig) schaffen zu können. Ebenso beinhaltet der Austausch auf Augenhöhe, dass die Lehrkraft auch Gedanken und Gefühle, Ideen und Wünsche von sich selbst preisgibt. Selbstverständlich behält auch die Lehrkraft, genau wie jedes Kind, das Recht auf ihre Privatsphäre und kann entscheiden, wieviel und was sie mitteilen möchte. Anregungen für die Interaktion im Vier- oder Sechs-Augen-Gespräch können sein:

- Die Kinder bringen Musik oder Gegenstände mit, die gemeinsam gehört bzw. betrachtet werden.
- Kinder und Lehrkraft stellen sich gegenseitig ihre Lieblingsmusik/Lieblingslieder vor.
- Die Kinder suchen sich ein Instrument aus, mit dem sie Musik machen wollen bzw. welches sie ausprobieren möchten.
- Die Lehrkraft stellt Fragen wie z.B.: Hör' mal in deinen Kopf hinein: Gibt es da Musik? Kannst du mir die vormachen? (Im Gegenzug kann die Lehrkraft auch die Musik aus ihrem Kopf hörbar für die Kinder machen).
- Die Lehrkraft stellt Fragen wie z.B.: Was wünschst du dir/was wünscht ihr euch für unseren Unterricht? Welche Ideen und Vorschläge hast du/habt ihr? Was be-

nötigst du/benötigt ihr (Instrumente/Material o. Ä.), um mir deine/eure Ideen und Vorschläge zu zeigen?
- Die Lehrkraft stellt Fragen wie z.B.: Was ist dir besonders wichtig in unserem Unterricht? Was gefällt dir besonders gut?
- Die Lehrkraft stellt Fragen wie z.B.: Wenn Du daran denkst wie wir hier in der Musikschule begonnen haben: Woran erinnerst Du Dich? Was würdest Du gerne einmal wiederholen? Fällt Dir etwas ein, was Du damals noch nicht konntest/ wusstest und jetzt kannst/weißt?
- Die Kinder stellen ihre Fragen an die Lehrkraft.

Im MFE-Raum sind währenddessen verschiedene Anregungen für die anderen Kinder vorhanden. Neben Bilderbüchern oder Malutensilien, die nicht zwingend einen Musikbezug haben, wäre auch die Einrichtung einer Hörstation denkbar. Dort können die Kinder Musik über Kopfhörer hören, ein Kopfhörerverteiler macht auch das gemeinsame Hören möglich. Dabei ist darauf zu achten, dass Kopfhörer für Kinder verwendet werden, bei denen die maximale Lautstärke – unabhängig von eventuellen Lautstärkeregelungen am Audiogerät – voreingestellt werden kann, um Hörschäden zu vermeiden.

Auch ein Geräuschememory oder andere Spiele mit engerem oder weiterem Musikbezug sind denkbar. Weitere Hinweise zur Materialausstattung für Freiarbeitsphasen finden sich im Kapitel 8.4.1.4.

Vier- und Sechs-Augen-Gespräche bieten der Lehrkraft und den Kindern die Möglichkeit, sich gegenseitig kennenzulernen und in einen Austausch zu kommen, der andere Kommunikationsstrukturen und andere musikbezogene Umgangsweisen ermöglicht als in der Gruppe.

8.4.1.4 Offener Unterricht und Kleingruppenarbeit

Offene Unterrichtsformen und Kleingruppenarbeit ermöglichen es der Lehrkraft, sich zeitweise aus dem aktiven Unterrichtsgeschehen zurückzuziehen und eine Beobachterrolle einzunehmen. Zugleich sind diese Unterrichtsformen geeignet, kindliche Impulse anzuregen, da sie auf die Eigenaktivität der Kinder abzielen.

Aspekte des ‚Offenen Unterrichts', wie er als reformpädagogisches Konzept der 1970er Jahre entstand (vgl. Göhlich, 1997), sind auf die MFE übertragbar. Dies gilt insbesondere für die „Untergliederung des Klassenraums/Schulraums in Funktionszonen" und die „Ausstattung mit unterschiedlichsten Materialien", die „Zeit für Freie Arbeit" und das „Kreisgespräch" (ebd., S. 36).

So wären verschiedene „Themen-Ecken" im MFE-Raum denkbar, welche mit unterschiedlichen Materialien eingerichtet werden. Im Sinne des Offenen Unterrichts sowie in Bezug zur Integration der kindlichen Perspektive wächst die Einrichtung der Themen-Ecken im Laufe der MFE. Es sind zwar Materialien vorhanden, welche die Lehrkraft zur Verfügung stellt. Genauso bringen die Kinder jedoch auch Materialien mit, Inhalte der Themen-Ecken werden passend zu Unterrichtsthemen ergänzt oder das Einbringen von Materialien wird selbst zum Unterrichtsinhalt, indem z.B. drinnen und draußen nach Klangerzeugern gesucht wird. Als Themen-Ecken oder Funktionszonen innerhalb des MFE-Raums sind denkbar:

- eine Hörstation mit Tonträger-Sammlung und Kopfhörern (die Kopfhörer sollten eine Voreinstellung der Maximal-Lautstärke zulassen, um Hörschäden bei versehentlichem Aufdrehen der Lautstärke am Gerät zu vermeiden).
- Eine Bühne zu Präsentationszwecken, aber auch zum Erproben von Inszenierungen in der Kleingruppe oder in der Gesamtgruppe.
- Eine Bilder-/Bilderbücher-/Bildergeschichten-Ecke: Hier kann die Lehrkraft Materialien entwickeln, welche auf visueller Ebene mit dem Thema Musik in Verbindung stehen. Dies können z.B. Instrumentenbilder sein bzw. Bilderbücher, welche musikbezogene Themen aufweisen.
- Eine Instrumentenbau-Ecke: Bastelanleitungen in Bildern sowie Materialien stehen zur Verfügung. Vor allem sollen in der Instrumentenbau-Ecke aber auch Werkzeuge und Materialien vorhanden sein, mit welchen selbst erfundene Instrumente entstehen können. Selbst gemalte Bastelanleitungen zu solchen Neuerfindungen ergänzen dann wiederum die Instrumentenbau-Ecke.
- Außerdem sind im Raum Aufnahmegeräte vorhanden, mit welchen die Kinder Klänge einfangen und sammeln können. Diese Klänge können an der Hörstation abgehört und der dortigen Tonträger-Sammlung hinzugefügt werden.

Diese Themen-Ecken beziehen bewusst noch nicht die Musikinstrumente selbst mit ein. Selbstverständlich ist es möglich, auch eine Instrumenten-Ecke einzurichten. Da es dort aber recht laut werden kann und somit die zeitgleiche Kleingruppenarbeit in anderen Themen-Ecken erschwert würde, wird hier für zwei andere Modelle plädiert. Es sind dies der Gleitzeit-Unterricht und das Klanglabor.

Gleitzeit-Unterricht

Die Lehrkraft bietet für die Kinder aus allen ihr zugeordneten Gruppen einen gesamten Unterrichtsnachmittag an. Innerhalb des angebotenen Zeitraums können die Kinder kommen und gehen (bzw. gebracht und geholt werden), wann sie möchten. Allen Kindern stehen die Themenecken zur Verfügung. Die Lehrkraft macht musikalische Angebote rund um Bewegung/Tanz, Singen, Instrumentalspiel, Hören und Instrumentenkunde sowie musiktheoretische Aspekte, an welchen die Kinder teilnehmen können. Die Teilnahme erfolgt jedoch freiwillig, alternativ können die Themen-Ecken besucht werden. Hier ist es nun denkbar, zu bestimmten Kernzeiten jeweils aktive Unterrichtsangebote zu machen, während andere Zeiten für die „Freie Arbeit" der Kinder zur Verfügung stehen. Insbesondere diese Zeiten kann die Lehrkraft dann für Beobachtungen und Gespräche nutzen.

Die „Freie Arbeit" der Kinder kann und soll individuell nach den Bedürfnissen der Kinder erfolgen. Dies beinhaltet auch die Möglichkeit, sich zunächst zu orientieren und nicht sofort eine bestimmte Aufgabe weiter zu vertiefen. Dennoch liegt gerade in Vertiefungen auch der Sinn ausführlicherer Freier Arbeit. Um also nicht in Beliebigkeit zu verfallen und den MFE-Raum lediglich als Sammlung schnell verfliegender Anregungsimpulse zu gestalten, empfiehlt sich das Kreisgespräch. Im Kreisgespräch kommen Kinder und Lehrkraft zusammen und tauschen sich über ihre Beobachtungen und Entdeckungen aus. Hier werden weiterführende Ziele formuliert, Berichte über eigene Erlebnisse eingebracht oder künstlerische Produkte als Ergebnis z.B. einer Freien Arbeitsphase vorgestellt. Kreisgespräche sind jedoch nicht die einzige Möglichkeit, um Reflektionsprozesse anzustoßen. Auch Vier- und Sechs-Augen-Gespräche, welche als Bestandteil des Offenen Unterrichts genutzt werden könnten, sind geeignete Situationen, um sich über Lernziele zu verständigen und nächste Schritte zu planen. Wie Lernziele mit Kindern im Vorschulalter formuliert, dokumentiert und selbstüberprüft werden können, ist Thema des Abschnitts zur Portfolioarbeit (vgl. Kap. 8.4.2).

Klanglabor

Ein Klanglabor ist ein Raum, in welchem viele unterschiedliche Instrumente zur Verfügung stehen. Dies können verschiedene Streich-, Blas-, Zupf-, Tasten- und Perkussionsinstrumente unterschiedlicher Kulturen sein. Ebenso ist das erweiterte Orff-Instrumentarium zu nennen.

Zu bestimmten Zeiten steht das Klanglabor je einer Kindergruppe zur Erkundung zur Verfügung. Die Lehrkraft ist dabei und unterstützt die Kinder, gibt aber keinerlei Unterrichtsplanung vor. Vielmehr stellt sie die Instrumente zur Verfügung, bietet sich als Spielpartnerin an, beobachtet, spricht mit den Kindern und dokumentiert nach Möglichkeit mit Audio- und Videoaufnahmen die Experimente und Erfindungen der Kinder.

In der Musikschule kann ein solches Klanglabor beispielsweise reihum von den Lehrkräften genutzt werden, so dass nicht jede MFE-Stunde eine Klanglabor-Stunde ist, sondern z.B. ein monatlicher Turnus angestrebt wird. In der Kita ist es denkbar, das Klanglabor jeweils wöchentlich zu bestimmten Zeiten für interessierte Kinder zu öffnen. Ein solches Klanglabor-Modell wird in der Musik-Kita der Hochschule für Künste Bremen praktiziert. Dort führt eine Musikpädagogin jede Woche MFE-Stunden durch, daneben gibt es feste Klanglabor-Zeiten, zu denen alle interessierten Kinder hinzukommen können. Die Gruppenzusammensetzung variiert auf diese Weise. Da die Kinder sich im Klanglabor zudem entweder ganz alleine mit Instrumenten auseinandersetzen, oder aber in Kleingruppen mit Klängen experimentieren und spielen, ergeben sich ohnehin immer wieder neue Gruppenkonstellationen. Hier gehen die musikbezogenen Versatzstücke der Kinder, welche z.B. in Form von Liedern aus der Kita oder aus dem Elternhaus eingebracht werden, eine Allianz mit den Klangexperimenten und Musikerfindungen der Kinder im Klanglabor ein.

Formen des Offenen Unterrichts erhöhen die Wahlfreiheit der Kinder und ermöglichen somit auch thematische Fokussierungen über längere Zeiträume hinweg, indem Kinder über mehrere Unterrichtsstunden hinweg die gleiche Themenecke aufsuchen oder die gleichen Instrumente auswählen. Der selbst gewählte Fokus ermöglicht auch individuelle Konzentrationsspannen, welche nicht an eine Zeitplanung der Lehrkraft oder Einflüsse aus der Gruppe gekoppelt sein müssen.

8.4.2 Portfolioarbeit

Viele der hier vorgeschlagenen Ideen zu partizipativen Unterrichtsstrukturen, zur kontinuierlichen Beobachtung und Beobachtungsdokumentation sowie zu Vier- und Sechs-Augen-Gesprächen, lassen sich im Rahmen von Portfolioarbeit umsetzen und wieder auf die Unterrichtsgestaltung rückbeziehen. Mithilfe des Portfolios kann die Durchlässigkeit der MFE für den musikbezogenen Alltag der Kinder unterstützt werden, indem die verschiedenen musikalischen Erfahrungen und Versatzstücke aus unterschiedlichen Lebensbereichen der Kinder dort dokumentiert und für Gespräche und Unterrichtsthemen genutzt werden können.

8.4.2.1 Definition von Portfolios als Unterrichtswerkzeug

„Das Portfolio ist eine zielgerichtete Sammlung von Dokumenten – sowohl der Kinder als auch der pädagogischen Fachkräfte und Eltern. Darin fließen Beobachtungsergebnisse der Erwachsenen und die Werke der Kinder zusammen und machen dadurch die Bildungsprozesse und Entwicklungsverläufe eines Kindes sichtbar. Kinder, Fachkräfte und Eltern haben so die Möglichkeit, eigene Handlungen und Vorgehensweisen zu reflektieren und zur Grundlage von nächsten Schritten zu machen.“ (Regner & Schubert-Suffrian, 2011, S. 12).

Ein in diesem Sinne gestaltetes und genutztes Portfolio gewährleistet Kontinuität in der Selbst- und Fremdbeobachtung. Es kann zugleich als Erzählanreiz zwischen Lehrkraft und Kind sowie für die Kinder untereinander dienen.

„[Das] Portfolio […] sammelt oder ordnet Produkte, die die Lernbiografie des Kindes bzw. dessen Entwicklung dokumentieren und damit sichtbar und für das Kind erfahrbar machen. Somit wird allen am Portfolio-Prozess Beteiligten deutlich, *dass, was* und *wie* das Kind lernt.“ (Freie Hansestadt Bremen, 2010, S. 16, Hervorhebung im Original).

Da die Erstellung des Portfolios zumeist im Unterricht erfolgt, werden Unterrichtsthemen und Methoden zum Teil durch das Portfolio generiert. Dies z.B., indem die in den Portfolios verzeichneten individuellen Bedürfnisse und Wünsche der Gruppenmitglieder aufgegriffen werden.

Das Portfolio wird im Unterrichtsraum aufbewahrt und steht so jederzeit zur Verfügung. Es gehört dem Kind und kann nur mit dessen Erlaubnis angeschaut werden.

Ein Portfolio ist also eine Zusammenstellung von subjektiv bedeutsamen und damit auch für den Unterricht relevanten Dokumenten und „Lernbeweisen“ und ein Werkzeug zum Erkennen von Veränderungen und Lernzuwachs.

8.4.2.2 Ziele in der Portfolioarbeit

Portfolios sollen Zusammenhänge verdeutlichen (vgl. Krok & Lindewald, 2007, S. 15). Seien es Veränderungen eigener Kompetenzen oder Meinungen, die nachverfolgt werden können, oder auch eigene Interessensschwerpunkte. Insbesondere das Erkennen eigener Stärken steht im Mittelpunkt: „Portfolioarbeit orientiert sich an Kompetenzen statt an Defiziten" (Häcker, 2006a, S. 16). Die Pädagogin Ilse Brunner umschreibt diesen Zielkomplex mit „Stärken suchen und Talente fördern" und verweist damit zugleich auf eine mögliche pädagogische Konsequenz aus der Portfolioarbeit (Brunner, 2006, S. 73).

Mit dem Portfolio können Kinder Lernschritte eigenständig planen und Verantwortung für ihre Bildungswege übernehmen. Somit zielt die Portfolioarbeit auf die Unterstützung von Selbstständigkeit und Reflektionskompetenz ab.

Je nach Form und Ausprägung des Portfolios können Zielformulierungen enthalten sein. Das Festhalten, Anstreben, Erreichen und Erweitern von selbstgesetzten Zielen ist auf der motivationalen Ebene bedeutsam. Die Zielformulierung dient zugleich dazu, eine klare Vorstellung dessen zu entwickeln, was erreicht werden soll, um somit die Realisierung konkret angehen zu können (die Idee des „Lernsterns" zur nicht schriftlichen Visualisierung von Zielen, wie sie für Vorschulkinder umsetzbar wäre, wird in Kapitel 8.4.2.4.2 vorgestellt).

8.4.2.3 Formen und Ausprägungen von Portfolios

> „So individuell wie die Inhalte der Portfolios selbst sind auch ihre Darstellungs- und Nutzungsformen" (Raker & Stascheit, 2007, S. 19).

Diese Aussage ist insofern zutreffend, als die inhaltliche (individuelle) Gestaltung von Portfolios zugleich ihre Struktur generieren kann. Dennoch lassen sich gewisse Grundformen unterscheiden, welche sich allerdings auch überschneiden oder ergänzen können (vgl. ebd.).

Katharina Raker und Wilfried Stascheit, beide aus dem grundschulpädagogischen Alltag mit Portfolios vertraut, unterscheiden prozessorientierte von produkt- oder ergebnisorientierten Portfolios. Prozessorientierte Portfolios zeichnen Lernbiographien nach, während produktorientierte Portfolios vor allem gegenwärtige Leistungsstände dokumentieren und dabei Stärken und Interessen aufzeigen (vgl. ebd., S. 23).

Die prozessorientierten Portfolios umfassen Arbeitsportfolios, Lern- bzw. Entwicklungsportfolios und Prozess- bzw. Projektportfolios. Zu den produkt- oder ergebnisorientierten Portfolios zählen Beurteilungsportfolios, Präsentationsportfolios sowie Bewerbungsportfolios (vgl. ebd., S. 19). Raker und Stascheit schlagen die folgenden Definitionsmerkmale vor (Zusammenstellung nach Raker & Stascheit, 2007, S. 20–24):

Prozessorientierte Portfolios

Das Arbeitsportfolio
- Stellt eine Sammlung ausgewählter Arbeiten dar, die später in ein Beurteilungs- oder Präsentationsportfolio übertragen werden sollen.
- Dient als Diagnose-Werkzeug für das Lernen und ermöglicht die Planung von individuellen Lern- und Arbeitsschritten.

Das Lern- bzw. Entwicklungsportfolio
- Beinhaltet alle Dokumente, die Entwicklungsschritte verdeutlichen.
- Entsteht über einen langen Zeitraum, z.B. die gesamte Kindergartenzeit eines Kindes.
- Wird in der Regel nach Entwicklungsbereichen kategorisiert (z.B. für die „Schreibentwicklung": Von Kritzelbildern bis zu selbst geschriebenen Texten).
- Wird von Kindern und Erwachsenen wiederholt gemeinsam angeschaut bzw. präsentiert und ermöglicht die Reflektion von Lern-Entwicklungsschritten.

Das Prozess- bzw. Projektportfolio
- Dokumentiert die Entstehung eines Werkes, den Prozess eines Projekts oder einer Unterrichtseinheit.
- Beinhaltet selbst gesetzte Ziele der Kinder oder Jugendlichen sowie eine Dokumentation der Teilschritte zum Erreichen der Ziele.
- Enthält regelmäßige Feedback-Kommentare von anderen Beteiligten im Projekt.
- Ist bezüglich der Arbeits- und Aufgabenstruktur meist von der Lehrkraft vorgegeben.
- Kann in Pflicht- und Wahlaufgaben gegliedert sein.
- Macht Erarbeitungszeiträume und Projektziele transparent.
- Ermöglicht in diesem Rahmen die eigenständige Planung und Reflexion von Lern- und Arbeitsprozessen.
- Wird bei ergebnisoffenen Projekten (z.B. improvisatorische, kreative Gestaltungsarbeit o. Ä.) ohne die Vorstrukturierung genutzt und stellt dann z.B. eine chronologische Dokumentation der Projektteilschritte dar.

Produkt- oder ergebnisorientierte Portfolios

Das Beurteilungsportfolio
- Enthält Arbeitsergebnisse, die den aktuellen Lernstand dokumentieren.
- Ist an Lernzielen von Lehrplänen oder Bildungsstandards orientiert.
- Enthält auf der Grundlage dieser Lernziele gemeinsam entwickelte Kriterien zur inhaltlichen, sprachlichen und ästhetischen Gestaltung sowie zum Umfang des Portfolios.

Das Präsentationsportfolio
- stellt das Ergebnis eines individuellen Auswahlprozesses aus einem Arbeits-, Entwicklungs- oder Prozessportfolio dar.
- Wird meist zum Abschluss einer Arbeitsphase erstellt (z.B. Schuljahr, Unterrichtseinheit, Projektpräsentation).
- Enthält einen Portfoliobrief mit Begründungen zur Auswahl der Inhalte sowie Informationen zu den darin erkennbaren Kompetenzen.

Das Bewerbungsportfolio
- Ergänzt oder ersetzt traditionelle Bewerbungsformen.
- Enthält neben Anschreiben, Lebenslauf und Zeugnissen ausgewählte eigene Werke wie Schriften, künstlerische Produkte o. Ä.
- Verdeutlicht persönliche Stärken, Interessen und Kompetenzen.

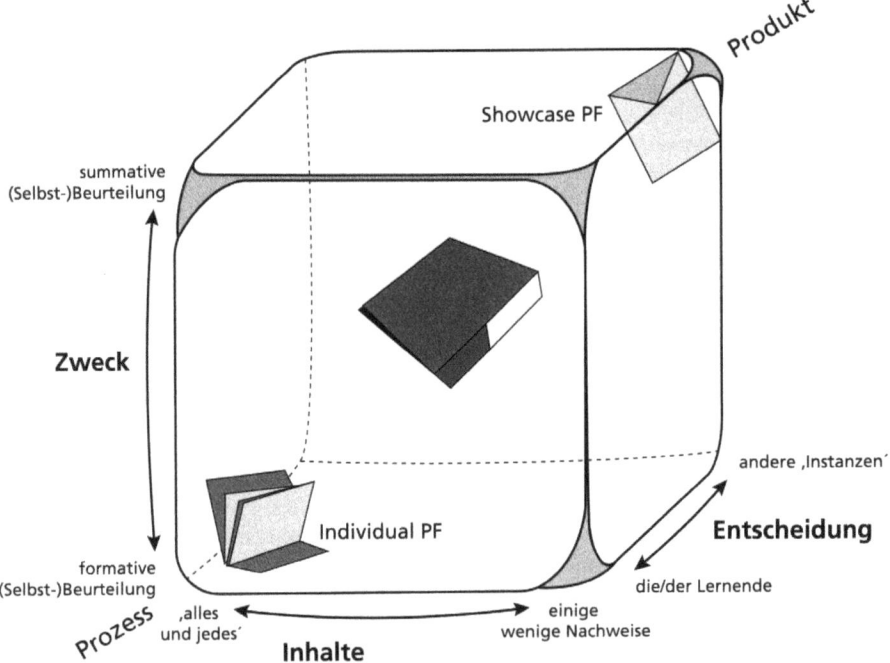

Abbildung 20: Formen und Ausprägungen von Portfolios (Häcker, 2006b, S. 38)

Da Portfolios in der Praxis unter Umständen nie alle der oben genannten Kriterien erfüllen, um eindeutig formal beschrieben werden zu können, schlägt der Erziehungswissenschaftler Thomas Häcker ein mehrdimensionales Produkt-Prozess-Kontinuum zur Einordnung von Portfolio-Konzepten vor. Zwischen dem kontinuierlich wachsenden „Individual Portfolio" mit möglichst vielen und thematisch breit gestreuten Inhalten und dem punktuell zusammen gestellten „Showcase Portfolio" mit wenigen, exemplarisch ausgewählten Inhalten, sind also unterschiedlich stark durch Selbst- bzw. Fremdvorgabe strukturierte Mischformen denkbar (vgl. Häcker, 2006b, S. 38).

Unterschiedliche Ausprägungen der Portfolio-Arbeit gehören in den Kontext von Beobachtung und Dokumentation, welche seit der Einführung elementarpädagogischer Bildungspläne zunehmend relevant in Kindertageseinrichtungen werden (vgl. Knauf, o.J.). In Nordrhein-Westfalen schreibt das Kinderbildungsgesetz (KiBiz) Formen der Beobachtung und der Bildungsdokumentation als Bestandteil der pädagogischen Arbeit fest (vgl. KiBiz, § 28 Zusatz). In Bezug auf den Gesetzestext stehen hier insbesondere Entwicklungsportfolios im Mittelpunkt, welche Beobachtungen über den Entwicklungsstand und -verlauf enthalten, in erster Linie aber als Dokumentation für die Erzieherinnen und Erzieher gedacht sind. Im KiBiz heißt es dazu:

> „Die Entwicklung des Kindes soll beobachtet und regelmäßig dokumentiert werden. Die Bildungsdokumentation setzt die schriftliche Zustimmung der Eltern voraus." (KiBiz, § 13, Abs. 5).

So verstanden können Entwicklungsdokumentationen jedoch dazu verleiten, das Kind anhand einer Checkliste an einer Norm abzugleichen. „Auffällig" und somit Grund für eventuelle Fördermaßnahmen sind dann Rückstände und Defizite.

Neben der Infragestellung dieses defizitorientierten Ansatzes ist auch der Normabgleich an sich nicht tragbar, wenn die Integration der kindlichen Perspektive ernst genommen wird. Denn Normen setzen sozusagen ein „Musterkind" voraus, diese Sichtweise negiert individuelle Entwicklungsverläufe, Erfahrungsbildungen, Lernbiographien und vor allem auch Bedürfnisse. Hier werden lediglich Entwicklungserwartungen von Erwachsenen an das Kind berücksichtigt. Daher kann eine solche Auffassung und Verwendung von Portfolios im vorliegenden Kontext selbstverständlich nicht Ziel der Überlegungen sein.

Vielmehr wird an dieser Stelle ein Ansatz vorgeschlagen, der dem Bereich des „Individual Portfolio" zuzurechnen ist und das Portfolio als Bildungsdokumentation begreift.

Ein solches Portfolio ermöglicht Einblicke in Bildungsprozesse, stellt die Vergleichbarkeit eigener Leistungen über einen Zeitraum hinweg her, kann selbstgesetzte Lernziele enthalten und als Gesprächsanlass sowie zur Entwicklung von Unterrichtsthemen und -methoden dienen.

So verstanden ist das Portfolio ein Produkt, welches über einen längeren Zeitraum hinweg anhand von Werken, Aussagen und Auswahlentscheidungen der Kinder sowie ergänzenden Kommentaren der Erwachsenen wächst. Somit lässt es sich auch mit dem hier vertretenen collagierenden, reproduzierenden und rekombinierenden Kreativitätsbegriff (vgl. dazu Kap. 7.7) engführen und kann als biographisch-künstlerisches Ergebnis im MFE-Unterricht gelten.

8.4.2.4 Strukturierung und Gestaltung von Portfolios

8.4.2.4.1 Strukturierung

Um das Ziel der Verdeutlichung von Zusammenhängen zu erreichen und im Portfolio den Überblick behalten zu können, wird das Anlegen einer Kapitelstruktur empfohlen (vgl. z.B. Bostelmann, 2007; Krok & Lindewald, 2007; Regner & Schubert-Suffrian, 2011).

Bestehende Portfoliokonzepte, die dem hier vertretenen Ansatz einer Bildungsdokumentation zuzurechnen wären, weisen Themenbereiche auf, die auf die Darstellung der Person, der eigenen Kompetenzen, der eigenen Ziele und der aktuellen Tätigkeiten und Gedanken fokussieren. Als Beispiele seien genannt:

- „Wer ich bin, wie ich bin: Die Ich-Seiten"
- „Was ich kann, was ich lernen möchte: Zielerreichung dokumentieren"
- „Was ich gerade lerne: Bildungsprozesse sichtbar machen" (Bostelmann, 2007, S. 7–10)

Oder auch:

- „Ich"
- „Ich kann"
- „Familie und Freunde"
- „Was wir machen"
- „Ich finde" (Krok & Lindewald, 2007, S. 35)

Die Kapitelstruktur bietet Vergleichsanlässe: Nicht nur mit den anderen Gruppenmitgliedern, sondern vor allem mit sich selbst zu verschiedenen Zeitpunkten der individuellen Entwicklung. Hierfür ist es von Vorteil, innerhalb der Kapitel die Einträge jeweils chronologisch einzusortieren.

8.4.2.4.2 Gestaltungsbeispiele

Inhaltlich können die Kapitel einerseits mit eigens für das Portfolio gestalteten Seiten gefüllt werden, andererseits aber auch aus dem Fundus von kreativen Produkten der Kinder sowie Beobachtungsdokumentationen der Erwachsenen entstehen. Interessant für spätere Betrachtungen ist dann nicht nur das Produkt, welches ins Portfolio aufgenommen wird, sondern auch ein Kommentar dazu. Dieser kann z.B. die Gründe betreffen, warum ein Kind genau dieses Produkt ins Portfolio integrieren möchte. Genauso können Kommentare auch von Lehrkräften oder Eltern stammen und sich auf bestimmte Portfolio-Inhalte beziehen.

Abbildung 21: Portfolio – „Das kann ich gut" (Bostelmann, 2007, S. 29)

Beispiele aus der Portfolioarbeit in Kitas sind schwerpunktmäßig durch visuelle Gestaltungsmittel geprägt. Wie audiovisuelle Portfolios entwickelt werden können, ist dagegen Thema des Kapitels 8.4.2.5.1.

Persönliche Informationen: Im oben abgebildeten Beispiel aus dem Themenbereich „Was ich kann" ergänzt ein von der Erzieherin eingefügter Kommentar des Kindes das selbst gemalte Bild. Es lässt sich an dieser Stelle nicht nachvollziehen, ob der Kommentar wörtlich oder sinngemäß von der Erzieherin transkribiert wurde. Für beide Varianten gilt jedoch, dass der eingefügte Text dem Kind zwecks Feedback noch einmal vorgelesen werden sollte, um sicherzugehen, dass es sich dabei tatsächlich um dessen Meinung handelt.

So werden Verläufe für Kinder sichtbar

Abbildung 22: Portfolio – Zeitliche Abläufe (Regner & Schubert-Suffrian, 2011, S. 32)

Zeitliche Abläufe: Mit Foto- oder Bildergeschichten lassen sich Abläufe nachvollziehen. So können verschiedene Zeitpunkte einer in sich geschlossenen Situation oder auch punktuelle Betrachtungen aus größeren Zeitabschnitten herausgegriffen werden.

Kommentare und Gedankenanregungen: Neben Bildern und Fotos sind Transkripte von Aussagen der Kinder nutzbar, ebenso Kommentare von Erzieherinnen und Erziehern sowie Eltern und Großeltern. In diesem Sinne kann das Portfolio auch als ein Briefkasten gesehen werden, in welchem Briefe an das Kind eingeheftet werden können. Eine Erzieherin schreibt beispielsweise für die dreijährige Emma ihre Beobachtungen über deren zweiten Tag im Kindergarten auf:

> „Heute bist Du nach dem Ankommen direkt in die Ameisengruppe gegangen. Du bist vorausgegangen, hast aber immer nachgeschaut, ob dir die Mama nachfolgt. Du bist die Rutsche hinuntergerutscht und hast dich auf die großen Autos gesetzt. Du bist zu deinem Stuhl gegangen, auf dem du am Tag zuvor gesessen hast, und bist auf ihn raufgeklettert. Wir haben auch in der Puppenecke gespielt. Du hast mit mir am Tisch gesessen, und du hast so getan, als ob du mir Essen und Trinken anbietest. Dabei hast du aber immer noch geguckt, ob deine Mama noch da ist. Beim Abschied hast du mir die Hand gegeben und ‚Tschüss' gesagt." (Krok & Lindewald, 2007, S. 41).

Des Weiteren sind transkribierte Kommentare der Kinder geeignete Anlässe für weiterführende Gespräche zwischen Lehrkraft und Kind oder in Gruppengesprächen. So z.B. Aussagen, die unter den Beteiligten ganz unterschiedlich ausgelegt werden könnten:

„"Was denkst Du über die Mahlzeit Linda?' ,Ja, sie fühlt sich auf jeden Fall besser an als die Uhrzeit."" (Krok & Lindewald, 2007, S. 65).

Zielformulierung und Zielerreichung: Abschließend sei noch ein Beispiel für den Themenbereich der Zielformulierung im Portfolio angeführt. Bereits anhand der Einträge über einen längeren Zeitraum hinweg (Kindergartenzeit, Projektzeitraum etc.) erhalten die Kinder die Möglichkeit, sich „mit sich selbst" zu vergleichen. Sie können feststellen, welche Vorstellungen und Kompetenzen sie zu früheren Zeitpunkten hatten und dies mit ihren aktuellen Fähigkeiten, Wünschen und Werthaltungen vergleichen. So werden Lern- bzw. Erfahrungszuwächse erkennbar.

Hier bieten die individuelle Zielformulierung und deren Dokumentation vertiefte Einsatzmöglichkeiten des Portfolios. Denn wenn die individuellen Zielsetzungen und der Weg bis zum Erreichen derselben dokumentiert werden, kann dies motivational bedeutsame Reflexionsprozesse über eigene Zielvorstellungen anregen.

Michael Regner und Franziska Schubert-Suffrian schlagen den „Lernstern"[72] zur Visualisierung von Zielen für Kinder im Vorschulalter vor:

„Der Lernstern ist eine Methode, mit deren Hilfe die Kinder eigene Bildungs- und Lernziele formulieren, darstellen und die Verwirklichung dieser Ziele im Auge behalten können." (Regner & Schubert-Suffrian, 2011, S. 31).

Um einen Lernstern zu entwickeln, gilt es zunächst, sich die eigenen Vorhaben und Wünsche bewusst zu machen. „Was möchtest Du noch lernen, bevor Du in die Schule kommst?" oder auch „Was möchtest du bis zu deinem Geburtstag in der Kita noch lernen?", schlagen Regner und Schubert-Suffrian als mögliche Anreizfragen vor (vgl. Regner & Schubert-Suffrian, 2011, S. 31). Nun malt das Kind einen Stern, der für jedes genannte Vorhaben eine Zacke hat. Zu der Zacke wird ein Bild gemalt, welches das Ziel visualisiert, also z.B. ein Fußball für Fußballspielen. Nun kann das Kind jede Ziel-Zacke von der Mitte her so weit ausmalen wie es seinen eigenen Stand bei der Zielerreichung einschätzt. Im Laufe der Zielerreichung wird die Zacke dann immer weiter ausgefüllt.

Somit zeigt der Lernstern nicht nur, wo die Ziele und Interessen eines Kindes liegen, sondern auch seine Selbsteinschätzung in Bezug auf die Zielerreichung (vgl. ebd.). Lukas erklärt z.B. über die kleine noch weiße Spitze seines Lernsternzackens zum Thema Polizei:

„Ich weiß schon alles über Polizei, aber nur, warum die Bullen heißen, weiß ich noch nicht." (ebd.).

---

72 Dem „Lernstern" liegt die Idee des Entwicklungssterns vom Bremer Frühpädagogen Fridolin Sickinger zugrunde (vgl. Freie Hansestadt Bremen, 2010, S. 72). Der Entwicklungsstern dient als Beobachtungs- und Dokumentationsinstrument für Erzieherinnen und Erzieher, während der „Lernstern" von den Kindern selbst angefertigt wird.

Der Lernstern kann individuell angepasst und weiterentwickelt werden, um den Bedürfnissen der jeweiligen Kinder zu entsprechen. Regner und Schubert-Suffrian verweisen z.B. auf die Idee einiger Kinder, bereits ausgefüllte Lernsternzacken zu verlängern, wenn ein erreichtes Ziel im Anschluss noch erweitert werden soll (vgl. ebd.).

Äußere Gestaltung: Für die bisher genannten Inhalte bieten sich stabile Ordner mit Sichthüllen und Trennblättern für die einzelnen Kapitel an. Um den eigenen Ordner schnell finden zu können, ist es hilfreich, Ordnerdeckel und Ordnerrücken mit dem Namen zu beschriften und ein Foto des Kindes aufzukleben (vgl. Krok & Lindewald, 2007, S. 77).

Darüber hinaus beinhalten Portfolios häufig auch dreidimensionale Kunstwerke oder Fundstücke der Kinder. Hier sind mit Namen und Foto gekennzeichnete Kästen, Schubladen oder Fächer im Unterrichtsraum hilfreich (vgl. Regner & Schubert-Suffrian, 2011, S. 35).

8.4.2.5 Portfolioarbeit in der MFE

Mithilfe von Portfolios kann die Durchlässigkeit der MFE für den musikbezogenen Alltag der Kinder gesteigert werden. So können im Portfolio Inhalte der MFE und Versatzstücke aus dem Alltag der Kinder gleichermaßen festgehalten und weiterführend genutzt werden. Zur Strukturierung eines MFE-Portfolios eignen sich Themen wie:

- Das bin ich – Ich und die Musik
- Meine Familie – Unsere Musik zu Hause
- Meine Gruppe
- Was wir machen
- Meine Musik
- Das kann ich – Das möchte ich lernen
- Das möchte ich fragen
- Ich finde…
- Post für mich – Musik für mich

Steckbriefe der Person, der Familie oder der Gruppe, selbst gemalte Bilder zum Thema „Ich und die Musik", Audioaufnahmen und Fotodokumentationen der Unterrichtsinhalte sowie Hinweise auf persönliche Lieblingslieder und -stücke sind nur einige mögliche Inhalte für die hier aufgeführten Kapitel. Im Bereich des Könnens und Lernens bieten besondere Vorkommnisse innerhalb der Unterrichtsinhalte Anlässe zur Selbstreflexion. So z.B.: „Letztes Jahr konnte ich noch nicht unser Begrüßungslied auf dem Xylophon begleiten, nun kann ich es".

Fragen und Meinungen der Kinder sind wichtige Impulse für die Unterrichtsgestaltung und können z.B. in Vier- oder Sechs-Augen-Gesprächen erhoben und dokumentiert werden. Wenn Nesrin sagt, dass sie die Triangel nicht so mag (vgl. Kap.

7.3.5.3) *„Weil ich weiß nich' wie ich das wieder anhalten soll und wieder losspielen soll"*, dann kann diese Äußerung zu Experimenten mit der Spieltechnik führen, entweder alleine oder auch in der gesamten Gruppe. Im Portfolio legt dieser Kommentar dann den Grundstein für weitere Einträge rund um das Thema Triangelspiel, z.B. durch Fotos, Audios oder Videos.

Unter „Meine Musik" fallen insbesondere Audioaufnahmen der eigenen Musikpraxis oder selbst aufgenommene Geräusche aus dem eigenen Umfeld. Ebenso gehören eigene Kompositionen (z.B. aus eingebrachten Versatzstücken oder aus den selbst aufgenommenen Geräuschen) in diesen Bereich. Möglicherweise kann aus dieser Audio-Sammlung zum Ende der MFE eine eigene CD mit vielen Erinnerungsanlässen werden.

Die „Briefkasten-Funktion" des Portfolios lässt sich dahin gehend ausweiten, dass Lehrkräfte, Eltern oder andere Kinder Musik für das Portfolio „verschenken" können, also z.B. eigene Lieblingslieder oder selbst aufgenommene Musik.

8.4.2.5.1 Audio- und Videodokumentation im Portfolio

Das Spektrum der genannten Möglichkeiten verweist bereits wiederholt auf das Mittel der Audio- und Videodokumentation.[73] Beispiele für Audioaufzeichnungen in der Portfolioarbeit sind mehrheitlich Sprachaufnahmen, so etwa „Hörgeschichten", bei denen Kinder verschiedene Menschen in ihrer Kita interviewen (vgl. Regner & Schubert-Suffrian, 2011, S. 34) oder auch gesprochene Geschichten für einzelne Kinder, die im Portfolio an die Stelle von Briefen treten können (vgl. Krey-Gerve, 2011).

Die Arbeit mit Audios erscheint gerade im Umgang mit Musik unverzichtbar. Es ist jedoch darauf hinzuweisen, dass die Arbeit mit Audios und Videos manchen Lehrkräften aufwändiger erscheinen mag, als ein reines Bild- und Textportfolio. Daher ist es einerseits sinnvoll, Aufnahmemöglichkeiten zu wählen, bei welchen die weiteren Bearbeitungsmöglichkeiten unkompliziert und mit wenig Zeitaufwand möglich sind und andererseits insbesondere den Einstieg in die Portfolioarbeit in kleinen Schritten zu gestalten. Der letztgenannte Aspekt wird ausführlicher in Kapitel 8.4.2.5.2 thematisiert, da er über den Bereich von Audio- und Videoarbeit hinausgeht.

Zur erstgenannten Problematik des Aufwands sei erwähnt, dass die Schaffung geeigneter Rahmenbedingungen hier von besonderer Bedeutung ist. Die Rahmenbedingungen können dahin gehend variieren, dass die Lehrkräfte mit unterschiedlichen Systemen der Aufzeichnung von Ton und Bild (von der Kassette bis zum Harddisc-Recorder, vom Camcorder bis zum Tablet-Computer) vertraut sind. Welche Mittel letztlich gewählt werden, hängt selbstverständlich mit diesen Vorerfahrungen zusammen. Allerdings sollen hier einige Empfehlungen zum Umgang mit

---

73 Das Einverständnis der Kinder ist selbstverständlich die Voraussetzung für jegliche Aufzeichnungen. Für Videos ist darüber hinaus die schriftliche Einverständniserklärung der Eltern erforderlich.

zwei Aufzeichnungsmöglichkeiten stehen, die geeignet sind, eine besonders hohe Flexibilität im Unterricht und für das Portfolio herzustellen. Für die Audioaufzeichnung ist dies die Nutzung des Harddisc-Recorders und für die Videoaufzeichnung der Tablet-Computer.

Voraussetzung ist weiterhin, dass jedes Kind innerhalb seines Portfolios auch einen USB-Stick, eine SD-Karte oder ein ähnliches Medium besitzt, auf welches aufgenommene Dateien übertragen werden können.

Harddisc-Recorder
- Tragbar, leicht, klein: Daher von Kindern und Lehrkraft an unterschiedlichen Orten verwendbar.
- Gute bis sehr gute Klangqualität der Aufnahme (im Gegensatz zu Handy, Smartphone oder Tablet).
- Der Anschluss an die Anlage im Unterrichtsraum ermöglicht das direkte Abhören der Aufnahmen (z.B. für Reflexionen/Kommentare).
- Die Aufnahmen können auf Laptop oder Tablet-Computer abgelegt und von dort auf die Speichermedien der Kinder übertragen werden.
- Empfehlung: Die Aufnahmen sollten nach jeder in sich geschlossenen Sinneinheit unterbrochen werden, so können einzelne Tracks verwendet werden, ohne dass sie vorher noch geschnitten werden müssten.

Tablet-Computer
- Tragbar, leicht: Videoaufnahmen sind an unterschiedlichen Orten und mit „Kamera"-Schwenks möglich.
- Die Videoaufzeichnungen können direkt auf dem Display gemeinsam betrachtet werden (z.B. für Reflexionen/Kommentare).
- Die Aufnahmen können direkt auf die Speichermedien der Kinder übertragen werden.
- Empfehlung: Die Aufnahmen sollten nach jeder in sich geschlossenen Sinneinheit unterbrochen werden, so können einzelne Clips verwendet werden, ohne dass sie vorher noch geschnitten werden müssten.

Nicht nur für Audio- und Videoaufnahmen, sondern auch für das Fotografieren bietet es sich an, dass Kinder und Lehrkräfte gleichermaßen mit den Geräten umgehen können. Viele Kinder bringen diesbezüglich bereits Erfahrungen mit. „Führerscheine" für die einzelnen Geräte unterstützen den umsichtigen Umgang weiterhin (vgl. Regner & Schubert-Suffrian, 2011, S. 31). Regner und Schubert-Suffrian empfehlen, einen kleinen Regelkatalog zum Umgang mit den Geräten aufzustellen. Für Digitalkameras z.B.:

> „Da muss man sich das Band zuerst um den Hals hängen, damit die Kamera nicht runter fällt. Und auf das Glas vorne darf man nicht drauffassen, sonst kommt das Schmutzige vom Finger mit aufs Foto…" (ebd.).

Im Sinne partizipativer Unterrichtsgestaltung wird hier unbedingt dafür plädiert, solche Regelkataloge gemeinsam mit den Kindern zu entwickeln und keine vorgefertigten Checklisten zu verwenden. Die „Führerschein-Prüfungen" können dann nicht nur von den Erwachsenen, sondern auch von den anderen Kindern „abgenommen" werden. Regner und Schubert-Suffrian weisen auf die Möglichkeit hin, solche „Führerschein-Prüfungen" als Anlass für „Be(ob)achtungsbriefe" zu nehmen (vgl. ebd.).

Audio-Portfolioarbeit: Als Einstieg in die Audio-Portfolioarbeit eignen sich zunächst Aufnahmen der gesamten Gruppe. Denkbar ist es, das Begrüßungslied im Verlauf der MFE wiederholt aufzunehmen und in der Gruppe die verschiedenen Aufnahmen vergleichend anzuhören. Jedes Kind erhält nun die Gelegenheit, das Aufgenommene zu kommentieren. Die Beiträge der Kinder werden ebenfalls als Audioaufnahme festgehalten und den verschiedenen Versionen des Begrüßungslieds beigefügt.

Als Geräusche-, Lieder-, oder Geschichtensammler können die Kinder selbst mit dem Aufnahmegerät auf die Suche gehen. Dies übrigens insbesondere auch zu Hause und in Zusammenarbeit mit den Familienmitgliedern. So können z.B. Musik und Klänge von zu Hause mit in die MFE gebracht werden.

Werden Lieder oder Stücke musiziert, die jeweils in einem Formteil die Möglichkeit des solistischen Singens oder instrumentalen Musizierens enthalten, so werden diese Soli aufgenommen. Entweder erhält jedes Kind das gesamte Lied bzw. Stück und kann dann kommentieren, wann sein Solo-Beitrag erklingt und was es davon hält. Oder die Musik wird so gestaltet, dass jeder Durchlauf einzeln aufgenommen werden kann. Dann erhält jedes Kind eine Aufnahme des gemeinsamen Tuttis in Verbindung mit dem eigenen Solo.

Das Mikrophon regt dazu an, hinein zu singen bzw. „für die Aufnahme" zu musizieren. Diese Anreizqualität des Mikrophons ließ sich in meinen Untersuchungen vielfach nachvollziehen und wird auch von dem Psychologen Franz Breuer bestätigt. Er stellt fest, dass es für Kinder „Skript-konform" ist, für Interviews oder ähnliche Situationen in ein großes Mikrophon zu sprechen, so wie es aus dem Fernsehen bekannt ist (vgl. Breuer, 2001, S. 21).

Dies kann im Gruppenunterricht oder auch in Vier- und Sechs-Augen-Gesprächen genutzt werden, um den Kindern Anreize für eigene Musikerfindungen zu geben. Im Gruppenunterricht können die Kinder sich z.B. gegenseitig aufnehmen. Musikalische Versatzstücke und Klangexperimente bieten gleichermaßen geeignetes Material für den ersten Einstieg. Die Möglichkeit der Wiederholbarkeit der eigenen Klänge kann dann einerseits Gespräche und Kommentare im Unterricht generieren, andererseits aber auch zur Weiterbeschäftigung mit dem Aufgenommenen, z.B. in Kompositionsprozessen, dienen.

Video-Portfolioarbeit: Die hier propagierte Videoaufzeichnung mit dem Tablet-Computer hat den Vorteil, dass die Aufzeichnungen sofort angeschaut werden können, die Klangqualität ist jedoch hinsichtlich des eingebauten Mikrophons nicht immer überzeugend. Gute externe Mikros können zwar Abhilfe schaffen, beeinträchtigen jedoch auch wieder den flexiblen Einsatz des Geräts. Hier gilt es abzuwägen, zu welchem Zweck Videos sinnvoll genutzt werden können. So stellen Krok und Lindewald für ihre eigene Portfolioarbeit beispielsweise fest, dass der Einsatz von Videokameras nicht zielführend war: Lern- bzw. Bildungsgeschichten konnten mit Videomaterial nicht überzeugend nachvollziehbar gemacht werden. Vielmehr wäre ein hoher Aufwand beim Videoschnitt notwendig gewesen, um wirklich aussagekräftige Szenen hintereinander zu setzen (vgl. Krok & Lindewald, 2007, S. 101).

In Anlehnung an die Fotodokumentation (vgl. Kap. 8.4.2.4.2) kann festgehalten werden: In sich abgeschlossene Situationen sind u.U. für die Videoarbeit geeignet. Der Nachvollzug längerer Zeitabschnitte durch punktuelle Dokumentationen wird dagegen eher als zu aufwändig erachtet und nicht empfohlen.

In sich abgeschlossene Situationen, die mithilfe von Videos dokumentiert werden können, sind z.B. Auftritte der Kinder (häufig bereits durch die Eltern auf Video aufgenommen) oder bestimmte Erarbeitungssituationen im Unterricht.

Werden Szenen oder Bewegungsaktionen im Unterricht erarbeitet, so kann es sinnvoll sein, diese auf Video aufzuzeichnen, zu besprechen und aufgrund der Diskussion weiter zu entwickeln. Solche Aufzeichnungen aus dem Arbeitsprozess bereichern ein Portfolio durchaus, insbesondere wenn sie schließlich auch mit dem fertigen Produkt gegenübergestellt und kommentiert werden können. Tendenziell wird an dieser Stelle die Videoarbeit eher für den akuten Prozess und weniger für die kontinuierliche Dokumentation empfohlen. Als „Nebenprodukt" der Nutzung von Videos im Rahmen z.B. von Inszenierungsarbeiten (vgl. Kap. 8.4.3.1) können die Aufzeichnungen jedoch durchaus für Portfolios eingesetzt werden. Bei der kontinuierlichen Beschäftigung mit dem Medium Video ergeben sich dann möglicherweise auch noch weiterführende Einsatz- und Nutzungsmöglichkeiten für das Portfolio.

Der Weg der Genese von Videomaterial aus dem Unterricht heraus stellt allerdings nur die eine Blickrichtung dar. Aufgrund der in vielen Familien gängigen Praxis, Videos von den eigenen Kindern aufzunehmen, können Kinder nämlich durchaus auch Videos von zu Hause mitbringen, auf denen sie beispielsweise in musikalischer Aktion zu sehen bzw. hören sind. Diese Videos im Vier- oder Sechs-Augen-Gespräch vorzuführen und sie – ergänzt um einen Kommentar einer Freundin oder eines Freundes bzw. der Lehrkraft – dann im Portfolio abzulegen, kann durchaus bedeutsam für die Kinder sein.

Hier läge jedoch keine gezielte Sammlung für das Portfolio vor, sondern Kinder und Eltern können über die Möglichkeit informiert werden, freiwillig eigene Videos mitzubringen und einzufügen.

Lehrkräfte, die bereits regelmäßig mit Audios und/oder Videos arbeiten – sei es für die eigene künstlerische und pädagogische Tätigkeit oder aus der Freizeitbeschäftigung heraus –, fühlen sich voraussichtlich in diesbezüglicher Portfolioarbeit schneller zu Hause als andere. Sie können dementsprechend aus eigener Erfahrung für die Anschaffung des geeigneten Equipments an der Musikschule argumentieren. Wer ohne bisherige Vorerfahrungen in diese Art der Portfolioarbeit einsteigen möchte, wird gemeinsam mit den Kindern „learning-by-doing" praktizieren können, denn Portfolio-Arbeit heißt nicht, perfekte Endergebnisse darstellen zu wollen. Die Argumentation zur Anschaffung des Equipments kann dann möglicherweise durch Kolleginnen und Kollegen unterstützt werden, die sich mit der Materie schon auskennen. Zudem wird hier die Festschreibung bzw. Erweiterung notwendiger und wünschenswerter Rahmenbedingungen für den MFE-Unterricht als Aufgabe der Berufsverbände empfohlen (vgl. Kap. 8.5.1).

8.4.2.5.2 Gedanken und Impulse zur Umsetzung von Portfolioarbeit in der MFE

> „Manchmal haben wir Pädagoginnen die Neigung, sehr viel auf einmal erreichen zu wollen. Wir wollen bereits zu Beginn ein perfektes Endprodukt, ein fertiges Portfolio haben. Das kann leicht dazu führen, dass wir bei der Portfolioarbeit unsere eigene Leistung stärker betrachten als die Entwicklung der Kinder" (Krok & Lindewald, 2007, S. 8).

Dieses Zitat verdeutlicht, dass der Einstieg in die Portfolioarbeit kein groß angelegter Prozess sein muss, sondern ein kleiner Schritt ist. Auf diesen ersten Schritt folgen weitere, das Portfolio wächst entlang der Gegebenheiten und Bedürfnisse. Weder eine fertige Struktur, noch eine Vorab-Festlegung auf Aussehen, Umfang, Gestaltungsmittel und Themenspektrum sind notwendig.

Dagegen ist es durchaus sinnvoll, sich genau zu überlegen, was die Keimzelle des Portfolios sein soll: Wird ein „Lernstern" angelegt? Werden Audioaufnahmen gesammelt? Wird ein Projekt über die eigene Musik der Kinder geplant? Werden Steckbriefe rund um das Thema „Ich und die Musik" erstellt? Diese Keimzellen zeitigen ganz unterschiedliche Konsequenzen für den Unterricht, für die Kommunikation mit den Eltern und für die benötigten Materialien bzw. Rahmenbedingungen vonseiten der Musikschule.

Keimzelle 1: Lernstern

Als Keimzelle für ein Portfolio ist es denkbar, mit den Kindern „Lernsterne" anzulegen (vgl. Kap. 8.4.2.4.2). Geeignete Anreizfragen für Lernziele können heißen:
- Was möchtest du im Musikunterricht gerne lernen?
- Was möchtest du bis Weihnachten/Sommer im Musikunterricht gerne lernen?
- Welches Instrument möchtest du gerne besonders gut können?
- Welche von den Musikinstrumenten und Dingen in unserem Musikraum interessieren dich besonders?

Auf den Lernsternen verzeichnen die Kinder nun ein Spektrum von Lernwünschen, welche die Lehrkraft aufgreift und in ihre Stundenplanung integriert. In regelmäßigen Abständen (z.B. jeweils in den letzten 10 Minuten der Unterrichtsstunde, oder jeweils einmal im Monat) überprüfen die Kinder ihre Lernsterne und füllen die Zacken anhand der eigenen Einschätzung des Lernfortschritts weiter aus. In Vier- und Sechs-Augen-Gesprächen kann ausführlicher über die Lernsterne gesprochen werden, eventuelle Hindernisse können identifiziert oder Zielmodifikationen benannt werden. Nach Abschluss eines vorher mit den Kindern vereinbarten Zeitrahmens oder wenn jedes Kind seine Lernsternzacken komplett ausgefüllt hat, ebenso auch jeweils vor Ferienbeginn, werden Kommentare zu den eigenen erreichten oder auch noch nicht erreichten Zielen gesammelt, dokumentiert und in ein Portfolio eingeheftet. Hier können die Eltern in Mitmachstunden einbezogen werden, um das Sammeln und vor allem Aufschreiben der Kommentare (z.B. in Kleingruppen aus mehreren Eltern-Kind-Paaren) zu erleichtern. Fotos, Audios oder auch Videos als Dokumentation der erreichten Ziele können ebenfalls zum Bestandteil des Portfolios werden.

Ebenso ist es aber auch denkbar, nur den Lernstern, also den Beginn eines Lernwegs sowie einen Beobachtungsbrief der Lehrkraft zum Abschluss des Lernwegs gegenüberzustellen.

Keimzelle 2: Audioaufnahmen

Anhand von Audioaufnahmen kann zunächst ein reines Audio-Portfolio gestaltet werden. Dies geschieht auf drei Ebenen. Zum einen macht die Lehrkraft Audioaufnahmen in der Gruppe, so z.B. wiederholt von Rituailiedern, von anderen Liedern mit oder ohne Instrumentalbegleitung oder von Instrumentalstücken mit Solo- und Tutti-Anteilen. Zum anderen werden die Kinder selbst mit Aufnahmegeräten aktiv und sammeln Klänge und Geräusche, bringen musikalische Eindrücke von zu Hause mit oder nehmen Gespräche über Musik mit Familienmitgliedern oder Freunden auf (mögliche Fragen wären hier: Was ist deine/eure Lieblingsmusik? Welches Instrument findest du/findet ihr besonders toll? Die Fragen sollten jedoch im Sinne partizipativer Unterrichtsgestaltung von den Kindern bzw. mit Hilfe der Lehrkraft entwickelt und nicht vorgegeben werden).

Die dritte Ebene betrifft das gegenseitige Aufnehmen von selbst erfundenen Liedern bzw. Melodien der Kinder im Unterricht. Versatzstücke als Ausgangspunkt von Liederfindungen können dann durchaus auch mit den Aufnahmen aus der Klangsammlung deckungsgleich sein.

Die Audios werden zusammengestellt, Kommentare zu einzelnen Aufnahmen – z.B. im Rahmen des gegenseitigen Anhörens in der Gruppe oder aus Vier- oder Sechs-Augen-Gesprächen – werden ebenfalls aufgezeichnet und eingefügt. Gegen Ende der MFE wird jedes Kind gemeinsam mit seinen Eltern aufgefordert, das persönliche Audio-Portfolio nach und nach durchzuhören und Lieblingsaufnahmen auszuwählen.

Die Lieblingsaufnahmen können – bei vorliegendem Einverständnis aller Beteiligten – z.B. auf eine gemeinsame Gruppen-CD gebrannt und als Erinnerung an die

MFE mit nach Hause genommen werden. Ebenso ist es denkbar, dass jedes Kind aus den vorliegenden Audios für seine individuelle CD die Highlights auswählt. Die Auswahlentscheidungen sollten festgehalten werden, dies kann mit Hilfe der Eltern geschehen oder Thema von Vier- oder Sechs-Augen-Gesprächen im Unterricht sein.

Keimzelle 3: Ein Projekt rund um die Musik der Kinder

Hier wird ein Projektzeitraum festgelegt und gemeinsam mit den Kindern mit Inhalten gefüllt. Wie ein solches Projekt aussehen könnte, wird ausführlicher in Kapitel 8.4.3.1 dargestellt. Für die Portfolioarbeit ist an dieser Stelle relevant, dass bestimmte Meilensteine des Projekts dokumentiert werden. So können z.B. die einzelnen Phasen einer Zukunftswerkstatt zur Projektentwicklung (vgl. Abschnitt 8.3.1.5) jeweils exemplarisch durch Fotos, Kommentare oder Audios belegt werden. Möglicherweise wird aus einer solchen Dokumentationsform später eine öffentliche Wandzeitung, die den Projektverlauf nachzeichnet. Die Materialien dazu können in Fächern oder Ordnern gesammelt und aufbewahrt werden. Die Auswahl der Dokumente für die Wandzeitung erfolgt gemeinsam, z.B. mithilfe von Abstimmungsprozessen (vgl. Kap. 8.3.1.3).

Keimzelle 4: Ich-Seiten gestalten

Einmal im Monat erhalten die Kinder eine Seite mit einer Anregung zum Nachdenken über Musik. Sei es die Entwicklung eines eigenen musikbezogenen „Steckbriefes" oder die Aufforderung, ein Bild über das Thema „Ich und die Musik" zu malen, seien es Fragen nach persönlichen Lieblingsinstrumenten, nach Lieblingsliedern und Lieblings-CDs. Schließlich kann die Lehrkraft im Unterricht regelmäßig Fotos machen, einige davon jeweils zur monatlichen Portfolio-Stunde in den Unterricht mitbringen und die Kommentare der Kinder dazu sammeln (z.B. als Audioaufnahme).

Die Aussagen und Dokumente über den Bezug der Kinder zur Musik können weiterführend genutzt werden, um eine Unterrichtsstunde zu planen oder eine Aufführung vorzubereiten. So kann die Lehrkraft z.B. – sofern musikalisch sinnvoll und technisch umsetzbar – Mitspielsätze für die genannten Lieblingsinstrumente entwickeln und mit den Kindern erarbeiten.

Zwar erfordert die Umsetzung von Portfolio-Arbeit in der MFE zum Teil einen gewissen Aufwand, zugleich relativiert sich dieser über den Nutzen für die Lehrkraft und für die Kinder. Indem die Stundenplanung über Themen aus den Portfolios erfolgen kann, verlagert die Lehrkraft manche Planungsaspekte schon in die gemeinsame Arbeit mit den Kindern. Für die Kinder bilden die Portfolios eine Dokumentation, welche weit über die MFE hinaus auch als Erinnerung, als Ideenfundgrube oder als Präsentationsmöglichkeit bei Freunden und Familienmitgliedern genutzt werden kann. Das Portfolio schafft eine eigene Form der Nachhaltigkeit für die MFE, indem die Kinder nicht nur festhalten können, welche Themen während des Unterrichts bearbeitet wurden, sondern vor allem auch, welchen Anteil sie selbst hatten, welche Gedanken und Gefühle möglicherweise damit verknüpft waren und welche eigenen musikalischen Produkte entstanden sind.

8.4.3 Integration von Impulsen der Kinder in die Gestaltung von Unterricht

Dass Lehrkräfte in der MFE häufig ihre Stundenplanungen aufgrund von Impulsen der Kinder ändern (vgl. Dartsch, 2008, S. 16; vgl. Kap. 3.2.3.1), zeigt ihre Flexibilität und Reaktionsfähigkeit auf. Was heißt es aber, Impulse der Kinder als selbstverständlichen Anteil des Unterrichts bereits in die Planung zu integrieren?

Der Weg von der *Reaktion auf* zur ursächlichen *Integration von* Impulsen ist kurz. Ihn zu beschreiten ist unter Umständen stärker davon abhängig, diese Möglichkeit ins Bewusstsein zu rücken, als detaillierte Planungshinweise zu geben.

Die Elementare Musikpädagogin Vroni Priesner beschreibt eine dialogische Szene zwischen einem Kind und einer Erwachsenen, in welcher aus einem rhythmischen Ausruf des Kindes ein kleines Lied entsteht (vgl. Priesner, 2010, S. 6–7). Wesentliche Aspekte der Liedentwicklung sind hier laut Priesner:

- „Der fruchtbare Moment geht vom Kind aus.
- Erwachsene fungieren als Resonanzpartner.
- Es gibt keinen Plan.
- Die musikalischen Aktionen gestalten sich im Spiel.
- Die erwachsene Spielpartnerin ist erfahren im spontanen, kreativen, fantasievollen Umgang mit Musik.
- Die Situationen sind gekennzeichnet durch positive Sozialkontakte.
- Die Situationen sind angereichert mit hoher emotionaler Qualität.
- Das Geschehen entwickelt sich intervallhaft, in kurzen Zeitabschnitten." (ebd., S. 8).

Es ist anzumerken, dass die Erwachsene und das Kind sich hier ganz aufeinander beziehen können, da die Szene nicht im Gruppenkontext stattfindet. Wesentlich für die hier vorgenommenen Überlegungen ist die Tatsache, dass im spontanen Aufgreifen und weiterführen eines kindlichen Impulses auch die Erwachsene einen wichtigen Anteil am Endprodukt hat. Sie transportiert den Impuls nicht nur, sondern entwickelt aktiv und kreativ mit. Die Gegenseitigkeit in der Beziehung sowie im kreativen Prozess ist als zentraler Aspekt bei der Integration von kindlichen Impulsen in die Stundenplanung zu identifizieren.

Indem Impulse der Kinder von vornherein erwartet werden und Raum für diese geschaffen wird, geht die Integration der kindlichen Perspektive als didaktische Orientierung über die Aspekte des spontanen Aufgreifens und der kreativen Gegenseitigkeit allerdings noch hinaus.

Renate Reitinger nutzt in ihren Kompositionsprojekten mit Kindern einen zwar offen gehaltenen, aber thematisch gebundenen Anreiz, um musikbezogene Ideen der Kinder anregen zu können. So z.B. die Geschichte über eine Reise ins Weltall oder die mitgebrachte „Haarlocke" eines Fabelwesens (vgl. Reitinger, 2008, S. 267; S. 261). Das kompositorische Schaffen der Kinder führt Reitinger dann u.a. auf deren intuitives Wissen über Strukturprinzipien in der Musik zurück (vgl. ebd., S. 214). Anhand der hier eingenommenen Perspektive erfahrungsbasierter musikbezogener Bedeutungszuweisung wäre dieses intuitive Wissen mit den enkulturierten Vorerfahrungen mit Musik engzuführen.

Für den Unterricht sind es gerade die Anknüpfungen an die individuellen Erlebnisse mit und Kenntnisse über Musik, die Präsentation und der Austausch von musikbezogenen Versatzstücken aus unterschiedlichen Lebenskontexten, welche als Anregung dienen. Planungsrelevant ist dann die Frage, wie diese Versatzstücke erstens erreicht und zweitens kreativ weiter verwendet werden können.

Bereits weiter oben wurde verdeutlicht, dass Portfolios als Fundus für Versatzstücke bzw. als Fundus für Unterrichtsanregungen genutzt werden können. Die Erlaubnis der Kinder, das Portfolio zu betrachten bzw. anzuhören sowie Versatzstücke daraus zu nutzen, ist selbstverständlich die Voraussetzung für die weitere Planung.

An dieser Stelle soll nun ein Weg aufgezeigt werden, wie Versatzstücke der Kinder im Unterricht einbezogen werden können, wie mit partizipativen Methoden mit und an Impulsen der Kinder gearbeitet werden kann und dabei die Präsentation eines „Produkts" ermöglicht wird. Als zentrale Methodik kommt dabei die Inszenierung zum Tragen.

8.4.3.1 Inszenierung mit Versatzstücken als Unterrichtsmethode

> „Ein alter Schauspieler überlegte lange, als man ihm die Frage stellte, was ein guter Regisseur sei. Nach einer Weile nannte er das, was nach der Übung all der Jahre ihm wichtig schien: Der Regisseur müsse ihn auf etwas verweisen, was ihm so noch nicht aufgefallen sei, in den Theaterstücken oder im Verhalten der Menschen. […] Aus der Antwort spricht die Einsicht, dass es etwas gibt, dessen man an sich selbst ohne fremde Hilfe nicht habhaft werden kann" (Schuster, 2009, S. 19–20).

Im Unterrichtskontext sind Kinder und Lehrkräfte solche Regisseurinnen und Regisseure, indem sie ihren Mitspielerinnen und Mitspielern neue Perspektiven auf sich selbst und auf die sie umgebende Welt eröffnen. Die Regie kann nicht einer Person vorbehalten bleiben, sondern wird situationsbezogen von unterschiedlichen Akteuren übernommen.

Das gemeinsame Inszenieren von Musik, von musikbezogenen Szenen, letztlich aber auch das gemeinsame Inszenieren von Unterricht, ist als methodisches Element der MFE nutzbar. Wird Inszenierung als Unterrichtsmethode verstanden, so ist von einem offenen Prozess auszugehen, der sich entlang von Impulsen der Kinder und der Lehrkraft entwickelt. Um einen solchen Prozess im Unterricht anzustoßen und durchzuführen, ist zum einen das Vertrauen der Lehrkraft in das künstlerische Potential der Kinder vonnöten. Zum anderen benötigt die Lehrkraft auch Vertrauen in sich selbst, in ihre „eigene künstlerische Identität und pädagogische Sensibilität" (Meyer & Weber-Krüger, 2010, S. 13). Allerdings sind Inszenierungen zwar offene, jedoch keinesfalls beliebige Prozesse (vgl. ebd., S. 12). Vielmehr ist das künstlerische Handeln von gewissen Strukturmerkmalen geprägt, welche innerhalb des Inszenierungsprozesses inhaltlich variationsreich ausgestaltet werden können. Dies stellt letztlich die planbare Seite von Offenheit dar.

Ein Inszenierungsprozess in der Musikalischen Früherziehung kann in die folgenden Stationen untergliedert werden (vgl. ebd., S. 13–14):[74]

- Ausgangsimpuls
- Erforschen, Erkunden, Verfremden, Ausprobieren
- Interaktion und Kommunikation
- Strukturieren, Ausformen und Vertiefen
- Präsentation

Ausgangsimpuls

Im Rahmen partizipativer Unterrichtsgestaltung bzw. unter der Prämisse einer Integration der kindlichen Perspektive in die MFE kommt dem Ausgangsimpuls für Inszenierungen besonderes Gewicht zu. Hier sind es die Versatzstücke aus der Lebenswelt der Kinder, welche die Inszenierung auf den Weg bringen können. Dies unterscheidet sich von Ansätzen, welche durch Anregungsimpulse der Lehrkraft wiederum kreative Prozesse bei den Kindern anstoßen sollen, wie es z.B. Renate Reitinger im Bereich der Kinderkompositionen praktiziert (vgl. Reitinger, 2008). Beide Ansätze haben ihre Berechtigung in der MFE, im vorliegenden Kontext ist jedoch der Ausgangsimpuls als genuin *kindlicher* Inszenierungsanstoß von besonderem Interesse. Dies können Ideen der Kinder sein, es können mitgebrachte Objekte sein oder Inhalte von Portfolios. Auch die bewusste Suche nach „Ausgangsimpulsen" im Musikschul- oder Kita-Raum, zu Hause, im städtischen Umfeld oder in der Natur ist für diese Phase zu nennen. Schließlich kann ein Anregungsimpuls auch auf eine Beobachtung zurückgehen, welche entweder die Lehrkraft oder ein Kind während des MFE-Unterrichts gemacht hat. Sie erhält das Potential zum Ausgangsimpuls, sobald sie von der beobachtenden Person verbalisiert und von der Gruppe kommentiert wird.

Welcher Impuls letztlich eingebracht oder ausgewählt wird, steht in Zusammenhang mit der je subjektiven Anschlussfähigkeit. Insofern kann z.B. ein bestimmtes

---

74 Die dargestellten Strukturmerkmale des Inszenierens entstammen dem Artikel „Begegnungen mit der Fantastik. Inszenierung als Methode in der Musikalischen Früherziehung" (Meyer & Weber-Krüger, 2010). Sie werden hier neu aufgegriffen und mit den Ergebnissen und Impulsen vorliegender Arbeit in Verbindung gebracht.

Versatzstück als Ausgangsimpuls fungieren und gleich die Integration eines weiteren Versatzstücks bei einem anderen Kind anregen. Auch das auf diese Weise aktivierte bzw. aktualisierte Versatzstück kann selbst wieder anregend im Sinne eines weiteren Ausgangsimpulses wirken. Im Rahmen partizipativer Verfahren kann sich die Gruppe auf einen oder mehrere Ausgangsimpulse einigen. Genauso ist es aber auch möglich, dass ein Ausgangsimpuls spontan innerhalb einer Gruppensituation relevant wird.

Erforschen, Erkunden, Verfremden, Ausprobieren

Das Weiterverfolgen des ersten Anstoßes erfolgt nun durch explorative Umgangsweisen. Sei es, dass Material auf seine unterschiedlichen Verwendungs- oder Deutungsmöglichkeiten untersucht wird; Umdeutungen sind dann ein wesentlicher Bestandteil des Inszenierens. Sei es, dass verschiedene Anknüpfungsmöglichkeiten an erste Ideen gesucht werden, dass so möglicherweise eine Collage unterschiedlicher Versatzstücke entsteht. Die Lehrkraft wird unterstützend tätig, sie ermöglicht den Kindern Freiräume für Deutungsversuche, indem sie dabei hilft, verschiedene Alternativen auszuprobieren.

Interaktion und Kommunikation

Interaktion und Kommunikation stellen die Folie dar, vor welcher alle anderen Strukturmerkmale der Inszenierung verortet sind. Dies lässt sich auf das hier entwickelte Modell der dynamischen Ebenen künstlerischen Ein- und Ausdrucks zurückführen (vgl. Kap. 7.6). Beide Ebenen sind von Interaktions- und Kommunikationsprozessen geprägt, die Verbindung der Ebenen über Aneignungs- und Orientierungsprozesse wird in Interaktionen und Kommunikationen wiederum mitteilbar.

Mit Bezug auf die Methode der „Zukunftswerkstatt" (vgl. Kap. 8.3.1.5) sind Interaktion und Kommunikation einerseits die Schlüsselstellen, über welche alternative Inszenierungsmöglichkeiten in der Gruppe konsolidiert und vorangebracht werden. Andererseits gehört in diesen Bereich auch die Aufgabe der Lehrkraft, Entscheidungsfindungsprozesse zu moderieren und gemeinsam mit den Kindern nach Möglichkeiten zu suchen, zunächst unrealistisch anmutende Vorschläge zu analysieren und hinsichtlich ihrer Realisierbarkeit zu modifizieren.

Interaktion und Kommunikation fallen ganz unterschiedlich aus, je nachdem, in welcher Gruppenkonstellation sie stattfinden. Daher beeinflusst die Entscheidung für Groß- oder Kleingruppenarbeit sowie die Vorbedingung der Gruppengröße direkt die Inszenierungsarbeit. Beziehen sich alle Gruppenmitglieder „frontal" auf die Lehrkraft, ist der verbindliche Kommunikationsweg, welcher z.B. für endgültige Entscheidungen gewählt wird, wiederum immer an die Vermittlung der Lehrkraft gekoppelt. Werden Kleingruppen aktiv, ist das endgültige Zusammensetzen der einzelnen erarbeiteten Inszenierungselemente ein weiterer Arbeitsschritt. Dieser kann durch erneute Exploration stattfinden, indem die Reihung von Ideen auf verschiedene Arten ausprobiert wird. Auch Abstimmungsverfahren sind denkbar, wichtig ist dabei vor allem der Argumentationsprozess. Hier steht also nach der Kleingruppenarbeit noch ein Kommunikations- und Interaktionsprozess im Plenum an, der strukturelle Aspekte der Inszenierung betrifft.

Strukturieren, Ausformen und Vertiefen

Bereits in den Ausführungen zu Interaktion und Kommunikation wird die Strukturierungsarbeit deutlich. Wie können Verbindlichkeiten geschaffen werden? Welche Ergebnisse aus der Explorationsphase werden aufgegriffen und welche werden verworfen?

Hier gehen Meinungsbildungsprozesse voran, die durch Abstimmungsverfahren Verbindlichkeit erlangen können (vgl. Kap. 8.3.1.3). Es wäre verfehlt, würde die Lehrkraft nun als alleinige Regisseurin die Ideen der Kinder zusammenfügen. Vielmehr ist der gemeinsame Findungsprozess selbst ein Inszenierungsmoment. Das heißt, dass die Lehrkraft durchaus mit der eigenen Meinung und mit eigenen Ideen integriert ist und dass sie ihre künstlerische Expertise einbringt. Sie wird jedoch nicht vorgeben, welcher Weg zu beschreiten ist, sondern Anregungen zur intensivierten Wahrnehmung der bereits entwickelten Inszenierungselemente geben. Aus dem Fundus des eigenen musikbezogenen Wissens und pädagogisch-didaktischen Repertoires kann sie Ergänzungen an die Ideen der Kinder herantragen. Ebenso können die Kinder Ergänzungen einbringen, beispielsweise indem sie Anknüpfungsmöglichkeiten an eigene Erfahrungen feststellen und diese mitteilen.

Ausformungen und Vertiefungen sind zugleich an weitere Explorationen geknüpft. Methodisch lassen sich hier jeweils die Bezüge zur geplanten Präsentationsform nutzen. Wird eine Präsentation auf der Bühne angestrebt, können Ideen mit der Fragestellung ausprobiert werden: Wie wirkt dies auf der Bühne? Ähnliches gilt für Audioaufnahmen: Wie klingt es? Was möchte ich eventuell ändern? Was werde ich nicht mehr weiter verfolgen?

Szenische Umsetzungen können im Erarbeitungsprozess immer wieder auf Video aufgezeichnet und gemeinsam angeschaut und kommentiert werden. Dazu ist es notwendig, die aufgenommenen Szenen sofort anschauen zu können. Ohne großen Aufwand lässt sich dies mit einem Tablet-Computer umsetzen, da dieser zugleich als Kamera und als Bildschirm verwendet werden kann.

Präsentation

Eine Inszenierung hat einen Beginn und ein Ende. Sie ist ein offener, aber zielgerichteter Prozess. Daher gilt es, dass Ziel entsprechend zu würdigen. In den vorliegenden

Kinderinterviews wurde mehrfach eine Bühne eingefordert bzw. das künstlerische Tun selbstverständlich auf der Bühne – mit Publikum – verortet. Ebenso wurden Mittler der Präsentation wie das Mikrophon oder die Audioaufnahme in den Interviews relevant. Die Bedeutsamkeit der „skript-konformen" Präsentation – nämlich in Einklang mit gesellschaftlich tradierten Präsentationsformen für künstlerische Produkte – ist somit im Inszenierungsprozess zu berücksichtigen. Die Präsentation auf der Bühne hebt das Ergebnis heraus und bietet einen Rahmen. Die Bühne fokussiert und erleichtert, ebenso wie das Mikrophon, die Aufmerksamkeit. Die Audioaufnahme macht die Präsentation schließlich wiederholbar. Das Publikum bildet die kommunikative Seite ab und gibt Resonanz bzw. zollt Anerkennung.

Die Inszenierung kann über sich selbst hinauswirken, indem Bedeutungen und Bedeutsamkeiten, welche im Inszenierungsprozess zugewiesen wurden, weiter in den Unterricht mitgenommen werden. Daher bietet es sich an, Inszenierungen gemeinsam zu reflektieren, um gegenseitig Bedeutungszuweisungen zu erkunden und preiszugeben.

Anhand von Inszenierungen können Kinder ihre eigenen künstlerischen Ideen über einen längeren Zeitraum hinweg wachsen lassen. Sie begeben sich in den künstlerischen Austausch mit anderen Menschen und können die abschließende Präsentation als eigenes Produkt erleben.

8.5   Institutionelle Rahmenbedingungen

8.5.1   Raum- und Sachausstattung

Der Arbeitskreis Elementare Musikpädagogik stellt auf seiner Internetpräsenz Empfehlungen zu den Rahmenbedingungen für Unterricht von Elementarkursen zur Verfügung (vgl. AEMP, 2011). Ähnlich sind diese auch im Bildungsplan Musik für die Elementarstufe/Grundstufe verzeichnet (vgl. Dartsch, 2010a, S. 23).

Zur dort genannten Sachausstattung gehört zwar eine Anlage, jedoch wird für diese nur „im Idealfall" (ebd.) auch die Funktion zur Audioaufnahme vorausgesetzt. Für die Raumausstattung werden als Inszenierungselemente dimmbares Licht bzw. Verdunkelungsmöglichkeiten empfohlen (vgl. ebd.).

Da diese geforderten bzw. empfohlenen Rahmenbedingungen noch nicht hinreichend den Bedürfnissen und Bedeutsamkeiten von Kindern in der MFE entsprechen, wie sie in vorliegender Studie identifiziert wurden, wird an dieser Stelle für eine Ergänzung der Rahmenbedingungen plädiert.

Für einen Unterricht der MFE, der die Ebenen des künstlerischen Eindrucks und Ausdrucks der Kinder gleichermaßen berücksichtigt, sind Raum- und Sachausstattungen notwendig, welche die Dokumentation individueller Ideen und kreativer Prozesse ermöglichen. Weiterhin sind Bedingungen zur Entwicklung bzw. Inszenierung und Präsentation künstlerischer Produkte erforderlich, welche deren besondere Wertschätzung und Herausgehobenheit unterstreichen.

Aus diesem Grunde wird empfohlen, MFE-Räume an Musikschulen sowie Musikräume in Kindertagesstätten zusätzlich zu den im Bildungsplan verzeichneten Rahmenbedingungen folgendermaßen auszustatten:

- Ein Tablet-Computer zur Videoaufnahme sowie als Organisationseinheit zur Übertragung von Dateien auf andere Speichermedien (Portfolio-Arbeit, Inszenierungen).
- Mindestens ein, besser mehrere leichte, tragbare Harddisc-Recorder für Audioaufnahmen. Die Harddisc-Recorder sollten an die vorhandene Anlage angeschlossen werden können. Ist dies nicht der Fall wird ein geeignetes Soundsystem zum Abspielen der Aufnahmen für den Unterrichtsraum benötigt.
- Jeder MFE-Raum sollte ein Bühne bzw. Bühnenelemente oder einen als Bühne abgrenzbaren Bereich enthalten (eine erhöhte Bühne wird einem nur optisch abgrenzbaren Bereich vorgezogen). Die Bühne kann so regelmäßig – und nicht nur zu einem Konzerttermin – in den Unterricht einbezogen werden.

8.5.2 Gruppengröße

Im Kontext der Rahmenbedingungen ist die Gruppengröße kritisch zu hinterfragen. Um die Kontinuität von Einzelgesprächen und Einzelbeobachtungen zu gewährleisten, wird hier für kleinere Gruppen plädiert, als es der Bildungsplan vorsieht. Dort wird – analog zum älteren Lehrplan des VdM – von Gruppengrößen zwischen zehn und zwölf Kindern für die MFE (Vier- bis Sechsjährige) ausgegangen (vgl. Metzger, Greiner, Stiller & Schäfer, 2010, S. 41). Die Reggio-Pädagogin Carla Rinaldi merkt an:

> „Eine Gruppe von zwei Kindern erzeugt eine besonders vielseitige Dynamik sowohl in sozialer als auch in kognitiver Hinsicht. [...] Eine Gruppe von drei Kindern entwickelt ganz andere Dynamiken. Aufgrund der ungeraden Zahl der Kinder gibt es viele Möglichkeiten, nicht nur für Solidarität und Bündnis, sondern auch für Trennung und Konflikt. In ähnlicher Weise bietet eine Gruppe von vier Kindern andere Möglichkeiten als eine von fünf. Nach sehr viel Überlegungen sind wir zu dem Schluß gekommen, daß, um den kognitiven Lernprozeß zu optimieren, die Größe der Gruppe auf fünf beschränkt sein sollte." (zitiert nach Sommer, 1999, S. 53–54).

Ob die Gruppe eine gerade oder ungerade Zahl aufweisen sollte, ist unerheblich, da sich dies von Unterrichtsstunde zu Unterrichtsstunde durch fehlende Kinder ändern kann. Vielmehr stellt sich die Frage wie Gruppenbeziehungen gestaltet werden können, um die Integration der kindlichen Perspektive in den Unterricht kontinuierlich zu ermöglichen. Ausgehend von den vorangehenden Überlegungen und in Bezug auf die hier durchgeführte Interviewstudie mit jeweils zwei Kindern werden Freundschaftsbeziehungen als produktives Element für die MFE angesehen. Zweierbeziehungen können als Keimzelle für Ideenentwicklungen genutzt werden, auch Dreierbeziehungen befreundeter Kinder können diesen Keimzellencharakter aufweisen. Wichtig ist der freiwillige Zusammenschluss in der Kleingruppe, um nicht von Konflikten an der kreativen Arbeit gehindert zu werden. Daneben bleiben größere Gruppenzusammenschlüsse von z.B. Vierergruppen oder auch dem gesamten Plenum weiterhin eine relevante methodische Ressource der MFE. Neben der Gruppengröße ist es daher vor allem der Umgang mit Gruppenaufteilungen und Gruppenformen, der für die Unterrichtsplanung von Bedeutung ist. Für regelmäßige Beobachtungen, wie sie hier empfohlen werden (vgl. Kap 8.4.1), wäre allerdings eine Gruppe von zwölf Kindern nicht optimal. Da die Lehrkraft während des Beobachtens zugleich im Unterrichtsgeschehen aktiv ist, wäre bei solch großen Gruppen davon auszugehen, dass doch nur das „Auffällige" registriert wird, nicht aber das „Unauffällige" wahrgenommen werden kann.

Werden Präsentations- und Bühnensituationen kontinuierlich auch unter dem Aspekt solistischer Präsentation einbezogen, werden Vier- und Sechs-Augen-Gespräche durchgeführt und wird insgesamt der individuelle Bezug zwischen Lehrkraft und Kind (inkl. Beobachtung und Gespräch) sowie der Kinder untereinander intensiviert, dann erscheinen Gruppen von fünf bis maximal acht Kindern sinnvoll. So könnten Achter-Gruppen immer wieder auch in zwei Vierer-Gruppen aufgeteilt werden, zwischen denen die Lehrkraft hin und her wechselt. Auch ein Modell von Kleingruppen-MFEs mit nur vier bis sechs Kindern wäre denkbar. Bei solchen Gruppengrößen wird die Gefahr verringert, dass das solistische Hervortreten einzelner Kinder, das Ausprobieren von Instrumenten oder das Vorstellen eigener Aufnahmen oder Ideen sich nicht zu langwierigen Reihenfolgen-Aktionen entwickelt. Zudem erhalten die einzelnen Kinder so insgesamt häufiger die Gelegenheit, mit ihrer Meinung in den Vordergrund zu treten und gehört zu werden, als in Gruppen mit über zehn Kindern. Zugleich bleibt die Möglichkeit erhalten, sich auch einmal „in die Gruppe" zurückzuziehen und nicht permanent im Aufmerksamkeitsfokus zu stehen, wenn ein Kind dies möchte.

8.5.3 Änderung von Rahmenbedingungen

Während die hier genannten Sachausstattungen zwar für manche Musikschulleitung oder die zuständige Haushaltsabteilung ungewöhnlich erscheinen mag, kann die damit verbundene Innovation und diesbezügliche Außenwirkung durchaus als positiver Anreiz für die Anschaffung gesehen werden. Schwieriger erweist sich die Argumentation hinsichtlich kleinerer Gruppengrößen. Da die Musikalische Früherziehung mit zwölf Kindern und einer Lehrkraft eine für die Musikschule vorteilhafte Bilanz von Einnahmen und Ausgaben ergibt, wird die Idee der Gruppenverkleinerung auf Arbeitgeberseite nicht ohne weiteres eine Lobby finden.

Es ist anzumerken, dass viele der vorgeschlagenen didaktischen Impulse zu partizipativer Unterrichtsgestaltung, zu Portfolioarbeit und zur Inszenierung als Unterrichtsmethode auch in Gruppen mit zehn bis zwölf Kindern funktionieren werden.

Auch die Integration regelmäßiger Gesprächssituationen unter vier oder sechs Augen ist bei einer entsprechenden Umstrukturierung des Unterrichts (z.B. Offener Beginn, Gleitzeit-Beginn, Kleingruppenarbeit) denkbar. Rein rechnerisch ist dann jedoch jedes einzelne Kind seltener in der Einzelsituation dran, als dies in kleineren Gruppen der Fall wäre.

Auf der anderen Seite werden Lehrkräfte sich möglicherweise eher an neue und innovative Unterrichtsideen aus dem Kontext von Partizipation und Integration der kindlichen Perspektive heran wagen, wenn sie dies in kleineren Gruppen tun können. Der Einstieg in die Portfolioarbeit gestaltet sich mit fünf bis acht Kindern beispielsweise deutlich übersichtlicher als mit zehn bis zwölf Kindern.

Daher wäre es für Musikschulleitungen sinnvoll, Pilotgruppen einzurichten, in welchen neue Lehr- und Lernformen zur Anwendung kommen. Lehrkräfte, die sich in solchen Pilotgruppen in neue Unterrichtsstile eingearbeitet haben, werden nun zu Multiplikatoren für das Konzept. Dabei entscheiden sie selbst, bis zu welcher Gruppengröße sie sinnvoll gehen können, ohne die eigenen Ansätze verwässern zu müssen. Im Sinne pädagogischer Innovation, aber auch im Kontext der Konkurrenz um viel beschäftigte Kinder, wäre es für Musikschulleitungen von Vorteil, innovative Konzepte mit Raum für die individuelle Förderung der Kinder anbieten zu können.

Partizipative Unterrichtsmodelle und Portfolioarbeit sind an Kitas bereits verbreitet, an Musikschulen jedoch noch nicht etabliert. Hier den Anschluss zu wagen, wäre auch eine Aufgabe für Musikschulleitungen, Berufsverbände, Fach- und Trägerverbände und Ausbildungsinstitutionen.

Daneben erscheint es empfehlenswert, dass Musikschulen und Kitas vermehrt in Kooperationsmodellen zusammenarbeiten, welche die Strukturen von Musik-Kitas aufgreifen. Hier sind Musikpädagoginnen bzw. Musikpädagogen an mehreren Tagen in der Woche vor Ort und bieten verschiedene Angebote an. Von der MFE-Stunde über das Klanglabor bis hin zu zahlreichen „informellen" musikbezogenen Situationen im Kita-Alltag kann die Lehrkraft dann mit den Kindern in Kontakt stehen. So lassen sich Beziehungen aufbauen und Beobachtungen und Gespräche kontinuierlich in den Arbeitsalltag einflechten.

Neben diesen strukturellen Gegebenheiten, welche Innovation vorantreiben können, sei der Blick auf die Lehrkräfte selbst gerichtet. Ohne erst geeignete übergeordnete Rahmenbedingungen an der eigenen Musikschule durchsetzen zu müssen, kann jede Lehrkraft selbst damit beginnen, Impulse wie die vorliegenden und damit die kindliche Perspektive in den eigenen Unterricht zu integrieren. Sei es die Keimzelle eines Projekts rund um die Ideen der Kinder, sei es ein erstes Audio-Portfolio oder die Einrichtung einer offenen Stunde einmal im Monat, in welcher der Musikraum als Klanglabor genutzt werden kann, während die Lehrkraft sich phasenweise mit einzelnen Kindern beschäftigt. Den passenden Praxiseinstieg in die Thematik wird jede Lehrkraft anhand eigener Vorerfahrungen, Interessenschwerpunkte und Werthaltungen individuell gestalten. Gerade wenn erste Ergebnisse vorliegen, wie z.B. die Dokumentation einer Inszenierung mit Versatzstücken, sind diese wiederum als Argumentationshilfe gegenüber der Musikschulleitung geeignet, um Rahmenbedingungen zu optimieren.

Werden partizipative Unterrichtsstrukturen etabliert und werden Beobachtung und Gespräch zum regulären methodischen Bestandteil der MFE, kann davon ausgegangen werden, dass sich der zunächst anfallende Aufwand für die Lehrkräfte nach und nach sogar deutlich reduziert. Wenn nicht alle Kinder während der Stunde größtenteils auf die Lehrkraft fokussiert sein müssen, um das Unterrichtsgeschehen aufrechtzuerhalten, dann bedeutet dies für die Lehrkräfte auch eine Arbeitserleichterung. So müssen sie nicht kontinuierlich als erster „Ansprechpartner" für alle Gruppenmitglieder fungieren. Auch sind sie gewissermaßen weniger alleinverantwortlich für die Gesamtstunde, indem die Verantwortung auf die Schultern aller Beteiligten verteilt wird. Die wichtigste Voraussetzung ist hier der Mut zum Experiment und die Bereitschaft, temporäres Scheitern und Neuanfangen einzukalkulieren.

Rahmenbedingungen zu ändern heißt daher in erster Linie, ein Ziel anzustreben und nicht aus den Augen zu verlieren, selbst wenn der Weg dorthin mit hoher Wahrscheinlichkeit anders verläuft, als zunächst erwartet.

8.6   Ausblick

Die vorliegende Forschungsarbeit vereint eine theoretische und eine empirische Perspektive auf die musikbezogenen Bedeutungszuweisungen von Vorschulkindern. Als Ergebnis stellt das hier entworfene Modell der dynamischen Ebenen des (künstlerischen) Ein- und Ausdrucks besonders die kindlichen Versatzstücke zentral. Die daraufhin entwickelten didaktischen Impulse zur Intergration der kindlichen Perspektive in den MFE-Unterricht sind Vorschläge, um die Durchlässigkeit der MFE für den musikbezogenen Alltag der Kinder zu steigern. Sie stärken unter didaktischen Gesichtspunkten besonders die (künstlerische) Ausdrucksebene. Zugleich und in vielen Fällen untrennbar damit verbunden, wird hier für eine partizipative Unterrichtsgestaltung plädiert, welche auch eine Sensibilisierung der Lehrkraft für echte Beteiligung und die damit verbundene Wahrnehmung von kindlichen Bedürfnissen sowie die Wertschätzung von Ideen der Kinder beinhaltet.

Die hier vorgeschlagenen Elemente von Beobachtung und Gespräch, Portfolioarbeit sowie Inszenierung als Unterrichtsprinzip stellen einen ersten Schritt zur Übertragung der Forschungsergebnisse in die Praxis dar. Es wurde jedoch nicht das Ziel verfolgt, ein Unterrichtskonzept zu entwickeln und zu evaluieren. Vielmehr setzt die Forschungsfrage vorliegender Arbeit noch weit vor einem solchen Schritt an und zielt darauf, die subjektiven Sichtweisen von Kindern kennenzulernen und als Bestandteil des Unterrichts explizit zu machen. Dennoch führten mich die Interviewstudie und die Beschäftigung mit den theoretischen und empirischen Aspekten kindlicher musikbezogener Bedeutungszuweisung auch dazu, das eine oder andere in der Praxis auszuprobieren. Daher seien hier einige diesbezügliche Gedanken angefügt.

In mehreren MFE-Gruppen in der Kita habe ich mit kleinen Audio-Portfolios begonnen. Hier ging es vor allem darum, über den Anreiz der Aufnahmen ins Gespräch zu kommen und die Kommentare für die weitere Arbeit an den aufgenommenen Liedern zu nutzen. Zu einem späteren Zeitpunkt haben wir in der MFE-Gruppe noch einmal in die ersten Aufnahmen hinein gehört und sie mit der mittlerweile erarbeiteten Gestaltung (z.B. hinsichtlich der Begleitung mit Perkussionsinstrumenten) verglichen.

Nicht nur das Ausprobieren neuer methodischer Ideen wurde durch diese Arbeit angespornt, sondern auch meine Unterrichtsmentalität, mein Unterrichtsstil und meine Auffassung von Verantwortlichkeiten rund um die Unterrichtsgestaltung haben sich verändert. Das „Experten-Gefälle" zwischen Lehrkraft und Kindern hat sich für mich noch stärker als vor meiner Forschungstätigkeit relativiert, indem ich mich einerseits nach wie vor als Musikerin mit „Expertenwissen" einbringe, andererseits aber auch bei jedem einzelnen Kind neugierig darauf bin, welche Musik es als bedeutsam empfindet, welche Musik es mir zeigen kann und was es mir darüber erzählen möchte.

Ich wünsche mir, dass die hier gefundenen Ergebnisse und Impulse Eingang in die Praxis finden, dass Lehrkräfte Lust bekommen, das eine oder andere auszuprobieren und sich gemeinsam mit den Kindern darauf einzulassen. Ich möchte dazu ermutigen, nicht aufzugeben, nur weil ein erster Anlauf vielleicht erfolglos bleibt. Ausgehend von meinen Erfahrungen aus der Interviewstudie bin ich der Auffassung, dass sich im Gespräch mit den Kindern auch ein zweiter und ein dritter Anlauf finden lassen wird.

Manchmal ist es leichter, eine fertig geplante Stunde durchzuführen, als sich auf das unbekannte Terrain der kindlichen Impulse vorzuwagen. Es trotzdem zu tun erfordert Mut, Vertrauen in die Kinder, vor allem aber auch eine entspannte Haltung in Bezug auf selbstgesetzte Maßstäbe. Komplett durchstrukturierte Stunden haben genauso ihre Berechtigung wie vollkommen unvorhersehbarer Unterricht. Zwischen diesen beiden Polen eines Kontinuums ist ausreichend Platz, um die je persönliche didaktische Nische zur Integration der kindlichen Perspektive in den Unterricht zu finden.

Allerdings ist es nicht von der Hand zu weisen, dass der Begriff der Erziehung in der Fachbezeichnung „Musikalische Früherziehung" auf der Grundlage der hier vorgestellten Ergebnisse und Impulse nicht haltbar erscheint. Zwar ist der Früherziehungsbegriff in der Musikschullandschaft etabliert und wird daher auch hier verwendet, eine Erziehungsimplikation wäre aus dem vorliegenden Kontext heraus jedoch grundlegend untauglich zur Beschreibung des Fachs. Treffender wären dagegen Fachbezeichnungen wie „Musikalische Bildung im Vorschulalter" oder „Musikalische Bildung mit Kindern". Als Fachbezeichnung habe ich von MFE-Schülerinnen und -Schülern die Begriffe „Musikunterricht", „Musikstunde" oder schlicht „Musik" gehört. An einigen Musikschulen trägt das Fach ohnehin einen eigenen Namen. Eine neue Fachbezeichnung, welche auf Vorschläge oder Abstimmungsergebnisse von Kindern zurückgeht, wäre ebenfalls durchaus denkbar.

Abschließend sei für mein Forschungsprojekt angemerkt, dass es eine Momentaufnahme darstellt und somit zwischen einer Forschungsfrage, den vorliegenden Ergebnissen sowie den Impulsen für die Zukunft verortet ist. Umsetzung und Weiterentwicklung können zugleich Anlass für neue Forschungen in diesem Bereich geben. Ich bin gespannt auf die Zukunft, für die ich mir wünsche, dass sich Modelle partizipativer Unterrichtsgestaltung in der MFE etablieren können. Diese müssen aber auch nicht auf das Fach bezogen bleiben, sondern daraus können sich verschiedene Formen des institutionalisierten Umgangs mit Musik im Vorschulalter für die Musikschule und die Kita entwickeln. Indem die Individualität der Kinder als konstituierendes Element des Unterrichts gewürdigt und in die Gestaltung integriert wird, ist eine Diversität des Faches nicht nur in Bezug auf seine inhaltlichen Ausprägungen, sondern auch auf seine formale Verfasstheit anzunehmen. Das halte ich für eine vielversprechende Perspektive.

Literatur

Adorno, T. W. (1970). *Ästhetische Theorie.* Gesammelte Schriften: Bd. 7. Frankfurt a.M.: Suhrkamp.

AEMP – Arbeitskreis Elementare Musikpädagogik (2011). *Rahmenbedingungen zum Unterricht von Elementarkursen.* Verfügbar unter: http://www.a-emp.de/24.html [29.10.2012].

AEMP – Arbeitskreis Elementare Musikpädagogik (2012). *Ausbildungsinstitute.* Verfügbar unter: http://www.a-emp.de/12.html [16.11.2012].

Alanen, L. (2005). *Kindheit als generationales Konzept.* In H. Hengst & H. Zeiher (Hrsg.), *Kindheit soziologisch* (S. 65–82). Wiesbaden: VS Verlag für Sozialwissenschaften.

AMBR –Arbeitskreis Musik und Bewegung/Rhythmik an Hochschulen e.V. (2011). *Musik und Bewegung studieren – Informationen zum Studium.* Verfügbar unter: http://www.musikbewegung.de/studieninfo.html [3.11.2012].

Amslinger, T. & Lupette, L. (2009). *Einzimmerspringbrunnenbuch.* Wiesbaden: Lux Verlag.

Andresen, H. (2002). *Interaktion, Sprache und Spiel: Zur Funktion des Rollenspiels für die Sprachentwicklung im Vorschulalter.* Tübingen: Gunter Narr Verlag.

Andresen, S. & Hurrelmann, K. (2007). *Was bedeutet es heute, ein Kind zu sein? Die World Vision Kinderstudie als Beitrag zur Kinder- und Jugendforschung.* In World Vision Deutschland e.V. (Hrsg.), *Kinder in Deutschland 2007. 1. World Vision Kinderstudie.* Konzeption & Koordination: K. Hurrelmann, S. Andresen & TNS Infratest Sozialforschung (S. 35–64) Frankfurt a. M.: Fischer Taschenbuch Verlag.

Baacke, D. (1999). *Die 6 – 12 Jährigen. Einführung in die Probleme des Kindesalters.* Weinheim & Basel: Beltz.

Badur, I.-M. (2007). *Selbtstinitiierte musikbezogene Aktivitäten von Kindern im Grundschulalter. Teilergebnisse des Forschungsprojekts „Kind & Musik".* In W. Auhagen, C. Bullerjahn & H. Höge (Hrsg.), *Musikpsychologie – Musikalische Sozialisation im Kindes- und Jugendalter.* Jahrbuch der Deutschen Gesellschaft für Musikpsychologie Bd. 19 (S. 54–70). Göttingen u.a.: Hogrefe.

Bamler, V., Werner, J. & Wustmann, C. (2010). *Lehrbuch Kindheitsforschung. Grundlagen, Zugänge und Methoden.* Weinheim & München: Juventa.

Bayer, M. (2011). *Das kompetente Kind. Anmerkungen zu einem Konstrukt aus soziologischer Sicht.* In S. Wittman, T. Rauschenbach & H.R. Leu (Hrsg.), *Kinder in Deutschland. Eine Bilanz empirischer Studien* (S. 219–233). Weinheim: Juventa.

Bayrisches Staatsministerium für Arbeit und Sozialordnung, Familie und Frauen/Staatsinstitut für Frühpädagogik München (Hrsg. 2007). *Der Bayrische Bildungs- und Erziehungsplan für Kinder in Tageseinrichtungen bis zur Einschulung* (2. aktualisierte und erw. Aufl.). Berlin u.a.: Cornelsen Scriptor.

Beck-Neckermann, J. (2008). *Mit Kindern Musik entdecken. Musikalisches Experimentieren und Gestalten in der frühpädagogischen Bildungsarbeit.* Seelze-Velber: Klett Kallmeyer.

Beckers, R. (2003). *Musik und Medien in der Erfahrungswelt von Kindern.* In H. Gembris, R.-D. Kraemer & G. Maas (Hrsg.), *Vom Kinderzimmer bis zum Internet – Musikpädagogische Forschung und Medien.* Musikpädagogische Forschungsberichte (S. 11–35). Augsburg: Wißner.

Beckers, R. & Beckers, E. (1993). *Walkman, Fernsehen, Lieblingsmusik. Merkmale musikalischer Frühsozialisation.* In M. L. Schulten (Hrsg.), *Musikvermittlung als Beruf.* Musikpädagogische Forschung Band 14 (S. 11–23) Essen: Die Blaue Eule.

Beek, A. von der, Schäfer, G. E. & Steudel, A. (2006). *Bildung im Elementarbereich – Wirklichkeit und Phantasie*. Weimar & Berlin: verlag das netz.

Behne, K.-E. (1997). *III. Musikalische Urteilsbildung*. In L. Finscher (Hrsg.), *Die Musik in Geschichte und Gegenwart*. Sachteil Bd. 6 (Sp. 998–1012). Kassel u.a.: Bärenreiter.

Behnken, I. & Zinnecker, J. (Hrsg 2001). *Kinder – Kindheit – Lebensgeschichte. Ein Handbuch*. Seelze-Velber: Kallmeyer.

Benner, D. & Brüggen, F. (2004). *Bildsamkeit/Bildung*. In D. Benner & J. Oelkers (Hrsg.), *Historisches Wörterbuch der Pädagogik* (S. 174–215). Weinheim: Beltz.

Bensel, J. & Haug-Schnabel, G. (2005). *Kinder beobachten und ihre Entwicklung dokumentieren*. Sonderheft: Kindergarten heute spezial. Freiburg i. Br.: Herder.

Berger, U., Greiner, J., Pfaff, F., Robie, B., Schilling-Sandvoß, K. & Schwabe, M. (1998). *Spiel und Klang. Die Musikalische Früherziehung mit dem Murmel. Lehrerband*. Kassel: Gustav Bosse Verlag.

Bergmann, J. R. (2010a). *Harold Garfinkel und Harvey Sacks*. In: U. Flick, E. von Kardoff & I. Steinke (Hrsg.), *Qualitative Forschung. Ein Handbuch* (S. 51–62). Reinbek: Rowohlt.

Bergmann, J. R. (2010b). *Konversationsanalyse*. In U. Flick, E. von Kardoff & I. Steinke (Hrsg.), *Qualitative Forschung. Ein Handbuch* (S. 524–537). Reinbek: Rowohlt.

Berlyne, D. E. (1974). *Konflikt, Erregung, Neugier*. Stuttgart: Ernst Klett Verlag.

Bertram, H. (2011). *Ist Deutschland Mittelmaß für Kinder? Das Konzept „Child well-being" und die Notwendigkeit mehrdimensionaler Beschreibung von Kindheit für die Betrachtung von Forschungsergebnissen zu „kindlichem Wohlbefinden"*. In S. Wittman, T. Rauschenbach & H. R. Leu (Hrsg.), *Kinder in Deutschland. Eine Bilanz empirischer Studien* (S. 270–276). Weinheim: Juventa.

Bibliographisches Institut (2011). *Perspektive*. In Bibliographisches Institut (Hrsg.), *Duden online* (o.S.). Verfügbar unter: http://www.duden.de/rechtschreibung/Perspektive#block_2 [3.8.2011].

Bles, P. (2002). *Die Selbstbestimmungstheorie von Deci und Ryan*. In D. Frey & M. Irle (Hrsg.), *Theorien der Sozialpsychologie. Band III: Motivations-, Selbst- und Informationsverarbeitungstheorien* (S. 234–253). Bern: Verlag Hans Huber.

Böhm, A. (2010). *Theoretisches Codieren: Textanalyse in der Grounded Theory*. In U. Flick, E. von Kardoff & I. Steinke (Hrsg.), *Qualitative Forschung. Ein Handbuch* (S. 475–485). Reinbek: Rowohlt.

Bostelmann, A. (Hrsg. 2007). *So gelingen Portfolios in Kita und Kindergarten. Beispielseiten und Vorlagen*. Mülheim a.d.R.: Verlag an der Ruhr.

Bourdieu, P. (1974). *Zur Soziologie der symbolischen Formen*. Frankfurt a. M.: Suhrkamp.

Bourdieu, P. (1987). *Die feinen Unterschiede. Kritik der gesellschaftlichen Urteilskraft*. Frankfurt a. M.: Suhrkamp.

Breuer, F. (2001). *Qualitativ-methodische Untersuchung von Kinderwelten*. In G. Mey (Hrsg.), *Qualitative Forschung in der Entwicklungspsychologie. Potentiale, Probleme, Perspektiven*. Forschungsbericht aus der Abteilung Psychologie im Institut für Sozialwissenschaften der Technischen Universität Berlin, Nr. 2001-1, (S. 19–23). Verfügbar unter: http://psydok. sulb.uni-saarland.de/volltexte/2004/336/pdf/ber200101.pdf [23.10.2012].

Bruhn, H. (1993). *Rhythmus in Wahrnehmung und musikbezogener Handlung*. In H. Bruhn, R. Oerter & H. Rösing (Hrsg.), *Musikpsychologie. Ein Handbuch* (S. 291–299) Reinbek: Rowohlt.

Bruhn, H. (2005). *Entwicklung von Rhythmus und Timing*. In R. Oerter & T. Stoffer (Hrsg.), *Spezielle Musikpsychologie*. Enzyklopädie der Psychologie (S. 89–121). Göttingen: Hogrefe.

Brunner, I. (2006). *Stärken suchen und Talente fördern. Pädagogische Elemente einer neuen Lernkultur mit Portfolio.* In I. Brunner, T. Häcker & F. Winter (Hrsg.), *Das Handbuch Portfolioarbeit. Konzepte – Anregungen – Erfahrungen aus Schule und Lehrerbildung* (S. 73–78). Seelze-Velber: Klett-Kallmeyer.

Bundesakademie für musikalische Jugendbildung (2012). *Kursangebot Elementarbereich.* Verfügbar unter: http://www.bundesakademie-trossingen.de/weiterbildung.php4?loc=uebersicht&cat=1&p=2 [16.11.2012].

Campbell, P. Sh. (2010). *Songs in their Heads. Music and its meaning in Children's Lives* (2. Auflage). New York: Oxford University Press.

Case, R. (1985). *Intellectual Development: A systematic reinterpretation.* New York: Academic Press.

Cordes, I. (2005). *Der Zusammenhang kultureller und biologischer Ausdrucksmuster in der Musik.* Beiträge zur Musikpsychologie. Münster: Lit Verlag.

Corsaro, W. A. (1997). *The Sociology of Childhood.* Thousand Oaks u.a.: Pine Forge Press.

Csikszentmihalyi, M. (2005). *Das flow-Erlebnis. Jenseits von Angst und Langeweile: im Tun aufgehen* (9. Auflage). Stuttgart: Klett-Cotta.

Danto, A. C. (1984). *Die Verklärung des Gewöhnlichen. Eine Philosophie der Kunst.* (Übersetzt von M. Looser). Frankfurt a.M.: Suhrkamp.

Dartsch, M. (1999). Spiel in der Elementaren Musikpädagogik. *Üben & Musizieren* (3), 15–19.

Dartsch, M. (2002). *Elementare Musikpädagogik im anthropologischen Bedingungsfeld.* In J. Ribke & M. Dartsch (Hrsg.), *Facetten Elementarer Musikpädagogik. Erfahrungen – Verbindungen – Hintergründe* (S. 311–327). Regensburg: Con Brio.

Dartsch, M. (2008). *Studie zu Wirkungen und Voraussetzungen der Musikalischen Früherziehung* (hrsg. für den Verband deutscher Musikschulen). Bonn: VdM Verlag.

Dartsch, M. (2010a). *Musikalische Bildung in der Elementarstufe/Grundstufe, Grundlegende Aspekte der Elementaren Musikpädagogik.* In Verband deutscher Musikschulen (Hrsg.), *Bildungsplan Musik für die Elementarstufe/Grundstufe* (S. 13–25). Bonn: VdM Verlag.

Dartsch, M. (2010b). *Mensch, Musik und Bildung. Grundlagen einer Didaktik der Musikalischen Früherziehung.* Wiesbaden u.a.: Breitkopf & Härtel.

De Charms, R. (1968). *Personal Causation. The Internal Affective Determinants of Behaviour.* New York & London: Academic Press.

Deci, E. L. & Ryan, R. M. (1985). *Intrinsic motivation and self-determination in human behaviour.* New York: Plenum.

Deci, E. L. & Ryan, R. M. (1991). *A motivational approach to self-integration in personality.* In R. Dienstbier (Hrsg.), *Nebraska Symposium on Motivation.* Vol. 38 (S. 237–288). Lincoln: University of Nebraska Press.

Deleuze, G. & Guattari, F. (1992). *Tausend Plateaus. Kapitalismus und Schizophrenie.* Berlin: Merve Verlag.

Delfos, M. F. (2004). *„Sag mir mal…" Gesprächsführung mit Kindern (4–12 Jahre).* (4. Auflage). Weinheim: Beltz.

Deutsche Gesellschaft für Soziologie, Sektion Soziologie der Kindheit (2004). *Kurzportrait.* Verfügbar unter: http://www.soziologie.de/index.php?id=325 [10.08.2011].

DIPF – Deutsches Institut für Internationale Pädagogische Forschung (2012). *H Kulturelle/ musisch-ästhetische Bildung im Lebenslauf.* In DIPF (Hrsg.), *Der 4. Bildungsbericht (2012)* (S. 157–198). Verfügbar unter: http://www.bildungsbericht.de/index.html?seite=10220 [6.11.2012].

Dörpinghaus, A., Poenitsch, A. & Wigger, L. (2009). *Einführung in die Theorie der Bildung* (3. Auflage). Darmstadt: Wissenschaftliche Buchgesellschaft.

Drake, C. (1998). Psychological Processes involved in the Temporal Organization of Complex Auditory Sequences: Universal and Acquired Processes. *Music Perception 16*(1), 11–26.

Edelmann, W. (2000). *Lernpsychologie* (6. vollständig überarbeitete Auflage). Weinheim: Beltz.

Èl'konin, D. B. (1980). *Die Psychologie des Spiels*. Köln: Pahl-Rugenstein.

Erhard-Sport (2012). *Gymnastik-Reifen*. Verfügbar unter: http://www.erhard-sport.de/erhard-Gymnastik/Rhythmische-Sportgymnastik/Reifen/Gymnastikreifen-aus-Holz.html [9.11.2012].

ESF-Regiestelle (2012). *MEHR Männer in Kitas*. Verfügbar unter: http://www.esf-regiestelle.eu/mehr_maenner_in_kitas/index_ger.html [29.9.2012].

Faltin, P. (1985). *Bedeutung ästhetischer Zeichen. Musik und Sprache*. Aachener Studien zur Semiotik und Kommunikationsforschung: Bd. 1. Aachen: Rader Verlag.

Fischer, L. & Wiswede, G. (2009). *Grundlagen der Sozialpsychologie* (3., völlig neu bearb. Auflage). München: Oldenbourg.

Fivush, R. (1997). *Event memory in early childhood*. In N. Cowan (Hrsg.), *The development of memory in childhood* (S. 139–161). Hove East Sussex, UK: Psychology Press.

Flammer, A. & Gasser, L. (2007). *Strukturgenese*. In M. Hasselhorn & W. Schneider (Hrsg.), *Handbuch der Entwicklungspsychologie* (S. 15 – 25). Göttingen u.a.: Hogrefe.

Flitner, A. (2002). *Spielen – Lernen. Praxis und Deutung des Kinderspiels* (erw. Neuausgabe der 11. Auflage). Weinheim & Basel: Beltz.

Foltz-Zaun, A. (1999). *Spitz' die Ohren. Musikalische Früherziehung. Lehrerkommentar 1*. Aachen: Musikverlag Leopold.

Foltz-Zaun, A. (2000). *Spitz' die Ohren. Musikalische Früherziehung. Lehrerkommentar 2*. Aachen: Musikverlag Leopold.

Freie Hansestadt Bremen, die Senatorin für Arbeit, Frauen, Gesundheit, Jugend und Soziales (Hrsg. 2010). *Frühkindliche Bildung in Bremen. Bremer Individuelle Lern- und Entwicklungsdokumentation*. Verfügbar unter: http://www.soziales.bremen.de/sixcms/media.php/13/LED_2010.pdf [21.10.2012].

Frey-Vor, G. & Schumacher, G. (2004). Kinder und Medien 2003. Studie der ARD/ZDF-Medienkommission – Kernergebnisse für die sechs- bis 13-jährigen Kinder und ihre Eltern. *Media Perspektiven* (9), 426–440.

Fthenakis, W. E. (2002). *Der Bildungsauftrag in Kindertageseinrichtungen: ein umstrittenes Terrain?* Verfügbar unter: https://www.familienhandbuch.de/kindertagesbetreuung/erziehung-im-kindergarten/der-bildungsauftrag-in-kindertageseinrichtungen-ein-umstrittenes-terrain [7.1.2012].

Fthenakis, W. E. (2011). *Das „kompetente Kind". Eine überfällige Debatte für die Elementarpädagogik*. In S. Wittman, T. Rauschenbach & H.R. Leu (Hrsg.), *Kinder in Deutschland. Eine Bilanz empirischer Studien* (S. 198–211). Weinheim: Juventa.

Fuhs, B. (2000). *Qualitative Interviews mit Kindern. Überlegungen zu einer schwierigen Methode*. In F. Heinzel (Hrsg.), *Methoden der Kindheitsforschung. Ein Überblick über Forschungszugänge zur kindlichen Perspektive* (S. 87–103). Weinheim & München: Juventa.

Füller, K. (1978). *Methodenfragen (1). Lehrzielorientierte Testaufgaben in der Musikalischen Früherziehung (Erprobungsversuche) – einschließlich Dokumentation*. Berichte über die Wissenschaftliche Begleitung der Erprobung der Neufassung des Programms „Musikalische Früherziehung" Bd. 6 hrsg. im Auftrag des Verbands deutscher Musikschulen von G. Noll (unter Mitarbeit von A. Kormann). Bonn: Verband deutscher Musikschulen.

Garfinkel, H. (1973). *Das Alltagswissen über soziale und innerhalb sozialer Strukturen.* In Arbeitsgruppe Bielefelder Soziologen (Hrsg.), *Alltagswissen, Interaktion und gesellschaftliche Wirklichkeit.* Bd. 2. (S. 189–214). Reinbek bei Hamburg: Rowohlt.

Garz, D. (2008). *Sozialpsychologische Entwicklungstheorien. Von Mead, Piaget und Kohlberg bis zur Gegenwart* (4. Auflage). Wiesbaden: VS Verlag.

Gembris, H. (1995). *Das Konzept der Orientierung als Element einer psychologischen Theorie der Musikrezeption.* In K.-E. Behne, G. Kleinen & H. de la Motte-Haber (Hrsg.), *Musikpsychologie. Empirische Forschungen – Ästhetische Experimente.* Jahrbuch der Deutschen Gesellschaft für Musikpsychologie 1994, Bd. 11 (S. 102–118). Wilhelmshaven: Noetzel.

Gembris, H. (2002). *Grundlagen musikalischer Begabung und Entwicklung* (2. Auflage). Augsburg: Wißner.

Geuen, H. & Orgass, S. (2007). *Partizipation – Relevanz – Kontinuität. Musikalische Bildung und Kompetenzentwicklung in musikdidaktischer Perspektive.* Aachen: Shaker.

Giffin, H. (1984). *The Coordination of Meaning in the Creation of a Shared Make-believe Reality.* In I. Bretherton (Hrsg.), *Symbolic Play. The Development of social Understanding* (S. 73 – 100). Orlando u.a.: Academic Press.

Glaser, B. G. & Strauss, A. L. (1967/1998). *Grounded Theory. Strategien qualitativer Forschung.* Bern: Hans Huber.

Glathe, B. (1974). *Rhythmik für Kinder.* Wolfenbüttel: Georg Kallmeyer Verlag.

Göhlich, M. (1997). *Offener Unterricht. Geschichte und Konzeption.* In M. Göhlich (Hrsg.), *Offener Unterricht – Community Education – Alternativschulpädagogik – Reggiopädagogik. Die neuen Reformpädagogiken. Geschichte, Konzeption, Praxis* (S. 26–38). Weinheim & Basel: Beltz.

Grimm, H. & Weinert, S. (2002). *Sprachentwicklung.* In R. Oerter & L. Montada (Hrsg.), *Entwicklungspsychologie* (5. vollst. überarb. Auflage) (S. 517–550). Weinheim: Beltz.

Grochla, N. (2008). *Qualität und Bildung. Eine Analyse des wissenschaftlichen Diskurses in der Frühpädagogik.* Berlin & Münster: LIT Verlag.

Grüner, W. von (2007). *Über Musik und ihren anderen Sinn.* Gelnhausen: Wagner Verlag.

Habermas, J. (1984/1995). *Vorstudien und Ergänzungen zur Theorie des kommunikativen Handelns.* Frankfurt a. M.: Suhrkamp.

Häcker, T. (2006a). *Ein Medium des Wandels in der Lernkultur.* In I. Brunner, T. Häcker & F. Winter (Hrsg.), *Das Handbuch Portfolioarbeit. Konzepte – Anregungen – Erfahrungen aus Schule und Lehrerbildung* (S. 15–18). Seelze-Velber: Klett-Kallmeyer.

Häcker, T. (2006b). *Vielfalt der Portfoliobegriffe. Annäherungen an ein schwer fassbares Konzept.* In I. Brunner, T. Häcker & F. Winter (Hrsg.), *Das Handbuch Portfolioarbeit. Konzepte – Anregungen – Erfahrungen aus Schule und Lehrerbildung* (S. 33–39). Seelze-Velber: Klett-Kallmeyer.

Hargreaves, D. J. (1986). *The Developmental Psychology of Music.* Cambridge u.a.: Cambridge University press.

Harter, S. (1983). *Developmental perspectives on the self-system.* In P. Mussen (Hrsg.), *Handbook of child psychology, Volume IV: Socialization, personality, and social development* (S. 275–385). New York: Wiley.

Harter, S. (1999). *The Construction of the Self. A developmental Perspective.* New York: The Guilford Press

Haselbach, B., Nykrin, R. & Regner, H. (Hrsg. 1984). *Musik und Tanz für Kinder. Unterrichtswerk zur Musikalischen Früherziehung.* Lehrerband 1. Unterrichtsjahr. Mainz: Schott.

Haselbach, B., Nykrin, R. & Regner, H. (Hrsg. 1985). *Musik und Tanz für Kinder. Unterrichtswerk zur Musikalischen Früherziehung.* Lehrerband 2. Unterrichtsjahr. Mainz: Schott.

Heinzel, F. (2000a). *Methoden und Zugänge der Kindheitsforschung im Überblick.* In F. Heinzel (Hrsg.), *Methoden der Kindheitsforschung. Ein Überblick über Forschungszugänge zur kindlichen Perspektive* (S. 21–35). Weinheim & München: Juventa.

Heinzel, F. (Hrsg. 2000b). *Einleitung.* In F. Heinzel (Hrsg.), *Methoden der Kindheitsforschung. Ein Überblick über Forschungszugänge zur kindlichen Perspektive* (S. 17–19). Weinheim & München: Juventa.

Heinzel, F. (2003). *Qualitative Interviews mit Kindern.* In B. Friebertshäuser & A. Prengel (Hrsg.), *Handbuch Qualitative Forschungsmethoden in der Erziehungswissenschaft* (S. 396–413). Weinheim & München: Juventa.

Hellmich, F. (2007). Bedingungen anschlussfähiger Bildungsprozesse von Kindern beim Übergang vom Kindergarten in die Grundschule. *bildungsforschung* 4(1), 1–14. Verfügbar unter: http://www.bildungsforschung.org/Archiv/2007-01/uebergang/ [16.3.2008].

Hengst, H. & Zeiher, H. (Hrsg. 2005a). *Kindheit soziologisch.* Wiesbaden: VS Verlag für Sozialwissenschaften.

Hengst, H. & Zeiher, H. (2005b). *Von Kinderwissenschaften zu generationalen Analysen. Einleitung.* In H. Hengst & H. Zeiher (Hrsg.), *Kindheit soziologisch* (S. 9–23). Wiesbaden: VS Verlag für Sozialwissenschaften.

Herkner, W. (1991). *Lehrbuch Sozialpsychologie.* Bern u.a.: Verlag Hans Huber.

Heß, F. (2004). Stollen, Stollen, Abgesang ... Die Spannung zwischen Besonderem und Allgemeinem im ästhetischen Erleben. Martin Seels *Ästhetik des Erscheinens* in musikpädagogischer Absicht gelesen. *Zeitschrift für kritische Musikpädagogik*, 24–35. Verfügbar unter: http://home.arcor.de/zf/zfkm/hess1.pdf [10.7.2011].

Heß, F. (2005). *Erfahrung (ästhetische Erfahrung).* In S. Helms, R. Schneider & R. Weber (Hrsg.), *Lexikon der Musikpädagogik* (S. 54–56). Kassel: Bosse.

Honig, M.-S. (1999a). *Forschung „vom Kinde aus"? Perspektivität in der Kindheitsforschung.* In M.-S. Honig, A. Lange & H. R. Leu (Hrsg.), *Aus der Perspektive von Kindern? Zur Methodologie der Kindheitsforschung* (S. 33–50). Weinheim: Juventa.

Honig, M.-S. (1999b). *Entwurf einer Theorie der Kindheit.* Frankfurt a. M.: Suhrkamp.

Honig, M.-S., Lange, A. & Leu, H. R. (1999). *Eigenart und Fremdheit. Kindheitsforschung und das Problem der Differenz von Kindern und Erwachsenen.* In M.-S. Honig, A. Lange, & H. R. Leu (Hrsg.), *Aus der Perspektive von Kindern? Zur Methodologie der Kindheitsforschung* (S. 9–32). Weinheim: Juventa.

Horlacher, R. (2011). *Bildung.* Bern: Haupt Verlag.

Huizinga, J. (1938/2004): *Homo ludens. Vom Ursprung der Kultur im Spiel* (19. Auflage). Reinbek bei Hamburg: Rowohlt.

Hülst, D. (2000). *Ist das wissenschaftlich kontrollierte Verstehen von Kindern möglich?* In F. Heinzel (Hrsg.), *Methoden der Kindheitsforschung. Ein Überblick über Forschungszugänge zur kindlichen Perspektive* (S. 37–55). Weinheim: Juventa.

Hurrelmann, K. (1983). Das Modell des produktiv realitätsverarbeitenden Subjekts in der Sozialisationsforschung. *Zeitschrift für Soziologie der Erziehung und Sozialisation (ZSE)* (1), 91–103.

Hurrelmann, K. & Bründel, H. (2003). *Einführung in die Kindheitsforschung* (2., vollst. überarbeitete Auflage). Weinheim: Beltz.

James, A. & Prout, A. (Hrsg. 1997). *Constructing and Reconstructing Childhood: Contemporary Issues in the Sociological Study of Childhood.* London & Washington D.C.: Falmer Press.

Jaques-Dalcroze, E. (1916). *Die Rhythmik. Méthode Jaques-Dalcroze.* Leipzig: Breitkopf & Härtel.

Kaiser, H. J. (2001). Kompetent, aber wann? Über die Bestimmung von „musikalischer Kompetenz" in Prozessen ihres Erwerbs. *Musik & Bildung* (3), 5–10.

Kegan, R. (2005). *Die Entwicklungsstufen des Selbst. Fortschritte und Krisen im menschlichen Leben* (4. unveränd. Auflage). München: Kindt.

Kelle, H. (2005). *Kinder und Erwachsene. Die Differenzierung von Generationen als kulturelle Praxis.* In H. Hengst & H. Zeiher (Hrsg.), *Kindheit soziologisch* (S. 83–108). Wiesbaden: VS Verlag für Sozialwissenschaften.

KiBiz – Kinderbildungsgesetz (2011). Verfügbar unter: http://www.mfkjks.nrw.de/web/media_get.php?mediaid=17223&fileid=50840&sprachid=1 [29.10.2012].

KJHG – Kinder- und Jugendhilfegesetz (1990). § 22. Verfügbar unter: http://www.gesetze-im-internet.de/sgb_8/__22.html [6.1.2012].

Klafki, W. (2007). *Neue Studien zur Bildungstheorie und Didaktik. Zeitgemäße Allgemeinbildung und kritisch-konstruktive Didaktik* (6. Aufl.). Weinheim & Basel: Beltz.

Klaßen, Th. F. (1996). *Tendenzen und Probleme der Vorschulerziehung in der Bundesrepublik Deutschland.* In K.-H. Zarius (Hrsg.), *Musikalische Früherziehung. Grundfragen und Grundlagen* (S. 25–43). Mainz: Schott.

Kleinen, G. (1998). *Wahrnehmung. I. – IV.* In L. Finscher (Hrsg.), *Die Musik in Geschichte und Gegenwart.* Sachteil: Bd. 9. (Sp. 1837–1855). Kassel u.a.: Bärenreiter.

Kleinen, G. & Schmitt, R. (1991). *„Musik verbindet" Musikalische Lebenswelten auf Schülerbildern.* Essen: Die Blaue Eule.

Klieme, E., Avenarius, H., Blum, W. & Döbrich, P. et al. (2003). *Zur Entwicklung nationaler Bildungsstandards: Eine Expertise.* Bildungsforschung: Bd. 1. Hrsg. vom Bundesministerium für Bildung und Forschung (BMBF). Bonn & Berlin: BMBF.

Knauf, T. (o.J.). *Beobachtung und Dokumentation: Stärken- statt Defizitorientierung.* In M. R. Textor (Hrsg.), *Kindergartenpädagogik – Online-Handbuch,* o.S. Verfügbar unter: http://www.kindergartenpaedagogik.de/1319.html [15.11.2012].

Knigge, J. (2011). *Modellbasierte Entwicklung und Analyse von Testaufgaben zur Erfassung der Kompetenz „Musik wahrnehmen und kontextualisieren".* Münster: Lit Verlag.

Knigge, J. & Lehmann-Wermser, A. (2008). Bildungsstandards für das Fach Musik – Eine Zwischenbilanz. *Zeitschrift für Kritische Musikpädagogik. Sonderedition: Bildungsstandards und Kompetenzmodelle für das Fach Musik?,* 60–98. Verfügbar unter: http://www.zfkm.org/sonder08-knigge-lehmannwermser.pdf [28.7.2011].

Koeln-Magazin (2007 – 2012). *Heinzelmännchen in Köln. Von heimlichen Helfern und einer Erbsenstreuerin.* Verfügbar unter: http://www.koeln-magazin.info/heinzelmaennchen.html [10.11.2012].

Köneke, H. W. (1976). Schulkonzerte für den Primarbereich. Untersuchungen zur Musikrezeption bei Kindern. *Musik und Bildung* (12), 610–613.

Kormann, A. (1992). *Zur Erprobung von Tests in der Musikalischen Früherziehung.* In G. Noll: *Musikalische Früherziehung. Erprobung eines Modells* (unter Mitarbeit von Adam Kormann) (S. 65–75). Regensburg: Bosse.

Krabel, J. (o.J.). Fragen an die Bilderbücher – Checkliste zur Bestandsaufnahme von Geschlechtsbildern in Bilderbüchern. *GenderLoops,* 1–14. Verfügbar unter: http://www.genderloops.eu/docs/checkliste-bilderbuecher.pdf [29.9.2012].

Kraus, A. (2007). *Die Öhrcheninstallation. Ein Erhebungsverfahren in der Kindheits- und Schülerforschung.* Hamburg: Verlag Dr. Kovac.

Krause, M. (2007). *Kulturkonstruktion durch Bedeutungskonstruktion? Perspektiven für einen Musikunterricht als Ort der Konstituierung von Kultur.* In N. Schläbitz (Hrsg.), *Interkulturalität als Gegenstand der Musikpädagogik.* Musikpädagogische Forschung: Bd. 28. (S. 53–68). Essen: Die Blaue Eule.

Krause, M. (2008a). *Bedeutung und Bedeutsamkeit. Interpretation von Musik in musikpädagogischer Dimensionierung.* FolkwangStudien: Bd. 7. Hildesheim u.a.: Georg Olms Verlag.

Krause, M. (2008b). Perturbation als musikpädagogischer Schlüsselbegriff?! *Diskussion Musikpädagogik 40*(4), 46–51.

Krey-Gerve, T. (2011). „Hör mal…" Gesprochene Geschichten an und für das Kind. *TPS – Theorie und Praxis der Sozialpädagogik. Leben, Lernen und Arbeiten in der Kita. Evangelische Fachzeitschrift für die Arbeit mit Kindern* (3), 16–19. Seelze: Friedrich Verlag GmbH.

Krok, G. & Lindewald, M. (2007). *Portfolios im Kindergarten. Das schwedische Modell. Lernschritte dokumentieren, reflektieren, präsentieren.* Mülheim a.d.R.: Verlag an der Ruhr.

Kuckartz, U. (2007). *Einführung in die computergestützte Analyse qualitativer Daten* (2., aktualisierte und erw. Auflage). Wiesbaden: VS-Verlag für Sozialwissenschaften.

Kuhl, J. (2010). *Lehrbuch der Persönlichkeitspsychologie. Motivation, Emotion und Selbststeuerung.* Göttingen u.a.: Hogrefe.

Laewen, H.-J. (2002). *Bildung und Erziehung in Kindertageseinrichtungen.* In H.-J. Laewen & B. Andres (Hrsg.), *Bildung und Erziehung in der frühen Kindheit. Bausteine zum Bildungsauftrag von Kindertageseinrichtungen* (S. 16–102). Weinheim: Beltz

Landesakademie-NRW (2012). *Kursangebot.* Verfügbar unter: http://www.landesmusikaka demie-nrw.de/kursangebot/aktuell/ [16.11.2012].

Larass, P. (Hrsg. 2000). *Kindsein kein Kinderspiel. Das Jahrhundert des Kindes (1900 – 1999).* Halle: Verlag der Franckeschen Stiftungen zu Halle.

Leiser-Maruhn, H. (1998). *Rhythmik.* In L. Finscher (Hrsg.), *Die Musik in Geschichte und Gegenwart (MGG)* (begründet von Friedrich Blume, 2. neubearb. Ausg.) (Sp. 252–257). Kassel: Bärenreiter.

Lenke, N., Lutz, H.-D. & Sprenger, M. (1995). *Grundlagen sprachlicher Kommunikation. Mensch – Welt – Handeln – Sprache – Computer* (mit einem Beitrag von H. Hülzner-Vogt). München: Wilhelm Fink Verlag.

Leven, I. & Schneekloth, U. (2007) *Die Freizeit: Anregen lassen oder fernsehen.* In World Vision Deutschland e.V. (Hrsg.), *Kinder in Deutschland 2007. 1. World Vision Kinderstudie.* Konzeption & Koordination: K. Hurrelmann, S. Andresen & TNS Infratest Sozialforschung (S. 165–200). Frankfurt a. M.: Fischer Taschenbuch Verlag.

Leven, I. & Schneekloth, U. (2010). *Die Freizeit: Sozial getrennte Kinderwelten.* In World Vision Deutschland e.V. (Hrsg.), *Kinder in Deutschland 2010. 2. World Vision Kinderstudie.* Konzeption & Koordination: K. Hurrelmann, S. Andresen & TNS Infratest Sozialforschung (S. 95–140). Frankfurt a. M.: Fischer Taschenbuch Verlag.

Liegle, L. (2006). *Bildung und Erziehung in früher Kindheit.* Stuttgart: Kohlhammer.

Lutz, M., Behnken, I. & Zinnecker, J. (2003). *Narrative Landkarten. Ein Verfahren zur Rekonstruktion aktueller und biografisch erinnerter Lebensräume.* In B. Friebertshäuser & A. Prengel (Hrsg.), *Handbuch Qualitative Forschungsmethoden in der Erziehungswissenschaft* (S. 414–435). Weinheim & München: Juventa.

Mähler, C. (2007). *Kindergarten- und Vorschulalter.* In M. Hasselhorn & W. Schneider (Hrsg.), *Handbuch der Entwicklungspsychologie* (S. 164–174). Göttingen u.a.: Hogrefe.

Mahlert, U. (2000). Identität & Offenheit. Überlegungen zur Klärung des Faches Rhythmik. *Üben & Musizieren* (1), 8–17. Mainz: Schott.

Mayer, C. (1974). *Kurzer Überblick über die YAMAHA Kindermusikschule*. In G. Noll & A. L. Suder (Hrsg.), *Musik im Vorschulalter. Dokumentation der Studientagung Musikalische Früherziehung, Würzburg, 11. bis 14. Mai 1973* (S. 219–221). Regensburg: Bosse.

Mayring, P. (2002). *Einführung in die Qualitative Sozialforschung*. Weinheim & Basel: Beltz.

Mayring, P. (2008). *Qualitative Inhaltsanalyse. Grundlagen und Techniken* (10. Auflage). Weinheim & Basel: Beltz.

Mayring, P., Gläser-Zikuda, M. & Ziegelbauer, S. (2005). Auswertung von Videoaufnahmen mit Hilfe der Qualitativen Inhaltsanalyse – ein Beispiel aus der Unterrichtsforschung. *Medienpädagogik*, 1–17. Verfügbar unter: www.medienpaed.com/04–1/mayring04–1.pdf [15.2.2012].

Mazurovicz, U. (2002). *Konzepte Musikalischer Früherziehung*. In Staatsinstitut für Frühpädagogik (IFP) (Hrsg.), *Das Familienhandbuch*, o.S. Verfügbar unter: https://www.familienhandbuch.de/erziehungsbereiche/musik/konzepte-musikalischer-fruherziehung [18.2.2012].

Merkel, J. (2005). *Gebildete Kindheit. Wie die Selbstbildung von Kindern gefördert wird*. Handbuch der Bildungsarbeit im Elementarbereich. Bremen: Edition Lumière.

Metzger, B., Greiner, J., Stiller, B. & Schäfer, C. (2010). *Musikalische Früherziehung/EMP mit Kindern zwischen 3 bzw. 4 und 6 Jahren*. In Verband deutscher Musikschulen (Hrsg.), *Bildungsplan Musik für die Elementarstufe/Grundstufe* (S. 37–42). Bonn: VdM Verlag.

Mey, G. (2001). Den Kindern eine Stimme geben! Aber können wir sie hören? Zu den methodologischen Ansprüchen der neueren Kindheitsforschung (Review Essay). *Forum Qualitative Sozialforschung (FQS)* 2(2), Art. 16, 1–20. Verfügbar unter: http://www.qualitative-research.net/index.php/fqs/article/view/937/2051 [23.7.2011].

Mey, G. (2006). *Zugänge zur kindlichen Perspektive – Methoden der Kindheitsforschung*. In Staatsinstitut für Frühpädagogik (IFP) (Hrsg.), *Das Familienhandbuch*, o.S. Verfügbar unter: http://www.familienhandbuch.de/cmain/f_Fachbeitrag/a_Kindheitsforschung/s_940.html [12.2.2009].

Meyer, C. (2003). *Inszenierung ästhetischer Erfahrungsräume. Ein Beitrag zur Theorie und Praxis der Lehrerinnen- und Lehrerausbildung*. Berlin: Verlag für Wissenschaft und Kultur (WiKu-Verlag).

Meyer, C. (2004). *Inszenierung musikalisch-ästhetischer Erfahrungsräume in der Elementaren Musikpädagogik*. In: J. Ribke & M. Dartsch (Hrsg.), *Gestaltungsprozesse – erfahren – lernen – lehren. Texte zur Elementaren Musikpädagogik* (S. 44–52). Regensburg: Con Brio.

Meyer, C. & Weber-Krüger, A. (2010). Begegnungen mit der Fantastik. Inszenierung als Methode in der Musikalischen Früherziehung. *Üben & Musizieren* (4), 10–14. Mainz: Schott.

Meyer-Denkmann, G. (1970). *klangexperimente und gestaltungsversuche im kindesalter* (rote reihe). Wien: Universal Edition.

Meyer-Denkmann, G. (2007). *Zeitschnitte meines Lebens mit neuer Musik und Musikpädagogik 1950 – 2005*. Hofheim: Wolke.

Meyer-Drawe, K. (1990). *Illusionen von Autonomie. Diesseits von Ohnmacht und Allmacht des Ichs*. München: P. Kirchheim Verlag.

Michel, C. & Novak, F. (2004). *Kleines psychologisches Wörterbuch* (erw. und aktual. Neuauflage). Freiburg i. Br.: Herder.

Mietzel, G. (2000). *Wege in die Psychologie* (10. Auflage). Stuttgart: Klett-Cotta.

Mietzel, G. (2002). *Wege in die Entwicklungspsychologie* (4. vollst. überarb. Auflage). Weinheim: Beltz.

Minkenberg, H. (1991). *Das Musikerleben von Kindern im Alter von fünf bis zehn Jahren. Eine Längsschnittuntersuchung als Basis für die Erforschung von abweichender Musikrezeption.* Frankfurt: Lang.

Mohr, A. (2001). Analyse von Videodokumentationen in der kunstpädagogischen Forschung. In *Medienpädagogik* (1), 1–11. Verfügbar unter: www.medienpaed.com/01-1/mohr1.pdf [15.2.2012].

Mönig, M. (2006). Yamaha-Pädagogik. Elementare Musikpädagogik im Zeichen der drei Stimmgabeln. *Üben & Musizieren* (5), 27–31.

Montada, L. (2002). *Die geistige Entwicklung aus der Sicht Jean Piagets.* In R. Oerter & L. Montada (Hrsg.), *Entwicklungspsychologie* (5. vollst. überarb. Auflage) (S. 418–442). Weinheim: Beltz.

Moog, H. (1968). *Das Musikerleben des vorschulpflichtigen Kindes.* Mainz: Schott.

Muchow, M. & Muchow, H. H. (1935/1998). *Der Lebensraum des Großstadtkindes.* Weinheim: Juventa.

Muckel, P. (2007). Die Entwicklung von Kategorien mit der Methode der Grounded Theory. *Historical Social Research, Supplement* (19), 211–231.

Mummendey, A. & Otten, S. (2002). *Theorien intergruppalen Verhaltens.* In D. Frey & M. Irle (Hrsg.), *Theorien der Sozialpsychologie. Band II: Gruppen-, Interaktions- und Lerntheorien* (S. 95–119). Bern u.a.: Verlag Hans Huber.

Musikmobil-Würzburg (2012). *Singen.* Verfügbar unter: http://www.musikmobil-wuerzburg. de/kurse.html [8.12.2012].

Nelson, K. (1981). Individual differences in language development: Implications for development and language. *Developmental Psychology* (17), 170–187.

Nelson, K. (1996). *Language in cognitive development: Emergence of the mediated mind.* Cambridge: Cambridge University Press.

Nelson, K. & Gruendel, J. (1981). *Generalized event representations: Basic building blocks of cognitive development.* In M. E. Lamb & A. L. Brown (Hrsg.), *Advances in developmental psychology* (S. 131–158). Vol. 1. Hillsdale: Erlbaum.

Niessen, A. (2002). „Allgemeinbildung in Musik? Ein Plädoyer für Reflexion im Musikunterricht". *Zeitschrift für kritische Musikpädagogik,* 1–11. Verfügbar unter: http://home.arcor. de/zf/zfkm/niessen1.pdf [28.7.2011].

Niessen, A., Lehmann-Wermser, A., Knigge, J. & Lehmann, A. C. (2008). Entwurf eines Kompetenzmodells ‚Musik wahrnehmen und kontextualisieren'. *Zeitschrift für Kritische Musikpädagogik. Sonderedition: Bildungsstandards und Kompetenzmodelle für das Fach Musik?,* 3–33. Verfügbar unter: http://www.zfkm.org/sonder08-niessenetal.pdf [28.07.2011].

Nolda, S. (2007). Videobasierte Kursforschung. Mögliche Erträge von interpretativen Videoanalysen für die Erforschung des organisierten Lernens Erwachsener. *Zeitschrift für Erziehungswissenschaft 10*(4), 478–492.

Noll, G. (1992). *Musikalische Früherziehung. Erprobung eines Modells* (unter Mitarbeit von Adam Kormann). Regensburg: Bosse.

Noll, G. & Suder, A. L. (Hrsg. 1974). *Musik im Vorschulalter. Dokumentation der Studientagung Musikalische Früherziehung, Würzburg, 11. bis 14. Mai 1973.* Regensburg: Bosse.

Nykrin, R., Grüner, M. & Widmer, M. (Hrsg. 2007). *Musik und Tanz für Kinder. Unterrichtswerk zur Früherziehung. Lehrerkommentar zum ersten Unterrichtsjahr.* Mainz: Schott.

Nykrin, R., Grüner, M. & Widmer, M. (Hrsg. 2008). *Musik und Tanz für Kinder. Unterrichtswerk zur Früherziehung. Lehrerkommentar zum zweiten Unterrichtsjahr*. Mainz: Schott.

Oerter, R. (2002). *Kindheit*. In R. Oerter & L. Montada (Hrsg.), *Entwicklungspsychologie* (5. vollst. überarb. Auflage) (S. 209–257). Weinheim: Beltz.

Oerter, R. (2011). *Psychologie des Spiels* (2. Auflage der durchgesehen Neuausgabe 1999). Weinheim & Basel: Beltz (Psychologie Verlags Union).

Oevermann, U. (März 2002). *Klinische Soziologie auf der Basis der Methodologie der objektiven Hermeneutik – Manifest der objektiv hermeneutischen Sozialforschung* (Arbeitsgemeinschaft Objektive Hermeneutik e.V.). Verfügbar unter: http://www.agoh.de/cms/de/downloads/uebersicht/func-startdown/28/ [26.2.2012].

Orff-Schulwerk Gesellschaft Deutschland e.V. (2012). *Kursüberblick*. Verfügbar unter: http://www.orff-schulwerk.de/index.php5?id=3 [16.11.2012].

Orgass, S. (1996). *Kommunikative Musikdidaktik. Ansätze zu ihrer ästhetischen und pädagogischen Begründung sowie zwei praktische Erprobungen*. Forum Musikpädagogik, Bd. 22. Augsburg: Wißner.

Orgass, S. (2007). *Musikalische Bildung in europäischer Perspektive. Entwurf einer Kommunikativen Musikdidaktik*. FolkwangStudien: Bd. 6. Hildesheim u.a.: Georg Olms Verlag.

Orgass, S. (2011). Musikbezogenes Unterscheiden. Überlegungen zu einer interaktionalen Theorie musikalischer Bedeutung und nicht musikalischer Bedeutsamkeit. *Zeitschrift der Gesellschaft für Musiktheorie 8*(1), 1–20. Verfügbar unter: http://www.gmth.de/zeitschrift/artikel/621.aspx [1.11.2012].

Oswald, H. (2000). *Geleitwort*. In F. Heinzel (Hrsg.), *Methoden der Kindheitsforschung. Ein Überblick über Forschungszugänge zur kindlichen Perspektive*. Weinheim: Juventa.

Petermann, F. & Wiedebusch, S. (2008). *Emotionale Kompetenz bei Kindern* (2., überarb. und erw. Auflage). Göttingen u.a.: Hogrefe.

Petillon, H. (2010). *Soziale Beziehungen*. In Rost, D. H. (Hrsg.), *Handwörterbuch Pädagogische Psychologie* (4., überarb. und erw. Auflage) (S. 793–800). Weinheim: Beltz.

Pfaff, F. & Schwabe, C. (1997a). *Musikalische Elementarerziehung – ihr Wesen und ihre Quellen: Wesen der Musikalischen Elementarerziehung*. In C. Schwabe & H. Rudloff (Hrsg.), *Die Musikalische Elementarerziehung*. Crossener Schriften zur Musiktherapie: Bd. I (S. 15–21). Crossen: Akademie für angewandte Musiktherapie.

Pfaff, F. & Schwabe, C. (1997b). *Didaktik*. In C. Schwabe & H. Rudloff (Hrsg.), *Die Musikalische Elementarerziehung*. Crossener Schriften zur Musiktherapie: Bd. I (S. 136–209). Crossen: Akademie für angewandte Musiktherapie.

Piaget, J. & Inhelder, B. (1974). *Gedächtnis und Intelligenz*. Olten & Freiburg i. Br.: Walter-Verlag.

Piaget, J. & Inhelder, B. (2004). *Die Psychologie des Kindes* (9. Auflage). München: dtv.

Picot, S. & Schroeder, D. (2007). *Kinderpersönlichkeiten: Porträts von 12 Mädchen und Jungen*. In World Vision Deutschland e.V. (Hrsg.), *Kinder in Deutschland 2007. 1. World Vision Kinderstudie*. Konzeption & Koordination: K. Hurrelmann, S. Andresen & TNS Infratest Sozialforschung (S. 227–360). Frankfurt a. M.: Fischer Taschenbuch Verlag.

Priesner, V. (2010). *Spiel-Räume elementarer Musikpraxis. Anregungen für das Vorschulalter*. Nürnberg: Hochschule für Musik.

Priesner, V. & Hamann, D. (2002). *Auf der Suche nach dem Künstlerischen in Gestaltungsprozessen der Elementaren Musikpädagogik*. In J. Ribke & M. Dartsch (Hrsg.), *Facetten Elementarer Musikpädagogik. Erfahrungen – Verbindungen – Hintergründe* (S. 245–260). Regensburg: Con Brio.

Qvortrup, J. (1994). *Childhood Matters: An Introduction*. In J. Qvortrup, M. Bardy, G. Sgritta & H. Wintersberger (Hrsg.), *Childhood Matters. Social Theory, Practice and Politics* (S. 1–23). Aldershot: Avebury.

Qvortrup, J. (2005). *Kinder und Kindheit in der Sozialstruktur*. In H. Hengst & H. Zeiher (Hrsg.), *Kindheit soziologisch* (S. 27–47). Wiesbaden: VS Verlag für Sozialwissenschaften.

Qvortrup, J., Bardy, M., Sgritta, G. & Wintersberger, H. (Hrsg. 1994). *Childhood Matters. Social Theory, Practice and Politics*. Aldershot: Avebury.

Raker, K. & Stascheit, W. (2007). *Was ist Portfolioarbeit?* Mülheim a.d.R.: Verlag an der Ruhr.

Regner, M. & Schubert-Suffrian, F. (2011). *Portfolioarbeit mit Kindern*. Kindergarten heute: Praxis kompakt, Themenheft für den pädagogischen Alltag. Freiburg i. Br.: Verlag Herder.

Regner, M., Schubert-Suffrian, F. & Saggau, M. (2009). *Partizipation in der Kita*. Kindergarten heute: Praxis kompakt, Themenheft für den pädagogischen Alltag. Freiburg i. Br.: Verlag Herder.

Reich, K. (2000). *Benötigen wir einen neuen konstruktivistischen Denkansatz? Fragen aus der Sicht des Interaktionistischen Konstruktivismus*. In H. R. Fischer & S. J. Schmidt (Hrsg.), *Wirklichkeit und Welterzeugung*. In memoriam Nelson Goodman. (S. 97–110). Göttingen: Vandenhoeck & Ruprecht.

Reichartz, J. (2010). *Objektive Hermeneutik und hermeneutische Wissenssoziologie*. In U. Flick, E. von Kardoff & I. Steinke (Hrsg.), *Qualitative Forschung. Ein Handbuch* (S. 514–524). Reinbek: Rowohlt.

Reitinger, R. (2008). *Musik erfinden. Kompositionen von Kindern als Ausdruck ihres musikalischen Vorstellungsvermögens*. Regensburg: Con Brio.

Rheinberg, F. (2006). *Intrinsische Motivation und Flow-Erleben*. In J. Heckhausen & H. Heckhausen (Hrsg.), *Motivation und Handeln* (3. Auflage) (S. 331–354). Heidelberg: Springer.

Ribke, J. (1995). *Elementare Musikpädagogik. Persönlichkeitserziehung als musikerzieherisches Konzept*. Regensburg: Con Brio.

Ribke, J. (1997). *Aktiv musizieren – ein Kinderspiel?* In U. Mahlert (Hrsg.), *Spielen und Unterrichten. Grundlagen der Instrumentaldidaktik* (S. 292–303). Mainz: Schott.

Ribke, J. (2005). *Früherziehung, musikalische*. In S. Helms, R. Schneider & R. Weber (Hrsg.), *Lexikon der Musikpädagogik* (S. 72–74). Kassel: Bosse.

Ring, R. & Steinmann, B. (1997). *Lexikon der Rhythmik*. Kassel: Gustav Bosse Verlag.

Ritter, I. & Schäfer, C. (1999). *Klangstraße 1. Sing mit, tanz mit, spiel mit mir. Elementares Musizieren für Kinder ab vier Jahren. Lehrerhandbuch*. Mainz: Schott.

Ritter, I. & Schäfer, C. (2001). *Klangstraße 2. Sing mit, tanz mit, spiel mit mir. Elementares Musizieren für Kinder ab vier Jahren. Lehrerhandbuch*. Mainz: Schott.

Rohrmann, T. (2009). *Gender in Kindertageseinrichtungen. Ein Überblick über den Forschungsstand*. München: Deutsches Jugendinstitut e.V.

Rolle, C. (1996). *Interpretation und Rezeption von Musik. Grundfragen der Bedeutungskonstitution und des ästhetischen Verstehens*. In U. Eckart-Bäcker (Hrsg.), *Musik-Lernen – Theorie und Praxis. Studien zur Theorie der Musikpädagogik. Sitzungsbericht 1993 der Wissenschaftlichen Sozietät Musikpädagogik*. Musikpädagogik. Forschung und Lehre: Beiheft 7 (S. 40–54). Mainz u.a.: Schott.

Rolle, C. (1999). *Musikalisch-ästhetische Bildung. Über die Bedeutung ästhetischer Erfahrung für musikalische Bildungsprozesse*. Kassel: Gustav Bosse Verlag.

Rolle, C. (2002). Von der Kunst der Entzweiung zur Ästhetik des Erscheinens. Ästhetische Erfahrung und ästhetische Wahrnehmung bei Martin Seel. *Diskussion Musikpädagogik* (13), 88–94.

Schaefer, G. (1992). *Rhythmik als interaktionspädagogisches Konzept*. Remscheid: Waldkauz Verlag.

Schäfer, G. E. (o.J.a). *Bildungsprozesse im frühen Kindesalter*, 1–18. Verfügbar unter: http://www.offenburg.de/dynamic/assets/schaefer.pdf [17.7.2012].

Schäfer, G. E. (o.J.b). *Der bayrische Bildungs- und Erziehungsplan – Ein Instruktionsansatz?* 1–20. Verfügbar unter: http://www.hf.uni-koeln.de/data/eso/File/Schaefer/BildungInDer FruehenKindheit_Instruktionsanatz.pdf [17.7.2012].

Schäfer, G. E. (Februar 2002). *Bildung beginnt vor der Schule*. Fachpolitischer Diskurs – Köln, Maternushaus 14.02.02, Köln. Verfügbar unter: http://www.plattform-educare.org/ Datenbank/Bildung%20beginnt%20vor%20der%20Schule%20Gerd%20Sch%C3%A4fer. pdf [30.3.2012].

Schäfer, G. E. (2005). *Bildungsprozesse im Kindesalter. Selbstbildung, Erfahrung und Lernen in der frühen Kindheit*. Weinheim: Juventa.

Schäfer, G. E. (2010). *Frühkindliche Bildungsprozesse in ethnographischer Perspektive. Zur Begründung und konzeptionellen Ausgestaltung einer pädagogischen Ethnographie der frühen Kindheit*. In G. E. Schäfer & R. Staege (Hrsg.), *Frühkindliche Lernprozesse verstehen. Ethnographische und phänomenologische Beiträge zur Bildungsforschung* (S. 69–90). Weinheim & München: Juventa.

Schäfer, G. E. (2011). *Was ist frühkindliche Bildung? Kindlicher Anfängergeist in einer Kultur des Lernens*. Weinheim & München: Juventa.

Schaller, K. (1987). *Pädagogik der Kommunikation. Annäherungen – Erprobungen*. Sankt Augustin: Verlag Hans Richartz.

Schellberg, G. (1998). *Ergebnisse einer empirischen Untersuchung zur Klangfarbenwahrnehmung von Vorschulkindern mit einem Klangmemory*. In M. von Schoenebeck (Hrsg.), *Entwicklung und Sozialisation aus musikpädagogischer Perspektive*. Musikpädagogische Forschung: Bd. 19 (S. 75–89). Essen: Die blaue Eule.

Scheuerl, H. (1994). *Das Spiel. Untersuchungen über sein Wesen, seine pädagogischen Möglichkeiten und Grenzen* (12. unveränd. Aufl.). Bd. 1. Weinheim & Basel: Beltz.

Scheuerl, H. (1997). *Das Spiel. Theorien des Spiels*. (12. neu ausgestattete Aufl.). Bd. 2. Weinheim & Basel: Beltz.

Schiefele, U. & Köller, T. (2001). *Intrinsische und extrinsische Motivation*. In D. H. Rost (Hrsg.), *Handwörterbuch pädagogische Psychologie* (S. 304–310). Weinheim: Beltz.

Schmidt-Denter, U. (2005). *Soziale Beziehungen im Lebenslauf* (4., vollst. überarb. Auflage). Weinheim: Beltz.

Schneider, W. & Büttner, G. (2002). *Entwicklung des Gedächtnisses bei Kindern und Jugendlichen*. In R. Oerter & L. Montada (Hrsg.), *Entwicklungspsychologie* (5. vollst. überarb. Auflage) (S. 495–516). Weinheim: Beltz.

Scholz, G. (1994). *Die Konstruktion des Kindes. Über Kinder und Kindheit*. Opladen: Westdeutscher Verlag.

Schroeder, D., Picot, S. & Andresen, S. (2010). *Die qualitative Studie: 12 Porträts von Kinderpersönlichkeiten*. In World Vision Deutschland e.V. (Hrsg.), *Kinder in Deutschland 2010. 2. World Vision Kinderstudie*. Konzeption & Koordination: K. Hurrelmann, S. Andresen & TNS Infratest Sozialforschung (S. 223–240). Frankfurt a. M.: Fischer Taschenbuch Verlag.

Schuh, K. (1997). *Musik-Fantasie. Lehrerband für das 2. Musikschuljahr*. Gärtringen: Schuh Musikverlag.

Schuh, K. (2009). *Musik-Fantasie 1. Unterrichtsprogramm für Musikschulkinder von 4 bis 6 Jahren*. Gärtringen: Schuh Musikverlag.

Schulministerium.NRW.de (2006 – 2012). *Sprachstandsfeststellung zwei Jahre vor der Einschulung*. Verfügbar unter: http://www.schulministerium.nrw.de/BP/Schulsystem/Schul formen/Grundschule/Sprachstand/Sprachstandsfeststellung_zwei_Jahre_vor_der_ Einschulung/index.html [1.11.2012].

Schuster, R. (2009). *Phantome des Spiels*. In N. Gronemeyer & B. Stegemann (Hrsg.), *Lektionen 2 – Regie* (S. 12–22). Berlin: Verlag Theater der Zeit.

Schwabe, C. (1997). *Vorwort*. In C. Schwabe & H. Rudloff (Hrsg.), *Die Musikalische Elementarerziehung*. Crossener Schriften zur Musiktherapie: Bd. I (S. 13–14). Crossen: Akademie für angewandte Musiktherapie.

Schweizer, H. (2007). *Soziologie der Kindheit. Verletzlicher Eigensinn*. Wiesbaden: VS Verlag für Sozialwissenschaften.

Seel, M. (1997). *Die Kunst der Entzweiung. Zum Begriff der ästhetischen Rationalität*. Frankfurt a. M.: Suhrkamp.

Seel, M. (2003). *Ästhetik des Erscheinens*. Frankfurt a. M.: Suhrkamp.

Seel, N. M. (2000). *Psychologie des Lernens: Lehrbuch für Pädagogen und Psychologen*. München & Basel: Ernst Reinhardt Verlag.

Siebert, H. (1999). *Pädagogischer Konstruktivismus. Eine Bilanz der Konstruktivismusdiskussion für die Bildungspraxis*. Neuwied: Luchterhand.

Siegler, R. S. (2001). *Das Denken von Kindern* (3. Auflage, aus dem Englischen übersetzt von Jutta Schmidt). München & Wien: R. Oldenbourg Verlag.

Silbereisen, R. K. & Ahnert, L. (2002). *Soziale Kognition*. In R. Oerter & L. Montada (Hrsg.), *Entwicklungspsychologie* (5. vollst. überarb. Auflage) (S. 590–618). Weinheim: Beltz.

Skolnick, A. (1989). *Children in Their Own Right: The View from Developmental Psychology*. In E. Verhellen & F. Spiesschaert (Hrsg.), *Ombudswork for Children. A way of improving the position of children in society* (S. 87–106). Leuven: Acco.

Small, C. (1998). *Musicking: The Meanings of Performing and Listening*. Hanover, N. H.: Wesleyan University Press/University Press of New England.

Sodian, B. (2002). *Entwicklung begrifflichen Wissens*. In R. Oerter & L. Montada (Hrsg.), *Entwicklungspsychologie* (5. vollst. überarb. Auflage) (S. 443–468). Weinheim: Beltz.

Sommer, B. (1999). *Kinder mit erhobenem Kopf. Kindergärten und Krippen in Reggio Emilia*. Neuwied: Luchterhand Verlag.

Stadler Elmer, S. (2000). *Spiel und Nachahmung. Über die Entwicklung der elementaren musikalischen Aktivitäten*. Aarau: HBS Nepomuk.

Stadler Elmer, S. (2002). *Kinder singen Lieder: Über den Prozess der Kultivierung des vokalen Ausdrucks*. Münster: Waxmann.

Stadler Elmer, S. (2005). *Entwicklung des Singens*. In R. Oerter & T. Stoffer (Hrsg.), *Spezielle Musikpsychologie* (Enzyklopädie der Psychologie) (S. 123–152). Göttingen u.a.: Hogrefe.

Städtler, T. (1998). *Lexikon der Psychologie. Wörterbuch – Handbuch – Studienbuch*. Stuttgart: Kröner.

Steigleder, S. (2008). *Die strukturierende qualitative Inhaltsanalyse im Praxistest. Eine konstruktiv kritische Studie zur Auswertungsmethodik von Philipp Mayring*. Marburg: Tectum.

Steinke, I. (2010). *Gütekriterien qualitativer Forschung*. In U. Flick, E. von Kardoff & I. Steinke (Hrsg.), *Qualitative Forschung. Ein Handbuch* (S. 319–331). Reinbek: Rowohlt.

Stern, C. & Stern, W. (1907/1965). *Die Kindersprache. Eine psychologische und sprachtheoretische Untersuchung*. Darmstadt: Wissenschaftliche Buchgesellschaft.

Stern, W. (1914/1952). *Psychologie der frühen Kindheit*. (7. Auflage). Heidelberg: Quelle & Meyer.

Stippler, R. (2011). *Musikalische Früherziehung. Entwicklungen und Aspekte eines Faches im letzten Drittel des 20. Jahrhunderts.* Mainz: Schott.

Stoffer, T. (1998). *Wahrnehmung. V. Strukturmodelle.* In L. Finscher (Hrsg.), *Die Musik in Geschichte und Gegenwart.* Sachteil: Bd. 9 (Sp. 1855–1865). Kassel u.a.: Bärenreiter.

Stojanov, K. (2006). *Philosophie und Bildungsforschung: Normative Konzepte in qualitativ-empirischen Bildungsstudien.* In L. Pongratz, M. Wimmer & W. Nieke (Hrsg.), *Bildungsphilosophie und Bildungsforschung* (S. 66–85). Bielefeld: Janus Presse.

Strauss, A. L. (1998). *Grundlagen qualitativer Sozialforschung.* (2. Auflage). München u.a: UTB.

Strauss, A. L. & Corbin, J. (1998). *Basics of qualitative Research. Techniques and Procedures for Developing Grounded Theory.* Thousand Oaks: Sage.

Stumme, W. (1977). *Jahrestagung in Celle.* In D. Hemming (hrsg. im Auftrag des Verbandes deutscher Musikschulen), *Dokumente zur Geschichte der Musikschule (1902 – 1976).* Materialien und Dokumente aus der Musikpädagogik: Bd. 3 (S. 281–284). Regensburg: Gustav Bosse Verlag.

Subbotsky, E. (1997). Explanations of unusual events: Phenomenalistic causal judgements in children and adults. *British Journal of Developmental Psychology* (15), 13–36.

Träder, W., Vetter, H.-J. & Wucher, D. (1977). *Geleitwort.* In D. Hemming (hrsg. im Auftrag des Verbandes deutscher Musikschulen), *Dokumente zur Geschichte der Musikschule (1902–1976).* Materialien und Dokumente aus der Musikpädagogik, Bd. 3 (S. 5–7). Regensburg: Bosse.

Trautmann, T. (2010). *Interviews mit Kindern. Grundlagen, Techniken, Besonderheiten, Beispiele.* Wiesbaden: VS Verlag für Sozialwissenschaften.

Twittenhoff, W. (1977). *Jugendmusik und Musikschulen.* In D. Hemming (hrsg. im Auftrag des Verbandes deutscher Musikschulen), *Dokumente zur Geschichte der Musikschule (1902–1976).* Materialien und Dokumente aus der Musikpädagogik: Bd. 3 (S. 175–180). Regensburg: Bosse.

UN-Kinderrechtskonvention (1992). *UN-Kinderrechtskonvention. Übereinkommen über die Rechte des Kindes, Vollversammlung der vereinten Nationen* (1989). Verfügbar unter: http://www.unicef.de/fileadmin/content_media/Aktionen/Kinderrechte18/UN-Kinderrechtskonvention.pdf [10.12.2012].

Usihara, K., Puhlmann, E. & Schäfer, C. (Hrsg. 1969). *Der Liederkreisel 1. Yamaha Kinder-Musik-Kurs.* Yamaha Foundation for Music Education.

VdM – Verband deutscher Musikschulen (1977). *Lehrplan Musikalische Grundausbildung.* In D. Hemming (hrsg. im Auftrag des Verbandes deutscher Musikschulen), *Dokumente zur Geschichte der Musikschule (1902–1976).* Materialien und Dokumente aus der Musikpädagogik: Bd. 3 (S. 320–321). Regensburg: Bosse.

VdM – Verband deutscher Musikschulen (Hrsg. 1994). *Lehrplan Musikalische Früherziehung.* Kassel: Gustav Bosse Verlag.

Verhellen, E. & Spiesschaert, F. (Hrsg. 1989). *Ombudswork for Children. A way of improving the position of children in society.* Leuven: Acco.

Vitrifolk (o.J.). *Tambourin.* Vefügbar unter: http://www.vitrifolk.be/instruments/instruments-tambourin-1.html [9.4.2009].

Vogt, J. (2012). Musikalische Bildung – ein lexikalischer Versuch. *Zeitschrift für Kritische Musikpädagogik (ZfKM)*, 1–25. Verfügbar unter: http://www.zfkm.org/12-vogt.pdf [18.12.2012].

Weber-Krüger, A. (2008). *Konzerte für Kinder und Jugendliche. Gestaltungskriterien aus entwicklungs- und sozialpsychologischer Perspektive.* Tönning: Der Andere Verlag.

Weber-Lindenthal, U. (1977). *Methodenfragen (2). Projekt zur Erstellung und Erprobung eines Beobachtungsinstrumentariums für die Musikalische Früherziehung an Musikschulen und Kindergärten – einschließlich Dokumentation.* Berichte über die Wissenschaftliche Begleitung der Erprobung der Neufassung des Programms „Musikalische Früherziehung": Bd. 7 hrsg. im Auftrag des Verbands deutscher Musikschulen von G. Noll (unter Mitarbeit von A. Kormann). Bonn: Verband deutscher Musikschulen.

Widmer, M. (o.J.). *Musikalische Früherziehung – Didaktische Grundlagen.* In M. R. Textor (Hrsg.), *Kindergartenpädagogik – Online-Handbuch,* o.S. Verfügbar unter: http://www.kindergartenpaedagogik.de/73.html [18.2.2012].

Widmer, M. (2011). *Die Pädagogik des Orff-Instituts. Entwicklung und Bedeutung einer einzigartigen kunstpädagogischen Ausbildung.* Mainz: Schott.

Wilk, L. (1994). *Kindsein in „postmodernen" Gesellschaften.* In L. Wilk & J. Bacher (Hrsg.), *Kindliche Lebenswelten. Eine sozialwissenschaftliche Annäherung* (S. 1–32). Opladen: Leske + Budrich.

Wittgenstein, L. (2001). *Philosophische Untersuchungen. Kritisch-genetische Edition* (hrsg. von J. Schulte in Zusammenarbeit mit H. Nyman, E. von Savigny & G. Henrik von Wright). Frankfurt: Suhrkamp.

Wittman, S., Rauschenbach, T. & Leu, H. R. (Hrsg. 2011). *Kinder in Deutschland. Eine Bilanz empirischer Studien.* Weinheim: Juventa.

World Vision Deutschland e.V. (Hrsg. 2007). *Kinder in Deutschland 2007. 1. World Vision Kinderstudie.* Konzeption & Koordination: K. Hurrelmann, S. Andresen & TNS Infratest Sozialforschung. Frankfurt a. M.: Fischer Taschenbuch Verlag.

World Vision Deutschland e.V. (Hrsg. 2010). *Kinder in Deutschland 2010. 2. World Vision Kinderstudie.* Konzeption & Koordination: K. Hurrelmann, S. Andresen & TNS Infratest Sozialforschung. Frankfurt a. M.: Fischer Taschenbuch Verlag.

Wucher, D. (1974). *Modell – Programm „Musikalische Früherziehung" für 4–6jährige Kinder des Verbandes deutscher Musikschulen.* In G. Noll & A. L. Suder (Hrsg.), *Musik im Vorschulalter. Dokumentation der Studientagung Musikalische Früherziehung, Würzburg, 11. bis 14. Mai 1973* (S. 135–143). Regensburg: Bosse.

Wucher, D. (1977). *Grafik zum Strukturplan.* In D. Hemming (hrsg. im Auftrag des Verbandes deutscher Musikschulen), *Dokumente zur Geschichte der Musikschule (1902 – 1976).* Materialien und Dokumente aus der Musikpädagogik (Band 3) (S. 290). Regensburg: Gustav Bosse Verlag.

Wucher, D. & Twittenhoff, W. (Hrsg. 1970). *Programm Musikalische Früherziehung. Unterrichtsprogramm. 1. Halbjahr.* Regensburg: Gustav Bosse Verlag.

Wucher, D. & Twittenhoff, W. (Hrsg. 2003). *Tina & Tobi. Curriculum Musikalische Früherziehung, Lehrerordner 1, Unterrichtsprogramm 1. Halbjahr* (unter besonderer Mitarbeit von I. Benzing, R. Mehlig, G. Noll und L. Steiner. Überarbeitet von S. Tüchler und W. Wucher). Kassel: Bosse.

Yee, M. D. & Brown, R. (1992). Self-evaluations and intergroup attitudes in children aged three to nine. *Child Development* (63), 619–629.

Zarius, K.-H. (1989), *Musikalische Früherziehung. Stundenbilder für zwei Jahre. Lehrerband.* München: Ricordi.

Zarius, K.-H. (1996). *Zur Problematik vorschulischen Musikunterrichts.* In K.-H. Zarius (Hrsg.), *Musikalische Früherziehung. Grundfragen und Grundlagen* (S. 9–24) Mainz: Schott.

Zeiher, H. J. & Zeiher, H. (1994). *Orte und Zeiten der Kinder. Soziales Leben im Alltag von Großstadtkindern.* Weinheim & München: Juventa.

Zenatti, A. (1993). *Childrens Musical Cognition and Taste*. In T. J. Tighe & W. J. Dowling (Hrsg.), *Psychology and music: The understanding of melody and rhythm* (S. 177–196). Hillsdale, New Jersey: Erlbaum.

Zinnecker, J. & Silbereisen, R. K. (1996). *Kindheit in Deutschland. Aktueller Survey über Kinder und ihre Eltern*. Weinheim & München: Juventa.

Zwiener, D. (2008). *Bewegung als sichtbare Musik. Zur Entwicklung und Ästhetik der Methode Jaques-Dalcroze in Deutschland als musikpädagogische Konzeption*. Essen: Die Blaue Eule.

Weitere Quellen

Interview mit Prof. V. Priesner am 13.7.2009
Interview mit Prof. K.-H. Zarius am 14.7.2009
Interview mit F. Pfaff am 24.7.2009

Abbildungungen, Tabellen und Abkürzungen

Abbildungen

Abbildung 1: Semiotisches Dreieck 29

Abbildung 2: Der Modellraum 203

Abbildung 3: Beispielbild Tamburin 204

Abbildung 4: Beispielbild Reifen 204

Abbildung 5: Beispielbild Hören 205

Abbildung 6: Beispielbild Singen 205

Abbildung 7: Ablaufmodell der strukturierenden qualitativen Inhaltsanalyse . . 218

Abbildung 8: Ablaufmodell der theorie- und empiriegeleiteten
              Kategorienbildung 220

Abbildung 9: Schlagwort-Abbildung in Transana 222

Abbildung 10: Das deduktive Kategoriensystem 227

Abbildung 11: Abstraktionsschritte in der Datenauswertung 231

Abbildung 12: Die Kategorie „ästhetische Gestaltungsaspekte" 234

Abbildung 13: Die Kategorie „nicht sprachliche Äußerungen" 253

Abbildung 14: Die Kategorie „sprachliche Äußerungen" 258

Abbildung 15: Die Kategorie „Kompetenzempfinden" 268

Abbildung 16: Die Kategorie „Orientierung" 280

Abbildung 17: Die Kategorie „Auswahl" 288

Abbildung 18: Vernetzung der Kategorien 293

Abbildung 19: Modell der dynamischen Ebenen kindlicher
              musikbezogener Bedeutungszuweisung 301

Abbildung 20: Formen und Ausprägungen von Portfolios 334

Abbildung 21: Portfolio – „Das kann ich gut" 337

Abbildung 22: Portfolio – Zeitliche Abläufe 338

Tabellen

Tabelle 1:   Spielformen 83

Tabelle 2:   Fall-Raster der Kinderinterviews 202

Tabelle 3:   Liste der Kinder-Interviews 230

Tabelle 4:   Beobachtungs- und Beurteilungsfehler 323

Abkürzungen

AEMP: Arbeitskreis Elementare Musikpädgogik an Ausbildungsinstitutionen in Deutschland e.V.
AMBR: Arbeitskreis Musik und Bewegung/Rhythmik an Hochschulen e.V.
Delfin 4: Diagnostik, Elternarbeit, Förderung der Sprachkompetenz in Nordrhein-Westfalen bei 4-Jährigen
DIPF: Deutsches Institut für Internationale Pädagogische Forschung
EMP: Elementare Musikpädagogik
ESF: Europäischer Sozialfonds
Kap.:   Kapitel
KiBiz: Kinderbildungsgesetz (Nordrhein-Westfalen)
KJHG: Kinder- und Jugendhilfegesetz
KoMus: Kompetenzmodell für das Fach Musik
MFE: Musikalische Früherziehung
MGA: Musikalische Grundausbildung
NRW: Nordrhein-Westfalen
PISA: Programme for International Assessment
UN: United Nations, Vereinte Nationen
VdM: Verband deutscher Musikschulen e.V.

Anhang

1. Elterninformationen

Nachfolgend sind der Eltern-Informationsbrief sowie der Elternfragebogen mit der Einverständniserklärung abgedruckt.

Der Elternfragebogen liefert kurze Hintergrundinformationen zu den musikbezogenen Aktivitäten der befragten Kinder, er wird nicht vergleichend ausgewertet. Vielmehr ziehe ich ihn flankierend zu meinen persönlichen Eindrücken für die Kurzvorstellung der Kinder heran.

Liebe Eltern der Gruppe „Musikalische Früherziehung",   [*Datum*]

Mein Name ist Anne Weber-Krüger, ich bin Lehrerin für Musikalische Früherziehung und Eltern-Kind-Gruppen an der Rheinischen Musikschule Köln und Doktorandin an der Hochschule für Musik und Tanz Köln.

Mit diesem Schreiben möchte ich Sie um Unterstützung für mein Forschungsprojekt bitten.

Das Thema meiner Doktorarbeit heißt: *Bedeutungszuweisungen in der Musikalischen Früherziehung – Integration der kindlichen Perspektive in musikalische Bildungsprozesse.* Das Ziel ist zu erforschen, was Kinder selbst über musikalische Früherziehung denken, was ihnen dabei wichtig ist und was sie sich wünschen würden. Um dies herauszufinden, werde ich kurze, in ein Spiel eingebundene Interviews mit Kindern aus verschiedenen MFE-Gruppen durchführen und diese auf Tonband und Video aufnehmen und auswerten.

Ich freue mich sehr, dass [*Frau/Herr: Lehrkraft*] mir ihre Unterstützung zugesichert hat und möchte daher gerne einige Interviews in [*ihrer/seiner*] Gruppe durchführen.

Am [*Datum*] werde ich mich den Kindern vorstellen, ihnen das Spiel zeigen, das als Rahmen für die Interviews dient, und im Unterricht zum Kennenlernen dabei sein. Die Interviews sollen dann in der darauf folgenden Woche, am [*Datum*], während der Unterrichtszeit stattfinden.

Die Aufzeichnungen der Interviews werden in Schriftform übertragen und ausgewertet. Einzelne Textabschnitte sowie Standbilder oder Ausschnitte aus den Videos sollen zur Erläuterung der Ergebnisse auch Eingang in meine Doktorarbeit finden. Darin werden alle Namen selbstverständlich anonymisiert, um keine Rückschlüsse auf die interviewte Person zuzulassen.

Sofern Sie damit einverstanden sind, dass Ihr Kind interviewt wird, bitte ich Sie zusätzlich um ein paar kurze Hintergrundinfos zum musikalischen Umfeld Ihres Kindes.

Ich würde mich freuen, wenn Sie mich mit Ihrem Einverständnis sowie der Beantwortung der Fragen bei meinem Vorhaben unterstützen würden und bedanke mich schon vorab sehr herzlich für das entgegengebrachte Vertrauen.

Wenn Sie einverstanden sind, dass Ihr Kind interviewt wird, geben Sie bitte den ausgefüllten Fragebogen mit der unterschriebenen Einverständniserklärung bis zum [*Datum*] an [*Frau/Herrn: Lehrkraft*] zurück.

Vielen Dank und herzliche Grüße,

Elternfragebogen zum Forschungsprojekt von Anne Weber-Krüger

Für die Auswertung der Interviews sind einige Hintergrundinformationen zum musikalischen Umfeld im Elternhaus sehr hilfreich. Daher bitte ich Sie um ein wenig Zeit zur Beantwortung der folgenden Fragen:

1. Wird zuhause (gemeinsam) Musik gehört?

   Ja ☐,   gemeinsam ☐,   Kind alleine ☐,
   Nein ☐

2. Wird zuhause gemeinsam gesungen oder anderweitig gemeinsam musiziert?

   Ja ☐,   Singen ☐, anderweitig ☐,   wie? _____
   Nein ☐
   Nimmt Ihr Kind daran teil?
   Ja, ☐,   Nein ☐

3. Spielen Familienmitglieder Ihres Kindes ein Instrument bzw. singen sie?

   Ja ☐,   Nein ☐
   Erhalten sie diesbezüglich Unterricht?
   Ja ☐,   Nein ☐

4. Musizieren Familienmitglieder in Chören, Orchestern, Bands oder ähnlichen Gruppierungen?

   Ja ☐,   Nein ☐

5. Spielt Ihr Kind zusätzlich zum Unterricht der Musikalischen Früherziehung ein Instrument?

Ja ☐, welches?_____, 　Nein ☐

Erhält es darin Unterricht?

Ja ☐, 　Nein ☐

6. Musiziert Ihr Kind zusätzlich zur Musikalischen Früherziehung in einem Chor oder einer anderen Musikgruppe?

Ja ☐, 　wie oft? Wöchentlich ☐ 　oder ca._____ mal im Jahr.

Nein ☐

7. Besuchen Sie gemeinsam mit Ihrem Kind kulturelle musikalische Angebote wie Konzerte, Opernaufführungen u.ä.?

Ja ☐, 　ca. _____ mal im Jahr. 　Welche?_____

Nein ☐

8. Hat Ihr Kind Ihres Wissens nach ein Lieblingsinstrument?

Ja ☐, 　welches?_____

Nein ☐

Vielen Dank für ihre Unterstützung!

Einverständniserklärung

Ich bin damit einverstanden, dass meine Tochter/mein Sohn ....
im Rahmen des Forschungsvorhabens von Frau Anne Weber-Krüger interviewt wird und dass dies Interview auf Tonband und Video aufgezeichnet wird. Ich bin informiert, dass die Aufzeichnungen in Schriftform übertragen werden und dass alle Namen anonymisiert werden.

Mit folgenden Veröffentlichungen bin ich einverstanden (bitte ankreuzen):

☐ nur Interviewtext

☐ Interviewtext und Standbilder aus den Videos

☐ Interviewtext, Standbilder aus den Videos und Ausschnitte aus den Videos

....

(Unterschrift) 　　　　　　　(Möchten Sie Infos? Email-Adresse oder Tel.)

2. Kurzvorstellung der beteiligten Kinder

In den folgenden Kurzdarstellungen sollen die Besonderheiten und die Atmosphäre der einzelnen Kinderinterviews lebendig werden und es ermöglichen, die 28 interviewten Kinder näher kennen zu lernen. Dazu stelle ich jeweils einige persönliche Eindrücke zu den Interviews voran, welche meinen Notizen während der Datenerhebung bzw. den Memos aus dem Auswertungsprozess entnommen sind. Ebenso zeige ich hier zentrale Themen der Interviews auf. Flankiert wird dies durch relevante Informationen aus den Elternfragebögen.[75] Schließlich wird exemplarisch jeweils eine Szene aus jedem Interview vorgestellt, welche ich als charakteristisch und thematisch relevant für die Gesprächssituation empfinde.

Alle Namen wurden anonymisiert. Ich gehe davon aus, dass der Name wesentlich zum individuellen Identitätsempfinden beiträgt, daher habe ich versucht, Migrationshintergründe auch weiterhin im Namen kenntlich zu machen. Die Erhebung des Migrationshintergrunds als sozio-strukturelle Kategorie ist dagegen nicht Teil meiner Studie.

Es wird nicht abgebildet, um welche Musikschulen oder Kindertagesstätten es sich handelt, um Rückschlüsse auf die interviewten Kinder auszuschließen.

2.1 Franka und Bruno

Interview 1 – Dauer: 45'45"

Eindrücke und Themen: Im Interview stehen Fantasiegeschichten und Lieder im Vordergrund. Durch Frankas ersten Bestimmerwunsch, das Verkleiden, entwickelt sich beispielsweise eine Geschichte, in der die Spielfiguren zunächst fliegen, dann auf dem Meer landen, darin schwimmen, schließlich abtauchen und sich am Meeresboden bei Muscheln und unter Steinen verstecken. Alle Fantasiegeschichten werden von den Kindern mit Geräuschen und Klängen begleitet, welche als Soundscape zum Spiel aufgefasst werden können.

Beide Kinder haben ein großes Repertoire an bekannten Kinderliedern, welches sie im Verlauf des Interviews immer wieder neu kontextualisiert nutzen, nicht zuletzt indem Franka den Text von „Hänschen klein" durch Mimik und Gestik beim Singen szenisch untermalt, während Bruno dazu pantomimisch geigt. Dabei geht das zuerst texttreu gesungene Lied mehr und mehr in verschiedene Stimmklänge über, die einerseits das Weinen von Hänschens Mutter und andererseits das Geigespielen repräsentieren. Daneben finden auch eigene Lied- und Melodieerfindungen statt, welche insbesondere von Bruno eingebracht, aber auch von Franka aufgegriffen werden.

---

75 Sofern in den einzelnen Fällen bestimmte Themen aus den Elternfragebögen nicht aufgeführt sind, liegen dort keine Informationen aus dem jeweiligen Fragebogen vor.

Informationen: Hier liegen keine Informationen aus dem Elternfragebogen vor, da dieser erst bei den nachfolgenden Interviews eingeführt wurde.

Interview-Szene: Auf einen Impuls von Bruno, der meint, man solle ein neues Namensschild für die Spielfiguren schreiben, machen beide Kinder aus ihren Namen Lieder. Auch die vorher bereits verwendeten Kinderlieder werden für eigene Verarbeitungen noch einmal aufgegriffen. Franka schlägt eigentlich mir vor, dass ich mit verschiedenen Instrumenten ein „Chaos spielen" könnte. Dies nimmt Bruno zum Anlass, um die Lieder „Hänschen klein" und „Alle meine Entchen" durcheinander zu mischen. Er singt erst: *„Alle meine Entchen. Hänschen klein, ging allein, alle meine Entchen"* und direkt danach im Sprechgesang *„Chaoschaoschaos."* Dazu spielt er pantomimisch Gitarre.

Als ich frage, was wir zum Abschied machen sollen, schlägt Bruno noch einmal Hänschen klein vor, Franka kontert mit Bezug auf die vorherigen Namenslieder: *„Wir singen FrankaFranka"* und klatscht dazu. Bruno ergänzt: *„FrankaBruno, FrankaBruno"* und verwendet erst seine Gitarrenpantomime, bevor er in Klatschen übergeht. Dann bezieht er auch mich ein, denn er singt: *„Franka-Anna-Bruno."*

2.2 Robert und Jumbe

Interview 2 – Dauer: 41'31"

Eindrücke und Themen: Das Gespräch mit Robert und Jumbe hat mich sehr beeindruckt. Beide Kinder gehen in ihrem kreativen Umgang mit Musik sehr eigenständig vor, eine Anlehnung an die Ideen aus der Vorbereitungsstunde findet nicht statt und scheint auch nicht nötig zu sein.

In diesem Interview ist viel Musik zu hören. Bei Jumbe betrifft dies zahlreiche erfundene Silbengesänge sowie Lieder, welche er von zu Hause, aus den Medien, aus dem Kindergarten oder aus der MFE kennt. Fast immer – außer bei einem Lied aus der MFE – nimmt er dabei Änderungen vor, ergänzt erfundene Silbenkombinationen, wenn er den Text nicht weiß oder führt einen Liedanfang mit eigenen Ideen weiter. Im Verlauf des Interviews verwendet er mehrfach Lied-Versatzstücke, welche stilistisch dem Rock und dem Hip Hop zuzurechnen wären. In diesem Zusammenhang nimmt er auch Textergänzungen auf englisch oder mit englischer Aussprache, aber auf erfundenen Textsilben vor.

Robert steuert ebenfalls viel Musik bei. Seine Musik ist stark rhythmisch geprägt. Dies ist nicht verwunderlich, denn er erklärt selbst zu Beginn des Interviews, dass er Schlagzeugunterricht erhält. Das Schlagzeug bzw. die Instrumente Trommel und Becken sind auch seine Fixpunkte, wenn es um die Instrumentenauswahl geht. Wenn Robert im Sprechgesang verschiedene Klangsilben oder Texte zu Rhythmen verbindet, klopft er meist einen regelmäßigen Puls mit einem Fuß mit. Seine metrische Sicherheit ist dabei beachtlich.

Das Interview ist von der gemeinsamen Ideenentwicklung bzw. mehr noch, der Gemeinschaft beider Kinder geprägt, wobei Jumbe durch längere Redeanteile deutlicher im Vordergrund steht. Durch kurze Absprachen bzw. Blickkontakt bei Vorschlägen und Entscheidungen suchen beide Kinder jedoch immer wieder das Einverständnis des Anderen. Jumbe legt zudem häufig seinen Arm um Roberts Schulter, fordert ihn explizit auf, etwas zum Geschehen beizutragen (*„jetzt sagst Du was“*) oder lobt dessen Ideen (*„das war geil, was er sagt“*).

Informationen: Hier liegen keine Informationen aus dem Elternfragebogen vor, da dieser erst bei den nachfolgenden Interviews eingeführt wurde.

Interview-Szene: Robert sagt, er könne mit seinem Mund Musik machen und macht den folgenden Rhythmus vor, den er metrisch durch Aufklopfen mit dem Fuß begleitet:

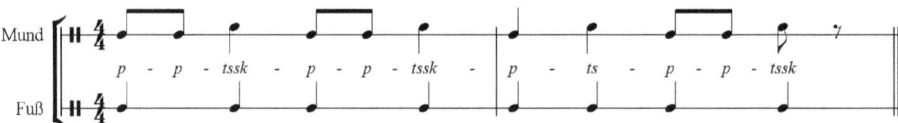

Jumbe beginnt sofort, sich zu Roberts Rhythmus mit zu bewegen und produziert dann ebenfalls verschiedene Rhythmen, die schließlich deutlich nach Beat Boxing klingen und welche er auch mit charakteristischen rhythmischen Kopfbewegungen unterstützt. Die Nutzung des Versatzstückes „Beat Box“ scheint vor dem Hintergrund der Ansage, mit dem Mund Musik zu machen, nur folgerichtig.

Andersherum lässt sich Robert von Jumbe zu einem Rap inspirieren, den er mit seinen Kompetenzen aus dem Schlagzeugunterricht füllt. Nachdem Jumbe bereits mehrere gerappte und gesungene rhythmische Texte eingebracht hat, lässt Robert seine Figur auf die im Modell aufgebaute „Bühne“ gehen und nimmt auch seine Schlagzeug-Bildkarte mit. Er beginnt mit einer Vocussion und geht dann in einen rhythmisierten Text über, der durch regelmäßiges Klopfen mit der Spielfigur begleitet oder auch ergänzt wird. Inhaltlich ist der Text an den Gegebenheiten im Raummodell und den Aktionsmöglichkeiten mit der Spielfigur angelehnt. Die ausnotierte Transkription dieses Raps findet sich unter Abschnitt 7.3.2.5 zur Unterkategorie „Musik erfinden“.

2.3 Julia und Thea

Interview 3 – Dauer: 45'51" (durch eine Toilettenpause unterbrochen)

Eindrücke und Themen: Inhaltlich steht im Interview mit Julia und Thea die häufige Verwendung von Versatzstücken aus der Erfahrungswelt der beiden Kinder im Vordergrund. Bei diesen Versatzstücken handelt es sich ausnahmslos um Spiele bzw.

Sportarten, wie z.B. Fußball, Verstecken, Seilspringen, Hampelmann oder „Wer wird Frühstückskönig?".

In der Interaktion der beiden Kinder fällt mir eine gewisse „Rollenverteilung" auf. Während Thea öfter abschweift und sich z.B. mit Anregungen aus dem Interviewraum beschäftigt, bringt Julia sie mit freundlichen Ermahnungen immer wieder zurück zum gerade aktuellen Thema. Beide Kinder treiben das Interviewgeschehen eigenaktiv voran, sie arbeiten dabei zumeist eng zusammen und gehen auf die gegenseitig gemachten Vorschläge ein. Ein eigenständiger Bezug zum Thema Musik kann auf der Grundlage der Aktivitäten von Julia und Thea nicht identifiziert werden, jedoch werden auf meine musikbezogenen Nachfragen von beiden Kindern Anknüpfungspunkte hergestellt.

Informationen: Gemeinsam mit ihrer Familie hört Julia Musik und singt. Niemand von ihren Familienangehörigen singt oder spielt ein Instrument im Unterricht, Julia selbst erhält jedoch Instrumentalunterricht neben der MFE. Ungefähr einmal im Jahr besucht sie die Kinderoper.

Thea hört zuhause alleine Musik und singt gemeinsam mit der Familie. Weitere Familienmitglieder erhalten Instrumental- bzw. Gesangsunterricht, nehmen jedoch nicht an Ensembles teil. Thea erhält neben der MFE keinen weiteren Musikunterricht und besucht auch keine musikalisch-kulturellen Veranstaltungen. Als Lieblingsinstrument wird Triangel angegeben.

Interview-Szene: Thea schlägt vor, zu einer leisen Musik Fußball zu spielen, während die Bälle zu lauter Musik in die Luft geworfen werden sollen. Zur leisen Musik lassen die beiden Mädchen ihre Spielfiguren wie in Zeitlupe „Fußball spielen", indem sie sie über den Modellraum-Boden schieben. Dabei stellt Thea fest, dass die Kongruenz ihrer Spielideen zur jeweils lauten oder leisen Musik nicht gegeben scheint. Sie korrigiert ihre ursprüngliche Idee: *„Ich glaub, bei laut sollen wir Fußball spielen […], weil sonst kann man's nicht."* Julia knüpft erläuternd an: *„Ja, sonst ist das so laut, weil […] weil, guck (klopft Figur auf Modellraum-Boden) […] Sonst kippt man manchmal sogar um."* Der letzte Kommentar von Julia bezieht sich dabei auf die extrem langsame, schiebende Bewegung mit den Spielfiguren.

2.4 Matthes und Leon

Interview 4 – Dauer: 55'36"

Eindrücke und Themen: Matthes und Leon sind mit Begeisterung bei der Sache und beeindrucken mich durch ihren Ideenreichtum und ihren eigenständigen Umgang mit der Interviewsituation. Nachfragen meinerseits sind in diesem Interview oft gar nicht nötig, da die beiden Jungen sehr detailliert und ausführlich ihre Handlungen kommentieren bzw. daraus neue Gesprächsimpulse entwickeln.

Das zentrale Thema dieses Interviews ist das Aufschreiben von Noten sowie der Umgang mit denselben. Über den gesamten Verlauf hinweg fällt mir eine gewisse „Sprachaffinität" von Matthes auf, die sich in einem kreativen Umgang mit Worten, aber auch in Kommentaren zu eigenen Schreib- und Lesekompetenzen äußert.

Informationen: Matthes hört gemeinsam und alleine Musik, in der Familie wird nicht gemeinsam musiziert und es liegt auch keine häusliche Instrumental- oder Gesangspraxis vor. Matthes selbst besucht außer der MFE keine anderen musikbezogenen Unterrichtsangebote, geht aber ca. sechs- bis achtmal im Jahr zu Musikaufführungen. Die Eltern vermuten verschiedene Lieblingsinstrumente, die jedoch nicht näher benannt werden.

Leon hört mit der Familie Musik, singt gemeinsam und spielt zuhause auf dem Klavier. Die häusliche vorhandene Instrumentalpraxis wird nicht durch Unterricht flankiert, auch Leon besucht außer der MFE keinen Musikunterricht. Ca. viermal im Jahr geht er zu musikalischen kulturellen Angeboten für Kinder oder ins Theater. Seine mutmaßlichen Lieblingsinstrumente sind Klavier und Gitarre.

Interview-Szene: Matthes wählt eine Ideenkarte mit abgebildeten Noten aus. Nun möchten beide Kinder eigene Noten aufschreiben und malen dabei zunächst alle Noten ab, die auf verschiedenen Bildkarten zu finden sind. Matthes fragt für jeden Aspekt des Notentextes nach dessen Bedeutung und verwendet daraufhin verschiedene Notenlängen, Tonhöhen (Gegensätze von hoch und tief: Noten über der obersten und unter der untersten Notenlinie), Bezeichnungen für Dynamik (f, ff, p) und Artikulation (Legatobogen).

Beide Kinder strahlen und wirken gewissermaßen stolz auf sich, als ich ihnen ihre selbst geschriebenen Noten vorsinge und sie so nun zu den Zeichen auch eine Klangvorstellung bekommen. Da beide Jungen ihren Notentext immer mehr erweitern, spielen wir das Muster von Aufschreiben und Anhören mehrmals durch.

Matthes überprüft, ob ich seine Noten richtig vorsinge. Er könnte sie zwar nicht selbst absingen, da er aber die Bedeutung der einzelnen Zeichen einordnen kann, fällt es ihm beispielsweise auf, dass ich zwei aufeinander folgende Noten gleich laut singe, obwohl die eine *piano,* die andere aber *forte* erklingen sollte. Matthes malt also kein Bild von Noten, sondern er schreibt eine Musik auf, für die er noch keine innere Klangvorstellung hat.

Leon geht anders vor. Während ich seine Noten vorsinge, steigt er plötzlich mit ein und singt „*Hoch soll er leben an--*". Dann erklärt er: „*Ich hätte gerne ‚Hoch soll er leben an der Decke kleben, runter fall'n, Popo knall'n in die heiße Suppe fallen' (.) hätte ich da gerne drauf geschrieben.*" Er hatte also möglicherweise beim Schreiben eine innere Klangvorstellung dieses Liedes, wohl wissend, dass die abgeschriebenen Noten diese nicht abbilden konnten.

2.5 Roshan und Caspar

Interview 5 – Dauer: 46'21"

Eindrücke und Themen: Roshan und Caspar treiben das Interviewgeschehen gemeinsam voran, sie nehmen immer wieder Impulse voneinander auf oder helfen sich gegenseitig mit Ideen oder Informationen weiter. Roshan übernimmt die Eröffnung des Interviews mit der Frage: „*Weißt du, was ich mir wünschen werde?*" und nennt dann „*Theater*" und „*Mikrophon*". Caspar ergänzt „*alles aus Strom*" und „*Schlagzeug*" sowie „*alle Instrumente*". Tatsächlich werden diese Wünsche im Interviewverlauf alle realisiert. Roshan entwirft eine Theaterszene rund um die Heinzelmännchen von Köln, für die ihm insbesondere die Ausstattung mit passenden Requisiten wichtig scheint. Caspar stellt eine Konzertsituation her, in welcher stellvertretend für die Instrumente mit Stimmklängen musiziert wird. Neben der Theater- und der Konzertszene fällt eine Phase auf, in der Roshan erklärt, er könne keine Noten. Daraufhin bietet Caspar an, sie ihm beizubringen und lässt ihn bei sich abgucken, während er einige Noten aufschreibt. Schließlich beeindruckt mich auch Roshans Idee eines Abschlussliedes, welches er mir und Caspar beibringen möchte.

Informationen: Roshan hört mit seiner Familie und alleine Musik, zuhause wird gesungen und mit Holzblasinstrumenten musiziert, daran beteiligt Roshan sich ebenfalls. Seine Familienmitglieder erhalten Instrumental- bzw. Gesangsunterricht und nehmen an Ensembles teil. Er selbst spielt neben der MFE kein Instrument und erhält auch keinen weiteren Musikunterricht. Zwei- bis fünfmal im Jahr geht er in die Kinderoper oder zu Kindermusikaufführungen unterschiedlicher Genres. Als Lieblingsinstrumente werden Saxophon und Schlagzeug verzeichnet.

Caspar hört ebenfalls alleine und gemeinsam Musik und beteiligt sich am häuslichen Singen. Ein Geschwisterkind erhält Instrumentalunterricht, keines der Familienmitglieder nimmt jedoch an Ensembles teil. Auch Caspar besucht kein weiteres Musikangebot neben der MFE. Ob er zu musikbezogenen Aufführungen geht, ist nicht verzeichnet. Sein vermutetes Lieblingsinstrument ist die Gitarre.

Interview-Szene: Roshan, welcher das Interview eröffnet hatte, beendet es auch, denn er schlägt ein Abschlusslied vor, welches er kennt. Da ich es nicht kenne, bietet er an: „*Ich sing es Euch einmal vor und dann singen wir alle zu dritt.*" Ihm ist es wichtig, dass wir uns dafür zunächst an die Seite des Raums setzen, vermutlich geht dies auf ein Ritual in seiner Musikgruppe zurück. Dort setzt sich die ganze Gruppe zum Abschluss immer auf eine Bank an der Seite des Raumes, bevor sie gemeinsam wieder zurück in die Kita-Gruppen geht. Allerdings wird in dieser Musikgruppe kein Abschlusslied gesungen, das von Roshan vorgesungene Lied stammt also nicht aus seinem MFE-Unterricht. Roshan spricht das Lied zunächst vor:

„Hallo wir haben mit uns Musik gemacht wir wollen auch, dass wir uns trennen, manchmal trennen wir, manchmal bleiben wir je- und tschüß, tschüß, tschüß- tschüß!" (klopft die Füße aneinander).

Danach vergewissert er sich noch einmal bei mir: *„So geht das doch?"* Nachdem er uns aufgefordert hat, mitzusingen (*„Jetzt singen wir's mal zusammen"*), spricht er den Text, während ich direkt auf einer bestimmten Tonhöhe anfange zu singen. Roshan greift dies auf und führt es zunächst melodisch weiter, wechselt ab und zu auch wieder in einen Sprechgesang und geht zur abschließenden Wiederholung des Wortes „Tschüss" erneut in eine Melodie über. Diese bildet ungefähr einen absteigenden Dur-Dreiklang nach. Caspar hat sich sofort neben Roshan gesetzt und singt jeweils die Phrasenenden mit.

2.6 Marie und Laura

Interview 6 – Dauer: 31'34"

Eindrücke und Themen: In diesem Interview beeindrucken mich die detaillierten und durchdachten Erklärungen, welche beide Mädchen für ihre Ideen und Aktivitäten geben.

Mehrmals werden Bezüge zum heimischen Umfeld, vor allem zu den eigenen Familienmitgliedern hergestellt und beide Kinder berichten in diesem Zusammenhang auch von ihren eigenen Spielinstrumenten und ihren Instrumentenwünschen. Neben den Aspekten des persönlichen Lebensumfelds liegt der Schwerpunkt dieses Interviews auf einer Idee zum Theaterspielen von Marie.

Marie und Laura arbeiten nicht nur gut zusammen, sie sind geradezu virtuos darin, sich zu ergänzen und Ideen bzw. Handlungen gegenseitig aufzunehmen und weiter zu entwickeln. Nur in einer einzigen Szene sind hier überhaupt parallel geführte Ideenebenen beider Kinder festzustellen.

Informationen: Marie hört alleine und gemeinsam mit der Familie Musik, zusammen wird auch gesungen. Instrumental- oder Gesangunterricht wird in der Familie nicht in Anspruch genommen, dies gilt auch für Marie, die neben der MFE keine weiteren musikbezogenen Unterrichtsangebote besucht. Ca. dreimal im Jahr geht sie in die Kinderoper oder zu Konzerten.

Laura hört gemeinsam und alleine Musik. In der Familie wird gemeinsam gesungen, Instrumental- oder Gesangsunterricht bzw. Ensembleteilnahmen spielen keine Rolle, auch Laura erhält neben der MFE keinen weiteren Musikunterricht. Sie geht ca. zweimal im Jahr in Popkonzerte.

Interview-Szene: Maries Idee zum Theaterspielen beginnt mit der Auswahl der Ideenkarte *„Theater"*. Bevor geklärt werden kann, worum es inhaltlich beim Theaterspielen gehen soll, wirft Laura sofort ein: *„Aber da brauchen wir so einen Vorhang."* Der Inhalt entwickelt sich gewissermaßen assoziativ, indem Marie zunächst vorschlägt, jemand könnte ein Wolf sein, um dann kurz darauf als weitere Rolle Schneewittchen einzubringen. Beide Mädchen nehmen sich daraufhin viel Zeit, um die Bühne adäquat einzurichten. Es soll einen Wald, ein Bett und ein Haus geben, schließlich auch ein Versteck für den Wolf und einen Platz für die böse Königin.

Auf meine Frage, wann es losgehen soll, fordern beide Kinder erst einmal den geschlossenen Vorhang ein und bevor dieser geöffnet werden kann, verweist Marie auf die Notwendigkeit einer Begrüßungsmoderation. *„Da sagt man immer meine Damen und Herren, ne? Das sag ich aber jetzt nicht. Ich sag nur, es ist- ich sag nur Schneewittchen ist das jetzt. Schneewittchen ist das jetzt".*

Musik spielt in diesem Theaterstück eine eher untergeordnete Rolle für Marie (*„egal"; „aus dem Radio"*). Als ich jedoch eine spontan erfundene Musik pfeife, wird diese für Laura interessant. Sie fragt:

L: *Welche is' das?*
I: *Denk ich mir grad aus.*
L: *Irgendeine, das ist erfunden, von dir.*

Daraufhin interessiert mich, was Laura zu einer ihr bekannten Musik sagen würde und ich frage:

I: *Oder soll ich 'ne andere? (L nickt, ich pfeife „Alle meine Entchen").*
L: *Was war das?*
I: *Alle meine Entchen.*
L: *Das kam mir auch so bekannt vor, wollt schon versuchen, ganz leise mitzusingen.*
I: *Ja? (lacht)*
L: *hab ich auch.*

Zum Abschluss nicht nur der Theaterszene, sondern auch des ganzen Interviews, ist es Marie wichtig, dass sich alle Spielfiguren verbeugen müssen.

2.7 Daria und Alexandra

Interview 7 – Dauer: 22'37"

Eindrücke und Themen: Im Interview hat das Aufstellen und Einhalten von Spielregeln für beide Kinder einen hohen Anreizwert. Dabei scheint auch der Umgang mit Spannungsauf- und -abbau relevant zu sein.

Bezüglich der Spielregeln geht es vor allem um Reaktionsspiele und so sehr die Spielerinnen darauf bedacht sind, die Regeln genau einzuhalten, so sehr ist die jeweilige Spielleiterin damit beschäftigt, kleine „Fallen" einzubauen. Dies führt zu spannungsgeladenen Szenen, deren Energie sich immer wieder auch in Heiterkeitsausbrüchen entlädt, wenn eine Reaktion mal nicht klappt. Zudem wird die Elternanwesenheit thematisiert. Insbesondere Alexandra möchte die Eltern zum Abschluss des Interviews gerne herein bitten, um ihnen die Interviewsituation vorzuspielen. Es könnte sein, dass Alexandra das Interview sozusagen als „Produkt" präsentieren möchte, wie man dies im Rahmen der MFE mit Liedern, Tänzen oder anderen kulturellen Produkten tut.

Informationen: Daria hört mit ihrer Familie und alleine Musik, gemeinsam wird auch gesungen. Weitere Familienmitglieder nehmen Instrumental- bzw. Gesangsunterricht, Daria selbst jedoch nicht. Sie besucht ca. viermal im Jahr die Kinderoper und als vermutetes Lieblingsinstrument geben die Eltern das Klavier an.

Auch Alexandra ist hörend und singend mit ihrer Familie musikalisch aktiv, darüber hinaus hört sie auch alleine Musik. Instrumental- oder Gesangsunterricht oder die Teilnahme an Ensembles spielen in ihrer Familie keine Rolle. Die MFE ist das einzige musikalische Unterrichtsangebot, welches sie besucht. Sie geht ca. dreimal im Jahr zu kulturellen musikalischen Aufführungen, welche allerdings nicht näher benannt werden.

Interview-Szene: Daria entwickelt die erste Reaktionsidee, indem sie durch das Spielen eines Holzblocks angibt, wann man sich in Reifen stellen soll, die am Boden liegen. Sie klopft mit ihrer Figur verschiedene punktierte Rhythmen auf die Holzblockkarte. Dabei verkürzt sie die Abstände zwischen Spielen und Pausen immer mehr, so dass sich der Schwierigkeitsgrad für die Reaktion erhöht. Sie kommentiert: *„Ihr sollt es auch schwer haben."* Alexandra entwickelt direkt danach ebenfalls eine Reaktionsspiel-Idee, nutzt jedoch wesentlich mehr Materialien und erhöht damit noch den Schwierigkeitsgrad. Ihr Vorschlag gestaltet sich als eine Art Stationenspiel, in dessen Verlauf an der richtigen Station die richtige Aktion (z.B. Malen mit den ausliegenden Stiften oder Tücher werfen und schweben lassen) ausgeführt werden soll.

2.8 Till und Nesrin

Interview 8 – Dauer: 32'45"

Eindrücke und Themen: Till und Nesrin sind unterschiedlich fokussiert in der Interviewsituation. Während Till sich viel im Raum bewegt, ist Nesrin stark auf das Raummodell und die darin enthaltenen Gegenstände und Bilder bezogen. Für die Entwicklung von Ideen steht größtenteils die Vorbereitungsstunde Pate. Sobald die Kinder mit den Materialien des Raummodells agieren, verwenden sie Inhalte aus der vergangenen Unterrichtsstunde. Insbesondere der Gegensatz von laut und leise in der Musik wird immer wieder aufgegriffen. Nesrin fügt in das Gegensatzprinzip noch den Aspekt ‚hoch-tief' ein und beide Kinder thematisieren auch Abstufungen, z.B. ‚hoch – mittel – tief'.

Bei Till fällt mir auf, dass er Nesrins Vorschläge in seine Entscheidungen mit einbezieht. So hat er beispielsweise zunächst erklärt, im Musikunterricht sollten nur Kinder die Bestimmer sein. Nesrin ist nicht einverstanden und wirft *„auch Lehrer"* ein. Till will gerade zum Bekräftigen ansetzen und beginnt mit *„nur Kin-"*, unterbricht sich dann aber und formuliert den Kompromiss: „*manchmal nur Kinder und manchmal auch Lehrer.*"

Informationen: Till hört gemeinsam und alleine Musik und er singt mit der Familie. Seine Familienmitglieder musizieren ohne Unterricht, Ensembles werden nicht besucht. Für Till ist die MFE das einzige institutionalisierte Musikunterrichtsangebot, welches er wahrnimmt, er besucht auch keine Aufführungen. Als Lieblingsinstrumente sind Trommel und Gitarre verzeichnet.

Nesrin hört mit ihrer Familie Musik, gesungen wird zuhause nicht. Andere Familienmitglieder spielen ein Instrument, dies ohne Unterricht oder Ensembleteilnahme. Nesrin besucht keine anderen musikbezogenen Unterrichtsangebote oder Aufführungen.

Interview-Szene: Nesrin erklärt, ihr sei es besonders wichtig, „*dass man alles richtig kann*". Kurz darauf thematisiert sie Können und Nichtkönnen sehr direkt, indem sie von ihrem Cousin erzählt:

> *N: Mein Cousin kann noch gar keine Flöte spielen, weißt du wie der spielt?*
> *I: Wie denn?*
> *N: Der ist erst so (zeigt 4 Finger) und ich bin so (zeigt 5 Finger). Der macht immer so. (Nesrin pustet kräftig durch ihre zu einem Trichter geformten Hände.) Da kommt gar nix mehr raus da kommt kein Ton raus.*

Till wirft ein, dass er auch nicht so gut auf der Blockflöte spielen kann: „*Und ich mache düdü (Blockflöten-Spielgeste), kann das auch nicht so gut. Kann nur so dü lü da blaus.*"

Können und Nichtkönnen setzen sich als Thema fort, als Nesrin erklärt, sie könne das Lied von Pippi Langstrumpf auf der Blockflöte. Als ich frage, wie man es hinbekommt, ein Lied auf der Blockflöte zu spielen, sagt Till „*Reinpusten*" und „*irgendwo draufdrücken*". Nesrin ergänzt:

> *N: Ich drück immer auf diese Löcher da kommen immer verschiedene Töne raus zum Beispiel (nimmt kurz ihre Hände als Trichter vor den Mund) ein tiefer Ton*
> *T: Und ein hoher Ton*
> *N: Und ein hoher Ton (streckt ihre Arme aus)*
> *T: Oder ein Mittelton*
> *N: Und ein Mittelton und ein ganz leiser Ton.*

2.9   Alina und Elsa

Interview 9 – Dauer: 33'39"

Eindrücke und Themen: Soziale Interaktionen nehmen einen hohen Stellenwert in diesem Interview ein. Noch bevor ich das Interview mit der Einstiegsfrage eröffnen kann, fragt Elsa: „*Wann kommen eigentlich die anderen?*" und bezieht sich damit auf die anderen Kinder der MFE-Gruppe. Über das gesamte Interview hinweg bleibt der Bezug zur Gruppe deutlich spürbar, beide Kinder würden z.B. gerne ihre Spielideen ein weiteres Mal mit der ganzen Gruppe ausprobieren. Alina hat mehr Redebeiträge als Elsa, diese wartet eher Alinas Ideen ab. Als sich Alina jedoch längere Zeit nicht entscheiden kann, ermahnt Elsa sie: „Jetzt. Mach!". Alina lenkt das Interview mit Nachdruck dahin, dass gemeinsam gemalt wird. Sequenzanalytisch ist eine zeitliche Verdichtung dieses Themas festzustellen: Bereits in den ersten fünf Minuten vorgebracht, erneuert Alina ihren Wunsch, dass gemalt werden soll ungefähr alle fünf Minuten, bis sie schließlich über das letzte Drittel des Interviews hinweg diesen Aspekt durchgängig aufrecht erhält.

Informationen: In Alinas Familie wird gemeinsam Musik gehört und gesungen. Institutionalisierte Musikangebote wie Instrumentalunterricht, Chor oder ähnliches spielen in der Familie keine Rolle, auch Alina besucht neben der MFE diesbezüglich keine weiteren Angebote. Bei Elsa stellt sich dies ganz ähnlich dar, sie hört jedoch zuhause auch allein Musik und besucht ca. zweimal im Jahr Konzerte oder Theateraufführungen.

Interview-Szene: Die Kinder malen Bilder zu einer Musik, die auf Alinas Vorschlag hin abwechselnd schnell und langsam sein soll. Ich frage:

> I: *Kann man das hinterher noch erkennen, was man langsam gemalt hat und was man schnell gemalt hat?*
> A: *Ähm ja, weil langsam is'n bisschen leichter, schnell ist dann so bisschen übergemalt." (zeigt auf eine andere Stelle ihres Papiers, auf der sie mit dem Schnellen begonnen hatte).*
> I: *Ah, ok.*
> A: *Langsam ist das so'n bisschen weniger.*

Dann konkretisiert Alina:

> A: *Langsam is' aber besser.*
> I: *Langsam ist besser? Wofür ist denn langsam besser?*
> A: *Um die Wiese so irgendwie so gleichmäßig zu malen.*

Elsa hat zunächst jeweils bei den langsamen Abschnitten gemalt, bei den schnellen hat sie das Malen unterbrochen und nur zugehört. Später malt sie auch zu den schnellen Abschnitten. Ich frage Alina, ob man durch die Musik eine Idee bekommt was man malen könnte. Sie sagt, dass das schon sein könne, bei ihr selbst zwar nicht, aber vielleicht bei Elsa.

> I: *Ahh Elsa, hat die Musik dir 'ne Idee gegeben, was du malst?*
> E: *(nickt)*
> I: *Was war denn die Idee?*
> E: *Ein Haus-*
> I: *Ein Haus, aha, bist du dann-?*
> E: *und ne Hängematte [...].*

I: Und sag mal, wie bist du auf das Haus und wie bist du auf die Hängematte gekommen. Hatte das was mit der Musik da eben zu tun?

E: Ja.

I: Was denn?

E: „W-W--Weil die Hängematte kann ich schnell malen und das Haus langsam."

2.10   Carla und Freya

Interview 10 – Dauer: 26'33"

Eindrücke und Themen: Beim Durchführen ebenso wie beim nachträglichen Beobachten und Auswerten fällt mir immer wieder das Tempo dieses Gesprächs auf. Beide Mädchen äußern viele kreative und fantasievolle Ideen, dabei führt ein Vorschlag schnell zum nächsten und der Informationsgehalt wird nicht nur durch die Erläuterungen sondern auch durch ausgiebiges Ausagieren mit den Materialien des Raummodells nachvollziehbar.

Das Interview wird in besonderem Maße durch eine längere Spielszene geprägt. Sie entwickelt sich, indem beide Mädchen eine tragfähige Deutung für ein Material (Pappquadrat) im Raummodell suchen. Daraus entsteht ein „Ausflug mit einem fliegenden Teppich", welcher von verschiedenen Liedern begleitet wird. Zudem sind – nicht nur in dieser Szene, sondern im gesamten Gespräch – verschiedene Versatzstücke aus der Lebenswelt der Kinder als „Ideenmaterial" erkennbar.

Informationen: Carla hört gemeinsam mit der Familie und alleine Musik, die Familie singt zusammen und Familienmitglieder erhalten Instrumentalunterricht. Carla selbst nimmt an keinem zusätzlichen musikalischen Unterrichtsangebot neben der MFE teil, sie besucht jedoch ca. viermal im Jahr Aufführungen in der Kinderoper oder im Kindertheater, sowie Familienkonzerte. Die Eltern vermuten als Lieblingsinstrument die Gitarre.

Auch Freya ist musikalisch-kulturell sehr aktiv, das häusliche Musizieren stellt sich ähnlich dem von Carla dar, allerdings erhält kein Familienmitglied Instrumental- oder Gesangsunterricht. Sie besucht ein- bis zweimal im Jahr die Kinderoper oder konzertpädagogische Angebote. Als vermutetes Lieblingsinstrument wird die Mundharmonika genannt.

Interview-Szene: Freya hält ein Pappquadrat aus dem Modellraum in der Hand und untersucht es.

F: (nimmt Pappquadrat) Und was ist das hier bitte?

I: Weiß nicht, sag du's mir. Was soll's denn werden?

F: (klopft mit Finger und Faust auf Pappe) Kann man aufmachen(..)? Geht nicht!

Sie versucht es zu öffnen, hält es ans Ohr und fragt *„ist da jemand?"* Sie verneint dies jedoch für sich und Carla bekräftigt: *„Keiner da."* Freyas Deutungsversuch *„ein*

Buch" wird von Carla ignoriert und auch von Freya wieder verworfen. Beide Kinder möchten schließlich von mir eine Antwort und ich erkläre, dass diese Pappquarate für alle möglichen Zwecke benutzt werden können, dass man die Figuren darauf klettern lassen kann oder etwas darauf stellen kann. Beide Mädchen werden nun sehr aktiv, suchen ihre Spielfiguren im Modellraum und stellen sie auf die Pappquadrate. Freya kommt zu einer Deutung, die sie nun mit Nachdruck vertritt und direkt in Bewegung umsetzt:

> F: Nein, das soll doch (.) *(hebt Quadrat mit Figur darauf an, strahlt)* ah, ich fliege mit meinem fliegenden Teppich.
> I: Oh, ein fliegender Teppich?
> F: Ja, mein fliegender Teppich.

Nun frage ich, wie die Idee vom fliegenden Teppich wohl mit Musik zusammen passen könnte. Beide Mädchen sind der Meinung, dass dazu ein Lied oder eine Musik gehören würde. Freya wählt *„Alle meine Entchen"* aus, Carla ist damit nicht einverstanden und entscheidet sich erst für das Lied von Pippi Langstrumpf, wechselt dann jedoch noch zum Lied der Olchis.[76] Da nun zwei Lieder vorgeschlagen wurden, legt Freya spontan als Regel fest *„Ähm. Jeder darf ein Lied singen, wie er möchte."* Die Lieder werden parallel gesungen, beide sind dabei durch gleichzeitig zunehmende Lautstärke und ansteigende Tonhöhe geprägt. Auch nutzen nun beide Kinder deutliche Wortdehnungen, dies immer noch fast zeitgleich. Carla kommt aufgrund der Lautstärke schließlich in den Vordergrund, Freya bricht ihren Gesang in der Mitte des Liedes ab und Carla führt die Gesangssequenz alleine zu Ende:

> F: [*(steht auf)* Alle meine Eeentchen]
> C: [Wir lieben Schliiiick] und Schlamm und Schleim, das Leben kann nicht schöner sein. Juhu.

2.11 Helge und Jonas

Interview 11 – Dauer: 17'57"

Eindrücke und Themen: Helge und Jonas wirken sofort sehr bewegungsfreudig auf mich. Sie wechseln beide häufig die Position zwischen Sitzen und Liegen. Wenn Helge lachen muss, rollt er sich auf dem Boden hin und her und Jonas bringt kurze, spielerische Rangeleien in Gang. Das gesamte Interview ist durch eher kurze, oft nur oberflächlich angerissene Dialogthemen geprägt. So fällt es mir erst einmal schwer, besonders auffällige Aspekte oder „Rote Fäden" zu identifizieren. Drei Sinneinheiten treten jedoch hervor: Zunächst ist es vor allem das Thema *„Quatsch machen"* oder auch *„Krach machen"*, welches die beiden Jungen im Gespräch thematisieren.

---

76 Die „Olchis" sind Figuren aus einem Kinderbuch von Erhard Dietl.

Außerdem arbeitet Jonas zur Unterstützung seiner Äußerungen mehrfach mit rhythmischen Bodypercussion-Elementen und gegen Ende des Interviews unternimmt er eine Klangexploration am Teppich, in die Helge zeitweise einsteigt.

Informationen: In Helges Familie wird gemeinsam Musik gehört und gesungen. Daneben beschäftigt er sich auch alleine mit Orff-Instrumenten. Auch bei den Familienmitgliedern spielen Instrumentalspiel bzw. Singen – ohne Unterricht oder Ensembleteilnahme – eine Rolle. Helge besucht keine weiteren Unterrichtsangebote, er geht jedoch ca. zweimal im Jahr ins Kinderkonzert.

Jonas hört gemeinsam und alleine Musik. Wenn er CDs hört, singt er mit. Gemeinsam mit der Familie wird ebenfalls gesungen. Weiterführende Instrumental- oder Gesangspraxis sowie diesbezüglicher Unterricht sind in der Familie nicht gegeben, dies gilt auch für Jonas selbst. Jonas besucht kulturelle musikalische Angebote im Theater und in der Kirche. Ein Lieblingsinstrument wird nicht vermutet, aber mitgeteilt, dass er verschiedene Instrumente ausprobieren möchte.

Interview-Szene: Jonas reibt seine Figur mit kurzen festen Strichen über den Teppich und stellt fest, dass es unterschiedlich klingt, je nachdem, in welche Richtung er die Figur bewegt. Die Klangexploration wirkt zufällig initiiert, Jonas scheint sich damit selbst zu überraschen, denn er sagt: *„Oh, guck mal. Das is' 'ne Musik."* Helge macht daraufhin mit, für ihn ist aber eher die visuelle Komponente wichtig, indem er die entstandenen Streifen im Teppich betrachtet. Er erklärt: *„Kann ich auch malen".* Jonas bleibt bei der klanglichen Exploration und kommentiert jedes Reiben der Figur synchron: *„Guck mal, mach ich dauernd nur dunkel-hell-dunkel-hell-dunkel-hell-dunkel".* Da der helle Klang mit dem Strich des Teppichflors entsteht und der dunkle Klang durch Reiben gegen den Strich erzeugt wird, stellt Jonas fest: *„So, das Dunkle is'n bisschen schwer."* Abrupt bringt er seine Exploration zu Ende, indem er die Figur schnell über den Teppich zieht und sie mit den gerufenen Worten *„und das hell. Dong, jaaa!"* in die Luft wirft.

2.12   Florian und Jannis

Interview 12 – Dauer: 41'46"

Eindrücke und Themen: Die erste Hälfte des Interviews wird von einer Theater-Spielidee geprägt, die sich aus Jannis Bestimmerwünschen entwickelt. Hier stehen innere Klangvorstellungen der Kinder im Mittelpunkt. In der zweiten Hälfte – nun ist Florian Bestimmer – fallen mir besonders dessen metrisch sehr stabile Rhythmuserfindungen auf.

Das Interview hat eine lustig-laute Atmosphäre, es wird viel gelacht und gerufen. Die beiden Jungen sind deutlich aufeinander bezogen, was sich nicht nur in der Dynamik der Ideen, sondern auch in häufigem Körperkontakt (mal eher kuschelig, mal als Rangelei) äußert.

Jannis sucht bezüglich der Weiterverwendung von Ideen eher den Konsens, während Florian vor allem seine eigenen Vorschläge voran bringen möchte. Bezüglich der Ideenentwicklung fällt auch auf, dass Jannis sich gerne an mir, der Erwachsenen, orientiert. Florian wirkt diesbezüglich relativ autark.

Informationen: Florian hört zuhause alleine und gemeinsam mit der Familie Musik, ebenso wird gemeinsam gesungen. Seine Familienmitglieder nehmen keinen Instrumental- oder Gesangsunterricht, auch er selbst nimmt keine weiteren musikbezogenen Unterrichtsangebote wahr. Er besucht keine Konzerte, Opernaufführungen o. Ä.

Jannis hört ebenfalls gemeinsam und alleine Musik, er singt mit seiner Familie, zudem wird gemeinsam zuhause auf verschiedenen Instrumenten (u.a. Klavier) musiziert. Die Familienmitglieder erhalten diesbezüglich jedoch keinen Unterricht, auch Ensembleteilnahmen spielen derzeit keine Rolle. Jannis geht zum Blockflötenunterricht, ein weiteres Musikgruppen-Angebot nimmt er neben der MFE nicht wahr. Er besucht ca. zweimal im Jahr Kinderkonzerte oder die Kinderoper.

Interview-Szene: Im Rahmen einer Theater-Spielidee von Jannis entwickeln die beiden Kinder eine Fantasiegeschichte über einen Zauberer, eine Hexe und einen Fußballer. Als ich frage, wie denn die Musik mit ins Spiel kommen könnte, fällt Florian sofort die Trommel ein. Jannis ist einverstanden und hat eine Idee für ihre Verwendung:

> I: *Was macht man denn mit der Trommel bei dem Theaterstück?*
> F: *Da macht man so'n (macht Trommelbewegung und lautes Geräusch) pchpchpch!*
> J: *Das könnte bei dem Zaubertrick sein, weil, Hexen sind ja stark, oder?*

Um ein Fußballtor zu bauen, wird danach eine Säge benötigt, aufgrund des Klangs schlägt Florian die Cabassa vor. Möglicherweise ist für ihn auch die Spiel- bzw. Sägebewegung des Hin und Her für die Auswahl relevant. Er sagt *„Das ratscht"* und macht dabei die Spielbewegung für die Cabassa vor. Jannis' Idee, Rasseln zu verwenden, *„wenn der Ball rollt"*, ist für Florian nicht stimmig. Auch die Trommel, kann er nur eingeschränkt gelten lassen: *„nur wenn sie kräftig schießen"* (er meint die Fußballer, welche den Ball schießen). Eigentlich würde sich ein rollender Ball nach Florians Auffassung am ehesten wie eine leise gespielte Cabassa anhören. Er zeigt auf die Karte und macht ein leises, fauchendes Geräusch vor. Nachdem die Bälle in der Geschichte so verhext werden, dass sie schnarchen und reden können, soll das verzauberte Fußballspiel beendet werden. Florian weiß auch schon wie: *„Deutschland gewinnt!"*

2.13 Michel und Pelle

Interview 13 – Dauer: 46'23"

Eindrücke und Themen: Obwohl Michel und Pelle zeitweise das Interviewgeschehen in enger Zusammenarbeit vorantreiben, behält sich jeder seinen Bereich vor. Dies führt dazu, dass teilweise zwei Parallelstränge laufen, die jedoch Berührungspunkte haben. Insbesondere Michel zieht sich manchmal zurück, hat keine Lust mehr oder möchte sich nicht direkt auf eine Spielidee einlassen. Beide Kinder nehmen jedoch auch Impulse des jeweils anderen auf, die sie weiter verwenden.

In diesem Interview kommen viele Lieder vor, vor allem hat Pelle ein reichhaltiges Liedrepertoire. Auch Michel kennt viele der von Pelle angestimmten Lieder Er hat sie zwar nicht so lückenlos präsent wie sein Interviewpartner, singt aber an mehreren Stellen mit. Michel rekurriert dagegen mehrmals auf MFE-typische Handtrommeltechniken wie Wischen, Tippen oder Kratzen. Er ist es auch, der z.T. experimentell oder improvisatorisch mit der Stimme umgeht, während Pelle die Lieder anscheinend eher möglichst originalgetreu wiedergeben möchte. Insgesamt ist in diesem Interview viel Musik zu hören. Dies liegt nicht zuletzt an Pelles Idee eines Sing-Wettbewerbs im Radio. Diese Idee bildet ein wesentliches Gerüst des gesamten Interviewverlaufs.

Informationen: Michel hört alleine und gemeinsam zuhause Musik, in der Familie wird ebenfalls gesungen. Weder Michel noch seine Familienmitglieder erhalten Instrumental- oder Gesangsunterricht bzw. nehmen an Ensembles teil. Ca. dreimal im Jahr besucht Michel Familienkonzerte. Sein mutmaßliches Lieblingsinstrument ist das Schlagzeug.

Bei Pelle sind fast die gleichen Informationen hinsichtlich musikbezogener Aktivitäten zu finden. Nur bezüglich der kulturellen Veranstaltungen besteht ein Unterschied, er besucht ca. fünfmal im Jahr Kinderkonzerte u.ä. Als Lieblingsinstrument wird die Gitarre angegeben.

Interview-Szene: Pelle entwickelt die Idee eines Gesangswettbewerbs, der im Radio übertragen wird und in einem Sendestudio stattfindet. Die Idee entsteht, weil Pelle mein Audio-Aufnahmegerät als Gesangsmikrophon benutzen möchte. Er erweitert dessen Funktion dann noch, indem er es für eine Art Anmoderation nutzt. Die Wortwahl *„Meine Damen und Herren"* hat er dabei von Michel übernommen, der diese bereits kurz vorher ohne thematischen Bezug verwendet hatte.

> *P: Meine Damen und Herren […] (lacht). Hier kommt der beste Sänger, meine Damen und Herren, sprechen Sie jetzt was ins Mikrophon.*

Sprach- und Gesangsaufnahmen sollen dann im Radio gesendet werden. Zu diesem Zweck baut Pelle nach und nach eine Art Sendestudio im Modellraum auf und entwickelt die zugrunde liegenden Regeln (*„alle stellen sich an"*, *„jeder singt ein Lied"*) sowie das Setting (*„Wettbewerb"*). Michel möchte zunächst nicht ins Mikrophon singen. Daher versucht Pelle, ihn durch das Vorsingen von Liedbeispielen doch noch überreden zu können. Unter Anderem singt er *„Kuckuck, kuckuck, ruft's aus dem Wald"*. Als er kurz darauf alle Strophen des Volkslieds *„Singt ein Vogel"* durchsingt, steigt Michel plötzlich ein und begleitet erst durch vokale Lautbildungen, dann durch wiederholte

– aufwärts und abwärts gesungene – Kuckuckseinwürfe in unterschiedlichen Stimmlagen und Stimmfärbungen. Michel reflektiert im Anschluss darüber, wann er Musik macht und wann nicht. Sein erster kurzen Liedansatz vor Pelles Liedvorschlägen sowie einige laute Silbenwiederholungen, die er zu Beginn ins Mikrophon gerufen hatte, sind für ihn keine Musik. Seine Kuckuckseinwürfe kommentiert er dagegen mit *„ich sing ein Lied".* Er erklärt, dass sie zu Pelles Lied *„dazu"* gehörten. Sie betrafen also ein gemeinsames Musizieren.

2.14 Cecilia und Linus

Interview 14 – Dauer: 12'37"

Eindrücke und Themen: Das Interview wirkt zunächst eher unverbindlich, die Ideen wenig ausgestaltet. Dies liegt nicht zuletzt daran, dass es kurz vor dem Abschluss der zeitgleich stattfindenden MFE-Stunde durchgeführt wurde und somit ein wenig von Zeitdruck gekennzeichnet war. Dennoch fällt das Thema „Roboter" als roter Faden auf. Es wird von Cecilia eingebracht, nachdem sie und Linus mit ihren Spielfiguren den „Instrumentenschrank" inspiziert haben.

Cecilia und Linus übernehmen teilweise Ideen voneinander und treiben den Fortgang des Gesprächs dadurch auch abschnittsweise gemeinsam voran. Allerdings geschieht dies zumeist zeitversetzt. Wird dagegen jeweils nur die akute Situation betrachtet, so sind eher die individuellen „Aktionsschauplätze" der Kinder zu erkennen.

Informationen: In Cecilias Familie wird gemeinsam Musik gehört, jedoch nicht gesungen. In der Familie wird zwar musiziert, allerdings ohne diesbezüglichen Unterricht oder die Teilnahme an Ensembles o. Ä. Auch Cecilia selbst besucht keine weiteren musikbezogenen Angebote, weder im Unterrichts-, noch im Aufführungszusammenhang. Die Eltern vermuten als Lieblingsinstrument das Glockenspiel. Auch bei Linus wird zuhause gemeinsam Musik gehört, während nicht gesungen oder anderweitig musiziert wird. Weitere musikalische Unterrichtsangebote besucht er nicht, jedoch geht er ca. dreimal im Jahr ins Musical. Als vermutetes Lieblingsinstrument wird das Schlagzeug angegeben.

Interview-Szene: Cecilia fragt in abgehacktem Sprachduktus und monotoner Sprachmelodie *„Was-gibt-es-noch?"* und klopft zu jeder Silbe ihre Spielfigur auf den Boden. Daraufhin erklärt sie: *„Ich spr- ich sprech' so wie ein Roboter"* und wiederholt *„Was-gibt-es-noch-was-gibt-es-noch?"* Ich will diese Frage an Linus weitergeben und greife Cecilias Robotersprache dafür auf. Linus scheint allerdings diese Aufforderung gar nicht zu benötigen, denn zeitgleich mit mir imitiert er ebenfalls Cecilias Anregung:

I: Linus, [Was‿gibt‿es‿noch?]
L: [Das‿Ra‿di‿o.]

Etwas später bringen Cecilia und Linus die Roboteridee und das Krachmachen in einer neuen Idee zusammen. Während Cecilia als Bestimmerin dran ist, sucht sie sich eine Reihe von Bildkarten aus, die daraufhin im Modellraum liegen (Schellenring, Xylophon, Bälle, Papierbälle, Tücher). Linus beginnt nun, diese Karten zu einem Muster zu legen und erklärt: *„also, Bauch, Köpfe, Hand, Hand, Füße".* Er zeigt dabei jeweils auf die Karten, das Xylophon dient als Bauch, der Schellenring als Köpfe, die Bälle bzw. Papierbälle sind die Hände und die Tücher bilden die Füße. Meine erste Vermutung zu diesem Aufbau korrigiert Linus:

I: *Aha, ein Mensch?*
L: *Eigentlich ein Roboter*
I: *Ein Roboter, das ist ja noch besser*
L: *Ein Mensch hat doch nicht (leiser, zählt mit Finger die Schellen auf dem Bild ab) 1, 2, 3, 4, 5, 6, 7, 8 (wieder lauter), acht—Köpfe!*